기출이 답이다

공·군무원 전자공학

한권으로 끝내기

5개년 기출

머리말

최근 기술 화두를 정리해 보면 AI, 데이터, 5G, 4차 산업 혁명이라는 키워드와 동시에 반도체에 대한 키워드가 많이 떠오르고 있다. 첨단 기술에서 반도체가 핵심 부품이면서 동시에 반도체 제작 공정 자체가 핵심 기술인 것이다. 우리 생활이 풍부해지고 윤택해진 것은 반도체 덕분이라 할 수 있다.

대한민국의 반도체 기술력은 세계 일류수준이다. 전자제품 중에 우리나라 반도체가 들어가지 않은 기기가 더 적을 정도로 삼성, SK 반도체는 세계 전자제품 필수품이 되었다. 반도체는 단순히 소자에서 그치지 않고 한국인의 자랑스러운 자부심 중 하나가 된 지 오래다.

그런데 얼마 전 반도체 이슈를 보면서 한국의 반도체에 대한 위협이 예전과는 다르게 더 다양하고 더 위협적으로 생겨나고 있음을 느끼고 있다. 미국의 압력, 중국의 추격, 원자재 부족 등 여러 가지 문제들은 한국의 반도체 생산을 다양한 측면에서 어렵게 하고 있다. 과거와 현재가 그렇듯 앞으로도 반도체가 한국인의 자부심이 되기를 희망하지만, 과거 높았던 일본의 반도체 위상이 현재는 그렇지 않은 것처럼 한국 또한 쇠퇴하지 않으리라 누구도 보장할 수 없다.

그럼에도 한국에서 청년들의 반도체에 대한 관심이 많아 보이지 않는다. 그것은 흔히 보이는 전자기기에 반도체가 필수적으로 들어감에도 우리 눈에는 보이지 않고, 반도체 기술은 너무 작고 집약적이어서 접근이 난해하기 때문일 것이다. 전자기기에 관심이 많아도 장비 스펙에 대한 관심에서 그치는 것이 대부분이고, 작은 소자의 쓰임새까지는 대부분 관심이 미치지 않는다.

하지만 의외로 반도체 기초지식에 대한 접근은 어렵지 않다. 마이스터고등학교, 대학교에서 배우는 전자공학이 반도체에 대한 필수적인 기초지식이며 전자기기 기능사 자격증 역시 반도체 소자의 쓰임을 익히기에 충분히 좋은 자격증 중의 하나이기 때문이다. 만약 반도체 개발의 전문가 혹은 전자기기를 정비하는 정비사가 되고 싶거나, 대기업 취업을 목표로 한다면 전자공학을 공부하는 것은 매우 중요하고, 한국의 기술 미래를 위해서도 필요하다.

한국의 기술 발전을 위해서 또 취업을 위해서 청년들이 전자공학에 관심을 가지고 관련분야에 진출하는 것이 중요하지만 그것 이외에도 중요한 이유가 또 있다. 바로 개인을 위해서이다. 전문적인 취미활동을 갖는 것은 삶의 질적인 향상에 큰 도움이 된다. 이를 위해 전자공학을 공부한 후 전자기기를 직접 수리하거나, 자신이 필요한 전자기기를 설계해 보는 것은 재밌고 뿌듯한 경험이 될 것이다.

다년간 전자기기 기능사를 강의하면서 느끼는 점은 우선은 입시나 취업을 위해서 전자공학을 배우는 것이 필요하고, 후에는 자신을 위해 경험과 함께 전자공학을 제대로 배우는 것이 좋을 것 같다는 것이다.

이 책은 전자공학을 배우는 우선의 목표인 취업을 위해 제작되었다. 기존의 공무원 공개 문제와 군무원의 공개 문제 및 비공개 기출문제를 수록하고 복원하여 깊이 있게 해설을 준비하였고 간략한 해설과 상세한 해설을 준비하여 빠르게 공부하고, 또 기출문제 풀이를 통해 부족한 이론도 채울 수 있도록 노력하였다. 공무원 수험생들은 비교적 알려지지 않은 군무원 문제도 접하면서 지엽적인 문제들도 접해보고, 군무원 수험생들은 고난도의 공무원 기출문제에 접근하여 자신의 수준을 높이는 데 도움이 될 것이다.

이 책이 꼭 수험생에게만 도움이 되는 것이 아니라 개인 삶의 방향에도 도움이 되기를 희망한다. 앞으로는 기업에 평생을 의탁할 수 없는 상황이 자주 오게 될 것이다. 바라기는 기업을 통해 자신을 성장시키고, 이후에는 자신의 삶을 스스로 이끄는 역량을 제고할 수 있으면 한다. 결국 취업이란 것은 종착지가 아니라 출발지라고 생각하며 그 문을 통해서 자신이 성장할 수 있는 초입이라고 생각하기에 이 책이 그 초입을 통과하는 데 아주 작은 힘이 될 것이다.

마지막으로 이 책이 있기까지 매우 힘써주신 동료 최태호, 이세정, 최예경 님께 그리고 SD에듀 편집팀 여러분께 깊은 감사를 드린다.

김태욱 올림

공무원 채용 필수체크

응시자격

응시연령	학력
18세 이상	제한 없음

공무원 채용과정

원서접수 … 3월 말
필기시험 … 4월 초 …
• 과목당 100점 만점
• 4지 택1형 20문항
• 과목별 20분 기준
필기시험 합격자 발표 … 5월 중
면접시험 … 6월 중 …
• 필기시험에 합격한 자에 한해 응시기회 부여
• 평가요소
– 공무원으로서의 정신자세
– 의사표현의 정확성과 논리성
– 예의 · 품행 및 성실성
– 전문지식과 그 응용능력
– 창의력 · 의지력 및 발전가능성
최종 합격자 결정 … 7월 초 …
• 면접시험 평정결과와 필기시험 성적에 따라 최종 합격자 결정
• 우수: 필기시험 성적순위에 관계없이 "합격"
• 보통: "우수" 등급을 받은 응시자 수를 포함하여 선발예정인원에 달할 때까지 필기시험 성적순으로 "합격"
• 미흡: 필기시험 성적순위에 관계없이 "불합격"

❖ 위 채용일정은 2023년 국가공무원 공개경쟁채용시험 공고를 기준으로 작성하였으므로, 세부 사항은 반드시 확정된 채용공고를 확인하시기 바랍니다.

군무원 채용 필수체크

응시자격

응시연령	학력 및 경력
7급 이상: 20세 이상, 8급 이하: 18세 이상	제한 없음

군무원 채용과정

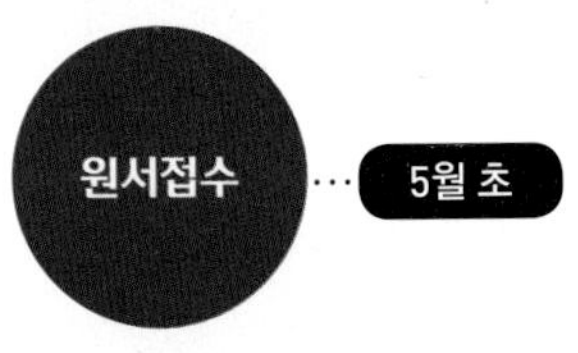

- 객관식 선택형 문제로 과목당 25문항, 25분으로 진행
- 합격자 선발: 선발예정인원의 130% 범위 내(단, 선발예정인원이 3명 이하인 경우, 선발예정인원에 2명을 합한 인원의 범위)

※ 합격기준에 해당하는 동점자 발생 시 모두 합격 처리함

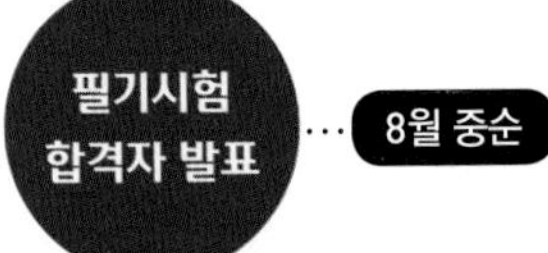

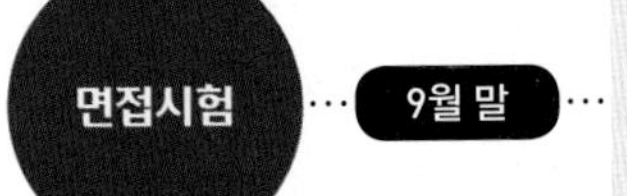

- 필기시험 합격자에 한해 응시기회 부여
- 평가요소
  - 군무원으로서의 정신자세
  - 의사표현의 정확성 · 논리성
  - 예의 · 품행 · 준법성 · 도덕성 및 성실성
  - 전문지식과 그 응용능력
  - 창의력 · 의지력 · 발전가능성

※ 7급 응시자는 개인발표 후 개별 면접 순으로 진행

최종 합격자 발표 … 10월 초

필기시험 합격자 중 면접시험 성적과 필기시험 성적을 각각 50% 반영하여 최종 합격자 결정

※ 신원조사와 공무원 채용 신체검사에서 결격사유가 없는 자에 한함

❖ 위 채용일정은 2023년 군무원 국방부 주관 채용공고를 기준으로 작성하였으므로, 세부 사항은 반드시 확정된 채용공고를 확인하시기 바랍니다.

이 책의 구성과 특징

STRUCTURE

최신 공 · 군무원 9급 포함 2023~2019 기출문제

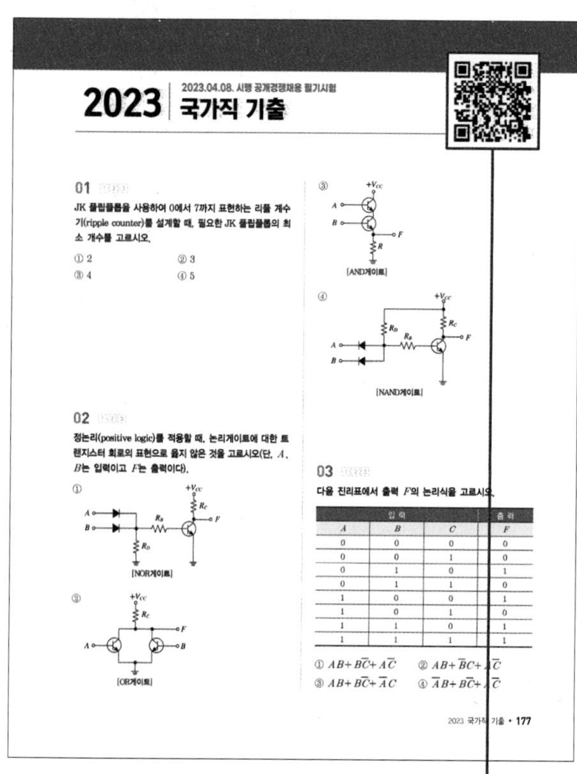

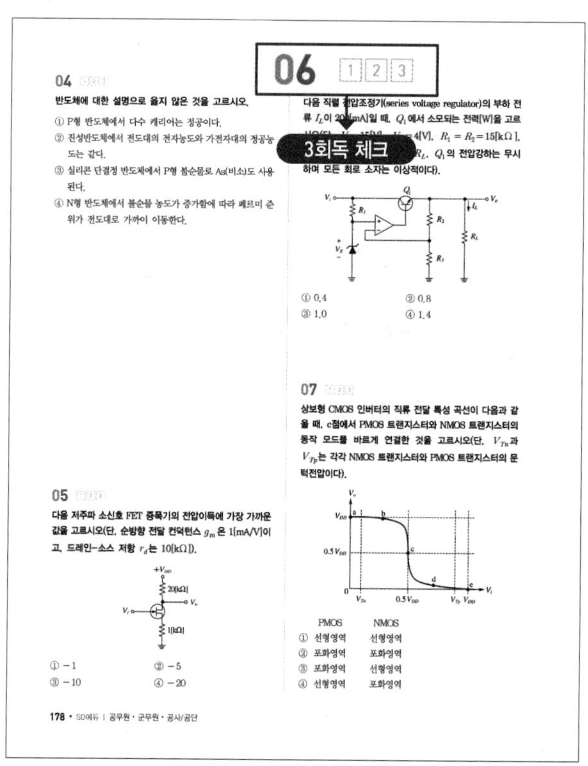

OMR 입력

채점결과

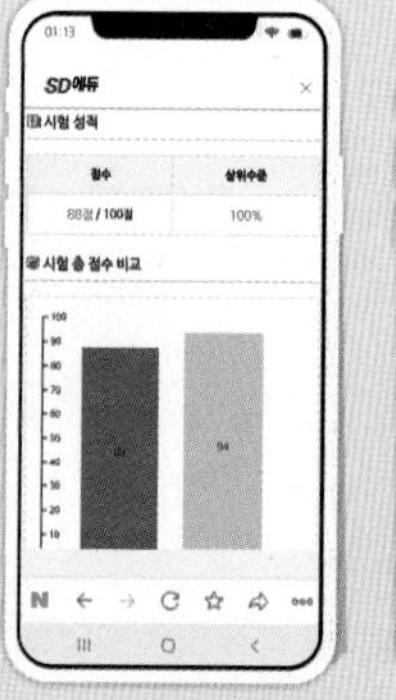

성적분석

풀이 시간 측정, 자동 채점 그리고 결과 분석까지!

모바일 OMR 답안분석 서비스

문제편에 수록된 기출문제에 대한 객관적인 결과(점수, 순위)를 종합적으로 분석

❶ 스마트폰을 활용하여 QR코드 접속

❷ 시험 시간에 맞춰 풀고, 모바일 OMR로 답안 입력 (3회까지 가능)

❸ 종합적 결과 분석으로 현재 나의 합격 가능성 예측

QR코드 찍기 ▶ 로그인 ▶ 시작하기 ▶ 응시하기 ▶ 모바일 OMR 카드에 답안 입력 ▶ 채점결과&성적분석 ▶ 내 실력 확인하기

스스로 학습이 가능한 빈틈없는 이론과 해설

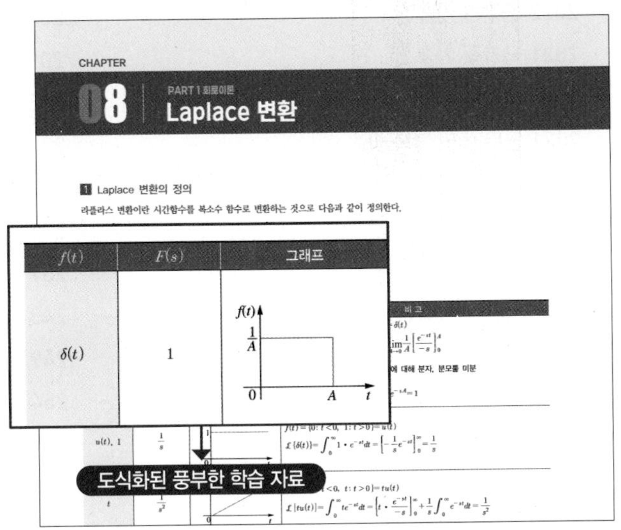

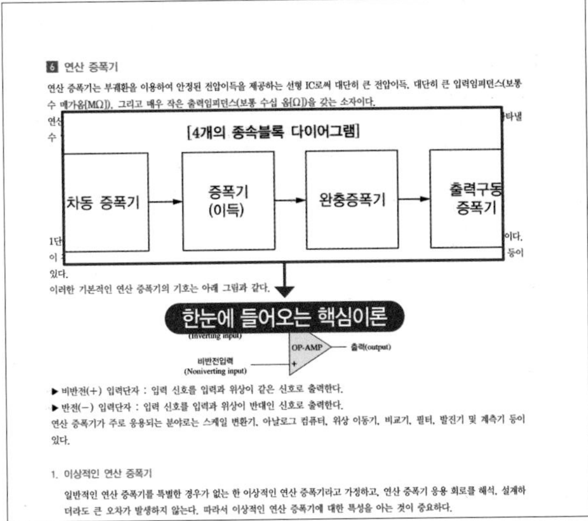

핵심이론만 쏙쏙!

최신 출제경향에 기반한 핵심이론만 선별 수록해 학습의 효율성을 극대화하였습니다.

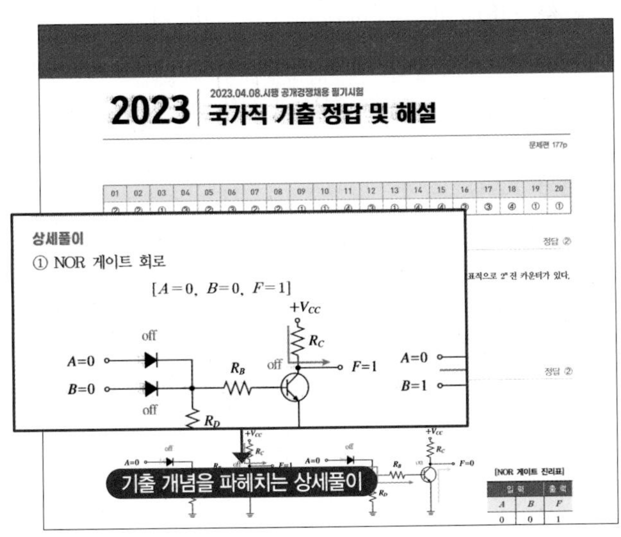

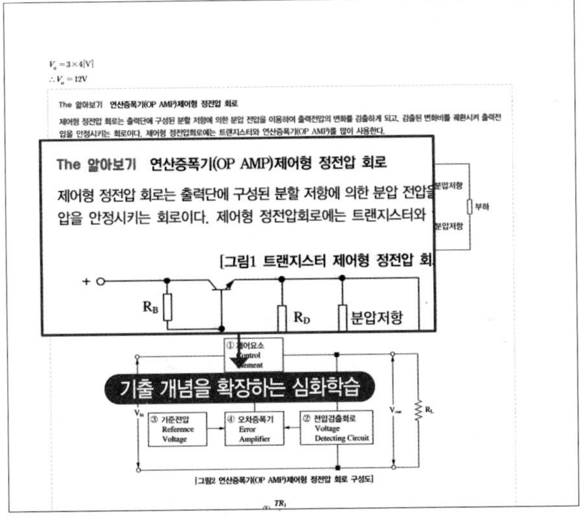

이론 그 이상의 해설!

기출문제를 통해 이론을 한 번 더 짚고 넘어갈 수 있도록 해설을 상세하게 수록하였습니다.

이 책의 차례

CONTENTS

이론편

PART 1 회로이론

PART 2 반도체 다이오드 회로

PART 3 디지털 공학

문제편

해설편(책속의 책)

기출이 답이다 전자공학 기출문제집

이론편

PART 1 회로이론

PART 2 반도체 다이오드 회로

PART 3 디지털 공학

PART 1

회로이론

CHAPTER

01 PART 1 회로이론
회로소자

1 저항

1. 저항 소자

임의의 도체에 자유전자가 흐르게 되면 원자와 충돌이 일어나고, 이때 입자들의 충돌에 의해 빛이나 열이 방출된다. 자유전자의 충돌이 더욱 증가하면 전자의 자유로운 이동은 점점 줄어들고, 전류의 흐름 역시 줄어들게 되는데, 이와 같이 전류의 흐름을 방해하는 정도를 저항(resistance)이라 한다. 그러므로 저항은 전기에너지가 빛 또는 열에너지로 바뀌는 물리적인 현상과 관련된다. 저항의 단위는 옴(Ohm, Ω)을 사용하며, 기호 R로 표기한다.

수식으로 나타내면 다음과 같다.

$R=\rho\frac{l}{A}$ (ρ : 도체의 고유저항, A : 도체의 단면적, l : 도체의 길이)

2. 저항의 직 · 병렬

다수의 저항을 상호 간에 연결하는 경우, 총 합성저항을 구하는 연결 방법에는 직렬과 병렬이 있다.

(1) 저항의 직렬

n개의 저항을 직렬로 연결하는 경우, 즉 직렬(series) 회로에서 합성저항은 각 저항의 값을 더하여 구한다. 그 이유는 각 저항이 자신의 저항값에 비례하여 전류의 흐름을 방해하기 때문이다. 합성저항을 R_T는 각 저항의 합과 같다.

① 직렬회로의 합성저항

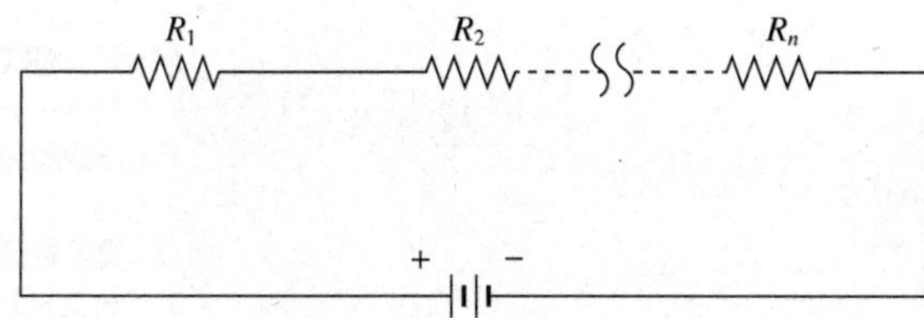

② 직렬회로의 합성저항의 일반식

$R_T=R_1+R_2+R_3+\cdots+R_n$

(2) 저항의 병렬

병렬연결이란 동일한 두 지점에 두 개 이상의 저항이 연결된 상태로 두 개 이상의 전류경로가 있다. 따라서 병렬연결 시 전류의 흐름이 보다 원할해지므로 합성저항은 감소한다.

n개의 저항이 병렬로 연결되어 있다면, 총 합성저항값은 가장 작은 저항값보다 작게 되며, 이때 총 합성저항값은 다음과 같다.

① 병렬회로의 합성저항

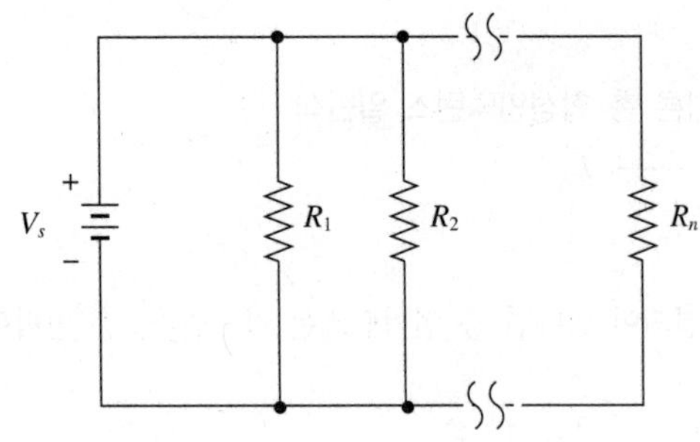

② 직렬회로의 합성저항의 일반식

$$\frac{1}{R_T} = \frac{1}{R_1} + \frac{1}{R_2} + \frac{1}{R_3} + \cdots + \frac{1}{R_n}$$

2 인덕터

1. 인덕터 소자

전자기장이 변화하면 전류의 변화를 방해하는 방향으로 코일 내에 유도전압(induced voltage)이 발생한다. 이러한 특성을 인덕턴스(inductance)라고 하며, L로 표기한다. 코일의 인덕턴스 L와 전류의 시간변화율 $\frac{di}{dt}$은 유도전압을 결정하고, 이때 유도전압 v는 L과 $\frac{di}{dt}$에 비례한다.

이를 수식으로 나타내면 다음과 같다.

$$v = L\frac{di}{dt}$$

2. 인덕터의 직・병렬

편의상 인덕터 상호 간의 전자유도 작용은 무시한다. 저항과 마찬가지로 인덕터로 직렬 또는 병렬로 연결되었을 때, 그의 적합한 식을 유도할 수 있다.

(1) 인덕터의 직렬

n개의 인덕터가 직렬로 연결되어 있다고 가정하자. 직렬로 연결을 하면 인덕턴스는 증가한다. 이때 총 합성인덕턴스의 값은 저항의 직렬연결에서의 총 합성저항을 구하는 방법과 동일하다.

① 인덕터의 직렬연결

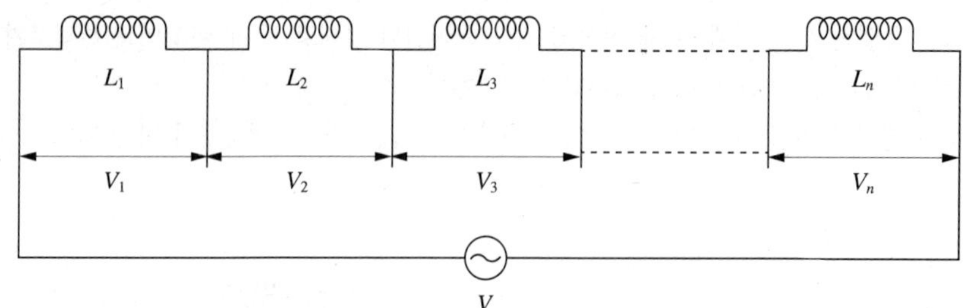

② 인덕터의 직렬연결에 따른 총 합성인덕턴스 일반식

$$L_T = L_1 + L_2 + L_3 + \cdots + L_n$$

(2) 인덕터의 병렬

n개의 인덕터가 병렬로 연결되어 있다면 총 인덕턴스는 감소한다. 총 인덕턴스는 병렬로 연결된 총 합성저항을 구하는 방법과 동일하다.

① 인덕터의 병렬연결

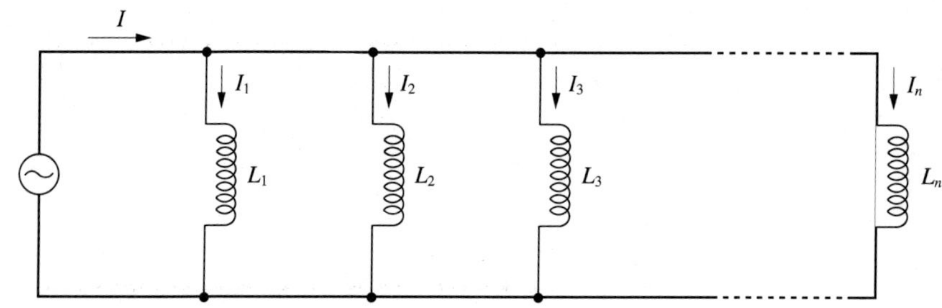

② 인덕터의 병렬연결에 따른 총 합성인덕턴스 일반식

$$L_T = \frac{L_1 L_2}{L_1 + L_2}$$

3 커패시터

1. 커패시터 소자

커패시터(capacitor)는 두 도체 사이의 공간에 전하를 모으는 소자로, 축전기 또한 콘덴서라고 부르기도 한다. 커패시터는 보통 두 개의 도체 판으로 구성되어 있으며, 그 사이에 절연체가 들어간다. 각 판의 표면과 절연체의 경계 부분에 전하가 축적되고, 양 표면에 모이는 전하량의 크기는 같지만 부호는 반대이다. 커패시터의 정전용량은 전하량과 전위차로 나타낼 수 있으며, 이를 수식으로 나타내면 다음과 같다.

$C = \frac{Q}{V}$ (C : 정전용량, Q : 전하량, V : 전위차)

2. 커패시터의 직·병렬

커패시터도 저항과 같은 방식으로 직렬연결과 병렬연결에 따른 총 합성 정전용량을 계산할 수 있다. 정전용량을 증가시키기 위해서는 병렬로 연결하면 된다. 만약 직렬로 연결하면 정전용량이 감소한다.

(1) 커패시터의 직렬

커패시터를 직렬로 연결하면 각 커패시터의 전하가 같아진다. 정전용량이 각각 C_1, C_2, C_3인 3개의 커패시터를 아래 그림과 같이 직렬로 연결하여 단자 a, b 사이에 전압 V를 가하면 단자 a, b 사이에 전하가 축적된다.

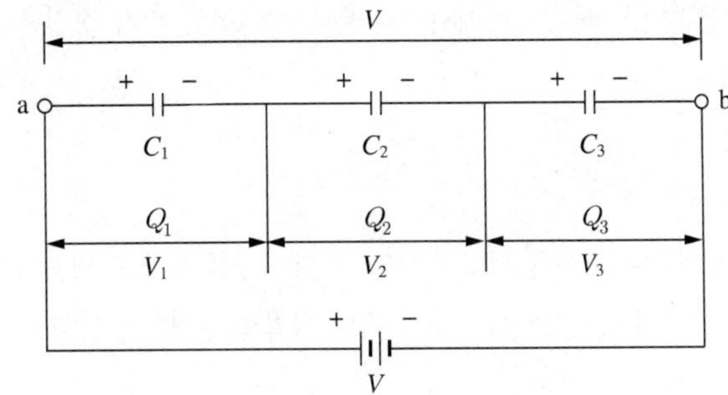

이를 Q_T라 하면 각 커패시터의 전극에는 정전 유도현상에 의하여 정전용량의 크기에 관계없이 같은 양의 전하가 축적되므로 다음과 같은 관계가 성립한다.

$$Q_T = Q_1 = Q_2 = Q_3$$

각 커패시터의 양단의 전위차를 각각 V_1, V_2, V_3이라 하면 다음과 같다.

$$V_1 = \frac{Q_1}{C_1},\ V_2 = \frac{Q_2}{C_2},\ V_3 = \frac{Q_3}{C_3}$$

이 회로에 키르히호프의 전압법칙을 적용해 보자.

$V = V_1 + V_2 + V_3$ 이므로

$V = \frac{Q_1}{C_1} + \frac{Q_2}{C_2} + \frac{Q_3}{C_3} = \left(\frac{1}{C_1} + \frac{1}{C_2} + \frac{1}{C_3}\right)Q_T$ 로 표현할 수 있다.

따라서 단자 a, b 사이의 총 합성 정전용량 C_T는 다음과 같이 정리할 수 있다.

$Q = CV$에서 $C = \frac{Q}{V}$ 이므로

$$C_T = \frac{Q_T}{V} = \frac{Q_T}{\left(\frac{1}{C_1} + \frac{1}{C_2} + \frac{1}{C_3}\right)Q_T} = \frac{1}{\frac{1}{C_1} + \frac{1}{C_2} + \frac{1}{C_3}}$$

즉, 커패시터를 직렬연결했을 때의 합성 정전용량은 각 커패시터 정전용량의 역수를 합한 후 다시 역수를 취한 값과 같다. 결국 n개의 커패시터를 직렬로 연결하는 경우의 합성 정전용량은 다음과 같다.

$$C_T = \frac{1}{\frac{1}{C_1} + \frac{1}{C_2} + \cdots + \frac{1}{C_n}} \text{ 이므로}$$

$$\frac{1}{C_T} = \frac{1}{C_1} + \frac{1}{C_2} + \cdots + \frac{1}{C_n} \text{ 이 된다.}$$

이는 커패시터를 직렬로 연결했을 때, 각 커패시터에 분배되는 전압 비가 정전용량의 역수 비와 같다는 것을 의미한다.

$$V_1 : V_2 : V_3 = \frac{Q_1}{C_1} : \frac{Q_2}{C_2} : \frac{Q_3}{C_3} = \frac{1}{C_1} : \frac{1}{C_2} : \frac{1}{C_3}$$

(2) 커패시터의 병렬

다음은 커패시터가 병렬로 연결된 경우를 생각해 보자. 커패시터를 병렬로 연결하면 각 커패시터의 전하가 같다. 정전용량이 각각 C_1, C_2, C_3인 3개의 커패시터를 다음과 같이 병렬로 연결하여 단자 a, b 사이에 전압 V를 가하면 각 커패시터의 전극 사이에는 V의 전압이 가해진다.

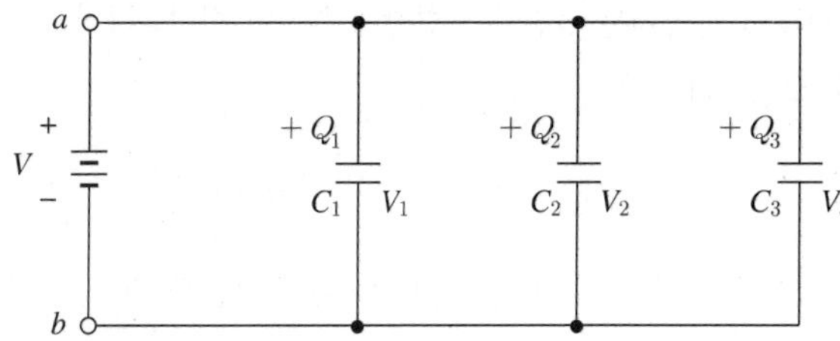

이때 각 커패시터에 축적되는 전하는 다음과 같다.

$$Q_1 = C_1 V,\ Q_2 = C_2 V,\ Q_3 = C_3 V$$

Q_T를 단자 a, b에 축적된 전체 전하라 할 때 Q_T는 다음과 같이 각 커패시터에 축적되는 전하의 합과 같다.

$$Q_T = Q_1 + Q_2 + Q_3 = (C_1 + C_2 + C_3)V$$

따라서 총 합성 정전용량 C_T는 다음과 같다.

$$C_T = \frac{Q_T}{V} = \frac{(C_1 + C_2 + C_3)V}{V} = C_1 + C_2 + C_3$$

결국, 커패시터 n개를 병렬연결하면 총 합성 정전용량은 다음과 같다.

$$C_T = C_1 + C_2 + \cdots + C_n$$

이는 커패시터를 병렬로 연결했을 때의 합성용량은 각 커패시터 정전용량의 합과 같음을 의미한다. 각 커패시터의 축적되는 전하의 양은 각 커패시터의 정전용량의 비와 같다.

$$Q_1 : Q_2 : Q_3 = C_1 V : C_2 V : C_3 V = C_1 : C_2 : C_3$$

CHAPTER

02 PART 1 회로이론 공진회로

어떤 물체가 주기적인 외력을 받을 때 그 힘의 주기와 물체가 진동하는 고유주기가 일치하여 큰 진동이 일어나는 현상을 공진이라 한다.

전기회로의 경우 전기회로에 인가되는 전원의 주파수가 회로 자체의 자연 주파수와 일치하면 회로에는 큰 전기적 진동이 발생한다. 이것은 인덕터에 축적된 자기 에너지와 커패시터에 축적된 정전 에너지 사이의 교환에 의해 이루어진다. 따라서 공진회로에는 인덕터와 커패시터가 필요하게 된다. 이러한 공진회로는 주파수 선택 또는 임피던스 변환용으로 사용된다.

PART 1

1 직렬공진회로

R–L–C 직렬로 연결된 회로에서 공진이 일어났을 때를 알기 위해, 아래 그림과 같은 R–L–C 직렬회로에서 임피던스를 구해 보자.

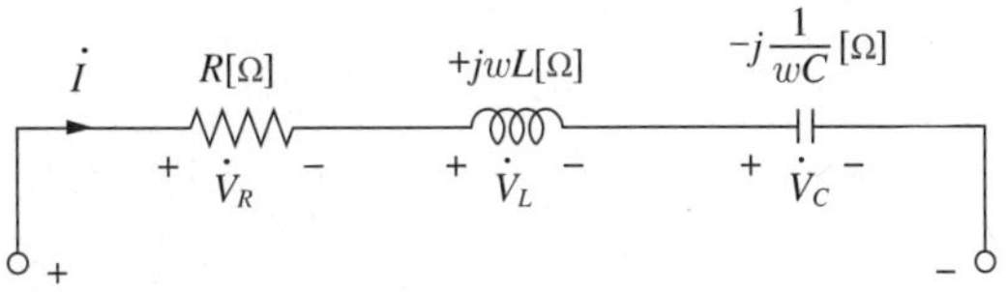

$\dot{I}$ $R[\Omega]$ $+jwL[\Omega]$ $-j\frac{1}{wC}[\Omega]$

$+\ \dot{V}_R\ -$ $+\ \dot{V}_L\ -$ $+\ \dot{V}_C\ -$

$+$ $-$

$i(t) = \sqrt{2}\,I\sin\omega t[\mathrm{A}]$이고, $\dot{I} = I\angle 0[\mathrm{A}]$이라 할 때

$$\dot{V} = \dot{V}_R + \dot{V}_L + \dot{V}_C = R\dot{I} + j\omega L\dot{I} - j\frac{1}{\omega C}\dot{I} = \left[R + j\left(\omega L - \frac{1}{\omega C}\right)\right]\dot{I} = \dot{Z}\,\dot{I}$$

양변에 $\dot{I}$를 제거하고, $\dot{Z}$에 대하여 정리하면

$\dot{Z} = R + j\left(\omega L - \frac{1}{\omega C}\right) = R + j(X_L - X_C) = Z\angle\theta[\Omega]$이 된다.

이는 R–L–C 직렬회로에서 임피던스는 $\dot{Z} = R + j\left(\omega L - \frac{1}{\omega C}\right)$이고, 직렬공진 되었을 때를 Z_0이라 하면 공진 시에 $(X_L - X_C) = 0$이므로 $Z_0 = R$이 된다.

이때, 공진시 저항에 대한 리액턴스 비를 Q라 정의하면

$Q = \frac{\omega_0 L}{R} = \frac{1}{\omega_0 CR} = \frac{1}{R}\sqrt{\frac{L}{C}}$ 이 된다.

1. 직렬공진회로의 특징

(1) Q가 클수록 공진 곡선은 첨예해지고 대역폭 B가 좁아지므로 선택성이 좋아진다.

(2) Q는 공진곡선의 성능을 결정하는 요소로써 양호도, 선택도, 첨예도라 한다.

(3) 공진 시 공진 전류 I는 최대가 된다.

(4) L과 C에서 매우 큰 전압이 나타나고, 이 전압은 입력전원 전압의 수십 배이다.

(5) 직렬공진을 전압공진이라 한다.

2. 직렬공진회로의 성능을 표시하는 Q의 관계식

(1) 저항에 대한 리액턴스의 비

$$Q=\frac{\omega_0 L}{R}=\frac{1}{\omega_0 CR}$$

(2) 전압 확대비

$$Q=\frac{V_L}{V}=\frac{V_C}{V}$$

(3) 에너지 축적능률

$$Q=\frac{2\pi}{T}\cdot\frac{\text{최대축적 에너지}}{\text{소비전력}}$$

- 직렬공진에서는 Q가 클수록 에너지 축적능률이 크다.
- 공진주파수에서는 Q 값이 공진회로의 성능을 결정하는 요소이다.

2 병렬공진회로

병렬공진회로는 전류원을 전원으로 하는 병렬 R–L–C 회로이다. 아래 그림의 R–L–C 병렬회로에서는 어드미턴스 값이 최소가 되어 전압이 최대가 될 때 공진한다.

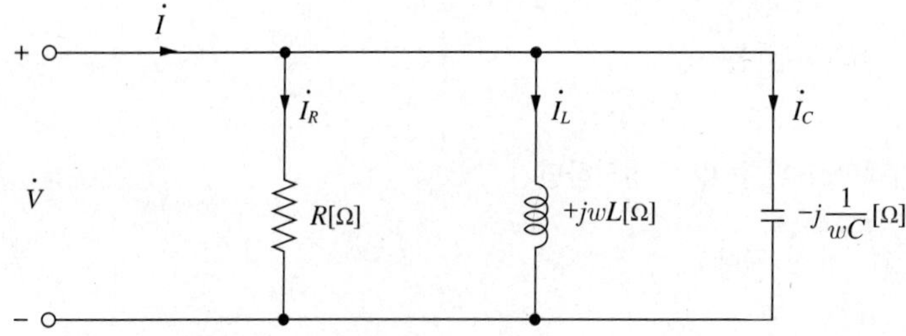

$v(t) = \sqrt{2}\,V\sin\omega t$[V]이고, $\dot{V} = V\angle 0$[V]라고 할 때.

$$\dot{I} = \dot{I}_R + \dot{I}_L + \dot{I}_C = \frac{\dot{V}}{R} + \frac{\dot{V}}{j\omega L} + \frac{\dot{V}}{-j\frac{1}{\omega C}} = \left[\frac{1}{R} + j\left(\omega C - \frac{1}{\omega L}\right)\right]\dot{V} = \dot{Y}\dot{V}$$

양변에 $\dot{V}$ 를 제거하고, $\dot{Y}$ 에 대하여 정리하면

$$\dot{Y} = \frac{1}{R} + j\left(\omega C - \frac{1}{\omega L}\right) = G + j(B_c - B_L) = Y\angle\theta[\Omega]$$

이는 R–L–C 병렬회로에서 어드미턴스는 $\dot{Y} = \frac{1}{R} + j\left(\omega C - \frac{1}{\omega L}\right)$이고, 직렬공진 되었을 때를 Y_0이라 하면 공진 시에 $\omega C - \frac{1}{\omega L} = 0$이므로 각 주파수 $\omega = \frac{1}{\sqrt{LC}}$이 되고, $Y_0 = \frac{1}{R} = G$가 된다.

1. 병렬공진회로의 특징

(1) Q가 클수록 공진곡선은 첨예해진다.

(2) 대역폭 B가 좁아져 주파수 선택성이 좋아진다.

(3) 공진 시 공진전압 V는 최대가 되어 L과 C에 큰 전류가 흐르게 된다.

(4) 병렬공진을 전류공진이라 한다.

2. 병렬공진회로의 성능을 표시하는 Q의 관계식

(1) 컨덕턴스에 대한 서셉턴스의 비

$$Q = \frac{R}{\omega L} = \omega CR$$

(2) 전류 확대비

$$Q = \frac{I_L}{I} = \frac{I_C}{I} = \frac{R}{\omega L} = \omega CR$$

(3) 에너지 축적능률

$$Q = \frac{R}{\omega L} = \frac{RI^2}{\omega LI^2}$$

$$= \frac{T}{2\pi} \cdot \frac{R\text{에서의 소비전력}}{L\text{에서의 최대축적에너지}}$$

CHAPTER

03 PART 1 회로이론
유도 결합 회로

1 상호 인덕턴스

P.5 'CH 01 회로소자 2 인덕터'에서 다룬 자기인덕턴스는 하나의 코일에 전류를 흘릴 때 자체적으로 자속이 얼마나 생기는지를 나타내는 반면에 상호 인덕턴스는 두 개의 코일 중 하나의 코일에 전류를 흘려 발생한 자속이 다른 코일에 영향을 주어 전류를 흘리지 않은 코일에게도 전류가 흐르게 하는 현상을 말한다.

아래 그림에서 1차 코일에 전류를 인가하면 자속 ϕ_1이 발생하고, 이 자속이 2차 코일과 쇄교하면서 2차 코일에서는 ϕ_1의 흐름을 방해하는 방향으로 ϕ_2가 발생한다. 이때 ϕ_2의 발생으로 인해 앙페르의 오른나사 방향으로 전류 I_2가 흐르게 되고, 이로 인해 유도기전력 e_2이 발생하는 것을 상호 유도작용이라고 한다. 이 상호 유도작용으로 인해 2차 코일에 발생하는 유도기전력의 비례 정도를 상호 인덕턴스 M이라고 한다.

상호 유도전압 $e_2 = M\frac{di_1}{dt}$

상호 인덕턴스 : M

M의 부호 : 코일의 결합이 가동결합이면 $+$

코일의 결합이 차동결합이면 $-$

결합계수 : $k = \frac{M}{\sqrt{L_1 L_2}}\,(0 \le k \le 1)$

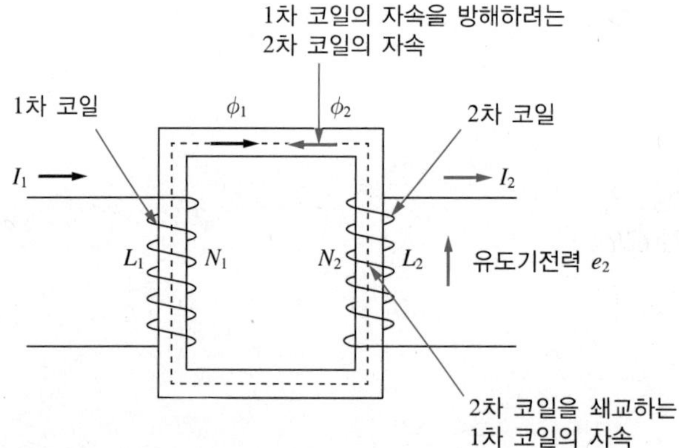

2 인덕턴스의 직렬 접속

1. 가동결합 : 코일의 방향이 같을 때($M > 0$)

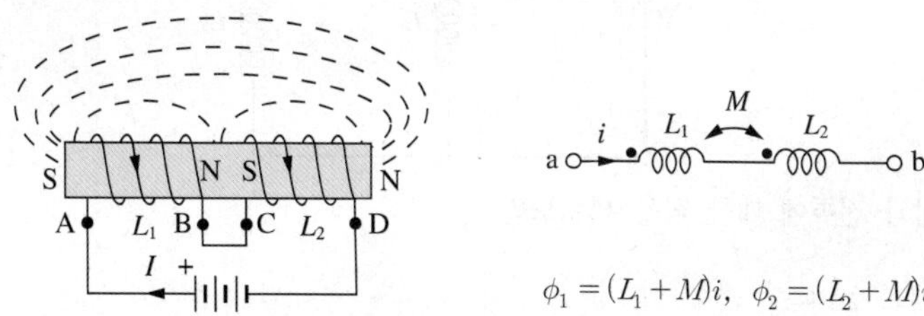

위 그림과 같이 전류의 방향이 동일하며 자속이 합하여지는 경우로 코일1에서 인덕턴스는 $(L_1 + M)$, 코일2에서 인덕턴스는 $(L_2 + M)$이므로 코일 1, 2에서 쇄교하는 자속수 ϕ_1, ϕ_2는 각각 $\phi_1 = (L_1 + M)i$, $\phi_2 = (L_2 + M)i$이다.

따라서 총 쇄교자속수 $\phi = \phi_1 + \phi_2 = (L_1 + M)i + (L_2 + M)i = (L_1 + L_2 + 2M)i$이고,
합성인덕턴스 L은 $L = L_1 + L_2 + 2M[\mathrm{H}]$이다.

2. 차동결합 : 코일의 방향이 다를 때($M < 0$)

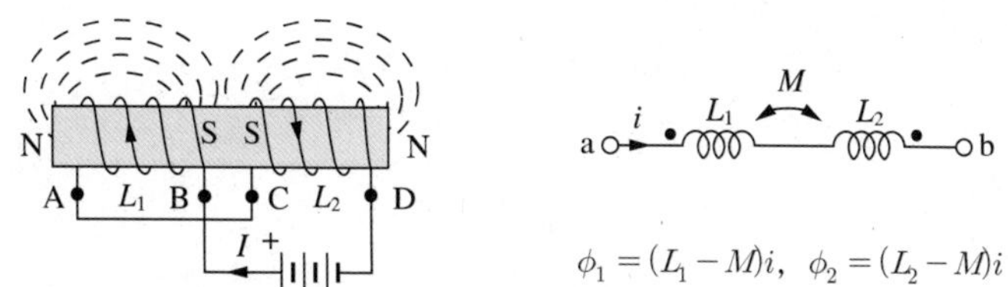

차동결합은 전류의 방향이 반대이며 자속의 방향이 반대인 경우로서 코일1에서 인덕턴스는 $(L_1 - M)$, 코일 2에서 인덕턴스는 $(L_2 - M)$이므로 코일 1, 2에서 쇄교하는 자속수 ϕ_1, ϕ_2는 각각 $\phi_1 = (L_1 - M)i$, $\phi_2 = (L_2 - M)i$이다.

따라서 총 쇄교자속수 $\phi = \phi_1 + \phi_2 = (L_1 - M)i + (L_2 - M)i = (L_1 + L_2 - 2M)i$이고,
합성인덕턴스 L은 $L = L_1 + L_2 - 2M[\mathrm{H}]$이다.

3 인덕턴스의 병렬 접속

인덕터의 두 단자가 다른 인덕터 또는 인덕터의 각 단자에 연결된 경우를 병렬연결이라 한다. 인덕터의 병렬연결 시 총 인덕턴스는 연결에 포함된 최소 인덕턴스보다 작고, 이는 저항의 병렬연결과 유사하다.

1. 상호 인덕턴스가 존재하지 않을 때

병렬연결은 전압이 같고 전류가 분배되므로 전압을 일정하게 놓고 전류의 합으로 표현하게 되면 합성인덕턴스를 구할 수 있다.

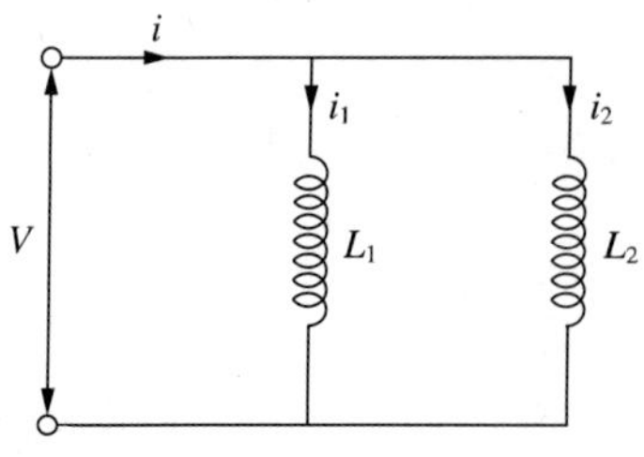

위 그림을 통해 전체 전압과 전류에 대한 식을 세워보면

$V = L_1 \dfrac{di_1}{dt} = L_2 \dfrac{di_2}{dt}$, $i = i_1 + i_2$

이때, 전류변화량에 관한 식을 세워보면 $\dfrac{di}{dt} = \dfrac{V}{L}$ 이다.

위 식에서 $\dfrac{V}{L_1} = \dfrac{di_1}{dt}$, $\dfrac{V}{L_2} = \dfrac{di_2}{dt}$ 를 이용하여 정리하면

$\dfrac{di}{dt} = \dfrac{di_1}{dt} + \dfrac{di_2}{dt} = \dfrac{V}{L_1} + \dfrac{V}{L_2} = \dfrac{V}{L}$ 이고, 이를 합성인덕턴스 L에 관해 정리한다.

$\dfrac{V}{L} = \dfrac{V}{L_1} + \dfrac{V}{L_2}$ 양변에 V를 약분하여 정리하면

$\dfrac{1}{L} = \dfrac{1}{L_1} + \dfrac{1}{L_2}$

합성인덕턴스 $L = \dfrac{L_1 L_2}{L_1 + L_2}$ 이다.

2. 상호 인덕턴스가 존재할 때

(1) 가동결합

코일을 서로 같은 방향으로 감아 상호자속에 의해 합성 자속이 증가된다.

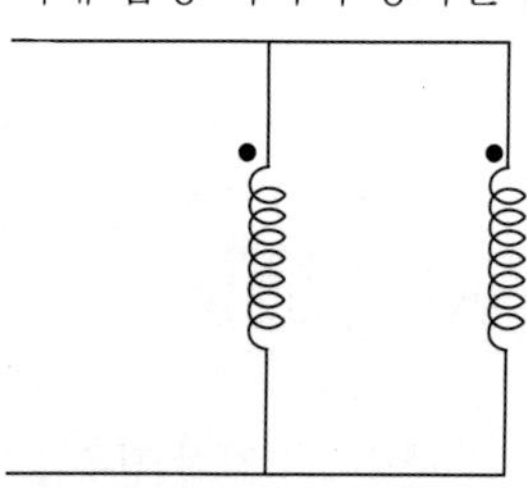

위 그림을 통해 전체 전압과 전류에 대한 식을 세워보면

$V = L_1 \dfrac{di_1}{dt} + M \dfrac{di_2}{dt} = L_2 \dfrac{di_2}{dt} + M \dfrac{di_1}{dt}$, $i = i_1 + i_2$

이때, 두 개의 전압식을 $\dfrac{di_1}{dt}$ 에 대한 식으로 연결하기 위해

$V = L_1 \dfrac{di_1}{dt} + M \dfrac{di_2}{dt}$ 의 양변에 L_2를 곱하고, $V = L_2 \dfrac{di_2}{dt} + M \dfrac{di_1}{dt}$ 의 양변에 M을 곱한다.

$$L_2 V = L_1 L_2 \frac{di_1}{dt} + ML_2 \frac{di_2}{dt} \Rightarrow ML_2 \frac{di_2}{dt} = L_2 V - L_1 L_2 \frac{di_1}{dt} \cdots ①$$

$$MV = ML_2 \frac{di_2}{dt} + M^2 \frac{di_1}{dt} \cdots ②$$

①식을 ②식에 대입하여 정리한다.

$MV = L_2 V - L_1 L_2 \frac{dt_1}{dt} + M^2 \frac{di_1}{dt}$ V는 좌변에, $\frac{di_1}{dt}$은 우변에 정리하면

$(L_2 - M) V = (L_1 L_2 - M^2) \frac{di_1}{dt}$, 이 식을 $\frac{di_1}{dt}$에 관하여 정리한다.

$$\frac{di_1}{dt} = \frac{(L_2 - M)}{(L_1 L_2 - M^2)} V$$

이번엔 두 개의 전압식을 $\frac{di_2}{dt}$에 관하여 연결한다.

$V = L_2 \frac{di_2}{dt} + M \frac{di_1}{dt}$의 양변에 L_1를 곱하고, $V = L_1 \frac{di_1}{dt} + M \frac{di_2}{dt}$의 양변에 M을 곱한다.

$$L_1 V = L_1 L_2 \frac{di_2}{dt} + ML_1 \frac{di_1}{dt} \Rightarrow ML_1 \frac{di_1}{dt} = L_1 V - L_1 L_2 \frac{di_2}{dt} \cdots ③$$

$$MV = ML_1 \frac{di_1}{dt} + M^2 \frac{di_2}{dt} \cdots ④$$

③식을 ④식에 대입하여 정리한다.

$MV = L_1 V - L_1 L_2 \frac{dt_2}{dt} + M^2 \frac{di_2}{dt}$ V는 좌변에, $\frac{di_2}{dt}$은 우변에 정리하면

$(L_1 - M) V = (L_1 L_2 - M^2) \frac{di_2}{dt}$, 이 식을 $\frac{di_2}{dt}$에 관하여 정리한다.

$$\frac{di_2}{dt} = \frac{(L_1 - M)}{(L_1 L_2 - M^2)} V$$

전체 전류변화량 $\frac{di}{dt} = \frac{di_1}{dt} + \frac{di_2}{dt} = \frac{V}{L}$이므로 $\frac{di}{dt}$에 관하여 정리하면

$\frac{di}{dt} = \frac{di_1}{dt} + \frac{di_2}{dt} = \frac{(L_1 - M)}{(L_1 L_2 - M^2)} V + \frac{(L_2 - M)}{(L_1 L_2 - M^2)} V = \frac{V}{L}$, 이 식을 $\frac{1}{L}$로 정리하면

$$\frac{1}{L} = \frac{1}{L_1} + \frac{1}{L_2} = \frac{L_1 - M}{L_1 L_2 - M^2} + \frac{L_2 - M}{L_1 L_2 - M^2} = \frac{L_1 + L_2 - 2M}{L_1 L_2 - M^2}$$

따라서 합성인덕턴스 $L = \frac{L_1 L_2 - M^2}{L_1 + L_2 - 2M}$이다.

만약, $L_1 = L_2$이고 누설자속이 없으면 결합계수 $k = 1$, $M = k\sqrt{L_1 L_2} = L_1$ $\therefore L = L_1$

PART 1

(2) 차동결합

코일을 서로 다른 방향으로 감아 상호자속에 의해 합성 자속이 감소된다.

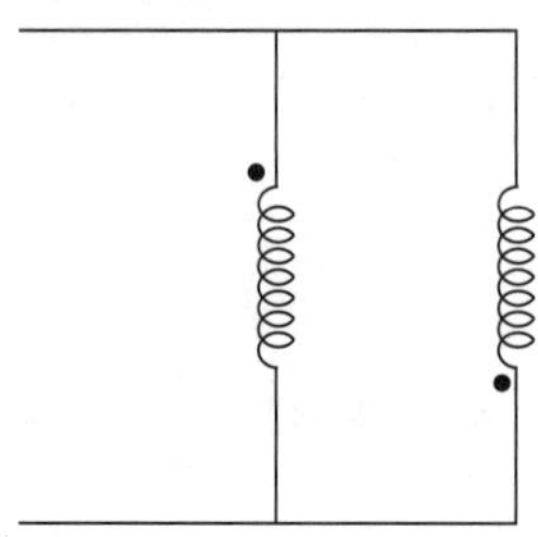

위 그림을 통해 전체 전압과 전류에 대한 식을 세운다.

$V = L_1\frac{di_1}{dt} - M\frac{di_2}{dt} = L_2\frac{di_2}{dt} - M\frac{di_1}{dt}$, $i = i_1 + i_2$

앞서 가동결합과 같이 두 개의 전압식을 $\frac{di_1}{dt}$에 대한 식으로 연결하기 위해

$V = L_1\frac{di_1}{dt} - M\frac{di_2}{dt}$의 양변에 L_2를 곱하고, $V = L_2\frac{di_2}{dt} - M\frac{di_1}{dt}$의 양변에 M을 곱한다.

$L_2 V = L_1 L_2\frac{di_1}{dt} - ML_2\frac{di_2}{dt} \Rightarrow ML_2\frac{di_2}{dt} = L_1 L_2\frac{di_1}{dt} - L_2 V \cdots$ ①

$MV = ML_2\frac{di_2}{dt} - M^2\frac{di_1}{dt} \cdots$ ②

①식을 ②식에 대입하여 정리한다.

$MV = L_1 L_2\frac{dt_1}{dt} - L_2 V - M^2\frac{di_1}{dt}$ V는 좌변에, $\frac{di_1}{dt}$은 우변에 정리하면

$(L_2 + M)V = (L_1 L_2 - M^2)\frac{di_1}{dt}$, 이 식을 $\frac{di_1}{dt}$에 관하여 정리한다.

$\frac{di_1}{dt} = \frac{(L_2 + M)}{(L_1 L_2 - M^2)}V$

마찬가지로 두 개의 전압식을 $\frac{di_2}{dt}$에 관하여 연결한다.

$V = L_2\frac{di_2}{dt} - M\frac{di_1}{dt}$의 양변에 L_1를 곱하고, $V = L_1\frac{di_1}{dt} - M\frac{di_2}{dt}$의 양변에 M을 곱한다.

$L_1 V = L_1 L_2\frac{di_2}{dt} - ML_1\frac{di_1}{dt} \rightarrow ML_1\frac{di_1}{dt} = L_1 L_2\frac{di_2}{dt} - L_1 V \cdots$ ③

$MV = ML_1\frac{di_1}{dt} - M^2\frac{di_2}{dt} \cdots$ ④

③식을 ④식에 대입하여 정리한다.

$MV = L_1L_2\dfrac{dt_2}{dt} - L_1V - M^2\dfrac{di_2}{dt}$ V는 좌변에, $\dfrac{di_2}{dt}$은 우변에 정리하면

$(L_1+M)V = (L_1L_2 - M^2)\dfrac{di_2}{dt}$, 이 식을 $\dfrac{di_2}{dt}$에 관하여 정리한다.

$$\frac{di_2}{dt} = \frac{(L_1+M)}{(L_1L_2-M^2)}V$$

전체 전류변화량 $\dfrac{di}{dt} = \dfrac{di_1}{dt} + \dfrac{di_2}{dt} = \dfrac{V}{L}$이므로 $\dfrac{di}{dt}$에 관하여 정리하면

$\dfrac{di}{dt} = \dfrac{di_1}{dt} + \dfrac{di_2}{dt} = \dfrac{(L_1+M)}{(L_1L_2-M^2)}V + \dfrac{(L_2+M)}{(L_1L_2-M^2)}V = \dfrac{V}{L}$ 이 식을 $\dfrac{1}{L}$로 정리하면

$$\frac{1}{L} = \frac{1}{L_1} + \frac{1}{L_2} = \frac{L_1+M}{L_1L_2-M^2} + \frac{L_2+M}{L_1L_2-M^2} = \frac{L_1+L_2+2M}{L_1L_2-M^2}$$

따라서 합성인덕턴스 $L = \dfrac{L_1L_2-M^2}{L_1+L_2+2M}$이다.

만약, $L_1 = L_2$이고 누설자속이 없으면 결합계수 $k=1$, $M = k\sqrt{L_1L_2} = L_1$ $\therefore L = 0$

4 이상변압기

1. 이상변압기

이상변압기는 코일간의 결합계수가 1이고, 코일에 손실이 없으며 각 코일의 임피던스가 무한일 경우를 말한다.

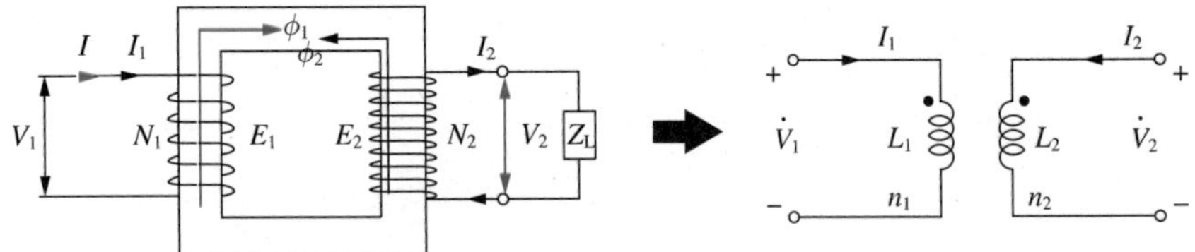

2. 이상변압기의 조건

(1) 결합계수 $k=1$이다(누설자속이 없다).

$$L_1 = \frac{n_1\phi_1}{I_1},\ L_2 = \frac{n_2\phi_2}{I_2},\ M = \frac{n_2\phi_1}{I_1} = \frac{n_1\phi_2}{I_2}$$

(2) 코일의 손실이 없다. 즉, 코일의 저항, 히스테리 손실, 와류 손실이 없다.

(3) 전압은 권수에 비례하고 전류는 권수에 반비례한다.

$$\frac{V_2}{V_1} = \frac{n_2}{n_1} = \frac{1}{a}, \ \frac{I_2}{I_1} = \frac{n_1}{n_2} = a$$

• 이상 변압기의 권선비 a

$$a = \frac{n_1}{n_2} = \frac{\left(\frac{MI_2}{\phi_2}\right)}{\left(\frac{L_2 I_2}{\phi_2}\right)} = \frac{M}{L_2} \text{ 또는 } a = \frac{n_1}{n_2} = \frac{\left(\frac{L_1 I_1}{\phi_1}\right)}{\left(\frac{MI_1}{\phi_1}\right)} = \frac{L_1}{M}$$

$$\therefore a = \frac{n_1}{n_2} = \frac{M}{L_2} = \frac{L_1}{M} = \sqrt{\frac{L_1}{L_2}}$$

CHAPTER

04 PART 1 회로이론 회로망 정리

1 키르히호프의 법칙

키르히호프의 법칙은 임의의 복잡한 회로에서 흐르는 전류, 전압을 파악할 수 있게 한다. 이 법칙은 전류에 관한 제1법칙과 전압에 관한 제2법칙으로 이루어져 있고, 이 두 법칙을 수식으로 나타낸 방정식을 연립하여 회로에 흐르는 전류, 전압을 예측할 수 있다.

PART 1

1. 키르히호프의 제1법칙(전류법칙) : KCL

회로망 내의 어느 지점에서든 들어오는 전류와 나가는 전류의 합은 같다는 법칙이다.

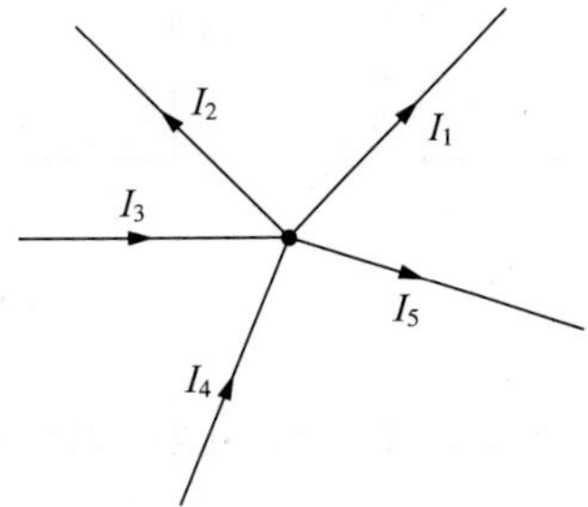

위의 그림에서 점을 기준으로 전류의 합은 다음과 같다.

$I_1 + I_2 + I_5 = I_3 + I_4$

$I_1 + I_2 + I_5 - I_3 - I_4 = 0$ 즉, $\sum I = 0$

$\therefore \sum_{k=1}^{n} I_k = 0$

2. 키르히호프의 제2법칙(전압법칙) : KVL

회로의 기전력 총합이 각 저항에 걸린 전압의 총합과 같다. 이는 회로를 따라 임의의 루프를 설정하면 루프 내의 모든 기전력의 합은 0이라는 것이다. 이때 이 루프회로의 기준 전류와 기전력에서 발생하는 전류의 방향이 동일하면 기전력의 부호를 (+)로 하고, 반대이면 (−)부호를 취하여 계산한다.

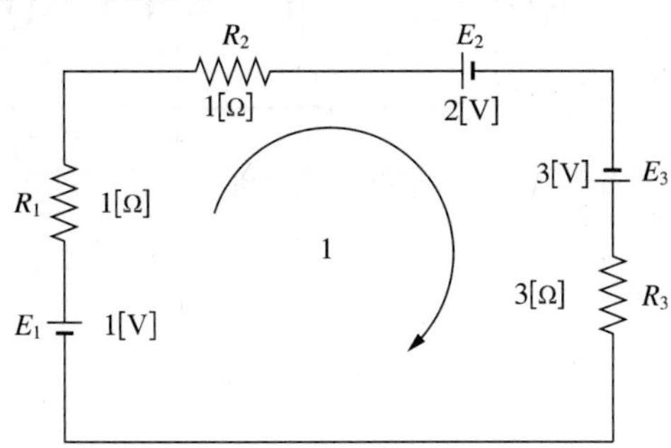

그림에서 루프 I를 기준으로 전압의 합은 다음과 같다.

$E_1 - E_2 + E_3 = IR_1 + IR_2 + IR_3$ 즉, $\sum E = \sum IR$

$\therefore \sum_{k=1}^{n} V_k = \sum_{k=1}^{n} I_k Z_k$

2 중첩의 정리

중첩의 원리는 다수의 전원을 포함한 회로를 해석할 때 유용한 기법이다. 회로에 다수의 전원이 포함된 경우, 전압원을 동작하지 않는 전원으로 할 경우는 전압원을 단락(short)상태로 처리하고, 전류원을 동작하지 않는 전원으로 할 경우에는 전류원을 개방(open) 상태로 처리해 놓고 회로를 해석한다.

[2개의 전압원을 가진 회로]

[2개의 전류원을 가진 회로]

1. 2개의 전압원을 가진 회로

(1) V_1만 구동하고 V_2는 단락상태로 처리해 놓고 V_1만의 회로로 해석하여 전류를 구한다.

[V_1구동, V_2단락]

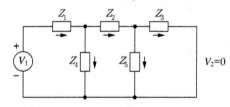

(2) V_2만 구동하고 V_1은 단락상태로 처리해 놓고 V_2만의 회로로 해석하여 전류를 구한다.

[V_1단락, V_2구동]

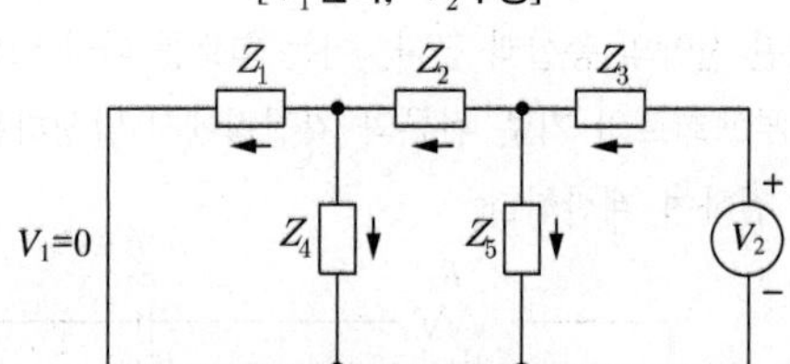

(3) V_1, V_2 모두 구동하고, 방향에 유의하면서 중첩하여 회로의 전류를 구한다.

[2개 전압원에 의한 전류 중첩]

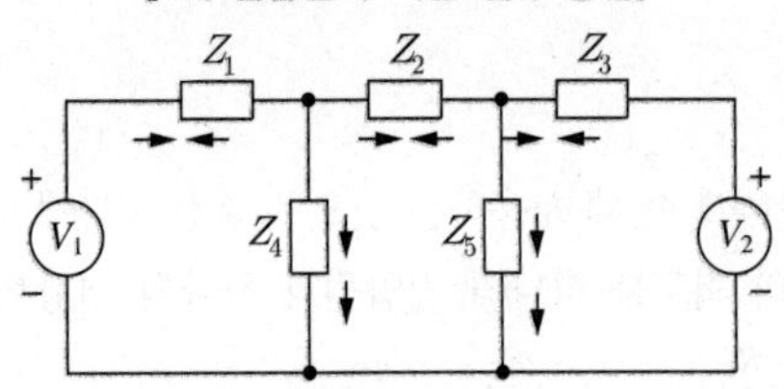

이 회로에서 V_1, V_2의 방향을 고려하여 전류 방향을 해석하면

Z_1, Z_2, Z_3에서의 전류는 서로 반대 방향으로 상쇄하고, Z_4, Z_5에서의 전류는 서로 같은 방향으로 증가한다.

각 전압원에 의한 전류분포를 부하에 따른 전류분배법칙을 적용하여 구할 수 있다.

2. 2개의 전류원을 가진 회로

(1) I_1만 구동하고 I_2는 개방상태로 처리해 놓고 I_1만의 회로로 해석하여 전류를 구한다.

[I_1 구동, I_2 개방]

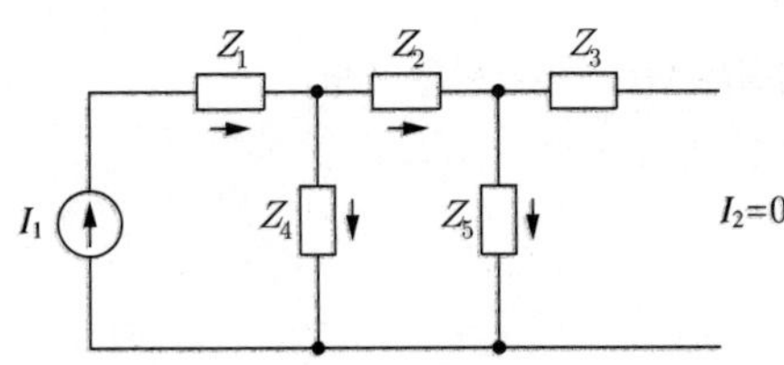

(2) I_2만 구동하고 I_1는 개방상태로 처리해 놓고 I_2만의 회로로 해석하여 전류를 구한다.

[I_2 구동, I_1 개방]

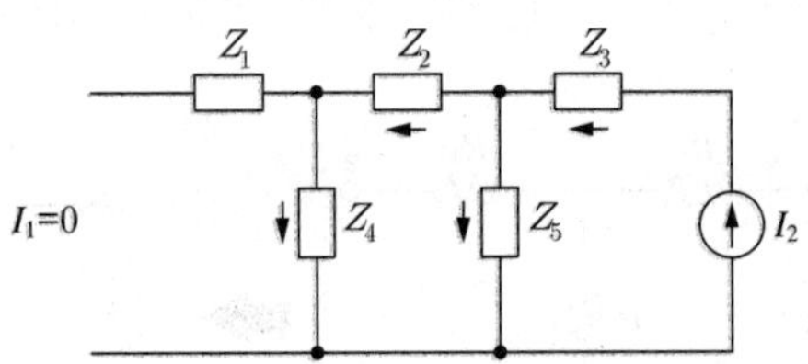

(3) I_1, I_2 모두 구동하고, 방향에 유의하면서 중첩하여 회로의 전류를 구한다.

[2개 전류원에 의한 전류 중첩]

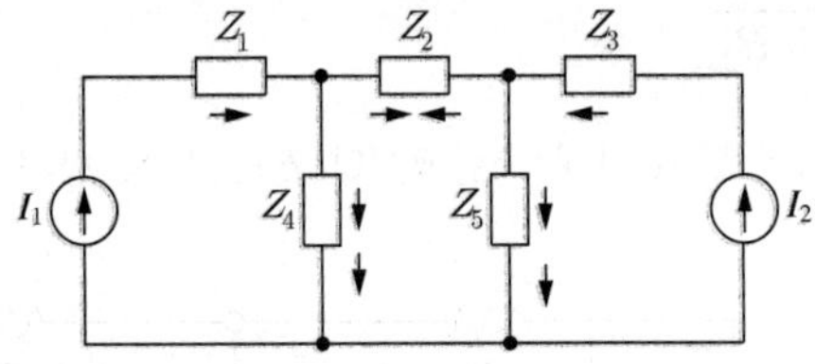

이 회로에서 I_1, I_2의 방향을 고려하여 전류 방향을 해석하면

Z_1, Z_2, Z_3에서의 전류는 서로 반대방향으로 상쇄하고 Z_4, Z_5에서의 전류는 서로 같은 방향으로 증가한다.

마찬가지로 각 전류원에 의한 전류분포를 부하에 따른 전류분배법칙을 적용하여 구할 수 있다.

3 테브난, 노턴, 밀만의 정리

1. 테브난의 정리

테브난의 정리는 복잡한 회로를 간단하게 할 때 사용하는 것으로 특정 소자에 대한 회로를 분석할 때 그 소자의 전단에 복잡하게 회로와 전원이 있는 경우, 전단의 회로를 하나의 전압원과 하나의 저항으로 단순화시키는 것이다.

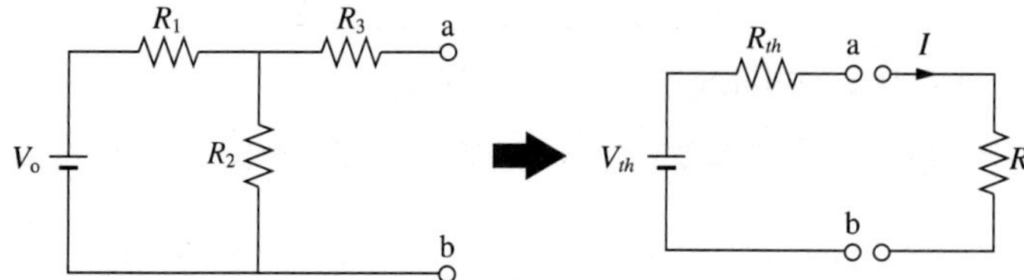

(1) **테브난 전압** : 개방단자 a, b에 발생하는 전압

$$V_{th} = \frac{R_2}{R_1 + R_2} \times V_o$$

(2) **테브난 저항** : 전압원을 단락하고 a, b 단자에서 바라본 합성저항

$$R_{th} = R_3 + \frac{R_1 \times R_2}{R_1 + R_2}$$ (전압원은 단락, 전류원은 개방)

(3) **부하전류** $I = \dfrac{V_{th}}{R_{th} + R_L}$

2. 노턴의 정리

노턴의 정리는 복잡한 전류원과 회로를 하나의 전류원과 병렬의 저항으로 단순화 하는 것으로 등가 전류원의 원리를 이용한 것이다.

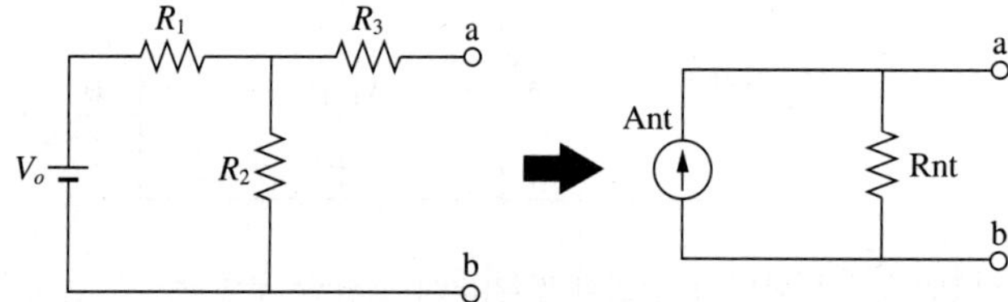

(1) **노턴저항** : $R_N = R_3 + \dfrac{R_1 \times R_2}{R_1 + R_2}$

(2) **부하전류** I : 전체전류를 구하기 위해 아래 그림에서의 I_t와 I_N를 먼저 구해야 한다.

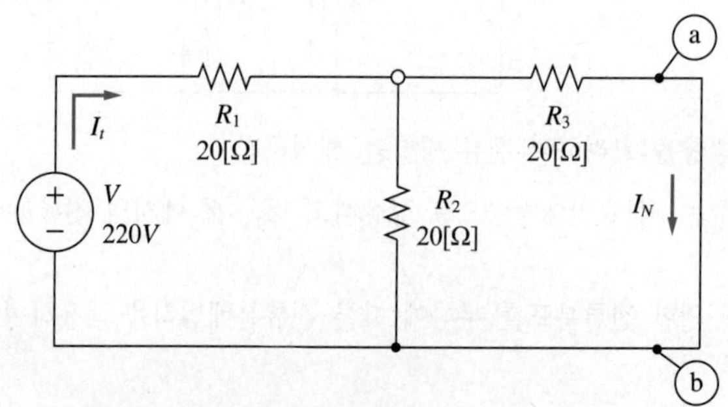

① I_t를 구하기 위해서 선체 합성저항 R_t를 구해야 한다.

$$R_t = \left(R_3 + \frac{R_1 \times R_2}{R_1 + R_2}\right)$$

$$\therefore I_t = \frac{V}{R_t}$$

② a접점과 b접점 사이에 흐르는 전류 I_N을 구한다.

$$I_N = \frac{R_2}{R_2 + R_3} \times I_t$$

③ 아래 그림과 같은 노턴등가회로의 부하전류 I를 구한다.

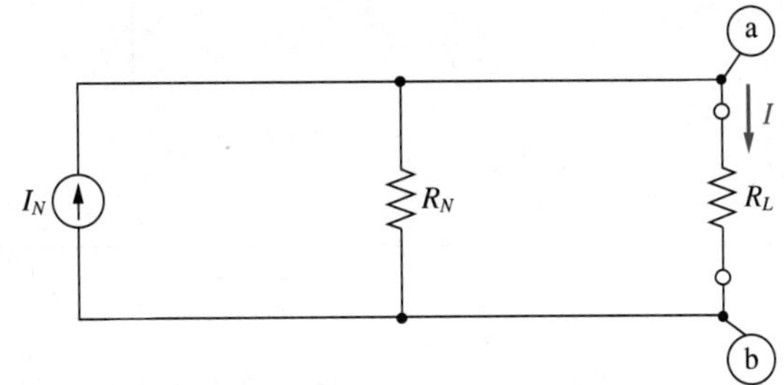

$$I = \frac{R_N}{R_N + R_L} \times I_N$$

개념더하기 전원변환 : 테브난 ↔ 노턴

테브난 회로와 노턴 회로는 쌍대 관계가 있어 서로 등가변환을 할 수 있다.

테브난 회로와 노턴 회로가 서로 쌍대 관계에 있는지 검정해 보자.

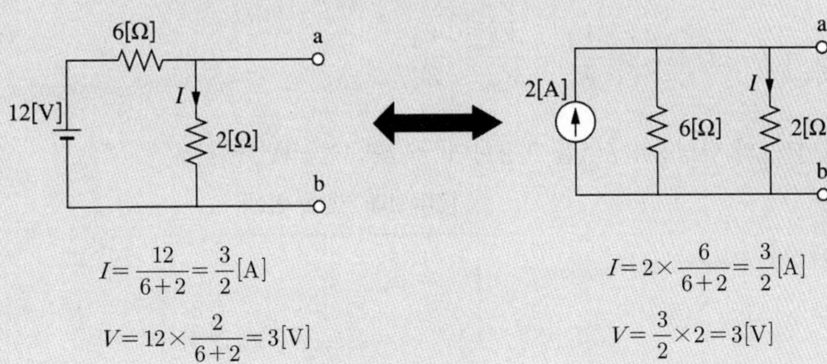

$$I = \frac{12}{6+2} = \frac{3}{2}[A] \qquad I = 2 \times \frac{6}{6+2} = \frac{3}{2}[A]$$

$$V = 12 \times \frac{2}{6+2} = 3[V] \qquad V = \frac{3}{2} \times 2 = 3[V]$$

3. 밀만의 정리

내부 임피던스를 가진 전압원이 여러 개 병렬로 되어 있을 때 합성전압은 각각의 전압원을 단락했을 때 흐르는 전류의 총합을 각각 전원의 어드미턴스 총합으로 나눈 것과 같다는 정리이다.

밀만의 정리는 전압원과 임피던스가 직렬로 연결된 수개의 전원이 병렬로 연결되어 있을 때 두 점간의 전압을 구하는 데 이용된다.

[다수의 내부저항을 가진 전압원 병렬회로]

(1) 위 그림에서 $I_1 = \dfrac{V_1}{Z_1}$, $I_2 = \dfrac{V_2}{Z_2}$, $I_3 = \dfrac{V_3}{Z_3}$ 이고, 회로변환 기법을 활용하여 아래 그림과 같이 전압원을 전류원으로 변환한다.

[전류원으로 회로변환]

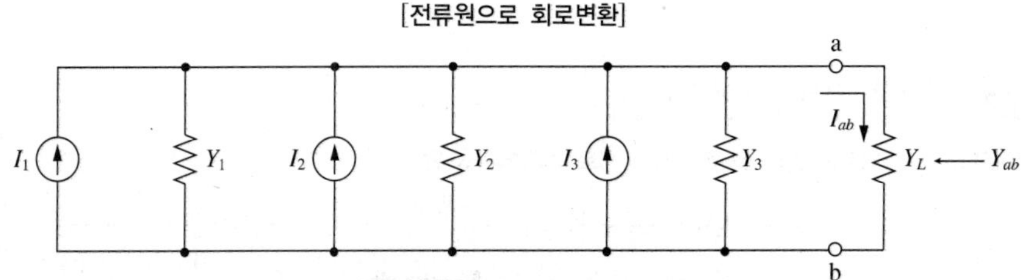

(2) 병렬로 접속된 전류원과 어드미턴스를 회로변환 기법을 적용하여 합성한다.

① 합성어드미턴스 $Y_{ab} = Y_1 + Y_2 + Y_3 + Y_L = \dfrac{1}{Z_1} + \dfrac{1}{Z_2} + \dfrac{1}{Z_3} + \dfrac{1}{Z_L}$

② 합성전류 $I_{ab} = I_1 + I_2 + I_3 = \dfrac{V_1}{Z_1} + \dfrac{V_2}{Z_2} + \dfrac{V_3}{Z_3}$

(3) 합성어드미턴스 Y_{ab}와 합성전류 I_{ab}를 이용하여 등가회로를 그린다.

[전류원과 저항을 합성]

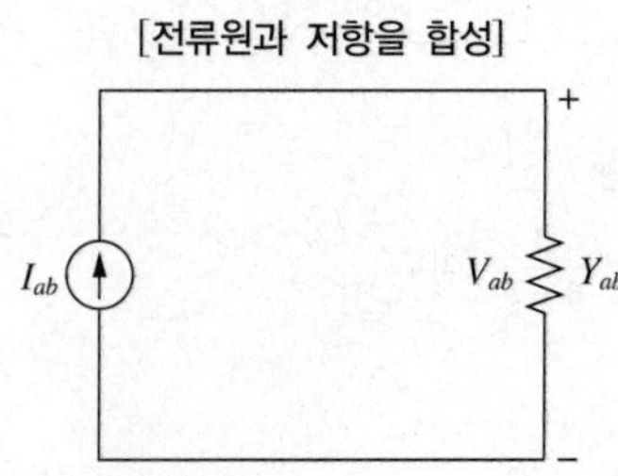

Y_{ab}와 I_{ab}를 이용하여 V_{ab}를 구한다.

$$V_{ab} = \frac{I_{ab}}{Y_{ab}} = \frac{\dfrac{V_1}{Z_1} + \dfrac{V_2}{Z_2} + \dfrac{V_3}{Z_3}}{\dfrac{1}{Z_1} + \dfrac{1}{Z_2} + \dfrac{1}{Z_3} + \dfrac{1}{Z_L}}$$

$$\therefore V_{ab} = \frac{\sum_{k=1}^{n} I_k}{\sum_{k=1}^{n} Y_k} = \frac{\sum_{k=1}^{n} \dfrac{V_k}{Z_k}}{\sum_{k=1}^{n} \dfrac{1}{Z_k}} = \frac{\dfrac{V_1}{Z_1} + \dfrac{V_2}{Z_2} + \cdots + \dfrac{V_n}{Z_n}}{\dfrac{1}{Z_1} + \dfrac{1}{Z_2} + \cdots + \dfrac{1}{Z_n}}$$

4 최대 전력 전달 조건

전원이나 신호원이 출력부하(R, L, C)로 전력을 전송할 때 전원의 임피던스나 출력의 임피던스에 따라 전송되는 전력이 달라진다. 이때 출력 부하에 최대 전력이 전달될 수 있도록 하는 조건이 최대 전력 전달 조건이다.

1. 아래 그림의 등가회로를 통해 내부저항 R_s의 전원으로부터 최대 전력 P_L을 전달받을 수 있도록 부하전력 R_L의 조건은 다음과 같이 알아보도록 한다.

[테브난 등가회로]

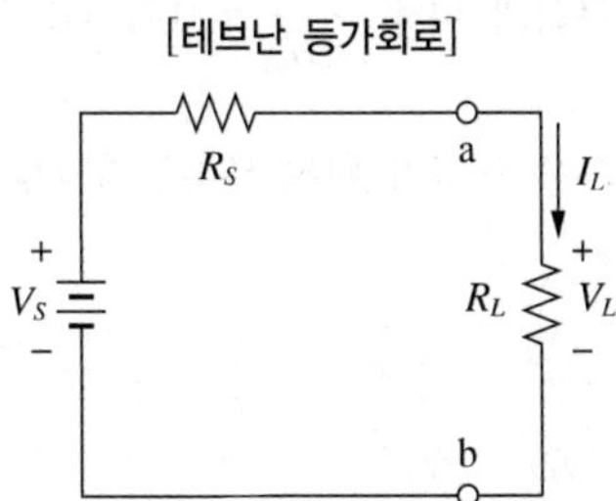

(1) 부하전압

$$V_L = V_S \times \frac{R_L}{R_S + R_L}$$

(2) 부하전류

$$I_L = \frac{V_S}{R_S + R_L}$$

(3) 부하전력

$$P_L = I_L^2 R_L = \left(\frac{V_S}{R_S + R_L}\right)^2 R_L = \frac{R_L}{(R_S + R_L)^2} \times {V_S}^2$$

2. 위에서 구한 부하전력 P_L을 부하저항에 대한 그래프로 그려보면 다음과 같다.

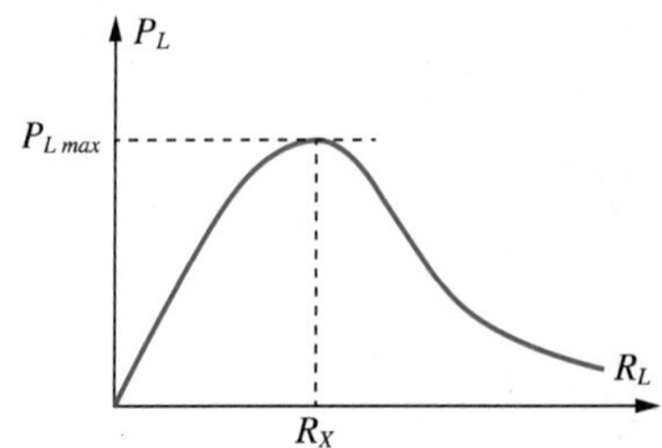

$P_L = V_S{}^2 \times \dfrac{R_L}{(R_S + R_L)^2}$ 의 그래프에서 R_L과 P_L의 관계를 보면

(1) $R_L = 0$ **일 때** $P_L = 0$

(2) $R_L = \infty$ **일 때** $P_L = 0$

(3) $R_L = R_X$ **일 때** $P_L = P_{L\max}$

3. **부하저항 R_X일 때, 부하전력 P_L이 최대 $P_{L\max}$가 되므로 부하저항 R_X을 구해 본다.**

그래프에서 최대 $P_{L\max}$가 되는 지점은 기울기가 0이 되는 지점이므로 기울기가 0이 되는 지점의 부하 저항값을 구하면 된다. 즉, 기울기가 0인 지점의 부하저항을 구하기 위해 $\dfrac{\partial P_L}{\partial R_L} = 0$ 이 되는 부하저항을 구한다.

(1) 먼저, 최대전력을 전달받을 수 있는 R_L을 구하기 위해 부하전력 P_L 양변을 R_L로 미분한다.

$$\begin{aligned}\frac{\partial P_L}{\partial R_L} &= \frac{\partial}{\partial R_L}\left\{\frac{V_S{}^2 R_L}{(R_S + R_L)^2}\right\} \\ &= \frac{V_S{}^2 (R_S + R_L)^2 - 2V_S{}^2 R_L (R_S + R_L)}{(R_S + R_L)^4} \\ &= V_S{}^2 (R_S + R_L) \frac{(R_S + R_L) - 2R_L}{(R_S + R_L)^4} \\ &= V_S{}^2 (R_S + R_L) \frac{R_S - R_L}{(R_S + R_L)^4} \equiv V_S{}^2 \frac{R_S - R_L}{(R_S + R_L)^3}\end{aligned}$$

(2) 위 결과값이 0이 되는 조건을 구한다.

$\dfrac{\partial P_L}{\partial R_L} = V_S{}^2 \dfrac{(R_S - R_L)}{(R_S + R_L)^3} = 0$ 즉, $R_S = R_L$일 때 최대 전력이 전달된다.

(3) 이때, 전달되는 최대전력 $P_{L\max}$를 구한다.

$$P_{L\max} = V_S{}^2 \times \frac{R_L}{(R_L + R_L)^2} = V_S{}^2 \times \frac{R_L}{4R_L{}^2} = \frac{V_S{}^2}{4R_L} \qquad \therefore\ P_{L\max} = \frac{V_S{}^2}{4R_L}$$

회로망 해석

1 루프 해석법(폐로 해석법)

루프 해석법은 회로의 루프 전류를 구하기 위해 키르히호프 전압법칙(KVL)을 이용한다. 루프 전류를 구하면 전압을 계산하기 위해 옴의 법칙을 이용한다.

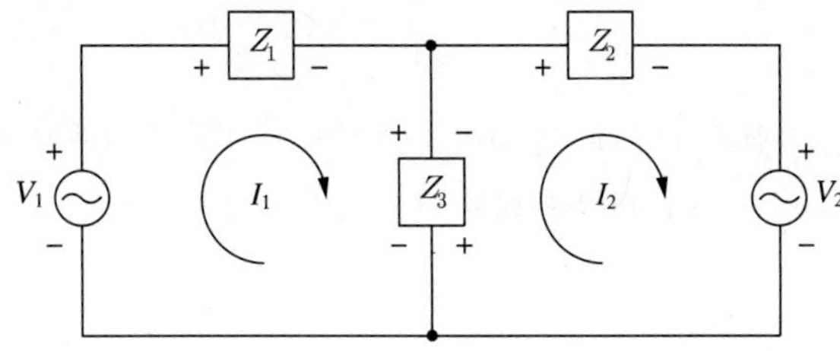

1. 1단계

위 그림처럼 회로에서 독립적인 루프의 수를 결정한 후 I_1, I_2와 같이 독립적인 각 루프 전류를 지정한다. n개의 루프를 갖는 회로는 n개의 루프 전류가 지정되며, 이 루프 전류는 각각 독립된 전류방정식을 갖는다.

2. 2단계

루프 전류에 의한 각 소자의 전압 강하, 전압 상승을 나타내는 극성을 표시한다.

3. 3단계

설정한 각각의 루프에 대해 루프의 방향대로 KVL을 이용하여 독립식을 세운다. KVL 식을 세울 때 종속 전압원은 독립 전압원과 동일하게 취급한다.
KVL에 의하여 V_1, V_2에 대한 식을 세우면 다음과 같다.

(1) $V_1 = Z_1 I_1 + Z_3(I_1 - I_2)$

(2) $-V_2 = -Z_3 I_1 + (Z_2 + Z_3) I_2$

4. 4단계

V_1, V_2의 두 식을 matrix하여 루프전류 I_1, I_2를 구할 수 있다.

$$\begin{pmatrix} Z_1 + Z_3 & -Z_3 \\ -Z_3 & Z_2 + Z_3 \end{pmatrix}\begin{pmatrix} I_1 \\ I_2 \end{pmatrix} = \begin{pmatrix} V_1 \\ -V_2 \end{pmatrix}$$

2 마디 해석법(절점 해석법)

마디 해석법은 회로의 마디 전압을 구하기 위해 키르히호프 전류법칙(KCL)을 이용한다. 마디 전압은 각 마디와 미리 설정한 기준마디, 접지로 정의한다.

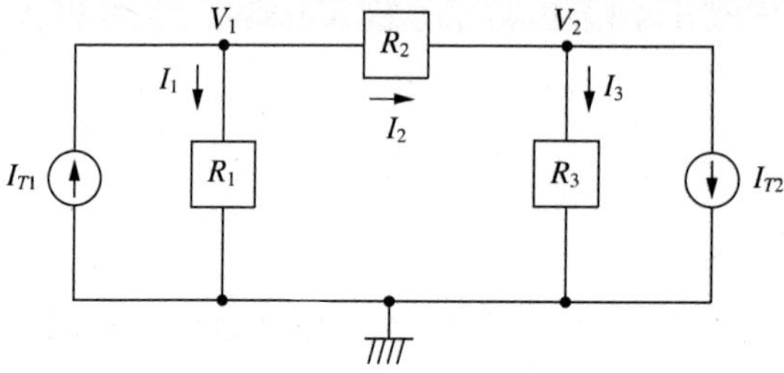

1. 1단계

회로에서 마디의 수를 구한 후 위 그림의 V_1, V_2와 같이 기준 마디를 정하고 기준 마디와 다른 비기준 마디 사이에 마디 전압을 정한다. 이때 모든 마디 전압은 기준 마디에 대해 양의 값으로 가정한다.

2. 2단계

기준 마디를 제외한 각 마디에 KCL을 적용하여 독립 방정식을 세운다.

$I = RV$이고, $I_{T_1} - I_1 - I_2 = 0$, $I_2 - I_3 - I_{T_2} = 0$이므로

$$I_{T_1} - I_1 - I_2 = 0 \Rightarrow I_{T_1} - R_1 V_1 - R_2(V_1 - V_2) = 0 \cdots ①$$

$$I_2 - I_3 - I_{T_2} = 0 \Rightarrow R_2(V_1 - V_2) - R_3 V_2 - I_{T_2} = 0 \cdots ②$$

①, ②식을 정리하면

$$I_{T_1} = (R_1 + R_2)V_1 - R_2 V_2 \cdots ③$$

$$-I_{T_2} = -R_2 V_1 + (R_2 + R_3)V_2 \cdots ④$$

3. 3단계

세운 독립방정식을 matrix를 이용하여 V_1, V_2 전압을 구한다.

$$\begin{pmatrix} R_1 + R_2 & -R_2 \\ -R_2 & R_2 + R_3 \end{pmatrix} \begin{pmatrix} V_1 \\ V_2 \end{pmatrix} = \begin{pmatrix} I_{T_1} \\ -I_{T_2} \end{pmatrix}$$

CHAPTER

06 PART 01 회로이론 과도 현상

1 과도 현상의 개념

과도 현상은 회로에서 스위치를 닫은 후 정상상태에 이르는 사이에 나타나는 여러 가지 현상을 말한다.

- 정상상태 : 회로에서 전류가 일정한 값에 도달한 상태
- 과도상태 : 회로에서 스위치를 닫은 후 정상상태에 이르는 사이의 상태

1. 과도 현상의 해석

소 자	상 태	DC전원	AC전원
L	$t \to 0$ 순간적으로 전원이 인가 또는 제거되었을 때	개방회로	개방회로
	$t \to \infty$ 전원이 인가 또는 제거된 후 충분한 시간이 경과되었을 때	단락회로	$j\omega L$
C	$t \to 0$ 순간적으로 전원이 인가 또는 제거되었을 때	단락회로	단락회로
	$t \to \infty$ 전원이 인가 또는 제거된 후 충분한 시간이 경과되었을 때	개방회로	$-j\dfrac{1}{\omega C}$

2. 실제 회로에서의 과도 현상의 해석 순서

(1) 전원의 인가(제거)가 일어난 직후를 키르히호프 법칙을 이용하여 전압방식을 만든다.

(2) 전원의 인가(제거)가 일어난 직후 C에서의 전압 $v_c(0)$과 L에서의 전류값 $i_L(0)$을 구하여 초기조건을 구한다.

(3) 전원이 인가(제거)된 후 충분한 시간이 경과되어 과도상태가 사라진 후 정상상태에서의 응답을 구한다.

(4) 과도상태에서의 응답을 구한다.

(5) 완전응답을 구한다. 완전응답은 자연응답과 강제응답의 합으로 표시하며 자연응답은 Ke^{st}의 형식을 갖는다.

2 실제 회로에서의 과도 현상 해석

1. $R-L$ 직렬회로

저항 $R[\Omega]$과 인덕턴스 L[H]를 직렬로 연결한 회로에 스위치를 on하여 직류전압 E[V]를 인가할 때의 전류 특성은 다음과 같다.

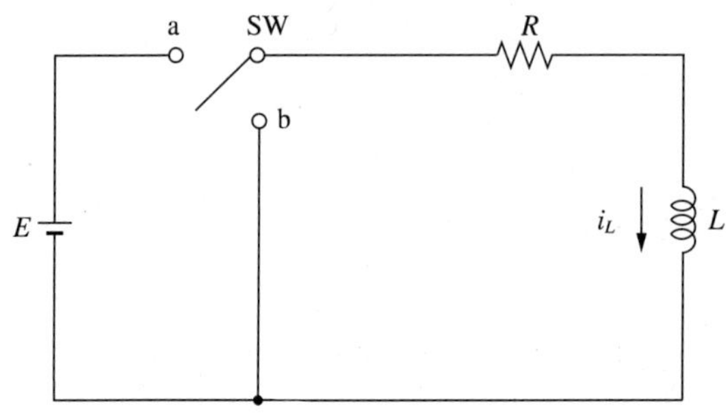

[$R-L$ 직렬회로 해석]

$R-L$ 직렬회로	직류 기전력 인가 시 (S/W on)	직류 기전력 제거 시 (S/W off)
전류 $i_L(t)$	$i_L(t)=\frac{E}{R}\left(1-e^{-\frac{R}{L}t}\right)$[A] (초기조건은 $t=0, i=0$)	$i_L(t)=\frac{E}{R}e^{-\frac{R}{L}t}$[A]
시정수 (정상상태의 전류의 63.2%까지 상승하는 데 걸리는 시간)	$\tau=\frac{L}{R}$[sec]	$\tau=\frac{L}{R}$[sec]
R의 양단전압 V_R	$V_R=E\left(1-e^{-\frac{R}{L}t}\right)$[V]	$V_R=Ee^{-\frac{R}{L}t}$[V]
L의 양단전압 V_L	$V_L=Ee^{-\frac{R}{L}t}$[V]	$V_L=-Ee^{-\frac{R}{L}t}$

2. $R-C$ 직렬회로

저항 $R[\Omega]$과 정전용량 C[F]인 콘덴서를 직렬로 연결한 회로에 스위치를 on하여 직류전압 E[V]를 인가할 때의 전류 특성은 다음과 같다.

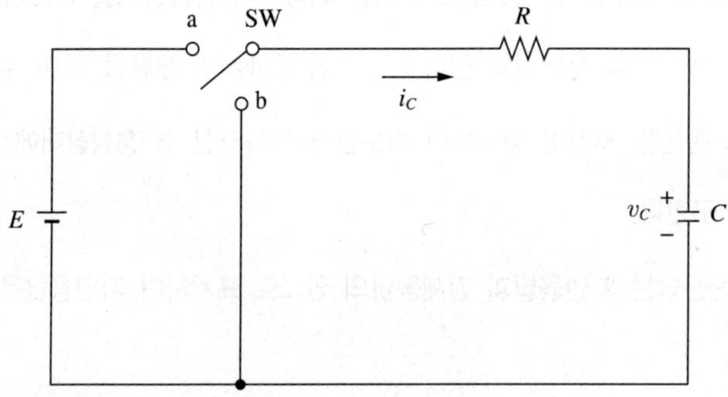

[$R-C$ 직렬회로 해석]

$R-C$ 직렬회로	직류 기전력 인가 시 (S/W on)	직류 기전력 제거 시 (S/W off)
전하 $q(t)$	$q(t)=CE\left(1-e^{-\frac{1}{RC}t}\right)$ [C] (초기조건은 $t=0, q=0$)	$q(t)=CEe^{-\frac{1}{RC}t}$ [C]
전류 $i_C(t)$	$i_C(t)=\frac{E}{R}e^{-\frac{1}{RC}t}$ [A]	$i_C(t)=\frac{E}{R}e^{-\frac{1}{RC}t}$ [A]
시정수 (정상상태의 전류의 63.2%까지 상승하는 데 걸리는 시간)	$\tau=RC$ [sec]	$\tau=RC$ [sec]
R의 양단전압 V_R	$V_R=Ee^{-\frac{1}{RC}t}$ [V]	$V_R=-Ee^{-\frac{1}{RC}t}$ [V]
C의 양단전압 V_C	$V_C=E\left(1-e^{-\frac{1}{RC}t}\right)$ [V]	$V_C=Ee^{-\frac{1}{RC}t}$ [V]

PART 1

3. $R-L-C$ 직렬회로

저항 $R[\Omega]$, 인덕턴스 L[H], 정전용량 C[F]를 직렬로 연결하면 L과 C가 각각 자계와 전계의 형태로 축적하고 있는 전기 에너지를 교대로 회로에 방전하게 된다. 결국 $t=0$인 순간 스위치를 ON할 경우 과도 전류의 특성은 R, L, C 각각의 크기에 따라 세가지 형태의 과도 현상을 고려할 수 있다.

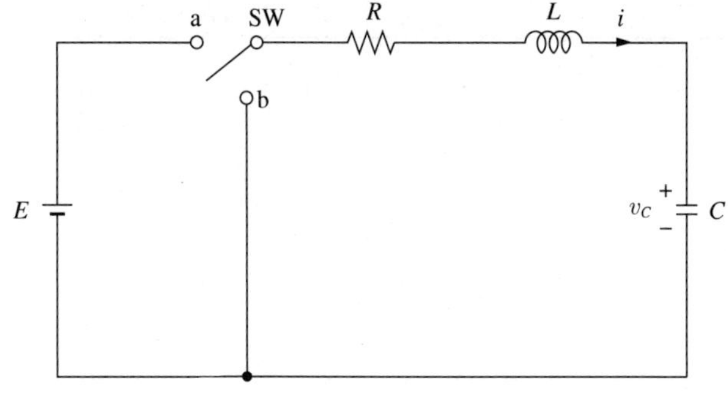

[$R-L-C$ 직렬회로 해석]

$R-L-C$ 직렬회로	공 식	그래프	비 고
평형방정식	$L\frac{di}{dt}+Ri+\frac{1}{C}\int idt=E$ $L\frac{d^2q}{dt^2}+R\frac{dq}{dt}+\frac{q}{C}=E$	–	초기 조건은 $t=0,\ q=0,\ i=0$
비진동인 경우 $\left(R^2>4\frac{L}{C}\right)$	$i=\frac{E}{\gamma L}e^{-at}\sinh\gamma t$[A]	[과제동]	$\alpha=\frac{R}{2L}$ $\gamma=\sqrt{\frac{R^2}{4L^2}-\frac{1}{LC}}$
임계적인 경우 $\left(R^2=4\frac{L}{C}\right)$	$i=\frac{E}{L}e^{-at}t$[A]	[임계제동]	$\alpha=\frac{R}{2L}$
진동인 경우 $\left(R^2<4\frac{L}{C}\right)$	$i=\frac{E}{\beta L}e^{-at}\sin\beta t$[A]	[감쇄진동]	$\alpha=\frac{R}{2L}$ $\beta=\sqrt{\frac{1}{LC}-\frac{R^2}{4L^2}}$

CHAPTER

07 PART 1 회로이론 4단자망

1 "Z", "Y", "h" parameter

4단자망은 R, L, C 소자가 임의의 형태로 구성되어 입력과 출력 그리고 전압과 전류의 관계를 나타내며 V_1, I_1, V_2, I_2의 4개의 변수를 사용하여 전압과 전류의 관계를 나타낸다. 아래 그림에서 I_1, I_2 모두 회로망 내로 유입하는 방향이다.

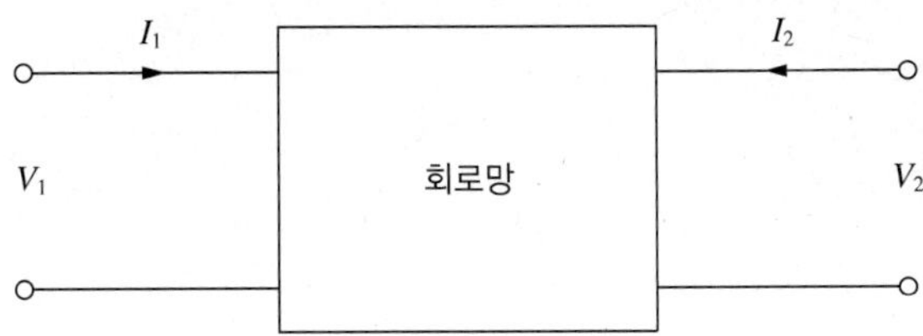

1. "Z" parameter

(1) "Z" 파라미터

$$\begin{bmatrix} V_1 \\ V_2 \end{bmatrix} = \begin{bmatrix} Z_{11} & Z_{12} \\ Z_{21} & Z_{22} \end{bmatrix} \begin{bmatrix} I_1 \\ I_2 \end{bmatrix}$$

$$\begin{cases} V_1 = Z_{11}I_1 + Z_{12}I_2 \\ V_2 = Z_{21}I_1 + Z_{22}I_2 \end{cases}$$

(2) 4단자 정수

$Z_{11} = \left.\dfrac{V_1}{I_1}\right|_{I_2=0}$: 출력 개방 입력 임피던스

$Z_{12} = \left.\dfrac{V_1}{I_2}\right|_{I_1=0}$: 입력 개방 역방향 전달 임피던스

$Z_{21} = \left.\dfrac{V_2}{I_1}\right|_{I_2=0}$: 출력 개방 순방향 전달 임피던스

$Z_{22} = \left.\dfrac{V_2}{I_2}\right|_{I_1=0}$: 입력 개방 출력 임피던스

두 회로망이 직렬로 연결되어 있는 경우에는 “Z” parameter가 유용하다.

각 회로망의 “Z” parameter를 각각 [Z′], [Z″]이라고 하면 다음과 같다.

$Z_{11} = Z_{11}' + Z_{11}''$

$Z_{21} = Z_{21}' + Z_{21}''$

$Z_{22} = Z_{22}' + Z_{22}''$

2. “Y” parameter

(1) “Y” 파라미터

$$\begin{bmatrix} I_1 \\ I_2 \end{bmatrix} = \begin{bmatrix} y_{11} & y_{12} \\ y_{21} & y_{22} \end{bmatrix} \begin{bmatrix} V_1 \\ V_2 \end{bmatrix}$$

$$\begin{cases} I_1 = y_{11} V_1 + y_{12} V_2 \\ I_2 = y_{21} V_1 + y_{22} V_2 \end{cases}$$

(2) 4단자 정수

$y_{11} = \left. \frac{I_1}{V_1} \right|_{V_2 = 0}$: 출력 단락 입력 어드미턴스

$y_{12} = \left. \frac{I_1}{V_2} \right|_{V_1 = 0}$: 입력 단락 역방향 전달 어드미턴스

$y_{21} = \left. \frac{I_2}{V_1} \right|_{V_2 = 0}$: 출력 단락 순방향 전달 어드미턴스

$y_{22} = \left. \frac{I_2}{V_2} \right|_{V_1 = 0}$: 입력 단락 출력 어드미턴스

두 회로망이 병렬로 연결되어 있는 경우에는 “Y” parameter가 유용하다.

각 회로망의 “Y” parameter를 각각 [Y′], [Y″]이라고 하면 다음과 같다.

$y_{11} = y_{11}' + y_{11}''$

$y_{12} = y_{12}' + y_{12}''$

$y_{21} = y_{21}' + y_{21}''$

$y_{22} = y_{22}' + y_{22}''$

3. "h" parameter

(1) "h" parameter

$$\begin{bmatrix} V_1 \\ I_2 \end{bmatrix} = \begin{bmatrix} h_{11} & h_{12} \\ h_{21} & h_{22} \end{bmatrix} \begin{bmatrix} I_1 \\ V_2 \end{bmatrix}$$

$$\begin{cases} V_1 = h_{11} I_1 + h_{12} V_2 \\ I_2 = h_{21} I_1 + h_{22} V_2 \end{cases}$$

(2) 4단자 정수

$h_{11} = \left.\dfrac{V_1}{I_1}\right|_{V_2=0}$: 출력 단락 입력 임피던스 : hi

$h_{12} = \left.\dfrac{V_1}{V_2}\right|_{I_1=0}$: 입력 개방 역방향 전압 이득 : hr

$h_{21} = \left.\dfrac{I_2}{I_1}\right|_{V_2=0}$: 출력 단락 순방향 전류 이득 : hf

$h_{22} = \left.\dfrac{I_2}{V_2}\right|_{I_1=0}$: 입력 단락 출력 어드미턴스 : h_0

두 회로망이 입력은 직렬접속, 출력은 병렬접속인 경우에 유용하게 쓰인다.

2 전송 parameter : F parameter : ABCD parameter

1. "F" parameter

아래 그림에서 I_1은 유입, I_2는 유출하는 방향이다.

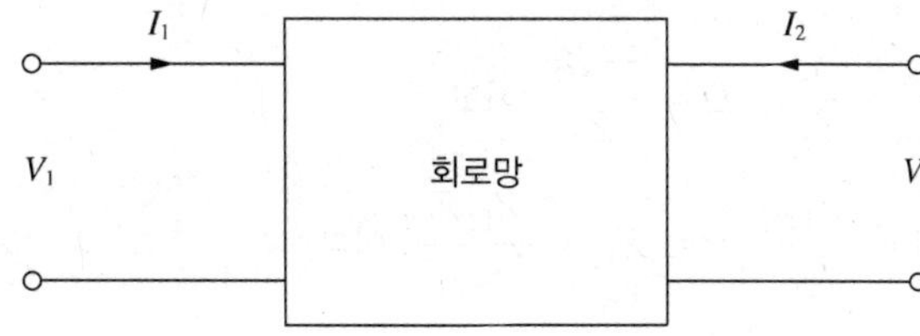

(1) "F" parameter

$$\begin{bmatrix} V_1 \\ I_1 \end{bmatrix} = \begin{bmatrix} A & B \\ C & D \end{bmatrix} \begin{bmatrix} V_2 \\ I_2 \end{bmatrix}$$

$$\begin{cases} V_1 = A V_2 + B I_2 \\ I_1 = C V_2 + D I_2 \end{cases}$$

(2) 4단자 정수

$$A = \left.\frac{V_1}{V_2}\right|_{I_2=0}$$: 출력 개방 역방향 전압 이득

$$B = \left.\frac{V_1}{I_2}\right|_{V_2=0}$$: 출력 단락 역방향 전달 임피던스

$$C = \left.\frac{I_1}{V_2}\right|_{I_2=0}$$: 출력 개방 역방향 전달 어드미턴스

$$D = \left.\frac{I_1}{I_2}\right|_{V_2=0}$$: 출력 단락 역방향 전류 이득

(3) "Z" parameter와 "F" parameter의 관계

$$\begin{pmatrix} V_1 = Z_{11}I_1 + Z_{12}I_2 \cdots ① \\ V_2 = Z_{21}I_1 + Z_{22}I_2 \cdots ② \end{pmatrix}$$

$$\begin{pmatrix} V_1 = AV_2 + BI_2 \cdots ③ \\ I_1 = CV_2 + DI_2 \cdots ④ \end{pmatrix}$$

②식으로부터 $I_1 = \frac{V_2}{Z_{21}} - \frac{Z_{22}}{Z_{21}}I_2 \cdots ⑤$

⑤식을 ①식에 대입하면

$$V_1 = Z_{11}\left(\frac{1}{Z_{21}}V_2 - \frac{Z_{22}}{Z_{21}}I_2\right) + Z_{12}I_2$$

$$= \frac{Z_{11}}{Z_{21}}V_2 + \left(Z_{12} - \frac{Z_{11}Z_{22}}{Z_{21}}\right)I_2 \cdots ⑥$$

④식과 ⑤식을 비교하면 $C = \frac{1}{Z_{21}}$, $D = \frac{-Z_{22}}{Z_{21}}$ 이고

③식과 ⑥식을 비교하면 $A = \frac{Z_{11}}{Z_{21}}$, $B = Z_{12} - \frac{Z_{11}Z_{22}}{Z_{21}}$ 이다.

$\therefore \Delta F = AD - BC = -1$

이때, I_2 방향이 "Z"와 "F"가 서로 반대이므로

$\therefore \Delta F = AD - BC = 1$

3 4단자 정수의 종속접속

$$\begin{bmatrix} V_1 \\ I_1 \end{bmatrix} = \begin{bmatrix} A' & B' \\ C' & D' \end{bmatrix} \begin{bmatrix} V_2 \\ I_2 \end{bmatrix},\ \begin{bmatrix} V_2 \\ I_2 \end{bmatrix} = \begin{bmatrix} A'' & B'' \\ C'' & D'' \end{bmatrix} \begin{bmatrix} V_3 \\ I_3 \end{bmatrix}$$

$$\therefore \begin{bmatrix} V_1 \\ I_1 \end{bmatrix} = \begin{bmatrix} A' & B' \\ C' & D' \end{bmatrix} \begin{bmatrix} A'' & B'' \\ C'' & D'' \end{bmatrix} \begin{bmatrix} V_3 \\ I_3 \end{bmatrix} = \begin{bmatrix} A'A''+B'C'', & A'B''+B'D'' \\ C'A''+D'C'', & C'B''+D'D'' \end{bmatrix} \begin{bmatrix} V_3 \\ I_3 \end{bmatrix}$$

4 기본적인 4단자망의 4단자 정수

회로의 종류 \ 4단자 정수	A	B	C	D
[직렬형]	1	Z	0	1
[병렬형]	1	0	$\frac{1}{Z}$	1
[L형]	$1+\frac{Z_1}{Z_2}$	Z_1	$\frac{1}{Z_2}$	1
[역L형]	1	Z_1	$\frac{1}{Z_2}$	$1+\frac{Z_1}{Z_2}$
[역T형]	$1+\frac{Z_1}{Z_2}$	$\frac{Z_1Z_2+Z_2Z_3+Z_3Z_1}{Z_2}$	$\frac{1}{Z_2}$	$1+\frac{Z_3}{Z_2}$
[역π형]	$1+\frac{Z_2}{Z_3}$	Z_2	$\frac{Z_1+Z_2+Z_3}{Z_1Z_3}$	$1+\frac{Z_2}{Z_1}$

5 영상 파라미터 및 반복 파라미터

구 분		관계식
영상파라미터	영상 임피던스와 4단자 정수의 관계	$Z_{01}=\sqrt{\frac{AB}{CD}}$, $Z_{02}=\sqrt{\frac{BD}{AC}}\left(Z_{01}Z_{02}=\frac{B}{C}, \frac{Z_{01}}{Z_{02}}=\frac{A}{D}\right)$
	전달 정수와 4단자 정수의 관계	$\theta=\log_e(\sqrt{AD}+\sqrt{BC})$ $=\cosh^{-1}\sqrt{AD}=\sinh^{-1}\sqrt{BC}=\tanh^{-1}\sqrt{\frac{BC}{AD}}$
	4단자 정수와 영상 파라미터의 관계	$A=\sqrt{\frac{Z_{01}}{Z_{02}}}\cosh\theta$, $B=\sqrt{Z_{01}Z_{02}}\sinh\theta$ $C=\frac{1}{\sqrt{Z_{01}Z_{02}}}\sinh\theta$, $D=\sqrt{\frac{Z_{02}}{Z_{01}}}\cosh\theta$
반복파라미터	반복 임피던스와 4단자 정수의 관계	$Z_{k1}=\frac{1}{2C}\{(A-D)\pm\sqrt{(A-D)^2+4BC}\}$ $Z_{k2}=\frac{1}{2C}\{(D-A)\pm\sqrt{(D-A)^2+4BC}\}$
	전파 정수의 4단자 정수의 관계	$\gamma=\cosh^{-1}\frac{A+D}{2}$

6 분포 정수 회로

선로는 미소저항 R, 인덕턴스 L이 직렬로 선간에 미소한 정전용량 C와 누설 콘덕턴스 G가 분포되어 있는 가장 대표적인 분포 정수 회로이다. R과 L을 묶어 Z로 나타내고, G와 C를 묶어 Y로 나타낼 수 있으므로 선로는 Z와 Y가 연결되어 있는 것과 같다.

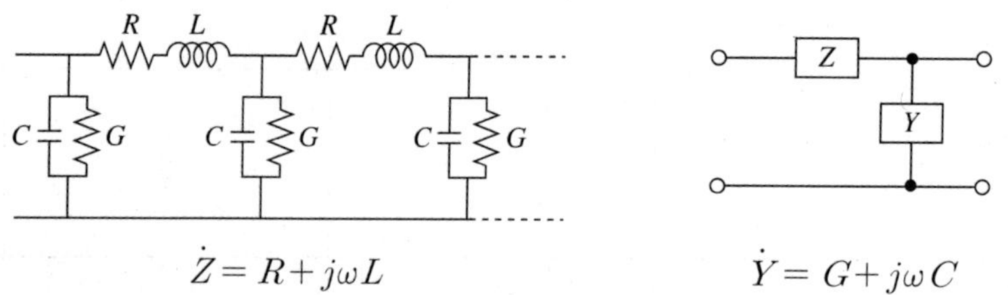

$\dot{Z}=R+j\omega L$ $\qquad$ $\dot{Y}=G+j\omega C$

1. 특성 임피던스 및 전파 정수

구 분	공 식	비 고
특성임피던스	$Z_0=\sqrt{\frac{\dot{Z}}{\dot{Y}}}=\sqrt{\frac{R+j\omega L}{G+j\omega L}}$	–
전파 정수	$\gamma=\sqrt{ZY}=\alpha+j\beta$	α : 감쇠 정수 β : 위상 정수

2. 무손실 선로 및 무왜형 선로

구 분	무손실 선로	무왜형 선로
조 건	$R=0,\ G=0$	$\frac{R}{L}=\frac{G}{C}(RC=LG)$
특성임피던스	$\sqrt{\frac{L}{C}}$	$\sqrt{\frac{L}{C}}$
전파정수	$\alpha+j\beta=j\omega\sqrt{LC}(\alpha=0)$	$\sqrt{RG}+j\omega\sqrt{LC}$
파 장	$\frac{2\pi}{\beta}=\frac{2\pi}{\omega\sqrt{LC}}=\frac{1}{f\sqrt{LC}}$	$\frac{1}{f\sqrt{LC}}$
전파속도	$f\lambda=\frac{2\pi f}{\beta}=\frac{\omega}{\beta}=\frac{1}{\sqrt{LC}}$	$\frac{1}{\sqrt{LC}}$

3. 무왜곡 전송채널의 특성

(1) 모든 주파수 성분에 대하여 감쇠율 또는 증폭율이 일정하다.

(2) 주파수에 대한 위상특성이 선형적이다.

(3) 출력과 입력은 동일한 형태를 유지하되 상수 배가 되고 일정시간 지연될 수 있다.

(4) 주파수 영역에서 전달함수는 스텝함수이다.

CHAPTER

08 PART 1 회로이론
Laplace 변환

1 Laplace 변환의 정의

라플라스 변환이란 시간함수를 복소수 함수로 변환하는 것으로 다음과 같이 정의한다.

$\mathcal{L}=\int_0^\infty e^{-st}dt$이고, $\mathcal{L}[f(t)]=F(s)=\int_0^\infty f(t)e^{-st}dt$ 이다.

2 간단한 함수의 Laplace 변환

$f(t)$	$F(s)$	그래프	비 고
$\delta(t)$	1	$f(t)$, $\frac{1}{A}$, 0, A, t	$f(t)=\{$면적: 1, $t\to 0$: $\infty\}=\delta(t)$ $\mathcal{L}\{\delta(t)\}=\lim\limits_{A\to 0}\int_0^A \frac{1}{A}e^{-st}dt=\lim\limits_{A\to 0}\frac{1}{A}\left[\frac{e^{-st}}{-s}\right]_0^A$ $=\lim\limits_{A\to 0}\frac{1-e^{-sA}}{sA}$ 이를 A에 대해 분자, 분모를 미분 $=\lim\limits_{A\to 0}\frac{0+se^{-sA}}{s}=\lim\limits_{A\to 0}e^{-sA}=1$
$u(t)$, 1	$\frac{1}{s}$	$f(t)$, 1, 0, t	$f(t)=\{0: t<0,\ 1: t>0\}=u(t)$ $\mathcal{L}\{\delta(t)\}=\int_0^\infty 1\cdot e^{-st}dt=\left[-\frac{1}{s}e^{-st}\right]_0^\infty=\frac{1}{s}$
t	$\frac{1}{s^2}$	$f(t)$, 0, t	$f(t)=\{0: t<0,\ t: t>0\}=tu(t)$ $\mathcal{L}[tu(t)]=\int_0^\infty te^{-st}dt=\left[t\cdot\frac{e^{-st}}{-s}\right]_0^\infty+\frac{1}{s}\int_0^\infty e^{-st}dt=\frac{1}{s^2}$
t^n	$\frac{n!}{s^{n+1}}$	5, 4, 3, 2, 1, −3, −2, −1, 1, 2, 3	$\mathcal{L}[t^n u(t)]=\int_0^\infty t^n e^{-st}dt=\left[\frac{e^{-st}\cdot t^n}{-s}\right]_0^\infty+\frac{1}{s}\int_0^\infty nte^{-st}dt=\frac{n!}{s^{n+1}}$
e^{-at}	$\frac{1}{s+a}$	$e^{-\sigma t}$, t	$\mathcal{L}[e^{-at}]=\int_0^\infty e^{-at}e^{-st}dt=\int_0^\infty e^{-(s+a)t}dt=\left[\frac{e^{-(s+a)t}}{-(s+a)}\right]_0^\infty=\frac{1}{s+a}$
e^{at}	$\frac{1}{s-a}$	t	$\mathcal{L}[e^{at}]=\int_0^\infty e^{at}e^{-st}dt=\int_0^\infty e^{-(s-a)t}dt=\left[\frac{e^{-(s-a)t}}{-(s-a)}\right]_0^\infty=\frac{1}{s-a}$

$t^n e^{-at}$	$\dfrac{n!}{(s+a)^{n+1}}$	$e^{-\sigma t}$, t	$\mathcal{L}[t^n e^{-at}] = \int_0^\infty t^n e^{-at} e^{-st} dt = \left[\dfrac{e^{-(s+a)t} \cdot t^n}{-s}\right]_0^\infty = \dfrac{n!}{(s+a)^{n+1}}$
$u(t-a)$	$\dfrac{e^{-as}}{s}$	$f(t)$, 1, 0, a, t	$\mathcal{L}[u(t-a)] = \int_a^\infty 1 \cdot e^{-st} dt = \left[\dfrac{e^{-st}}{-s}\right]_0^\infty = \dfrac{e^{-as}}{s}$

PART 1

$f(t)$	$F(s)$	비 고
$\sin\omega t$	$\dfrac{\omega}{s^2+\omega^2}$	$\sin\omega t$를 Euler정리로 전개한다. $\mathcal{L}[\sin\omega t] = \mathcal{L}\left[\dfrac{e^{j\omega t} - e^{-j\omega t}}{2j}\right]$ $= \dfrac{1}{2j}\left[\int_0^\infty e^{j\omega t} e^{-st} dt - \int_0^\infty e^{-j\omega t} e^{-st} dt\right]$ $= \dfrac{1}{2j}\left[\int_0^\infty e^{-(s-j\omega)t} dt - \int_0^\infty e^{-(s+j\omega)t} dt\right]$ $= \dfrac{1}{2j}\left[\dfrac{1}{s-j\omega} - \dfrac{1}{s+j\omega}\right] = \dfrac{1}{2j}\left[\dfrac{s+j\omega-s+j\omega}{s^2+\omega^2}\right]$ $= \dfrac{1}{2j}\dfrac{2j\omega}{s^2+\omega^2} = \dfrac{\omega}{s^2+\omega^2}$
$\cos\omega t$	$\dfrac{s}{s^2+\omega^2}$	$\cos\omega t$를 Euler정리로 전개한다. $\mathcal{L}[\sin\omega t] = \mathcal{L}\left[\dfrac{e^{j\omega t} + e^{-j\omega t}}{2}\right]$ $= \dfrac{1}{2}\left[\int_0^\infty e^{j\omega t} e^{-st} dt + \int_0^\infty e^{-j\omega t} e^{-st} dt\right]$ $= \dfrac{1}{2}\left[\int_0^\infty e^{-(s-j\omega)t} dt + \int_0^\infty e^{-(s+j\omega)t} dt\right]$ $= \dfrac{1}{2}\left[\dfrac{1}{s-j\omega} + \dfrac{1}{s+j\omega}\right] = \dfrac{1}{2}\left[\dfrac{s+j\omega+s-j\omega}{s^2+\omega^2}\right]$ $= \dfrac{1}{2}\dfrac{2s}{s^2+\omega^2} = \dfrac{s}{s^2+\omega^2}$
$t\sin\omega t$	$\dfrac{2\omega s}{(s^2+\omega^2)^2}$	
$t\cos\omega t$	$\dfrac{s^2-\omega^2}{(s^2+\omega^2)^2}$	
$e^{-at}\sin\omega t$	$\dfrac{\omega}{(s+a)^2+\omega^2}$	
$e^{-at}\cos\omega t$	$\dfrac{s+a}{(s+a)^2+\omega^2}$	
$\sinh\omega t$	$\dfrac{\omega}{s^2-\omega^2}$	
$\cosh\omega t$	$\dfrac{s}{s^2-\omega^2}$	

3 라플라스 변환의 중요한 정리

종 류	공 식
선형석의 정리	$\mathcal{L}[af(t) \pm bg(t)] = a\mathcal{L}[f(t)] \pm b\mathcal{L}[g(t)]$
실미분 정리	$\mathcal{L}\left[\frac{df(t)}{dt}\right] = sF(s) - f(0^+)$ $\mathcal{L}\left[\frac{d^n f(t)}{dt^n}\right] = s^n F(s) - \sum_{k=1}^{n} s^{n-k} f^{k-1}(0^+)$
실적분 정리	$\mathcal{L}\left[\int f(t)dt\right] = \frac{1}{s}F(s) + \frac{1}{s}f^{-1}(0^+)$
상사 정리	$\mathcal{L}[f(at)] = \frac{1}{a}F(\frac{s}{a})$, $\mathcal{L}\left[f(\frac{t}{a})\right] = aF(as)$
시간 추이 정리	$\mathcal{L}[f(t-a)] = e^{-as}F(s)$
복소 추이 정리	$\mathcal{L}[e^{\pm at}f(t)] = F(s \mp a)$
복소 미분 정리	$\mathcal{L}[tf(t)] = -1\frac{d}{ds}F(s)$, $\mathcal{L}[t^n f(t)] = (-1)^n \frac{d^n}{ds^n}F(s)$
복소 적분 정리	$\mathcal{L}\left[\frac{f(t)}{t}\right] = \int_0^{\infty} F(s)ds$
초기값 정리	$f(0^+) = \lim_{t \to 0} f(t) = \lim_{s \to \infty} sF(s)$
최종값 정리	$f(\infty) = \lim_{t \to \infty} f(t) = \lim_{s \to 0} sF(s)$
상승 정리	$\mathcal{L}\left[\int_0^t f_1(t-\tau)f_2(\tau)d\tau\right] = F_1(s)F_2(s)$
복소 상승 정리	$\mathcal{L}[f_1(t)f_2(t)] = \frac{1}{2\pi j}\int_{\gamma - j\infty}^{\gamma + j\infty} F_1(s-\lambda)F_2(\lambda)d\lambda$

4 부분 분수 전개법

$F(s) = \frac{(s-b_1)(s-b_2)(s-b_3)\cdots(s-b_n)}{(s-a_1)(s-a_2)(s-a_3)\cdots(s-a_n)} = \frac{k_1}{s-a_1} + \frac{k_2}{s-a_2} + \cdots\cdots + \frac{k_n}{s-a_n}$ 여기서 k_1, k_2, $\cdots$, k_n을 극점, a_1, a_2, $\cdots$, a_n을 유수라 하며 다음과 같이 구한다.

1. 극점이 중복되지 않는 경우

$$k_1 = \lim_{s \to a1}(s-a_1)F(s)$$

$$k_2 = \lim_{s \to a2}(s-a_2)F(s)$$

$$k_n = \lim_{s \to an}(s-a_n)F(s)$$

2. 극점이 중복되는 경우

$$F(s)=\frac{k_{11}}{(s-a_1)^n}+\frac{k_{21}}{(s-a_1)^n}+\cdots+\frac{k_1}{s-a_1}+\frac{k_2}{s-a_2}+\frac{k_3}{s-a_3}+\cdots+\frac{k_n}{s-a_n}$$ 일 때,

$$k_{11}=\lim_{s\to a1}(s-a_1)^n F(s)$$

$$k_{21}=\lim_{s\to a1}\frac{d}{ds}(s-a_1)^n F(s)$$

$$k_{n1}=\lim_{s\to a1}\frac{1}{(n-1)!}\frac{d^{n-1}}{ds^{n-1}}(s-a_1)^n F(s)$$

k_2, k_3, $\cdots$, k_n은 “1. 극점이 중복되지 않는 경우”의 방법으로 구한다.

PART 1

CHAPTER

09 | PART 1 회로이론
전달함수

1 전달함수의 정의

전달함수는 제어시스템에 가해지는 입력신호에 대하여 출력신호가 어떤 모양으로 나오는가 하는 신호전달 특성을 제어요소에 따라 개별적으로 취급한 것으로 선형미분방정식의 초기값을 0으로 했을 때 출력신호의 라플라스 변환과 입력 신호의 라플라스 변환의 값이다.

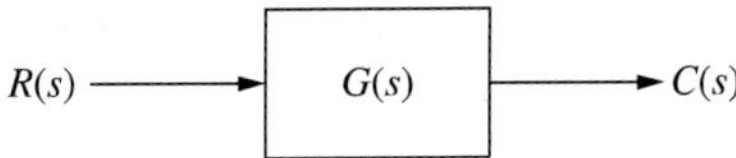

여기서, 초기조건을 0이라 가정하고 입력신호와 출력신호를 Laplace 변환했을 때 전달함수는 다음과 같다.

$$G(s) = \frac{C(s)}{R(s)} = \frac{\text{출력을 라플라스 변환한 값}}{\text{입력을 라플라스 변환한 값}}$$

출력의 Laplace 변환식 $C(s)$는 $C(s) = G(s) \cdot R(s)$이므로 시간영역에서 출력 $c(t)$는 역 Laplace 변환하여 구할 수 있다.
$c(t) = \mathcal{L}^{-1}[G(s) \cdot R(s)]$

2 각종 제어 요소의 전달함수

종 류	입력과 출력의 관계	전달함수	비 고
비례 요소	$y(t) = Kx(t)$	$G(s) = \frac{Y(s)}{X(s)} = K$	K : 비례 감도 또는 이득 정수
적분 요소	[적분요소회로] $y(t) = K\int x(t)dt$	$G(s) = \frac{Y(s)}{X(s)} = \frac{K}{s}$	–
	예 $e(t) = \frac{1}{C}\int i(t)dt$에서 초기값을 0으로 한 경우의 라플라스 변환비 $G(s)$를 구하면 $G(s) = \frac{E(s)}{I(s)} = \frac{\frac{1}{Cs}I(s)}{I(s)} = \frac{1}{Cs}$이다.		

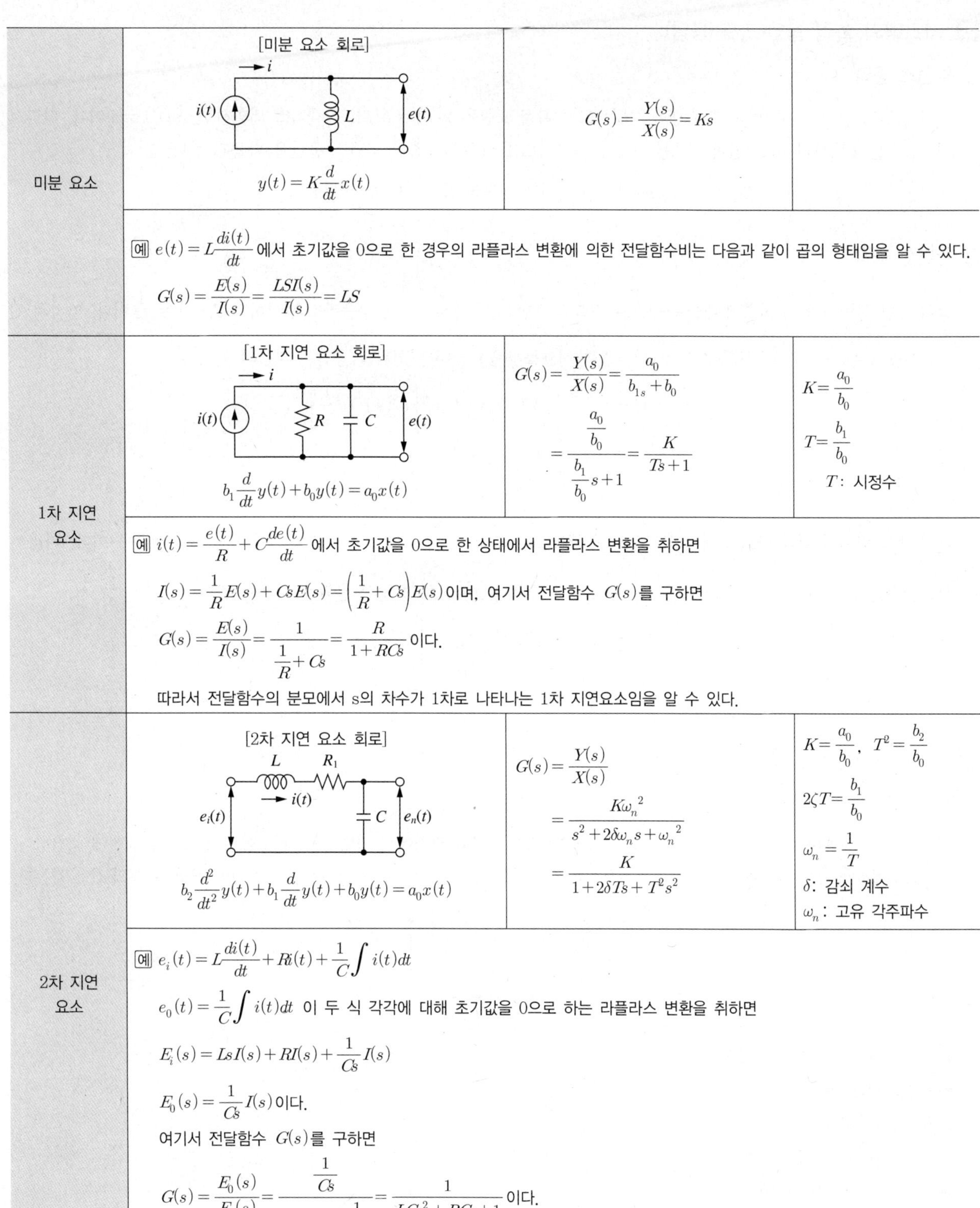

요소	회로 및 미분방정식	전달함수	비고
미분 요소	[미분 요소 회로] i, $i(t)$, L, $e(t)$ $y(t)=K\frac{d}{dt}x(t)$	$G(s)=\frac{Y(s)}{X(s)}=Ks$	
	예 $e(t)=L\frac{di(t)}{dt}$ 에서 초기값을 0으로 한 경우의 라플라스 변환에 의한 전달함수비는 다음과 같이 곱의 형태임을 알 수 있다. $G(s)=\frac{E(s)}{I(s)}=\frac{LSI(s)}{I(s)}=LS$		
1차 지연 요소	[1차 지연 요소 회로] i, $i(t)$, R, C, $e(t)$ $b_1\frac{d}{dt}y(t)+b_0y(t)=a_0x(t)$	$G(s)=\frac{Y(s)}{X(s)}=\frac{a_0}{b_{1s}+b_0}$ $=\frac{\frac{a_0}{b_0}}{\frac{b_1}{b_0}s+1}=\frac{K}{Ts+1}$	$K=\frac{a_0}{b_0}$ $T=\frac{b_1}{b_0}$ T: 시정수
	예 $i(t)=\frac{e(t)}{R}+C\frac{de(t)}{dt}$ 에서 초기값을 0으로 한 상태에서 라플라스 변환을 취하면 $I(s)=\frac{1}{R}E(s)+CsE(s)=\left(\frac{1}{R}+Cs\right)E(s)$ 이며, 여기서 전달함수 $G(s)$를 구하면 $G(s)=\frac{E(s)}{I(s)}=\frac{1}{\frac{1}{R}+Cs}=\frac{R}{1+RCs}$ 이다. 따라서 전달함수의 분모에서 s의 차수가 1차로 나타나는 1차 지연요소임을 알 수 있다.		
2차 지연 요소	[2차 지연 요소 회로] L, R_1, $i(t)$, $e_i(t)$, C, $e_o(t)$ $b_2\frac{d^2}{dt^2}y(t)+b_1\frac{d}{dt}y(t)+b_0y(t)=a_0x(t)$	$G(s)=\frac{Y(s)}{X(s)}$ $=\frac{K\omega_n^2}{s^2+2\delta\omega_n s+\omega_n^2}$ $=\frac{K}{1+2\delta Ts+T^2s^2}$	$K=\frac{a_0}{b_0}$, $T^2=\frac{b_2}{b_0}$ $2\zeta T=\frac{b_1}{b_0}$ $\omega_n=\frac{1}{T}$ δ: 감쇠 계수 ω_n: 고유 각주파수
	예 $e_i(t)=L\frac{di(t)}{dt}+Ri(t)+\frac{1}{C}\int i(t)dt$ $e_0(t)=\frac{1}{C}\int i(t)dt$ 이 두 식 각각에 대해 초기값을 0으로 하는 라플라스 변환을 취하면 $E_i(s)=LsI(s)+RI(s)+\frac{1}{Cs}I(s)$ $E_0(s)=\frac{1}{Cs}I(s)$ 이다. 여기서 전달함수 $G(s)$를 구하면 $G(s)=\frac{E_0(s)}{E_i(s)}=\frac{\frac{1}{Cs}}{Ls+R+\frac{1}{Cs}}=\frac{1}{LCs^2+RCs+1}$ 이다. 따라서 전달함수에서 분모의 s차수가 2차 함수이므로 2차 지연 요소임을 나타낸다.		

3 시스템의 출력 응답(과도 응답)

1. 임펄스 응답

단위 임펄스 입력의 이비력 신호에 대한 응답으로 수학적 표현은 $x(t) = \delta(t)$, 라플라스 변환하면 $X(s) = 1$이다. 따라서 전달함수를 $G(s)$라 하고 입력 신호를 $x(t)$, 출력 신호를 $y(t)$라 하면 임펄스 응답은 다음과 같다.

$$y(t) = \mathcal{L}^{-1}[Y(s)] = \mathcal{L}^{-1}[G(s) \cdot 1]$$

2. 인디셜 응답

단위 계단 입력의 입력 신호에 대한 응답으로 수학적 표현은 $x(t) = u(t)$, 라플라스 변환하면 $X(s) = \frac{1}{s}$이다. 따라서 전달함수를 $G(s)$라 하고 입력신호를 $x(t)$, 출력 신호를 $y(t)$라 하면 인디셜 응답은 다음과 같다.

$$y(t) = \mathcal{L}^{-1}[Y(s)] = \mathcal{L}^{-1}\left[G(s) \cdot \frac{1}{s}\right]$$

3. 경사 응답

단위 램프 입력의 입력 신호에 대한 응답으로 수학적 표현은 $x(t) = tu(t)$, 라플라스 변환하면 $X(s) = \frac{1}{s^2}$이다. 따라서 전달함수를 $G(s)$라 하고 입력신호를 $x(t)$, 출력 신호를 $y(t)$라 하면 경사 응답은 다음과 같다.

$$y(t) = \mathcal{L}^{-1}[Y(s)] = \mathcal{L}^{-1}\left[G(s) \cdot \frac{1}{s^2}\right]$$

4 제어 시스템의 블록 선도와 흐름선도

1. 블록 선도

블록 선도로 표현하는 시스템에서 전달함수는 블록 선도의 간략화 과정에서 입력 출력 변수들의 상호관계 표현에 적합하다. 전달함수에서 분자는 입력에서 출력으로 향하는 전달함수이고, 분모는 폐루프 전달함수로 궤환값에 따라 −, +의 값을 갖는다.

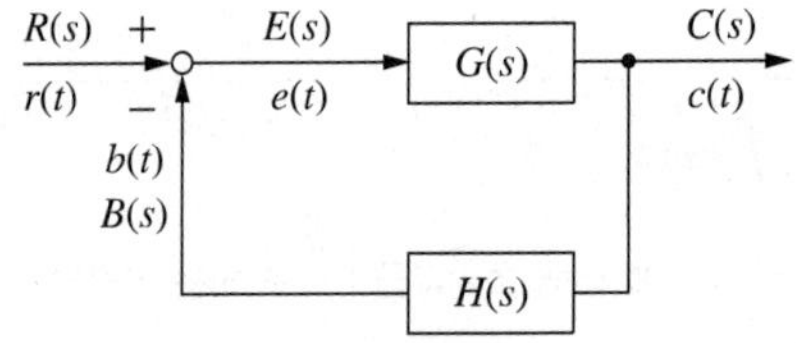

- ▶ $r(t)$, $R(s)$ = 기준 입력신호
- ▶ $c(t)$, $C(s)$ = 출력신호
- ▶ $b(t)$, $B(s)$ = 피드백 신호
- ▶ $c(t)$, $E(s)$ = 동작 신호
- ▶ $H(s)$ = 피드백 전달함수

$E(s) = R(s) - B(s)$이고 $B(s) = H(s)C(s)$이므로

$C(s) = G(s)E(s) = G(s)[R(s) - B(s)] = G(s)R(s) - G(s)H(s)C(s)$ 정리하면

$[1 + G(s)H(s)]\,C(s) = G(s)R(s)$가 된다. 이를 다시 $C(s)$를 좌변으로 정리하면

$$C(s) = \frac{G(s)}{1+G(s)H(s)} \cdot R(s)$$

$$\therefore \text{전달함수} = \frac{C(s)}{R(s)} = \frac{G(s)}{1+G(s) \cdot H(s)}$$

이 전달함수를 가지고 블록 선도를 그려보면 다음과 같다.

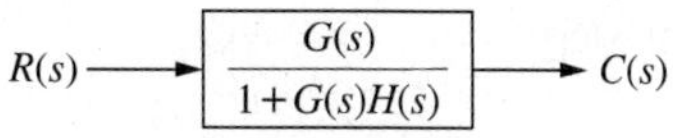

$R(s)$ → $\boxed{\dfrac{G(s)}{1+G(s)H(s)}}$ → $C(s)$

2. 신호 흐름 선도

블록 선도 시스템은 복잡한 시스템의 전달함수를 구할 때 번거롭고 어렵다. 때문에 시스템 변수 사이의 관계를 나타내는 다른 방법인 신호 흐름 선도를 Mason이 제안하였다. 신호 흐름 선도는 시스템을 선으로 나타내어 다변수 시스템의 도식적으로 편리하게 표현할 수 있다.

(1) Mason의 정리

$$G(s) = \frac{\sum \text{전향경로이득}}{1-\sum \text{루프이득}} = \frac{M_1\Delta_1 + M_2\Delta_2 + M_3\Delta_3 \cdots}{1-\sum P_{n1} + \sum P_{n2} - \sum P_{n3} + \cdots}$$

전향경로와 루프가 접하고 있으면 Δ_n은 1이나, 떨어져 있는 경우에는 (1−루프이득)이 된다. P_{n1}은 각 루프의 합이고 P_{n2}는 두 개의(P_{n3}은 세 개의) 서로 떨어져 있는 루프의 이득들의 곱의 합이다.

(2) 신호 흐름 선도의 등가 변환

구 분	블록 선도	신호 흐름 선도
신 호	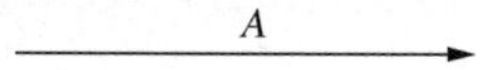 A	A
전달 요소 $B = G \cdot A$	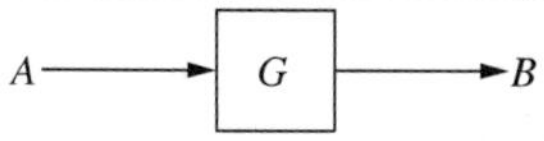 A, G, B	 A, G, B
가합점 $C = A \pm B$	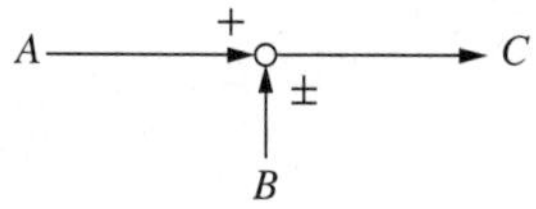 A, +, ±, B, C	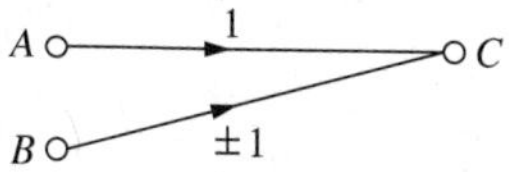 A, 1, C, B, ±1
인출점 $A = B + C$	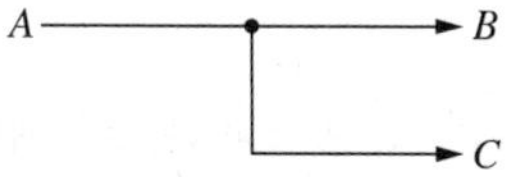 A, B, C	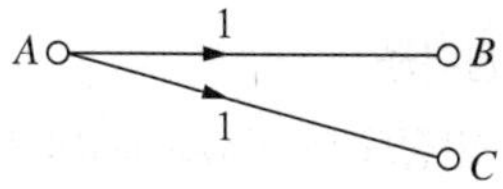 A, 1, B, 1, C
직렬 접속 $C = G_1 \cdot G_2 \cdot A$	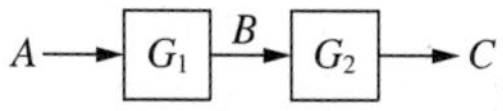 A, G_1, B, G_2, C	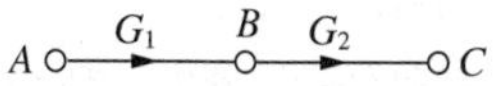 A, G_1, B, G_2, C
병렬접속 $D = (G_1 \pm G_2)A$	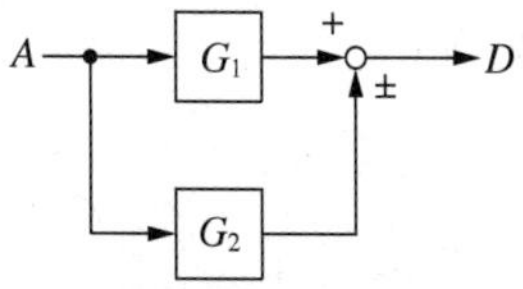 A, G_1, +, ±, D, G_2	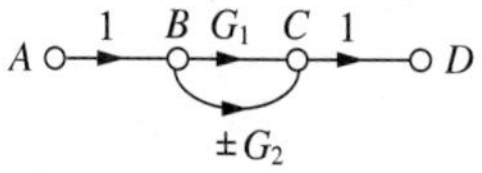 A, 1, B, G_1, C, 1, D, $\pm G_2$
피드백 접속 $D = \dfrac{G}{1 \mp GH} \cdot A$	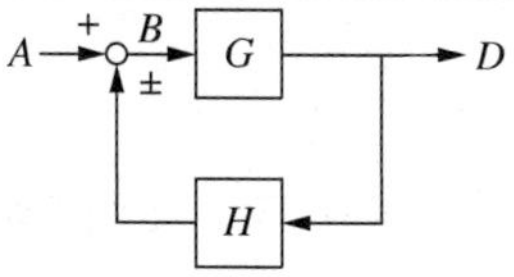 A, +, B, ±, G, D, H	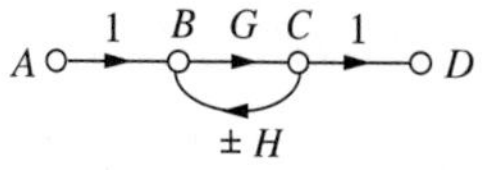 A, 1, B, G, C, 1, D, $\pm H$

5 제어계의 안정도 판별법

시스템의 안정도란 시스템의 입력, 초기값 또는 시스템 매개변수의 작은 변화에 따라 시스템 출력이 크게 변하지 않는 것을 의미한다. 일반적으로 시스템이 안정하다는 것은 다음의 두 조건을 만족하는 경우이다.

- 시스템이 유한한 입력에 대해서 유한한 출력을 갖는다.
- 입력이 없는 경우 초기값에 관계없이 출력이 0이 된다.

선형 시스템 안정도 판별법은 Routh–Hurwitz 판별법, Nyquist 판별법, 근궤적법, Bode 선도, Lyapunov 판별법 등이 이용되고 있다.

1. Routh–Hurwitz 안정도 판별법

Routh–Hurwitz 판별법은 영점을 구하지 않고 s평면의 좌반면과 우반면에서 일정한 실수계수를 갖는 다항식 영점 위치를 결정하는 방법이다.

(1) Routh표 작성

① 특성방정식 즉 전달함수의 분모를 0으로 취한 값을 구한다.

예 3차 방정식인 경우

$$1+G(s)H(s)=as^3+bs^2+cs+d=0$$

② 특성방정식의 계수를 다음과 같이 Routh표의 1, 2번째 줄에 작성한다.

$$\begin{matrix} a & & c \\ \downarrow & \nearrow & \downarrow \\ b & & d \end{matrix}$$

③ 다음 계산 방법으로 Routh표를 완성한다.

$$\begin{matrix} s^3 & a & c \\ s^2 & b & d \\ s^1 & \dfrac{bc=ad}{b}=h & \dfrac{0}{b} \\ s^0 & \dfrac{hd-0}{h}=d & 0 \end{matrix}$$

(2) 판정내용

① **안정요건** : Routh표의 제1열의 부호가 모두 0보다 커야 한다. 즉, 제1열의 값의 부호변화가 있으면 회로는 불안정하다.

② **불안정근의 개수** : Routh표의 제1열의 값의 부호 변화 회수

③ **안정근의 개수** : s의 최고차수 – 불안정근의 개수

6 보드 선도(Bode plot)

1. 보드 선도의 개요

주파수 응답의 도표적 표현법 중 하나로 주파수에 따른 응답 크기 및 위상을 직교좌표계 상에 나타낸 선도이다.

2. 보드 선도의 이득곡선

주파수 전달함수(주파수 응답특성)을 $G(j\omega)$이라 할 때 데시벨 이득과 대수눈금의 각 주파수를 그래프로 그려 놓은 것을 보드 선도의 이득곡선이라 한다. 보드 선도의 이득곡선을 그리기 위해서는 이득곡선의 기울기를 구해야 한다.

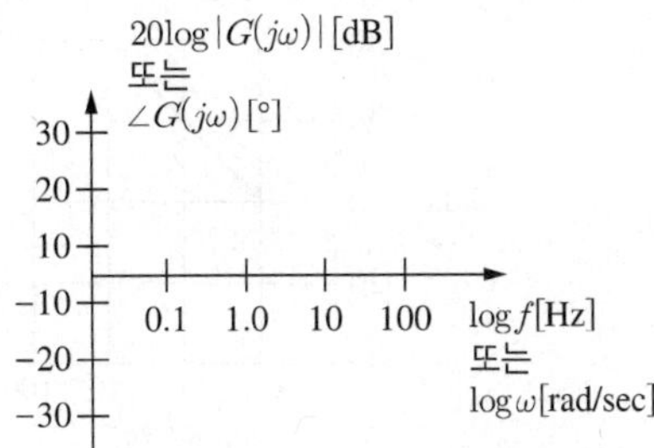

$+y$축 : 데시벨 이득 $g[\text{dB}] = 20\log|G(j\omega)|$

$-y$축 : 위상각 $\angle G(j\omega)$

x축 : 대수눈금의 각주파수(10배 등간격 눈금) $\log\omega[\text{rad}]$, $\log f[\text{Hz}]$

(1) 이득곡선의 기울기

이득곡선의 기울기를 구하면 $G(s) = s^n$에서 $G(j\omega) = (j\omega)^n = \omega^n \angle 90° n$이므로 데시벨 이득$g[\text{dB}] = 20\log|G(j\omega)| = 20\log\omega^n = 20n\log\omega$이다. 이를 통해 기울기는 $20n$[dB/dec]임을 알 수 있다. 이때 위상각은 $\angle 90° n$이다.

$\therefore$ 이득곡선의 기울기$=20n$ (이때, n은 차수이다)

(2) 위상각

위상각은 $90° n$에서 구한다.

예 $G(j\omega) = \dfrac{1}{10(j\omega)^2}$인 시스템에서

$G(s) = \dfrac{1}{10s^2} = \dfrac{1}{10}s^{-2}$으로 데시벨이득 $g[\text{dB}] = 20\log|G(j\omega)| = 20\log\omega^n = 20n\log\omega$에 대입하면

$20n\log\omega = -2 \cdot 20\log\dfrac{1}{10}s$이다.

$\therefore$ 차수$n = -2$

1[decade]당 기울기: $20n = 20 \times (-2) = -40[\text{dB/dec}]$

이때의 위상각: $90n = 90 \times (-2) = -180°$

[참고]

보드 선도의 이득곡선을 예를 들어 알아보자.

1. 분자의 절점 각주파수인 경우

예 $G(s) = 1 + 10s$

(1) $G(j\omega) = 1 + j10\omega$에서 $\omega = 0$을 대입하면 $G(0) = 1$

$\therefore g[\text{dB}] = 20\log|G(j\omega)| = 20\log 1 = 0[\text{dB}]$

(2) $1=10\omega$로부터 꺾이는 지점의 각주파수(절점주파수)$\omega=\dfrac{1}{10}=0.1$

(3) s가 1차이므로 이득곡선의 기울기는 $20n=20\times1=20[\text{dB/dec}]$이며 절점 각주파수에서 각주파수가 10배 증가할 때마다 20[dB]만큼 증가하게 된다. 따라서 보드 선도의 이득곡선은 다음 그래프와 같이 그릴 수 있다.

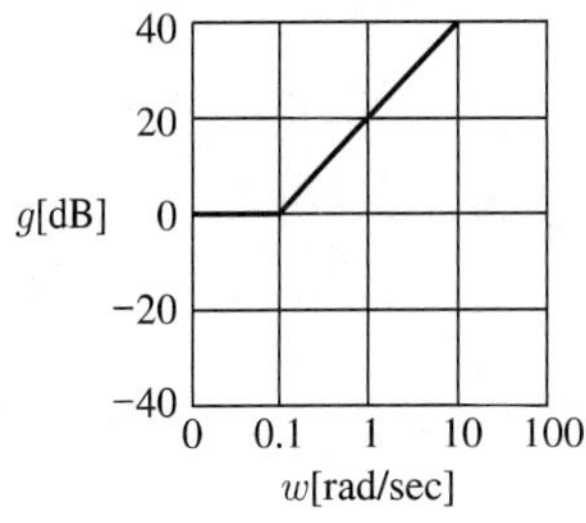

2. 분모의 절점 각주파수인 경우

예 $G(s)=\dfrac{10}{(s+1)(10s+1)}$의 경우

(1) $G(j\omega)=\dfrac{10}{(1+j\omega)(1+j10\omega)}$에서 $\omega=0$을 대입하면

$G(0)=\dfrac{10}{1\times1}=10$

$\therefore\ g[\text{dB}]=20\log|G(j\omega)|=20\log10=20[\text{dB}]$

(2) $1=\omega$와 $1=10\omega$로부터 절점 각주파수는 $1=\omega,\ \omega=0.1$

(3) s가 1차, 2차 모두 있으므로 이득곡선의 기울기는 $20n=20\times1=20[\text{dB/dec}]$, $20n=20\times2=40[\text{dB/dec}]$가 된다.

따라서 첫 번째 절점 각주파수에서 20[dB/dec] 감소, 두 번째 절점 각주파수에서 40[dB/dec] 감소한다. 이를 그래프로 그리면 아래와 같이 된다.

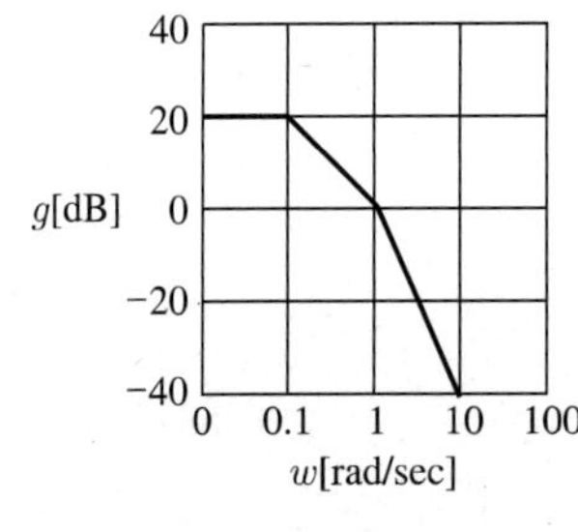

PART 2

반도체 다이오드 회로

반도체

1 물질의 원자모델

1. Rutherford의 원자모형과 Bohr의 정리

Rutherford는 원자가 양으로 대전된 하나의 원자핵과 그 주위를 돌고 있는 전자 군으로 구성되어 있다는 원자모형을 제시하였고, Bohr는 여기에 원자핵 주위의 전자는 어느 특정 에너지 준위의 궤도에서 운행하고 전자가 높은 에너지 준위에서 낮은 에너지 준위로 떨어질 때 두 준위의 에너지 차 값에 해당되는 에너지를 빛의 형태로 방출한다고 가정하였다.

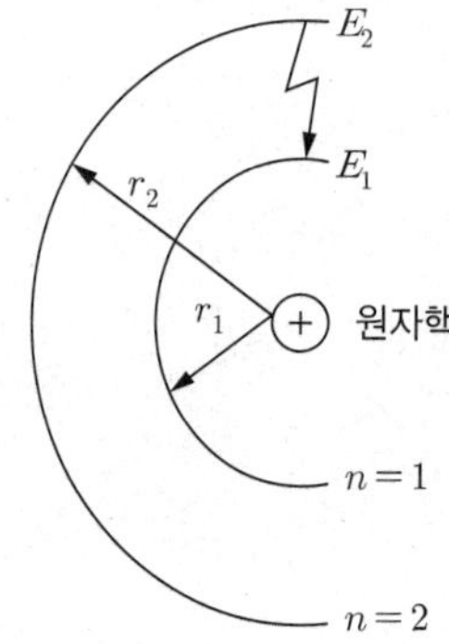

$$\triangle E = E_2 - E_1 [\mathrm{eV}] = h\nu = h\frac{c}{\lambda}[\mathrm{eV}]$$

(이때, ν : 방출(혹은 흡수)되는 빛의 진동수, λ : 방출되는 빛의 파장, h : Plank 상수 $6.625 \times 10^{-34}[\mathrm{J \cdot sec}]$)

전자가 유통하는 궤도 반지름 r_n은 전자의 운동량 mv를 그와 같은 방향의 위치변화 θ에 대하여 일주적분한 것이 Plank 상수의 정수배가 된다는 조건에서 결정된다.

$$r_n = A \cdot n^2$$

(이때, A : Bohr 반지름, 정수 n : 주 양자수)

여기서 각 궤도에서 전자가 갖는 에너지는 다음과 같다.

$$E = -13.6\frac{1}{n^2}[\mathrm{eV}]$$

2. 에너지 대역 이론

(1) 에너지 대역의 종류

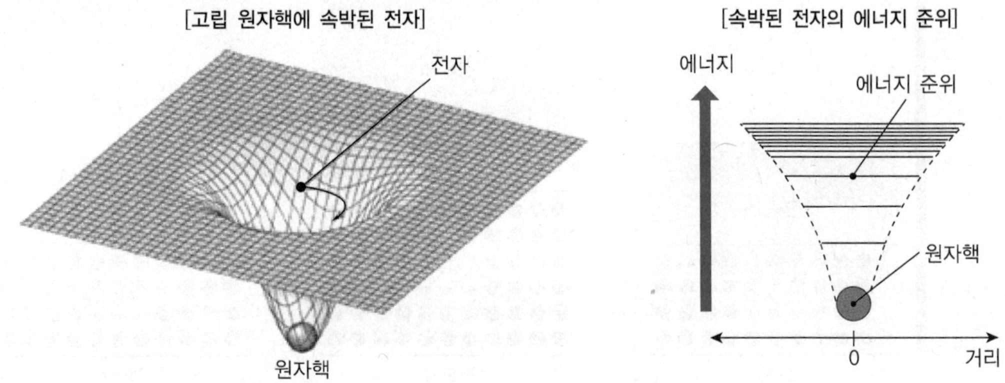

고립 원자의 경우 전자는 일정한 에너지 준위를 갖는다. 이때 사실 고체 내에는 많은 원자가 있고 인접한 원자의 영향에 의해 각 원자의 전자가 갖는 에너지 준위는 일정한 폭을 갖는 에너지 띠의 형태를 갖는다.

[고체 원자의 에너지 띠(2개, 3개, …n개)]

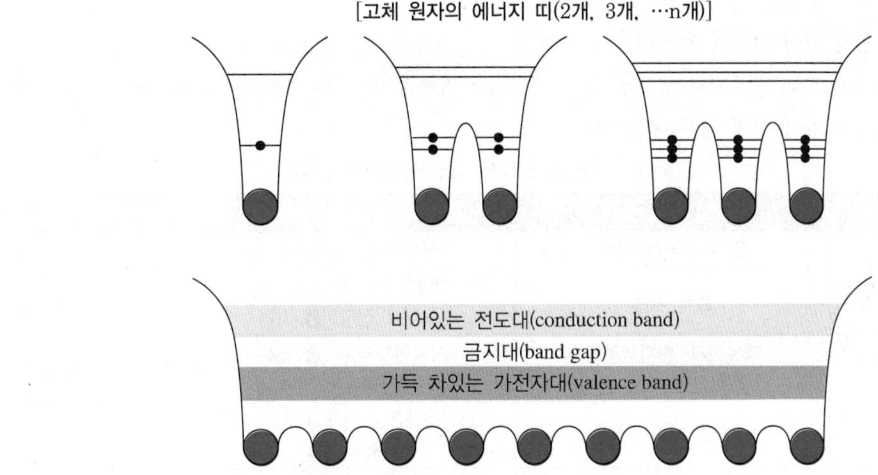

① **허용대** : 전자가 존재할 수 있는 에너지대이다.

② **금지대** : 허용대 간에 전자가 존재하지 않는 에너지대이다.

③ **가전자대(충만대)** : 허용대 중에서 가전자(최외각 전자)들이 존재하는 에너지 범위이다.

④ **전도대** : 허용대에서 최상위 에너지대로 이 에너지대의 전자는 원자의 속박에서 벗어나 고체 내를 자유롭게 이동할 수 있는 자유전자 상태가 된다.

※ 고체 구조에서 관심대상은 최외각 전자인 가전자이므로 에너지대 표시에는 가전자대와 전도대로만 표시한다. 즉, 허용대를 표시하지 않는다.

(2) 에너지 대역에 따른 분류

[도체, 반도체, 절연체의 에너지대 구조]

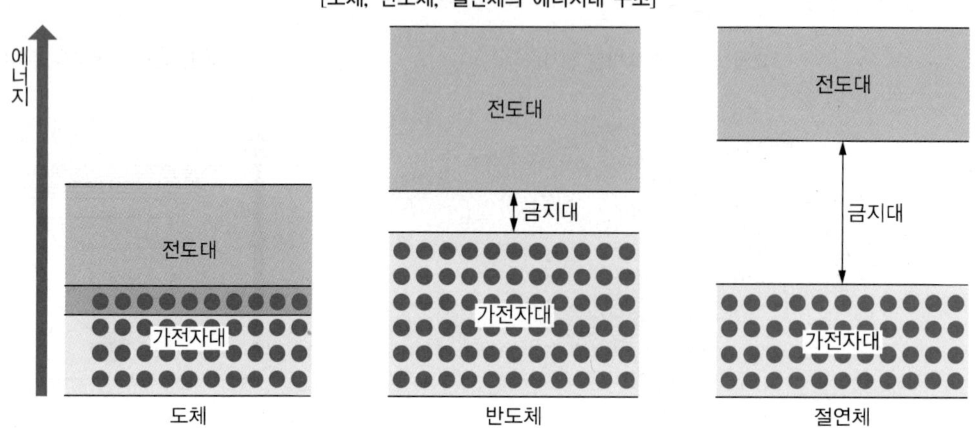

① **도체** : 저항률이 극히 작은 금속의 에너지대 구조로써 전자가 부분적으로 채워져 있는 허용대가 있어 전자는 빈자리로 쉽게 이동하며 전자 전도가 쉽게 일어난다.

② **반도체** : 가전자대에 있는 전자는 절대온도 0[°K]에서는 움직이지 않으므로 절연성을 나타내나, 온도를 높여주면 금지대의 폭을 쉽게 넘어 전류가 흐른다.

③ **절연체** : 금지대의 폭이 넓으므로 보통의 전제 강도로는 전자가 이 폭을 넘어 전도대에 오를 수 없다. 따라서 전류를 흘릴 수 없어 전기가 통하지 않는 물질이다.

[도체, 반도체, 절연체 전자의 성질]

구 분	도체(Conductor)	반도체(Semiconductor)	절연체(Insulator)
금지대	없거나 극히 작음	부도체에 비해 좁음	매우 넓음
자유전자 이동	쉽게 이동	적당한 에너지 흡수 시 전도대로 전자이동 가능	어려움
온도 상승 시	자유전자-원자핵과의 충돌로 인한 저항 증가	자유전자의 수 증가로 저항 감소	저항 약간 감소
기 타	열 및 전기 이동	절대온도 0[°K]에서 절연체 성질	열 및 전기 이동 어려움
물 질	금, 구리, 철 등(금속)	실리콘(Si), 게르마늄(Ge) n-p형, 트랜지스터 등	다이아몬드, 석영, 고무, 나무, 유리 등(비금속)

2 반도체의 성질

반도체는 도체와 절연체의 중간 정도의 전기 전도도를 갖는 물질을 말한다. 실리콘과 게르마늄은 최외각에 4개의 가전자를 갖는 4족 원자로써 현재 가장 광범위하게 사용되는 반도체 가운데 하나이다. 이들 외에 많이 사용되는 반도체로는 3족과 5족에 속하는 원자들의 화합물이 있다.

1. 반도체의 특성

(1) 도체와 부도체의 중간 성질을 가지며 절대온도 0[°K]에서는 부도체이다.

(2) 원자가 4가원자(최외각 전자가 4개)이다.

(3) 공유결합구조이다.

(4) 불순물 첨가 시 고유저항은 감소하고, 도전율은 증대된다.

(5) 열, 빛, 전압 등 Bias 인가 시 고유 저항은 감소하고 도전율은 증대된다.

2. 반도체의 분류

(1) 진성 반도체

① 개 념

진성 반도체는 불순물이 첨가되지 않은 순수한 반도체로 실리콘 원자로만 구성되거나 게르마늄 원자로만 구성된 반도체를 말한다.

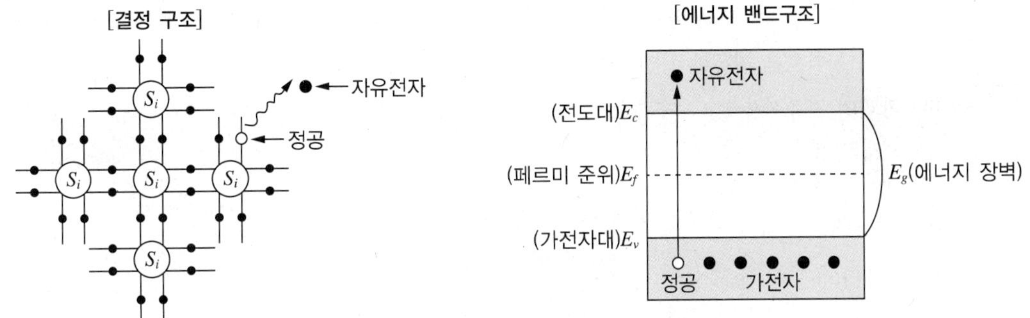

② 특 성

㉠ 결합상태 : 강한 공유결합

- 상온의 열에너지에 의해 생성된 소량의 캐리어에 의해 극소의 도전성을 가진다.
- 절대온도 0[°K]에서 부도체로 취급한다.

㉡ 캐리어 농도 : 한 쌍으로 생성 또는 소멸되는 진성캐리어(전자n=정공p)

$n = p = ni,\ np = ni^2$

(ni : 진성캐리어 농도)

$$ni = \sqrt{N_c \cdot N_V}\, e^{\frac{-Eg}{2KT}}$$

(N_c : 전도대의 전자 유효상태밀도, N_V : 가전자대의 유효상태밀도)

㉢ 페르미 준위 E_F : 전도대의 전자는 모두 가전자대에서 올라온 것이므로

$$E_F = \frac{E_C + E_V}{2} [\text{eV}]$$

이는 진성 반도체 E_F는 온도와 무관하게 금지대 중앙에 존재함을 의미한다.

(2) N형 반도체

① 개 념

진성 반도체에 5가원자(Donor, 도너) 불순물을 첨가(Doping)시켜 전자가 과잉된 형태의 반도체를 말한다.

[결정 구조]

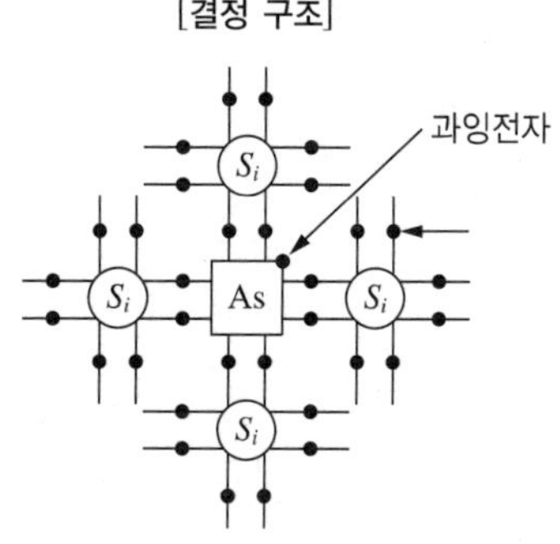

[에너지 밴드구조]

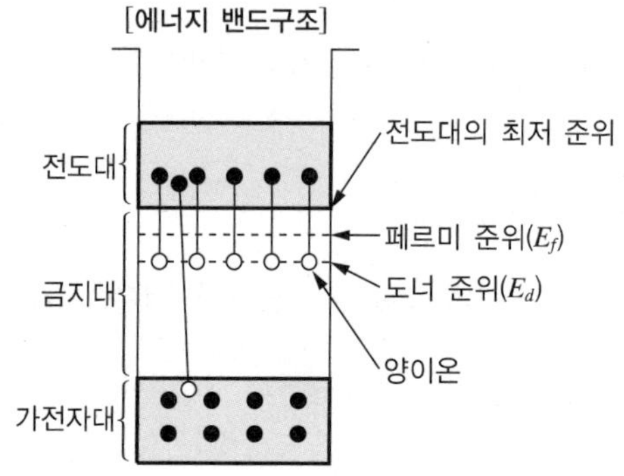

② 특 성

㉠ 5가(도너)원자 : As(비소), Sb(안티몬), P(인), Pb(납)

㉡ 도너 준위 E_d 형성 : 전도대 바로 밑에 형성된다.

㉢ 불순물을 다량으로 첨가(도핑)시키면 물질의 저항이 감소하여 전류가 증대된다.

㉣ 페르미 준위 E_F : 전도대 바로 밑에 존재한다. 불순물 첨가로 인하여 도너 준위까지 전자가 존재하므로 금지대가 중앙에서 상단으로 이동하여 전도대 하단에 위치한다.

㉤ 다수캐리어 자유전자 n, 소수캐리어 정공 p

• 다수캐리어(자유전자) 농도 n_n

$$n_n = Nd + \frac{ni^2}{Nd} \cong Nd \ (Nd \gg ni \text{조건})$$

• 소수캐리어(정공) 농도 p_n

$$p_n = \frac{ni^2}{n_n} \cong \frac{ni^2}{Nd}$$

(n_n : N형 반도체의 전자농도, p_n : N형 반도체의 정공 농도, ni : 진성캐리어 농도, Nd : 5가 불순물(도너) 농도)

(3) P형 반도체

① 개 념

진성 반도체에 3가원자(Acceptor, 억셉터) 불순물을 첨가(Doping)시켜 정공이 과잉된 형태의 반도체를 말한다.

[결정 구조]

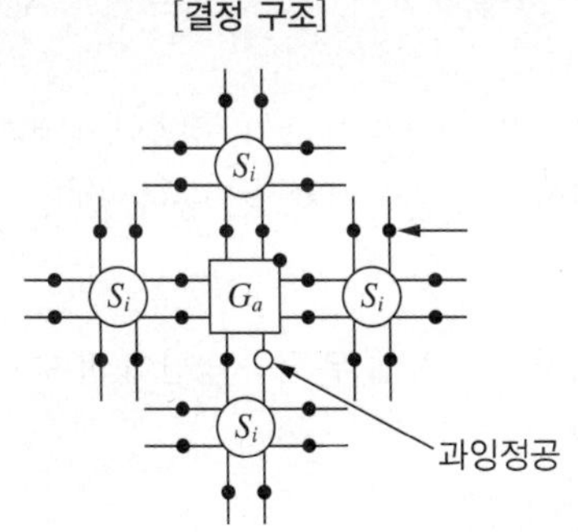

[에너지 밴드구조]

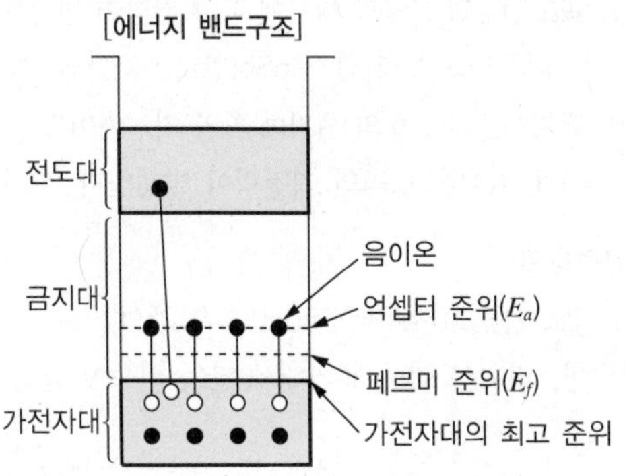

② 특 성

㉠ 3가(억셉터)원자 : B(붕소), Al(알루미늄), Ga(갈륨), In(인듐)

㉡ 억셉터 준위 E_a 형성 : 가전자대 바로 위에 형성된다.

㉢ 불순물을 다량으로 첨가시키면 물질의 저항이 감소하여 전류량이 증대된다.

㉣ 페르미 준위 E_F : 가전자대 바로 위에 존재하며 불순물 첨가로 인하여 억셉터 준위까지 전자가 존재한다.

㉤ 다수캐리어 정공 p, 소수캐리어 자유전자 n

- 다수캐리어(정공) 농도 p_p

$$p_p = Na + \frac{ni^2}{Na} \cong Na \ (Na \gg ni \text{조건})$$

- 소수캐리어(자유전자) 농도 n_p

$$n_p = \frac{ni^2}{p_p} \cong \frac{ni^2}{Na}$$

[p_p : P형 반도체의 정공 농도, n_p : P형 반도체의 전자 농도, ni : 진성캐리어 농도, Na : 3가 불순물(억셉터) 농도]

㉥ 화합물 반도체 : Si, Ge 등의 단일 결정체 반도체 이외에, GaAs(갈륨비소), SiC(실리콘카바이드), Cds(유화카드뮴), Insb(인듐안티몬) 등이 있으며, 이중에서 GaAs는 전자의 이동속도가 실리콘보다 5배 이상 높아 초고주파용 IC 재료로 널리 쓰인다. GaAs-FET는 마이크로파 저잡음(LNA) 증폭소자에 응용된다.

3. 반도체의 관련 현상

(1) 광전효과

① **광도전효과** : 빛의 세기에 따라 저항이 변하는 효과로 저항감소로 인해 도전율이 증대된다. 대표소자에는 CdS(황화카드뮴), PbS(황화납), ZnSb(안티몬화아연) 등이 있다.

② **광기전효과** : 빛의 세기에 따라 기전력이 발생하는 효과이다. PN접합부에 빛을 인가 시 전가, 정공이 발생하여 P형은 (+), N형은 (−)의 기전력이 발생한다. 대표소자에는 태양전지, 광다이오드, 광트랜지스터 등이 있다.

(2) 열전효과

① **펠티에효과(Peltier Effect)** : 두 개의 서로 다른 금속이 2개의 접점을 가지고 있을 때 두 금속 양단에 전위차를 걸어주면, 전위의 이동에 의해서 열의 이동이 발생하는 현상이다.

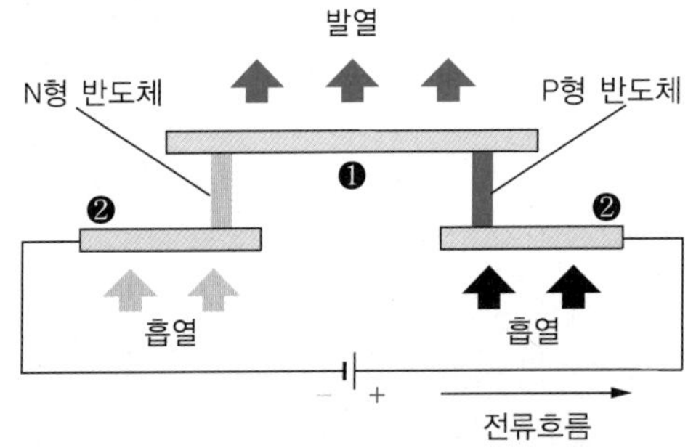

▶ 전류방향이 위 그림과 같을 때 ❶금속은 발열, ❷금속은 흡열한다.

▶ 전류방향이 반대로 바뀌면 ❶금속은 흡열, ❷금속은 발열한다.

② **제벡효과(Seebeck Effect)** : 2종 금속 또는 반도체를 접촉시켜 그 점 사이에 온도차를 주면 기전력이 발생되어 전류가 흐르는 현상이다.

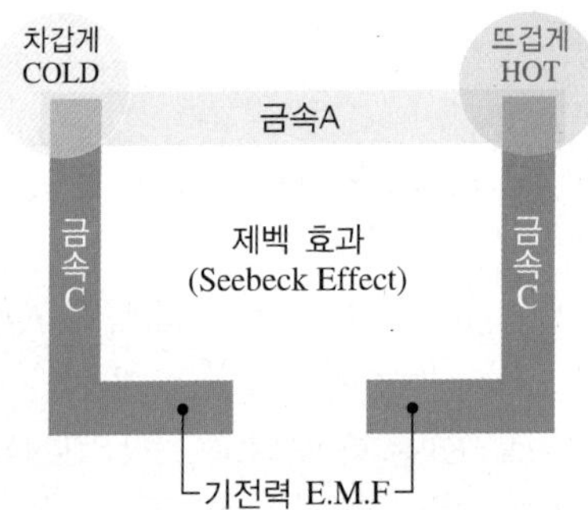

③ **톰슨효과(Thomson Effect)** : 2개의 금속 또는 반도체의 양 끝을 다른 온도로 유지하고 전류를 흘릴 때, 줄열(Joule's heat) 이외에 발열 또는 흡열이 일어나는 현상이다.

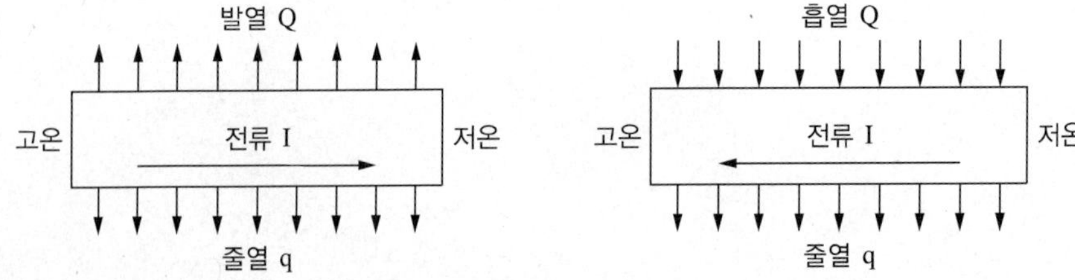

(3) 홀효과(Hall Effect)–자기장효과

반도체에 전류를 흘릴 때 전류와 자장이 수직이 되게 가하면 고체 내부에 이동하는 전하에 플레밍의 왼손법칙에 의해 힘이 발생하고 힘의 방향으로 새로운 전압이 발생되는 현상이다.

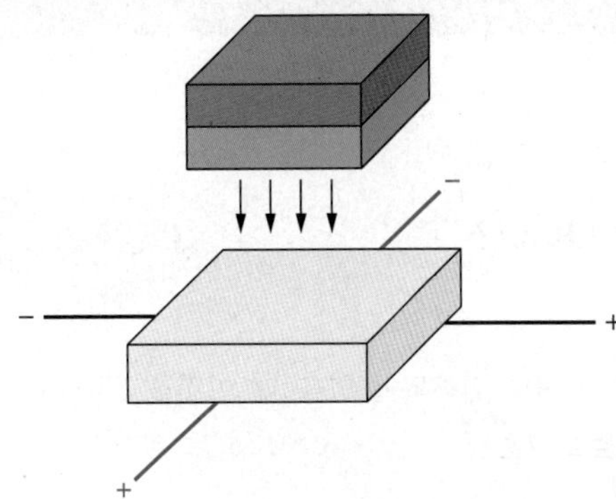

그림과 같이 초록색에 전압을 인가하여 전류가 흐를 때 자석으로 자기장을 수직으로 가하면 검정색의 단자에서 전압이 발생한다.

① 홀전압 V_H

$$V_H = R_H \frac{IB}{d} [\mathrm{V}]$$

② 홀계수 R_H

$$R_H = \frac{1}{en} \quad (R_H > 0 \text{이면 P형 반도체, } R_H < 0 \text{이면 N형 반도체})$$

③ 도전율 σ_n

$$\sigma_n = en\mu_n = \frac{1}{R_H}\mu_n$$

④ 저항률 ρ_n

$$\rho_n = \frac{1}{\sigma_n} = \frac{R_H}{\mu_n}$$

⑤ 이동도 μ_n

$$\mu_n = R_H \cdot \sigma_n$$

CHAPTER

02 PART 2 반도체 다이오드 회로 PN접합 다이오드

1 PN접합 다이오드의 구조 및 바이어스

1. PN접합

하나의 다이오드에 P영역과 N영역이 서로 접촉되어 있을 때 이것을 PN접합이라고 한다.

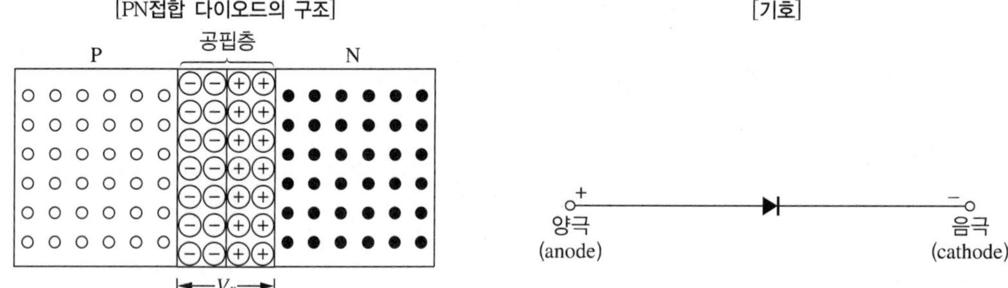

2. PN접합 바이어스

바이어스란 전압이나 전류의 동작점을 미리 결정하는 것을 말한다. 목적하는 기능이 수행되도록 동작점을 설정하여 회로의 기능 수행을 원활하게 하는 방법이다.

(1) **순방향 바이어스된 다이오드** : 순방향 바이어스는 캐소드에 애노드보다 더 높은 전압을 인가하여 전류가 잘 흐를 수 있도록 전압을 인가하는 방법을 말한다.

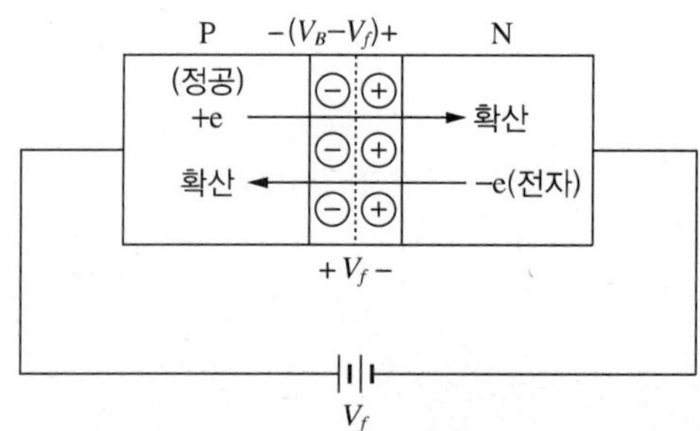

순방향 바이어스를 연결하면 P형 쪽의 정공은 접합면을 지나 N형 쪽으로 가서 소수캐리어가 되고 전류를 흐르게 한다.

(2) **역방향 바이어스된 다이오드** : 역방향 바이어스는 애노드에 캐소드보다 더 높은 전압을 인가하여 거의 전류가 흐르지 않도록 전압을 인가하는 방법을 말한다.

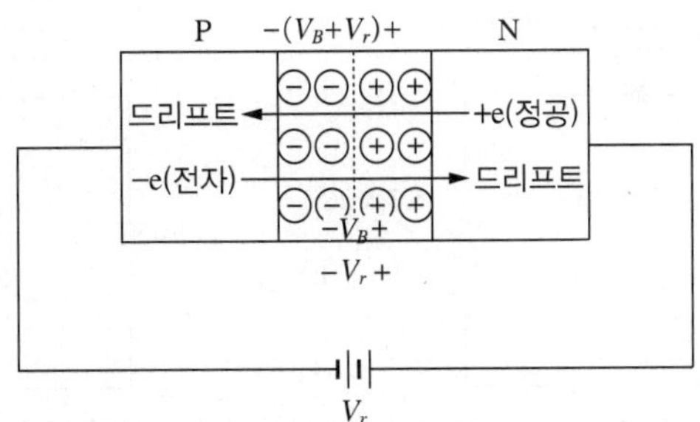

역방향 바이어스를 연결하면 공핍층이 더욱 넓어져서 전위장벽의 크기가 아주 높게 된다. 결국, 다수캐리어의 이동은 완전히 중단되어 소수캐리어에 의한 역포화 전류만이 흐르게 된다.

2 PN접합 다이오드의 정특성

이상적인 PN 다이오드에서의 전압[V]에 대한 전류식은 다음과 같이 표시된다.

$I = I_o\left(e^{gv/KT} - 1\right)$

(단, I_o : 역포화 전류)

[다이오드의 정특성]

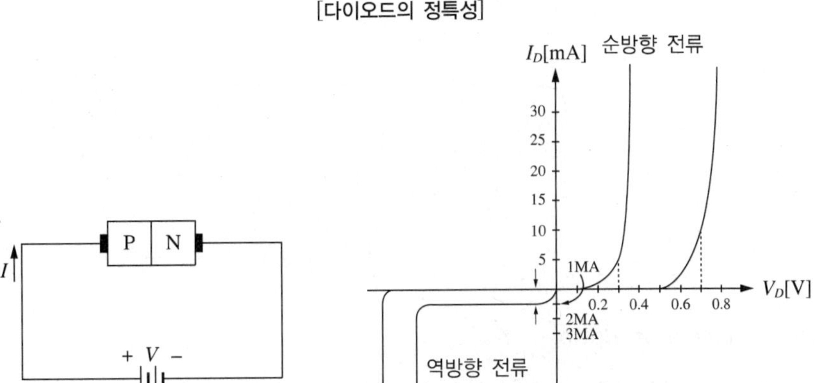

1. 순방향 전류

V가 정(+)이면 전류는 순바이어스와 더불어 지수함수적으로 증가한다.

2. 역방향 전류

V가 부(−)이면 지수항은 0으로 접근하며 전류는 N형에서 P형으로 흐르며 $I \simeq -I_o$가 되는데, 이를 역포화 전류라고 한다.

3. 다이오드의 문턱 전압

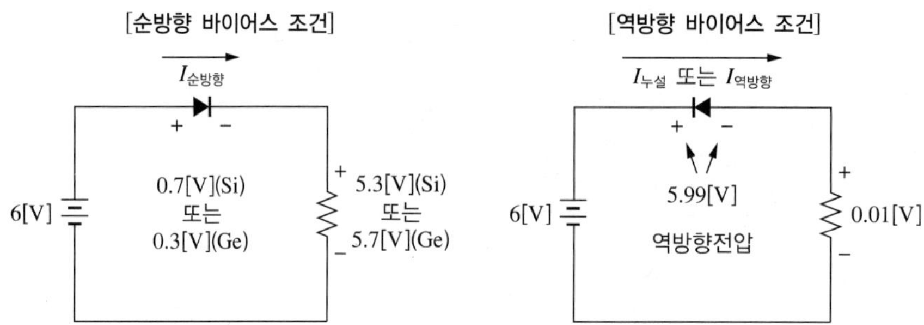

Si 다이오드는 약 0.7[V], Ge 다이오드는 약 0.2~0.3[V] 이상에서 전류가 급속히 증가하는데 이 전압을 다이오드의 문턱 전압, 또는 차단 전압이라고 한다.

3 다이오드의 항복 상태

다이오드의 역바이어스 전압이 한계치를 넘겨 증가하면 역방향 전류가 급격히 증가하여 큰 전력 손실로 인한 손상을 일으키는 항복현상이 발생한다. 이때의 역전압을 항복전압이라 한다.

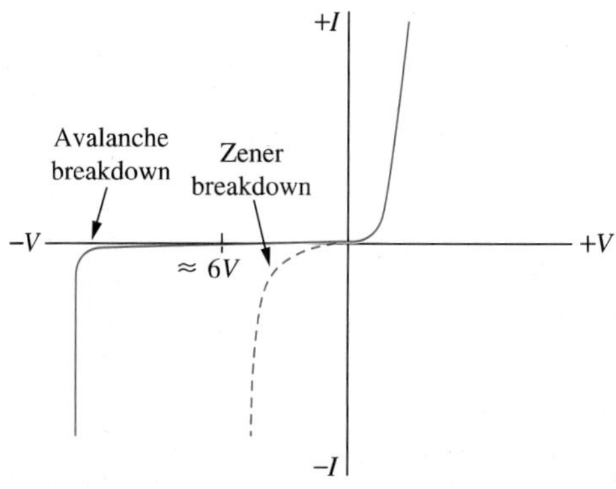

1. 애벌란시 항복(Avalanche breakdown)

애벌란시 항복이란 보통 수십 볼트[V]의 큰 역바이어스 전압에서 넓은 공핍층 내에 형성된 강한 전계가 공핍층 내에 열적으로 생성된 소수캐리어를 가속시킨다. 이때 생성된 소수캐리어들이 공핍층 내의 공유결합을 연쇄적으로 파괴하면서 더욱 많은 무수한 캐리어 쌍을 만들게 되고 이러한 캐리어들로 인해 큰 역방향 전류가 흐르게 되어 다이오드를 파괴하는 현상이다.

2. 제너 항복(Zener breakdown)

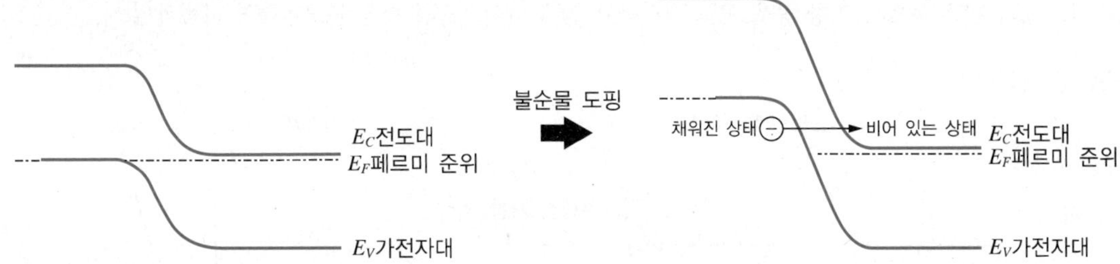

제너 항복이란 불순물 농도를 강하게 도핑 시켜 공핍층의 폭을 매우 좁게 하여 낮은 역전압[V]에서도 큰 전계가 형성되면, 공핍층 내 공유결합을 끊어줌으로써 대량의 캐리어 쌍이 생성되고 큰 역방향 전류가 흐르게 되는 현상이다. 이는 전위장벽(공핍층)의 폭이 매우 좁아 터널효과로 인해 가전자들이 반대쪽 전도대로 이동하면서 생기는 현상으로, 역방향으로 흐르는 최대 전류를 제한하여 다이오드가 손상되지 않도록 한다.

4 PN 다이오드의 근사 등가모델

1. 이상적인 다이오드 모델

이상적인 다이오드의 특성은 한쪽 방향으로만 전류를 흐르게 하는 스위치와 같다.

(1) 순방향 바이어스

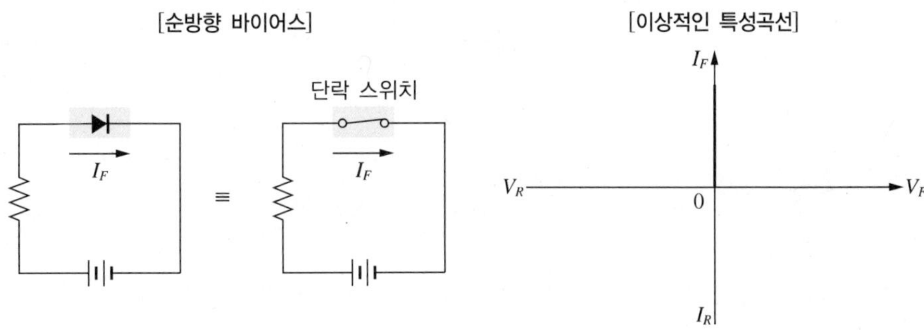

(2) 역방향 바이어스

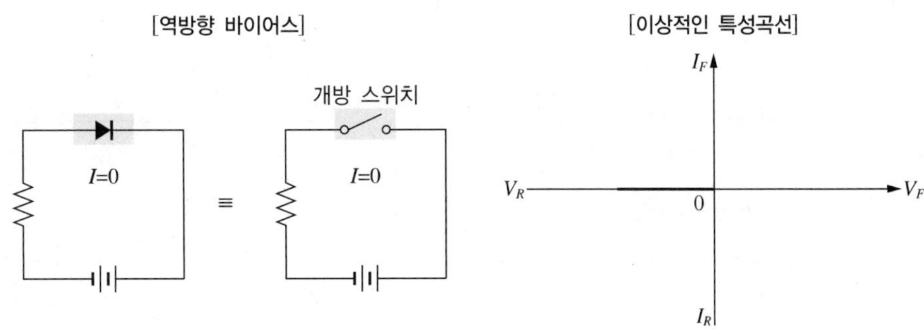

2. 실제 다이오드 모델

장벽전위 V_B와 낮은 순방향 저항 등을 모두 고려하여 실제 다이오드의 특성을 표현하면 다음과 같다.

(1) 순방향 바이어스

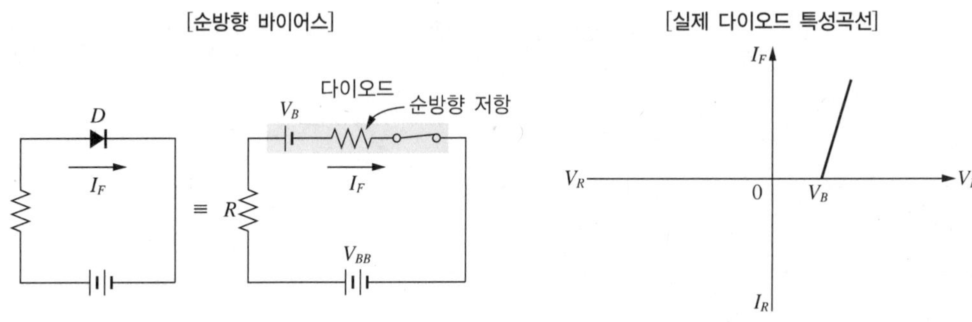

(2) 역방향 바이어스

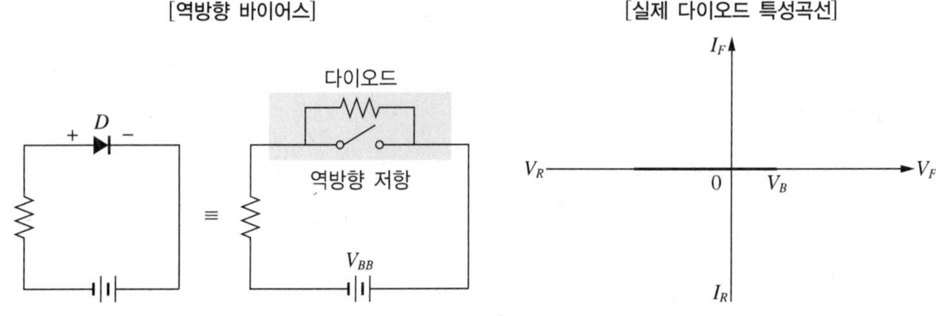

5 특수 다이오드 종류

1. 제너 다이오드

(1) **개념** : 다이오드의 역방향 전압을 천천히 증가시켜 항복 전압에 이르면 역방향 전류가 급히 증가하는 현상을 이용한 다이오드이다.

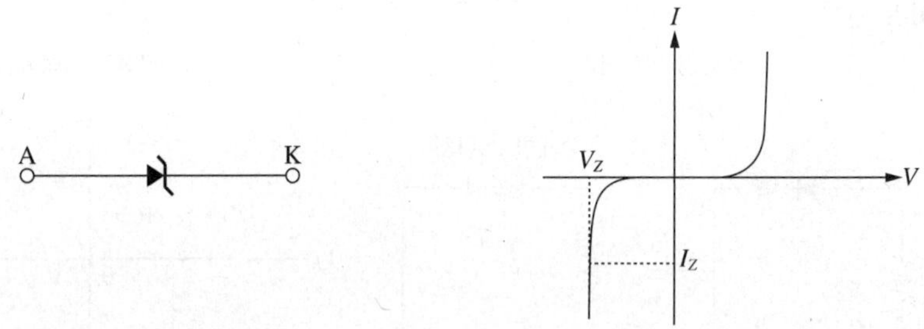

(2) **특징** : 전류가 변화되어도 전압이 일정하다는 특징을 이용하여 정전압 회로에 사용되거나, 서지 전류 및 정전기로부터 IC 등을 보호하는 보호 소자로 사용하는 등 전압제어 소자로 널리 사용한다.

2. 버랙터 다이오드

(1) **개념** : PN접합에 역바이어스를 걸면 접합 용량이 전압의 변화에 따라 변하는 성질을 이용한 다이오드이다. 정전용량 C는 역Bias 전압의 제곱근에 반비례한다.

$$C_V = \frac{k}{\sqrt{V_R}}[\text{pF}]$$

(V_R : 역Bias 전압)

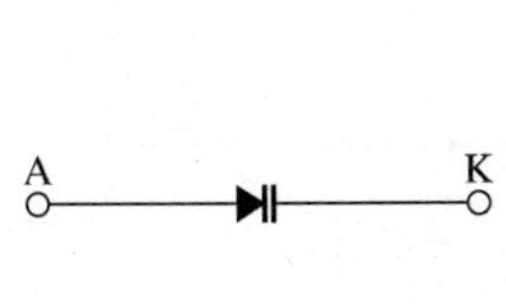

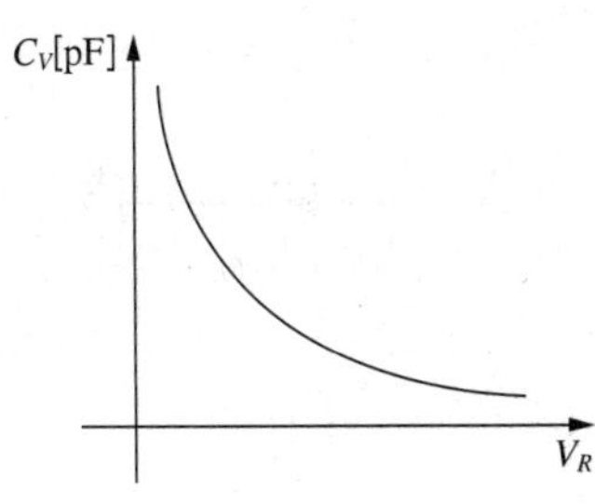

3. 터널 다이오드

(1) **개념** : PN접합 다이오드의 일종으로, 불순물 농도를 매우 높여 부성저항이 발생하는 원리를 이용한 다이오드이다.

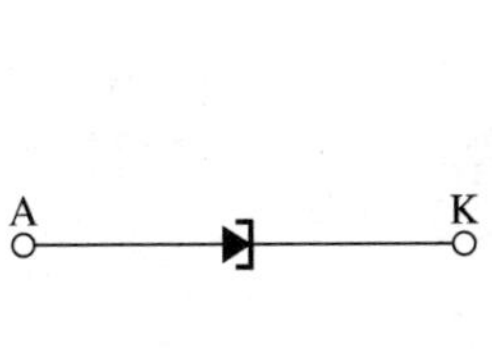

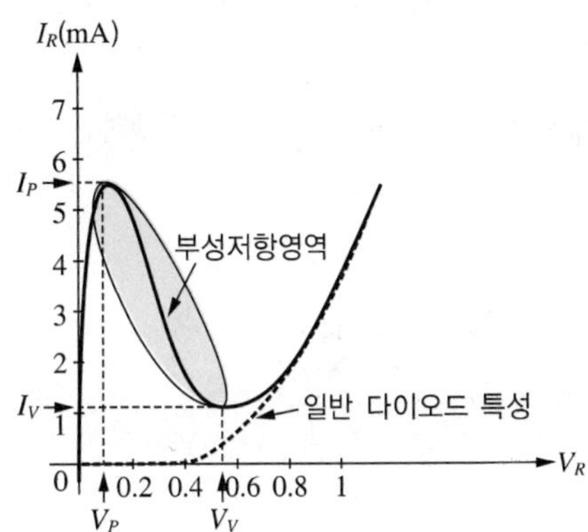

(2) **특징** : 전압은 높아지고 전류는 감소하는 특성을 가진 다이오드이다.

4. 쇼트키 다이오드

(1) **개념** : 반도체 표면에 금속을 증착시키면 금속과 반도체 사이에는 에너지 장벽이 형성되는데 이것을 이용한 다이오드를 쇼트기 배리어 다이오드라고 한다.

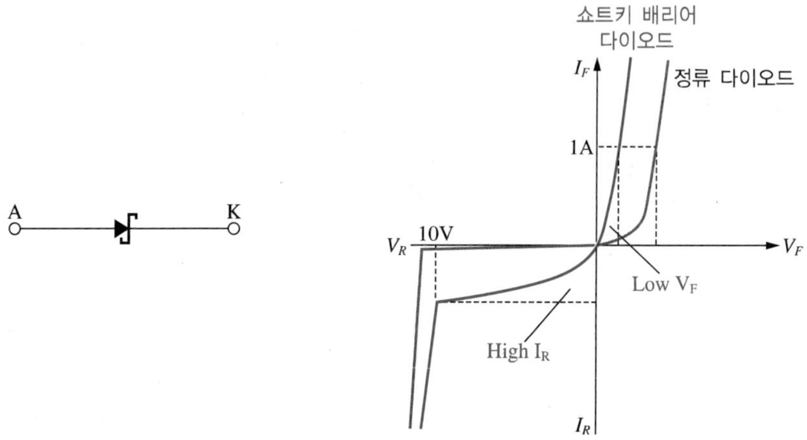

(2) **특징** : 내부저항이 작고 동작속도가 빨라서 PC의 전원장치와 같이 고속, 고효율을 요구하는 환경에 많이 사용된다.

5. 발광 다이오드

(1) **개념** : 에너지가 가해질 때 가시광선을 발생하는 다이오드이다.

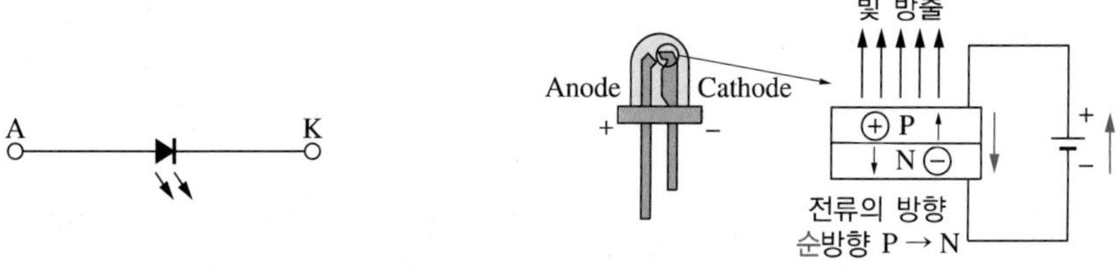

발광 다이오드(LED) : 전기에너지 → 빛

(2) **특징** : 발광 다이오드가 순바이어스되었을 때 전자는 PN접합 구조 내의 접합 근처에서 정공과 재결합한다. 이때 전자는 열과 빛을 방출한다.

6. 포토 다이오드

(1) **개념** : 외부에서 광이 입사될 때 기전력을 발생하는 다이오드이다.

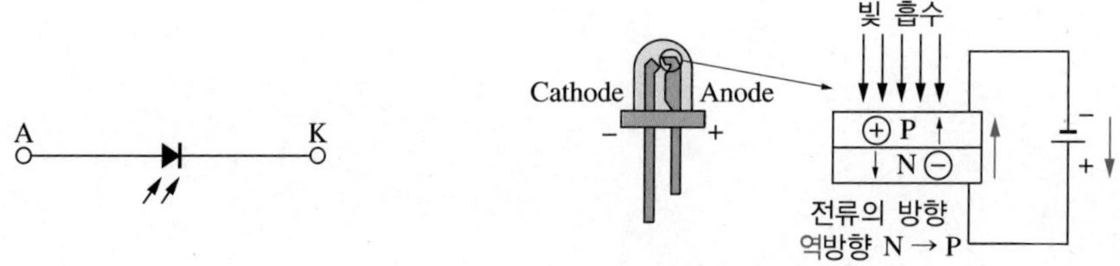

광 다이오드(포토) : 빛에너지 → 전기

(2) 특 징

① 광대역의 파장 감도를 갖는다.

② 입사광에 대한 광전류 출력의 직선성이 좋다.

③ 출력전류가 적다.

④ 응답특성이 양호하다. 즉, 응답속도가 빠르다.

⑤ 소형, 경량이다.

⑥ 진동, 충격에 강하다.

7. 포토 트랜지스터

(1) 개념 : 포토 트랜지스터는 포토 다이오드와 일반 트랜지스터의 결합과 같은 동작이 이루어지므로 포토 다이오드와 유사하며 빛에 의해 기전력이 발생하여 베이스에 전류가 흐르게 된다.

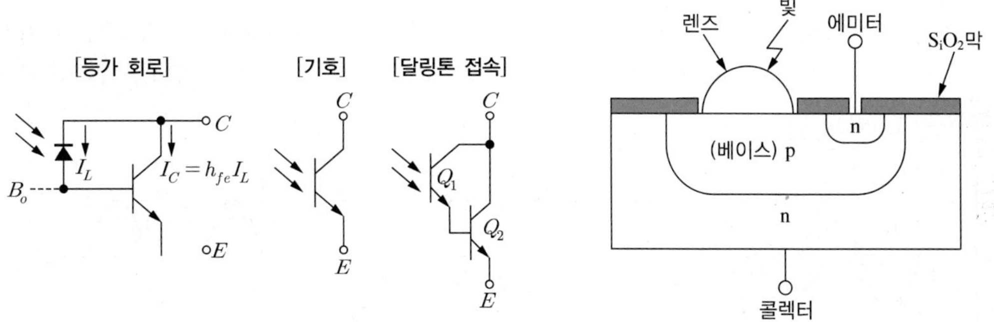

일반적으로 2단자로 되어 있지만 그림 [등가 회로]의 점선 부분과 같이 베이스단자가 외부로 나와 있는 3단자 형태도 있다.

(2) 이 점

① 3단자의 경우 일반 트랜지스터의 기능도 겸할 수 있으며 베이스에 외부 회로를 접속하여 전류를 조절하고, 응답속도를 개선, 온도보상 등을 행할 수 있다.

② 달링턴 접속으로 하여 포토 트랜지스터의 광감도를 높일 수 있다.

(3) 특 징

① 포토 다이오드에 비해 입사광에 대한 광전류 출력 직선성이 나쁘다.

② 포토 다이오드에 비해 출력되는 광전류가 크다.

③ 고감도일수록 응답속도가 늦다. 즉, 포토 다이오드보다 응답속도가 늦다.

④ 소형, 경량이다.

⑤ 진동, 충격에 강하다.

⑥ 암전류가 거의 없다.

⑦ 포토 트랜지스터의 베이스 저항을 감소하면 빛에 대한 감도가 둔해진다.

CHAPTER

03 PART 2 반도체 다이오드 회로
정류 회로

교류를 직류 또는 맥류로 변환하는 과정을 정류(Rectification)라고 한다. 다이오드는 한쪽 방향으로만 전류를 흐르게 하는 성질을 갖고 있기 때문에 정류 회로와 같은 곳에 많이 사용한다.

1 반파 정류 회로

반파 정류 회로는 다이오드를 한 개 사용하여 단방향 스위치인 다이오드의 스위칭 동작에 의해 입력전압의 양(+)의 반파만 순바이어스 on이 되어 나타나는 회로이다. 음(−)입력은 역바이어스로 off가 되어 제거되므로 평균값을 구하면 평균값만큼의 직류전압 V_{dc}을 만들 수 있다.

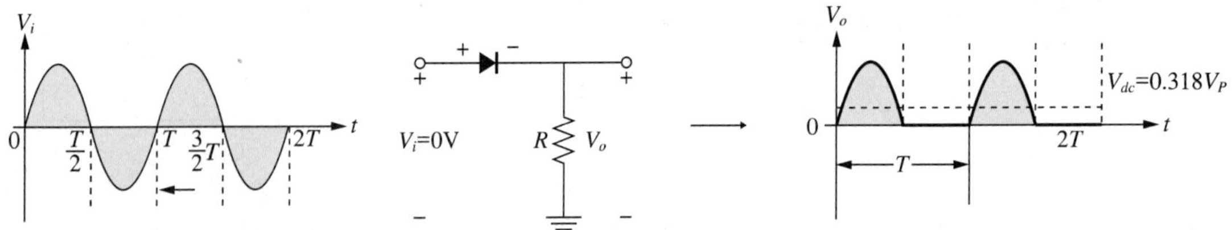

이때, 위 그림에서의 회로에서 순사용하는 다이오드는 실제이므로 다이오드바이어스 장벽전압 V_B을 고려하면 정류된 출력전압 최대치는 $V_m - V_B$가 된다.

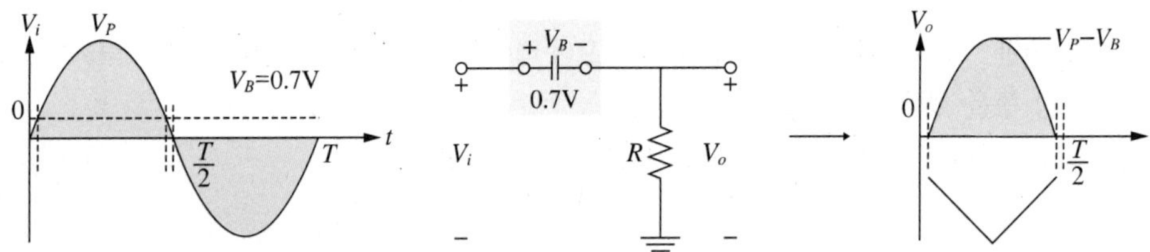

1. 출력전압 및 전류의 평균값

(1) 직류출력전압의 평균값 V_{dc} : 반파 정류된 출력전압의 1주기의 평균값으로 얻을 수 있는 직류전압이다.

$$V_{dc} = \frac{1}{T}\int_0^T V_o(t)d(\omega t) = \frac{1}{T}\int_0^{\frac{T}{2}} V_m \sin\omega t d(\omega t) = \frac{1}{2\pi}\int_0^{\pi} V_m \sin\omega t d(\omega t)$$

$$V_{dc} = \frac{V_m}{\pi} \cong 0.138\, V_m \ (\because \text{1주기}\ T = 2\pi)$$

이때, 실제 다이오드의 순바이어스 장벽전압 V_B를 고려할 경우 V_{dc}는 다음과 같다.

$$V_{dc} = \frac{V_m - V_B}{\pi}$$

(2) 직류출력전류의 평균값 I_{dc} : 직류출력전류 I_{dc}도 동일한 방법으로 구할 수 있다.

$$I_{dc} = \frac{1}{T}\int_0^T id(\omega t) = \frac{1}{T}\int_0^{\frac{T}{2}} I_m \sin\omega t d(\omega t) = \frac{1}{2\pi}\int_0^{\pi} I_m \sin\omega t d(\omega t)$$

$$I_{dc} = \frac{I_m}{\pi} \cong 0.138 I_m \quad (\because \text{1주기 } T = 2\pi)$$

2. 출력전압 및 전류의 실횻값

(1) 직류출력전압의 실횻값 V_{rms}

$$V_{rms} = \sqrt{\frac{1}{T}\int_0^T V_o(t)^2 d(\omega t)} = \sqrt{\frac{1}{2\pi}\int_0^{\pi} {V_m}^2 \sin^2\omega t d(\omega t)}$$

$$= \sqrt{\frac{{V_m}^2}{2\pi}\int_0^{\pi} \frac{1-\cos 2\omega t}{2} d(\omega t)} = \frac{V_m}{2}$$

마찬가지로 다이오드 순바이어스 전압 V_B를 고려할 경우 V_{rms}는 다음과 같다.

$$V_{rms} = \frac{V_m - V_B}{2}$$

(2) 직류출력전류의 실횻값 I_{rms}

$$I_{rms} = \sqrt{\frac{1}{T}\int_0^T i^2 d(\omega t)} = \sqrt{\frac{1}{2\pi}\int_0^{\pi} {I_m}^2 \sin^2\omega t d(\omega t)}$$

$$= \sqrt{\frac{I_m^2}{2\pi}\int_0^{\pi} \frac{1-\cos 2\omega t}{2} d(\omega t)} = \frac{I_m}{2}$$

3. 최대 역전압(PIV; Peak Inverse Voltage)

역바이어스 상태에서 다이오드에 걸리는 역방향 전압의 최댓값을 말한다.
반파 정류 회로 PIV= $V_m + V_B$

4. 리플률(맥동률) r

$$r = \frac{\text{직류출력전압(전류)의 교류성분의 실효치}}{\text{직류출력전압(전류)의 평균치}} = \frac{V_s}{V_{dc}} = \frac{I_s}{I_{dc}}$$

$$= \sqrt{\left(\frac{I_{rms}}{I_{dc}}\right)^2 - 1} \times 100[\%] = 1.21(121\%)$$

5. 정류효율 η

$$\eta = \frac{\text{부하에 공급된 직류출력전력}}{\text{교류입력전력}} \times 100[\%] = \frac{P_{dc}}{P_i} \times 100[\%]$$

$$\eta = \frac{P_o}{P_i} = \frac{{I_{dc}}^2 R_L}{{I_s}^2(R_L + r_d)} = \frac{0.406}{1 + \frac{r_d}{R_L}} \times 100[\%]$$

이때 직류출력전력 P_{dc}와 교류입력전력 P_{ac}는 다음과 같다(교류는 실횻값을 사용한다).

(1) 직류출력전력

$$P_{dc} = V_{dc} I_{dc} = {I_{dc}}^2 \cdot R_L = \left(\frac{I_m}{\pi}\right)^2 \cdot R_L = \frac{{V_m}^2 \cdot R_L}{\pi^2 (R_L + rd)^2} \quad (\because I_m = \frac{V_m}{R_L + r_d})$$

(2) 교류입력전력

$$P_{ac} = V_{rms} \cdot I_{rms} = I_{rms}^2 \cdot (R_L + r_d) = \left(\frac{I_m}{2}\right)^2 (R_L + r_d) = \frac{{V_m}^2}{4(R_L + r_d)}$$

[내부 다이오드 저항에 따른 정류효율]

구 분	효 율(η)
이론상 최대효율	40.6% ($R_L \to \infty$, $r_d = 0$)
직류출력전력이 최대일 때 효율	20.3% ($R_L = r_d$)
다이오드 저항이 감소할 때 효율	40.6%에 근접 ($r_d \to 0$)

6. 전압 변동률

다이오드의 순바이어스 저항 r_d에서 전압강하로 출력전압이 감소되어 전압변동이 생긴다.

$$\Delta V = \frac{\text{무부하 시 전압} - \text{부하 시 전압}}{\text{부하 시 전압}} \times 100[\%]$$

(이때, V_{oL} : 무부하 시 출력전압, V_L : 부하 시 출력전압)

$$\Delta V = \frac{V_{oL} - V_L}{V_L} = \frac{r_d I_{dc}}{R_L I_{dc}} = \frac{r_d}{R_L} \times 100[\%]$$

2 전파 정류 회로

전파 정류 회로는 양(+)의 반주기 반파 정류와 음(−)의 반주기 반파 정류를 합성하여 모두 사용하는 방식을 말하며, 반파 정류에 비해 직류출력전압 V_{dc}과 정류효율 η이 2배나 높고 리플 성분이 적다는 장점이 있어 많이 사용한다.

일반적으로 널리 이용되는 전파 정류 회로에는 중간탭 전파 정류 회로와 브리지 전파 정류 회로가 있다.

1. 중간탭 전파 정류 회로

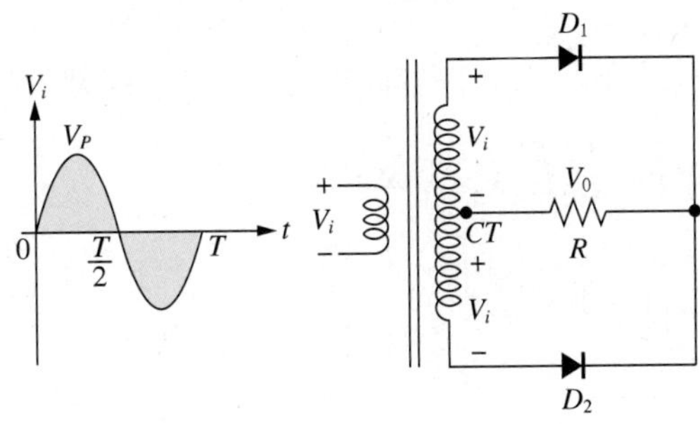

중간탭 전파 정류 회로는 중간탭이 있는 변압기와 2차 측에 연결된 2개의 다이오드로 구성된다.

(1) 반주기 동안의 중간탭 전파 정류 회로

① 정(+)의 반주기 동안의 중간탭 전파 정류 회로

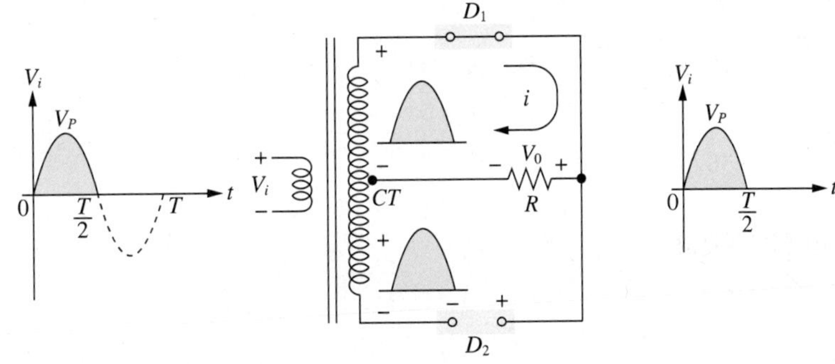

입력전압의 정의 반주기 동안 다이오드 D_1은 순방향으로 바이어스 되어 on 상태가 되고, 다이오드 D_2는 역방향으로 바이어스되어 off 상태가 된다. 전류는 다이오드 D_1과 부하저항을 통해서만 흐르게 된다.

② 부(−)의 반주기 동안의 중간탭 전파 정류 회로

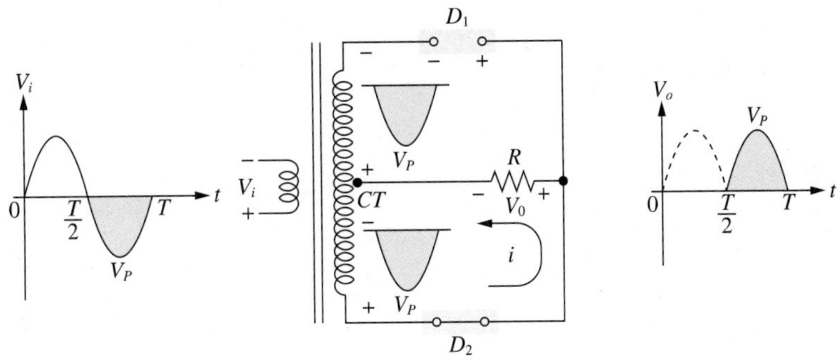

입력전압의 부의 반주기 동안 다이오드 D_1은 역방향으로 바이어스되고, 다이오드 D_2는 순방향으로 바이어스된다. 전류는 다이오드 D_2와 부하저항을 통해서만 흐르게 된다.

이와 같이 각 다이오드는 교대로 반주기 동안만 on 상태가 되고, 항상 한쪽 방향으로만 전류가 흐르게 되므로 부하 양단에 나타나는 출력파형은 위 그림의 정류된 파형같이 전파 정류된 파형이 나타난다. 전파 정류된 파형의 주기는 입력신호의 $\frac{1}{2}$이 되고, 주파수는 입력신호의 2배가 된다.

(2) 출력전압 및 전류의 평균값

① 직류출력전압의 평균값 V_{dc} : 전파 정류된 출력전압의 1주기의 평균값으로 얻을 수 있는 직류전압이다.

$$V_{dc} = \frac{1}{T}\int_0^T V_o(t)d(\omega t) = \frac{1}{\pi}\int_0^\pi V_m \sin\omega t d(\omega t)$$

$$V_{dc} = \frac{2V_m}{\pi} \cong 0.636\,V_m \ (\because\ 1\text{주기 } T = \pi)$$

이때, 실제 다이오드의 순바이어스 장벽전압 V_B를 고려할 경우 V_{dc}는 다음과 같다.

$$V_{dc} = \frac{2(V_m - V_B)}{\pi}$$

② 직류출력전류의 평균값 I_{dc} : 직류출력전류 I_{dc}도 동일한 방법으로 구할 수 있다.

$$I_{dc} = \frac{1}{T}\int_0^T i d(\omega t) = \frac{1}{\pi}\int_0^\pi I_m \sin\omega t d(\omega t)$$

$$I_{dc} = \frac{2I_m}{\pi} \cong 0.636 I_m \ (\because\ 1\text{주기 } T = \pi)$$

(3) 출력전압 및 전류의 실횻값

① 직류출력전압의 실횻값 V_{rms}

$$V_{rms} = \frac{V_m}{\sqrt{2}}$$

반파 정류 회로와 마찬가지로 다이오드 순바이어스 전압 V_B를 고려하면

$$V_{rms} = \frac{V_m - V_B}{\sqrt{2}}$$

② 직류출력전류의 실횻값 I_{rms}

$$I_{rms} = \frac{I_m}{\sqrt{2}}$$

(4) 최대 역전압

전파 정류 회로는 다이오드가 번갈아가며 순바이어스와 역바이어스로 동작한다. D_2 off, D_1 on 상태일 때 D_2에 걸리는 역전압은 최대 $2V_m$에 이른다.

중간탭 전파 정류 회로 PIV$=2V_m$ 또는 $2V_m-0.7$

(5) 리플률(맥동률) r

$$r=\frac{\text{직류출력전압(전류)의 교류성분의 실효치}}{\text{직류출력전압(전류)의 평균치}}=\frac{V_{rms}}{V_{dc}}=\frac{I_{rms}}{I_{dc}}$$

$$=\sqrt{\left(\frac{I_s}{I_{dc}}\right)^2-1}=\sqrt{\left(\frac{\frac{1}{\sqrt{2}}}{\frac{2}{\pi}}\right)^2-1}\times 100[\%]=0.482(48.2\%)$$

리플률은 48.2%로써 반파 정류보다 2.5배 만큼 리플이 작다.

(6) 정류효율 η

$$\eta=\frac{\text{부하에 공급된 직류출력전력}}{\text{교류입력전력}}\times 100[\%]=\frac{P_{dc}}{P_i}\times 100[\%]$$

$$\eta=\frac{P_o}{P_i}=\frac{{I_{dc}}^2R_L}{I_s^2(R_L+r_d)}=\frac{0.812}{1+\frac{r_d}{R_L}}\times 100[\%]$$

이때 직류출력전력 P_{dc}와 교류입력전력 P_{ac}는 다음과 같다(교류는 실횻값을 사용한다).

① 직류출력전력 $P_{dc}=V_{dc}I_{dc}={I_{dc}}^2\cdot R_L=\left(\frac{2I_m}{\pi}\right)^2\cdot R_L=\frac{4{V_m}^2\cdot R_L}{\pi^2(R_L+rd)^2}$ (반파 정류 회로의 4배)

② 교류입력전력 $P_{ac}=V_{rms}\cdot I_{rms}={I_{rms}}^2\cdot(R_L+r_d)=\left(\frac{I_m}{\sqrt{2}}\right)^2(R_L+r_d)=\frac{{V_m}^2}{2(R_L+r_d)}$

2. 브리지 전파 정류 회로

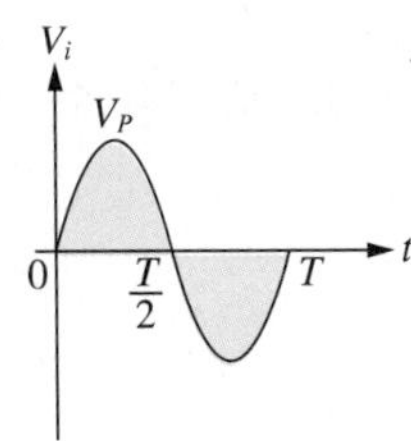

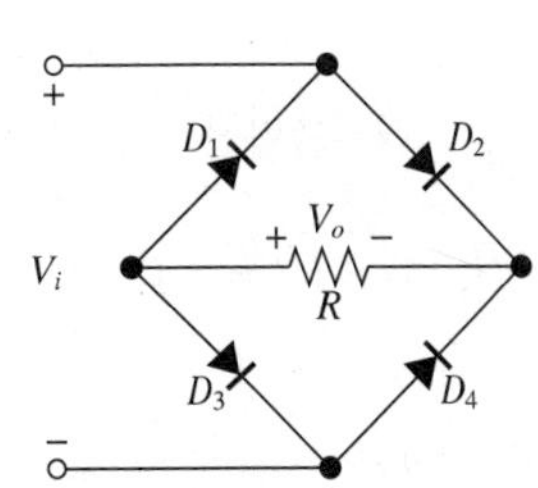

브리지 전파 정류 회로는 4개의 다이오드로 구성된 정류 회로이다. 중간탭 전파 정류기에 비하여 변압기의 크기를 축소할 수 있고, 가격이 저렴하다는 장점 때문에 현재 가장 보편적으로 사용되고 있는 정류 회로이다.

(1) 반주기 동안의 브리지 전파 정류 회로

① 정(+)의 반주기 동안의 브리지 전파 정류 회로

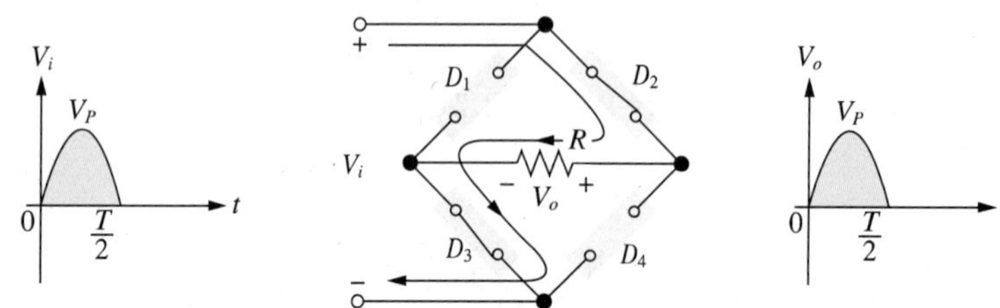

입력신호의 정(+)의 반주기 동안에는 다이오드 D_2와 D_3이 on 상태이고, D_1과 D_4가 off 상태이므로 위 그림의 화살표와 같이 전류가 흐르게 된다. 따라서 부하저항의 양단의 출력단자의 V_o그래프는 이상적인 경우 입력신호의 정(+)의 반주기와 같다.

② 부(−)의 반주기 동안의 브리지 전파 정류 회로

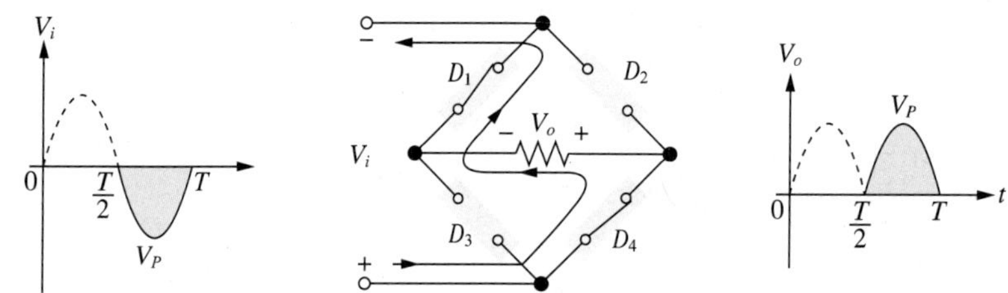

입력신호의 부(−)의 반주기 동안에는 다이오드 D_1과 D_4가 on 상태이고, 다이오드 D_2와 D_3이 off 상태이므로 부하저항을 통해서 흐르는 전류는 위 그림의 화살표 방향으로 전류가 흐르게 된다. 결국 부(−)의 반주기 동안에도 부하저항에 흐르는 전류는 정(+)의 반주기 동안과 방향이 같으므로 입력신호 정(+)의 반주기와 동일한 파형이 출력된다.

(2) 출력전압 및 전류의 평균값

① **직류출력전압의 평균값** V_{dc} : 전파 정류된 출력전압의 1주기의 평균값으로 얻을 수 있는 직류전압이다.

$$V_{dc} = \frac{2V_m}{\pi} \cong 0.636V_m \ (\because \ 1\text{주기}\ T = \pi)$$

이때, 실제 다이오드의 순바이어스 장벽전압 V_B를 고려할 경우 V_{dc}는 다음과 같다.

$$V_{dc} = \frac{2(V_m - V_B)}{\pi}$$

② **직류출력전류의 평균값** I_{dc} : 직류출력전류 I_{dc}도 동일한 방법으로 구할 수 있다.

$$I_{dc} = \frac{2I_m}{\pi} \cong 0.636I_m \ (\because \ 1\text{주기}\ T = \pi)$$

(3) 출력전압 및 전류의 실횻값

① 직류출력전압의 실횻값 V_{rms}

$$V_{rms} = \frac{V_m}{\sqrt{2}}$$

마찬가지로 다이오드 순바이어스 전압 V_B를 고려하면

$$V_{rms} = \frac{V_m - 2V_B}{\sqrt{2}}$$

② 직류출력전류의 실횻값 I_{rms}

$$I_{rms} = \frac{I_m}{\sqrt{2}}$$

(4) 최대 역전압 : 소형 변압기를 쓰는 반파 정류와 유사하다.

브리지 전파 정류 회로 PIV= V_m

(5) 리플률(맥동률) r

$$r = \frac{\text{직류출력전압(전류)의 교류성분의 실효치}}{\text{직류출력전압(전류)의 평균치}} = \frac{V_{rms}}{V_{dc}} = \frac{I_{rms}}{I_{dc}}$$

$$= \sqrt{\left(\frac{I_s}{I_{dc}}\right)^2 - 1} = \sqrt{\left(\frac{\frac{1}{\sqrt{2}}}{\frac{2}{\pi}}\right)^2 - 1} = 0.482(48.2\%)$$

(6) 정류효율 η

$$\eta = \frac{\text{부하에 공급된 직류출력전력}}{\text{교류입력전력}} \times 100[\%] = \frac{P_{dc}}{P_i} \times 100[\%]$$

$$\eta = \frac{P_o}{P_i} = \frac{I_{dc}{}^2 R_L}{I_s{}^2(R_L + r_d)} = \frac{0.812}{1 + \frac{2r_d}{R_L}} \times 100[\%]$$

최대효율은 81.2%로 중간탭 전파 정류와 비교하면 동일하지만, 다이오드 2개가 on 되는 구조이므로 실제 효율은 감소한다.

(7) 전압 변동률

$$\triangle V = \frac{2r_d}{R_L} \times 100[\%]$$

전압 변동률도 다이오드 2개이므로 중간탭 전파 정류보다 다소 크다.

3 정전압 회로 종류

1. 선형 정전압 회로

(1) 개념 및 특징

① 반도체소자(BJT, FET 또는 OP-Amp)의 선형영역(BJT는 활성영역, FET는 포화영역)을 이용하는 선형 정전압 회로이다.

② 리플이나 노이즈가 매우 작아 휴대용 기기의 저전력 응용에 쓰이는 장점이 있는 반면 반도체 소자의 선형영역에서는 전압, 전류가 크기 때문에 전력소모가 커서 효율이 낮다는 단점이 있다.

③ 이들 선형 정전압 회로는 제어용 반도체 소자를 부하와 직렬로 연결시키는 직렬형과 병렬로 연결시키는 병렬형이 있다.

(2) 분 류

① 선형 직렬형 정전압 회로

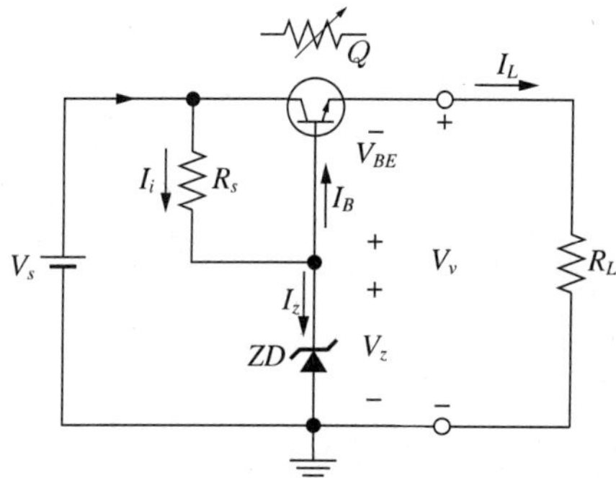

직렬형 정전압 회로는 제너 정전압 회로에 BJT 이미터 팔로워를 조합한 형태로 부하전류 I_L의 변화에 대한 제너전류 I_Z의 크기를 낮추는 전류조절 기능이 좋고, 출력 임피던스가 낮아 안정한 정전압 회로가 된다. 제어소자인 $TR\ Q$가 부하 R_L와 직렬로 접속되어 있으므로 선형 직렬형 정전압 회로라고 한다.

㉠ 전압방정식

$$V_Z = V_{BE} + V_o$$

㉡ 출력전압

$$V_o = V_Z - V_{BE}$$

② 선형 병렬형 정전압 회로

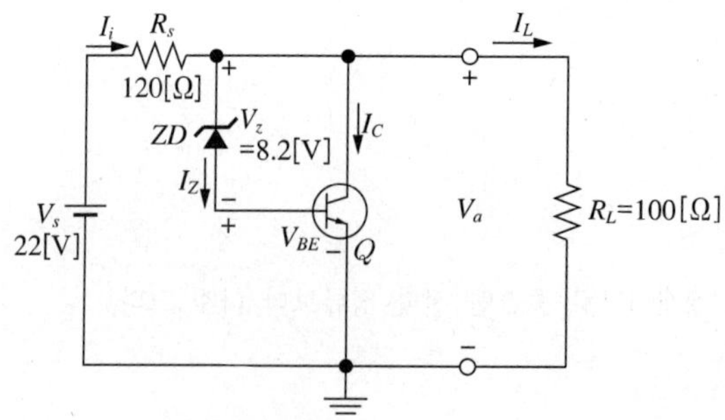

㉠ 제어소자 $TR\ Q$가 위 그림과 같이 부하 R_L와 병렬로 접속되어 있으므로 선형 병렬형 정전압 회로라고 한다. 직렬형 정전압 회로와 비교할 때 병렬로 연결된 트랜지스터 Q의 I_c인 분기전류를 제어하여 전압 안정을 이룬다는 점만 다를 뿐 동작원리는 동일하다.

㉡ 병렬형은 출력이 과부하되어 단락될 때 과도한 출력전류에 대한 보호기능을 갖는다.

2. 스위칭 정전압 회로

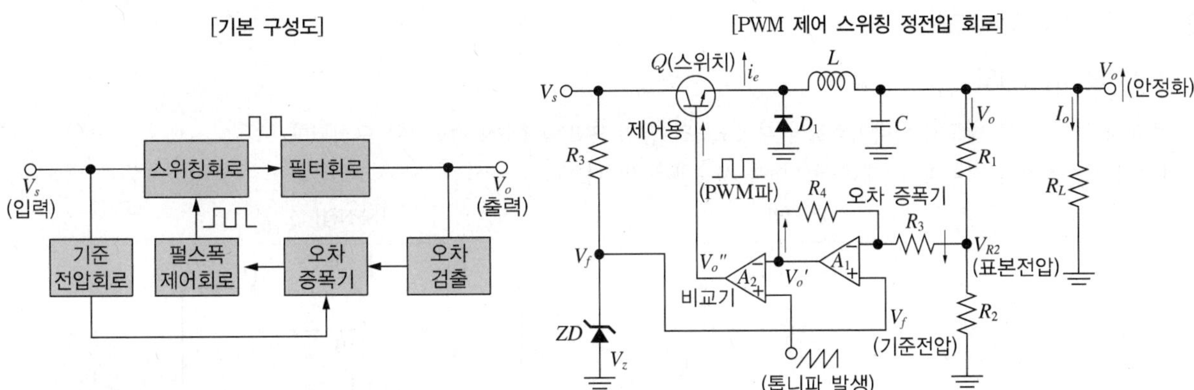

(1) 반도체 소자를 스위치로 사용하여 on, off의 기간을 제어함으로 직류출력전압을 제어하는 스위칭 정전압 회로(SMPS)가 있다.

(2) 이상적인 스위치 동작은 효율 100%로 매우 높고, 방열판을 사용할 필요가 없어 소형 및 경량, 고효율의 장점이 있는 반면 TR, 다이오드 등의 스위칭 잡음이 발생하고 회로가 복잡하다는 단점이 있다.

3. IC형 정전압 회로

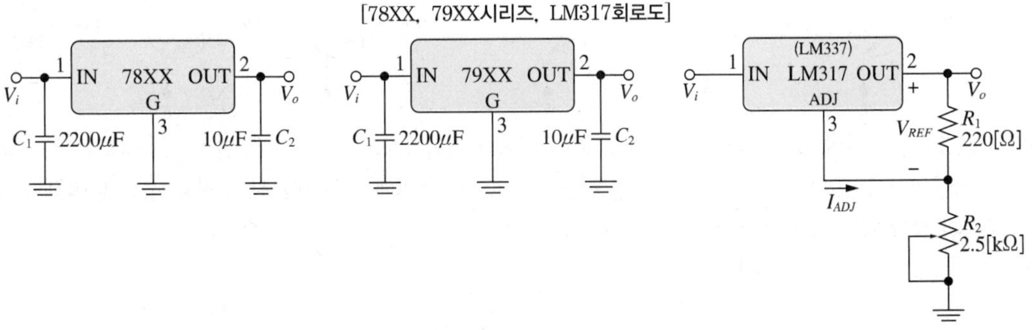

(1) 선형 정전압 회로를 IC화하여 비교적 소용량의 직류 안정화 전원으로 편리하게 사용하도록 구성된 정전압 회로이다.

(2) 정(+)의 고정출력과 부(−)의 고정출력 IC형 정전압 회로인 7800시리즈와 7900시리즈가 있으며 정(+)과 부(−)의 가변출력 IC형 정전압 회로인 LM317과 LM337 등과 IC 스위칭 정전압 회로인 78S40 등이 많이 쓰이고 있다.

CHAPTER

04 PART 2 반도체 다이오드 회로
트랜지스터(BJT) 회로

1 트랜지스터의 구조와 기호

1. 트랜지스터의 형태

트랜지스터는 3층 반도체 디바이스로써 다이오드와 달리 PNP와 NPN 결합으로 구성된다.
Bipolar는 전자와 정공의 두 개의 캐리어를 사용함을 의미한다.

[PNP형]

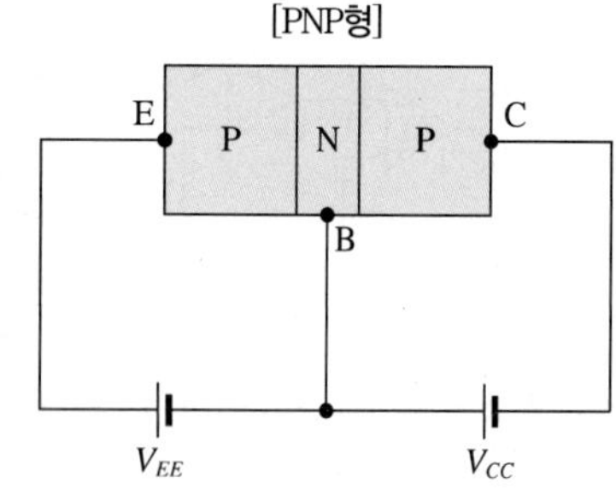

[NPN형]

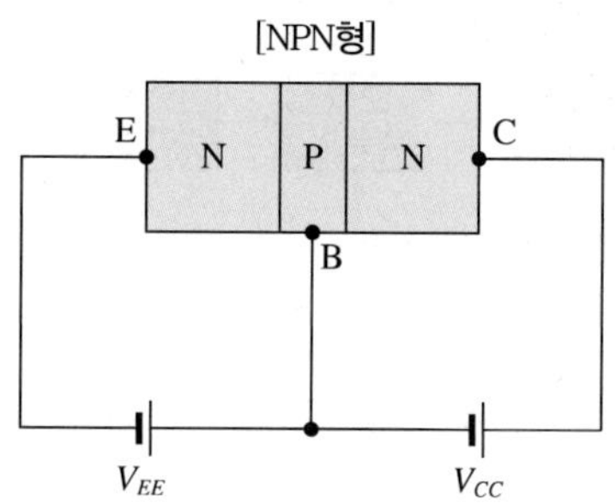

2. 트랜지스터의 기호

[NPN형]

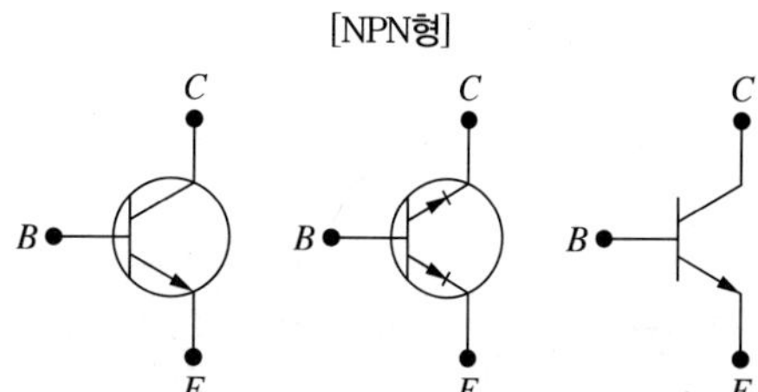

[PNP형]

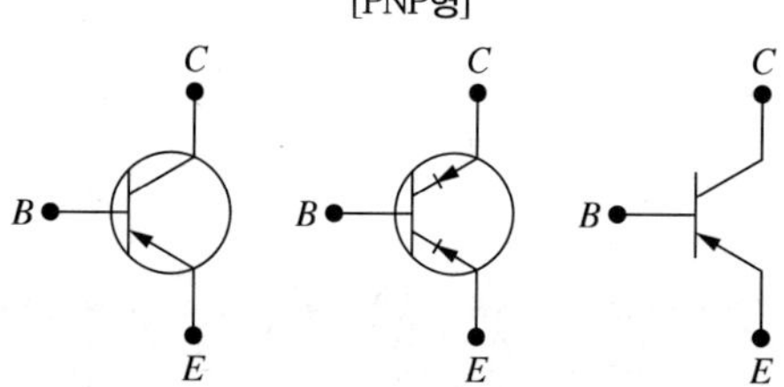

NPN형과 PNP형은 다이오드 방향이 서로 반대로 되어 있어서 전압극성과 전류방향이 반대이고 다수와 소수캐리어가 다를 뿐 모든 동작원리는 동일하다. 하지만 전자가 정공보다 이동도가 약 3배 정도 빠르므로 실제 성능 면에서는 다수캐리어가 전자로 구성된 NPN형이 특성 면에서 우수하다 할 수 있다.

3. 트랜지스터의 동작영역

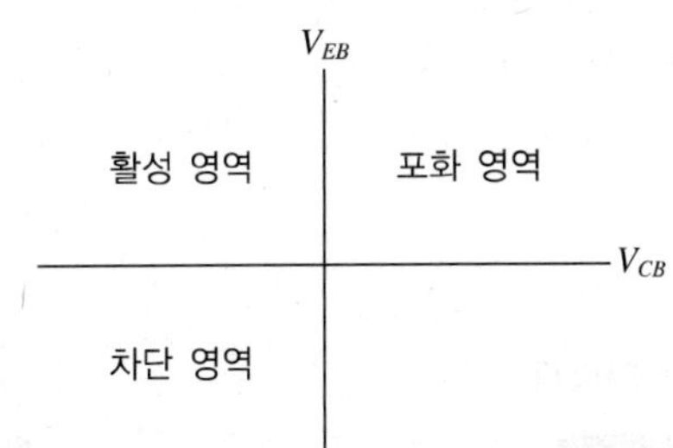

동작영역	EB접합	CB접합	용 도
포화영역	순바이어스	순바이어스	펄스, 스위칭
활성영역	순바이어스	역바이어스	증폭 작용
차단영역	역바이어스	역바이어스	펄스, 스위칭
역할성영역	역바이어스	순바이어스	미사용

4. BJT의 단자 전류와 전압표시

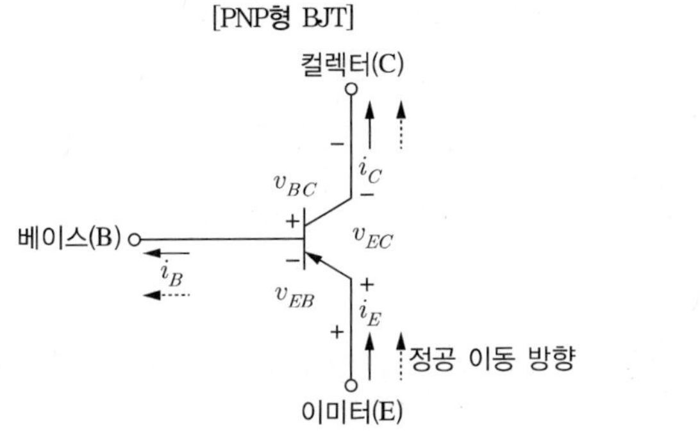

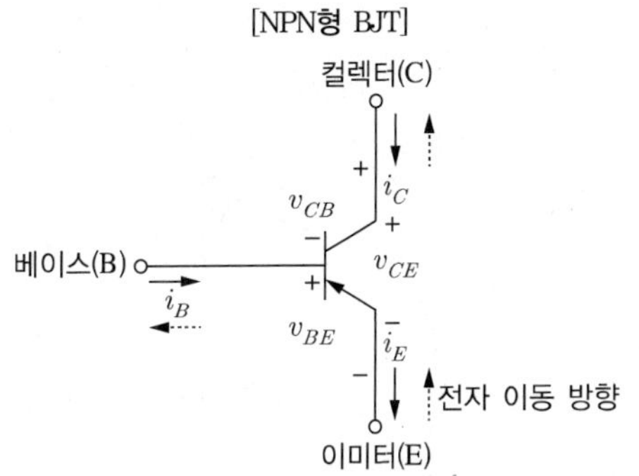

(1) **직류성분** : I_B, I_C, I_E, V_{CE} (대문자)

(2) **교류성분** : i_b, i_c, i_e, v_{ce} (소문자)

(3) **전체 순시값 성분** : i_B, i_C, i_E, v_{CE} (소문자 + 대문자)

2 BJT의 접지방식에 따른 분류

트랜지스터를 증폭기로 사용할 때 3단자 중 어느 단자를 공통으로 사용하는가에 따라 공통 베이스(Common Base), 공통 이미터(Common Emitter), 공통 컬렉터(Common Collector) 회로로 분류할 수 있다.

1. 공통 베이스(CB) 회로

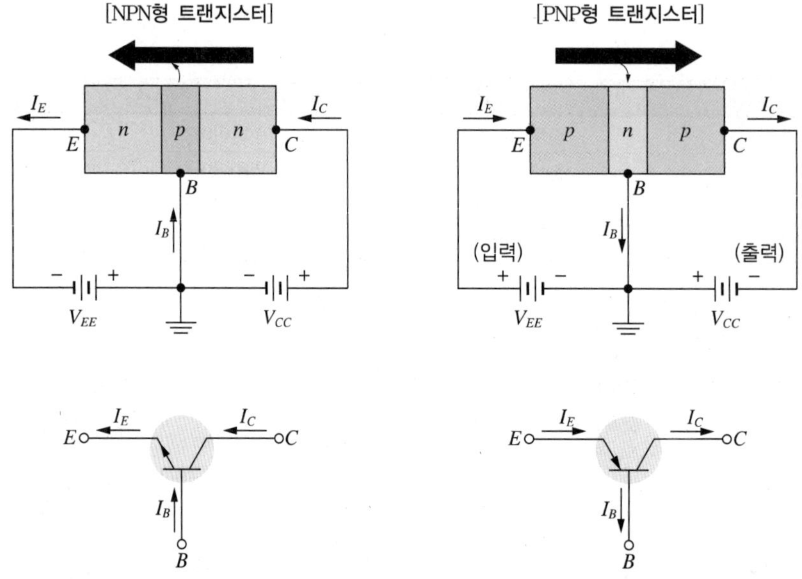

(1) 개 념

공통 베이스(CB) 회로는 이미터를 입력으로, 컬렉터를 출력으로 연결하고 베이스를 공통단자(접지)로 연결한 회로 형태이다.

(2) 특 징

공통 베이스(CB) 회로는 고주파 특성은 양호하지만 일반적인 저주파 증폭에는 잘 쓰이지 않는다.

(3) 해 석

① 이미터 전류

$$I_E = I_C + I_B$$

② 컬렉터 전류

$$I_C = \alpha I_E + I_{CBO}$$

(I_{CBO} : E를 개방한 상태에서 C와 B에 역방향 전압이 주어질 때 컬렉터에 흐르는 전류)

③ CB의 전류 증폭률

$$\alpha = \left.\frac{\Delta I_C}{\Delta I_E}\right|_{V_{CE}} \simeq 0.95 \sim 0.99$$

④ 출력저항

$$R_o = \left.\frac{\Delta V_{CB}}{\Delta I_C}\right|_{I_E} \simeq 1[\Omega]$$

⑤ 입력저항

$$R_i = \left.\frac{\triangle V_{EB}}{\triangle I_E}\right|_{V_{CB}} \simeq 15[\Omega]$$

2. 공통 이미터(CE) 회로

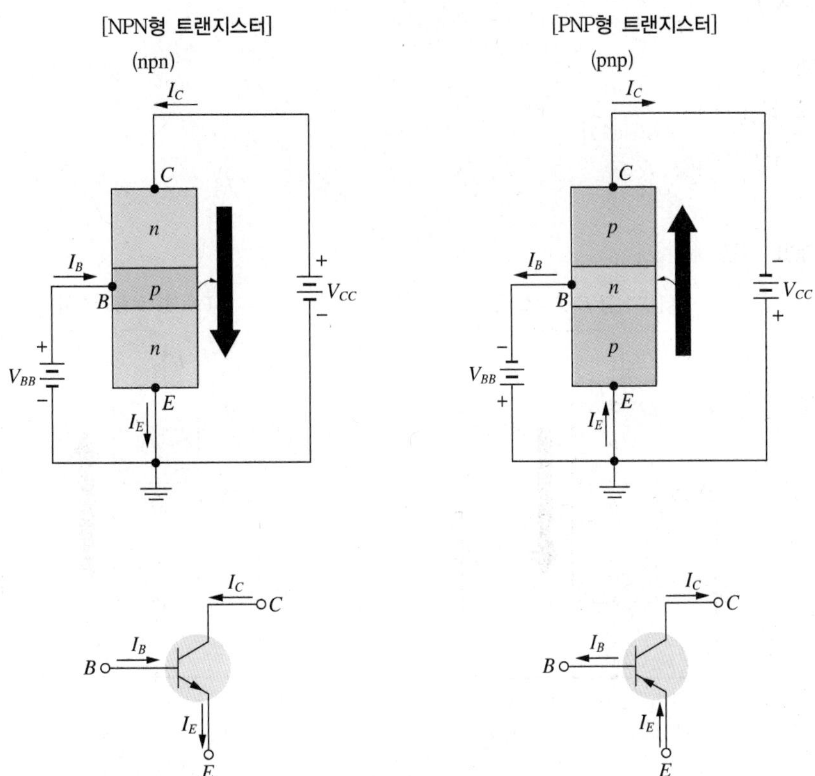

(1) 개 념

공통 이미터(CE) 회로는 베이스를 입력, 컬렉터를 출력으로 연결하고 이미터를 공통단자(접지)로 연결한 회로 형태이다.

(2) 특 징

직류전류이득 β의 값은 수십~수백 배에 달하므로 증폭특성이 우수하여 일반적인 신호증폭 회로에 많이 사용된다. 전류, 전압, 전력증폭이 모두 가능한 방식이다.

(3) 해 석

① 이미터 전류

$$I_E = I_C + I_B$$

② 컬렉터 전류

$$I_C = \alpha I_E + I_{CO} = \beta I_B + I_{CEO} = \beta I_B + (1+\beta) I_{CBO}$$

③ CE의 전류 증폭률

$$\beta = \left.\frac{\triangle I_C}{\triangle I_B}\right|_{V_{CE}} \simeq 20 \sim 99$$

④ 출력저항

$$R_o = \left.\frac{\triangle V_{CE}}{\triangle I_C}\right|_{I_B} \simeq 50[\text{k}\Omega]$$

⑤ 입력저항

$$R_i = \left.\frac{\triangle V_{BE}}{\triangle I_E}\right|_{V_{CE}} \simeq 600[\Omega]$$

3. 공통 컬렉터(CC) 회로

[NPN형 트랜지스터]

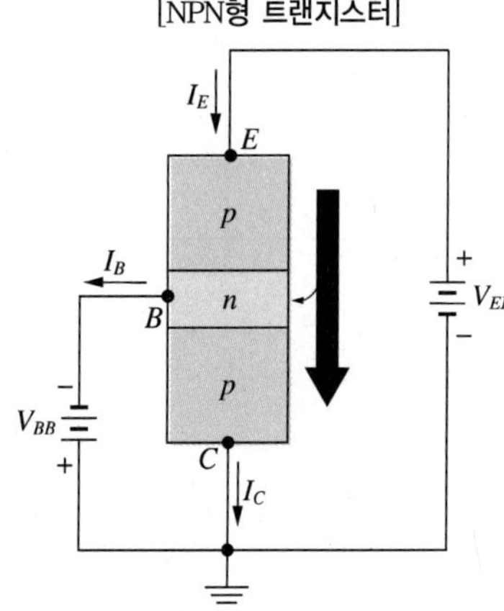

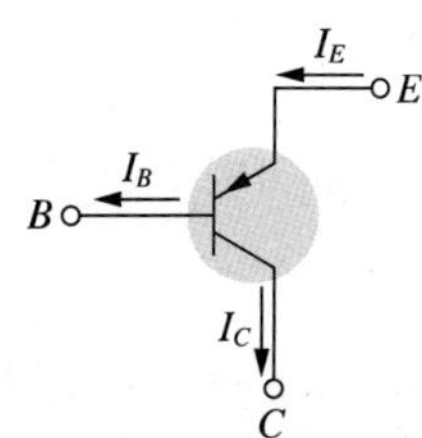

[PNP형 트랜지스터]

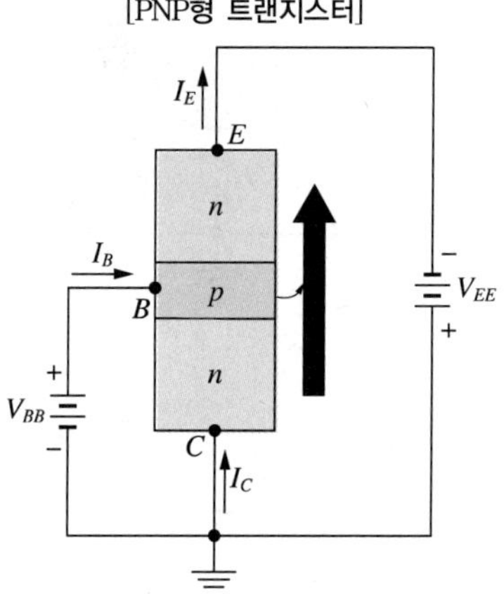

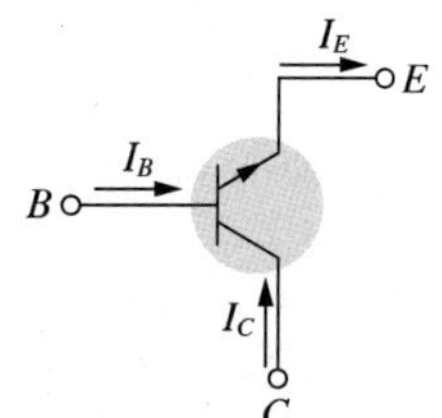

(1) 개 념

공통 컬렉터(CC) 회로는 베이스를 입력, 이미터를 출력으로 연결하고 컬렉터를 전원 V_{cc}로 연결한 회로 형태이다. 이상적인 전원의 내부저항은 0으로 간주하고, 교류적인 해석을 할 때는 컬렉터가 접지된 것과 같은 기능을 하므로 공통 컬렉터 접지라고 한다. 공통 컬렉터(CC) 회로에서 입력 베이스와 출력 이미터단자는 다이오드 1개로 연결된 구조이므로 입력 베이스의 신호전압이 이미터 출력으로 그대로 나간다. 따라서 전압이득이 거의 1인 전압버퍼로 쓰이며, 이미터 팔로워라고도 부른다.

(2) 특 징

① 전압이득은 1 이하로 작다.

② 전류이득은 크다.

③ 입력저항은 크다.

④ 출력저항은 작다.

(3) 해 석

① 전압이득

$$A_v = \frac{v_o}{v_s} = \frac{(\beta_o + 1)R_E}{R_s + r_\pi + (\beta_o + 1)R_E} \simeq 1$$

② 전류이득

$$A_i = \frac{i_e}{i_b} = \beta_o + 1$$

③ 입력저항

$$R_i = \frac{v_i}{i_b} = r_\pi + (\beta_o + 1)R_E$$

④ 출력저항

$$R_o = \frac{R_s + r_\pi}{\beta_o + 1} \simeq \frac{1}{g_m}$$

BJT의 DC 바이어스 해석

1 BJT 증폭기

1. BJT 증폭기 기본 방정식

[NPN형]

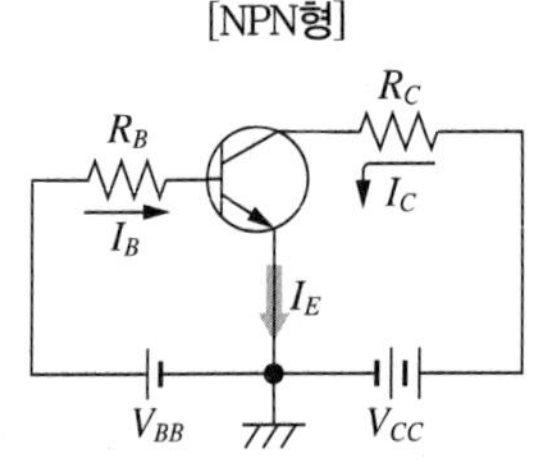

[PNP형]

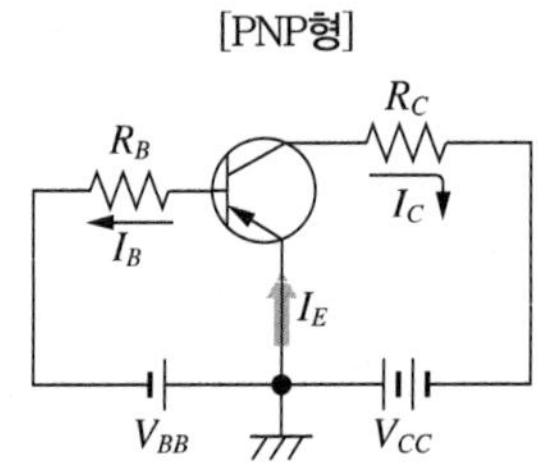

(1) $I_E = I_B + I_C$

(2) $V_{CE} = V_{CB} + V_{BE}$

(3) $I_C = \alpha I_E + I_{CO}$ (CB일 때)

(4) $I_C = \beta I_B + (1+\beta) I_{CO}$ (CE일 때)

(5) $I_{CEO} = (1+\beta) I_{CBO}$ (컬렉터 차단전류 관계식)

(6) $\alpha = \dfrac{\beta}{1+\beta}$, $\beta = \dfrac{\alpha}{1-\alpha}$

$\alpha = h_{FB} \equiv \dfrac{\Delta I_C}{\Delta I_E}$ (CB일 때 전류 증폭률, $\alpha = 0.95 \sim 0.99$)

$\beta = h_{FB} \equiv \dfrac{\Delta I_C}{\Delta I_B}$ (CE일 때 전류 증폭률, $\beta =$ 수십~수백)

2. BJT의 입·출력 특성곡선

(1) 공통 베이스(CB) 회로

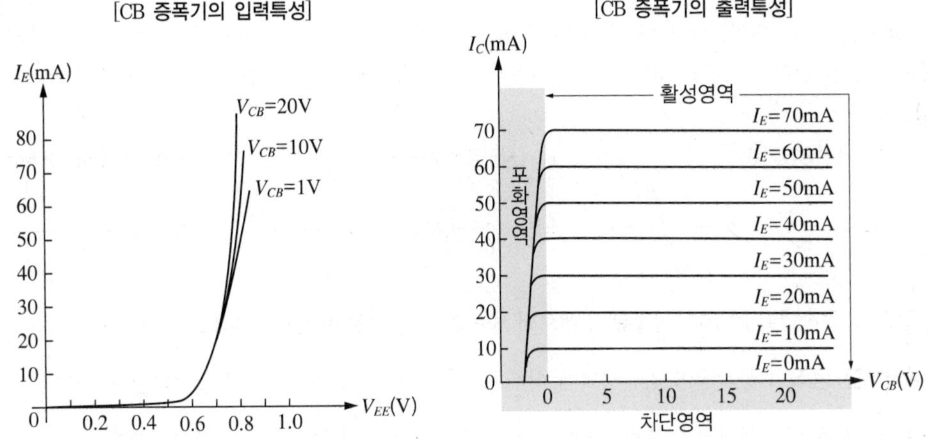

[CB 증폭기의 입력특성] [CB 증폭기의 출력특성]

① 공통 베이스 입력특성 : V_{BE}의 증가 시 I_E의 변화는 다이오드 순방향 특성과 유사하다.

② 공통 베이스 출력특성 : 활성영역($I_C \simeq I_E$), 포화영역(I_C가 지수적 증가), 차단영역($I_C = 0$)

(2) 공통 이미터(CE) 회로

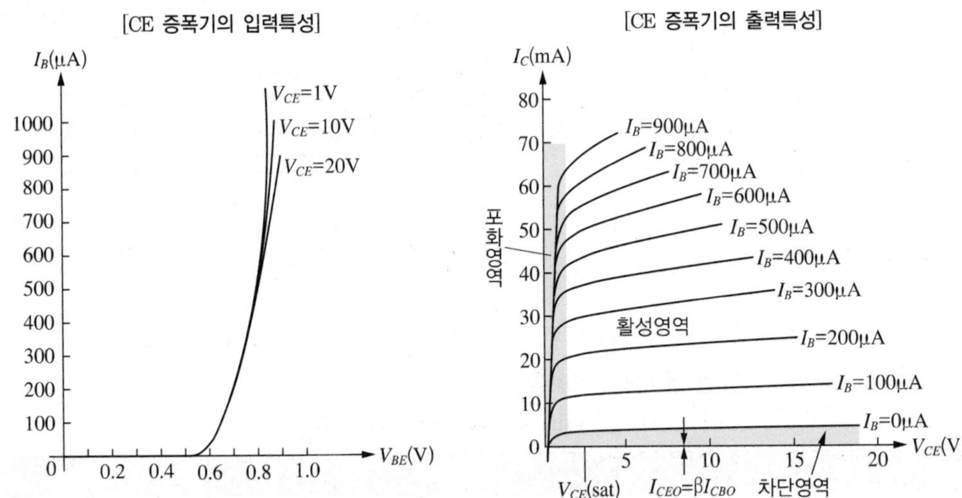

[CE 증폭기의 입력특성] [CE 증폭기의 출력특성]

① 공통 이미터 입력특성 : 공통 베이스 회로의 입력특성곡선과 유사한 모양

② 공통 이미터 출력특성 : 활성영역(선형성), 포화영역(BE, CB접합 순방향), 차단영역($I_B = 0$)

(3) 공통 컬렉터(CC) 회로 : 공통 컬렉터 회로는 전압이득이 1이어서 증폭기로는 사용되지 않지만 입력 임피던스가 높고 출력 임피던스가 낮아 임피던스 정합을 목적으로 사용된다.

① 공통 이미터 입력특성 : 입력단자는 베이스, 출력단자가 이미터

② 공통 이미터 출력특성 : 전류이득 $\dfrac{I_E}{I_B}$ ($I_E \simeq I_C$이므로 거의 $\beta = h_{FB} \equiv \dfrac{\Delta I_C}{\Delta I_B}$에 가깝다)

2 바이어스 목적과 직류 동작점

1. 동작점 위치에 따른 출력파형

바이어스(Bias)는 직류 전압을 인가하여 두 단자 사이에 전위차를 주는 것을 의미하고, 트랜지스터가 동작할 수 있는 환경을 만들어 주는 역할을 한다. 트랜지스터를 증폭기로 동작하기 위해서는 동작점(Q점)이 올바르게 설정되도록 직류전원을 적절히 인가하여야 한다.

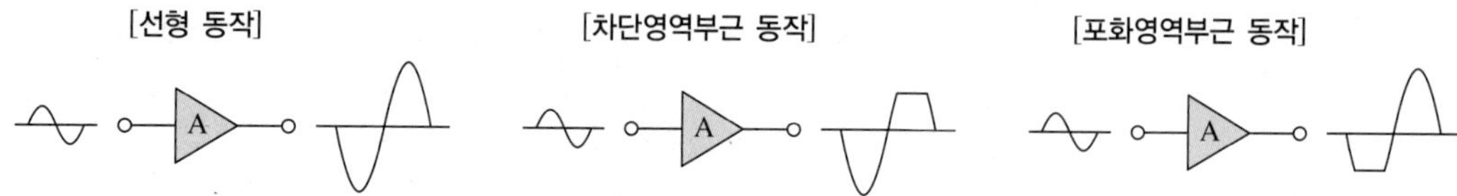

(1) **선형 동작** : 동작점이 적절히 설정된 경우로써 증폭기가 선형영역에서 동작하고 있다.

(2) **차단영역부근 동작** : 동작점이 차단영역에 치우쳐 양(+)의 출력파형 일부가 잘려나갔다.

(3) **포화영역부근 동작** : 동작점이 포화영역에 치우쳐 음(−)의 출력파형 일부가 잘려나갔다.

2. 부하선과 동작점 선정

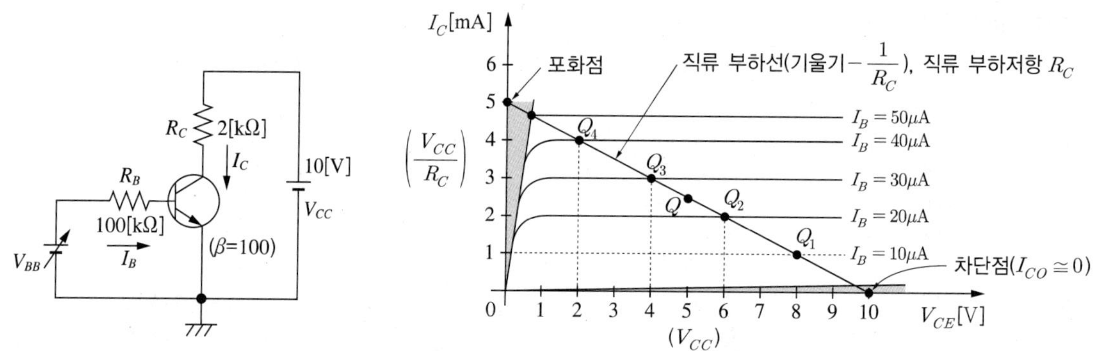

TR 증폭기의 기본 바이어스 회로에서 입력전압 V_{BB}를 조정하여 입력전류 I_B변화에 따른 출력전류 I_C, 출력전압 V_{CE}를 구하여 각 동작점 $Q(V_{CE}, I_C)$를 살펴보면 다음과 같다.

[기본 바이어스 회로의 각 동작점]

V_{BB}	I_B	I_C	V_{CE}	동작상태
0	0	0	10[V]	차단상태, 차단점(10[V], 0)
1.7[V]	10[μA]	1[mA]	8[V]	활성상태, Q_1(8[V], 1[mA])
2.7[V]	20[μA]	2[mA]	6[V]	활성상태, Q_2(6[V], 2[mA])
3.7[V]	30[μA]	3[mA]	4[V]	활성상태, Q_3(4[V], 3[mA])
4.7[V]	40[μA]	4[mA]	2[V]	활성상태, Q_4(2[V], 4[mA])
5.7[V]	50[μA]	5[mA]	0[V]	포화상태, 포화점(0, 5[mA])

3. 동작점 Q의 이탈과 신호왜곡

BJT를 증폭기로 사용하기 위해서는 동작점 Q를 활성영역 중앙 즉, 위 표에서 $Q_1 \sim Q_4$에 해당하는 영역에 선정해야 왜곡이 없는 최대 신호의 범위를 가지게 된다. 이를 최대 교류신호 조건(MSS; Maximum Symmetrical Swing)이라 한다.

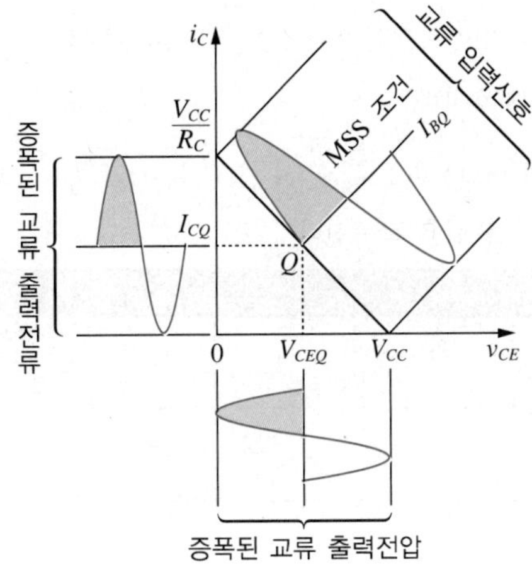

이와는 다르게 Q점이 중앙에 위치하지 않으면 왜곡이 발생하게 된다. 만약 하단부에 위치하면 차단영역 근처에서, 상단부에 위치하면 포화영역 근처에서 왜곡이 발생하게 된다. 또한 Q점이 중앙에 위치함에도 입력신호가 너무 큰 경우에는 차단 및 포화영역 양쪽에서 왜곡이 발생할 수 있다.

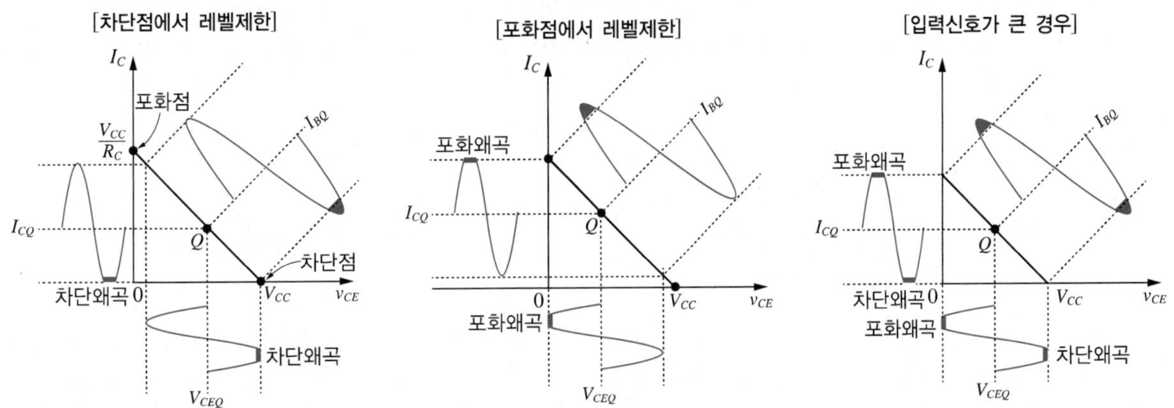

4. 동작점 Q의 변동 요인

TR의 파라미터(I_{CO}, β, V_{BE} 등) 값은 온도에 따라 다르다. 온도상승은 컬렉터전류 I_C상승으로 이어지고, 때문에 TR의 동작점 $Q(I_C,\ V_{CE})$도 변동되어 선형증폭이 되지 않는다. 동작점의 원인은 다음과 같다.

(1) I_{CO}의 온도변화

(2) V_{BE}의 온도변화(V_{BE}의 온도변화는 V_{CE}의 온도변화를 가져온다.)

(3) 트랜지스터 품질의 불균일

5. 안정계수

(1) TR의 특성변화에 무관한 동작점 $Q(V_{CE},\ I_C)$를 유지할 수 있는 바이어스 회로를 설계할 때 바이어스 회로의 안정도를 평가할 파라미터를 안정계수라 한다.

(2) 안정계수는 S, S', S''가 있으며 일반적으로 안정도(안정계수)는 주로 I_{CO}에 대한 안정계수 S를 의미한다.

※ S가 좋은 회로는 S', S''도 양호하다.

(3) 안정계수는 I_C의 변동 성분에 대한 변화율이므로 S, S', S''는 각각 I_{CO}, V_{BE}, β의 변화율에 대한 것이다. 안정계수의 값은 작을수록 안정도는 높으나 출력은 작아진다.

안정계수	공 식
제1 안정계수	$S=\dfrac{\partial I_C}{\partial I_{CO}}=\dfrac{\Delta I_C}{\Delta I_{CO}}$
제2 안정계수	$S'=\dfrac{\partial I_C}{\partial V_{BE}}=\dfrac{\Delta I_C}{\Delta V_{BE}}$
제3 안정계수	$S''=\dfrac{\partial I_C}{\partial \beta}=\dfrac{\Delta I_C}{\Delta \beta}$

6. 동작점 Q에 따른 증폭기 분류

BJT 동작점을 활성영역(선형영역) 중앙근처에 설정하는 것은 입력신호의 제한을 받으므로 소신호증폭에만 사용하는 제한이 있다. 반면 동작점을 차단점, 동작점에 설정하여 왜곡을 이용함으로 범용성을 넓힐 수 있다. 이처럼 분류한 증폭기는 A급, B급, C급 증폭기가 있다.

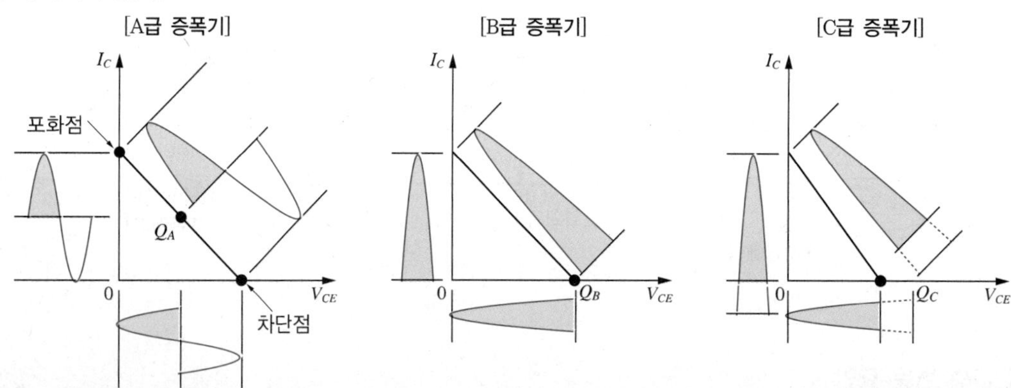

구 분	A급 증폭기	B급 증폭기	C급 증폭기
Q점	활성영역	차단점	차단점 밖
왜 곡	왜곡이 없는 선형성	$\frac{1}{2}$ 왜곡 (TR 두 개 사용)	$\frac{1}{2}$ 이상 왜곡 (LC동조 회로 사용)
효 율	50% (DC전력소비가 큼)	75%	78.5~99%
증폭기 용도	소신호증폭	대신호증폭	고주파대신호증폭

3 BJT 증폭기의 실용 바이어스 회로

온도가 상승하면 컬렉터 전류 I_C가 증가되어 증폭기의 동작점 Q가 불안정해지므로 안정된 바이어스 회로를 설계하기 위해서는 회로에 부궤환(NFB)의 바이어스 기법, 방열판, 온도보상 회로 등 방열대책을 효율적으로 활용해야 한다.

[기본 바이어스 회로]

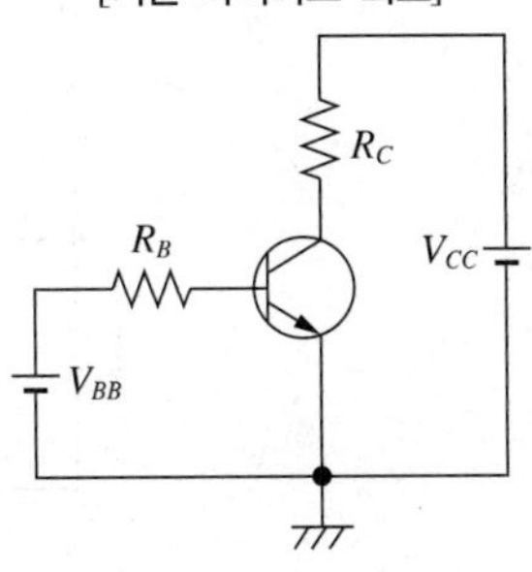

기본 바이어스 회로는 2개의 양 전원을 필요로 하기 때문에 비경제적이므로 사용되지 않는다. 또한 온도변화에도 취약하므로 경제적이고, 온도변화에도 대응할 수 있는 다음과 같은 실용적인 바이어스 회로를 사용해야 한다.

[고정 바이어스 회로] [전압 궤환 바이어스 회로] [전류 궤환 바이어스 회로] [전압 · 전류 궤환 바이어스 회로]

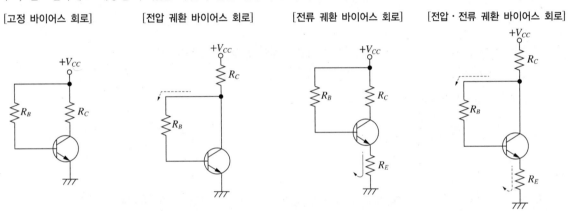

부궤환 기법은 출력전류 일부를 입력으로 되돌려 감소로 인한 동작점 안정화에 기여한다. 이때, 궤환전류를 접지해 안정도를 높이고 DC해석을 쉽게 하기 위해 블리더 저항을 사용한다.

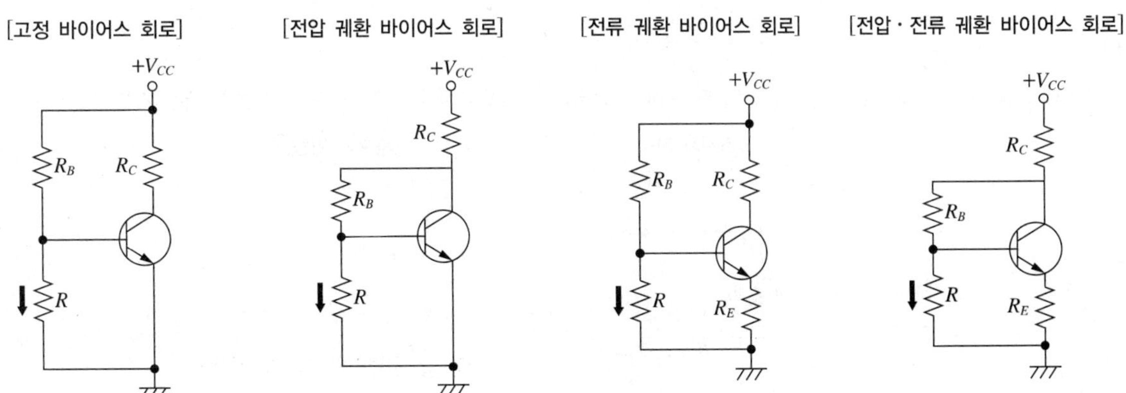

1. 고정 바이어스 회로의 해석

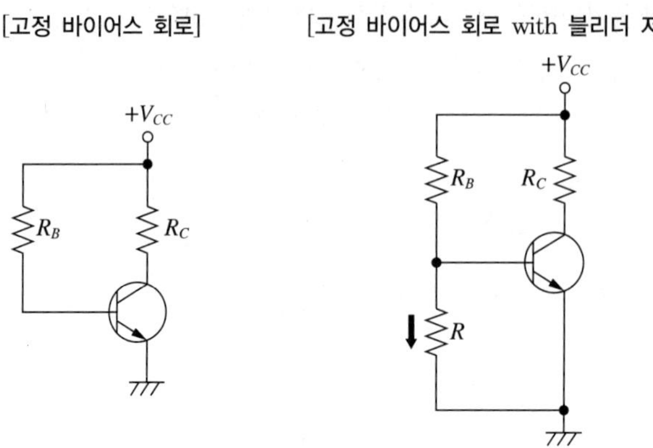

고정 바이어스 회로는 적절한 동작점 $Q(V_{CE},\ I_C)$를 갖도록 V_{CC}가 R_B저항을 통해 입력 측에 미리 일정한 전압을 걸어두어 직류전류 I_B를 흐르게 해두는 회로이다.

(1) I_B

고정 바이어스는 V_{CC}에서 입력 쪽에 일정한 전압을 걸어 I_B를 흐르게 하므로

$V_{CC} = R_B I_B + V_{BE}$이고,

이를 I_B에 대하여 정리하면

$$I_B = \frac{V_{CC} - V_{BE}}{R_B} \cong \frac{V_{CC}}{R_B}$$ 이다.

(2) I_C

$I_C = \beta I_B + (1+\beta) I_{CO} \cong \beta I_B$ ($\because$ $I_{CO} = I_{CBO}$가 너무 작아 무시할 수 있으므로)

(3) I_E

$I_E = I_B + I_C = (1+\beta) I_B$

(4) V_{CE}

아래 그림과 같이 TR이 스위치 기능일 때는 on, off되는 접점으로 동작하고, 증폭기 기능일 때는 가변저항으로 동작한다.

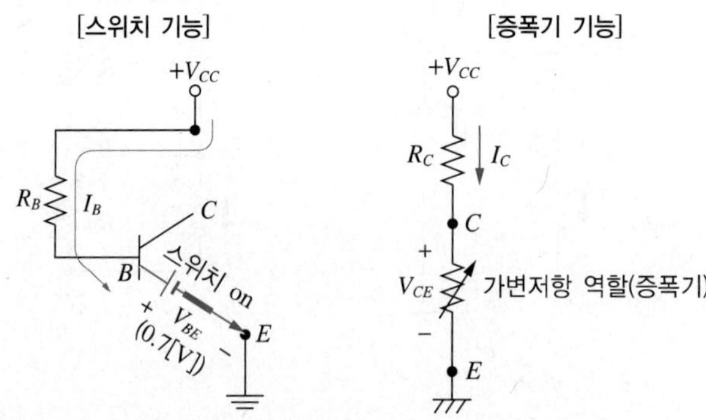

$V_{CC} = R_C I_C + V_{CE}$이므로

$V_{CE} = V_{CC} - R_C I_C = V_{CC} - R_C \cdot \beta I_B$

(5) V_{CB}

[동작점에 따른 동작 방법]

V_{CB}값	양(+)	음(−)
B-C접합	역바이어스	순바이어스
영 역	활성영역	포화영역
동작 방법	증폭기	스위치

$V_{CE}=V_{CB}+V_{BE}$에서 V_{CB}로 정리하면

$V_{CB}=V_{CE}=V_{BE}$

(6) 직류 부하선과 동작점 $Q(I_C,\ V_{CE})$: 직류부하선은 I_C, V_{CE}를 콜렉터 회로 특성곡선상에 표시한 것으로 I_B와 직류 부하선의 교점을 동작점 Q라고 한다.

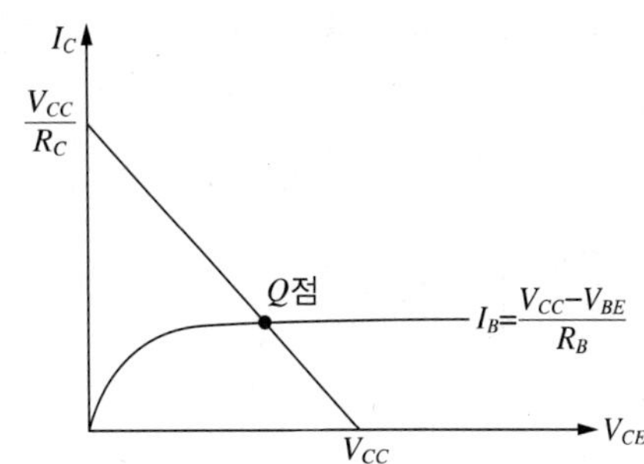

$V_{CC}=R_CI_C+V_{CE}$이므로 $I_C=\dfrac{V_{CC}-V_{CE}}{R_C}$

① $V_{CE}=0$이면 포화점이고, $I_C=\dfrac{V_{CC}}{R_C}$

② $I_C=0$이면 차단점이고, $V_{CE}=V_{CC}$

(7) **안정계수 S**

제1 안정계수는

$S=\dfrac{\partial I_C}{\partial I_{CO}}=\dfrac{\Delta I_C}{\Delta I_{CO}}$이므로 양변을 I_C에 관해 미분한다.

$I_C=\beta I_B+(1+\beta)I_{CO}$이므로, 이를 I_C에 대해 미분하면

$$1=\beta\frac{dI_B}{dI_C}+(1+\beta)\frac{dI_{CO}}{dI_C}=\beta\frac{dI_B}{dI_C}+(1+\beta)\frac{1}{S}$$

$\therefore\ 1-\beta\dfrac{dI_B}{dI_C}=\dfrac{1+\beta}{S}$이고, S에 대해 정리하면

$S=\dfrac{1+\beta}{1-\beta\dfrac{dI_B}{dI_C}}$이다.

이때, 고정 바이어스 회로는 I_B가 I_C의 변화와 무관하므로

$\frac{dI_B}{dI_C} = 0$이다.

결국 고정 바이어스 회로의 안정도는

$S = 1 + \beta$이다.

2. 전압궤한 바이어스 회로의 해석

[전압궤한 바이어스 회로]

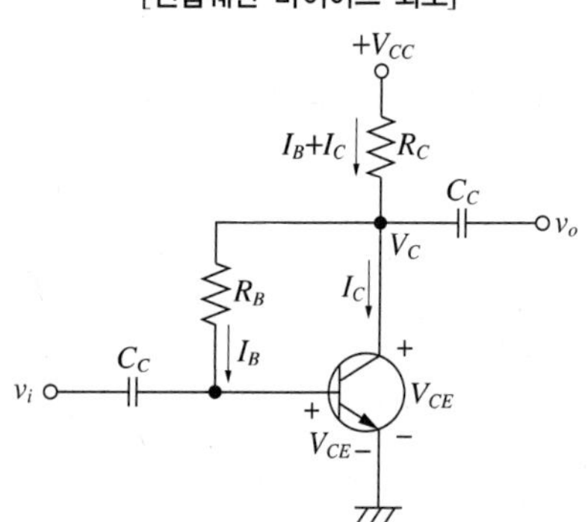

[전압궤한 바이어스 회로 with 블리더 저항]

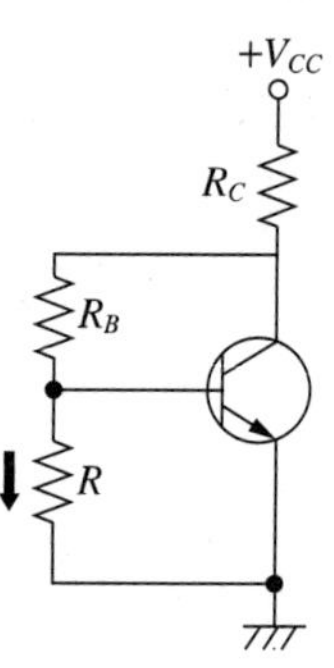

(1) I_B

$$\begin{aligned} V_{CC} &= R_C(I_B + I_C) + R_B I_B + V_{BE} \\ &= R_C I_B + R_C \beta I_B + R_B I_B + V_{BE} \ (\because I_C = \beta I_B \text{이므로}) \\ &= R_C(1+\beta) I_B + R_B I_B + V_{BE} \ \text{이를 } I_B \text{에 대하여 정리하면} \end{aligned}$$

$$I_B = \frac{V_{CC} - V_{BE}}{R_B + (1+\beta) R_C}$$

(2) I_C

$$\begin{aligned} I_C &= \beta I_B + (1+\beta) I_{CO} \\ &\cong \beta I_B \ (\because \ I_{CO} = I_{CBO} \text{가 너무 작아 무시할 수 있으므로}) \end{aligned}$$

(3) I_E

$$I_E = I_B + I_C = (1+\beta) I_B$$

(4) V_{CE}

$$\begin{aligned} V_{CC} &= R_C(I_B + I_C) + V_{CE} \text{이므로} \\ &= R_C(1+\beta) I_B + V_{CE} \\ &= R_B I_B + V_{BE} \end{aligned}$$

(5) V_{CB}

항상 양(+)의 값이므로 활성영역에서 동작한다.

$$V_{CB} = V_{CE} - V_{BE} = R_B I_B > 0$$

(6) 안정계수 S

$$S = \frac{(1+\beta)(R_B+R_C)}{R_B+(1+\beta)R_C}$$

3. 전류궤환 바이어스 회로의 해석

[전압궤한 바이어스 회로]

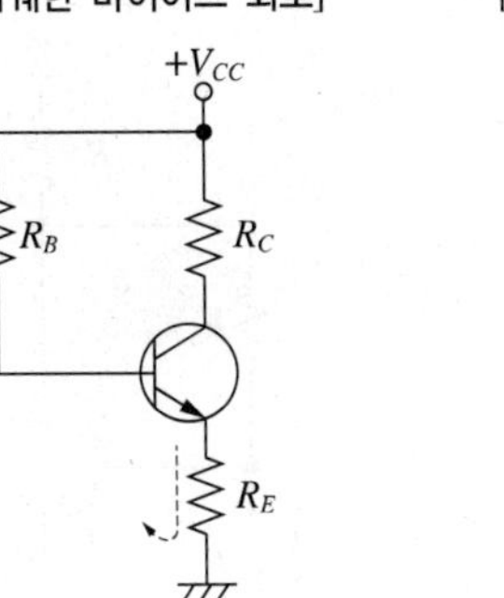

[전압궤한 바이어스 회로 with 블리더 저항]

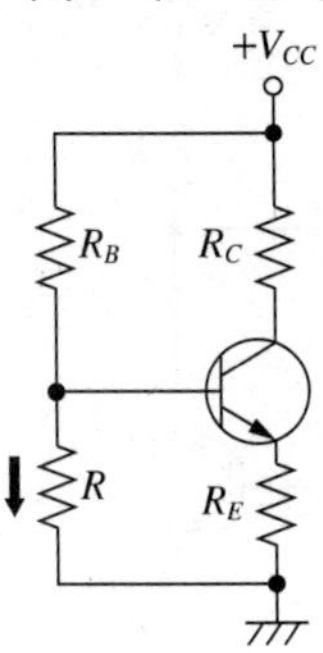

(1) I_B

$I_E = I_B + I_C = (1+\beta)I_B$이므로 이를 I_B에 대하여 정리하면

$$I_B = \frac{I_E}{1+\beta}$$

(2) I_C

$$I_C = \beta I_B$$

(3) I_E

$$V_B = \frac{R_2}{R_1+R_2}V_{CC}$$

$$V_B = V_{BB} + R_E I_E,\ \ V_E = R_E I_E$$

$$I_E = \frac{V_B - V_{BE}}{R_E}$$

(4) V_{CE}

$V_{CC} = R_C I_C + V_{CE} + R_E I_E$이므로

$$V_{CE} = V_{CC} - R_C I_C - R_E I_E$$

$$\cong V_{CC} - I_C(R_C + R_E)$$

(5) V_{CB} : 양(+)의 값이므로 활성영역에서 동작한다.

$$V_{CB} = V_{CE} - V_{BE} > 0$$

(6) 안정계수 S

$$S = \frac{(1+\beta)(R_B + R_E)}{R_B + (1+\beta)R_E}$$

4. 전압 · 전류궤환 바이어스 회로의 해석

[전압 · 전류궤한 바이어스 회로]

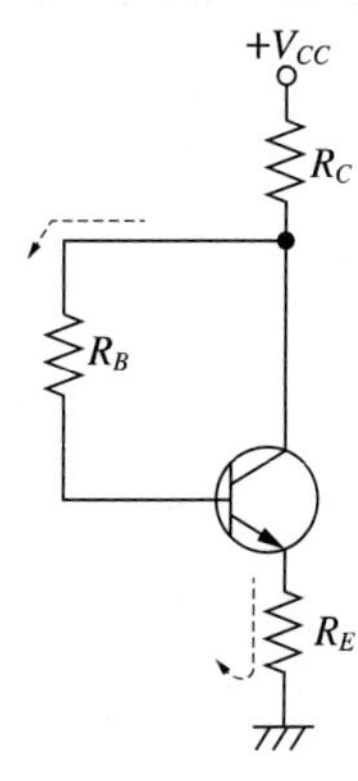

[전압 · 전류궤한 바이어스 회로 with 블리더 저항]

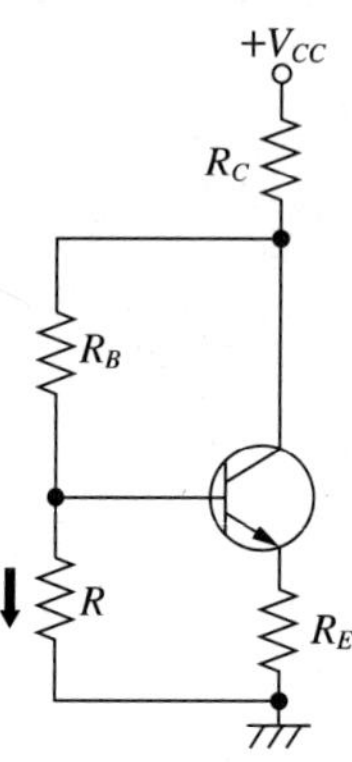

(1) I_B

$$\begin{aligned} V_{CC} &= R_C I_E + V_{CE} + R_E I_E \\ &= (R_C + R_E)(1+\beta)I_B + V_{CE} \end{aligned}$$

(2) I_C

$$I_C = \beta I_B$$

(3) I_E

$$I_E = (1+\beta)I_B$$

(4) V_{CE}

$$\begin{aligned} V_{CE} &= V_{CC} - R_C I_E - R_E I_E \\ &\cong V_{CC} - I_E(R_C + R_E) \end{aligned}$$

(5) 안정계수 S

$$S = \frac{(1+\beta)(R_B + R_C + R_E)}{R_B + (1+\beta)(R_C + R_E)}$$

4 온도보상 회로

온도보상 회로는 온도변화로 인해 I_C가 증가하고 동작점이 불안정해지는 것을 해결하고자 바이어스 저항이 아닌 온도 감지 능력이 있는 소자(다이오드, TR, 온도센서)를 사용하여 회로를 구성하는 것을 말한다.

1. 다이오드 보상 회로

다이오드와 TR이 같은 재료일 경우 TR의 I_{CO}성분을 다이오드의 역포화 전류($-I_o$)로 상쇄하여 일정한 I_C 전류를 유지하게 한다.

[I_{CO}에 대한 보상] [V_{BE}에 대한 보상]

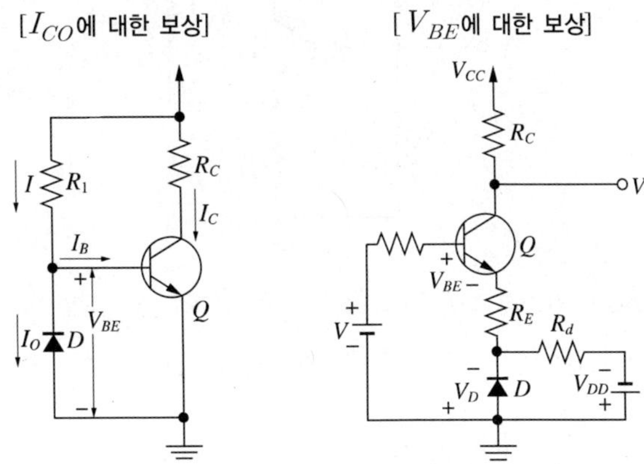

위 그림과 같이 다이오드 순바이어스 전압 V_D의 온도변화는 TR의 V_{BE}의 온도변화 영향을 감소하여 안정을 유지한다.

2. 트랜지스터 보상 회로

다이오드와 같이 TR도 마찬가지로 온도보상 회로로 사용이 가능하며 출력전류의 일부분을 접지로 제거하여 전류를 일정하게 유지하는 회로이다.

[TR을 이용한 온도보상 회로(Q_1과 Q_2가 동일한 경우)]

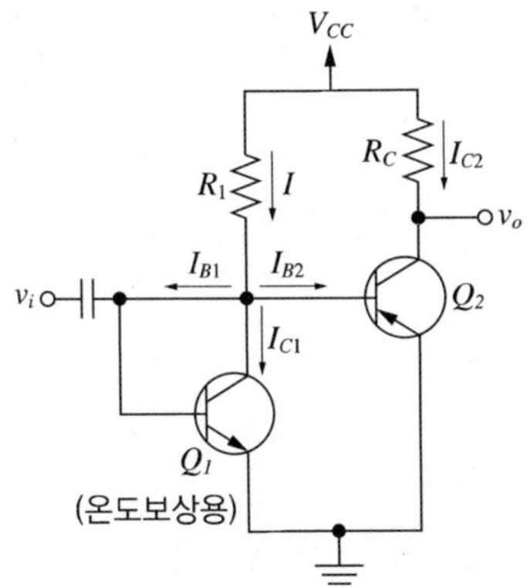

TR Q_1은 TR Q_2의 온도보상용으로 쓰인다. Q_2의 출력전류 I_{C_2}에 변동이 생기면 Q_1의 I_{C_1} 또한 변동이 생기므로 Q_1이 on이 되어 변동분을 접지로 제거한다. 결국 I_{C_2}전류를 일정하게 한다.

PART 2

3. 온도센서(서미스터) 보상 회로

NTC서미스터는 온도가 증가함에 따라 저항값이 급격히 감소하는 특성을 가진다.

[온도센서(서미스터) 보상 회로]

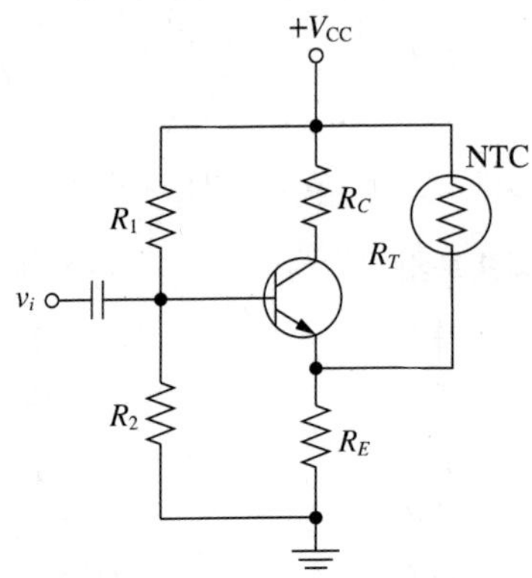

온도가 상승하면 서미스터 저항 R_T가 감소하고 I_C는 증대한다. 이 전류로 R_E 전압이 증가하면 V_{BE}는 감소하고, 따라서 I_B가 감소하여 I_C가 감소하게 되어 일정하게 전류를 유지하게 된다.

CHAPTER

06 PART 2 반도체 다이오드 회로
트랜지스터의 등가회로 모델

등가회로 모델은 BJT 소자의 특정 동작영역에서 그에 따른 동작특성이 가장 잘 나타날 수 있도록 전류원, 전압원, 저항에 대한 해석을 쉽게 모델화시킨 회로이다.

1 BJT 대신호 모델(DC 회로 해석)

BJT가 활성모드로 동작할 때 순방향 바이어스가 걸린 B-E접합은 V_{BE}전압을 갖는 PN 다이오드로 모델링 할 수 있다.

[NPN 공통 이미터 회로] [변환된 DC 등가회로]

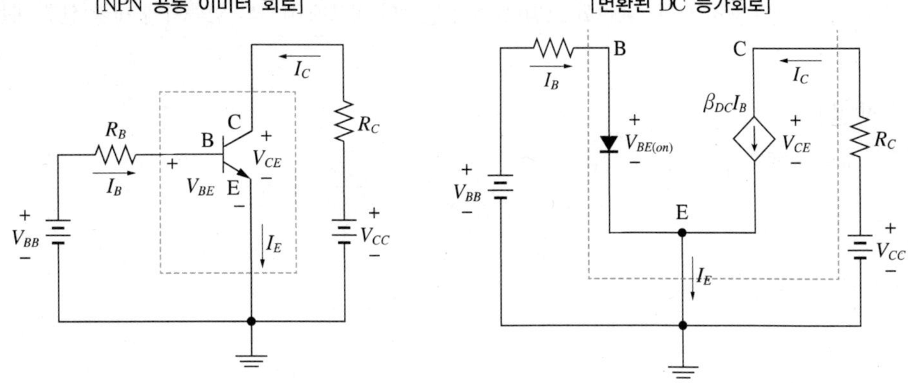

※ 이미 BJT의 DC 회로 해석은 앞장에서 다룬 내용이므로 'CH 05 BJT의 DC 바이어스 해석' p.84을 참고하시기 바란다.

2 BJT 소신호 모델(ac 회로 해석, 교류 증폭기 회로 해석)

1. 일반적인 BJT의 소신호 등가회로

[r_π형] [r_e형] [h형]

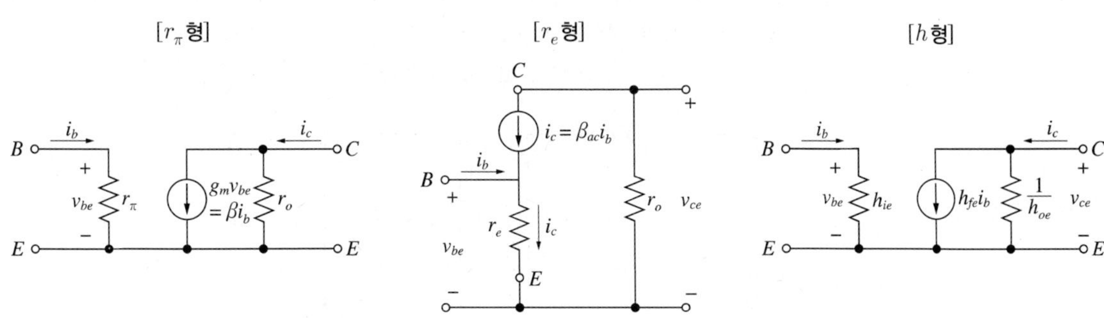

(1) 하이브리드 r_π 모델

① 가장 널리 사용되는 모델이고 저주파 활성영역에서 동작하는 BJT를 대상으로 주로 사용하는 모델이다. 고주파에서는 기생 커패시턴스와 부하 커패시턴스 작용을 추가 고려해야 한다.

② 하이브리드 r_π 모델 파라미터

㉠ 베이스 교류 입력저항 r_π

$$\frac{v_{be}}{i_b} = (1+\beta)r_e$$

㉡ 전달 컨덕턴스 g_m

$$\frac{i_c}{v_{be}} = \frac{\beta}{r_\pi} = \frac{\alpha}{r_e}$$

(2) r_e 모델

① 하이브리드 r_π 모델을 실용적으로 표현한 모델로 출력 전압의 피드백 효과와 입출력에 대한 신호 내용을 포함한 모델이다.

② r_e 모델 파라미터

㉠ [CE]의 전류 증폭률 β

$$\frac{\triangle I_C}{\triangle I_B}$$

㉡ 이미터 교류 입력저항 r_e

$$\frac{v_{be}}{i_e} = \frac{r_\pi}{(1+\beta)}$$

㉢ 소신호 컬렉터 저항 r_o

$$\frac{v_{ce}}{i_c}$$

(3) 하이브리드 h 모델

① 하이브리드 h 모델은 입력전류·전압, 출력전류·전압의 관계로 정의하여 입출력 전류·전압을 측정하여 트랜지스터 특성을 파악하는 모델로 다른 모델보다 정확도가 높은 모델이다.

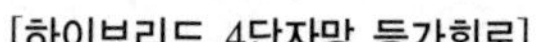
[하이브리드 4단자망 등가회로]

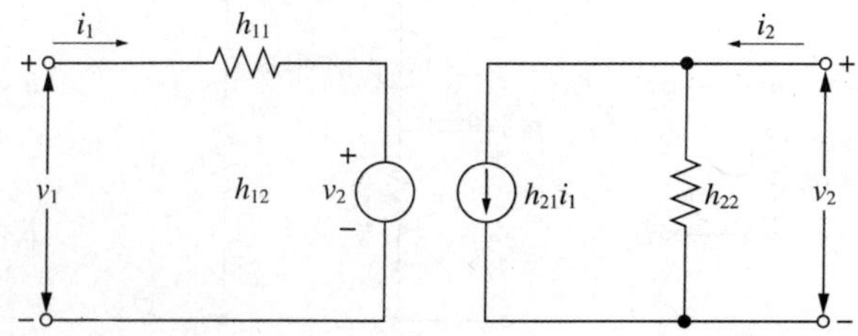

② h 모델 파라미터

㉠ 출력 단락 시 입력 임피던스 h_i

$$h_{11} = \left.\frac{v_1}{i_1}\right|_{v_2 = 0}$$

㉡ 입력 개방 시 역방향 전압이득 h_r

$$h_{12} = \left.\frac{v_1}{v_2}\right|_{i_1 = 0}$$

㉢ 출력 단락 시 순방향 전류이득 h_f

$$h_{21} = \left.\frac{i_2}{i_1}\right|_{v_2 = 0}$$

㉣ 입력 개방 시 출력 어드미턴스 h_o

$$h_{22} = \left.\frac{i_2}{v_2}\right|_{i_1 = 0}$$

[π 모델 정수와 h 모델 정수의 관계]

π모델의 정수		내 용	h모델의 정수
β	$\frac{\Delta I_C}{\Delta I_B}$	[CE]의 전류 증폭률	h_{fe}
α	$\frac{\Delta I_C}{\Delta I_E}$	[CB]의 전류 증폭률	h_{fb}
r_π	$\frac{v_{be}}{i_b} = (1+\beta)r_e$	베이스 교류 입력저항	$h_{ie} = (1+h_{fe})h_{ib}$
r_e	$\frac{v_{be}}{i_e} = \frac{r_\pi}{(1+\beta)}$	이미터 교류 입력저항	$h_{ib} = \frac{h_{ie}}{(1+h_{fe})}$
g_m	$\frac{i_c}{v_{be}} = \frac{\beta}{r_\pi} = \frac{\alpha}{r_e}$	전달 컨덕턴스	$\frac{h_{fe}}{h_{ie}} = \frac{h_{fb}}{h_{ib}}$

2. 소신호 등가회로에 의한 교류신호 해석

(1) 이미터 접지(CE) 증폭기(h 모델과 r_e 모델 활용)

[CE 증폭기 회로]

[h 소신호 등가회로] [r_e 소신호 등가회로]

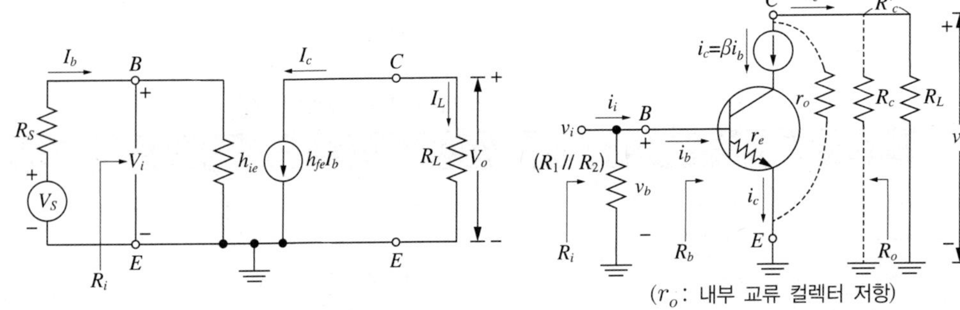

(r_o: 내부 교류 컬렉터 저항)

① 입력저항

구 분	h 소신호 등가회로	r_e 소신호 등가회로
증폭기 입력저항 R_b	–	$R_b = \frac{v_b}{i_b} = \frac{r_e i_e}{i_b} = \frac{r_e(1+\beta)i_b}{i_b}$ $= (1+\beta)r_e \cong \beta r_e$
전체 입력저항 R_i	$R_i = \frac{V_i}{I_i} = \frac{V_i}{I_b} = h_{ie}$	$R_i = \frac{v_i}{i_i} = (R_1//R_2)//R_b = R_B//R_b$

② 출력저항

h 소신호 등가회로	r_e 소신호 등가회로
$R_o = \frac{V_o}{I_o} = \frac{V_o}{I_L} = \frac{R_L . I_L}{I_L} = R_L$	$R_o = (r_o /\!/ R_C) \cong R_C$ ($\because$ r_o는 매우 커서 무시가능하다.)

③ 전류이득

구 분	h 소신호 등가회로	r_e 소신호 등가회로
증폭기 전류이득 A_{ib}	–	$A_{ib} = \frac{i_o}{i_b} = \frac{-i_c}{i_b} = \frac{\beta i_b}{i_b} = -\beta$
전체 전류이득 A_i	$A_i = \frac{I_o}{I_i} = \frac{-I_c}{I_b} = \frac{-h_{fe} . I_b}{I_b} = -h_{fe}$	$A_i = \frac{i_o}{i_s} = \frac{i_b}{i_s} \times \frac{i_o}{i_b} = \frac{R_B}{R_B + R_b} \cdot A_{ib}$ $A_i = -\frac{R_B}{R_B + R_b} \cdot \beta$

④ 전압이득

구 분	h 소신호 등가회로	r_e 소신호 등가회로	
		R_L이 없는 경우	R_L 접속 시
증폭기 전압이득 A_{vb}	–	$A_{vb}=\frac{v_o}{v_b}=\frac{R_o \cdot i_o}{r_e \cdot i_b}$ $\cong \frac{R_C(-i_c)}{r_e i_c}=\frac{-R_C}{r_e}$ $A_{vb}=-g_m R_C \; (\because g_m \cong \frac{1}{r_e})$	$A_{vb}=\frac{-R_C//R_L}{r_e}$ $A_{vb}=-g_m(R_C//R_L)$
전체 전압이득 A_v	$A_v=\frac{V_o}{V_i}=\frac{I_o R_o}{I_i R_i}$ $=A_i\frac{R_o}{R_i}=-h_{fe}\frac{R_L}{h_{ie}}$	$A_v=A_{vb} \cdot \frac{R_i}{R_i+R_s}$ $=-\frac{R_C}{r_e} \cdot \frac{R_i}{R_i+R_s}$	$A_v=A_{vb} \cdot \frac{R_i}{R_i+R_s}$ $=-\frac{R_C//R_L}{r_e} \cdot \frac{R_i}{R_i+R_s}$

(2) 이미터 저항을 가진 접지(CE with RE) 증폭기(h 모델과 r_e 모델 활용)

[CE with RE 증폭기 회로]

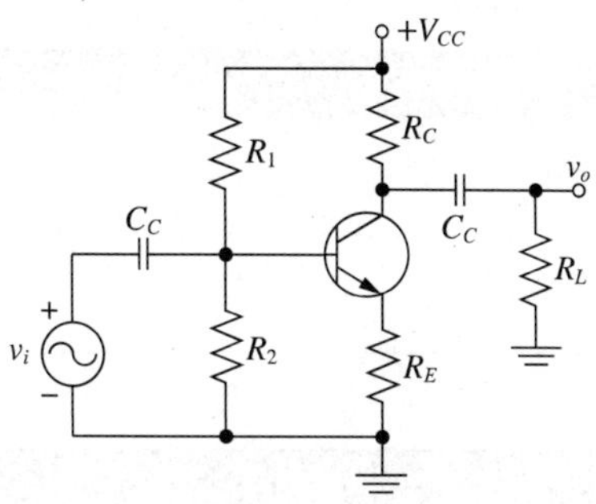

[h 소신호 등가회로]

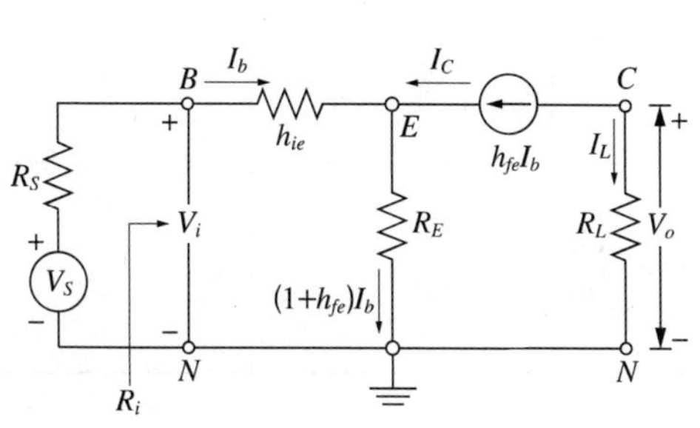

[r_e 소신호 등가회로]

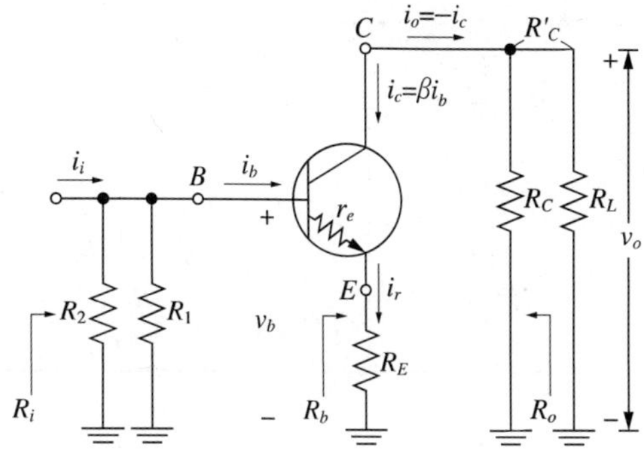

PART 2

① 입력저항

구 분	h 소신호 등가회로	r_e 소신호 등가회로
증폭기 입력저항 R_b	–	$R_b = \frac{v_b}{i_b} = \frac{i_e(r_e+R_E)}{i_b} = \frac{(1+\beta)i_b(r_e+R_E)}{i_b}$ $= (1+\beta)(r_e+R_E) \cong \beta R_E$
전체 입력저항 R_i	$R_i = \frac{V_i}{I_i} = \frac{h_{ie}I_b + R_E(I_b+I_c)}{I_b}$ $= \frac{[h_{ie}+(1+h_{fe})R_E]I_b}{I_b}$ $= h_{ie}+(1+h_{fe})R_E$	$R_i = R_B // R_b = R_B // (1+\beta)(r_e+R_E)$

② 출력저항

h 소신호 등가회로	r_e 소신호 등가회로
$R_o = \frac{V_o}{I_o} = \frac{V_o}{I_L} = R_L$	$R_o = (r_o // R_C) \cong R_C$ ($\because r_o$는 매우 커서 무시가능하다.)

③ 전류이득

구 분	h 소신호 등가회로	r_e 소신호 등가회로
증폭기 전류이득 A_{ib}	–	$A_{ib} = \frac{i_o}{i_b} = \frac{-i_c}{i_b} = \frac{\beta i_b}{i_b} = -\beta$
전체 전류이득 A_i	$A_i = \frac{I_o}{I_i} = \frac{I_L}{I_b} = \frac{-h_{fe} \cdot I_b}{I_b} = -h_{fe}$	$A_i = (-\beta) \cdot \frac{R_B}{R_B+R_b} \cdot \frac{R_C}{R_C+R_L}$

④ 전압이득

구 분	h 소신호 등가회로	r_e 소신호 등가회로	
		R_L이 없는 경우	R_L 접속 시
증폭기 전압이득 A_{vb}	–	$A_{vb} = \frac{v_o}{v_b} = \frac{-i_c R_C}{i_c(r_e+R_E)}$ $\cong -\frac{R_C}{r_e+R_E} \cong \frac{R_C}{R_E}$	$A_{vb} \cong \frac{R_C//R_L}{R_E}$
전체 전압이득 A_v	$A_v = \frac{V_o}{V_i} = \frac{I_o R_o}{I_i R_i} = A_i \frac{R_o}{R_i}$ $= -h_{fe}\frac{R_L}{h_{ie}+(1+h_{fe})R_E}$	$A_v = -\frac{R_C}{R_E} \cdot \left(\frac{R_i}{R_s+R_i}\right)$	$A_v = -\frac{R_C//R_L}{R_E} \cdot \left(\frac{R_i}{R_s+R_i}\right)$

(3) 컬렉터 접지(CC) 증폭기(h 모델과 r_e 모델 활용)

[CC 증폭기 회로]

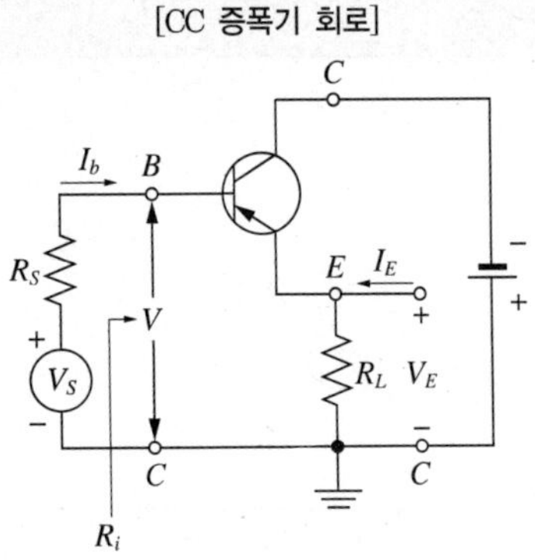

[h 소신호 등가회로]

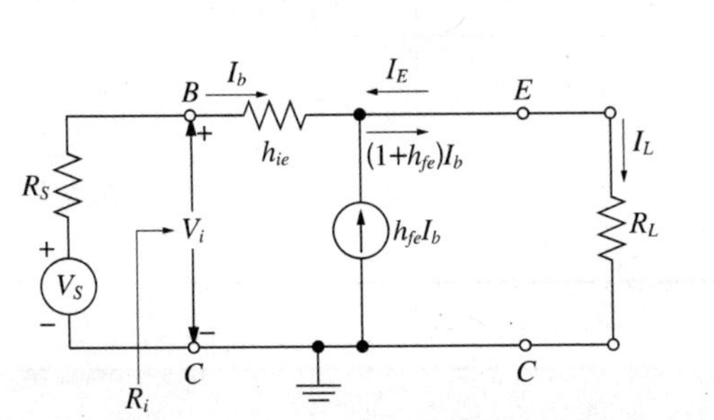

[r_e 소신호 등가회로]

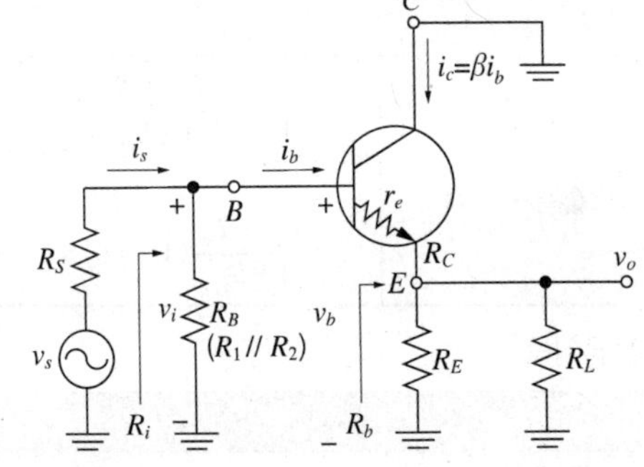

① 입력저항

구 분	h 소신호 등가회로	r_e 소신호 등가회로
증폭기 입력저항 R_b	–	$R_b = \frac{v_b}{i_b} = \frac{i_e(r_e + R_E)}{i_b} = \frac{(1+\beta)i_b(r_e + R_E)}{i_b}$ $= (1+\beta)(r_e + R_E) \cong \beta R_E$
전체 입력저항 R_i	$R_i = \frac{V_i}{I_i} = \frac{h_{ie}I_b + (1+h_{fe})I_b R_L}{I_b}$ $= h_{ie} + (1+h_{fe})R_L$	$R_i = R_B // R_b = R_B // (1+\beta)(r_e + R_E)$

② 출력저항

구 분	h 소신호 등가회로	r_e 소신호 등가회로
그 림	–	[출력저항 R_o을 구하기 위한 등가회로]
합성저항 R_o'	–	$R_o' = \dfrac{(R_s // R_B)}{1+\beta} + r_e$ $\cong \dfrac{R_s}{1+\beta} + r_e$ ($R_s \ll R_B$일 때)
전체 출력저항 R_o	$R_o = \dfrac{V_o}{I_o} = \dfrac{\left(\dfrac{h_{ie}+R_s}{1+h_{fe}}\right) I_L}{I_L}$ $= \dfrac{h_{ie}+R_s}{1+h_{fe}} (V_s = 0)$	$R_o = (R_o' // R_E) \cong R_o'$ $\cong \dfrac{R_s}{1+\beta} + r_e (R_o' \ll R_E$일 때)

③ 전류이득

구 분	h 소신호 등가회로	r_e 소신호 등가회로
증폭기 전류이득 A_{ib}	–	$A_{ib} = \dfrac{i_e}{i_b} = \dfrac{(1+\beta)i_b}{i_b} = 1+\beta$
전체 전류이득 A_i	$A_i = \dfrac{I_o}{I_i} = \dfrac{I_L}{I_b} = \dfrac{(1+h_{fe})I_b}{I_b} = 1+h_{fe}$	$A_i = A_{ib} \cdot \dfrac{R_B}{R_B+R_b} = (1+\beta) \cdot \dfrac{R_B}{R_B+R_b}$

④ 전압이득

구 분	h 소신호 등가회로	r_e 소신호 등가회로
증폭기 전압이득 A_{vb}	–	$A_{vb} = \dfrac{v_o}{v_b} = \dfrac{i_e R_E}{i_e(r_e+R_E)} = \dfrac{R_E}{r_e+R_E}$
전체 전압이득 A_v	$A_v = \dfrac{V_o}{V_i} = \dfrac{I_L R_L}{h_{ie}I_b + (1+h_{fe})I_b R_L}$ $= \dfrac{(1+h_{fe})I_b R_L}{h_{ie}I_b + (1+h_{fe})I_b R_L}$ $= \dfrac{(1+h_{fe})R_L}{h_{ie} + (1+h_{fe})R_L}$ 이때, $R_i = h_{ie} + (1+h_{fe})R_L$이므로 $\therefore \dfrac{(1+h_{fe})R_L}{h_{ie}+(1+h_{fe})R_L} = \dfrac{R_i - h_{ie}}{R_i} = 1 - \dfrac{h_{ie}}{R_i}$ $R_i \gg h_{ie}$이므로 A_v는 1에 가깝다. $\therefore A_v \cong 1$	$A_v = \dfrac{R_E}{r_e+R_E} \cdot \dfrac{R_i}{R_s+R_i}$

(4) 베이스 접지(CB) 증폭기(h모델과 r_e모델 활용)

[CB 증폭기 회로]

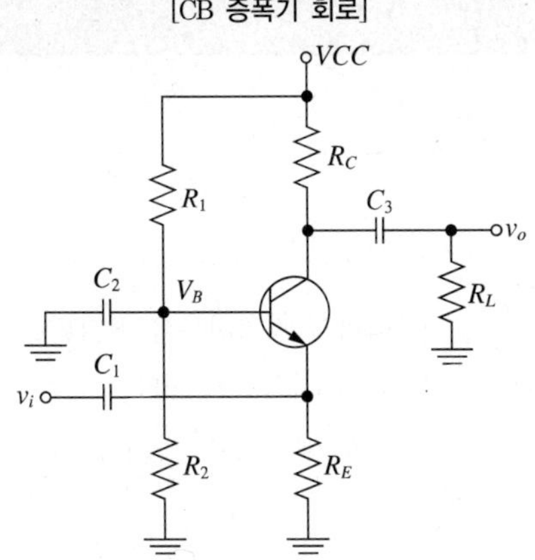

[h 소신호 등가회로]

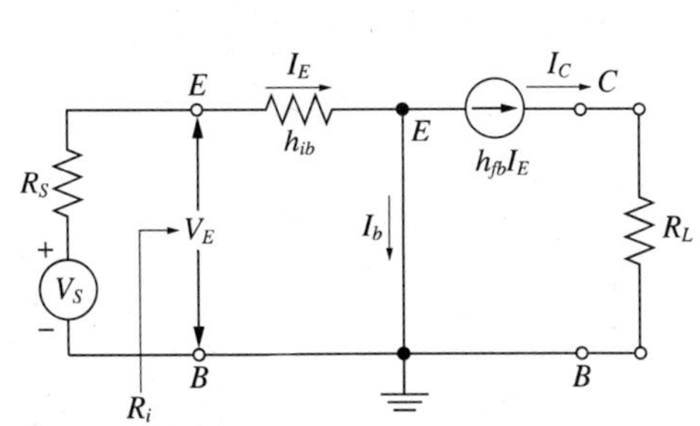

[r_e 소신호 등가회로]

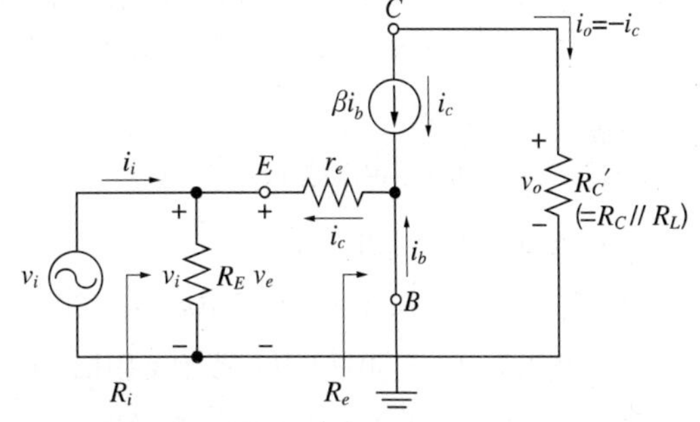

① 입력저항

구 분	h 소신호 등가회로	r_e 소신호 등가회로
증폭기 입력저항 R_e	–	$R_e=\dfrac{v_e}{i_e}=\dfrac{r_e i_e}{i_e}=r_e$
전체 입력저항 R_i	$R_i=\dfrac{V_i}{I_i}=\dfrac{V_E}{I_E}=\dfrac{h_{ib}I_E}{I_E}=h_{ib}$	$R_i=\dfrac{v_i}{i_i}=(r_e//R_E)\cong r_e\cong\dfrac{1}{g_m}$

② 출력저항

h 소신호 등가회로	r_e 소신호 등가회로
$R_o=\dfrac{V_o}{I_o}=\dfrac{R_L I_o}{I_o}=R_L$	$R_o'=r_o$ $R_o=(r_o//R_C)\cong R_C$

③ 전류이득

구 분	h 소신호 등가회로	r_e 소신호 등가회로
증폭기 전류이득 A_{ie}	–	$A_{ie}=\dfrac{i_c}{i_e}=\dfrac{\beta i_b}{(1+\beta)i_b}=\dfrac{\beta}{1+\beta}=\alpha$
전체 전류이득 A_i	$A_i=\dfrac{I_o}{I_i}=\dfrac{h_{fb}I_E}{I_E}=h_{fb}$	$A_i=\left(\dfrac{\beta}{1+\beta}\right)\left(\dfrac{R_E}{R_E+r_e}\right)\left(\dfrac{R_C}{R_C+R_L}\right)$

④ 전압이득

구 분	h 소신호 등가회로	r_e 소신호 등가회로
전체 전압이득 A_v	$A_v = \frac{V_o}{V_i} = \frac{I_o R_o}{I_i R_i} = A_i \frac{R_o}{R_i} = h_{fb} \frac{R_L}{h_{ib}}$	$A_v = \frac{v_o}{v_i} = \frac{v_c}{v_e} = \frac{-i_c R_C}{-i_e r_e} \cong \frac{R_C}{r_e} \cong g_m R_C$

(5) BJT 접지 방식의 특징

① 공통 이미터 접지(CE)의 특징

㉠ 전류이득과 전압이득이 모두 크다. 따라서 전력이득이 최대이다.

㉡ 입력저항 R_i, 출력저항 R_o는 [CB]와 [CC]의 중간이다.

㉢ R_i와 R_o는 소스저항 R_s, 부하저항 R_L에 영향을 받지 않는다.

㉣ 가장 범용적인 증폭기이다.

㉤ 입력에 대한 출력 위상이 역상이다.

② 이미터 저항을 가진 공통 이미터 접지(CE with RE)의 특징

㉠ 전류 이득은 [CE]와 동일하다. 반면 전압이득은 감소하여 상대적으로 안정적이다.

㉡ 입력저항 R_i가 매우 크다.

㉢ 출력저항 R_o도 매우 크다.

③ 공통 컬렉터 접지(CC)의 특징

㉠ 전류이득이 최대이고, 전압이득은 최소이다($A_v \cong 1$, 1보다 작다).

㉡ 입력저항 R_i이 최대이다(수백 킬로옴[kΩ]).

㉢ 출력저항 R_o가 최소이다(수십 옴[Ω]).

㉣ 임피던스 매칭용 버퍼 증폭기로 사용된다.

㉤ 입출력 위상이 동상이다.

④ 공통 베이스 접지(CB)의 특징

㉠ 전압이득이 최대이고, 전류이득은 최소이다($A_i \cong 1$, 1보다 작다).

㉡ 입력저항 R_i이 최소이다(수십 옴[Ω]).

㉢ 출력저항 R_o가 최대이다(수백 킬로옴[kΩ]).

㉣ 고주파 특성이 양호하여 고주파 증폭 앞단에 쓰인다.

㉤ 입출력위상이 동상이다.

[각 BJT접지의 r_e 모델 특성 정리]

구 조 / 항 목	공통 이미터(CE)	CE with R_E	공통 베이스(CB)	공통 컬렉터(CC)
전류이득 A_i	크다 $A_i = -\beta(\gg 1)$	크다 $A_i = -\beta(\gg 1)$	1보다 작다 $A_i = \alpha(<1)$	매우 크다 $A_i = (1+\beta)(\gg 1)$
전압이득 A_v	크다 $A_v = -\dfrac{R_C}{r_e} = -g_m R_C$	작다(감소, 안정) $A_v = -\dfrac{R_C}{r_e + R_E} = -\dfrac{R_C}{R_E}$	매우 크다 $A_v = -\dfrac{R_C}{r_e} = g_m R_C$	1보다 작다 $A_v = \dfrac{R_E}{r_e + R_E}(<1)$
입력저항 R_i	보통 $R_i = (1+\beta)r_e \cong \beta r_e$	크다 $R_i = (1+\beta)(r_e + R_E)$	매우 작다 $R_i = r_e // R_E \cong r_e = \dfrac{1}{g_m}$	매우 크다 $R_i = (1+\beta)(r_e + R_E)$ $R_i \cong \beta R_E$
출력저항 R_o	보통 $R_o = r_o // R_C \cong R_C$	크다 $R_o = (r_o + R_E) // R_C$ $R_o \cong R_C$	크다 $R_o \cong R_C$	매우 작다 $R_o = \dfrac{R_s}{(1+\beta)} + r_e$
입출력 위상	역 상	역 상	동 상	동 상
용 도	증폭기, 스위치	증폭기, 스위치	고주파 증폭기 전류 버퍼	전압 버퍼 임피던스 매칭용 전력 증폭기

FET와 연산 증폭기

전계효과 트랜지스터(Field Effect Transister)는 외부의 전계에 의해 반도체 내부의 전류가 제어되는 것을 이용한 능동소자이다. 즉, BJT는 입력전류로 출력전류를 제어하는 전류제어 소자라면 FET는 입력전압에 의해 출력전류가 제어되는 전압제어 소자이다.

1 FET의 기본 구조

FET는 1개의 PN구조로 이루어져 전자 또는 정공의 한 가지 다수캐리어에 의존하는 단극성소자(Unipolar)이다. FET는 트랜지스터에 비해 제조과정이 간단하고, 집적 회로에서 차지하는 공간이 적어 집적도를 아주 높게 할 수 있다. 또한 FET는 열적으로 안정적이며 잡음 적은 특징이 있다. FET에는 구조적인 측면에서 접합형 FET와 MOS형 FET로 나눌 수 있다.

2 접합형 FET

1. JFET의 구조와 특성

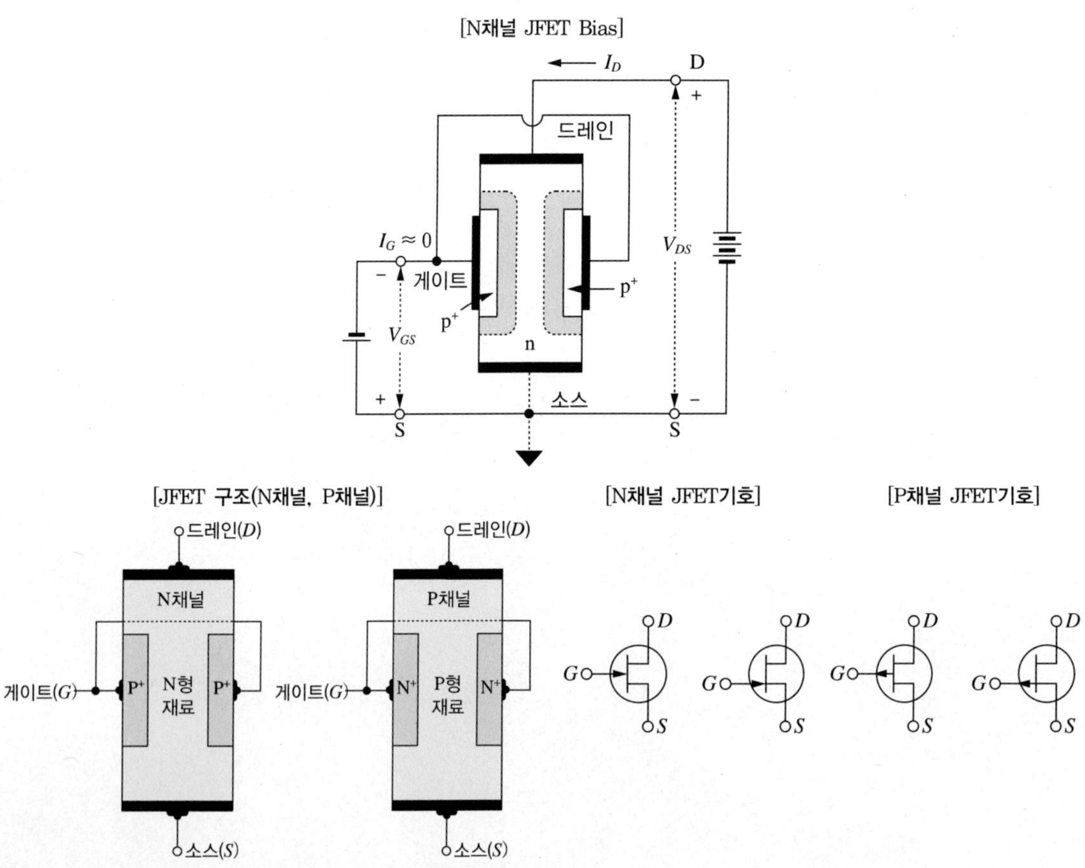

(1) JFET에도 BJT와 같이 N채널, P채널이 존재한다. 그림 [JFET 구조]처럼 p형 불순물, n형 불순물이 도핑되어 확산된 반도체로 구성되어 있으며 2개의 PN접합을 가지고 있으므로 인가된 전위가 없을 때에는 다이오드처럼 공핍층이 각 접합에 존재한다.

(2) FET에도 트랜지스터와 같이 단자가 있으며 소스(Source), 게이트(Gate), 드레인(Drain)의 3단자가 있다. 다수캐리어가 들어가는 단자를 소스, 나가는 단자를 드레인이라고 하며 다수캐리어가 통과하는 양을 조절하는 단자를 게이트라 한다.

(3) N채널 JFET를 기준으로 소스와 드레인은 N채널 양 끝에 각각 연결되고, 게이트는 내부적으로 접속된 한쌍의 p형 불순물에 연결된다.

2. JFET의 동작 모드

JFET에서는 게이트-소스 접합을 항상 역방향 바이어스 한다. 따라서 게이트에 음(−)전압, 드레인에 양(+)전압으로 바이어스 한다. 음(−)의 게이트 전압이 게이트와 소스사이의 PN접합을 역바이어스 시키므로 N채널의 공핍영역을 제어할 수 있게 된다.

(1) 공핍형 모드($V_{GS} = 0\text{V}$ 이고, V_{DS}가 양(+)전압일 때)

JFET는 공핍형 모드에서만 동작하며 $V_{GS} = 0[\text{V}]$일 때 V_{DS}의 변화에 따른 I_D의 변화를 살펴볼 필요가 있다.

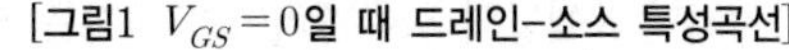
[그림1 $V_{GS} = 0$일 때 드레인-소스 특성곡선]

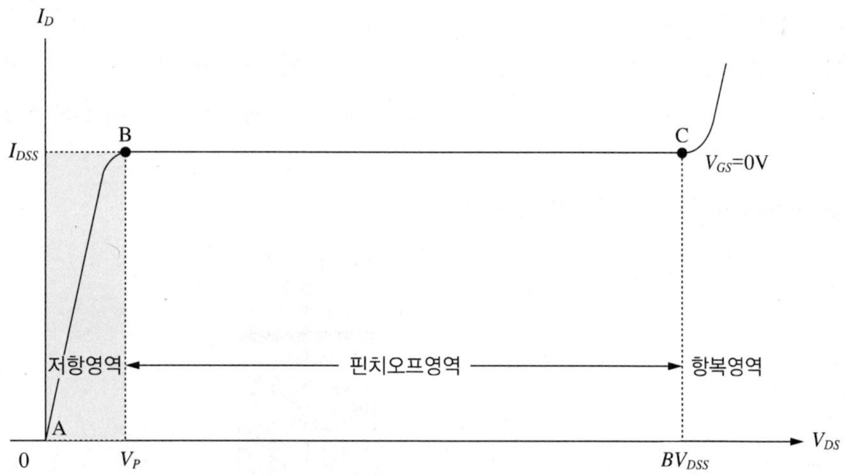

① $V_{DS} = 0[\mathrm{V}]$ 이면 $I_D = 0[\mathrm{A}]$

② 트라이오드 모드($V_{DS} < V_P$, I_D도 비례하여 증가)

(0 < $V_{DS} < V_P$일 때, I_D는 B점까지 증가)

[$V_{GS}=0$, $0<V_{DS}<|V_P|$]

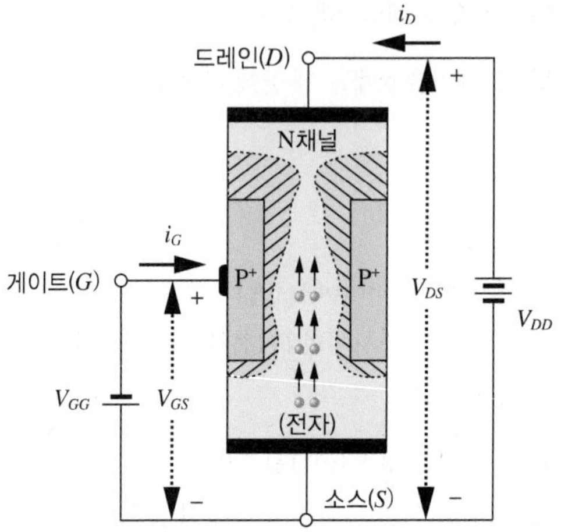

V_{DS}를 0[V]에서 서서히 증가시키면 N채널의 다수캐리어인 전자는 소스에서 드레인으로, 전류는 드레인에서 소스 쪽으로 흐르기 시작한다.

V_{DS}가 어느 정도 증가할 때 까지는 공핍영역이 채널을 막지 않기 때문에 이 영역의 채널 저항은 거의 일정하다. 이 영역은 위 [그림1]의 A와 B 사이의 영역으로 전류 I_D는 V_{DS}에 비례하여 증가하며 옴의 법칙이 적용되므로 트라이오드영역 또는 저항영역이라 한다.

③ 핀치오프(Pinch off)($V_{DS} = V_P$일 때 $I_D = I_{DSS}$)

[$V_{GS}=0$, $V_{DS}=|V_P|$]

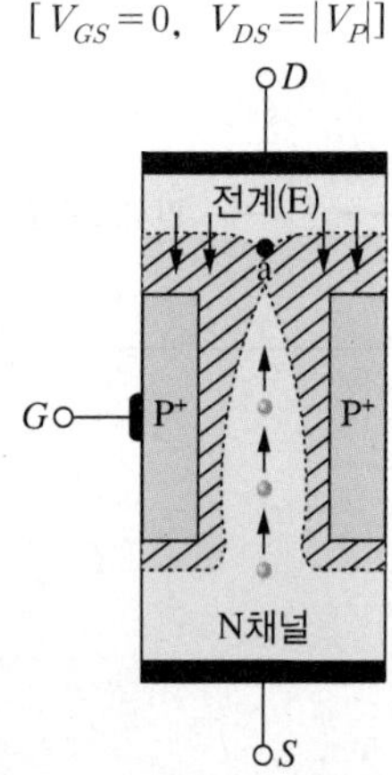

V_{DS}를 계속 증가시키면 공핍영역이 넓어져서 위 그림과 같이 채널이 완전히 막히는 상태가 된다. 이러한 상태를 핀치오프(Pinch off)라 하며, 위 그림의 점 a로 표시한 채널이 막힌 부분이다. 이때의 $V_{GD}(= V_{GS} + V_{SD})$전압을 핀치오프 전압 V_P이라 한다. 또한 이때의 드레인전류 I_D를 드레인-소스 포화 전류 I_{DSS}라고 한다.

$V_{GS} = 0[\mathrm{V}]$일 때 핀치오프 전압 V_P와 드레인-소스 포화전류 I_{DSS}는 JFET의 중요 파라미터이다.

④ 전류 포화 모드($V_{DS} > V_P$일 때 I_D는 일정)

[$V_{GS}=0$, $V_{DS}>|V_P|$]

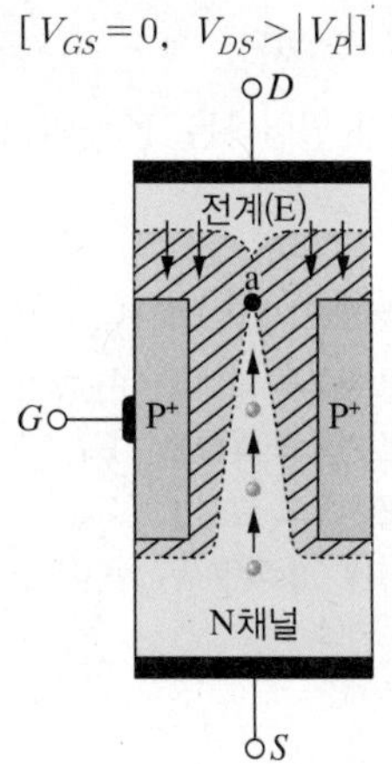

V_{DS}를 더욱 증가시키면 위 그림과 같이 핀치오프점 a가 더욱 소스와 가까워진다. 이때부터는 특성곡선 그래프와 같이 V_{DS}를 계속 증가하여도 공핍영역의 전압이 증가할 뿐, 드레인전류 I_D는 증가하지 않고 일정한 값을 유지한다.

⑤ 애벌런치 항복($V_{DS} \gg V_P$일 때 I_D는 급격히 증가)

V_{DS}가 매우 커지게 되면 드레인 쪽의 역방향 전압이 증가하게 되고, 결국 드레인전류가 급격히 증가하는 애벌런치 항복이 일어나게 된다. $V_{GS}=0$일 때의 항복전압을 BV_{DSS}라고 표시하며 규격표에 나와 있다(보통 20~50[V]).

(2) 차단 모드($V_{GS} < 0[\mathrm{V}]$ 이고, V_{DS}가 양(+)전압일 때)

이번에는 게이트전압을 음(−)의 전압으로 유지하고 V_{DS}가 양(+)전압일 때를 살펴본다.

[그림1 JFET의 드레인-소스 특성곡선]

[그림2 $V_{GS}<0$, $V_{DS}>|V_P|$]

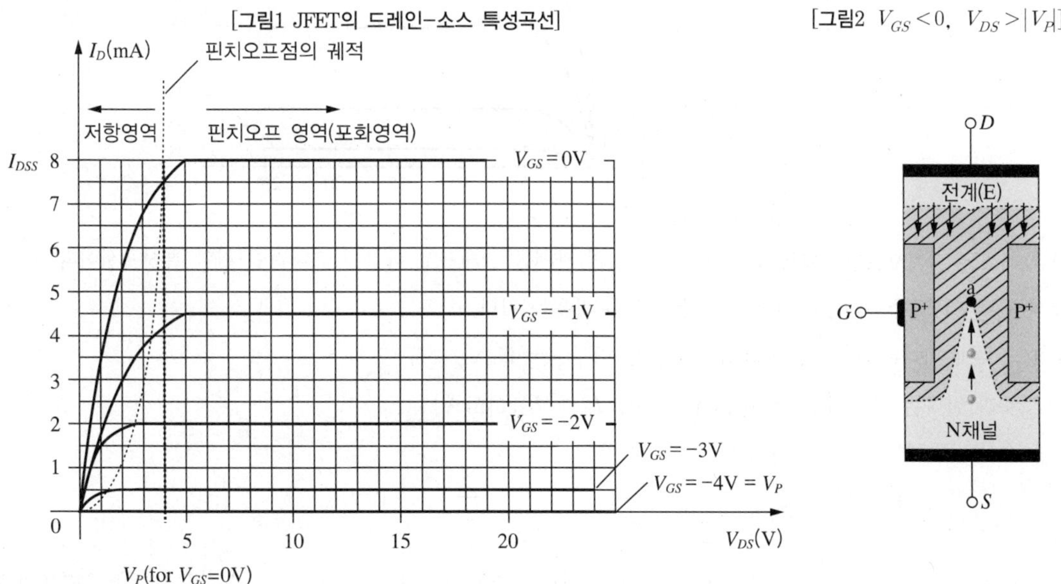

[그림1]을 보면 V_{GS}가 −1[V], −2[V]일 때의 그래프가 그려져 있다. 이는 V_{GS}에 음(−)의 전압을 유지하면 공핍영역이 이미 형성되어 핀치오프가 $V_{GS}=0[\mathrm{V}]$일 때보다 더 일찍 일어난다. [그림2]는 $V_{GS}<0$일 때 핀치오프점 a가 이미 형성되어 있음을 보여준다. 따라서 핀치오프가 일어나는 전압 V_{DS}도 감소하고, 드레인전류도 그만큼 줄어든다.

핀치오프는 $V_{GD} = V_P$이며 $V_{GD} = V_{GS} + V_{SD}$이고, 이는 $V_{GD} = V_{GS} - V_{DS}$이므로 $V_P = V_{GD} = V_{GS} - V_{DS}$로 표현할 수 있다.

이때 V_{DS}는 V_{GS}에 대하여 핀치오프가 일어나는 V_{DS}의 값이다.

> 예 $V_P = -4[V]$인 N채널 JFET
> $V_{GS} = 0[V]$일 때 $V_{DS} = 4[V]$에서 핀치오프 발생 ($\because V_{DS} = V_{GS} - V_P$에 대입 $V_{DS} = 0 - (4)$)
> $V_{GS} = -1[V]$일 때 $V_{DS} = 3[V]$에서 핀치오프 발생 ($\because V_{DS} = -1 - (-4)$)
> $V_{GS} = -2[V]$일 때 $V_{DS} = 2[V]$에서 핀치오프 발생 ($\because V_{DS} = -2 - (-4)$)
> $V_{GS} = -3[V]$일 때 $V_{DS} = 1[V]$에서 핀치오프 발생 ($\because V_{DS} = -3 - (-4)$)
> 만약 $V_P = -4[V]$인 JFET에 $V_{GS} = -4[V]$가 되면 $V_{DS} = 0[V]$에서 핀치오프가 일어나므로 V_{DS}를 더 증가시켜도 드레인전류는 흐르지 않고, JFET는 차단상태에 있게 된다.

(3) 전달 특성

JFET에서 V_{GS}는 0~V_P까지 범위 내에서 드레인전류를 제어할 수 있다. V_{GS}가 드레인전류 I_D를 제어하기 때문에 V_{GS}와 I_D 사이 관계는 대단히 중요하다.

[JFET의 드레인-소스 전달 특성]

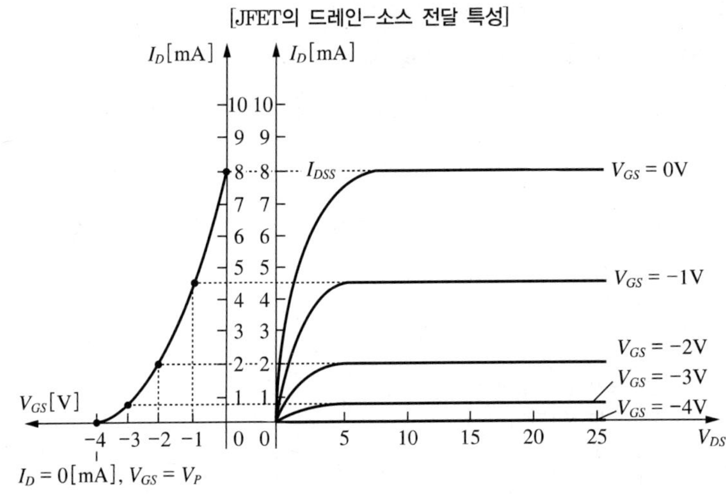

위 그래프는 핀치오프영역에서 V_{GS}에 대한 I_D의 관계를 그래프로 나타낸 전형적인 전달 특성곡선이다. 이 그래프로 알 수 있는 V_{GS}축과 I_D축 상에서 만나는 점은 다음과 같다.

▶ V_{GS}축과 만나는 점 : $I_D = 0[mA]$일 때, $V_{GS} = V_P$

▶ I_D축과 만나는 점 : $V_{GS} = 0[mA]$일 때, $I_D = I_{DSS}[mA]$

이를 수식으로 표현하면 다음과 같다.

$$I_D = I_{DSS}\left(1 - \frac{V_{GS}}{V_P}\right)^2$$

이 식을 통해 V_P와 I_{DSS}를 알면 어떤 V_{GS}에서도 I_D를 구할 수 있다. 일반적으로 V_P와 I_{DSS}는 JFET의 규격표에 표시되어 있다.

3 MOSFET

1. MOSFET의 구조 및 특성

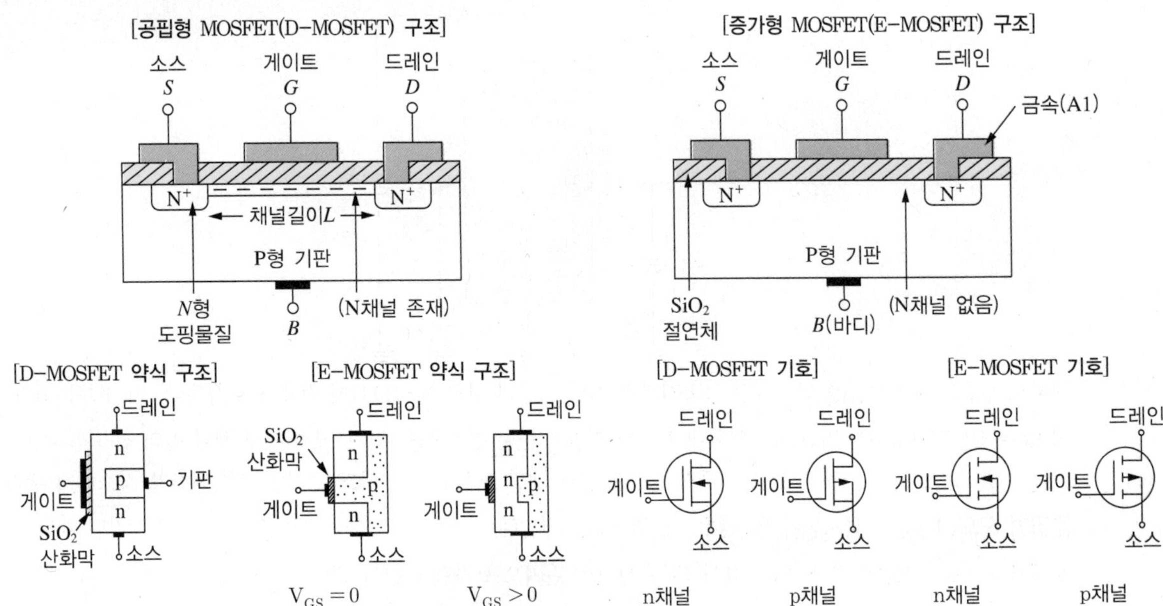

(1) MOSFET는 그림 MOSFET 구조에서 보듯 게이트와 채널 사이가 절연체인 산화실리콘(SiO_2)막에 의해 격리된 구조를 갖고 있다. 이러한 이유로 MOSFET를 Insulated Gate FET(IGFET)라고 부르기도 한다. 이러한 구조로 인해 게이트에 전압을 걸어도 전류가 흐르지 않아 입력 임피던스는 JFET의 경우보다 훨씬 크고($10^{18} \sim 10^{13}[\Omega]$), 입력 커패시턴스는 훨씬 더 적다.

(2) MOSFET는 채널을 형성하는 방법에 따라 공핍형 D-MOSFET와 증가형 E-MOSFET 두 종류로 나뉜다. 또한 채널의 종류가 p형 채널이냐, n형 채널이냐에 따라 P채널 MOSFET, n채널 MOSFET로 분류된다.

(3) 증가형 E-MOSFET는 게이트에 임계전압(V_T) 이상을 인가 후 채널 형성 된 후 사용하는 방식으로 입력 임계전압의 균일성을 유지하는데 용이하므로 현재는 증가형 E-MOSFET를 주로 사용한다.

2. MOSFET의 동작 모드

(1) **공핍형 D-MOSFET** : 공핍형 D-MOSFET는 제조과정에서 채널이 이미 만들어져 있는 구조이므로 채널의 폭을 넓혀서 사용하는 증가형 모드 동작과 채널의 폭을 좁혀서 사용하는 공핍형 모드 동작 방식 모두를 사용할 수 있다. 또한 채널이 이미 존재하므로 $V_{GS} = 0$인 경우에도 드레인-소스의 전압에 의하여 드레인과 소스 사이에 전류가 흐르게 된다.

① 공핍형 모드($V_{GS(\mathrm{off})} < V_{GS} < 0$ 인 경우(n채널))

[D-MOSFET Bias 회로]

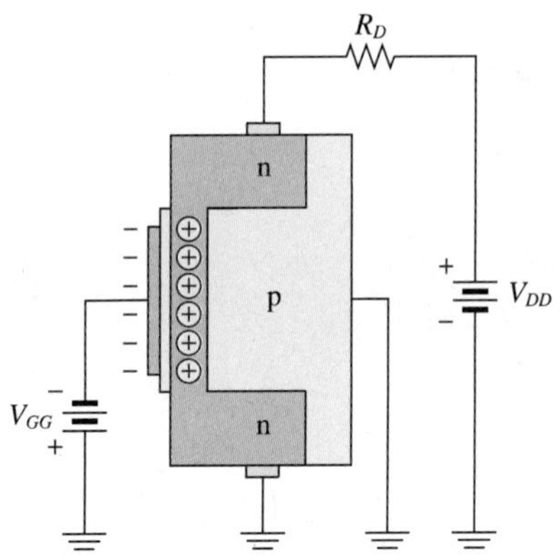

게이트에 음(−)의 전압을 인가하면 금속전극과 채널 사이의 절연층(SiO_2)에 전계가 형성된다. 이 전계는 n형 채널에 있는 전도전자를 p형 기판으로 밀어내고, p형 기판에 있는 정공들을 채널로 끌어당겨 채널 안의 전자와 재결합시켜 전자 수를 감소시킨다. 결국 채널의 폭이 줄어들면서 채널 저항이 증가되고 드레인 포화전류가 감소하게 된다.

② 공핍형 모드($V_{GS} = V_{GS(\mathrm{off})}$ 인 경우)–핀치오프(차단상태) : 게이트의 음(−)의 전압이 더 강해지면 채널폭= 0, 채널저항= ∞, 드레인전류 $I_D = 0$ 이 되는 게이트 핀치오프(차단상태)가 된다. 이때 게이트 전압을 V_p 라고 하며 n채널은 $V_P < 0$, p채널은 $V_P > 0$ 이 된다.

③ normally on($V_{GS} = 0$ 공핍형+증가형 모드 동작) : D−MOSFET는 이미 채널이 형성되어 있으므로 게이트에 전압을 인가하지 않아도 $V_{GS} = 0$ 에도 드레인 포화전류가 흐르며 동작한다.

④ 증가형 모드($V_{GS} > 0$ 인 경우)

[D-MOSFET Bias 회로]

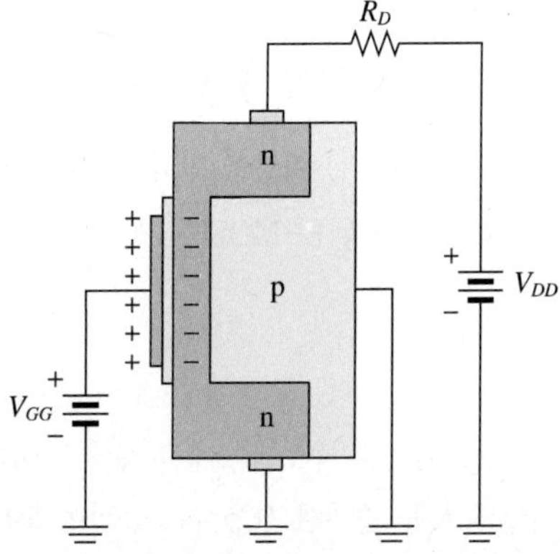

게이트에 양(+) 전압 V_{GS}를 인가하면 절연층에 전계가 형성된다. 이 전계는 P형 기판에 있는 전자를 끌어당겨 n형 채널안의 전도전자수를 증가시켜 채널 폭을 증가시킨다. 채널 폭이 증가하면 채널 저항이 감소하고, 드레인 포화전류가 증가되어 증가형 동작을 하게 된다.

⑤ 전달특성

[공핍형 D-MOSFET의 드레인-소스 전달 특성]

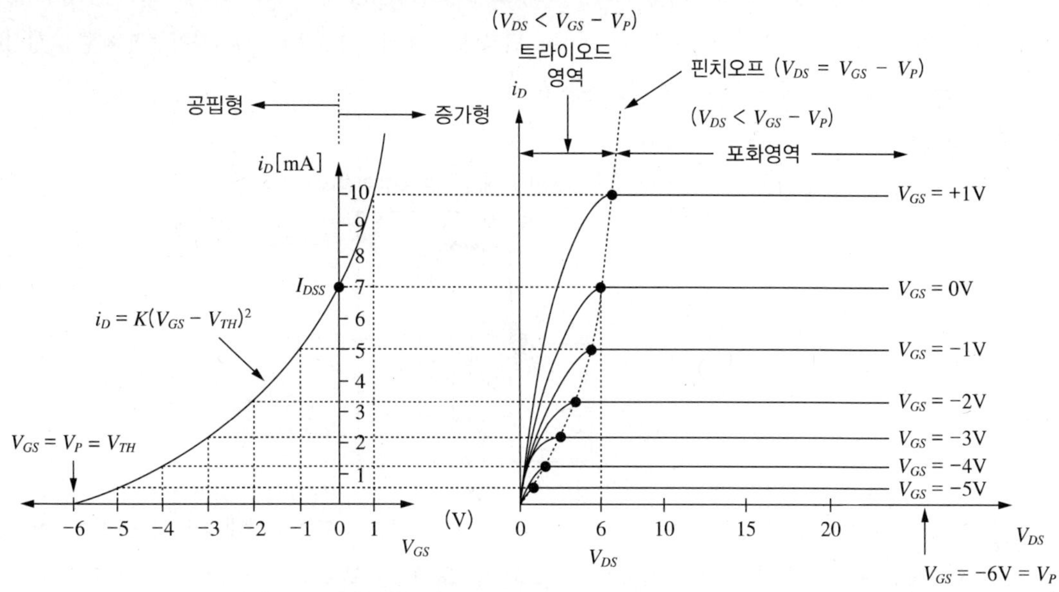

게이트 전압을 일정 영역에 고정시킨 상태에서 드레인-소스 간의 전압 V_{DS}이 채널의 크기에 영향을 주어 채널전류 I_D가 변한다. 이러한 전달특성의 동작 모드를 정리하면 다음과 같다.

모 드	V_{DS} 범위	특 성	동 작
트라이오드	$V_{DS} < V_{GS} - V_{TH}$	스위치 on작용	I_D가 V_{DS}에 비례하여 증가
포화 모드	$V_{DS} \geq V_{GS} - V_{TH}$	증폭기 작용	I_D가 V_{DS}에 무관, 일정 전류 유지
차단 모드	$V_{DS} < V_{TH}$	핀치오프 스위치 off작용	$I_D = 0$인 동작
항복상태	$V_{DS} \geq BV_{DS}$	애벌런치 항복	$I_D = \infty$인 동작

(2) 증가형 E-MOSFET : 증가형 E-MOSFET는 제작 시 물리적으로 형성된 채널이 없으므로 $V_{GS} = 0$에서 전류가 흐르지 않는다. 또한 게이트에 음(−)의 전압을 인가한 경우에도 드레인전류가 흐르지 않는다. 게이트에 임계전압 V_{TH} 이상의 전압을 인가해야 전하가 채널을 형성하여 드레인전류가 흐를 수 있게 된다. V_{GS}를 더 크게 증가하면 채널 폭이 증가하여 더 많은 전류가 흐른다.

① 차단 모드($V_{GS} < V_{TH}$)

[E-MOSFET Bias 회로(채널형성 전)]

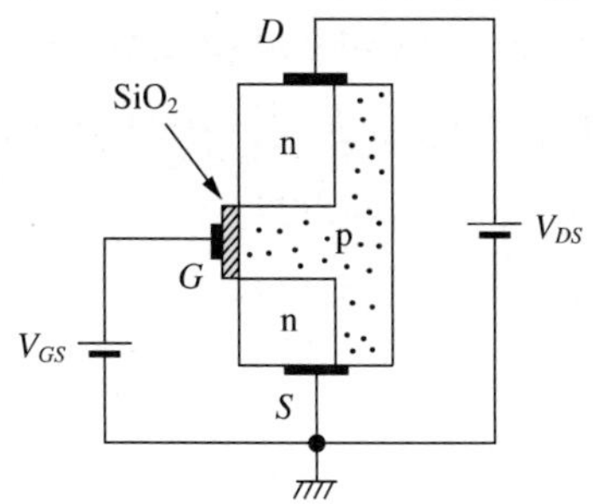

게이트 전압 V_{GS}< 임계전압 V_{TH}일 때, 채널이 형성되지 않으므로 드레인전류 $I_D = 0$, 즉 차단상태가 된다. 이 모드가 스위치 off 동작을 행한다. V_{GS}가 비록 V_{TH}보다는 작지만 양(+)의 전압이 게이트에 인가되어 n형 채널이 유도되어 있는 상태이고, 이 상태에서 드레인과 소스단자 사이에 양(+)전압 V_{DS}를 걸어주면 채널을 형성하고 있는 자유전자들이 드레인 쪽으로 이동하며 채널전류 I_D가 흐르게 된다.

② **트라이오드 모드**($V_{DS} < V_{GS} - V_{TH}$)

[E-MOSFET Bias **회로(채널형성)**]

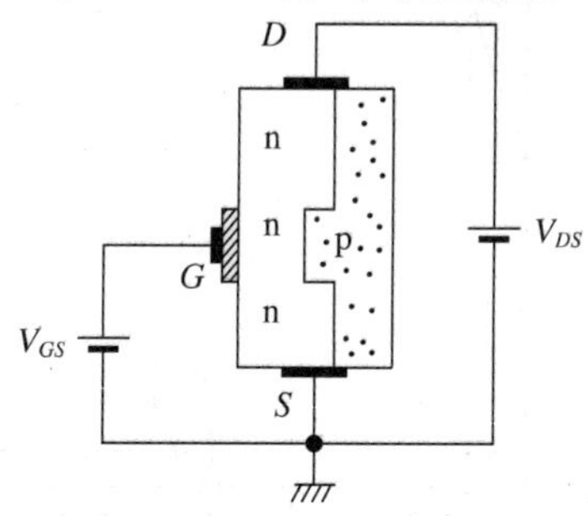

㉠ 게이트전압을 $V_{GS} > V_{TH} > 0$에서 고정된 값을 인가하여 채널이 형성된 상태에 드레인-소스 간에 양(+)전압을 인가하면 채널 내의 전자들이 전계에 이끌려 드레인으로 이동하므로 그 반대방향으로 드레인전류 I_D가 흐르게 된다. 이 경우 채널의 상태가 거의 일정하여 I_D가 V_{DS}에 비례하여 동작하여 트라이오드, 선형적, 저항성, 비포화 영역이라 한다.

㉡ 트라이오드영역에서는 드레인전류 I_D가 $V_{GS} - V_{TH}$와, V_{DS}에 비례하는 함수관계의 특징을 보이므로 이를 근사적으로 표현하면 다음과 같다.

$$I_D = k_n' \frac{W}{L}\left[(V_{GS} - V_{TH})V_{DS} - \frac{1}{2}V_{DS}^2\right]$$

$$= K\left[2(V_{GS} - V_{TH})V_{DS} - V_{DS}^2\right]$$

(이때, K : $\frac{1}{2}\mu_n Cox \frac{W}{L} = \frac{1}{2}k_n' \frac{W}{L}[\mathrm{A/V^2}]$ MOSFET 전도 구조상수, μ_n : 전자이동도, $Cox = \frac{\varepsilon_{ox}}{t_{ox}}$: 절연층(SiO_2)의 단위 면적 당 커패시턴스, k_n' : $\mu_n Cox$ 공정상 결정되는 전달 컨덕턴스 변수, W : 채널의 폭, L : 채널의 길이)

③ **포화 모드-핀치오프**($V_{DS} \leq V_{GS} - V_{TH}$)

㉠ V_{DS}전압이 어느 이상으로 증가하면 공핍층이 확장되어 채널 크기가 감소되고, 더 이상 V_{DS}에 비례하여 I_D가 커지지 않게 된다.

㉡ V_{DS}가 포화 모드의 전압이상으로 계속 상승하면 드레인 쪽의 채널이 감소되다가 결국 채널이 소멸되는 채널 핀치오프가 발생한다. 그런데 V_{DS}가 핀치오프 되는 포화전압 $V_{DS(Sat)}$보다 더 증가하면 드레인 쪽의 일부 채널이 공핍되는 현상이 일어난다. 따라서 채널이 소멸된 핀치오프 이후에도 드레인전류 I_D는 0이 아니며, 일정한 크기로 포화된 전류 특성을 갖는 포화영역으로 동작한다.

㉢ 포화영역에서 동작하는 드레인전류 I_D는 V_{DS}에는 무관하고, 게이트전압 V_{GS}에 결정되는 제곱관계식으로 나타낼 수 있다.

$$I_D = K(V_{GS} - V_{TH})^2 = \frac{1}{2}k_n{}'\frac{W}{L}(V_{GS} - V_{TH})^2 = \frac{1}{2}\mu_n Cox\frac{W}{L}(V_{GS} - V_{TH})^2$$

④ 항복상태($V_{DS} \leq BV_{DS}$)

드레인전압 V_{DS}가 더 높으면 드레인과 기판 사이의 PN접합에서 애벌런치 항복이 발생한다.

⑤ 전달특성

[증가형 E-MOSFET의 드레인-소스 전달 특성]

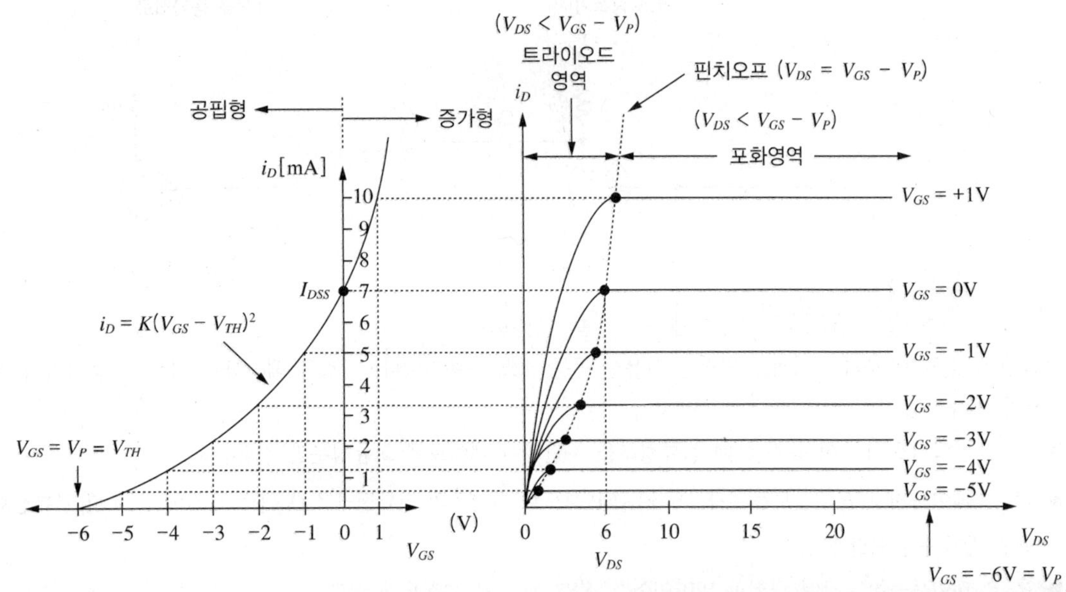

모 드	V_{DS} 범위	특 성	동 작
차단영역	$V_{GS} < V_{TH}$	스위치 off동작	$I_D = 0$인 동작
트라이오드	$V_{DS} < V_{DS(sat)}$	스위치 on동작	I_D가 V_{DS}에 비례하는 선형영역
핀치오프	$V_{DS} = V_{DS(sat)}$	−	I_D가 일정유지
포화영역	$V_{DS} > V_{DS(sat)}$	증폭기 동작	I_D가 V_{DS}에 무관, 일정유지
항복영역	$V_{DS} \geq BV_{DS}$	파 괴	$I_D = \infty$인 동작

4 FET 증폭기접지 증폭기

FET 증폭기에 대한 올바른 해석을 위해서는 특성곡선에 대한 이해 및 직류해석을 통한 동작점 설정 및 교류해석에 관해서도 잘 알아야 한다. FET 증폭기에 대한 설명을 하기 위해 FET 증폭기 3가지 접지방식(공통 게이트, 공통 드레인, 공통 소스)을 모두 알아야 하지만 이미 BJT에서 접지방식에 대한 이해는 마련하였으므로 증폭기로 대표적으로 쓰이는 공통 소스 접지 증폭기를 해석해 보자.

1. JFET 증폭기

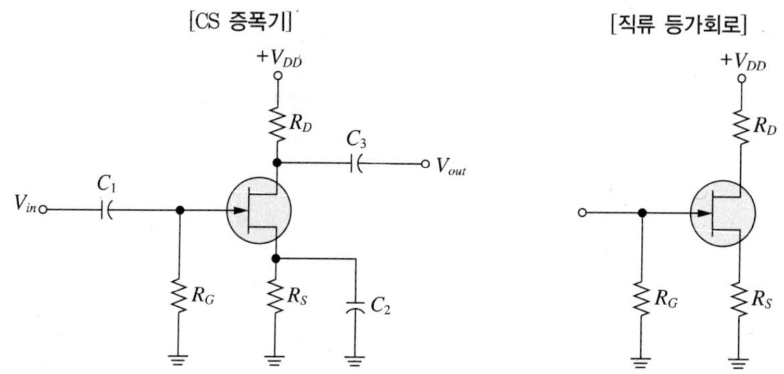

그림 [CS 증폭기] 자기 바이어스 방식을 사용한 공통 소스 증폭기이다. 신호를 해석하기 위해 각 소자들의 역할을 살펴볼 필요가 있다.

▶ C_1 ; 입력신호 V_{in}이 통과할 때 직류성분을 차단하여 게이트에 교류성분만 전달한다.

▶ R_G : 게이트저항 R_G는 보통 수십 메가옴[MΩ]으로 게이트의 직류전압을 0[V]로 유지한다. 또한 교류신호원의 부하효과를 방지하는 역할을 한다.

▶ R_S : 게이트–소스 간에 적절한 역바이어스 전압 V_{GS}가 설정되게 한다.

▶ C_2 : 바이패스 커패시터로 소스에 나타나는 교류전압을 실효적으로 접지하는 역할을 한다.

(1) 직류 동작점

그림 [직류 등가회로]는 JFET CS 증폭기의 직류 등가회로를 나타낸 것이다.

① I_G

V_{GS}전압이 항상 역방향으로 바이어스되므로 게이트전류 $I_G = 0[\text{A}]$이다.

따라서 $V_G = I_{GSS}R_G \simeq 0[\text{V}]$이다.

② V_{GS}

$V_S = I_D R_S$이므로

$V_{GS} = V_G - V_S = 0 - I_D R_S = -I_D R_S$

③ I_D

위 V_{GS}에 관한식에 JFET 특성곡선의 I_D의 관련식 $I_D = I_{DSS}\left(1-\dfrac{V_{GS}}{V_P}\right)^2$을 대입해 정리한다.

$I_D = I_{DSS}\left(\dfrac{1+I_DR_S}{V_P}\right)^2$ 이 식으로 I_D를 구한다.

④ V_{DS}

출력측에 키르히호프 전압법칙을 적용하면

$V_{DD} = I_DR_D + V_{DS} + I_DR_S$, 이를 V_{DS}에 대해 정리한다.

$V_{DS} = V_{DD} - I_D(R_D + R_S)$

(2) 소신호 동작 : 특성곡선 그래프들은 n채널 JFET 공통 소스 증폭기의 소신호 동작을 나타낸 것이다. 입력신호의 변화에 따라 드레인전류가 변하고 따라서 R_D 양단에 증폭된 신호가 나타나는 과정이다. 이때의 전압이득은 다음과 같다.

$$A_V = \frac{V_o}{V_{in}} = -g_mR_D$$

(− 부호는 입력과 출력 위상이 서로 반전임을 의미)

[전달특성곡선상의 소신호 동작]

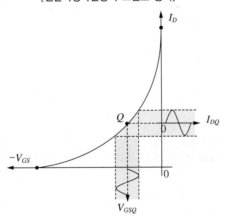

[드레인 특성곡선상의 소신호 동작]

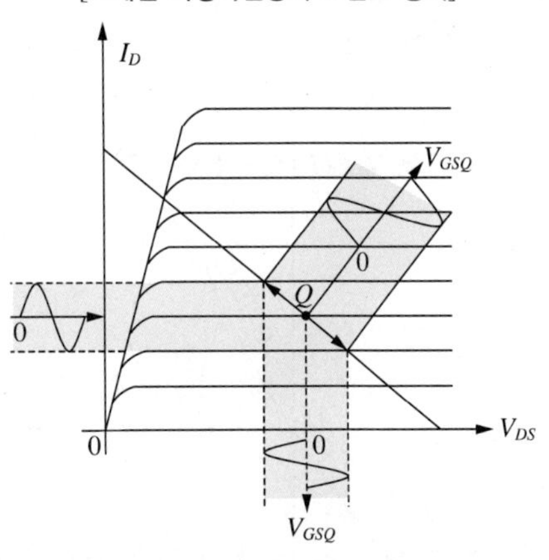

전달특성곡선상의 소신호 동작	드레인 특성곡선상의 소신호 동작
• V_{GS} 감소 : I_D 감소 • V_{GS} 증가 : I_D 증가	• V_{GS} 증가 : I_D 증가 : V_{DS} : 감소 • V_{GS} 감소 : I_D 감소 : V_{DS} : 증가

V_{GS}는 I_D와 동상이고, V_{DS}와는 위상이 180° 차이가 있음을 알 수 있다. 또한, JFET 전달특성이 비선형적이기 때문에 입력신호 변동폭이 크면 출력파형이 왜곡된다. 따라서 출력파형이 왜곡되지 않도록 입출력 신호의 변동폭이 제한되어야 한다.

2. 공핍형 MOSFET 증폭기

(1) 직류동작점

공핍형 MOSFET는 JFET와 마찬가지로 공핍 모드에서 동작하므로 JFET에서 사용되는 모든 바이어스 방법이 사용될 수 있다. 또한 채널이 이미 생성되어 있어 normally on이 가능하므로 바이어스를 걸지 않고도 사용할 수 있다.

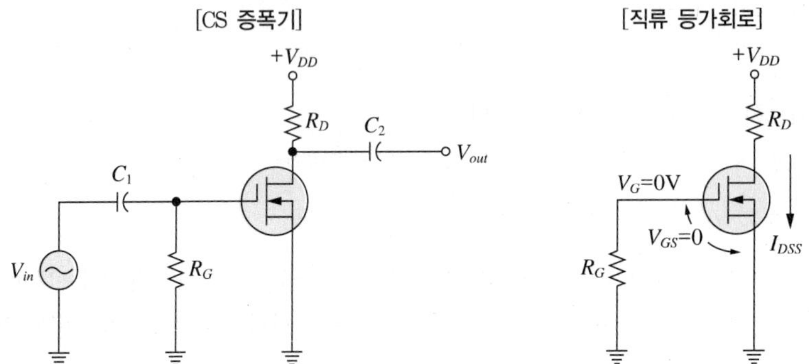

▶ C_1 : 입력신호 V_{in}이 통과할 때 직류성분을 차단하여 게이트에 교류성분만 전달한다.

▶ V_{GS} : 소스는 접지되어 있고, 게이트 입력전압은 0V이므로 $V_{GS} \simeq 0[\mathrm{V}]$이다.

직류동작점이 $V_{GS} = 0[\mathrm{V}]$, $I_D = I_{DSS}$이므로 이를 통해 V_{DS}를 구할 수 있다.

▶ V_{DS} : $V_{DD} - I_{DSS}R_D$

(2) 소신호 동작

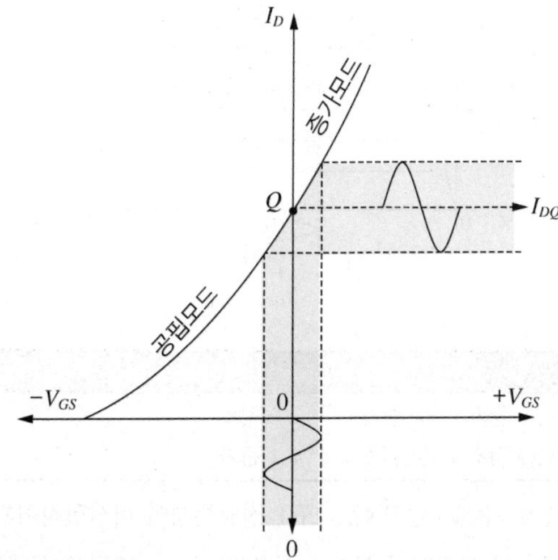

구 분	V_{GS}
음(−)	공핍 모드
양(+)	증가 모드
감 소	I_D
증 가	I_D

$$A_V = \frac{V_o}{V_{in}} = -g_m R_D$$

(−부호는 입력과 출력 위상이 서로 반전임을 의미)

3. 증가형 MOSFET 증폭기

(1) 직류동작점

[증가형 MOSFET CS증폭기]

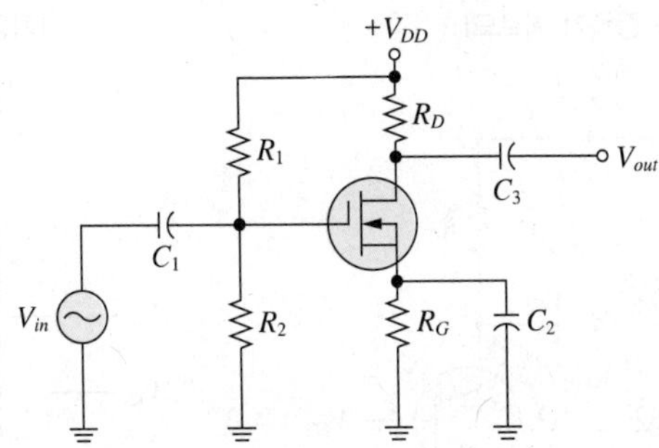

증가형 MOSFET는 위 그림과 같이 R_2의 블리더 저항을 달아 바이어스하여 사용된다.

▶ C_1 : 입력신호 V_{in}이 통과할 때 직류성분을 차단하여 게이트에 교류성분만 전달한다.

▶ V_{GS} : V_{TH}보다 큰 값으로 바이어스 된다.($\because V_{GS} > V_{TH}$)

(2) 소신호 동작

[증가형 MOSFET 소신호 동작]

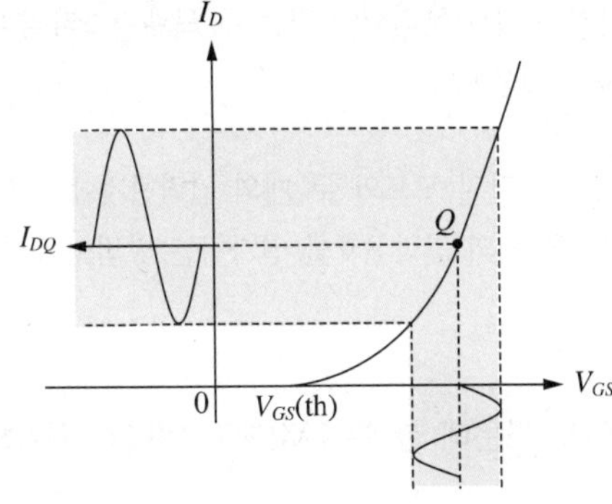

구 분	V_{GS}
감 소	I_D
증 가	I_D

5 차동 증폭기

연산 증폭기의 기본 증폭 회로는 보통 2개 이상의 차동 증폭기로 구성된다. 따라서 연산 증폭기의 기본개념을 이해하기 위해서는 차동 증폭기에 대한 충분한 이해가 선행되어야 한다.

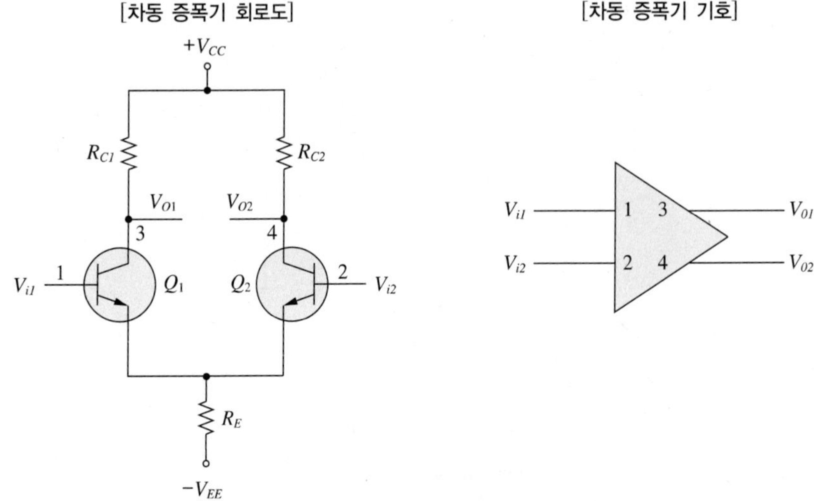

일반적으로 차동 증폭기는 두 신호의 차를 증폭하는 증폭기로써 위의 그림과 같은 회로도와 기호를 갖는다. 회로도를 보면 차동 증폭기는 두 개의 입력단자와 두 개의 출력단자를 가지고 있다. 두 입력단자는 서로 분리되어 있는 두 트랜지스터의 베이스단자에 해당하고, 차동 증폭기의 두 출력단자는 각 트랜지스터의 콜렉터단자에 대응된다.

차동 증폭기의 입력신호를 인가하는 방법에는 한쪽 단자에만 입력을 인가하는 단일 모드와 두 개의 입력단자에 동시에 입력을 인가하는 공통모드, 차동모드가 있다. 공통모드는 크기와 극성이 모두 같은 두 개의 입력신호를 인가하는 방법이고, 차동모드는 크기는 같지만 극성이 서로 반대인 신호를 동시에 인가하는 방법이다.

1. **단일 모드(Single ended input mode) : 차동 증폭기의 두 입력단자 가운데 한 쪽 단자에만 입력을 인가하고, 다른 단자는 접지하는 입력방식을 말한다.**

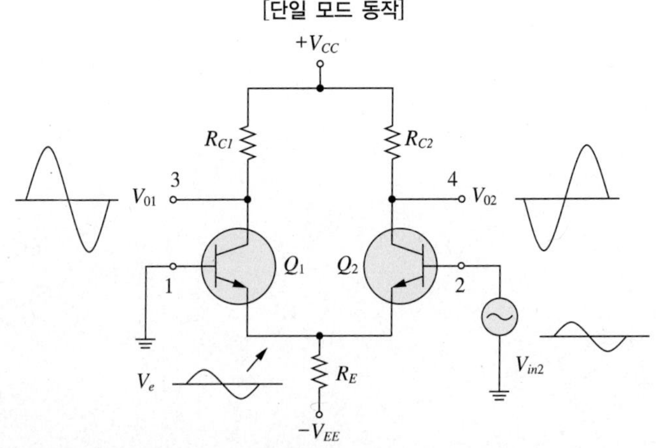

위 그림처럼 단자1은 접지하고 단자2에만 입력신호 V_{in2}를 인가시키는 경우 단자3에 나타나는 출력신호는 입력과 같은 극성을 갖는 증폭신호이고, 단자4에 나타나는 신호는 입력과 위상이 반전된 신호가 출력된다.

2. 차동 모드(Differential input mode) : 아래 그림의 1신호와 같이 크기는 같고 극성이 서로 반대인 두 개의 입력신호를 동시에 인가시키는 동작 모드를 차동모드라 한다.

[차동모드 동작]

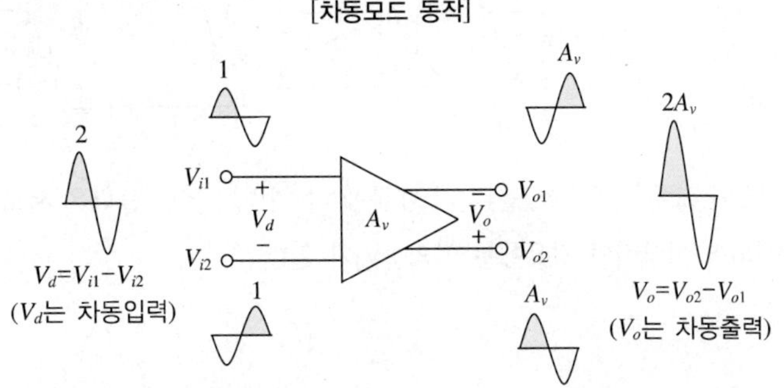

출력신호는 중첩의 원리를 이용하여 각각의 입력을 독립적으로 인가하였을 때 각 출력단자에 나타나는 출력전압을 모두 합하면 된다.

[V_{in1} 입력] [V_{in2} 입력] [단일 모드 출력의 2배]

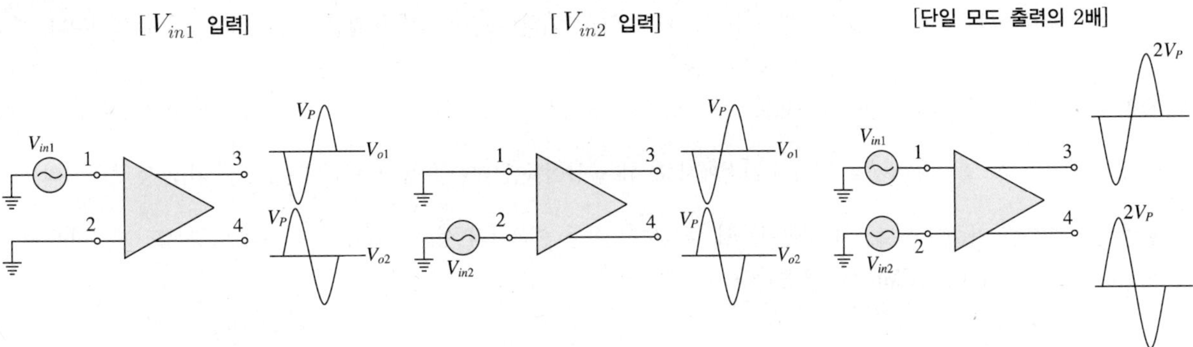

V_{in1}, V_{in2} 각각의 입력에 대한 출력이 크기와 위상이 서로 같기 때문에 마지막 그림의 출력단자3, 4에서의 출력은 단일 입력동작에서 발생한 출력의 두 배가 된다.

3. 동상 입력 모드(Common input mode) : 동일 위상, 동일 주파수 및 동일 진폭을 갖는 입력신호를 차동 증폭기의 각 입력단자에 인가시키는 경우를 동상 입력 모드라 한다.

[공통모드 동작]

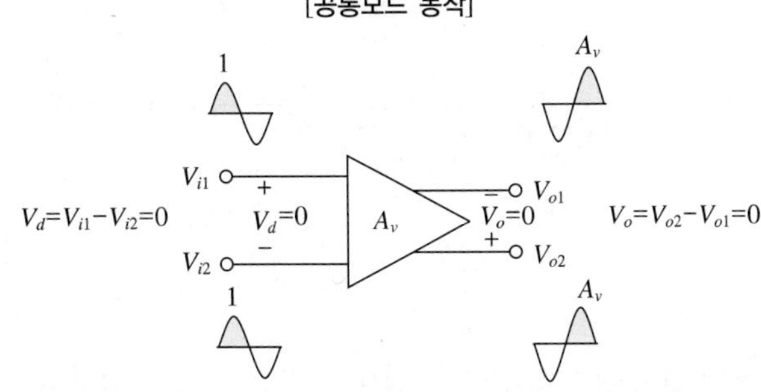

출력신호는 중첩의 원리를 이용하여 각각의 입력을 독립적으로 인가하였을 때 각 출력단자에 나타나는 출력전압을 모두 합하면 된다.

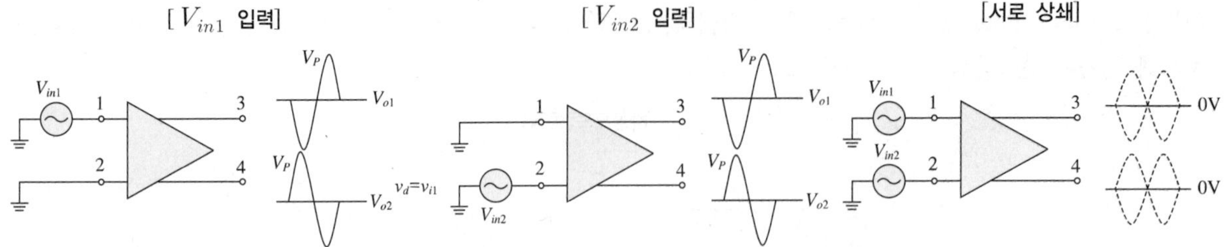

V_{in1}, V_{in2} 각각의 입력신호가 모두 같은 극성을 갖기 때문에 각 입력에 의한 출력은 서로 반대 극성을 갖고 있다. 따라서 최종 출력신호는 서로 상쇄되어 이상적인 경우에는 거의0[V]가 된다.

4. 공통모드 제거비

차동 증폭기의 중요한 특성 중 하나는 잡음(Noise)제거 능력이 아주 우수하다. 잡음은 전원에서의 전압변동, 대지 또는 전선 등에서의 부유자장(Stray magnetic field) 등 여러 가지 요인에 의해 발생한다.

이 같은 잡음은 차동 증폭기의 입력과 같이 인접한 단자에서 크기와 위상이 거의 동일한 공통모드의 신호로 입력된다. 반대로 증폭할 신호는 단일모드 또는 차동모드로 입력된다.

차동 증폭기는 공통모드로 들어온 신호(잡음)에 대한 이득은 낮지만, 단일모드, 차동모드로 들어온 신호(증폭할 신호)에 대한 이득은 매우 높다. 결국 공통신호 제거의 관점에서 볼 때 공통이득에 대한 차동이득의 비 즉, $\frac{A_d}{A_c}$가 차동 증폭기의 성능을 결정짓는 중요한 기준이 된다. 이 차동이득이 높을수록 차동 증폭기의 성능이 우수하며 이를 공통모드 제거비(Common Mode Rejection Ratio) CMRR로 표현한다.

$$\text{CMRR} = \frac{A_d}{A_c}$$

보통 CMRR의 값은 너무 크므로 dB로 나타낸다.

$$\text{CMRR} = 20\log\frac{A_d}{A_c}[\text{dB}]$$

(1) 차동입력과 공통입력

[두 개의 입력신호를 갖는 선형 증폭기]

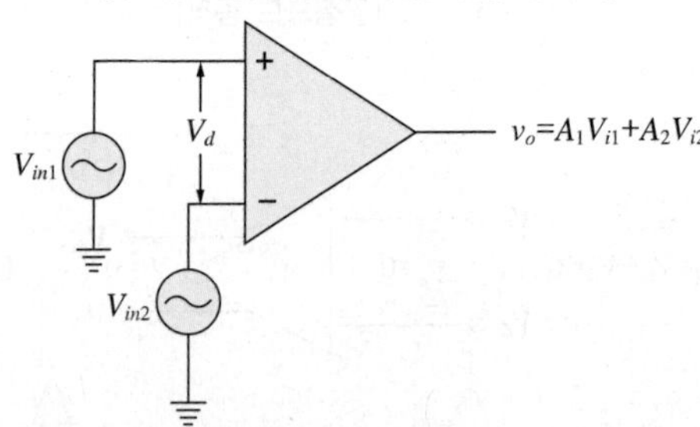

위 그림은 두 개의 입력신호를 갖는 선형 증폭기를 나타낸 것이다. 여기서 출력신호 v_o는 중첩의 원리에 의하여 두 입력 전압의 선형결합으로 다음과 같이 표현할 수 있다.

$$v_o = A_1 v_{i1} + A_2 v_{i2}$$

(A_1 : 입력2가 접지되었을 때 입력1에 대한 전압증폭도, A_2 : 입력1이 접지되었을 때 입력2에 대한 전압증폭도)

일반적으로 이러한 입력신호들은 위상이 같은 신호성분(공통성분)과 위상이 서로 다른 성분(차동성분)의 합으로 이뤄져 있다.

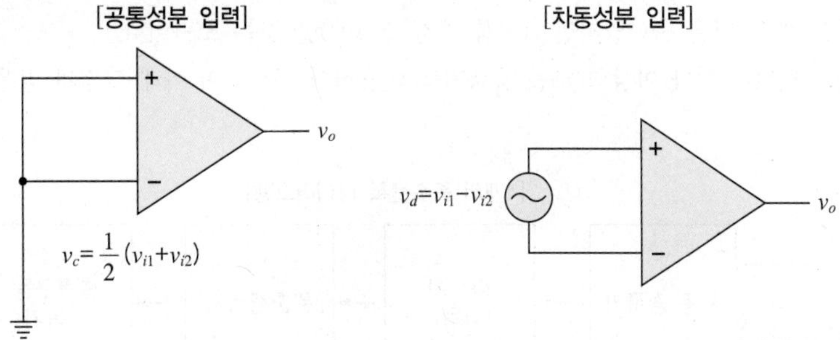

입력신호 공통성분은 다음과 같이 두 신호의 평균으로 정의된다.

$$v_c = \frac{1}{2}(v_{i1} + v_{i2})$$

입력신호 차동성분은 다음과 같이 두 신호의 차로 정의된다.

$$v_d = v_{i1} - v_{i2}$$

위 두 식을 통해 v_{i1}, v_{i2}를 유도하면 다음과 같다.

$$v_{i1} = v_c + \frac{1}{2}v_d$$

$$v_{i2} = v_c - \frac{1}{2}v_d$$

(2) 출력신호

만약 공통성분, 차동성분에 관한 식을 출력신호 $v_o = A_1 v_{i1} + A_2 v_{i2}$에 대입하면 다음과 같은 식을 얻을 수 있다.

$$v_o = \frac{1}{2}(A_1 - A_2)v_d + (A_1 + A_2)v_d = A_d v_d + A_c v_v$$

(여기서 A_d : 차동성분에 대한 전압이득, A_c : 공통성분에 대한 전압이득)

위 방법으로 A_c와 A_d를 측정할 수 있으므로 공통모드 제거비(CMRR)를 대입하여 출력전압을 나타내면 다음과 같다.

$$v_o = A_d v_d + A_c v_v = A_d v_d\left(1 + \frac{A_c v_c}{A_d v_d}\right) = A_d v_d\left(1 + \frac{1}{\text{CMRR}}\frac{v_c}{v_d}\right)$$

일반적으로 차동 증폭기에서 A_d의 값이 매우 크고, A_c의 값은 매우 작다. 이상적인 경우 $A_d = \infty$이고, $A_c = 0$이다. 이 경우 CMRR=0이 된다.

결국 CMRR이 큰 차동 증폭기의 출력신호는 공통모드성분에 대한 출력은 제거되고 차동모드 성분에 대한 출력만 나타나게 된다.

6 연산 증폭기

연산 증폭기는 부궤환을 이용하여 안정된 전압이득을 제공하는 선형 IC로써 대단히 큰 전압이득, 대단히 큰 입력임피던스(보통 수 메가옴[MΩ]), 그리고 매우 작은 출력임피던스(보통 수십 옴[Ω])을 갖는 소자이다.

연산 증폭기의 기본 증폭 회로는 하나 이상의 차동 증폭기를 이용하여 구성되며 아래 그림과 같은 4개의 종속블록으로 나타낼 수 있다.

[4개의 종속블록 다이어그램]

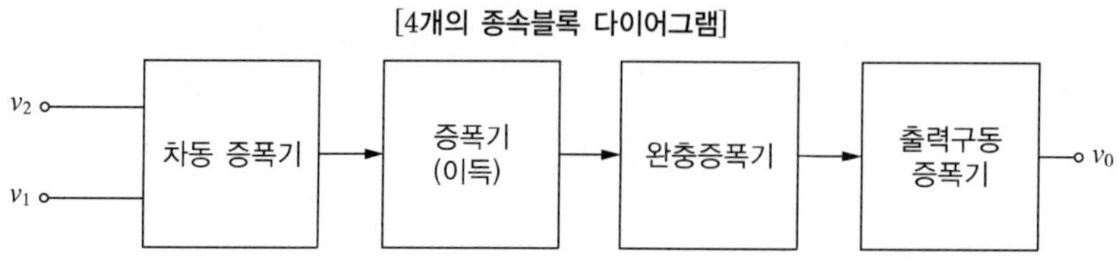

1단은 차동 증폭기, 2단은 하나 이상의 증폭단, 3단은 완충기이고, 4단은 낮은 출력저항을 갖는 대신호 출력 구동 증폭기이다. 이 전체가 하나의 반도체 칩 위에 구성되며 외부와 연결을 위한 단자로는 2개의 입력단자, 1개의 출력단자 그리고 전원단자 등이 있다.

이러한 기본적인 연산 증폭기의 기호는 아래 그림과 같다.

[기본적인 연산 증폭기]

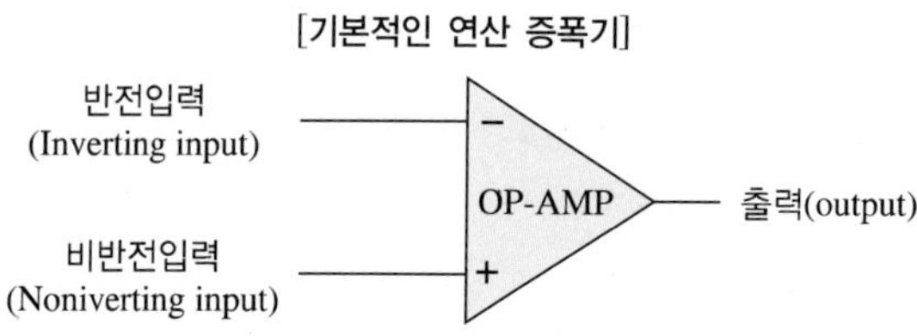

▶ 비반전(+) 입력단자 : 입력 신호를 입력과 위상이 같은 신호로 출력한다.

▶ 반전(−) 입력단자 : 입력 신호를 입력과 위상이 반대인 신호로 출력한다.

연산 증폭기가 주로 응용되는 분야로는 스케일 변환기, 아날로그 컴퓨터, 위상 이동기, 비교기, 필터, 발진기 및 계측기 등이 있다.

1. 이상적인 연산 증폭기

일반적인 연산 증폭기를 특별한 경우가 없는 한 이상적인 연산 증폭기라고 가정하고, 연산 증폭기 응용 회로를 해석, 설계하더라도 큰 오차가 발생하지 않는다. 따라서 이상적인 연산 증폭기에 대한 특성을 아는 것이 중요하다.

[일반적인 연산 증폭기] [이상적인 연산 증폭기]

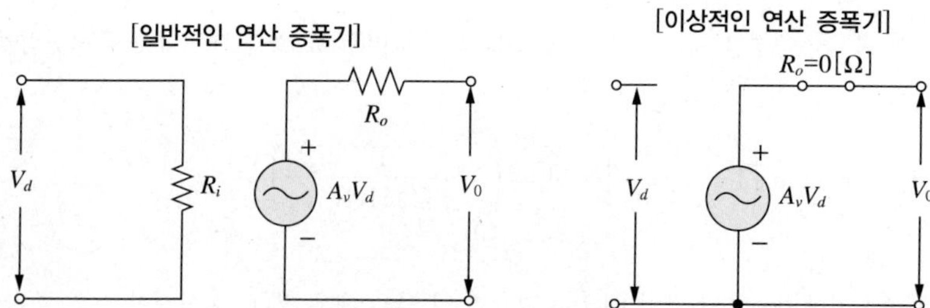

대표 정수값	실제적인 OP-AMP	이상적인 OP-AMP
입력저항	$R_i = 1\text{M}[\Omega]$	$R_i = \infty$
출력저항	$R_o = 100[\Omega]$	$R_o = 0$
전압이득	$A_v = 10^6$	$A_v = \infty$
대역폭	BW= 10[Hz]	BW= ∞
기 타	CMRR= 80[dB]	$V_1 = V_2$이면 $V_0 = 0$

2. 가상접지

이상적인 연산 증폭기는 반전입력 단자의 전위와 비반전 단자의 전위가 거의 같다. 이는 위 연산 증폭기 그림에서 $v_d = \dfrac{V_o}{A_v}$ 이므로, 분모 $A_v = \infty$, V_o =어떤 값[V]을 대입하면 분모가 매우 커서 차동입력 V_d는 거의 0이 되기 때문이다. 그런데 주의할 점은 $V_d \simeq 0[\text{V}]$이라 해도 실제 0[V]는 아니라는 점이다. 때문에 $V_d \simeq 0[\text{V}]$를 정의하기 위해서는 반전 단자와 비반전 단자의 전위가 거의 같게 되는 단락 회로 또는 가상접지가 존재함을 의미한다.

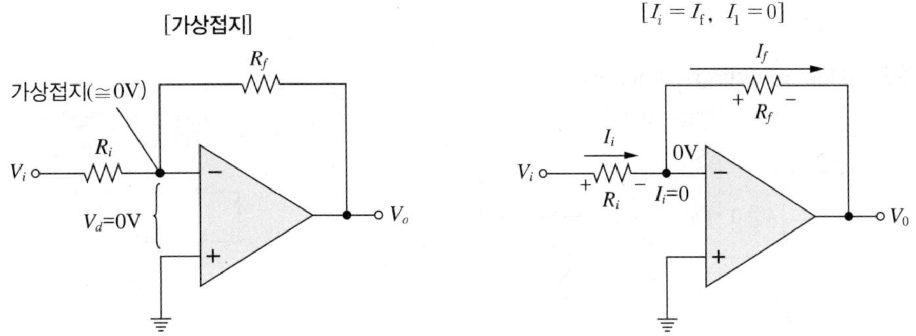

위 그림과 같이 가상접지란 두 점간의 전위차가 0[V]로 유지되지만, 실제로 이 단락 회로를 통하여 흐르는 전류가 거의 없는 전위를 뜻한다.

3. 연산 증폭기의 응용 회로

연산 증폭기는 대단히 큰 전압이득을 갖는 소자이다. 그러므로 입력단의 아주 미약한 잡음신호도 크게 증폭되어 회로가 불안정해지고 불필요한 발진이 일어나는 원인이 된다. 이러한 문제점 개선을 위해 연산 증폭기의 출력신호 일부를 입력으로 부궤환 시켜 안정적인 전압이득을 갖는다. 이때 사용하는 소자로는 저항, 커패시터, 다이오드 등이 있으며 이들을 이용하여 다양한 선형 및 비선형 응용 회로를 구현할 수 있다.

(1) 반전 증폭기(Inverting amplifier)

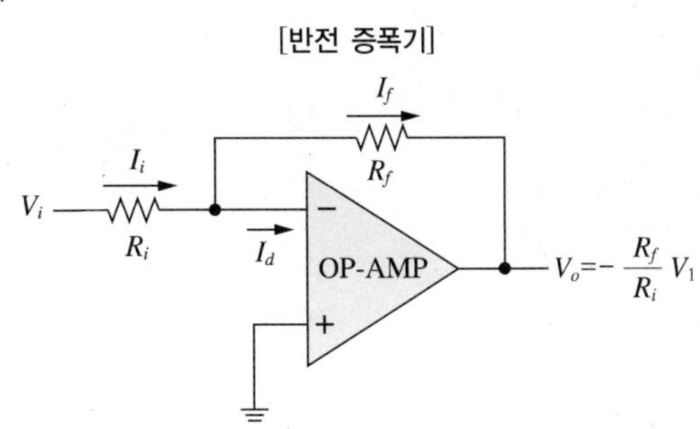

반전 증폭기는 위 그림과 같이 반전 단자를 통하여 입력을 인가하고 비반전 단자는 접지한다. 이 회로에서 연산증폭기가 이상적이라 가정하면 내부저항이 무한대이므로 $I_d = 0$이고, R_1을 통해서 흐르는 전류 I_i은 I_f와 같게 된다. 또한 가상접지이므로 R_1의 전압은 V_i, R_f의 전압은 $-V_o$가 된다. 이를 통해 전류 I_1은 I_f를 구하면

$I_i = \frac{V_i}{R_1}$, $I_f = -\frac{V_o}{R_f}$이다.

이때 $I_i = I_f$이므로

$\frac{V_i}{R_1} = -\frac{V_o}{R_f}$가 된다.

이 식으로부터 반전 증폭기 전압이득 $A_{vf} = \frac{V_o}{V_i}$을 구하면 다음과 같다.

$$A_{vf} = \frac{V_o}{V_i} = -\frac{R_f}{R_1}$$

이 식에서 반전 증폭기의 전압이득 A_{vf}는 개방루프이득 A_v와 무관하고, 소자 R_1, R_f 값에 의해서만 결정됨을 알 수 있다.

(2) **비반전 증폭기(Non-inverting amplifier)**

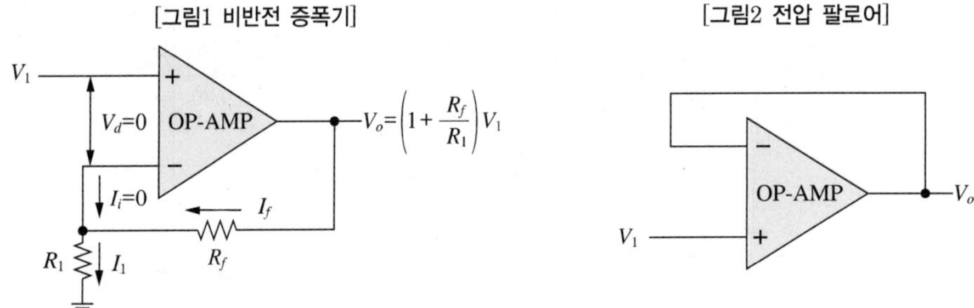

① 비반전 증폭기는 [그림1]과 같이 입력신호를 비반전 단자에 인가하고, 출력신호의 일부는 R_1, R_f로 구성되는 궤환을 통해 반전 단자에 인가된다. 이때, $V_d \simeq 0$이므로, R_1 양단의 전압은 V_1과 같게 되고, R_1을 통해 흐르는 전류 I_1 및 R_f를 통해 흐르는 전류 I_f는 각각 다음과 같다.

$I_1 = \frac{V_1}{R_1}$, $I_f = \frac{V_o - V_1}{R_f}$

이 회로에서 연산 증폭기의 내부저항이 무한대라고 가정하면 R_1을 통해서 흐르는 전류 I_1과 R_f를 통해서 흐르는 전류 I_f는 같게 된다.

$I_1 = I_f$, $\frac{V_1}{R_1} = \frac{V_o - V_1}{R_f}$

이 식을 정리하면

$$A_{Vf} = \frac{V_o}{V_1} = \frac{R_1 + R_f}{R_1} = 1 + \frac{R_f}{R_1}$$

따라서 비반전 증폭기의 전압이득은 항상 1보다 크다.

② [그림2]는 비반전 증폭기의 특수한 경우로 R_f를 단락하고, R_1을 개방하면 전압이득이 $V_o = V_1$이 되어 1이 된다. 이 같은 회로를 단위 이득 팔로어(Unity gain follower) 또는 전압 팔로어(Voltage follower)라고 한다. 전압 팔로어는 입력 임피던스가 매우 높고, 출력 임피던스가 매우 낮기 때문에 주로 완충기(Buffer)로 이용된다.

(3) 가산 증폭기(Summing amplifier)

[가산 증폭기]

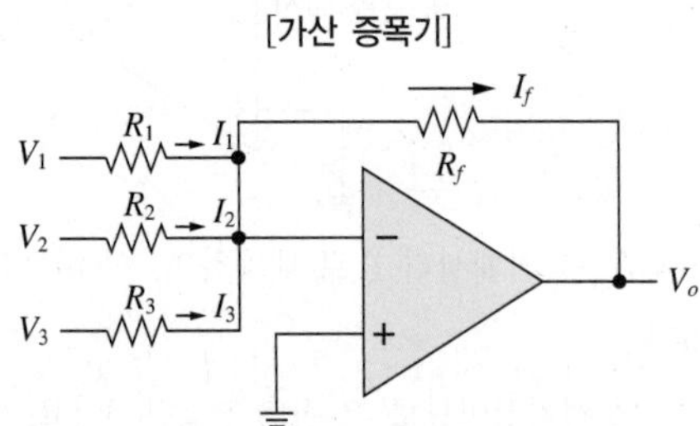

가산 증폭기는 입력전압들의 선형 합에 비례하는 출력전압을 얻을 수 있다. 이상적인 경우 연산 증폭기의 입력 임피던스가 무한대이므로 연산 증폭기에는 전류가 유입되지 않는다. 또한 가상접지로 인하여 각 입력신호에 의한 전류의 합은 R_f를 통해서 흐르는 전류와 같게 된다.

$$V_o = -\left(\frac{R_f}{R_1}V_1 + \frac{R_f}{R_2}V_2 + \frac{R_f}{R_3}V_3\right)$$

이때, $R_1 = R_2 = R_3 = R$이라면

$$V_o = -\frac{R_f}{R}(V_1 + V_2 + V_3)$$

각 입력의 합을 증폭하게 된다.

(4) 감산 증폭기

[감산 증폭기]

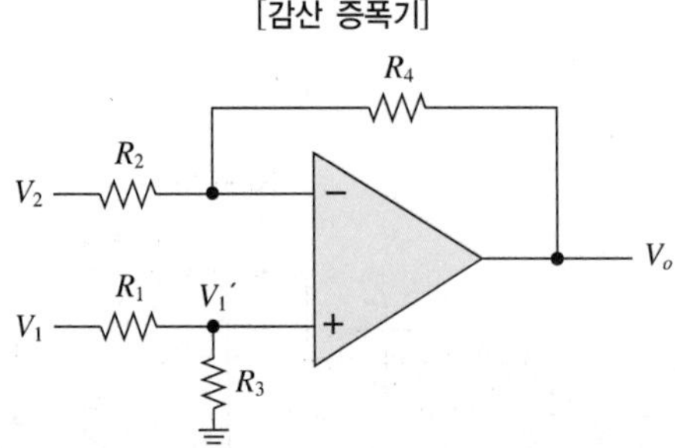

감산 증폭기의 출력전압은 중첩의 원리를 이용하여 구할 수 있다. 두 입력신호의 차에 비례하는 출력을 얻을 수 있다.

$$V_o = \left(1 + \frac{R_4}{R_2}\right)V_1' - \frac{R_4}{R_2}V_2 = \frac{R_2 + R_4}{R_2}\frac{R_3}{R_1 + R_3}V_1 - \frac{R_4}{R_2}V_2$$

이때, $\frac{R_1}{R_3} = \frac{R_2}{R_4}$ 이면

출력 전압은 다음과 같다.

$$V_o = \frac{R_3}{R_1}(V_1 - V_2)$$

PART 2

(5) 적분기(Integrator)

[적분기]

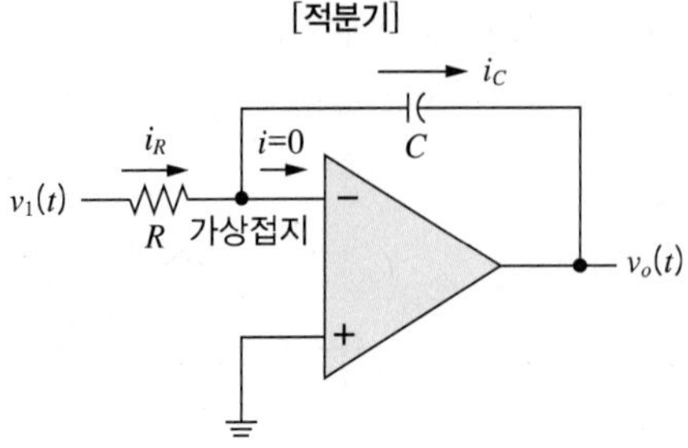

적분기는 반전 증폭기의 궤환소자 R_f를 커패시터 C로 대체하면, 이 회로는 이비력 신호의 적분값에 비례하는 출력전압을 공급하는 적분기로 동작한다.

회로에서 R과 C가 접촉된 점이 가상접지점이므로 그 점의 전압은 0이고, 연산 증폭기를 통하여 흐르는 전류 i는 0이다. 따라서 R을 통해 흐르는 전류 i_R과 커패시터를 통해서 흐르는 전류 i_C는 같게 된다.

$$i_R = \frac{v_1}{R},\ i_C = -C\frac{dv_o}{dt}$$

이때, $i_R = i_C$이므로

식을 다시 정리하면

$$\frac{dv_o}{dt} = -\frac{1}{RC}v_1$$

이 식을 시간영역에 대해 양변을 적분하면 다음과 같다.

$$v_o(t) = -\frac{1}{RC}\int v_1(t)dt$$

여기서 $-\frac{1}{RC}$은 상수이다.

(6) 미분기(Differentiator)

[미분기]

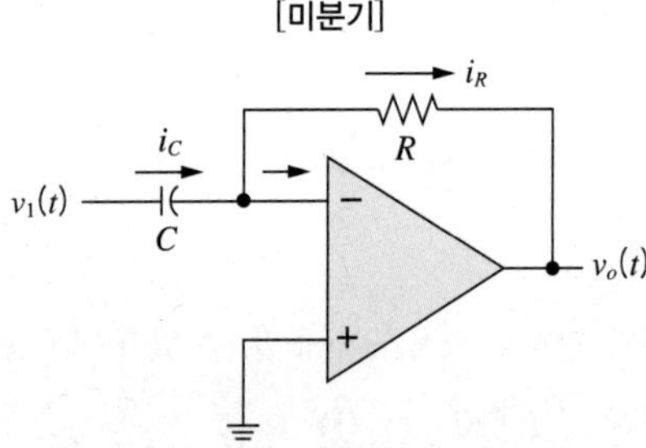

미분기는 반전 증폭기의 입력소자 R_1을 커패시터 C로 대체하면, 이 회로는 입력신호의 미분값에 비례하는 출력전압을 공급하는 미분기로 동작한다.

$$i_C = C\frac{dv_1}{dt},\ i_R = -\frac{v_o}{R}$$

이때, $i_C = i_R$이므로

$$C\frac{dv_1}{dt} = -\frac{v_o}{R}$$

이를 $v_o(t)$에 대해 정리하면

$v_o = -RC\frac{dv_1}{dt}$ 이고,

이때 $-RC$는 상수이다.

(7) 비교기

비교기는 기준전압과 입력전압의 크기를 비교하는 회로이다. 연산 증폭기는 대단히 큰 전압이득을 갖는 소자이므로 입력단의 아주 작은 미약한 잡음신호도 크게 증폭되어 출력전압이 (+) 또는 (−)전원전압으로 포화되게 된다. 즉, 입력전압이 기준전압보다 작으면 연산 증폭기의 출력전압은 포화되어 (−)전원전압에 도달하고, 입력전압이 기준전압보다 크면 연산 증폭기의 출력전압은 포화되어 (+)전원전압에 도달한다.

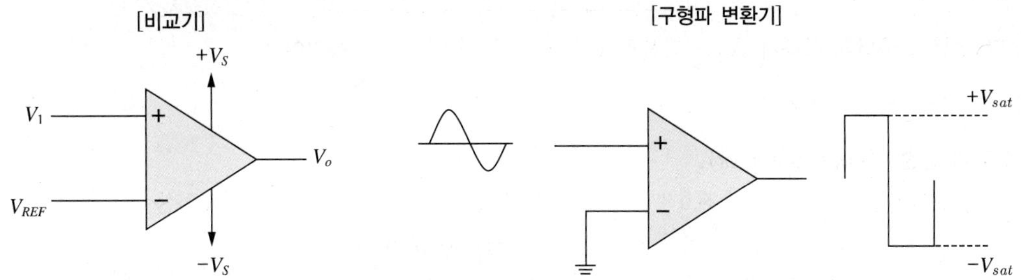

위 그림을 보면 기준전압을 접지(0[V])로 하여 입력단자에 정현파 전압을 인가하면 출력단자에 구형파 전압을 얻을 수 있다.

(8) 정밀 반파 정류기

다이오드는 장벽전위 0.7[V]를 초과할 때에만 도통되므로 다이오드를 이용한 반파전류기는 0.7[V] 이하의 작은 신호를 정류하는 데는 적합하지 않다. 그러나 아래 그림은 아주 작은 신호도 정류할 수 있는 정밀 반파 정류기이다.

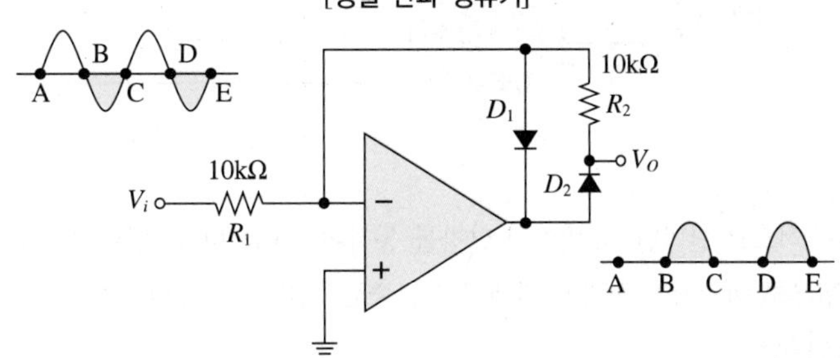

먼저, 입력신호 v_i가 0보다 크면 다이오드 D_1은 도통(on)되고, D_2는 차단(off)된다. 그러므로 이때의 출력전압은 0[V]가 된다.

반면, 입력신호 v_i가 0보다 작으면 다이오드 D_1은 차단(off)되고, D_2는 도통(on)된다. 그러므로 이때의 출력전압 $v_o = -v_i$가 된다. 이 두 가지 경우를 조합하면 위의 그림과 같이 반파 정류기로 동작한다는 것을 알 수 있다.

(9) 정밀 전파 정류기

정밀 전파 정류기는 아래 그림과 같이 입력 v_i와 반파 정류기의 출력 v_r을 합하여 구성한다.

[정밀 전파 정류기]

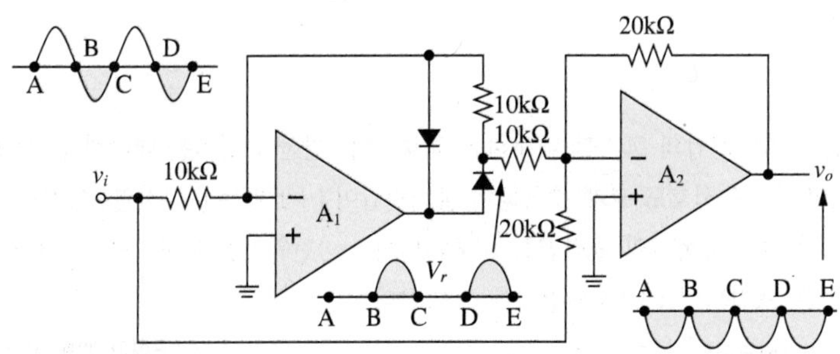

전파 정류기 뒷단의 증폭기 A_2는 다음과 같은 출력을 가진 가산 증폭기이다.

$v_o = -v_i - 2v_r$

(10) 최고치 검출기(Peak detector)

최고치 검출기는 커패시터의 충전효과를 이용하여 입력신호의 최고치(Peak)를 기억하는 회로이다.

[최고치 검출기]

먼저, 커패시터를 순간적으로 단락한 후 비반전 단자를 통하여 0[V]보다 큰 입력신호를 인가하면 연산 증폭기의 출력전압은 다이오드를 순방향으로 바이어스 시키고 커패시터를 충전시킨다. 이 충전은 반전 단자의 전압과 비반전 단자의 입력이 같아질 때까지 계속된다.

▶ 비반전 단자의 입력전압 > 커패시터에 충전된 전압 = 도통

▶ 비반전 단자의 입력전압 < 커패시터의 충전된 전압 = 차단

▶ 비반전 단자의 입력전압 ≫ 커패시터의 충전된 전압 = 도통(새로운 최고치까지 충전)

최고치 검출기가 한 번 충전된 최고치를 기억하는 시간은 보통 수 분이고, 이는 회로에 연결된 부하 임피던스에 따라 달라진다. 오랜 시간이 경과되면 커패시터 양단의 전압은 서서히 방전하여 0[V]가 된다.

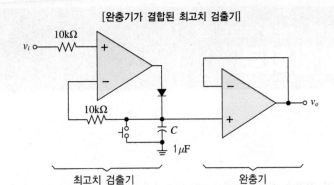

[완충기가 결합된 최고치 검출기]

시간이 지나면서 전압이 떨어지는 방전을 최소화하고, 외부부하로부터 검출기의 출력을 보호하기 위해 단위 이득 팔로어를 검출기 뒷단에 연결하기도 한다.

발진회로

1 발진회로 조건

발진회로가 발진하는 조건을 정리한 것이 바크하우젠의 발진조건으로 정리한 내용은 다음과 같다.

[바크하우젠(Barkhausen)의 발진조건]

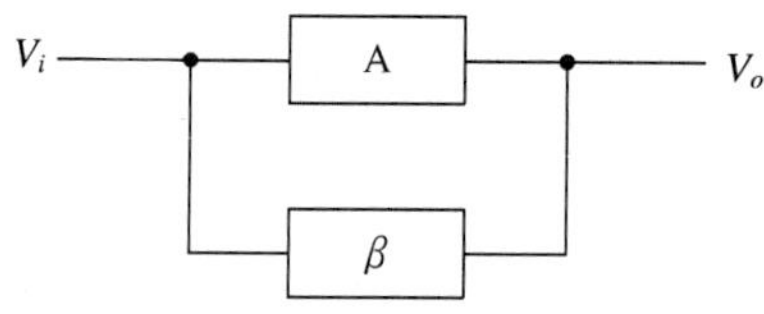

위의 그림을 살펴보면, $V_o = A\,V_i + A\beta V_o$이므로 A로 묶으면

$V_o(1 - A\beta) = A\,V_i$

$\therefore \dfrac{V_o}{V_i} = \dfrac{A}{1 - A\beta}$

결국, $1 - A\beta = 0$이 되면 발진이 계속된다. 이때 $A\beta = 1$을 바크하우젠의 발진조건이라 한다.

2 발진기의 종류

발진기에는 크게 정현파 발진기와 비정현파 발진기가 있다.

1. 정현파 발진기

[정현판 발진기의 종류]

LC 발진기	CR 발진기	수정 발진기
하틀레이 발진기	이상형 CR 발진기	수정 진동을 이용한 수정 발진기
콜피츠 발진기	빈 브리지 발진기	조정이 필요한 수정 발진기

(1) LC 발진기의 종류 및 특징

① 하틀레이 발진기

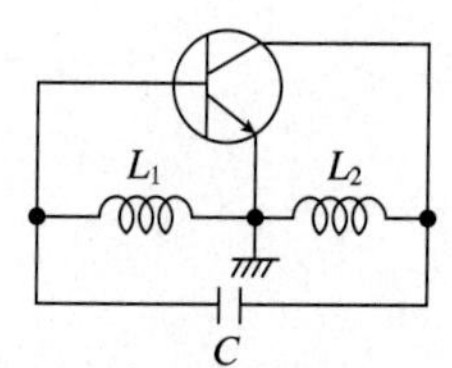

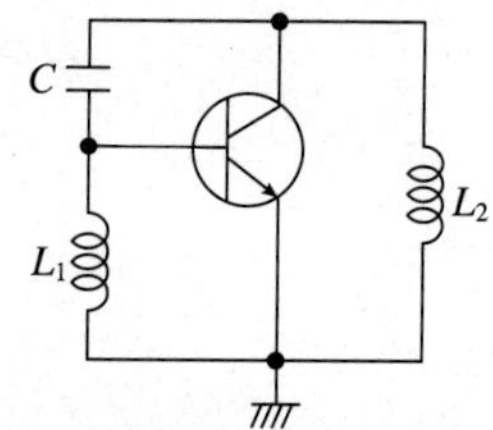

㉠ 발진주파수 : $f = \dfrac{1}{2\pi\sqrt{(L_1 + L_2 + 2M)C}}$

㉡ 발진이득 : $h_{fe} = \dfrac{X_1}{X_2} = \dfrac{L_1 + M}{L_2 + M}$

㉢ 발진 리액턴스 조건 : $X_1 > 0$, $X_2 > 0$, $X_3 < 0$

② 콜피츠 발진기

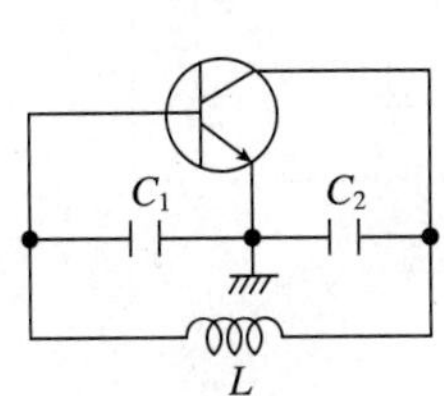

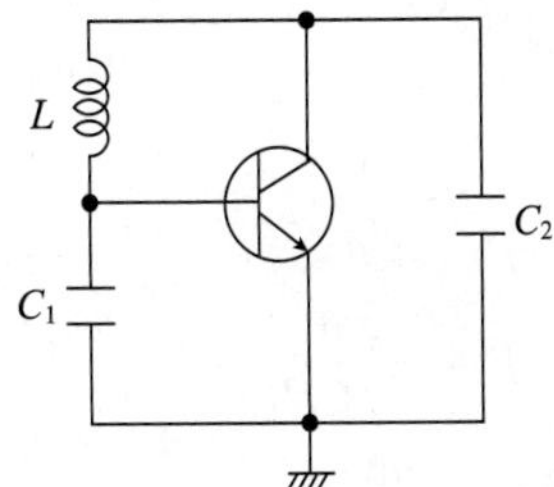

㉠ 발진주파수 : $f = \dfrac{1}{2\pi\sqrt{\dfrac{C_1 \cdot C_2}{C_1 + C_2}}}$

㉡ 발진이득 : $h_{fe} = \dfrac{X_1}{X_2} = \dfrac{\dfrac{1}{j\omega C_1}}{\dfrac{1}{j\omega C_2}} = \dfrac{C_2}{C_1}$

㉢ 발진 리액턴스 조건 : $X_1 < 0$, $X_2 < 0$, $X_3 > 0$

(2) CR 발진기의 종류 및 특징

① 이상형 CR 발진기

㉠ 병렬저항 이상형 CR 발진기

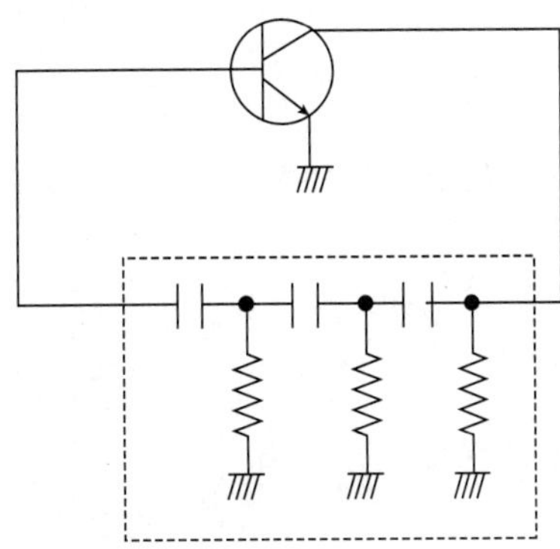

- 발진주파수 : $f = \dfrac{1}{2\pi\sqrt{6}\,CR}$
- 발진이득 : $h_{fe} \geq 29$

㉡ 병렬콘덴서 이상형 CR 발진기

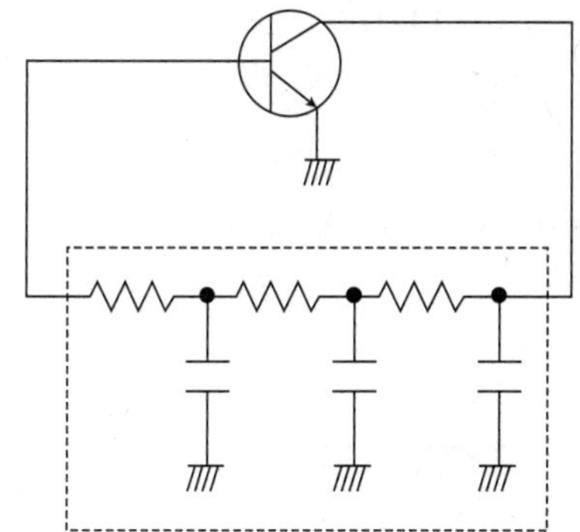

• 발진주파수 : $f = \dfrac{\sqrt{6}}{2\pi CR}$

• 발진이득 : $h_{fe} \geq 29$

② 빈 브리지 발진기

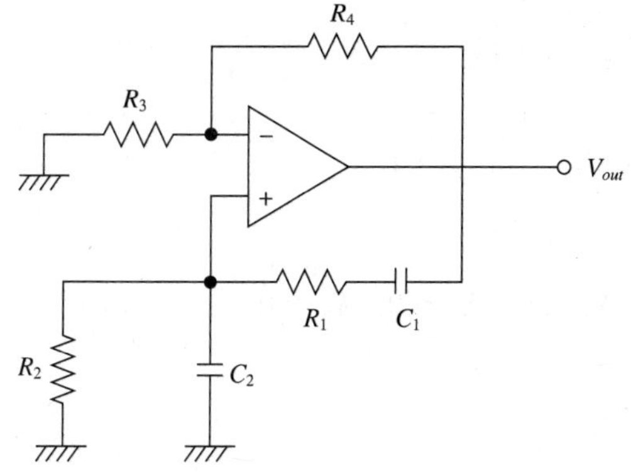

㉠ 발진주파수

$$f = \frac{1}{2\pi\sqrt{6}\,CR}$$

이때 $C_1 = C_2 = C$, $R_1 = R_2 = R$이므로

$$\therefore\ f = \frac{1}{2\pi CR}$$

㉡ 발진조건

비반전연산 증폭기의 이득 $A = 1 + \dfrac{R_4}{R_3} \geq 3$

$$\therefore\ \frac{R_4}{R_3} \geq 2$$

(3) 수정 발진기의 종류 및 특징

① 수정 진동을 이용한 수정 발진기

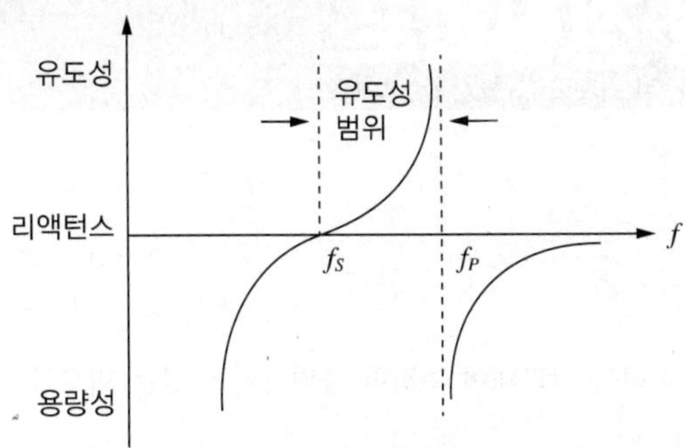

수정 발진기가 안정된 발진을 지속하기 위한 주파수 f_s는 다음과 같다.

$f_p - f_s = f_s \dfrac{C_1}{2C_2}$ 이를 f_s로 정리하면

$$f_s = \frac{1}{2\pi\sqrt{L_1 C_1}}$$

② 조정이 필요한 수정 발진기

[피어스 B-E형 수정 발진기]

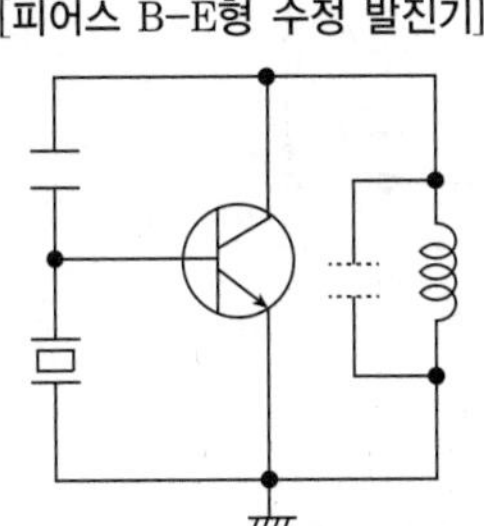

[피어스 B-C형 수정 발진기]

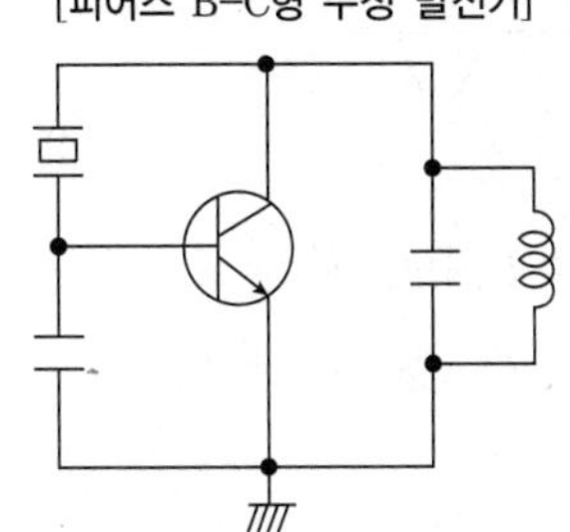

LC동조회로를 사용하여 정현파를 선택하여 발진하며 더 큰 발진 출력을 얻을 수 있다.

2. 비정현파 발진기

비정현파 발진기는 쌍안정 멀티바이브레이터를 정궤환하여 연결하는 형태로 되어있다.

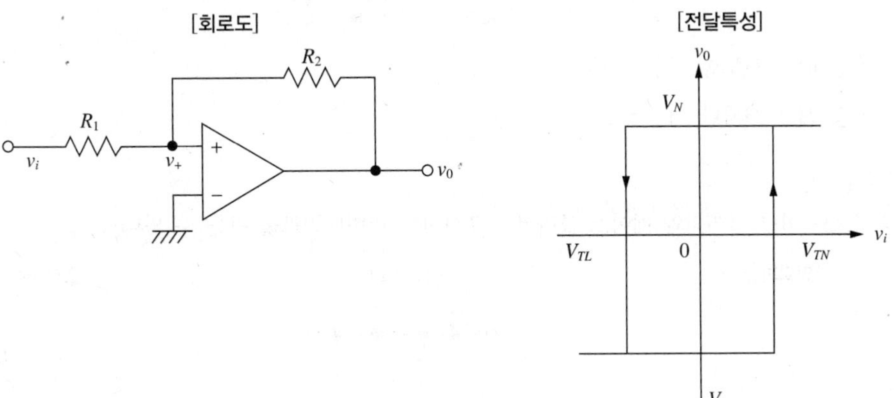

회로도를 보면 저항 R_2가 출력단자와 비반전 입력을 연결하는 형태로 정궤환이 형성되어 있음을 알 수 있다.

PART 2

CHAPTER

09 PART 2 반도체 다이오드 회로 파형 정형회로

1 클리퍼회로

입력파형을 일정 진폭 이상 또는 이하를 잘라내어 특정한 출력파형을 얻는 회로를 말한다. 클리퍼회로에는 직렬형 다이오드와 병렬형 다이오드 연결방식이 있다.

1. 직렬형 다이오드

(1) 피크 클리퍼

[입력파형 V_i]

[직렬형 피크 클리퍼]

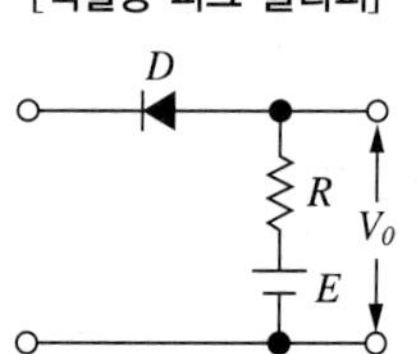

[출력파형 V_o]

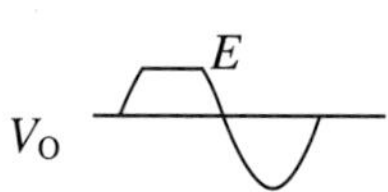

① $V_i > E$일 때 : D차단, $V_o = E$

② $V_i < E$일 때 : D도통, $V_o = V_i$

(2) 베이스 클리퍼

[입력파형 V_i]

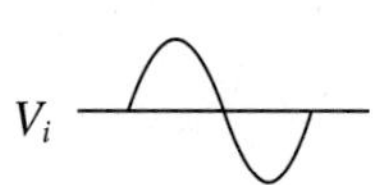

[직렬형 베이스 클리퍼]

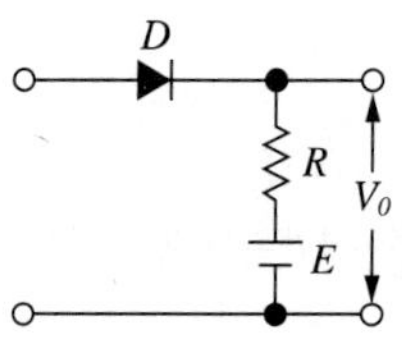

[출력파형 V_o]

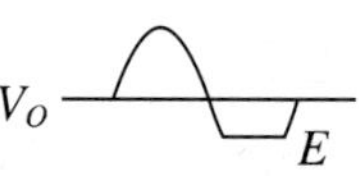

① $V_i > E$일 때 : D도통, $V_o = V_i$

② $V_i < E$일 때 : D차단, $V_o = E$

(3) 리미터

직렬형 다이오드 피크 클리퍼와 베이스 클리퍼를 조합하여 리미터회로를 만들 수 있다.

[입력파형 V_i]

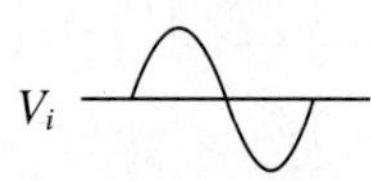

[리미터]

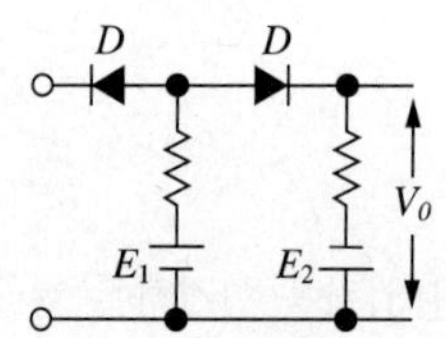

[출력파형 V_o]

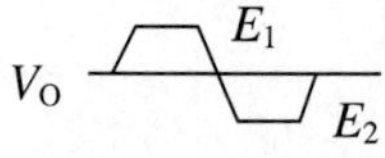

2. 병렬형 다이오드

(1) 피크 클리퍼

[입력파형 V_i]

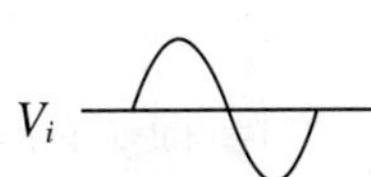

[병렬형 피크 클리퍼]

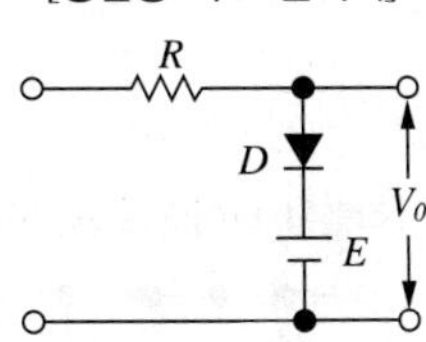

[출력파형 V_o]

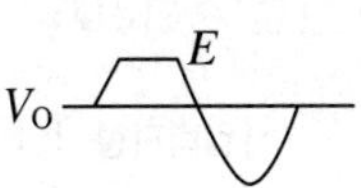

① $V_i > E$일 때 : D도통, $V_o = E$

② $V_i < E$일 때 : D차단, $V_o = V_i$

(2) 베이스 클리퍼

[입력파형 V_i]

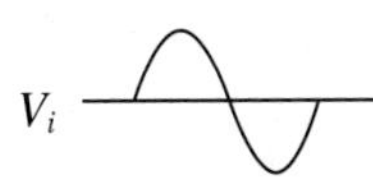

[병렬형 베이스 클리퍼]

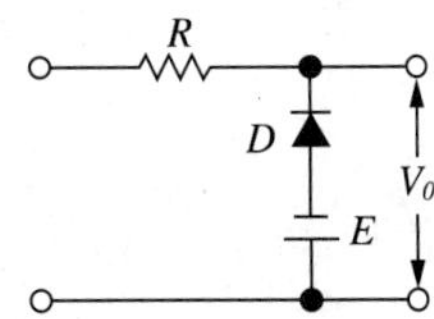

[출력파형 V_o]

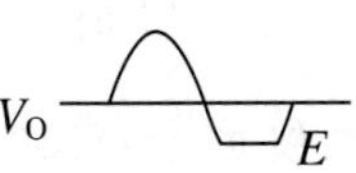

① $V_i > E$일 때 : D차단, $V_o = V_i$

② $V_i < E$일 때 : D도통, $V_o = E$

(3) 리미터

[입력파형 V_i]

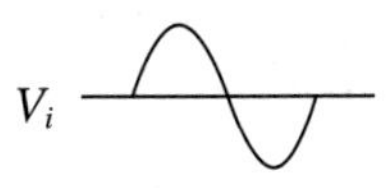

[리미터]

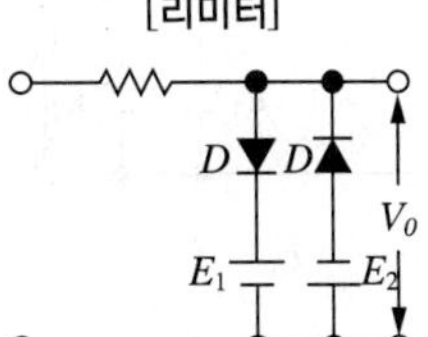

[출력파형 V_o]

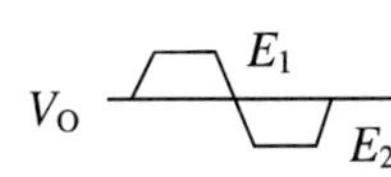

[입력파형 V_i]

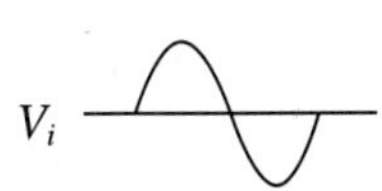

[정전압 다이오드 리미터]

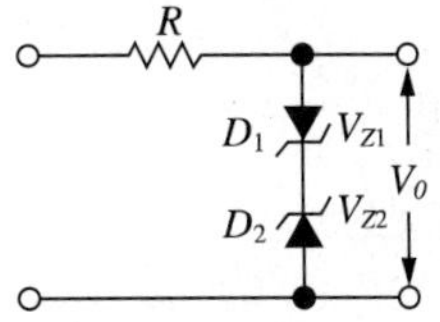

[출력파형 V_o]

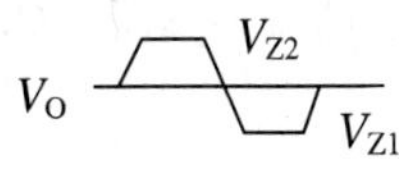

▶(+) 반파 시 ▶ $V_i > V_{Z2}$일 때 : D_2도통, $V_o = V_{Z2}$

▶(−) 반파 시 ▶ $V_i < V_{Z1}$일 때 : D_1도통, $V_o = V_{Z1}$

2 슬라이서(Slicer)

슬라이서 회로는 리미터의 특별한 경우로 특정 레벨로 파형의 상부와 하부를 잘라내는 회로로써 입력신호의 일부분을 추출하는 회로이다. 리미터와 마찬가지로 직렬형 다이오드 슬라이서와 병렬형 다이오드 슬라이서가 있다.

1. 직렬형 다이오드 슬라이서

[입력파형 V_i]

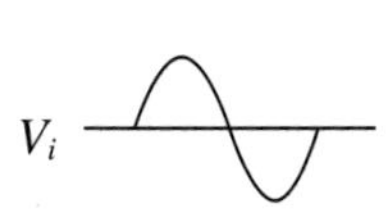

[직렬형 다이오드 슬라이서]

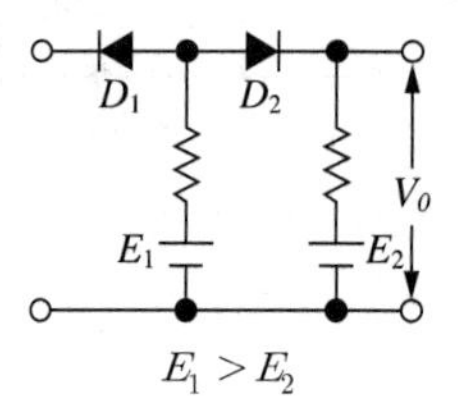

$E_1 > E_2$

[출력파형 V_o]

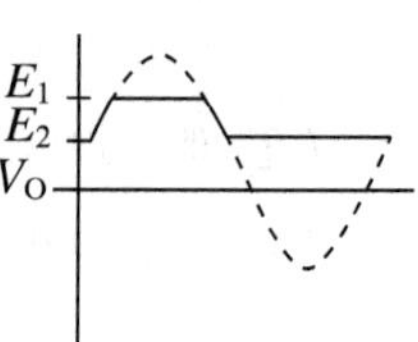

(1) $V_i < E_2$ **일 때** : D_1 도통, D_2 차단, $V_o = E_2$

(2) $E_2 < V_i < E_1$ **일 때** : D_1, D_2 도통, $V_o = V_i$

(3) $V_i > E_1$ **일 때** : D_1 차단, D_2 도통, $V_o = E_1$

2. 병렬형 다이오드 슬라이서

[입력파형 V_i]

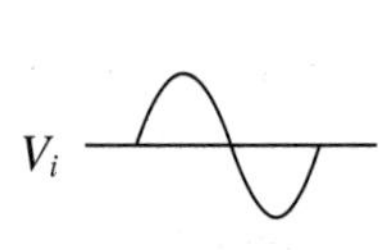

[병렬형 다이오드 슬라이서]

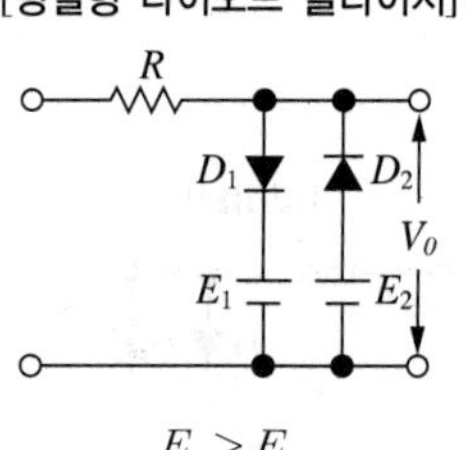

$E_1 > E_2$

[출력파형 V_o]

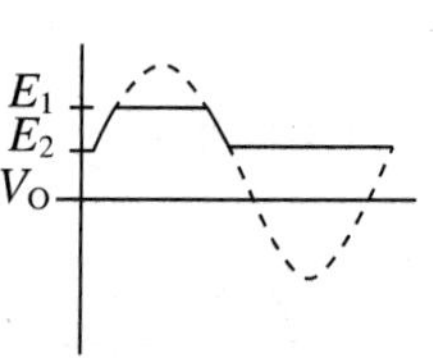

(1) $V_i < E_2$ **일 때** : D_1 차단, D_2 도통, $V_o = E_2$

(2) $E_2 < V_i < E_1$ **일 때** : D_1, D_2 차단, $V_o = V_i$

(3) $V_i > E_1$ **일 때** : D_1 도통, D_2 차단, $V_o = E_1$

3 클램퍼(Clamper)

출력 펄스 응답파형을 양(+) 방향 피크 또는 음(−)방향 피크를 어떤 기준레벨에 맞춰 고정시키는 회로를 클램퍼라고 한다. 클램퍼회로에는 양(+)클램퍼(Positive Clamper), 음(−)클램퍼(Negative Clamper)가 있다.

1. 양(+)의 클램퍼

입력파형의 (−)피크를 0[V]레벨로 클램핑 하는 회로이다.

[입력파형 V_i]

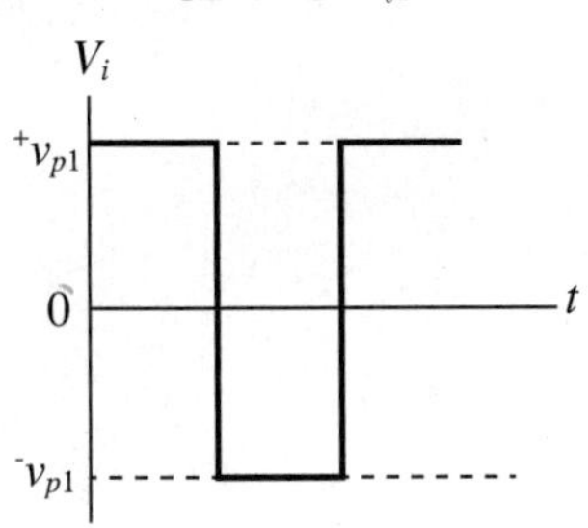

[양(+)의 클램퍼]

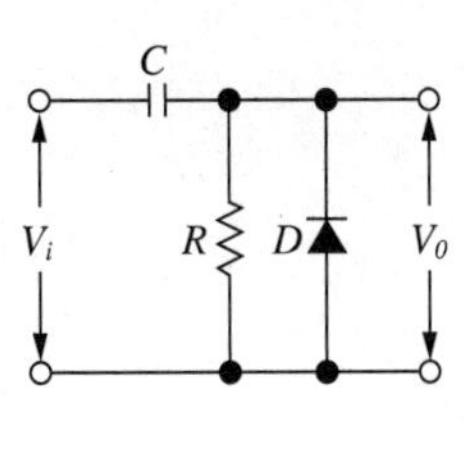

[출력파형 V_o]

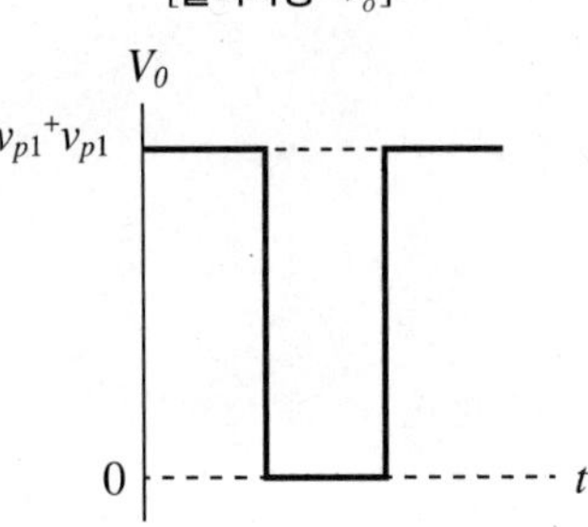

(1) 입력 $-v_{p2}$ **일 때 :** D도통(short), C충전($-v_{p2}$), $V_o=0$

(2) 입력 $+v_{p1}$ **일 때 :** D차단(open), C방전($+v_{p2}$), $V_o=+v_{p1}+v_{p2}$

2. 음(−)의 클램퍼

입력파형의 (+)피크를 0[V]레벨로 클램핑하는 회로이다.

[입력파형 V_i]

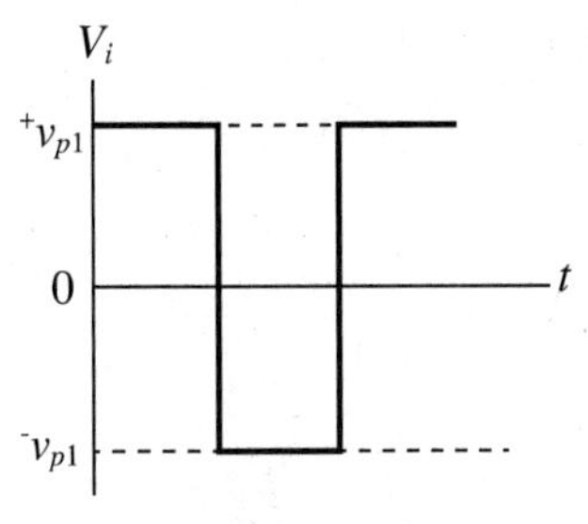

[음(−)의 클램퍼]

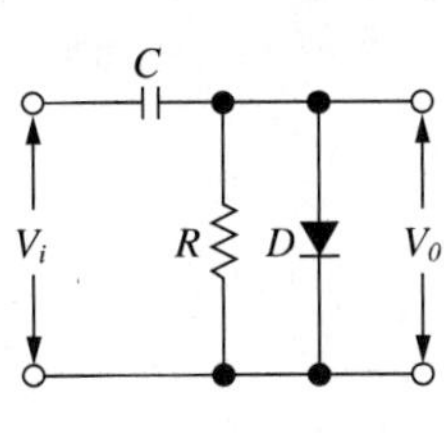

[출력파형 V_o]

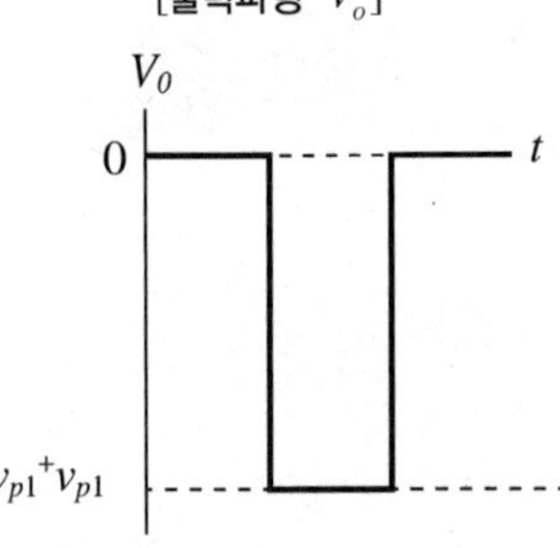

(1) 입력 $+v_{p1}$ **일 때 :** D도통(short), C충전($+v_{p1}$), $V_o=0$

(2) 입력 $-v_{p2}$ **일 때 :** D차단(open), C방전($-v_{p1}$), $V_o=-v_{p2}+(-)v_{p1}$

행운이란 100%의 노력 뒤에 남는 것이다.

- 랭스턴 콜먼 -

PART 3

디지털 공학

논리 회로

1 논리 게이트 및 부울 함수

1. 논리 게이트

앞 장에서는 다이오드, 트랜지스터, FET 등의 소자를 시간에 따라 연속적으로 변하는 아날로그(Analog) 신호의 관점에서 다루었다. 이번 챕터에서는 같은 소자들을 2개의 상태만을 갖는 디지털(Digital) 신호의 관점에서 살펴본다. 논리 게이트에는 AND, OR, NOT이 있으며, 응용 회로로는 NAND, NOR, XOR 등이 있다.

(1) NOT 게이트

NOT 게이트는 하나의 입력단자와 하나의 출력단자로 구성된 논리 게이트이다. 출력상태가 항상 입력상태와 반대되는 상태에 있으므로, NOT 게이트, 부정(Complement) 게이트 또는 인버터(Inverter)라고 부른다. 즉, 입력이 높은 상태이면 출력은 낮은 상태, 반대로 입력이 낮은 상태면 출력은 높은 상태가 된다.

$$F+\overline{A}=A'$$

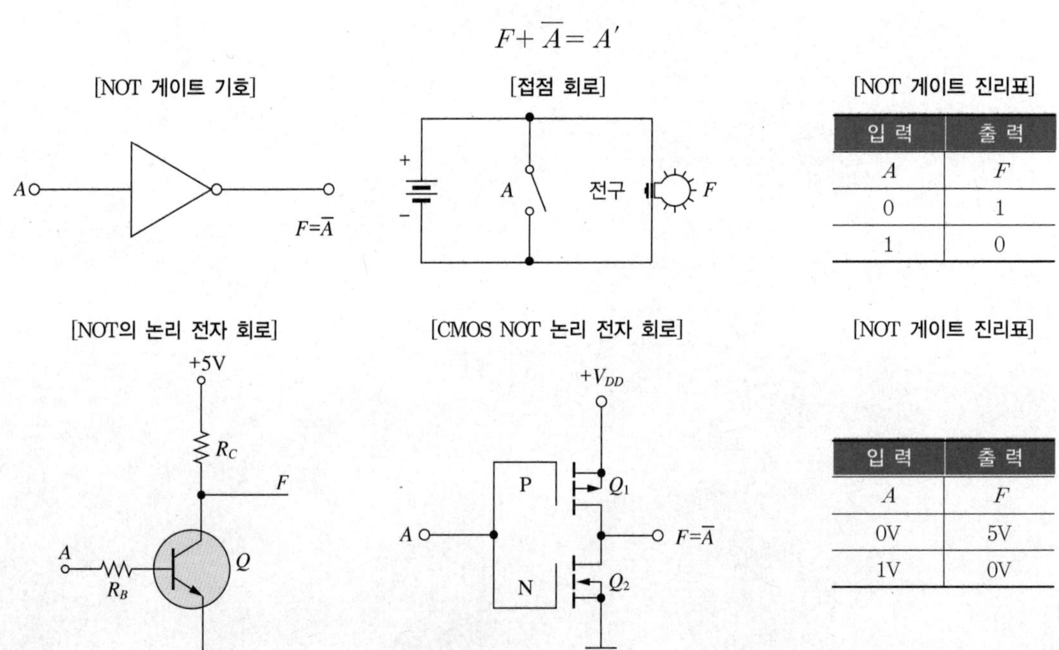

[NOT 게이트 진리표]

입 력	출 력
A	*F*
0	1
1	0

[NOT 게이트 진리표]

입 력	출 력
A	*F*
0V	5V
1V	0V

① NOT의 논리 전자 회로 해석

㉠ 입력 $A = H(1)$: Q가 on(포화)이 되므로 출력 $F = L(0)$접지

㉡ 입력 $A = L(0)$: Q가 off(차단)가 되므로 출력 $F = H(1)\ V_{CC}$

② CMOS NOT 논리 전자 회로 해석

㉠ 입력 $A = H(1)$: Q_2가 on(포화)이 되고, Q_1은 off(차단)가 되어 출력 $F = L(0)$접지

㉡ 입력 $A = L(0)$: Q_1이 on(포화)이 되고, Q_2은 off(차단)가 되어 출력 $F = H(1)\ V_{DD}$

(2) AND 게이트

AND 게이트는 여러 개의 입력단자가 전부 1(high)이면 출력이 1(high)이 되고, 여러 개의 스위치 중 한 개의 스위치만이라도 off(0)가 되면 출력은 0이 된다.

$$F = A \cdot B$$

[AND게이트 기호]

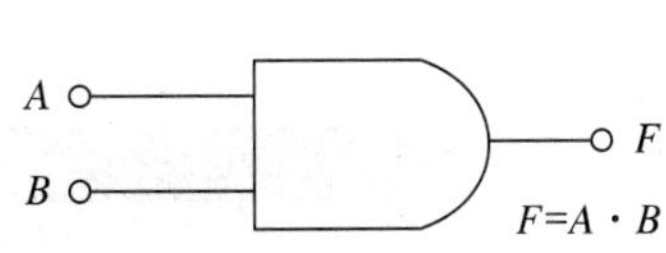

[접점 회로]

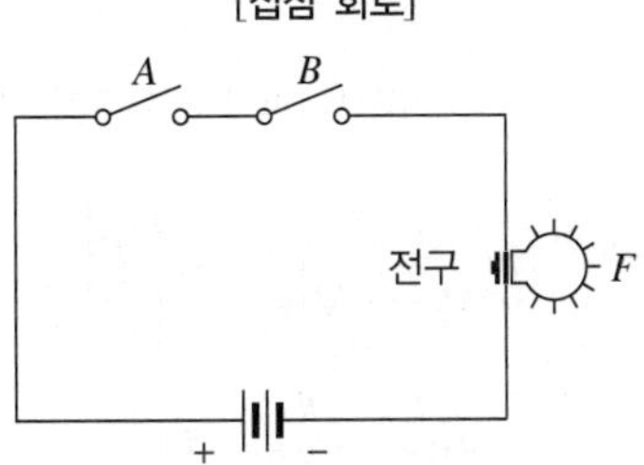

[AND 게이트 진리표]

입 력		출 력
A	B	F
0	0	0
1	0	0
0	1	0
1	1	1

[AND의 논리 전자 회로]

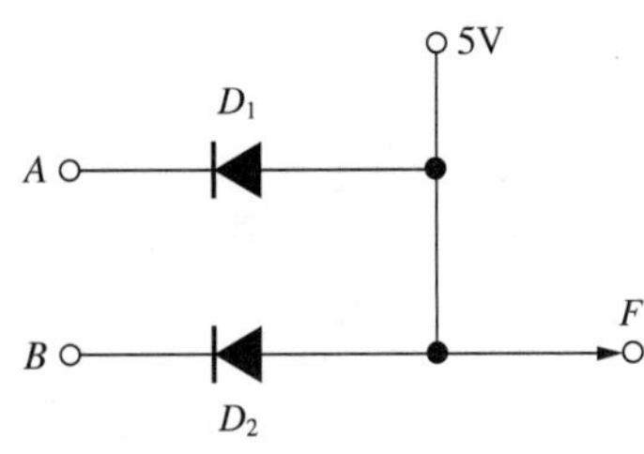

[TTL AND 논리 전자 회로]

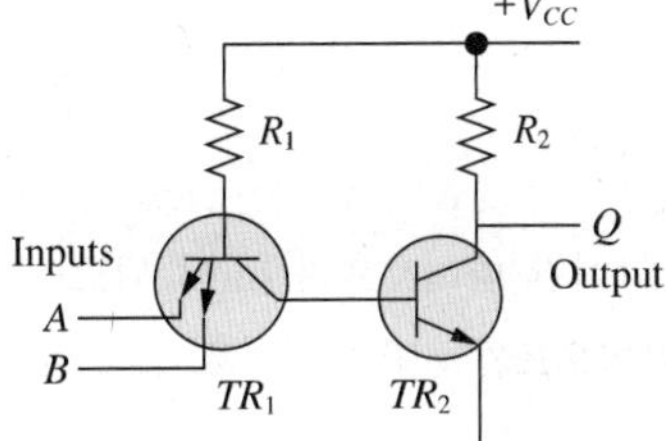

[AND 게이트 진리표]

입 력		출 력
A	B	F
0V	0V	0V
0V	5V	0V
5V	0V	0V
5V	5V	5V

① AND의 논리 전자 회로 해석

㉠ 입력 A나 B가 $L(0)$이면 다이오드가 on이 되므로 $F = L(0)$

㉡ 입력 A, B가 $H(1)$이면 다이오드가 off가 되므로 $F = H(1) = V_{CC}$

② TTL AND 논리 전자 회로 해석

㉠ 입력 A나 B가 $L(0)$이면 Q_1이 on(포화)이 되어 그 입력이 Q_2를 통해 출력 $F = L(0)$

㉡ 입력 : $A = B = H(1)$일 때만 Q_1이 off(차단)가 되어 Q_2이미터를 통해 출력 $F = H(1)$

(3) OR 게이트

OR 게이트는 2개 또는 그 이상의 입력과 1개의 출력을 갖는 논리 회로이다. 여러 개의 입력단자 중 1개 이상에서 1(high)이면 출력이 1(high)이 되는 게이트이다.

$$F = A + B$$

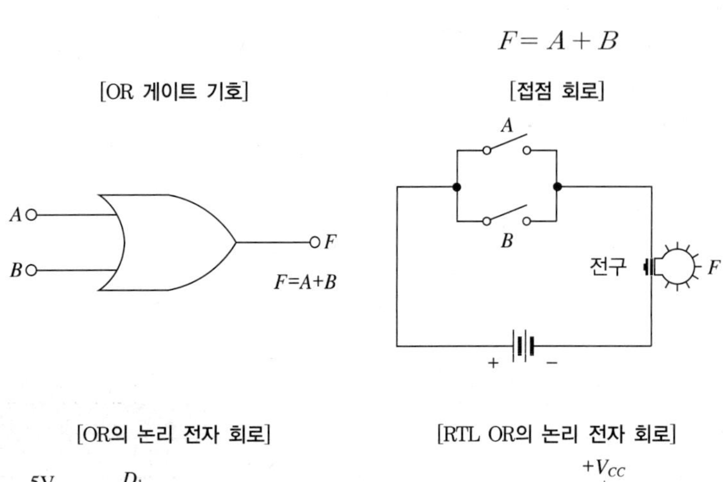

[OR 게이트 기호]　[접점 회로]

[OR 게이트 진리표]

입 력		출 력
A	B	F
0	0	0
1	0	1
0	1	1
1	1	1

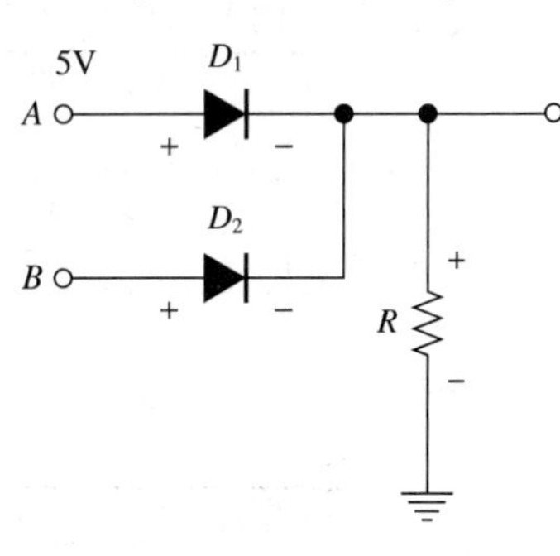

[OR의 논리 전자 회로]

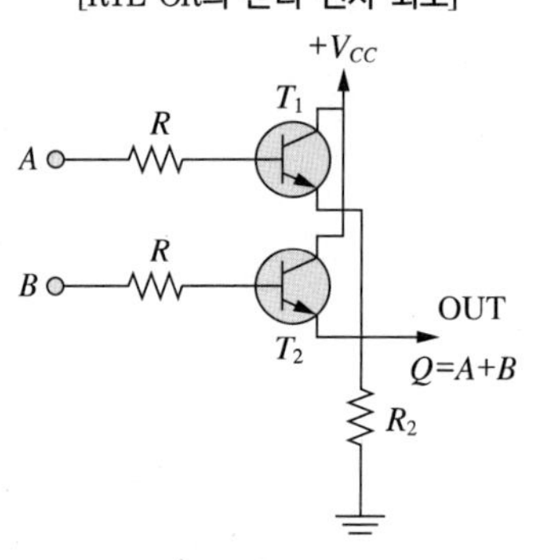

[RTL OR의 논리 전자 회로]

[OR 게이트 진리표]

입 력		출 력
A	B	F
0V	0V	0V
0V	5V	5V
5V	0V	5V
5V	5V	5V

① OR의 논리 전자 회로 해석

㉠ 입력 A, B중 1개라도 $H(1)$이면 다이오드가 on이 되므로 $F = H(1)$

㉡ 입력 $A = B = 0(L)$이면 다이오드가 off가 되므로 $F = L(0)$

② RTL OR 논리 전자 회로 해석

㉠ 입력 A, B중 1개라도 $H(1)$이면 Q_1이 on이 되므로 $F = H(1) = V_{CC}$

㉡ 입력 : $A = B = L(0)$일 때만 Q_1, Q_2 모두 off(차단)가 되므로 $F = L(0)$ = 접지

(4) NAND 게이트

NAND 게이트는 AND 출력을 부정(NOT)시킨 논리로 2개를 직렬로 연결한 것과 같은 기능을 한다. 여러 개의 입력단자 중 1개 이상의 단자가 0 또는 Low이면 출력은 1(H)이 되는 논리 회로이다. 즉, 입력 중에서 하나가 모두 0(L)이면 출력이 1이 된다.

$$F=\overline{A \cdot B}=\overline{A}+\overline{B}$$

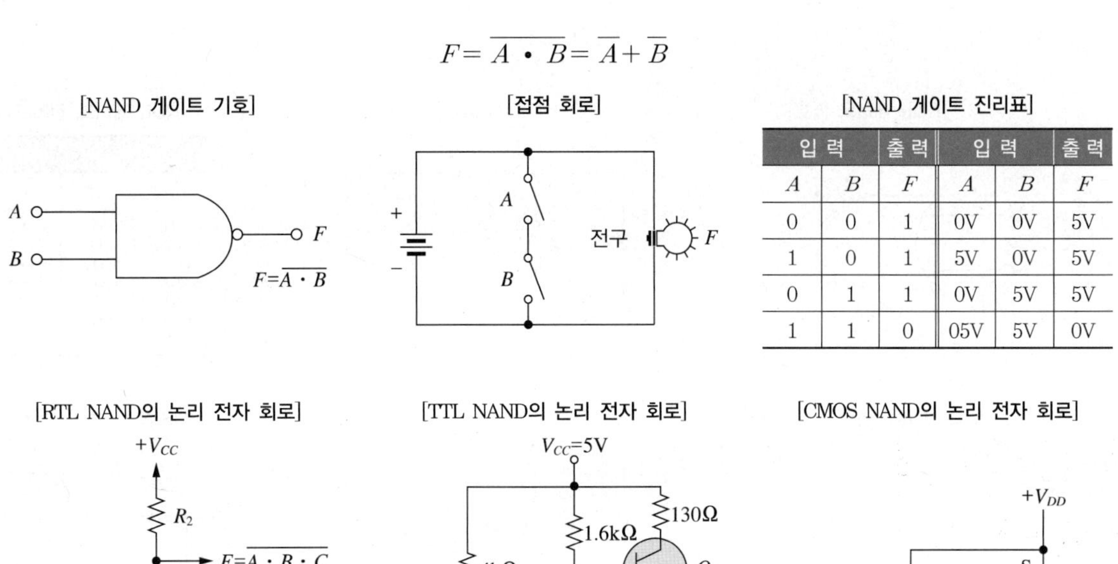

[NAND 게이트 기호] [접점 회로] [NAND 게이트 진리표]

입 력		출 력	입 력		출 력
A	B	F	A	B	F
0	0	1	0V	0V	5V
1	0	1	5V	0V	5V
0	1	1	0V	5V	5V
1	1	0	05V	5V	0V

[RTL NAND의 논리 전자 회로] [TTL NAND의 논리 전자 회로] [CMOS NAND의 논리 전자 회로]

① 3입력 RTL의 논리 전자 회로 해석

입력 A, B, C 중 1개라도 $L(0)$이면 TR이 off가 되므로 $F=H(1)$

② 2입력 TTL 회로 해석

㉠ 입력 A, B 중 1개라도 L(0)이면 Q_1 on, Q_2(버퍼)를 거쳐, Q_4(Not)에 $L(0)$입력, $F=H(1)$

㉡ 입력 A, B가 모두 H(1)이면 Q_1 off, Q_2(버퍼)를 거쳐, Q_4(Not)에 $H(1)$입력, $F=L(0)$

③ 2입력 CMOS 회로 해석

㉠ 입력 A, B 중 1개라도 $L(0)$이면 Q_3과 Q_4 off, Q_1과 Q_2 on이 되어 $F=H(1)$

㉡ 입력 A, B가 모두 $H(1)$이면 Q_3과 Q_4 on, Q_1과 Q_2 off가 되어 $F=L(0)$

(5) NOR 게이트

NOR 게이트는 OR 회로의 출력에 부정(Not)을 직렬로 연결한 방식으로 동작 결과는 OR 회로의 반대 동작을 한다. 여러 개의 입력단자 중 1개 이상의 단자가 1 또는 high이면 출력은 0(L)이 되는 논리 회로이다. 즉, 입력이 모두 0(L)이 되어야 출력이 1이 되는 회로이다.

$$F = \overline{A+B} = \overline{A} \cdot \overline{B}$$

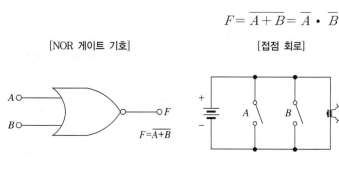

[NOR 게이트 기호] [접점 회로]

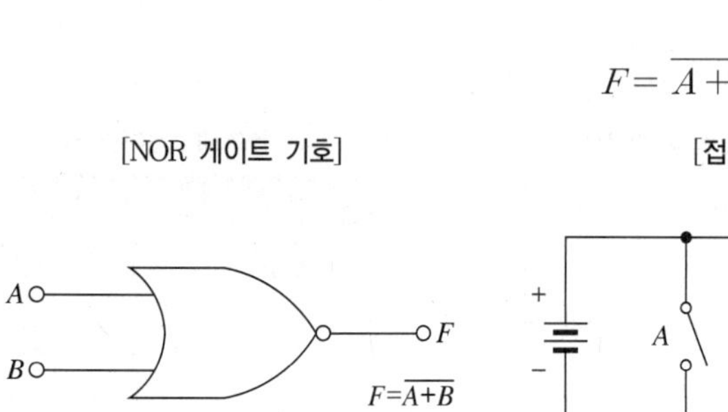

[NOR 게이트 진리표]

입 력		출 력
A	B	F
0	0	1
1	0	0
0	1	0
1	1	0

[RTL NOR의 논리 전자 회로]

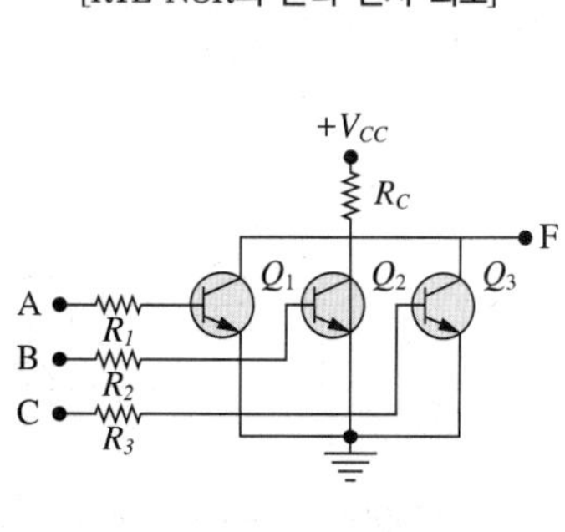

[TTL NOR의 논리 전자 회로]

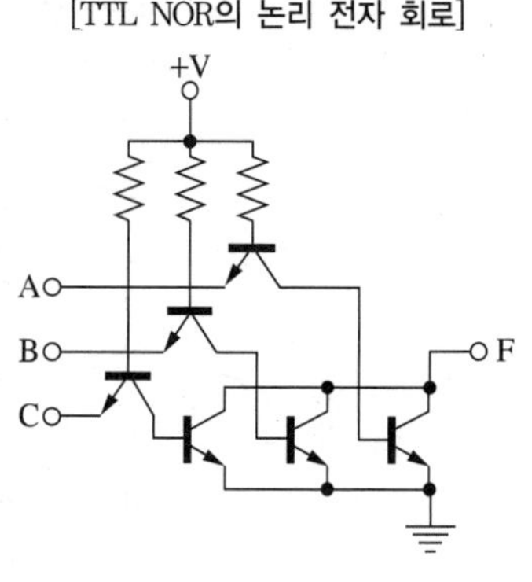

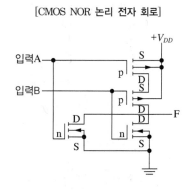

[CMOS NOR 논리 전자 회로]

① RTL NOR의 논리 전자 회로 해석

㉠ 입력 A, B, C 중 1개라도 $H(1)$이면 TR이 on이 되므로 $F = L(0)$

㉡ 입력 A, B, C가 모두 $L(0)$이면 TR이 off가 되므로 $F = H(1)$

② TTL NOR의 논리 전자 회로 해석

㉠ 입력 A, B, C 중 1개라도 $H(1)$이면 Q_3 베이스, 콜렉터 PN접합되어 Q_1과 Q_2 on, $F = L(0)$

㉡ 입력 A, B, C 모두 $L(0)$이면 Q_3 on이 되어 Q_1과 Q_2 off, $F = H(1)$

③ CMOS NOR 논리 전자 회로 해석

㉠ 입력 A, B가 모두 $L(0)$이면 Q_3과 Q_4 off, Q_1과 Q_2 on이 되어 $F = H(1)$

㉡ 입력 A, B중 1개라도 $H(1)$이면 Q_3과 Q_4 on, Q_1과 Q_2 off가 되어 $F = L(0)$

(6) EOR 게이트

EX-OR 게이트는 두 입력이 서로 다를 때 출력이 1(H)이 되는 논리 회로이다. 두 입력이 서로 다를 때 $A > B$ 또는 $A < B$이면 출력이 1이 되는 회로를 말하며 반일치 회로라고 한다.

$$F = A \oplus B = A\overline{B} + \overline{A}B$$

[EOR 게이트 기호]

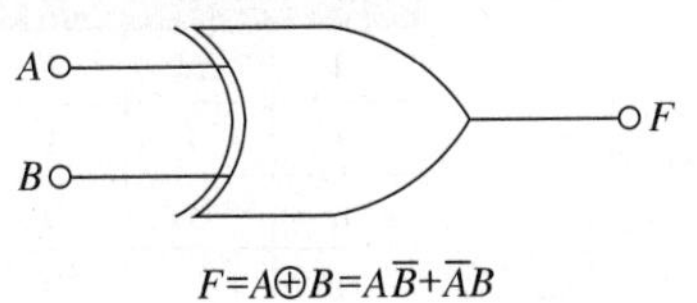

[등가회로]

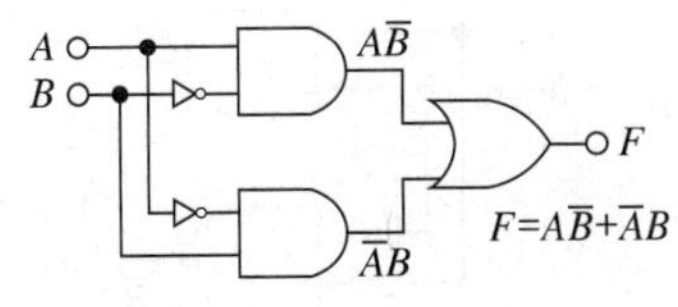

[EOR 게이트 진리표]

입 력		출 력
A	B	F
0	0	0
1	0	1
0	1	1
1	1	0

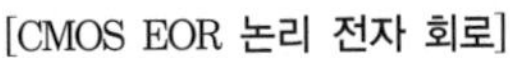

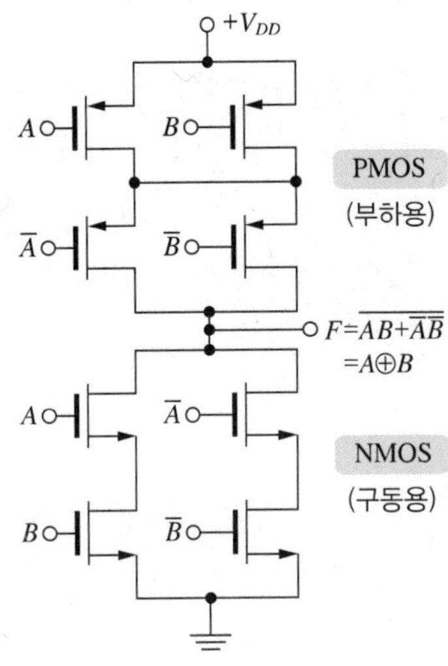

① CMOS형 회로 해석

$$F = \overline{AB + \overline{A}\,\overline{B}} = \overline{A \odot B}$$

$$= A \oplus B = A\overline{B} + \overline{A}B$$

㉠ 입력 A와 B가 모두 $H(1)$ 또는 $\overline{A}$와 $\overline{B}$가 모두 $H(1)$일 때, $F = L(0)$

㉡ 입력 A와 B중 1개라도 $H(1)$ 또는 $\overline{A}$와 $\overline{B}$중 1개라도 $H(1)$일 때, $F = H(1)$

(7) ENOR 게이트

EX-NOR 게이트는 두 입력이 서로 같을 때 출력이 1(H)이 되는 논리 회로이며, EOR 게이트의 출력에 NOT 게이트를 직렬로 연결한 회로이다. 두 입력이 서로 같을 때 즉, $A=B$일 때 출력이 1이 되는 회로를 말하며 일치 회로라고 한다.

$$F=A\odot B=AB+\overline{A}\,\overline{B}$$

[ENOR 게이트 기호] [등가회로]

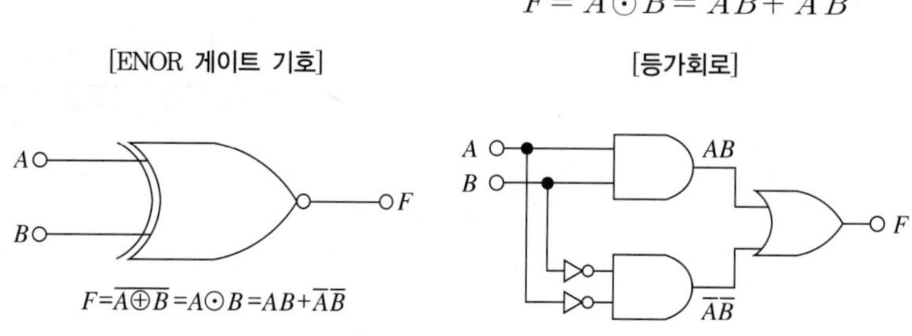

[ENOR 게이트 진리표]

입 력		출 력
A	B	F
0	0	1
1	0	0
0	1	0
1	1	1

2. 부울 대수(Boolean algebra)

부울 대수는 0과 1로 된 두 개의 수치만 사용하여 연산하며, 2진 변수와 논리 동작을 취급하는 수학적 표현이다.

(1) 부울 대수의 기본법칙

① 항등 법칙

$A+0=A$

$A+1=1$

$A\cdot 0=0$

$A\cdot 1=A$

② 동일 법칙

$A+A=A$

$A\cdot A=A$

③ 보수 법칙

$A+\overline{A}=1$

$A\cdot\overline{A}=0$

④ 교환 법칙

$A+B=B+A$

$A\cdot B=B\cdot A$

⑤ 결합 법칙

$(A+B)+C=A+(B+C)$

$(A\cdot B)\cdot C=A\cdot(B\cdot C)$

⑥ 분배 법칙

$A\cdot(B+C)=A\cdot B+A\cdot C$

$A+(B\cdot C)=(A+B)\cdot(A+C)$

⑦ 드 모르간 정리

$\overline{A+B}=\overline{A}\cdot\overline{B}$

$\overline{A\cdot B}=\overline{A}+\overline{B}$

⑧ 흡수 정리

$A+A\cdot B=A$

$A\cdot(A+B)=A$

$A+\overline{A}\cdot B=A+B$

$A\cdot(\overline{A}+B)=A\cdot B$

$\overline{A}+A\cdot B=\overline{A}+B$

2 카르노 맵을 통한 논리식의 간략화

1953년 벨 연구소의 모리스 카르노(Maurice Karnaugh)가 개발한 카르노 맵은 진리표를 사각형으로 나타내고, 여러 형태의 사각형으로 된 것을 그림으로 표현하여 부울 대수를 간략화할 수 있다.

PART 3

1. 카르노 맵에서의 간소화 과정

(1) 2의 배수의 개수로 묶는다.

(2) 각 항에서 중복된 경우 중복해서 묶을 수 있다.

(3) 인접해 있는 항은 서로 묶는다.

(4) 가능한 한 최대의 크기로 묶어야 간소화에 유리하다.

(5) 모든 항은 최소 한 번 이상은 묶여야 한다.

(6) 카르노 맵에 진리표의 각 값을 적합한 칸에 기입하고 진리표로 나타낸다.

2. 카르노 맵의 최소항과 최대항

2진 변수는 일반 형태와 보수형태로 표현될 수 있는데, 변수마다 이 보수형을 사용하여 논리곱 AND를 조합한 형태를 각각의 최소형이라 하고 OR형을 최대형이라 한다.

ABC	최소항		최대항	
	항	표 현	항	표 현
0 0 0	$\overline{A}\cdot\overline{B}\cdot\overline{C}$	m_0	$A+B+C$	M_0
0 0 1	$\overline{A}\cdot\overline{B}\cdot C$	m_1	$A+B+\overline{C}$	M_1
0 1 0	$\overline{A}\cdot B\cdot\overline{C}$	m_2	$A+\overline{B}+C$	M_2
0 1 1	$\overline{A}\cdot B\cdot C$	m_3	$A+\overline{B}+\overline{C}$	M_3
1 0 0	$A\cdot\overline{B}\cdot\overline{C}$	m_4	$\overline{A}+B+C$	M_4
1 0 1	$A\cdot\overline{B}\cdot C$	m_5	$\overline{A}+B+\overline{C}$	M_5
1 1 0	$A\cdot B\cdot\overline{C}$	m_6	$\overline{A}+\overline{B}+C$	M_6
1 1 1	$A\cdot B\cdot C$	m_7	$\overline{A}+\overline{B}+\overline{C}$	M_7

(1) 2변수 맵

2변수 맵은 A와 B에 대하여 4개의 최소항이 있다. 최소항을 배열하는 순차는 0→1 또는 1→0으로 변한다.

m_0	m_2
m_1	m_3

B \ A	$\overline{A}$	A
$\overline{B}$	$\overline{A} \cdot \overline{B}$	$A \cdot \overline{B}$
B	$\overline{A} \cdot B$	$A \cdot B$

B \ A	0	1
0	$\overline{A} \cdot \overline{B}$	$A \cdot \overline{B}$
B	$\overline{A} \cdot B$	$A \cdot B$

B \ A	0	1
0	0 0	1 0
1	0 1	1 1

(2) 3변수 맵

3변수 맵은 A, B, C에 대하여 8개의 최소항이 있다. 최소항을 배열하는 순차는 0→1 또는 1→0으로 변한다.

A

m_0	m_2	m_6	m_4
m_1	m_3	m_7	m_5

C \ AB	$\overline{A} \cdot \overline{B}$	$\overline{A} \cdot B$	$A \cdot B$	$A \cdot \overline{B}$
$\overline{C}$	$\overline{A} \cdot \overline{B} \cdot \overline{C}$	$\overline{A} \cdot B \cdot \overline{C}$	$A \cdot B \cdot \overline{C}$	$A \cdot \overline{B} \cdot \overline{C}$
C	$\overline{A} \cdot \overline{B} \cdot C$	$\overline{A} \cdot B \cdot C$	$A \cdot B \cdot C$	$A \cdot \overline{B} \cdot C$

C \ AB	0 0	0 1	1 1	1 0
0	$\overline{A} \cdot \overline{B} \cdot \overline{C}$	$\overline{A} \cdot B \cdot \overline{C}$	$A \cdot B \cdot \overline{C}$	$A \cdot \overline{B} \cdot \overline{C}$
1	$\overline{A} \cdot \overline{B} \cdot C$	$\overline{A} \cdot B \cdot C$	$A \cdot B \cdot C$	$A \cdot \overline{B} \cdot C$

C \ AB	0 0	0 1	1 1	1 0
0	0 0 0	0 1 0	1 1 0	1 0 0
1	0 0 1	0 1 1	1 1 1	1 0 1

(3) 4변수 맵

4변수 맵은 A, B, C, D에 대하여 16개의 최소항이 있다. 최소항을 배열하는 순차는 0→1 또는 1→0으로 변한다.

m_0	m_4	m_{12}	m_8
m_1	m_5	m_{13}	m_9
m_3	m_7	m_{15}	m_{11}
m_2	m_6	m_{14}	m_{10}

CD \ AB	$\overline{A}\cdot\overline{B}$	$\overline{A}\cdot B$	$A\cdot B$	$A\cdot\overline{B}$
$\overline{C}\cdot\overline{D}$	$\overline{A}\cdot\overline{B}\cdot\overline{C}\cdot\overline{D}$	$\overline{A}\cdot B\cdot\overline{C}\cdot\overline{D}$	$A\cdot B\cdot\overline{C}\cdot\overline{D}$	$A\cdot\overline{B}\cdot\overline{C}\cdot\overline{D}$
$\overline{C}\cdot D$	$\overline{A}\cdot\overline{B}\cdot\overline{C}\cdot D$	$\overline{A}\cdot B\cdot\overline{C}\cdot D$	$A\cdot B\cdot\overline{C}\cdot D$	$A\cdot\overline{B}\cdot\overline{C}\cdot D$
$C\cdot D$	$\overline{A}\cdot\overline{B}\cdot C\cdot D$	$\overline{A}\cdot B\cdot C\cdot D$	$A\cdot B\cdot C\cdot D$	$A\cdot\overline{B}\cdot C\cdot D$
$C\cdot\overline{D}$	$\overline{A}\cdot\overline{B}\cdot C\cdot\overline{D}$	$\overline{A}\cdot B\cdot C\cdot\overline{D}$	$A\cdot B\cdot C\cdot\overline{D}$	$A\cdot\overline{B}\cdot C\cdot\overline{D}$

CD \ AB	0 0	0 1	1 1	1 0
0 0	$\overline{A}\cdot\overline{B}\cdot\overline{C}\cdot\overline{D}$	$\overline{A}\cdot B\cdot\overline{C}\cdot\overline{D}$	$A\cdot B\cdot\overline{C}\cdot\overline{D}$	$A\cdot\overline{B}\cdot\overline{C}\cdot\overline{D}$
0 1	$\overline{A}\cdot\overline{B}\cdot\overline{C}\cdot D$	$\overline{A}\cdot B\cdot\overline{C}\cdot D$	$A\cdot B\cdot\overline{C}\cdot D$	$A\cdot\overline{B}\cdot\overline{C}\cdot D$
1 1	$\overline{A}\cdot\overline{B}\cdot C\cdot D$	$\overline{A}\cdot B\cdot C\cdot D$	$A\cdot B\cdot C\cdot D$	$A\cdot\overline{B}\cdot C\cdot D$
1 0	$\overline{A}\cdot\overline{B}\cdot C\cdot\overline{D}$	$\overline{A}\cdot B\cdot C\cdot\overline{D}$	$A\cdot B\cdot C\cdot\overline{D}$	$A\cdot\overline{B}\cdot C\cdot\overline{D}$

CD \ AB	0 0	0 1	1 1	1 0
0 0	0 0 0 0	0 1 0 0	1 1 0 0	1 0 0 0
0 1	0 0 0 1	0 1 0 1	1 1 0 1	1 0 0 1
1 1	0 0 1 1	0 1 1 1	1 1 1 1	1 0 1 1
1 0	0 0 1 0	0 1 1 0	1 1 1 0	1 0 1 0

CHAPTER

02 PART 3 디지털 공학 조합 회로

1 반가산기(HA; Half-Adder)와 반감산기(HS; Half-Subtractor)

1. 반가산기

입력은 x, y로 출력은 합의 출력인 S, 올림 출력인 C를 사용한다.

$$S=\bar{x}y+x\bar{y}=x\oplus y,\ \ C=xy$$

[기 호]

[논리회로]

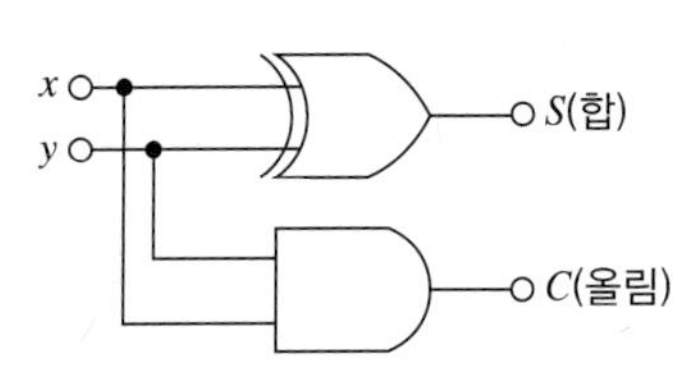

[진리표]

입 력		출 력	
x	y	S	C
0	0	0	0
0	1	1	0
1	0	1	0
1	1	0	1

[기본회로를 이용한 반가산기 회로 설계]

[NAND를 이용한 반가산기 회로 설계]

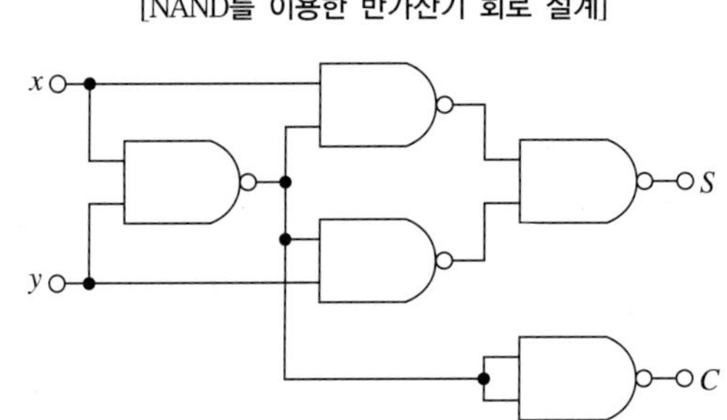

2. 반감산기

입력은 x, y로 출력은 차의 출력인 D, 올림 출력인 B를 사용한다.

$$D=\bar{x}y+x\bar{y}=x\oplus y,\ \ B=\bar{x}y$$

[기 호]

[논리회로]

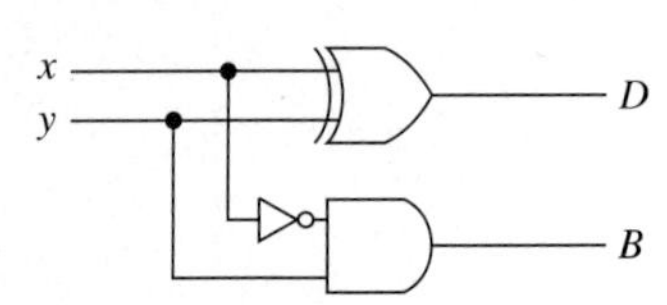

[진리표]

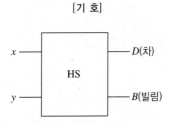

입 력		출 력	
x	y	D	B
0	0	0	0
0	1	1	1
1	0	1	0
1	1	0	0

[기본회로를 이용한 반감산기 회로 설계]

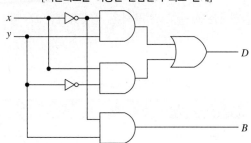

[NAND를 이용한 반감산기 회로 설계]

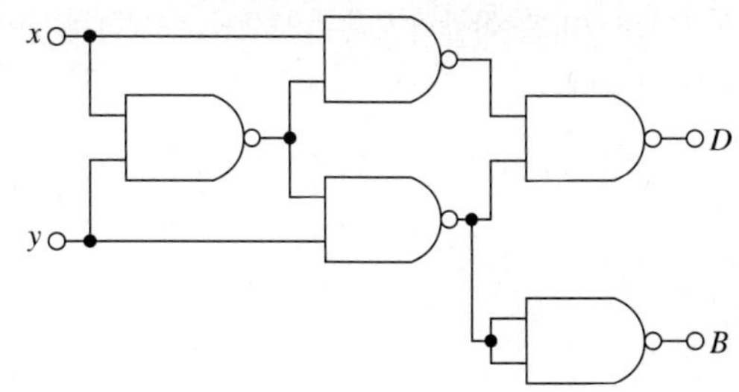

2 전가산기(FA; Full-Adder)와 전감산기(FS; Full-Subtractor)

1. 전가산기

전가산기는 2비트 이상의 2진수 덧셈을 수행하는 논리회로이다. 입력은 x, y, z로 출력은 합의 출력인 S, 올림 출력인 C를 사용한다.

$$S=(x\oplus y)\oplus z,\ \ C=xy+yz+zx$$

or

$$S=(x\oplus y)\oplus z,\ \ C=(x\oplus y)z+xy$$

[기 호]

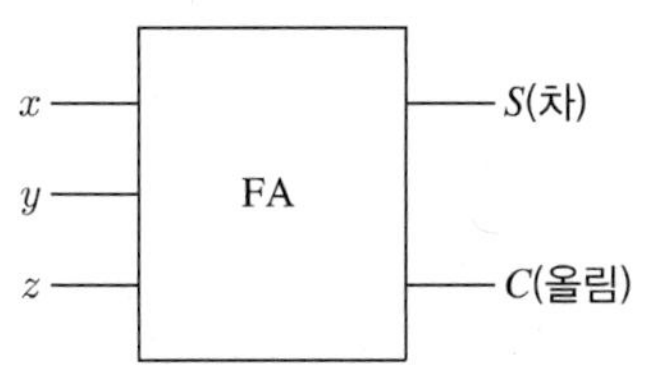

[진리표]

입 력			출 력	
x	y	z	S	C
0	0	0	0	0
0	0	1	1	0
0	1	0	1	0
0	1	1	0	1
1	0	0	1	0
1	0	1	0	1
1	1	0	0	1
1	1	1	1	1

[논리회로설계]

[전가산기=반가산기 2개+OR 1개]

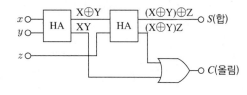

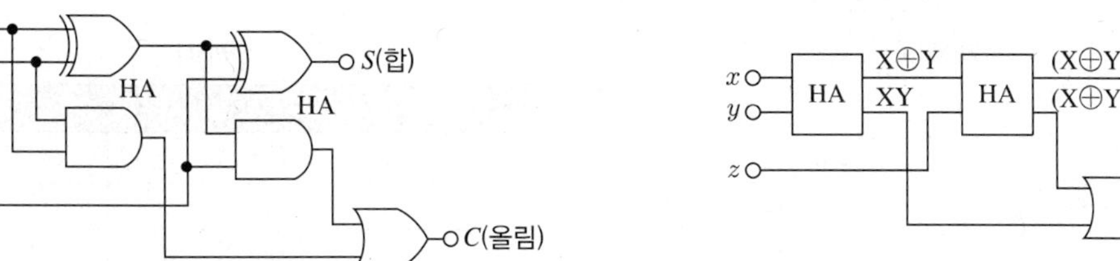

2. 전감산기

전가산기는 2비트 이상의 2진수 빼셈을 수행하는 논리회로이다. 입력은 x, y, z로 출력은 차의 출력인 D, 빌림 출력인 B를 사용한다.

$$D=(x\oplus y)\oplus z,\ B=(\overline{x\oplus y})z+\overline{x}y$$

[기 호]

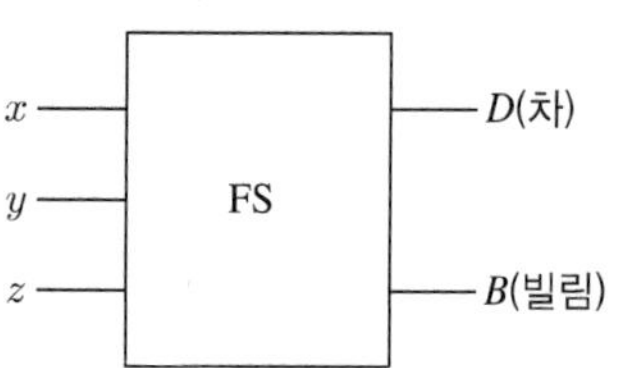

[진리표]

입 력			출 력	
x	y	z	D	B
0	0	0	0	0
0	0	1	1	1
0	1	0	1	1
0	1	1	0	1
1	0	0	1	0
1	0	1	0	0
1	1	0	0	0
1	1	1	1	1

[논리회로설계]

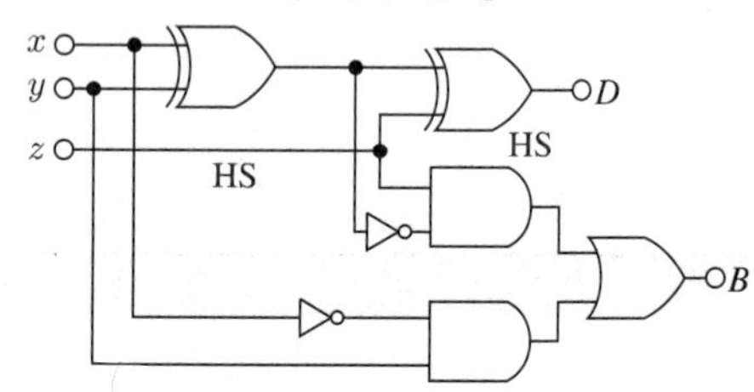

[전감산기=반감산기 2개+OR 1개]

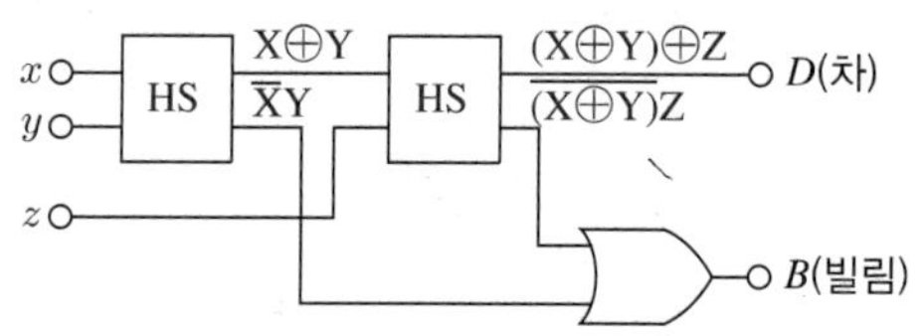

3 해독기(Decoder)와 암호기(Encoder)

1. 해독기(Decoder)

해독기는 2진수 입력을 10진수로 변환하거나 부호화된 명령이나 번지를 해독하는 데 사용하는 조합논리회로이다. $n\times m$ 해독기는 n개의 입력과 m개의 출력을 가지는 해독기로 다수 입력과 다수 출력구조를 갖는 IC이다.

(1) 2×4 해독기

[기 호]

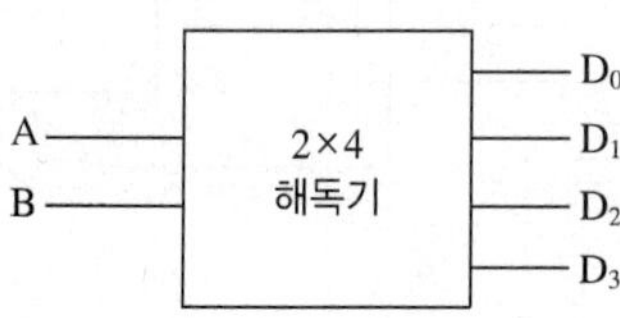

[진리표]

입 력		출 력			
A	B	D_0	D_1	D_2	D_3
0	0	1	0	0	0
0	1	0	1	0	0
1	0	0	0	1	0
1	1	0	0	0	1

[논리회로설계]

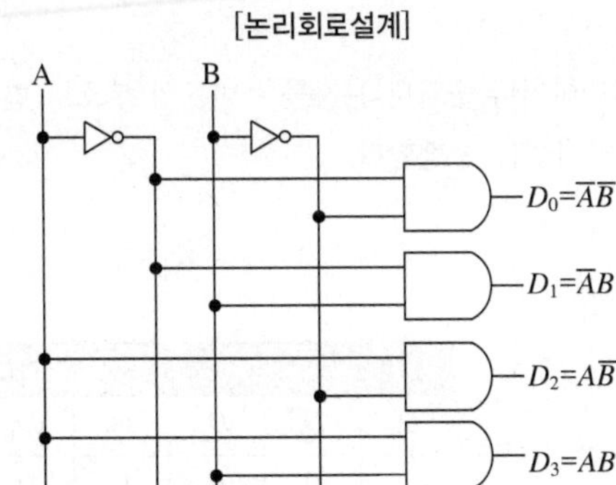

(2) 3×8 해독기

[기 호]

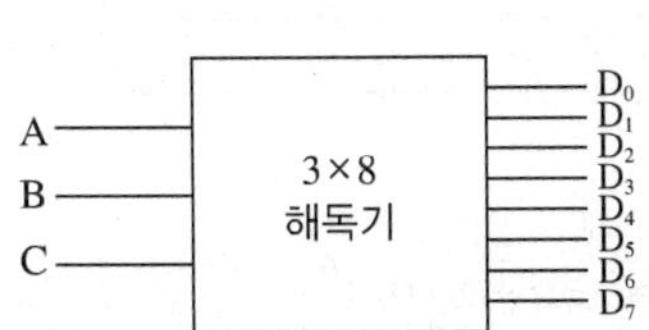

[진리표]

입 력			출 력							
A	B	C	D_0	D_1	D_2	D_3	D_4	D_5	D_6	D_7
0	0	0	1	0	0	0	0	0	0	0
0	0	1	0	1	0	0	0	0	0	0
0	1	0	0	0	1	0	0	0	0	0
0	1	1	0	0	0	1	0	0	0	0
1	0	0	0	0	0	0	1	0	0	0
1	0	1	0	0	0	0	0	1	0	0
1	1	0	0	0	0	0	0	0	1	0
1	1	1	0	0	0	0	0	0	0	1

[논리회로설계]

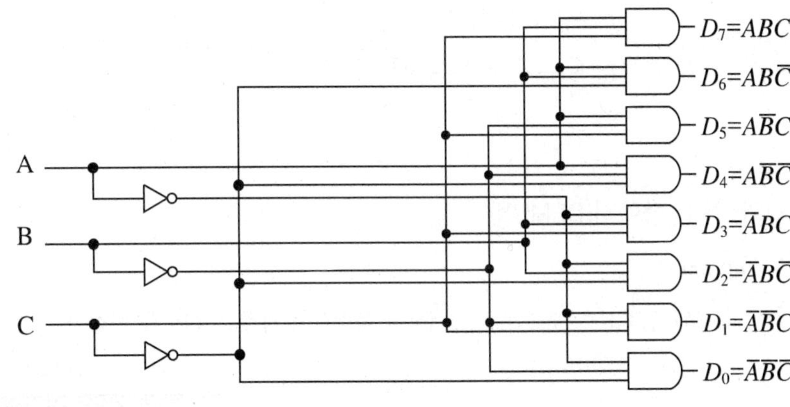

PART 3

2. 암호기(Encoder)

암호기는 10진수 입력을 2진수로 변환하거나 숫자나 문자를 n비트의 부호로 변환할 때 사용한다. 2^n개의 입력과 n개의 출력선을 가지며 해독기(Decoder)의 역기능을 수행한다.

(1) 8×3 암호기

[기 호]

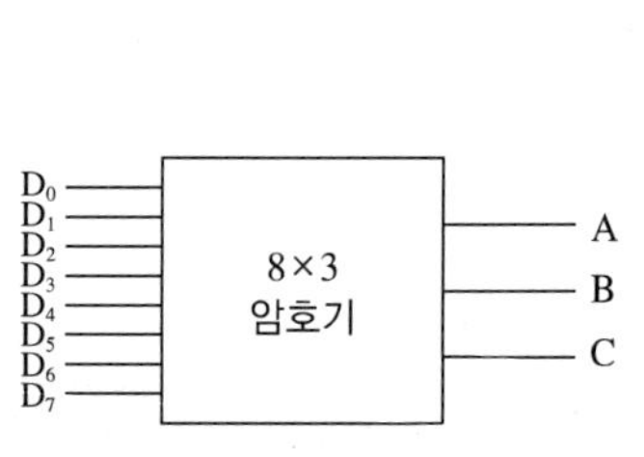

[진리표]

입 력								출 력		
D_0	D_1	D_2	D_3	D_4	D_5	D_6	D_7	A	B	C
1	0	0	0	0	0	0	0	0	0	0
0	1	0	0	0	0	0	0	0	0	1
0	0	1	0	0	0	0	0	0	1	0
0	0	0	1	0	0	0	0	0	1	1
0	0	0	0	1	0	0	0	1	0	0
0	0	0	0	0	1	0	0	1	0	1
0	0	0	0	0	0	1	0	1	1	0
0	0	0	0	0	0	0	1	1	1	1

[논리회로설계]

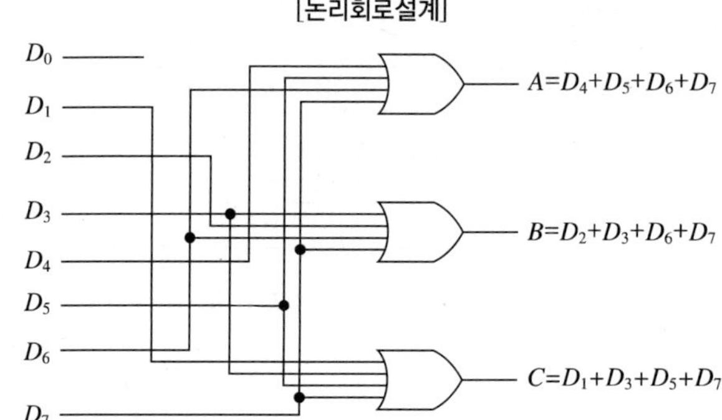

4 다중화기(MUX)와 역 다중화기(DEMUX)

1. 다중화기(MUX; Multiplexer)

다중화기(MUX)는 여러 개의 입력신호 중 1개를 선택하여 출력하게 해주는 회로를 말한다.

[기 호]

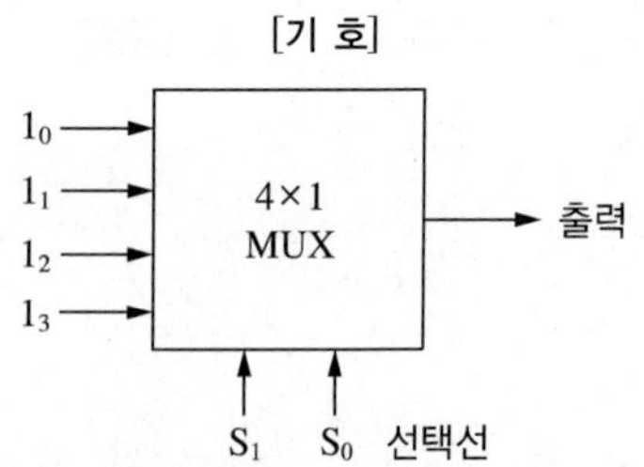

[진리표]

S_1	S_0	Y
0	0	I_0
0	1	I_1
1	0	I_2
1	1	I_3

[논리회로설계]

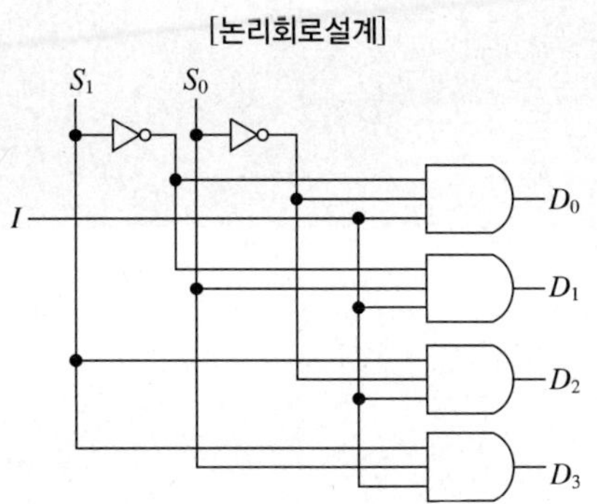

2. 역다중화기(DEMUX; Demultiplexer)

역다중화기(DEMUX)는 하나의 입력선에서 데이터를 받아 여러 개의 출력 선 중의 한 곳으로 데이터를 출력하는 조합회로를 말한다. 즉 MUX로 다중화된 신호를 원래의 신호로 분리하는 회로이다.

[기 호]

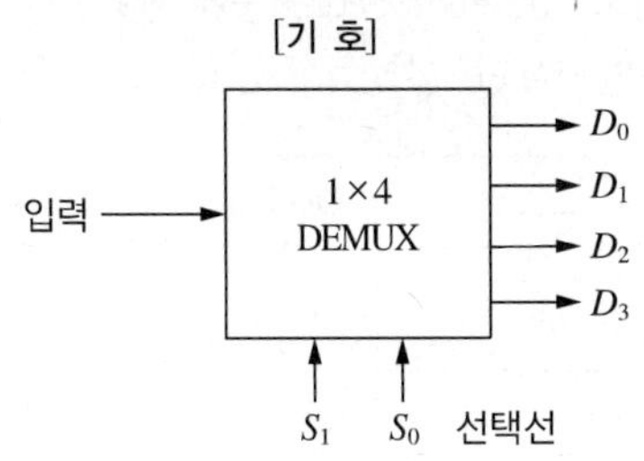

[진리표]

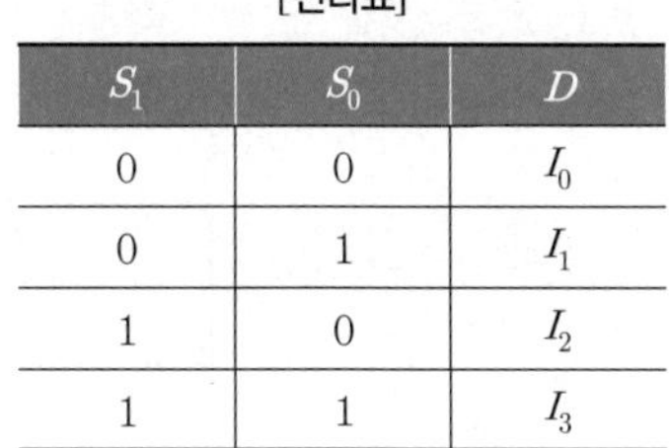

S_1	S_0	D
0	0	I_0
0	1	I_1
1	0	I_2
1	1	I_3

[논리회로설계]

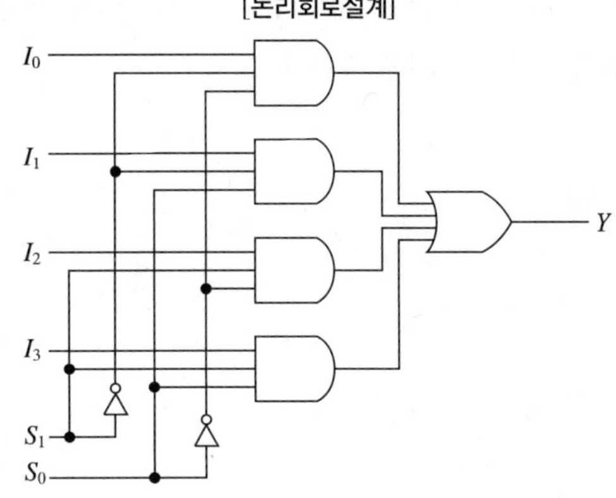

CHAPTER

03 PART 3 디지털 공학 순차 논리회로

1 플립플롭(Flip-Flop)

1. 플립플롭의 개념

(1) 원 리

플립플롭은 쌍안정 MV회로로 이루어져 있으며, 컴퓨터 내부에서 2진수 '0' 또는 '1'의 한 비트를 기억하는 능력을 가진 소자이다. 플립플롭은 카운터(Counter), 레지스터(Register), 기억소자(Memory cell) 등에 활용한다.

[클록 동기형 순차 논리회로의 구성도]

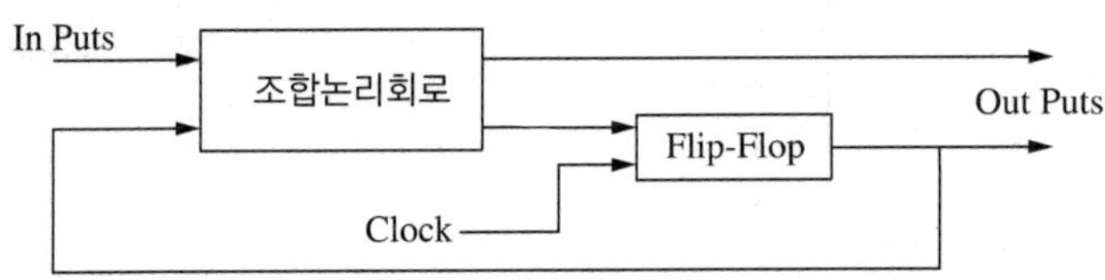

(2) 특 징

① MV 쌍안정회로이므로 0 또는 1의 상태를 유지하고 있고, 다른 신호에 의해 입력이 변화하면 상태 값이 변화한다.

② 플립플롭의 두 개의 출력은 항상 보수 관계를 갖는다.

(3) 종 류

① RS-FF(Reset/Set Flip-Flop)

② JK FF

③ T FF(Triggered or Toggled Flip-Flop)

④ D FF(Delay Flip-Flop)

2. RS-FF(RS 플립플롭)

(1) RS-latch(RS 래치)

플립플롭은 1비트 메모리를 의미하며, 정보 1비트를 기억하는 래치(latch) 회로이다. RS-latch는 두 개의 입력 R, S가 있고, R은 래치를 Reset(0) 그리고 S는 래치를 Set(1)하는 데 쓰이는 회로이다. 출력 Q와 $\overline{Q}$는 서로 보수관계이다.

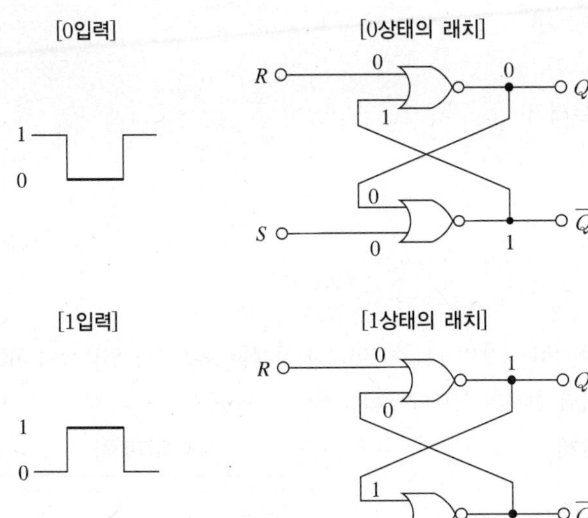

[진리표]

입 력		출 력	
R	S	Q	$\overline{Q}$
0	1	1	0
0	0	1	0
1	0	0	1
0	0	0	1
1	1	0	0

① 0상태의 래치($Q=0$, $\overline{Q}=1$일 때)

$R=0$, $S=0$ 입력되면 Q와 $\overline{Q}$는 변화하지 않는다.

② 1상태의 래치($Q=0$, $\overline{Q}=1$일 때)

$R=0$, $S=1$ 입력되면 $Q=1$, $\overline{Q}=0$이 된다. 즉, 래치가 1을 기억함을 의미한다.

③ Reset($Q=1$, $\overline{Q}=0$일 때)

$R=1$, $S=0$ 입력되면 $Q=0$, $\overline{Q}=1$이 된다. 즉, 래치가 reset 되었음을 의미한다.

④ $R=1$, $S=1$ 입력되면 출력이 결정되지 않는다.

(2) 클록펄스 입력을 가진 RS플립플롭

클록펄스의 신호에 맞춰 동작하는 방식을 동기식이라 하고, 실제로 사용되는 플립플롭은 외부에서 클록펄스를 입력받아 동작하는 방식을 사용한다. 클록펄스에 동기를 맞추는 방식에는 주로 에지 트리거 방식을 사용하고, 에지 트리거 방식에는 상승 에지(Positive Edge), 하강 에지(Negative Edge)가 있다.

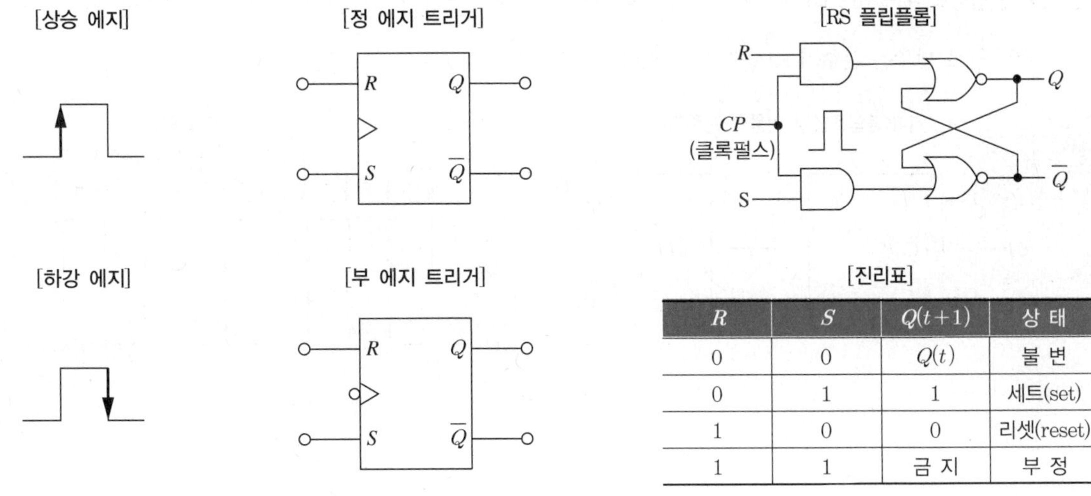

[진리표]

R	S	$Q(t+1)$	상 태
0	0	$Q(t)$	불 변
0	1	1	세트(set)
1	0	0	리셋(reset)
1	1	금 지	부 정

① 상승 에지 트리거(Positive Edge, 정 에지 트리거)

클록 $0 \rightarrow 1$로 바뀔 때 동작이 일어난다.

② 하강 에지 트리거(Negative Edge, 부 에지 트리거)

클록 $1 \rightarrow 0$으로 바뀔 때 동작이 일어난다.

3. JK-FF(JK 플립플롭)

(1) JK-FF

RS-FF에서 R과 S가 1인 경우, 불안정 상태로 출력이 나오지 않는데 이러한 상태를 보완한 플립플롭이 JK-FF이다. JK-FF는 $J=K=1$이고, 클록펄스 $CP=1$이면 현재의 반대(Toggle) 출력이 나온다.

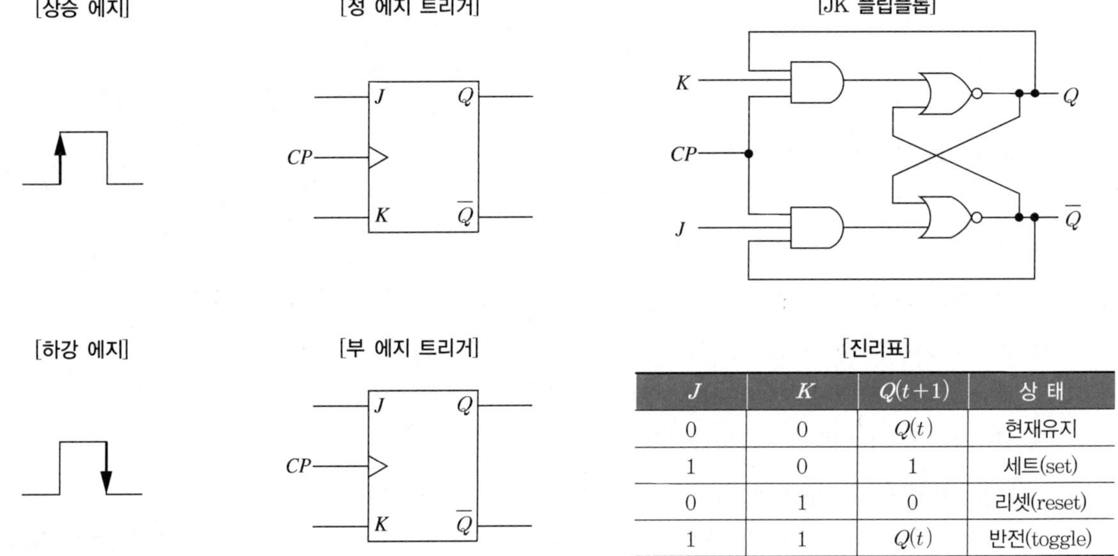

[진리표]

J	K	$Q(t+1)$	상 태
0	0	$Q(t)$	현재유지
1	0	1	세트(set)
0	1	0	리셋(reset)
1	1	$\overline{Q(t)}$	반전(toggle)

(2) JK-FF의 분주기능

JK 플립플롭의 반전(Toggle)기능을 이용하면 클록펄스CP의 인가에 따라 출력이 계속 반전되므로 입력된 클록펄스 주파수를 $\frac{1}{2}$로 낮추는 분주기로 사용할 수 있다.

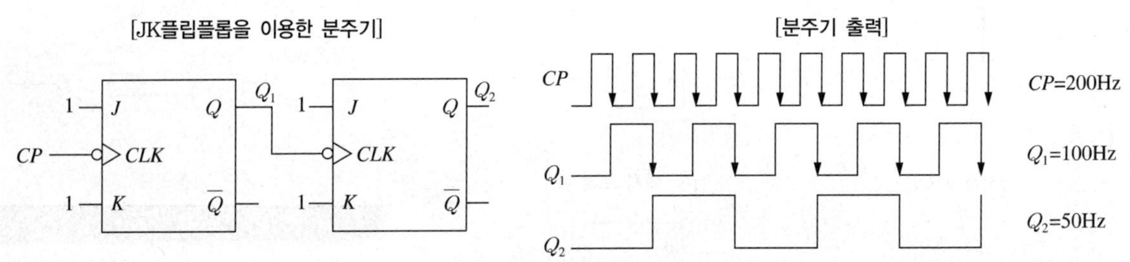

4. T-FF(T 플립플롭)

T 플립플롭은 JK-FF의 두 입력 단자를 묶어 하나의 입력신호 T를 이용하는 토글 전용 플립플롭이다. Q의 현재 상태와 무관하게 $T=1$이면 클록펄스CP의 신호마다 출력 Q의 반전(Toggle)작용을 하는 플립플롭이다.

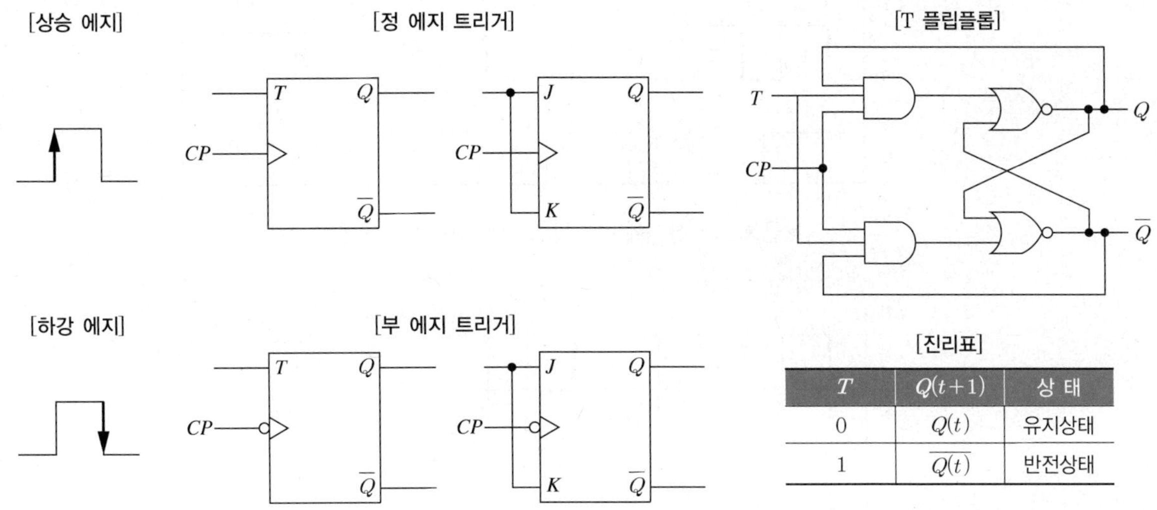

T	$Q(t+1)$	상 태
0	$Q(t)$	유지상태
1	$\overline{Q(t)}$	반전상태

5. D-FF(D 플립플롭)

(1) D-FF

D 플립플롭은 RS-FF의 S입력, JK-FF의 K입력에 NOT을 추가하여 R, J의 하나의 입력만으로 Q 출력신호를 전달하도록 구성된 회로이다($R=J=1$이면 $S=K=0$이 입력된다).

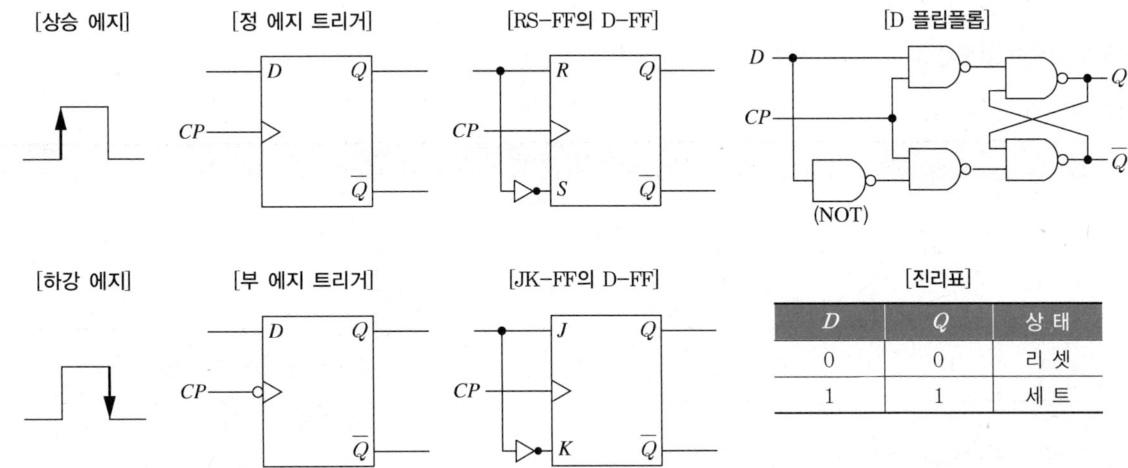

D	Q	상 태
0	0	리 셋
1	1	세 트

(2) D-FF의 타이밍 차트

D 플립플롭은 입력 데이터가 클록펄스CP의 에지에 맞춰 출력으로 그대로 전송되므로 타이밍 차트에서 입력 파형이 지연되어 그대로 출력됨을 알 수 있다.

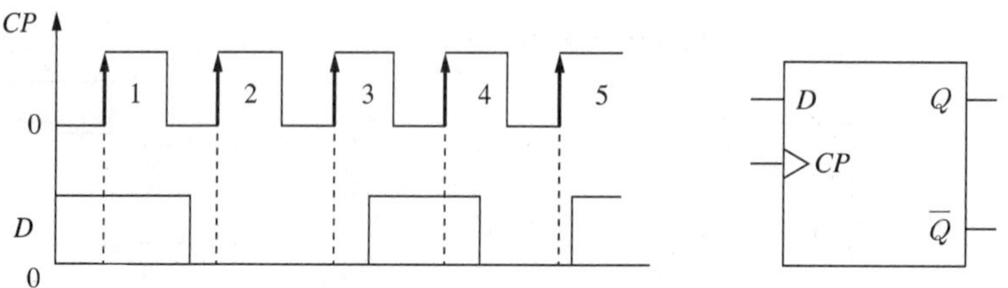

▶클록펄스 상승에지에 맞춰 D에 입력파형이 입력된다.

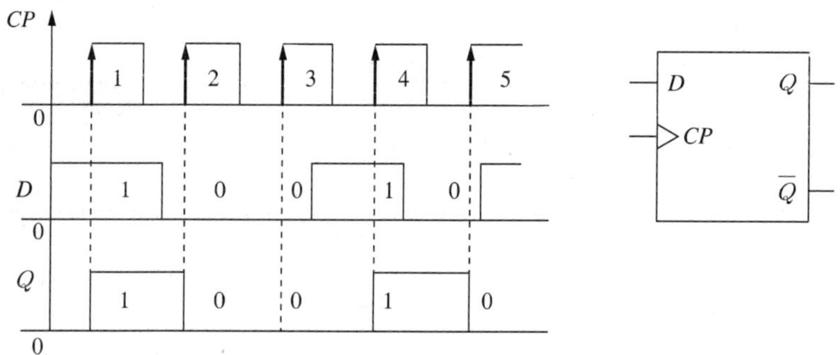

▶D의 입력파형이 그대로 지연되어 출력된다.

6. 플립플롭의 여기표

진리표를 이용하여 플립플롭 출력변화를 알 수 있는 여기표를 구할 수 있다. 플립플롭의 출력값인 $Q(t) \rightarrow Q(t+1)$을 나타내기 위해서 플립플롭 입력이 어떻게 되어야 하는지 나타낸다.

(1) RS-FF의 여기표

$Q(t)$	$Q(t+1)$	R	S	해 석		
0	0	×	0	$Q(t)=0$ $Q(t+1)=0$ 의 값이 출력되려면	R	1 또는 0의 값 모두 가능하다.
					S	0의 값일 때 가능하다.
0	1	0	1	$Q(t)=0$ $Q(t+1)=1$ 의 값이 출력되려면	R	$R=0$, $S=1$일 때 가능하다.
					S	
1	0	1	0	$Q(t)=1$ $Q(t+1)=0$ 의 값이 출력되려면	R	$R=1$, $S=0$일 때 가능하다.
					S	
1	1	0	×	$Q(t)=1$ $Q(t+1)=1$ 의 값이 출력되려면	R	0의 값일 때 가능하다.
					S	1 또는 0의 값 모두 가능하다.

▶×는 don't care를 의미한다.

(2) JK-FF의 여기표

$Q(t)$	$Q(t+1)$	J	K	해 석		
0	0	0	×	$Q(t)=0\ Q(t+1)=0$ 의 값이 출력되려면	J	0의 값일 때 가능하다.
					K	1 또는 0의 값 모두 가능하다.
0	1	1	×	$Q(t)=0\ Q(t+1)=1$ 의 값이 출력되려면	J	1의 값일 때 가능하다.
					K	1 또는 0의 값 모두 가능하다.
1	0	×	1	$Q(t)=1\ Q(t+1)=0$ 의 값이 출력되려면	J	1 또는 0의 값 모두 가능하다.
					K	1의 값일 때 가능하다.
1	1	×	0	$Q(t)=1\ Q(t+1)=1$ 의 값이 출력되려면	J	1 또는 0의 값 모두 가능하다.
					K	0의 값일 때 가능하다.

▶ ×는 don't care를 의미한다.

(3) T-FF의 여기표

$Q(t)$	$Q(t+1)$	T	해 석	
0	0	0	$Q(t)=0\ Q(t+1)=0$ 의 값이 출력되려면	$Q(t)$, $Q(t+1)$이 서로 같으면 $T=0$
0	1	1	$Q(t)=0\ Q(t+1)=1$ 의 값이 출력되려면	$Q(t)$, $Q(t+1)$이 서로 다르면 $T=1$
1	0	1	$Q(t)=1\ Q(t+1)=0$ 의 값이 출력되려면	$Q(t)$, $Q(t+1)$이 서로 다르면 $T=1$
1	1	0	$Q(t)=1\ Q(t+1)=1$ 의 값이 출력되려면	$Q(t)$, $Q(t+1)$이 서로 같으면 $T=0S$

(4) D-FF의 여기표

$Q(t)$	$Q(t+1)$	D	해 석	
0	0	0	$Q(t)=0\ Q(t+1)=0$ 의 값이 출력되려면	D에 입력된 값이 그대로 $Q(t+1)$이 된다.
0	1	1	$Q(t)=0\ Q(t+1)=1$ 의 값이 출력되려면	
1	0	0	$Q(t)=1\ Q(t+1)=0$ 의 값이 출력되려면	
1	1	1	$Q(t)=1\ Q(t+1)=1$ 의 값이 출력되려면	

7. 레이스(Race)현상

(1) 레이싱(Racing) 폭주 현상

JK-FF에서 $J=K=1$경우 또는 T-FF에서 $T=1$인 경우, 매 클록펄스CP마다 반전(Toggle)된 출력이 나온다. 만약 클록펄스 레벨 지속시간이 플립플롭 회로 내 전달지연시간 Δt보다 크게 되면, 계속 $CP=1$의 상태로 있으면서 출력값의 반전 동작이 0과 1을 여러 번 반복하며 오동작을 일으키게 된다. 이러한 현상을 레이싱(Racing) 폭주 현상이라 한다.

(2) 방지 대책

① 클록펄스 CP의 지속 시간을 짧게 한다.
② 기본 플립플롭에 Master Slave-FF 방식을 적용한다.
③ 에지 트리거(정 에지, 부에지 트리거) 방식의 플립플롭을 사용한다.

2 카운터 회로 설계

카운터 회로는 순차 논리회로의 대표적인 응용회로로, 입력되는 펄스의 수를 세거나 주파수를 분주하는 기능을 한다. 카운터 회로는 클록펄스를 공급하는 방식에 따라 동기식과 비동기식으로 구분한다.

1. 동기식 카운터

동기식 카운터는 병렬카운터로 불리기도 하는데 클록펄스CP가 모든 플립플롭에 동시에 병렬로 인가되어 출력도 동시에 결정되므로 고속 카운터회로에 사용된다. 또한 동기식 카운터는 크게 2^n진 카운터와 링 카운터로 나뉜다.

(1) 2^n진 카운터

2^n진 카운터의 한 예로 3비트 2진 카운터를 동기식으로 설계해보자. 3비트의 출력상태로 구성된 상태도를 갖는 동기식 카운터를 구현하기 위해서는 다음과 같은 순서대로 설계해야한다.

① 플립플롭 종류 및 개수 선정

3비트이므로 8개의 출력상태값을 나타낼 수 있다.

2^n진 카운터 이므로 $2^n = 8$, $\therefore\ n = 3$

플립플롭이 3개 필요함을 알 수 있다(8진 카운터).

② 상태도 구성

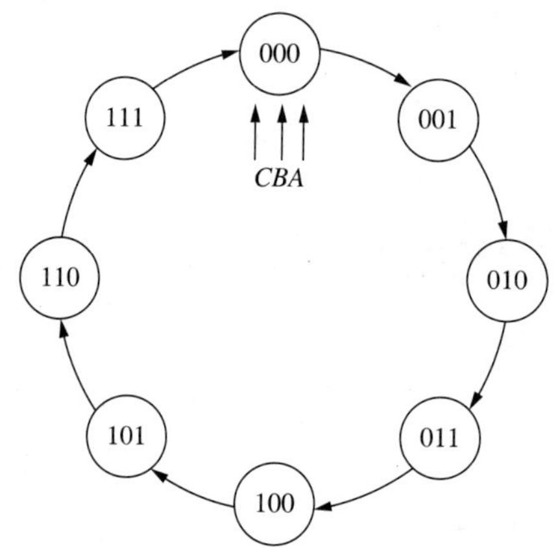

③ 상태표와 여기표 작성

T-FF 또는 JK-FF 3개(A, B, C), T-FF 또는 JK-FF 각 입력(T_A, T_B, T_C)

카운트 순차			여기표(플립플롭 입력)		
C	B	A	T_C	T_B	T_A
0	0	0	0	0	1
0	0	1	0	1	1
0	1	0	0	0	1
0	1	1	1	1	1
1	0	0	0	0	1
1	0	1	0	1	1
1	1	0	0	0	1
1	1	1	1	1	1

④ 여기표의 T_C, T_B, T_A를 카르노 맵으로 간소화 한다.

$T_A=1$

C \ BA	00	01	11	10
0	1	1	1	1
1	1	1	1	1

$T_B=A$

C \ BA	00	01	11	10
0	0	1	1	0
1	0	1	1	0

$T_C=C$

C \ BA	00	01	11	10
0	0	0	1	0
0	0	0	1	0

⑤ 순차회로 설계

T-FF 또는 JK-FF 3개와 AND gate 1개를 이용하여 동기식 3비트 2진 카운터를 설계한다.

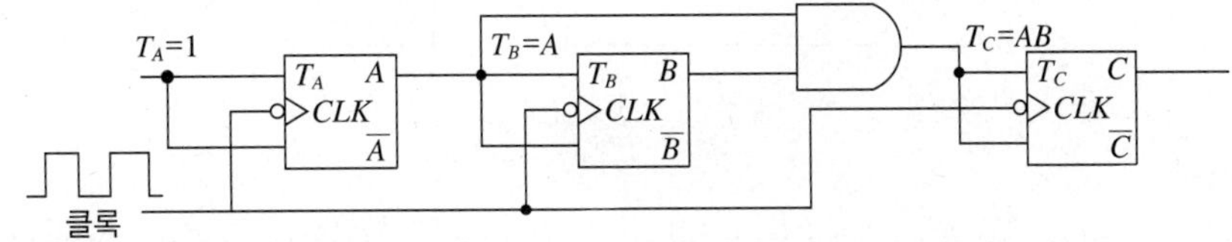

⑥ 해석 및 검토

초기상태	최종상태
$C=0$, $B=0$, $A=0$	$C=1$, $B=1$, $A=1$

외부 클록펄스CP가 인가될 때마다 출력상태가 상태표와 일치하는지 확인한다.

(2) 링 카운터

링 카운터는 순차적으로 임의의 값이 전달되면서 순환하는 카운터이다. 링 카운터의 한 예로 5진 링 카운터를 동기식으로 설계해보자. 먼저 D-FF를 이용하여 5진 링 카운터의 여기표를 살펴보면 다음과 같다.

[5진 링카운터 여기표]

순서(클록수)	출력신호				
	E	D	C	B	A
0	1	0	0	0	0
1	0	1	0	0	0
2	0	0	1	0	0
3	0	0	0	1	0
4	0	0	0	0	1
5(순환)	1	0	0	0	0

위의 표를 보면 클록펄스 0번째 순서에서 출력신호 E가 1이고 나머지는 0이 되며, 1번째 순서가 되면 출력신호 D가 1이 되고 나머지가 0이 됨을 알 수 있다. 이렇게 클록수가 0에서 4까지 순서대로 1이 되고 나머지가 0이 되며, 클록수 5가 되면 처음 동작부터 반복함을 알 수 있다. 이를 D-FF를 이용하여 나타내면 다음과 같다.

① 동기식 5진 링 카운터

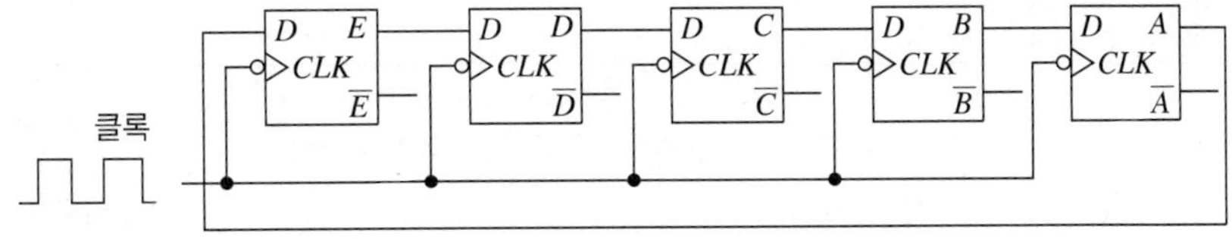

② 동기식 5진 링 카운터 타임 차트

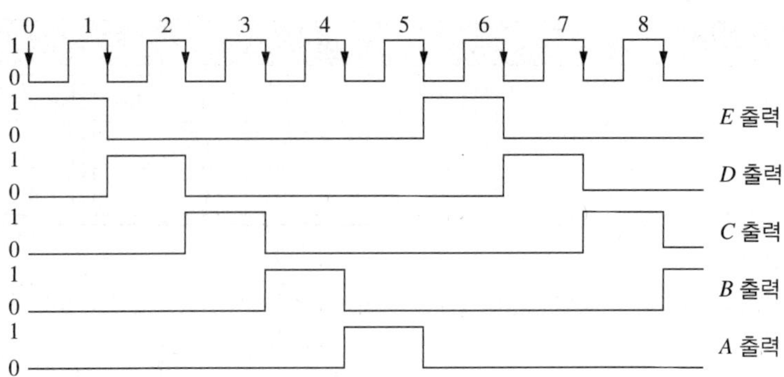

2. 비동기식 카운터

비동기식 카운터는 동기식 카운터와는 달리 클록펄스CP가 병렬적으로 모든 플립플롭에 들어가지 않고, 클록펄스가 인가된 플립플롭의 출력이 그 다음 자리 플립플롭의 클록펄스CP로 사용되는 방식이다. 이러한 방식으로 클록이 각 비트의 상태를 순차적으로 변화시킨다고 하여 리플 카운터라고 불린다. 동기식 카운터보다 회로구성은 간단하지만 전달이 지연되어 처리 속도가 느리다. 비동기식 카운터 역시 2^n진 카운터가 대표적이며 4비트 2진 카운터를 예로 살펴보자.

(1) 2^n진 비동기식 Up 카운터 설계(4비트 2진 카운터, 16진 카운터)

순서	출력신호(부 엣지 플립플롭 기준)				
	D	C	B	A	아랫자리의 플립플롭의 출력이 1→0으로 바뀔 때, 윗자리 플립플롭의 출력이 반전된다.
0	0	0	0	0	
1	0	0	0	1	플립플롭 A의 출력 : 1→0 (아랫자리)
2	0	0	1	0	플립플롭 B의 출력 : 0→1 (윗자리 반전)
3	0	0	1	1	플립플롭 B의 출력 : 1→0 (아랫자리)
4	0	1	0	0	플립플롭 C의 출력 : 0→1 (윗자리 반전)
5	0	1	0	1	
6	0	1	1	0	
7	0	1	1	1	플립플롭 C의 출력 : 1→0 (아랫자리)
8	1	0	0	0	플립플롭 D의 출력 : 0→1 (윗자리 반전)
9	1	0	0	1	
10	1	0	1	0	
11	1	0	1	1	
12	1	1	0	0	
13	1	1	0	1	
14	1	1	1	0	
15	1	1	1	1	

[4비트 2진 카운터, 16진 카운터]

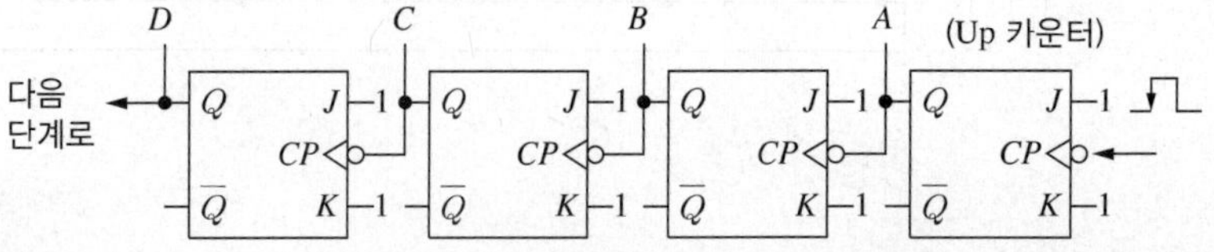

(2) 2^n 진 비동기식 Down 카운터 설계(4비트 2진 카운터, 16진 카운터)

순서	출력신호(부 엣지 플립플롭 기준)				
	D	C	B	A	아랫자리의 플립플롭의 출력이 0→1으로 바뀔 때, 윗자리 플립플롭의 출력이 반전된다.
0	1	1	1	1	
1	1	1	1	0	플립플롭 A의 출력 : 0→1 (아랫자리)
2	1	1	0	1	플립플롭 B의 출력 : 1→0 (윗자리 반전)
3	1	1	0	0	플립플롭 B의 출력 : 0→1 (아랫자리)
4	1	0	1	1	플립플롭 C의 출력 : 1→0 (윗자리 반전)
5	1	0	1	0	
6	1	0	0	1	
7	1	0	0	0	플립플롭 C의 출력 : 0→1 (아랫자리)
8	0	1	1	1	플립플롭 D의 출력 : 1→0 (윗자리 반전)
9	0	1	1	0	
10	0	1	0	1	
11	0	1	0	0	
12	0	0	1	1	
13	0	0	1	0	
14	0	0	0	1	
15	0	0	0	0	

[4비트 2진 카운터, 16진 카운터]

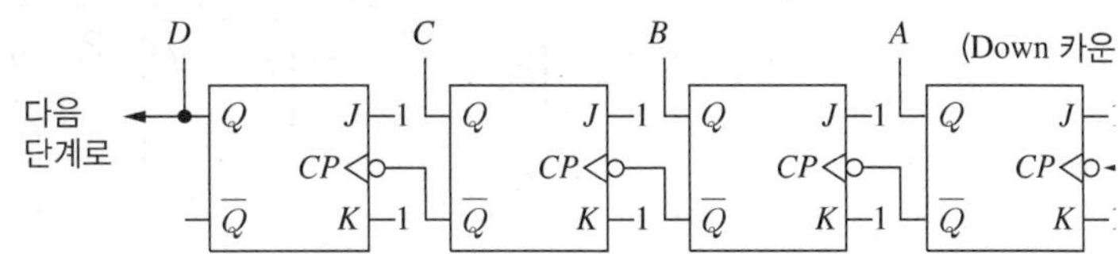

3 레지스터 회로 설계

레지스터는 컴퓨터 연산을 위하여 기억장치에 2진 정보를 임시로 저장하기 위해 사용하는 기억장치로 플립플롭의 집합체이다. 플립플롭을 여러 개 사용하여 1비트 이상의 데이터를 저장하는 데 사용한다.

레지스터는 크게 시프트 레지스터와 순환 레지스터로 나뉜다. 시프트 레지스터와 순환 레지스터 모두 데이터를 오른쪽 또는 왼쪽으로 이동하는 역할을 하는데, 이때 레지스터를 빠져나간 데이터가 순환되지 않으면 시프트 레지스터, 순환하면 순환 레지스터로 구분된다.

1. 시프트 레지스터(Shift Register)

시프트 레지스터는 일반적으로 직렬(Serial)과 병렬(Pararrel) 인터페이스를 변환하는 데 사용된다. 시프트 레지스터는 일반적으로 4종류가 있다.

(1) 직렬입력-직렬출력 시프트 레지스터(SISO; Serial-in to Serial-out)

[직렬입력-직렬출력]

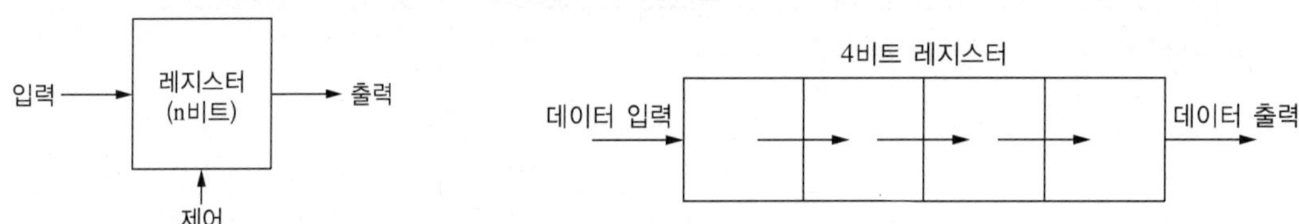

직렬입력-직렬출력 시프트 레지스터는 입력데이터를 클록펄스에 따라 그대로 다음 플립플롭으로 전달하면서 출력하는 회로이다.

[SISO 시프트 레지스터의 회로도]

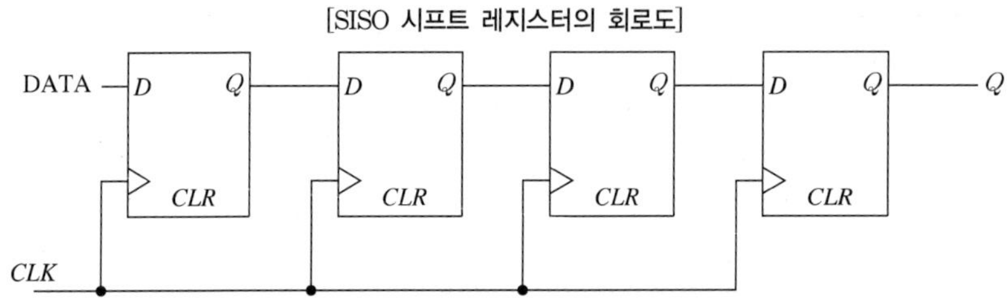

입력데이터가 '1011'이라 할 때 직렬입력-직렬출력 시프트 레지스터는 클록펄스CP에 따라 다음과 같이 데이터를 전달한다.

[직렬입력-직렬출력 시프트 레지스터의 동작]

클록펄스	–
CP	
CP1	DATA 1011 / 1
CP2	DATA 1011 / 1, 1
CP3	DATA 1011 / 0, 1, 1
CP4	DATA 1011 / 1, 0, 1, 1

(2) 직렬입력-병렬출력 시프트 레지스터(SIPO; Serial-in to Parallel-out)

[직렬입력-병렬출력]

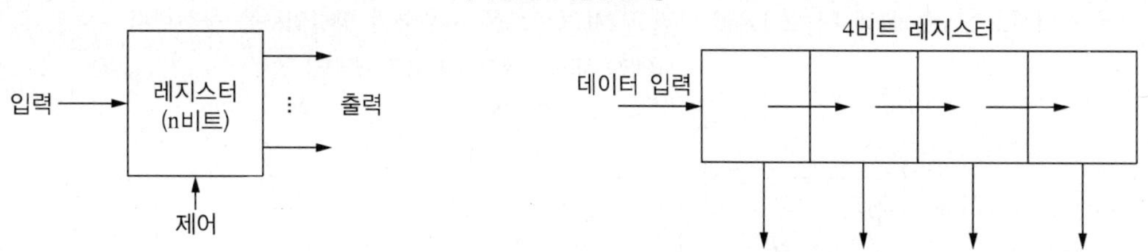

직렬입력-병렬출력 시프트 레지스터는 단일 데이터가 레지스터를 거쳐 다수 출력으로 나타나는 구조이다. 데이터가 플립플롭의 D입력을 통해 직렬로 입력되고, 출력은 레지스터에 저장된 데이터가 각각 플립플롭의 출력 Q_0, Q_1, Q_2, Q_3을 통하여 병렬로 동시에 출력되며 동작한다.

[SIPO 시프트 레지스터 회로도]

[진리표]

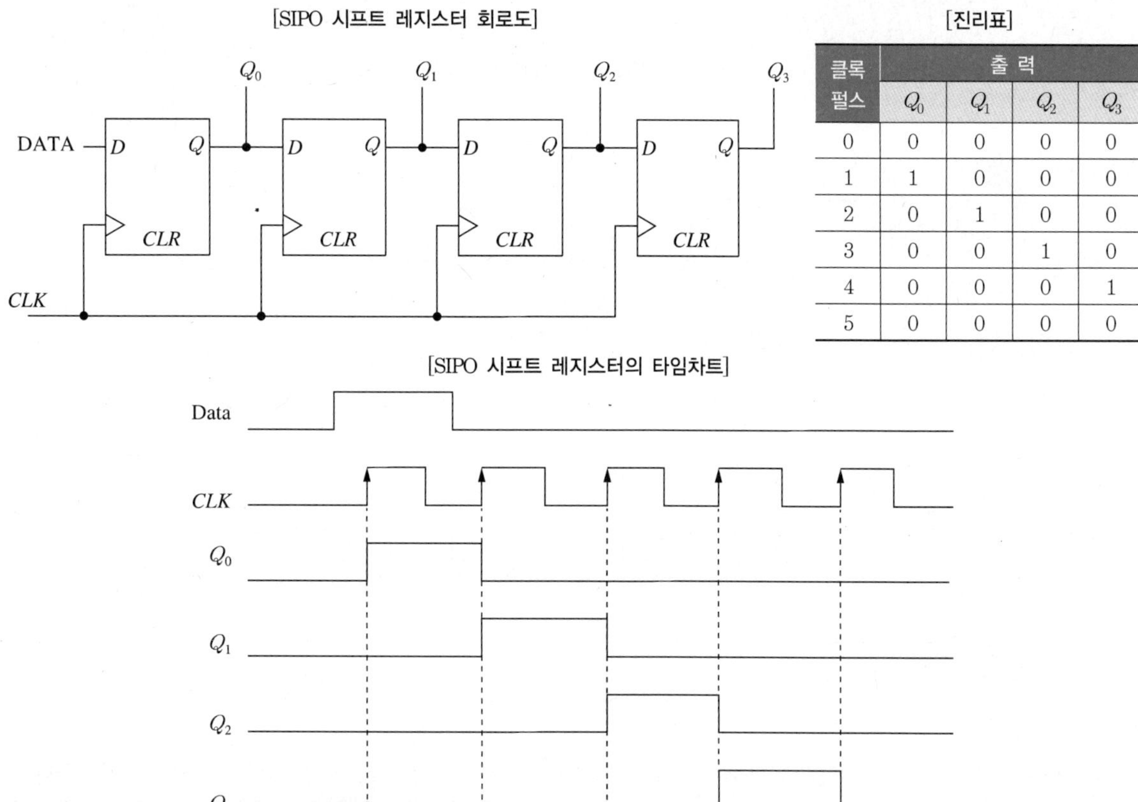

클록 펄스	출 력			
	Q_0	Q_1	Q_2	Q_3
0	0	0	0	0
1	1	0	0	0
2	0	1	0	0
3	0	0	1	0
4	0	0	0	1
5	0	0	0	0

[SIPO 시프트 레지스터의 타임차트]

(3) 병렬입력-직렬출력 시프트 레지스터(PISO; Parallel-in to Serial-out)

[병렬입력-직렬출력]

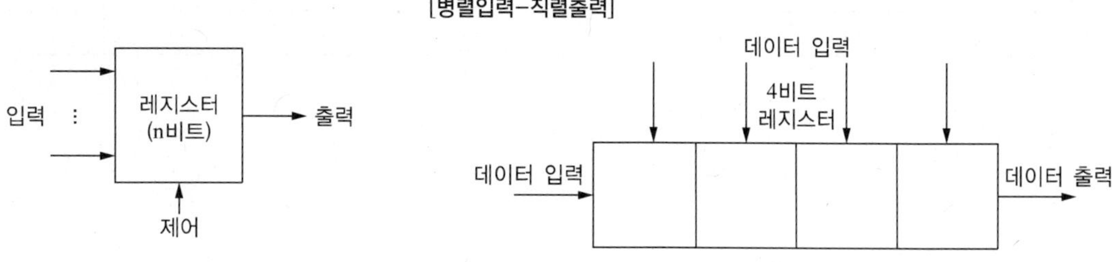

PART 3

병렬입력–직렬출력 시프트 레지스터는 레지스터에 한 클록펄스가 입력되면 4개의 입력 데이터가 병렬로 입력되는 구조이다. 만약 레지스터의 내용을 유지하기 위해서는 회로에 클록펄스 신호가 입력되지 않게 해야 한다. 결국 클록펄스 신호 외에 제어신호 Shift와 적재신호 Load 그리고 MUX회로를 사용하여 병렬입력을 구현한다.

[PISO 시프트 레지스터 회로 개념도]

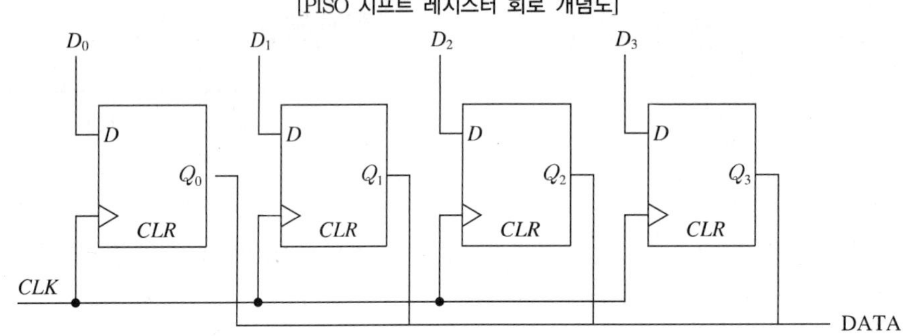

[PISO 시프트 레지스터 상세 회로도]

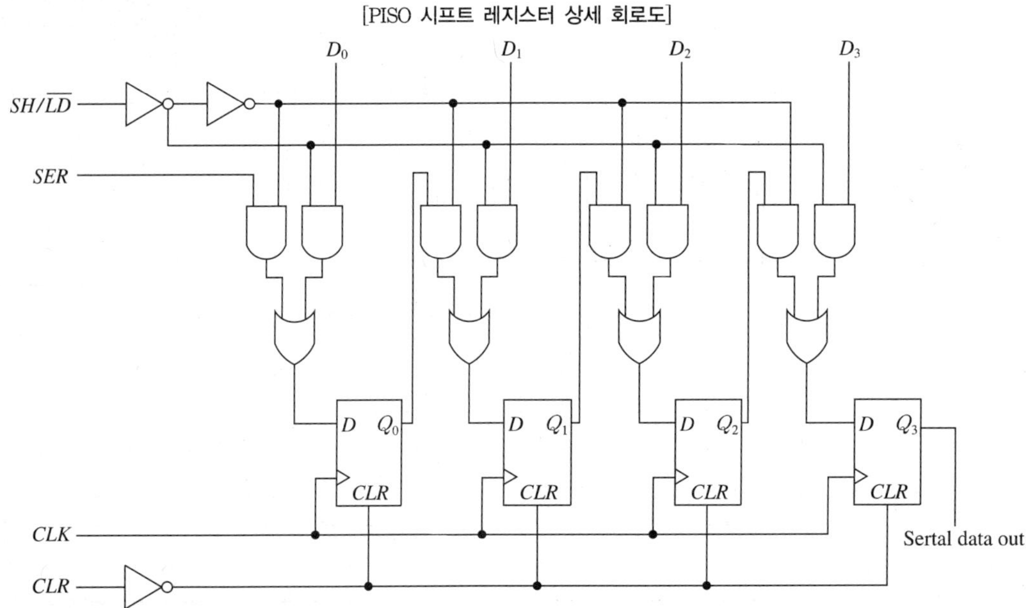

(SH: Shift, LD: Load, SER: Serial In)

간단하게 설명하면 $SH=0$, $LD=1$일 때 병렬 데이터 입력, $SH=1$, $LD=0$일 때 시프트 동작한다.

Clear	CLK	*SH*(Shift)	*LD*(Load)	Q_0	Q_1	Q_2	Q_3	결 과
0	×	×	×	0	0	0	0	Clear
1	1	1	0	SER	Q_0	Q_1	Q_2	Shift
1	1	0	1	D_0	D_1	D_2	D_3	Load

(4) 병렬입력-병렬출력 시프트 레지스터(PIPO; Parallel-in to Parallel-out)

[병렬입력-병렬출력]

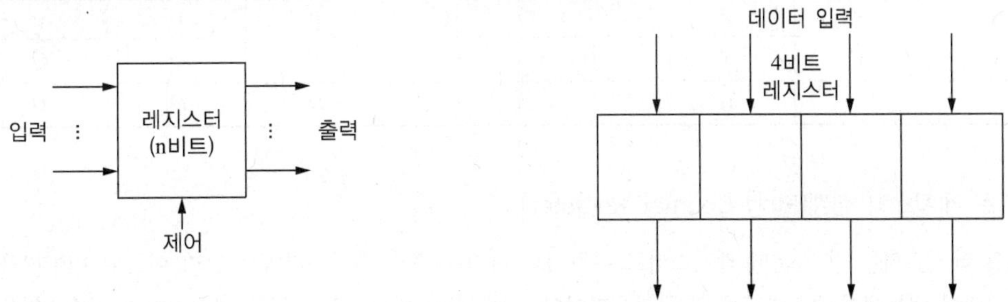

병렬입력-병렬출력 시프트 레지스터는 레지스터에 한 클록펄스가 입력되면 4개의 입력 데이터가 병렬로 입력되고, 병렬로 출력하는 레지스터이다. 범용 입출력 장치나 프린터 등에 이용한다.

[PIPO 시프트 레지스터 회로 개념도]

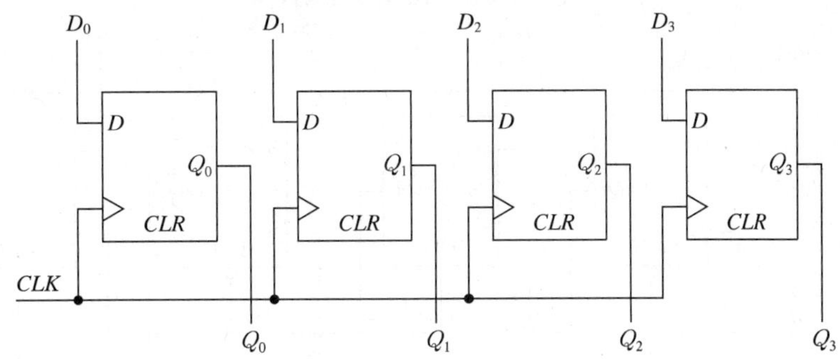

[PIPO 시프트 레지스터 상세 회로도]

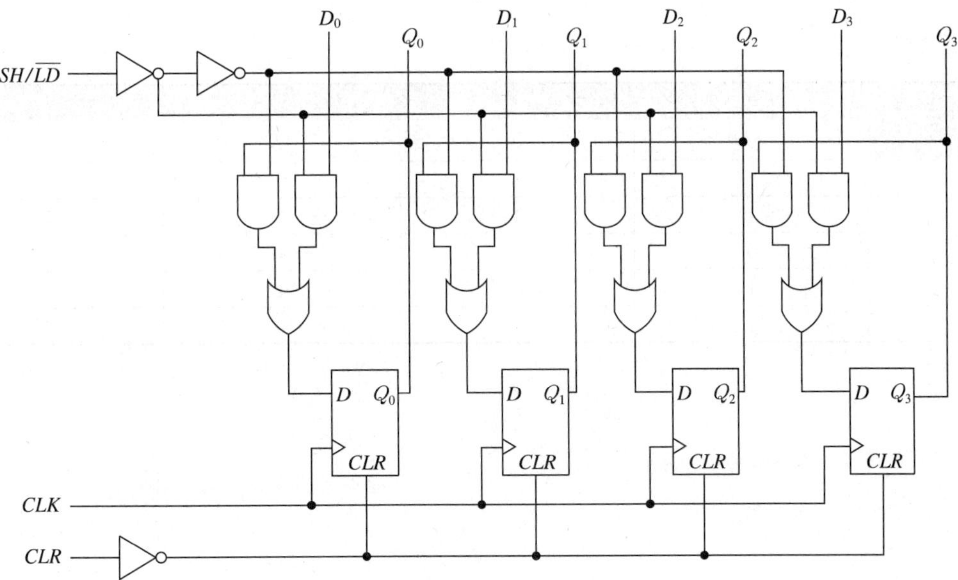

(Shift: SH, Load: LD)

간단하게 설명하면 $SH=0$, $LD=1$일 때 병렬 데이터 입력, $SH=1$, $LD=0$일 때 현재값을 유지한다.

Clear	CLK	SH(Shift)	LD(Load)	Q_0	Q_1	Q_2	Q_3	결 과
0	×	×	×	0	0	0	0	Clear
1	1	1	0	Q_0	Q_1	Q_2	Q_3	Hold
1	1	0	1	D_0	D_1	D_2	D_3	Load

2. 환상 시프트 레지스터 설계(Ring Counter Register)

환상 시프트 레지스터는 링 카운터 레지스터로 부르기도 하며 시프트 레지스터와는 달리 이동된 데이터가 사라지지 않고, 그대로 레지스터 내부에서 순환하도록 만든 카운터이다. 직렬입력-병렬출력 시프트 레지스터의 최종출력을 다시 입력에 귀한 시킨 일종의 순환 시프트 레지스터이며 별도의 디코더가 필요하지 않다는 이점을 가지고 있으나 초기상태를 설정하기 위하여 프리셋과 클리어 신호를 모두 인가해야 하는 번거로움이 있다.

[4진 링 카운터]

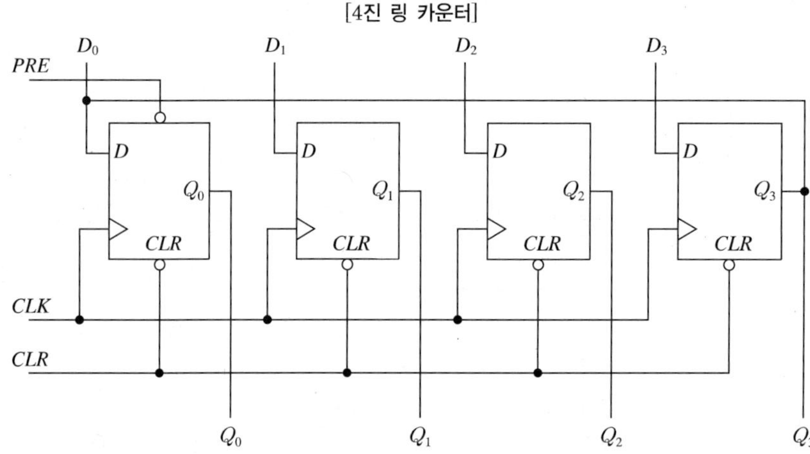

클럭 펄스	출 력			
	Q_3	Q_2	Q_1	Q_0
0	1	1	0	1
1	1	1	1	0
2	0	1	1	1
3	1	0	1	1
4(순환)	1	1	0	1

문제편

2023 국가직 기출

모바일 OMR

해설편 003p

01 1 2 3

JK 플립플롭을 사용하여 0에서 7까지 표현하는 리플 계수기(ripple counter)를 설계할 때, 필요한 JK 플립플롭의 최소 개수를 고르시오.

① 2 ② 3
③ 4 ④ 5

02 1 2 3

정논리(positive logic)를 적용할 때, 논리게이트에 대한 트랜지스터 회로의 표현으로 옳지 않은 것을 고르시오(단, A, B는 입력이고 F는 출력이다).

①

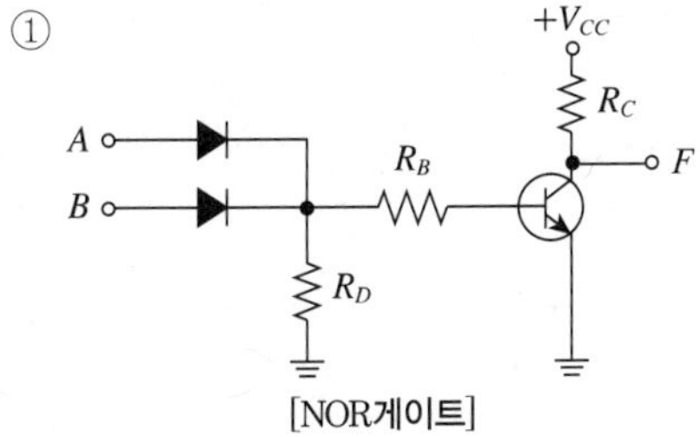

[NOR게이트]

②

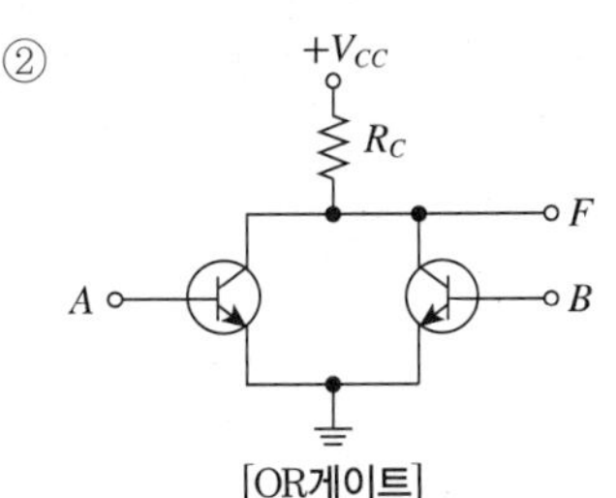

[OR게이트]

③

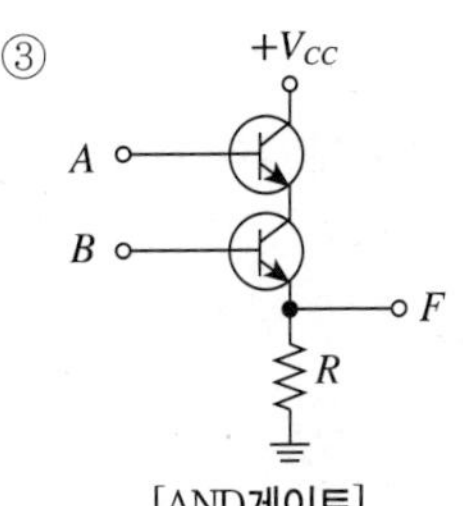

[AND게이트]

④

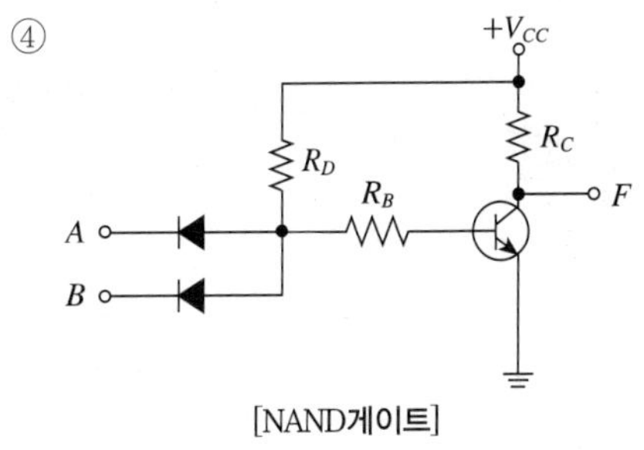

[NAND게이트]

03 1 2 3

다음 진리표에서 출력 F의 논리식을 고르시오.

입 력			출 력
A	B	C	F
0	0	0	0
0	0	1	0
0	1	0	1
0	1	1	0
1	0	0	1
1	0	1	0
1	1	0	1
1	1	1	1

① $AB+B\overline{C}+A\overline{C}$ ② $AB+\overline{B}C+A\overline{C}$
③ $AB+B\overline{C}+\overline{A}C$ ④ $\overline{A}B+B\overline{C}+A\overline{C}$

04 1 2 3

반도체에 대한 설명으로 옳지 않은 것을 고르시오.

① P형 반도체에서 다수 캐리어는 정공이다.
② 진성반도체에서 전도대의 전자농도와 가전자대의 정공농도는 같다.
③ 실리콘 단결정 반도체에서 P형 불순물로 As(비소)도 사용된다.
④ N형 반도체에서 불순물 농도가 증가함에 따라 페르미 준위가 전도대로 가까이 이동한다.

05 1 2 3

다음 저주파 소신호 FET 증폭기의 전압이득에 가장 가까운 값을 고르시오(단, 순방향 전달 컨덕턴스 g_m은 1[mA/V]이고, 드레인-소스 저항 r_d는 10[kΩ]).

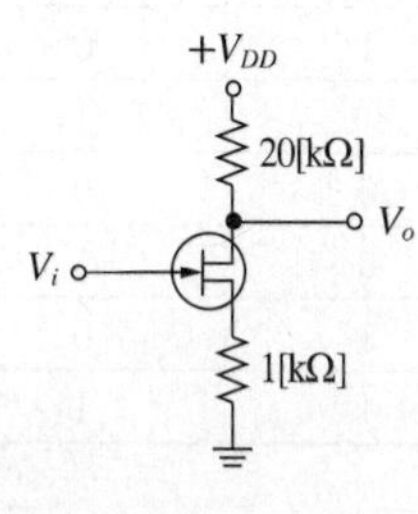

① −1　② −5
③ −10　④ −20

06 1 2 3

다음 직렬 전압조정기(series voltage regulator)의 부하 전류 I_L이 200[mA]일 때, Q_1에서 소모되는 전력[W]을 고르시오(단, $V_i = 15$[V], $V_Z = 4$[V], $R_1 = R_2 = 15$[kΩ], $R_3 = 10$[kΩ], $R_2 + R_3 \gg R_L$, Q_1의 전압강하는 무시하며 모든 회로 소자는 이상적이다).

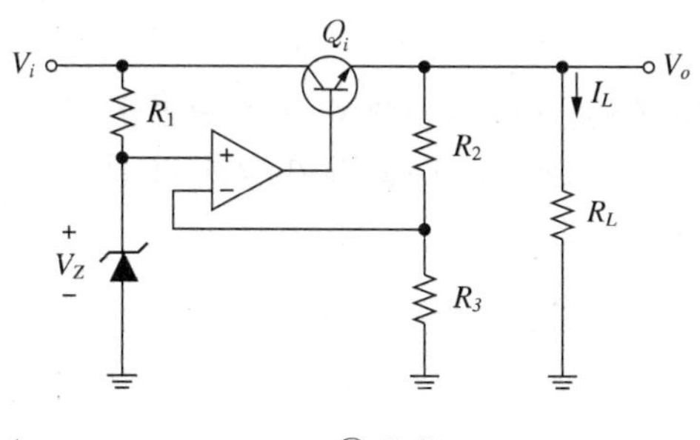

① 0.4　② 0.8
③ 1.0　④ 1.4

07 1 2 3

상보형 CMOS 인버터의 직류 전달 특성 곡선이 다음과 같을 때, c점에서 PMOS 트랜지스터와 NMOS 트랜지스터의 동작 모드를 바르게 연결한 것을 고르시오(단, V_{Tn}과 V_{Tp}는 각각 NMOS 트랜지스터와 PMOS 트랜지스터의 문턱전압이다).

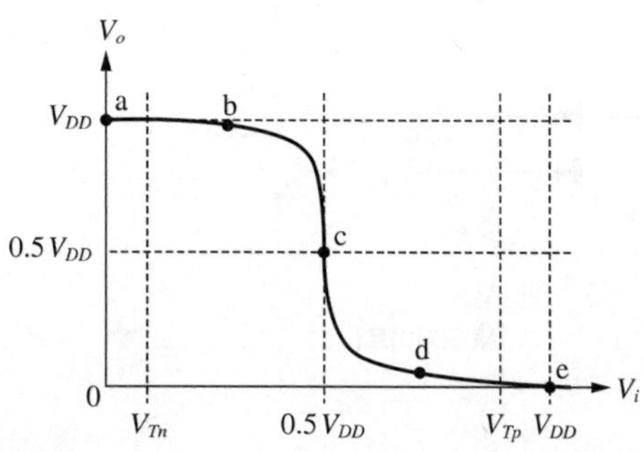

	PMOS	NMOS
①	선형영역	선형영역
②	포화영역	포화영역
③	포화영역	선형영역
④	선형영역	포화영역

08 1 2 3

다음 회로에서 독립 전류원 0.2[A]에 의해 공급되는 전력 [W]을 고르시오.

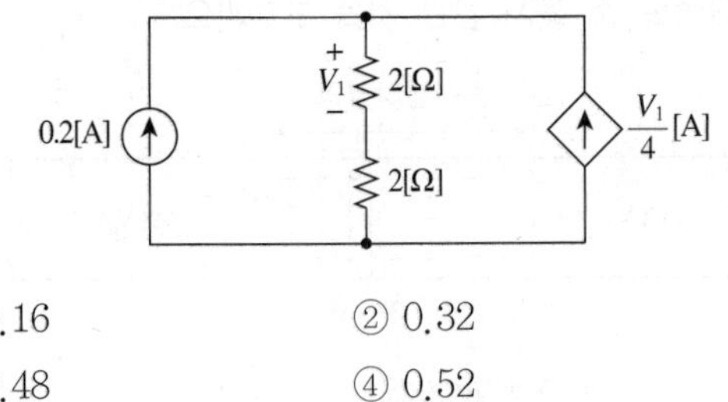

① 0.16
② 0.32
③ 0.48
④ 0.52

09 1 2 3

반도체 소자에 대한 설명으로 옳지 않은 것을 고르시오.

① JFET에서는 자유전자와 정공이 함께 도전 현상에 기여한다.
② 포토 다이오드를 이용하여 빛을 검출하려면 역방향 바이어스에서 동작시켜야 한다.
③ JFET는 게이트와 소스 사이의 역방향 바이어스 전압의 크기에 의해 드레인 전류의 크기를 제어한다.
④ BJT는 활성 모드 동작을 위해 이미터-베이스 접합은 순방향 바이어스 되고, 컬렉터-베이스 접합은 역방향 바이어스가 된다.

10 1 2 3

다음 회로에서 전류 I_x[A]를 고르시오.

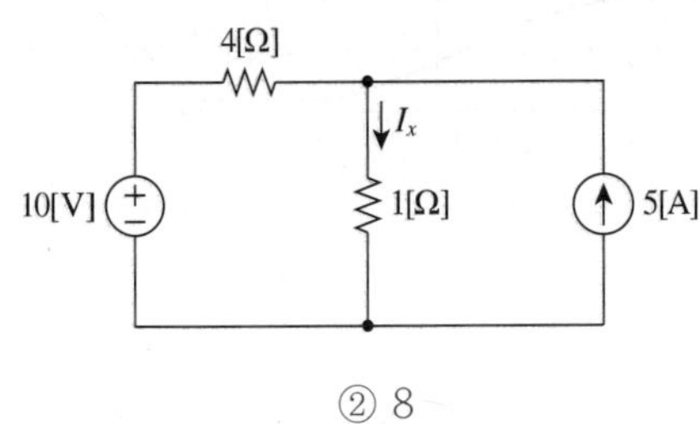

① 6
② 8
③ 10
④ 12

11 1 2 3

다음 반전 증폭기 응용 회로에서 출력전압 V_o[V]를 고르시오(단, 연산 증폭기는 이상적이다).

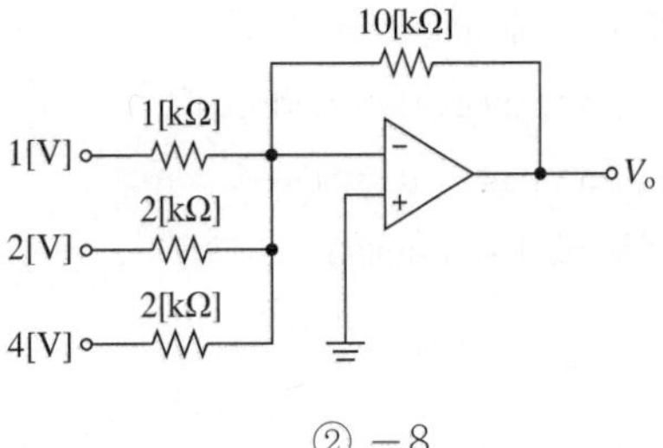

① −7
② −8
③ −10
④ −40

12 1 2 3

최대 주파수 12[kHz]의 신호를 16비트로 양자화 및 부호화하여 PCM(pulse code modulation)으로 전송하려고 한다. 신호의 손실 없이 최소화하여 표본화할 경우 초당 전송 비트 수[kbps]를 고르시오.

① 96
② 192
③ 384
④ 768

13 1 2 3

다음 회로에서 발진 주파수 f[Hz]를 고르시오(단, 발진을 위한 이득조건을 만족하고, L_1과 L_2의 상호 인덕턴스는 무시한다).

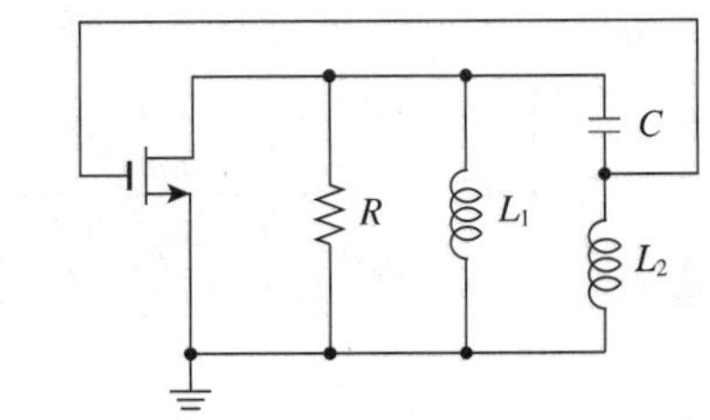

① $\frac{1}{2\pi\sqrt{(L_1+L_2)C}}$
② $\frac{1}{2\pi\sqrt{L_1L_2C}}$
③ $\frac{2\pi}{\sqrt{(L_1+L_2)C}}$
④ $\frac{2\pi}{\sqrt{L_1L_2C}}$

14 1 2 3

유선 LAN(local area network)에서 사용되는 표준 이더넷 프레임에 포함되지 않는 필드를 고르시오.

① 길이 또는 형태(length or type)
② 목적지 주소(destination address)
③ 송신자 주소(source address)
④ 패킷 번호(packet number)

15 1 2 3

다음 연산증폭기 회로에 입력전압 V_i를 인가했을 때 출력전압 V_o의 주기, V_{p-p}, 파형을 바르게 연결한 것을 고르시오(단, 모든 회로 소자는 이상적이다).

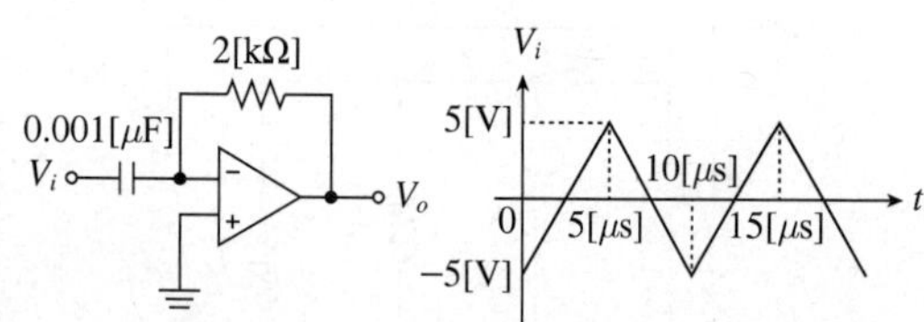

	주 기[μs]	V_{p-p}[V]	파 형
①	10	10	구형파
②	5	10	사인파
③	10	5	사인파
④	10	8	구형파

16 1 2 3

다음 그림은 열평형 상태의 PN접합을 나타낸 것이다. PN접합에 대한 공간전하밀도(ρ), 전계(ϵ), 전위(ϕ) 및 에너지(E) 대역도 중 옳지 않은 것을 고르시오.

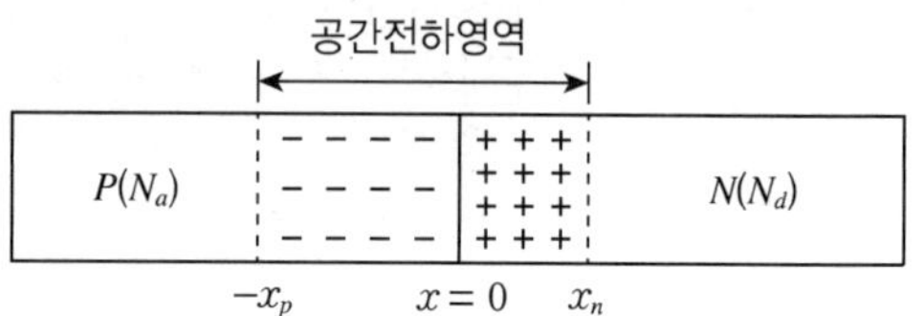

①
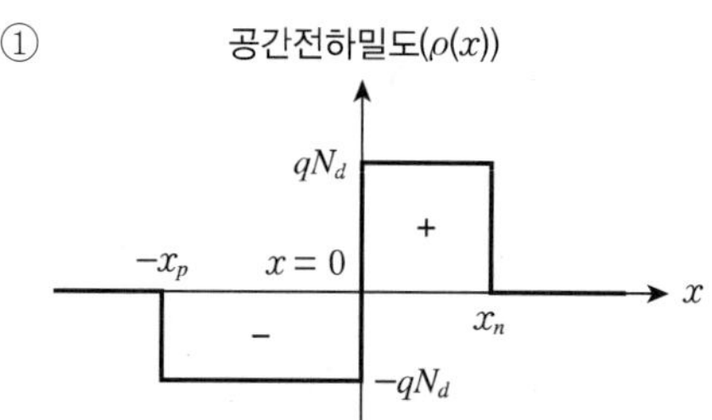

②
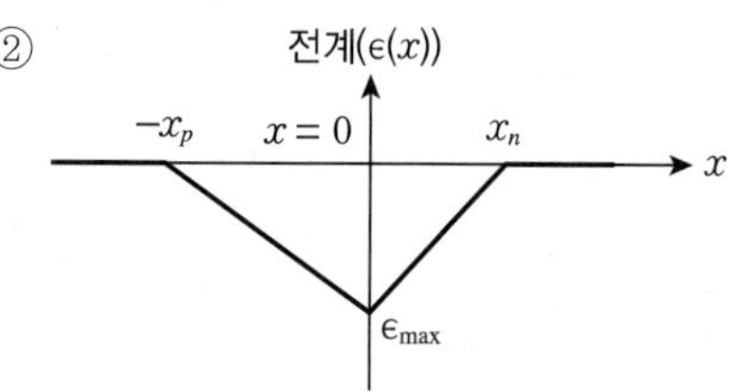

③
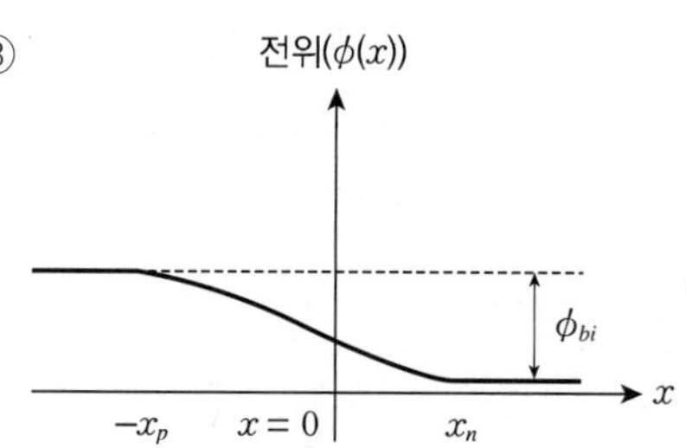

④
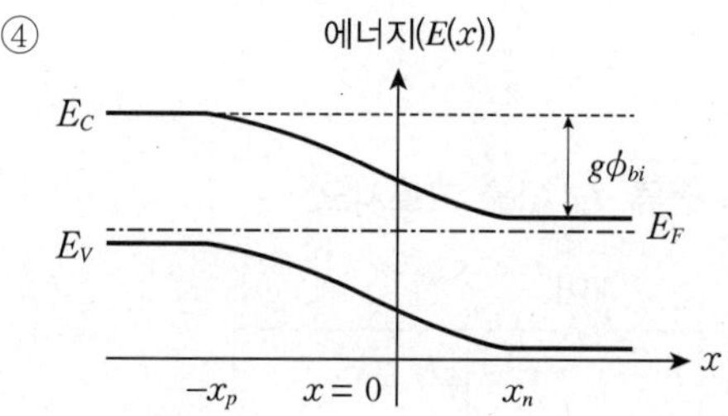

17 1 2 3

다음은 슈미트 트리거(Schmitt Trigger) 회로와 이 회로의 입력(v_i)에 대한 출력(v_o)의 전달특성을 나타낸 것이다. 출력전압 v_o의 양의 포화전압을 V_H[V], 음의 포화전압을 V_L[V]이라고 할 때, 전달 특성 그래프에서 출력이 V_H[V]에서 V_L[V]로 천이되는 임계전압 V_{TH}[V]을 고르시오(단, 연산 증폭기는 이상적이다).

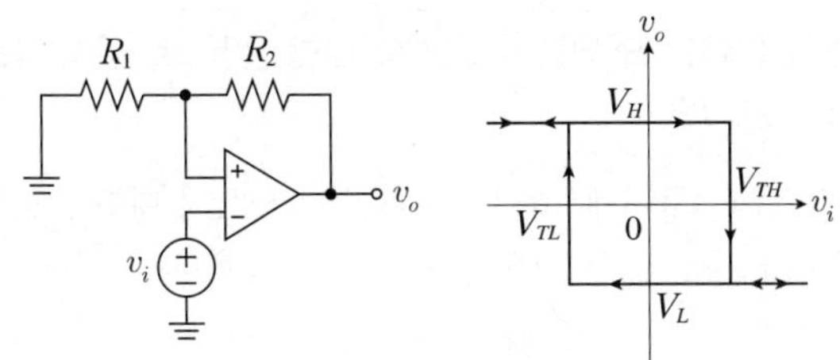

① $\dfrac{R_1}{R_1+R_2}V_L$ ② $\dfrac{R_2}{R_1+R_2}V_H$

③ $\dfrac{R_1}{R_1+R_2}V_H$ ④ $\dfrac{R_2}{R_1+R_2}(V_H+V_L)$

18 1 2 3

다음 연산 증폭기 회로의 전압 이득 $\dfrac{V_o}{V_i}$을 구하시오(단, 모든 회로 소자는 이상적이다).

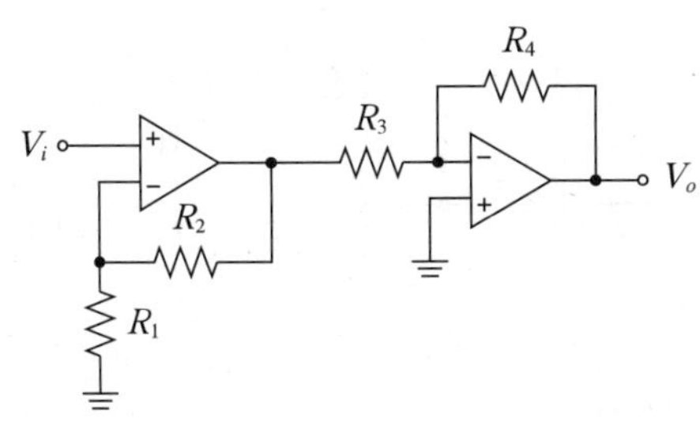

① $-\dfrac{R_2(R_3+R_4)}{R_1R_3}$ ② $-\dfrac{R_1(R_3+R_4)}{R_2R_3}$

③ $-\dfrac{(R_1+R_2)R_4}{R_2R_3}$ ④ $-\dfrac{(R_1+R_2)R_4}{R_1R_3}$

19 1 2 3

다음 연산 증폭기 회로에서 출력전압 V_o[V]를 구하시오(단, 모든 회로 소자는 이상적이다).

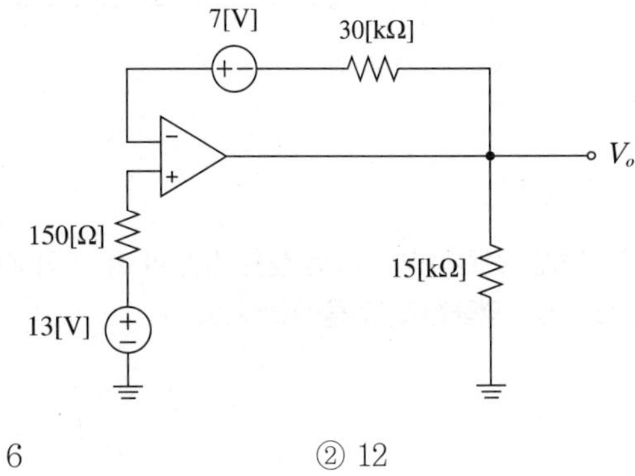

① 6 ② 12

③ 15 ④ 18

20 1 2 3

다음 회로에서 제너 다이오드의 역할을 고르시오(단, 모든 회로 소자는 이상적이고, 입력전압 V_S는 제너 항복전압 V_Z보다 크다).

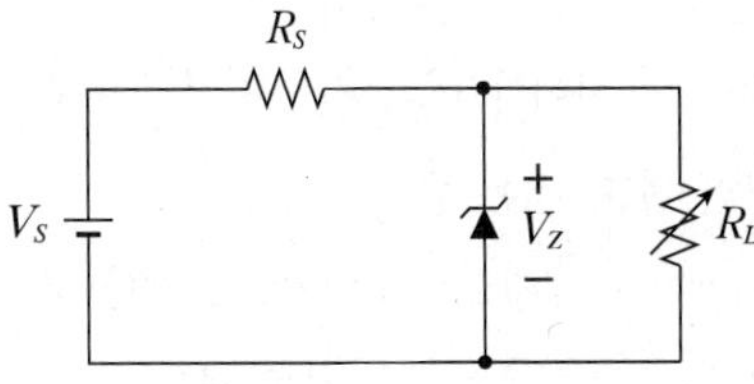

① 부하저항 R_L에 걸리는 전압을 일정하게 유지시켜 준다.

② 부하저항 R_L의 값을 일정하게 유지시켜 준다.

③ 순방향의 전압이 인가되면 빛을 발한다.

④ 회로가 발진할 수 있게 한다.

2023 | 2023.06.10. 시행 공개경쟁채용 필기시험 지방직 기출

모바일 OMR

해설편 019p

01 1 2 3

다음 주기적인 전류파형 $i(t)$의 실횻값[A]과 4[Ω]의 저항에서 소모되는 평균전력[W]을 고르시오.

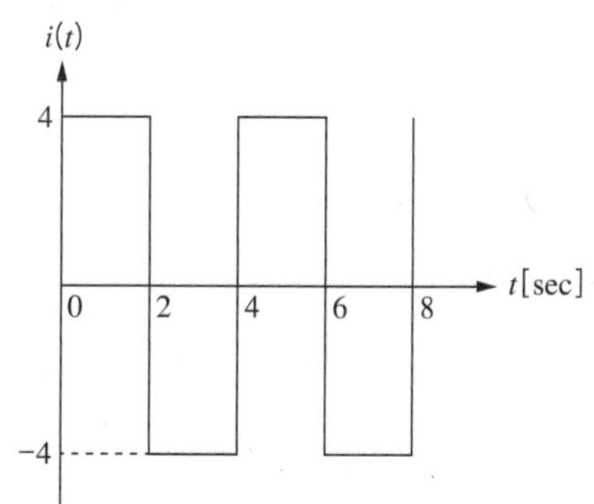

	실횻값	평균전력
①	4	64
②	4	128
③	8	64
④	8	256

02 1 2 3

n채널 공핍형 MOSFET에 대한 설명으로 옳지 않은 것을 고르시오.

① 게이트와 소스 사이의 V_{GS} 전압이 양의 방향으로 증가하면 드레인 전류 I_D는 증가한다.

② V_{GS} 전압이 음의 값으로 낮아지면 드레인 전류는 줄어들게 되고 특정 전압에서 흐르지 않게 된다.

③ $V_{GS}>0$인 영역을 공핍영역(depletion region)이라고 한다.

④ 증가영역(enhancement region)과 공핍영역에서는 같은 드레인 전류 I_D 방정식이 적용된다.

03 1 2 3

논리회로에서 사용되는 수 체계에 대한 설명으로 옳지 않은 것을 고르시오.

① 디지털 컴퓨터에서는 2진수의 뺄셈 연산에 대부분 보수(complement)를 사용한다.

② 2진법은 소수(小數)를 표현할 수 없다.

③ 16진법은 0에서 9까지의 숫자와 여섯 개의 문자(A~F)를 사용하여 숫자를 표현한다.

④ 그레이(Gray) 코드를 사용할 경우 연속되는 두 숫자는 한 비트만 다르다.

04 1 2 3

다음 연산증폭기 회로에서 저항 R과 커패시터 C를 각각 하나씩 사용하여 미분기와 적분기를 구현하려 할 때, Z_i에 사용될 소자와 증폭기 종류를 고르시오(단, 연산증폭기는 이상적이다).

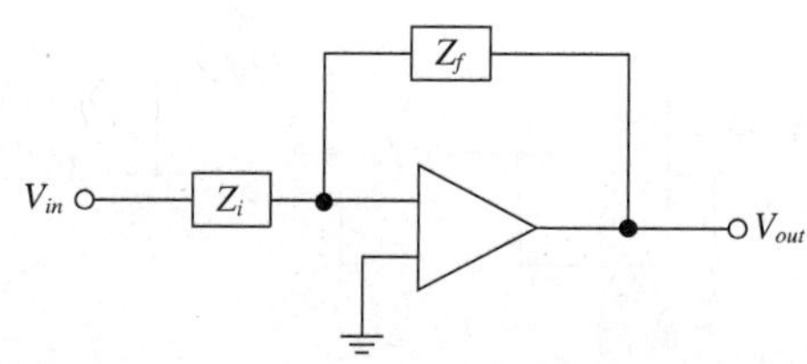

	미분기(Z_i)	적분기(Z_i)	증폭기
①	C	R	반전
②	R	C	반전
③	C	R	비반전
④	R	C	비반전

05 1 2 3

다음 555타이머 IC를 활용한 구형파 발생 회로가 정상동작 할 때, 이에 대한 설명으로 옳지 않은 것을 고르시오.

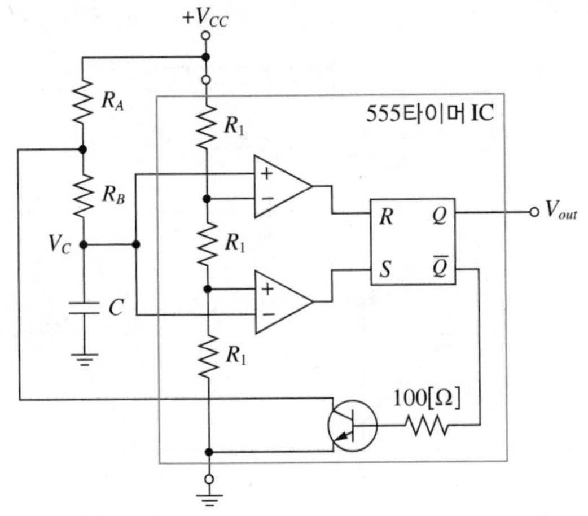

① 비안정(astable) 모드로 동작한다.

② 출력되는 구형파의 ON($V_{out} = V_{CC}$) 시간은 R_A, R_B, C가 결정한다.

③ 출력되는 구형파의 OFF($V_{out} = 0$) 시간은 R_B, C가 결정한다.

④ 출력되는 구형파의 듀티사이클(duty cycle)은 50%보다 작다.

06 1 2 3

다음 T 플립플롭 회로에서 입력신호 Clock, Input이 인가되었을 때, 구간 $(t_2 \sim t_3)$와 $(t_7 \sim t_8)$에서 출력 Q_1, Q_2를 고르시오(단, 출력 Q_1, Q_2는 0으로 초기화되어 있고, 게이트에서 전파지연은 없다고 가정한다).

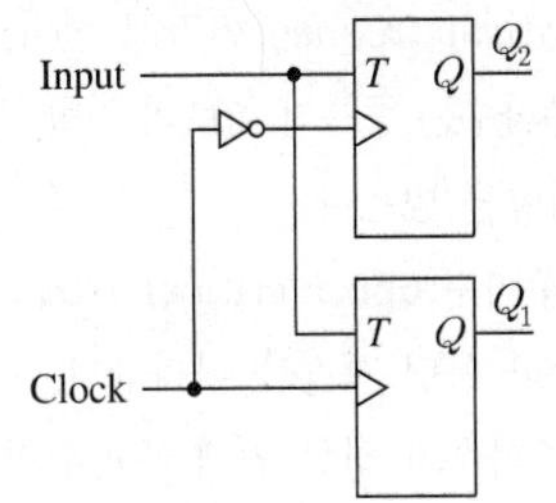

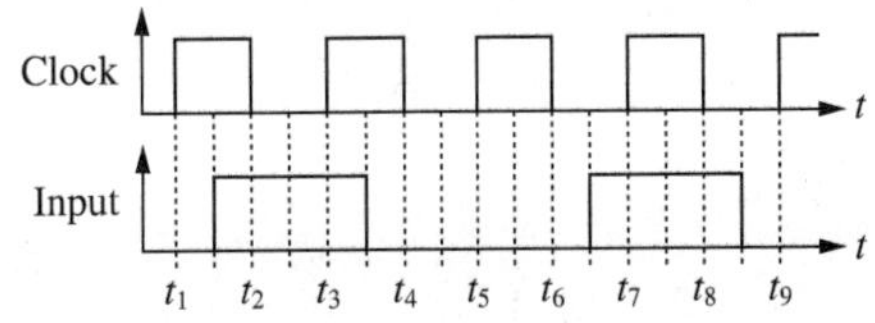

	$(t_2 \sim t_3)$		$(t_7 \sim t_8)$	
	Q_1	Q_2	Q_1	Q_2
①	0	1	0	1
②	1	0	1	1
③	0	1	0	0
④	1	1	1	0

07 1 2 3

다음 회로가 정상상태(steady state)일 때, 전류 i_2 [A]를 구하시오.

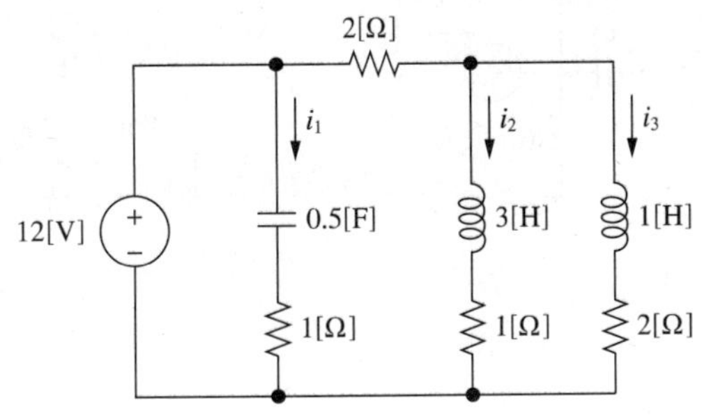

① 0
② 3
③ 6
④ 12

08 1 2 3

증폭기의 주파수 응답특성과 관련된 파라미터에 대한 설명으로 옳지 않은 것을 고르시오.

① 주파수가 감소함에 따라 증폭기의 이득이 기준값(중간대역 이득)에 비해 3[dB] 감소하는 주파수를 하한 임계 주파수(lower critical frequency)라고 한다.
② 하한 임계 주파수는 증폭기 회로의 결합 및 바이패스 커패시턴스의 영향을 받는다.
③ 상한 임계 주파수(upper critical frequency)는 증폭기 회로의 저주파 응답 특성을 나타낸다.
④ 상한 임계 주파수와 하한 임계 주파수의 차이를 대역폭(bandwidth)이라고 한다.

09 1 2 3

좌측 BJT 전압분배 바이어스 회로를 우측과 같이 테브난 등가회로를 적용하여 해석하고자 할 때, 테브난 등가전압 V_{TH} [V]와 테브난 등가저항 R_{TH} [kΩ]을 구하시오(단, $V_{CC}=20$ [V], $R_1=4$ [kΩ], $R_2=1$ [kΩ], $R_C=4.7$ [kΩ], $R_E=1.1$ [kΩ]).

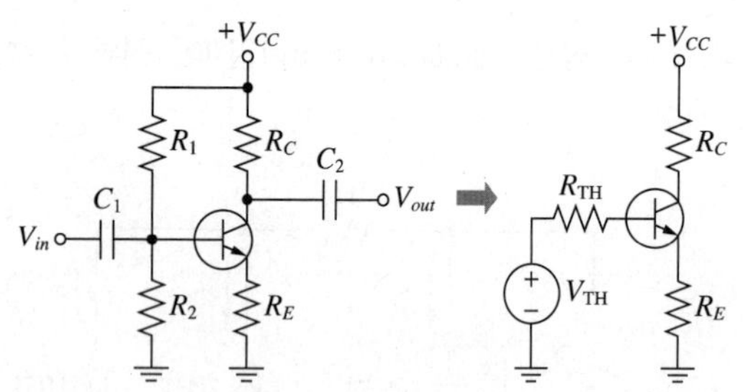

	V_{TH}	R_{TH}
①	4	0.8
②	4	1
③	16	0.8
④	16	1

10 1 2 3

다음 회로의 입출력 전달특성으로 옳은 것을 고르시오(단, 다이오드의 순방향 전압강하는 V_D [V]이고 저항 성분은 무시한다).

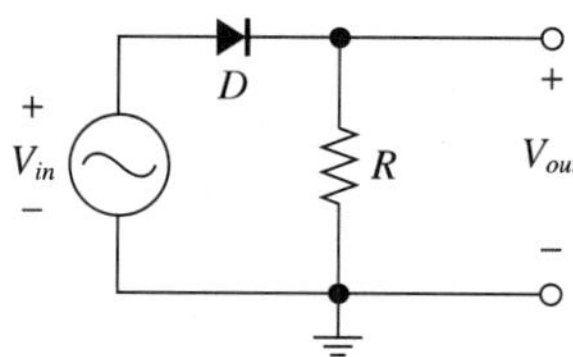

①
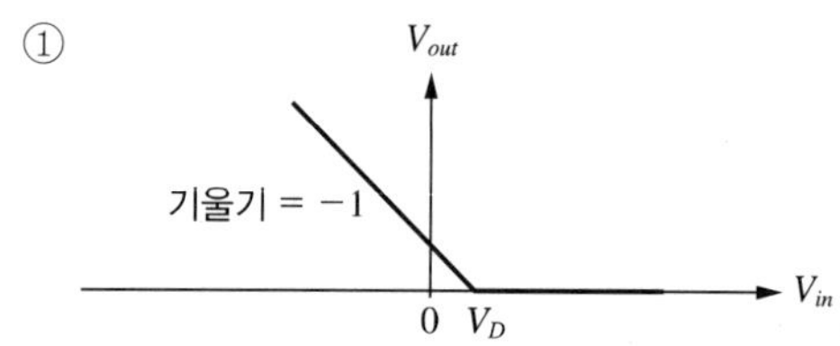

②
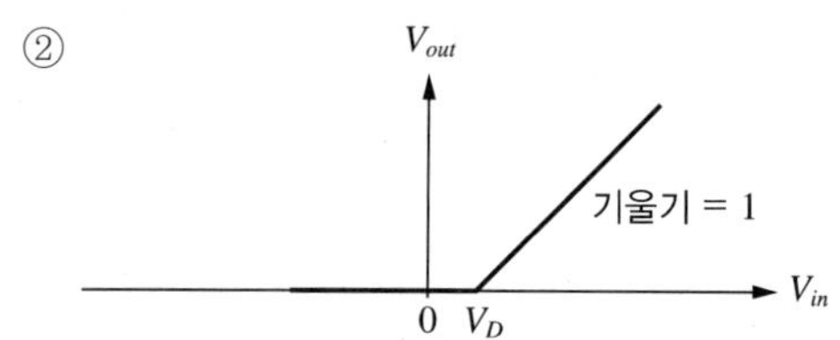

③
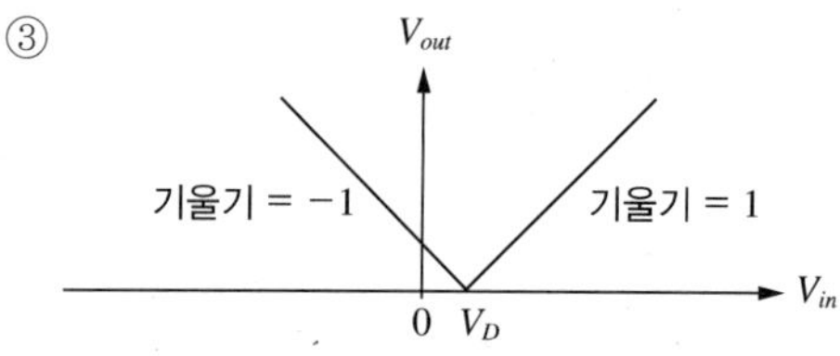

④
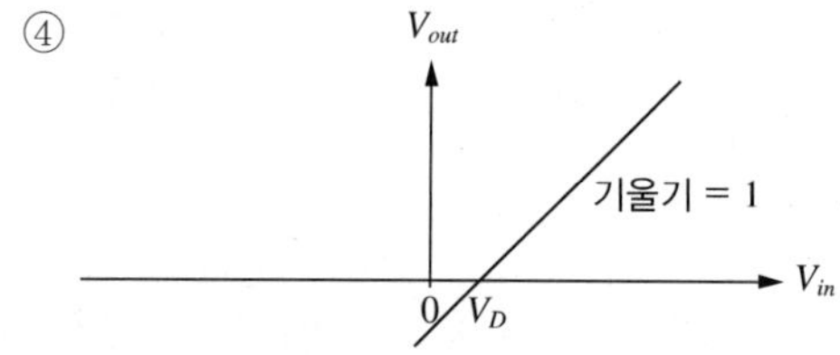

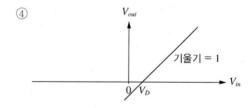

11

10진수 −3을 10비트 2의 보수 형태로 표현한 것을 고르시오.

① 1111111100
② 1011111100
③ 1011111101
④ 1111111101

12

FET의 드레인전류 I_D와 게이트−소스 간 전압 V_{GS}의 전달특성곡선과 부하선이 다음과 같은 회로를 구하시오.

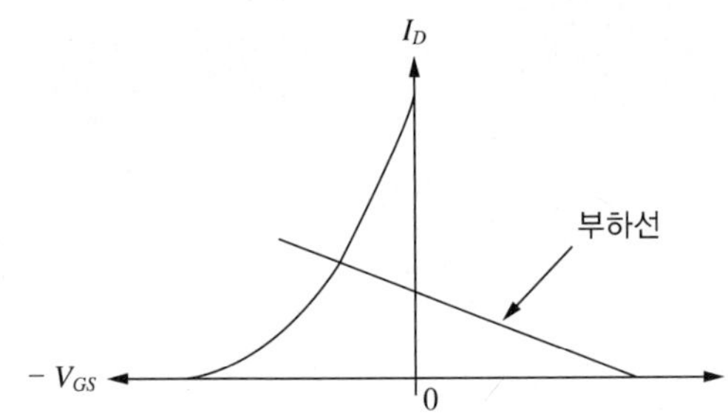

① 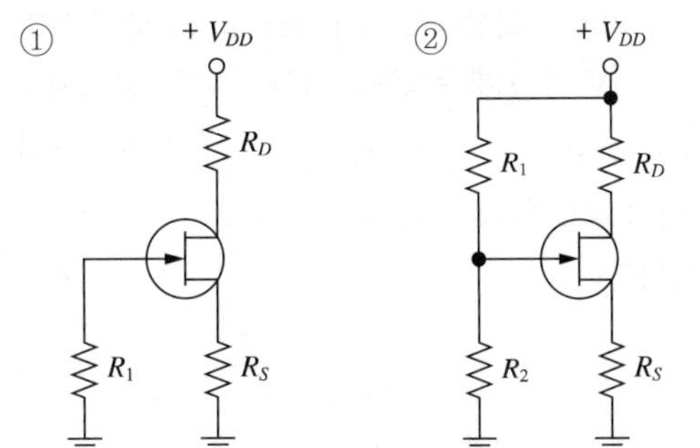

②

③ 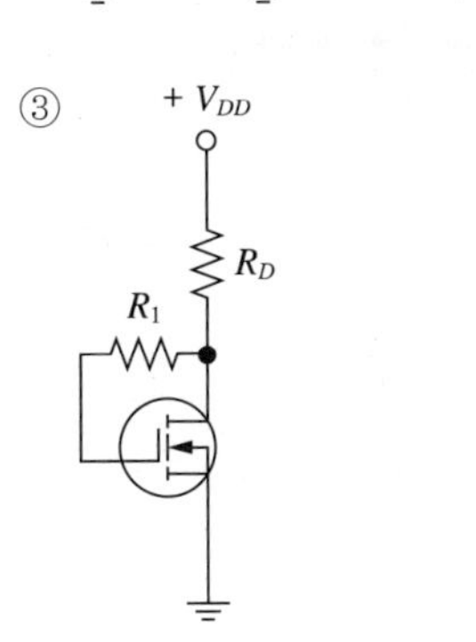

④ 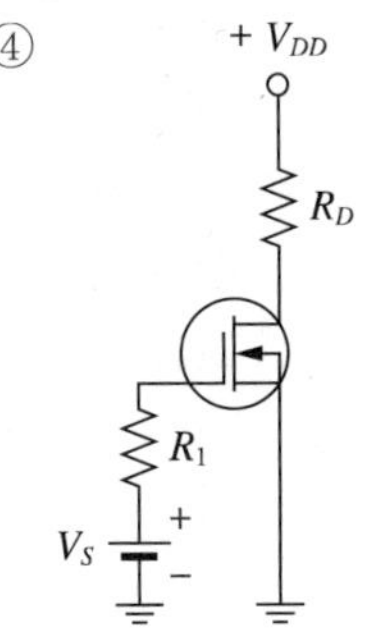

13

다음 정류회로에서 $V_{(sec)}$가 $\frac{20}{\sqrt{2}}$ $[V_{rms}]$이고 부하저항 R_L이 2 [kΩ]일 때, 최대출력전류 $I_{p(out)}$ [mA]를 구하시오(단, 다이오드의 순방향 전압강하는 0.7 [V]이고 저항 성분은 무시한다).

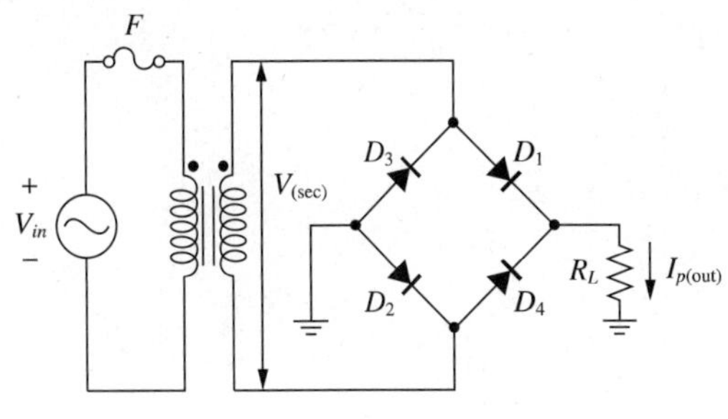

① 10 ② 9.65
③ 9.3 ④ 8.95

14

다음 NPN BJT 증폭회로에서 직류 전류이득이 $\beta_{DC}=100$, $\beta_{DC}=200$일 때, V_{CE} [V]를 구하시오(단, $V_{CC}=15$ [V], $R_B=286$ [kΩ], $R_C=1$ [kΩ], 다이오드의 순방향 전압강하는 0.7 [V]이고 저항성분은 무시한다).

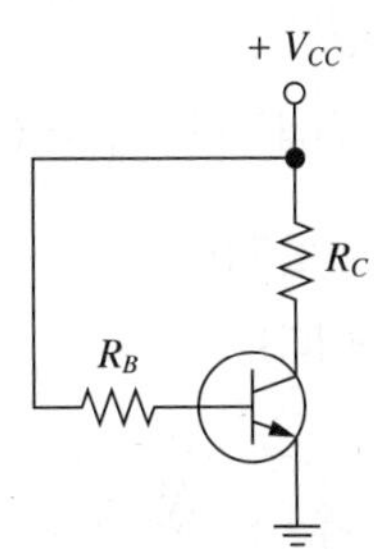

	$\beta_{DC}=100$	$\beta_{DC}=200$
①	10	5
②	10	20
③	13	6.5
④	13	23

15 1 2 3

2단 증폭기에서 1단은 1 [kHz]의 하한 임계 주파수와 100 [kHz]의 상한 임계 주파수를 갖고, 2단은 3 [kHz]의 하한 임계 주파수와 250 [kHz]의 상한 임계 주파수를 가질 때, 전체 대역폭[kHz]을 고르시오.

① 97　　② 99
③ 247　　④ 249

16 1 2 3

귀환 발진기에 대한 설명으로 옳지 않은 것을 고르시오.

① 출력신호의 일부가 위상변이 없이 입력으로 인가된다.
② 정귀환 회로를 사용한다.
③ 폐루프 이득은 1보다 작아야만 발진이 유지된다.
④ 동작시키는 데 외부 입력신호는 필요치 않다.

17 1 2 3

다음 다단 증폭기의 전압이득 $\frac{V_{out}}{V_{in}}$을 고르시오(단, $R_f = 470$ [kΩ], $R_1 = 4.7$ [kΩ], $R_2 = R_3 = 47$ [kΩ], 연산증폭기는 이상적이다).

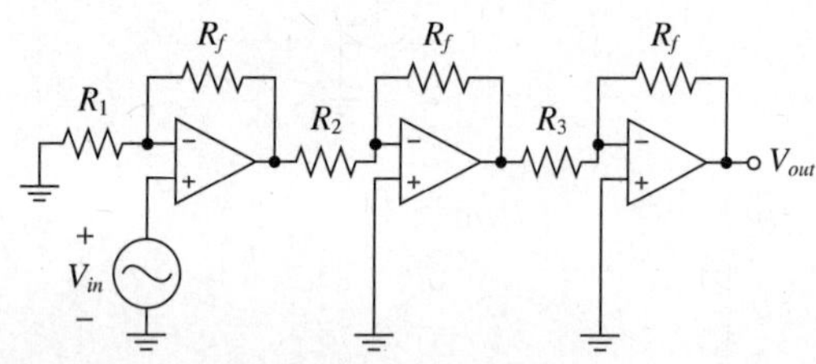

① 10,000　　② 10,100
③ −10,000　　④ −10,100

18 1 2 3

TCP/IP 프로토콜에 대한 설명으로 옳지 않은 것을 고르시오.

① 네트워크 계층은 패킷이 근원지에서 목적지까지 갈 수 있도록 경로를 라우팅하고 포워딩하는 역할을 수행한다.
② 7개의 계층으로 구성되어 있다.
③ TCP는 종단 대 종단의 논리적 연결을 구성하고 흐름제어, 오류제어, 혼잡제어 서비스들을 제공한다.
④ IP는 흐름제어, 오류제어, 혼잡제어 서비스들을 제공하지 않는 비연결형 프로토콜이다.

19 1 2 3

다음 비반전 슈미트 트리거(schmit trigger) 회로에서 하측 문턱전압 V_{TL} [V]과 상측문턱전압 V_{TH} [V]을 고르시오 (단, $R_1 = 25$ [kΩ], $R_2 = 50$ [kΩ], $V_R = 1$ [V], 음의포화 전압 $V_L = -4$ [V], 양의포화전압 $V_H = 4$ [V], 연산증폭기는 이상적이다).

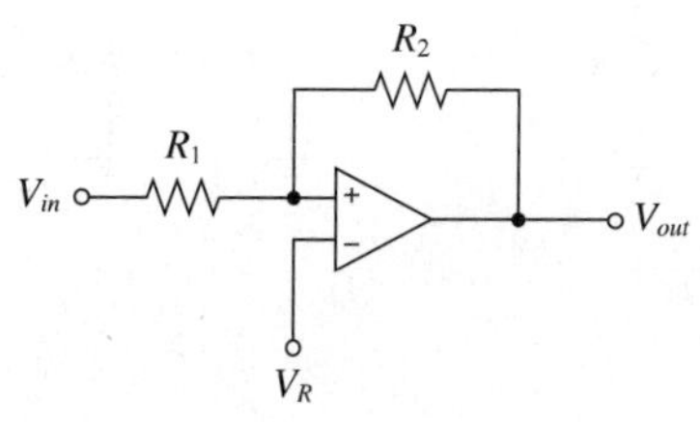

	V_{TL}	V_{TH}
①	−0.5	3.5
②	−0.5	2.5
③	0.5	3.5
④	0.5	2.5

20 1 2 3

다음 카르노 맵(Karnaugh map)과 일치하는 논리식을 고르시오.

xy \ wz	00	01	11	10
00		1	1	
01	1	1	1	1
11	1		1	1
10			1	

① $w\overline{z}+\overline{x}z+zy$

② $\overline{w}z+x\overline{z}+z\overline{y}$

③ $wz+x\overline{z}+\overline{z}\,\overline{y}$

④ $wz+\overline{x}z+\overline{z}y$

2023 | 2023.07.15. 시행 공개경쟁채용 필기시험 군무원 기출

해설편 038p

01 1 2 3

아래 모양과 같은 원기둥 모양 철사의 양끝을 잡아당겨 길이를 3배로 늘렸다. 길이를 늘려도 원래의 원기둥 단면의 모양은 유지되며, 재질의 특성과 부피 또한 변함없다고 가정할 때 철사의 저항값을 구하시오.

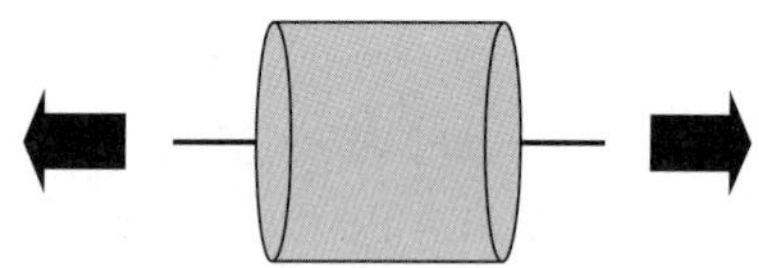

① 1배로 변함 없다.

② $\frac{1}{3}$ 배로 감소한다.

③ 3배로 증가한다.

④ 9배로 증가한다.

02 1 2 3

다음 중 커패시터와 인덕터에 대한 설명으로 가장 옳지 않은 것을 고르시오.

① 커패시터와 인덕터 모두 에너지를 저장할 수 있는 소자이다.

② DC 정상상태(Steady State)에서 커패시터는 단락회로(Short-Circuited)처럼 동작하고, 인덕터는 개방회로(Open-Circuited)처럼 동작한다.

③ 충전된 커패시터에 전원을 끊게 되면 실제로는 커패시터에 매우 적은 누설전류가 흐르게 되어 시간이 지남에 따라 충전된 전하량이 줄어든다.

④ 인덕터 양단의 전압은 인덕터에 흐르는 전류의 변화율에 비례한다.

03 1 2 3

JK플립플롭에서 마스터-슬레이브 구조가 필요한 이유로써 가장 옳은 것을 고르시오.

① 입출력의 충돌을 막기 위해

② 고속동작을 위해

③ 전력소모의 최소화를 위해

④ 스케일의 최소화를 위해

04 1 2 3

다음과 같이 저항과 연산증폭기가 연결된 회로에 대해 입력전압 V_1, V_2와 출력전압 V_o 사이의 설명으로 가장 알맞은 것을 고르시오(단, 문제회로의 연산증폭기는 이상적이라고 가정).

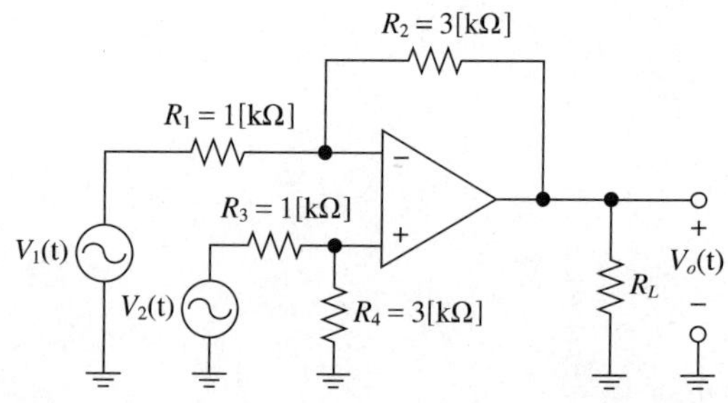

① $V_o = V_1 + V_2$ 인 가산기

② $V_o = 3(V_1 + V_2)$ 인 가산기

③ $V_o = V_1 - V_2$ 인 감산기

④ $V_o = 3(V_2 - V_1)$ 인 감산기

05 1 2 3

아래 그림 (a)와 (b)의 직렬 RLC 회로의 출력에 가장 가까운 특성의 필터로 바르게 연결한 것을 고르시오.

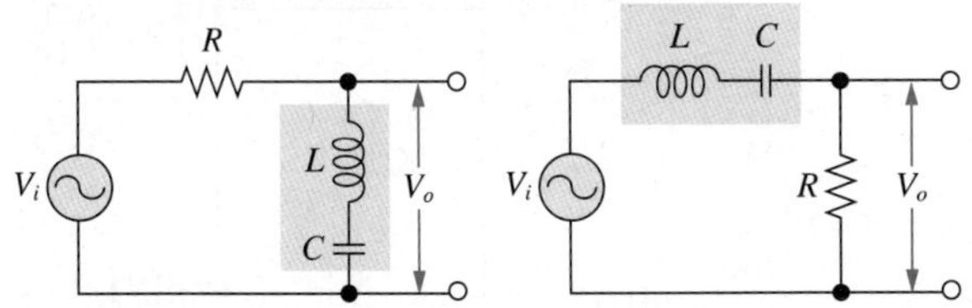

① (a) 저역통과필터, (b) 고역통과필터
② (a) 고역통과필터, (b) 저역통과필터
③ (a) 대역통과필터, (b) 대역차단필터
④ (a) 대역차단필터, (b) 대역통과필터

06 1 2 3

아래 그림과 같이 실효전압 100[V]인 교류전원에 20[Ω]의 저항과 유도성 리액턴스 20[Ω]인 인덕터를 직렬로 연결하였다. 전기회로에 공급되는 유효전력은 얼마인지 고르시오.

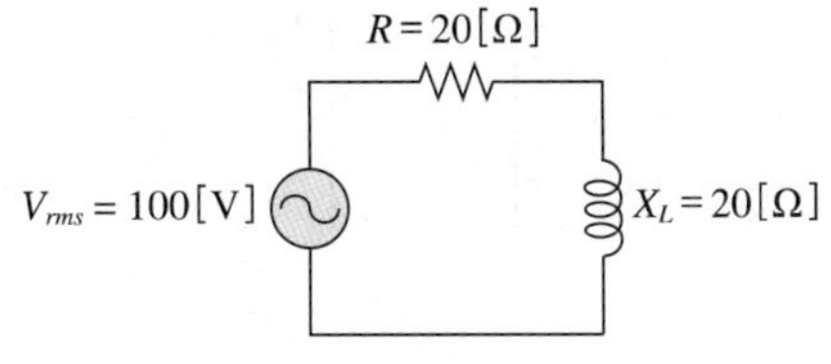

① 100[W] ② 200[W]
③ 250[W] ④ 500[W]

07 1 2 3

다음 중 PN접합 다이오드에 대한 설명으로 가장 옳은 것을 고르시오.

① 다이오드에 전압을 인가하지 않은 열적 평형 상태에서도 N 영역의 전자가 P 영역으로 이동하는 것을 방해하는 전위 장벽이 형성된다.
② 역방향 바이어스를 인가하면 공핍층의 전위장벽이 작아진다.
③ 순방향 바이어스를 인가하면 공핍층의 폭이 넓어진다.
④ P형과 N형의 불순물의 농도가 높을수록 공핍층의 폭은 넓어진다.

08 1 2 3

다음 중 MOSFET의 성질에 대한 설명으로 가장 옳지 않은 것을 고르시오.

① 소스와 몸체(body substrate) 사이에 역방향 바이어스를 걸어주면 문턱전압(Threshold Voltage)이 증가한다.
② 산화물(oxide)층의 두께가 증가하면 문턱전압(Threshold Voltage)이 증가한다.
③ 몸체(body substrate)의 도핑을 높이면 문턱전압(Threshold Voltage)이 증가한다.
④ 온도가 올라가면 문턱전압(Threshold Voltage)이 증가한다.

09 1 2 3

다음 중 Ge(게르마늄)과 Si(실리콘) 반도체에 대한 설명으로 가장 옳지 않은 것을 고르시오.

① Ge 진성반도체가 Si 진성반도체보다 정공과 전자의 밀도가 낮다.
② Si의 밴드갭(E_g)이 Ge의 밴드갭보다 크다.
③ Si 결정이 Ge 결정보다 강하다.
④ Ge과 Si 모두 전자의 이동도가 정공의 이동도보다 크다.

10

다음 공핍형 MOSFET으로 구성된 회로의 전압이득을 고르시오(단, $V_{GS(off)} = -10$[V], $I_{DSS} = 10$[mA]).

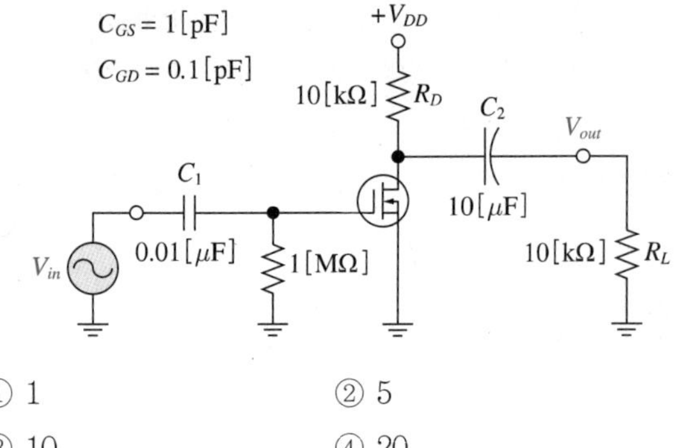

① 1 ② 5
③ 10 ④ 20

11

다음 중 B급 전력증폭기에 대한 설명으로 가장 옳은 것을 고르시오.

① A급에 비해 효율이 낮다.
② A급에 비해 고출력의 증폭기 제작이 용이하다.
③ A급에 비해 선형성이 높다.
④ A급에 비해 무신호 시에 전력소모가 높다.

12

정격용량이 5[V], 6,000[mAh]인 보조배터리를 이용하여 5[V], 3[W]인 휴대용 선풍기를 사용하려고 한다. 사용하기 전 보조배터리는 완전 충전되어 있으며, 휴대용 선풍기 자체의 배터리에는 전혀 저장되어 있는 에너지가 없다고 할 때, 보조배터리를 통해 이론적으로 휴대용 선풍기를 사용할 수 있는 최대 시간은 얼마인지 고르시오(단, 선풍기의 동작 외에 소모되는 에너지는 전혀 없다고 가정).

① 5시간 ② 10시간
③ 20시간 ④ 30시간

13

아래 회로에서 V_{CE}를 구하시오(단, $V_{BE} = 0.7$[V], $\beta = 100$).

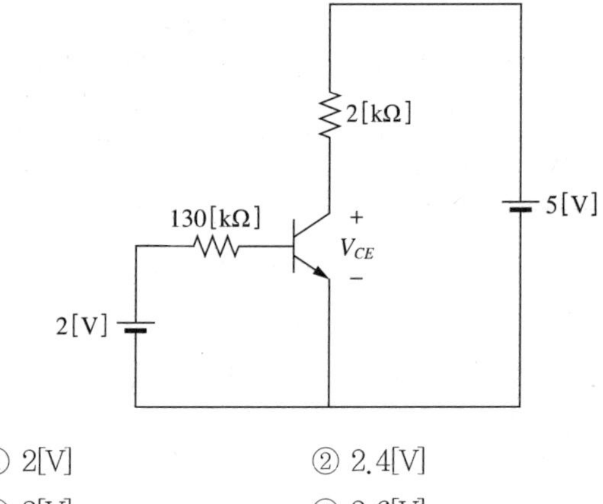

① 2[V] ② 2.4[V]
③ 3[V] ④ 3.6[V]

14

다음 회로가 나타내는 게이트를 고르시오(단, 4개의 MOSFET는 모두 증가형이다).

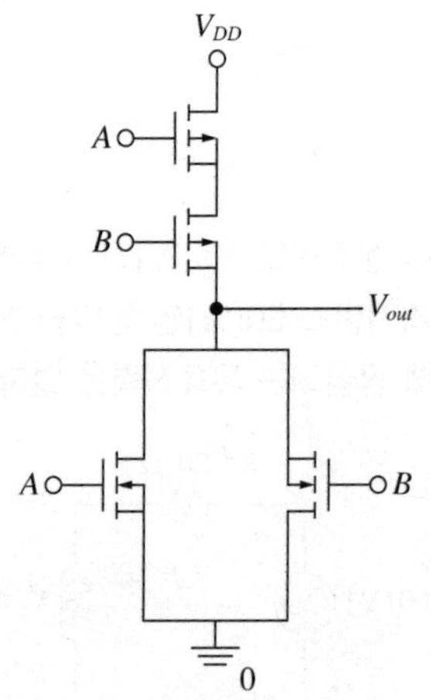

① NAND ② NOR
③ NOT ④ AND

15 [1][2][3]

다음 그림의 최대피크 출력전압(V_{po})과 최대피크 전류값(I_{po})을 나타낸 것으로 가장 알맞은 것을 고르시오.

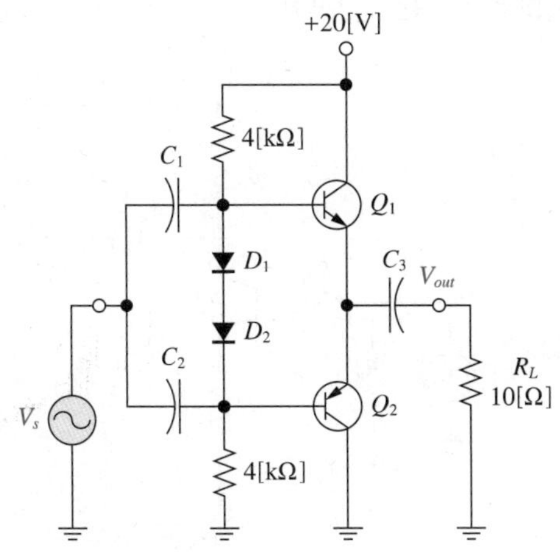

① 10[V], 1[A]
② 10[V], 0.5[A]
③ 20[V], 1[A]
④ 20[V], 2[A]

16 [1][2][3]

다음 중 공통이미터 증폭기 특성으로 가장 옳지 않은 것을 고르시오.

① 출력신호와 입력신호의 위상이 동일하다.
② 동작점에 따라 전압이득이 변한다.
③ 부하의 크기에 따라 전압이득이 변한다.
④ 온도에 의해 전압이득이 영향을 받는다.

17 [1][2][3]

아래의 회로에서 R_L에 최대의 전력이 전달되기 위한 R_L의 값을 고르시오.

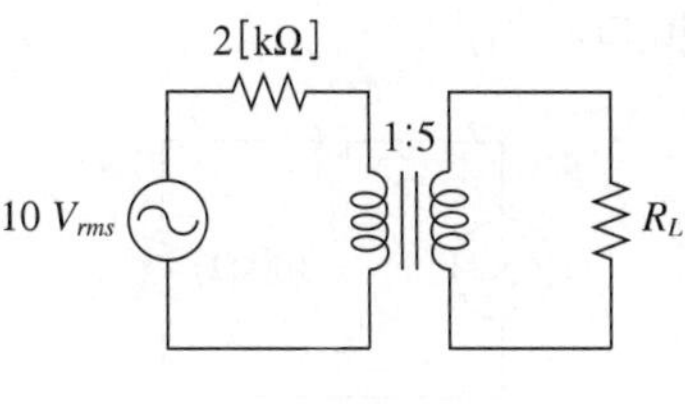

① 2[kΩ] ② 10[kΩ]
③ 25[kΩ] ④ 50[kΩ]

18 [1][2][3]

다음 회로에서 5[V] 제너다이오드가 있는 회로에서 부하에 허용되는 최솟값으로 가장 적절한 것을 고르시오(단, $I_{ZK}=1[\text{mA}]$, $V_{IN}=16[\text{V}]$, $R=1[\text{k}\Omega]$이며, $Z_z=0[\Omega]$이다).

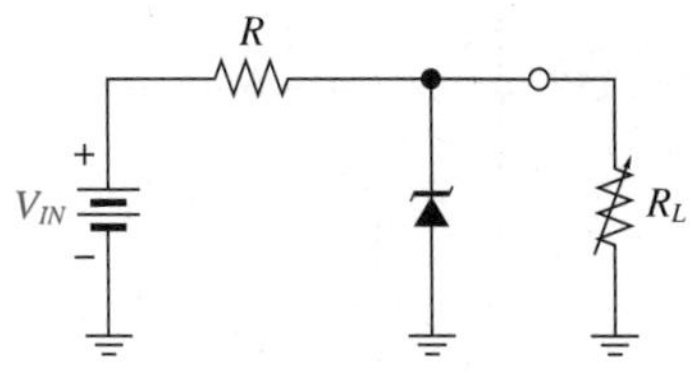

① 3[KΩ] ② 2[KΩ]
③ 1[KΩ] ④ 500[Ω]

19 1 2 3

아래의 회로에서 $v_s = 20\sin(100\pi t)[\mathrm{V}]$ 일 때, 출력전압 v_o의 실효값으로 가장 알맞은 것을 고르시오(단, 다이오드는 이상적이다).

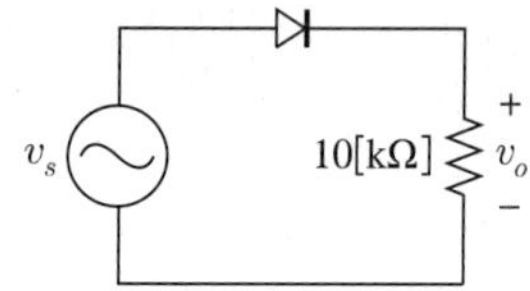

① $7.07\,V_{rms}$　② $10\,V_{rms}$
③ $14.14\,V_{rms}$　④ $20\,V_{rms}$

20 1 2 3

완전히 방전되어 있던 같은 용량의 커패시터 세 개를 15[V] 배터리와 아래와 같이 연결하였을 때 절점(node) A의 전압으로 가장 알맞은 것을 고르시오.

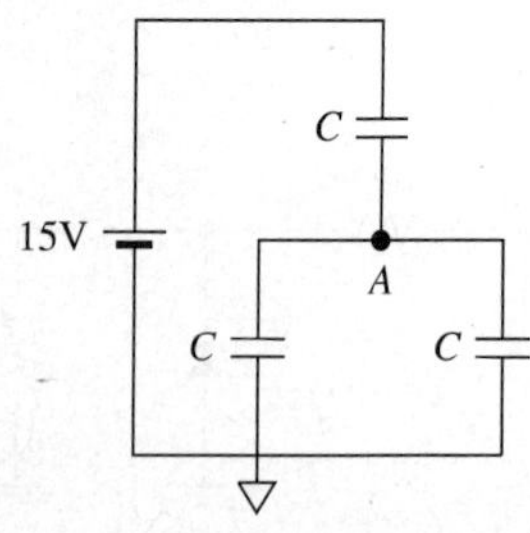

① 5V　② 6V
③ 10V　④ 12V

21 1 2 3

아래 이미터 공통 증폭기의 소신호 입력저항 R_{in}으로 가장 알맞은 것을 고르시오(단, Q는 활성영역에 있고 Q의 소신호 등가회로의 r_o는 ∞ 이다).

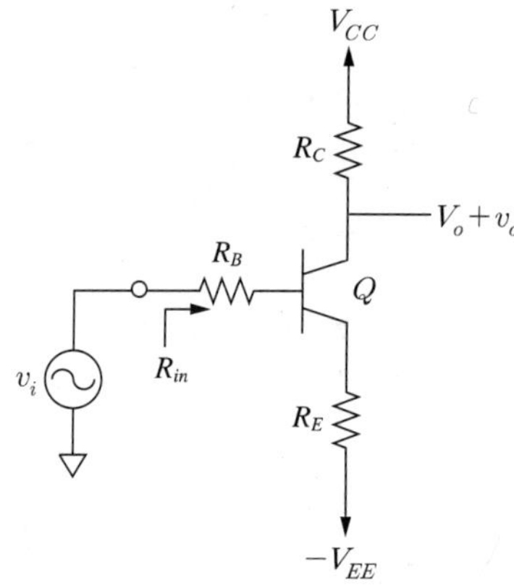

① $R_B + (1+\beta)(r_e + R_E)$

② $R_B + (1+\beta)(r_e + R_E) \parallel R_C$

③ $R_B + \dfrac{r_e + R_E}{1+\beta}$

④ $R_B + \dfrac{r_e + R_E}{1+\beta} \parallel \alpha R_C$

22 1 2 3

변압기의 권선비가 10 : 1이라고 가정하고 1차 권선에 100 V_{rms} 인 교류전압이 인가될 때 2차권선에 나타나는 최대전압으로 알맞은 것을 고르시오.

① 10[V]　② 14.14[V]
③ 100[V]　④ 141.4[V]

23 1 2 3

아래 카르노맵에 대한 논리식으로 가장 알맞은 것을 고르시오.

CD \ AB	00	01	11	10
00	1	1	1	1
01	1	0	0	1
11	1	0	0	1
10	1	1	1	1

① $F = A + C$

② $F = A' + C$

③ $F = B + D'$

④ $F = B' + D'$

24 1 2 3

아래 그림과 같은 스위치 회로에서 스위치가 열린 상태를 0, 스위치가 닫힌 상태를 1로 나타내며, 전구가 켜지는 동작을 부울 변수 F로 나타낼 때, 이 회로를 표현하는 가장 가까운 논리게이트는 무엇인지 고르시오.

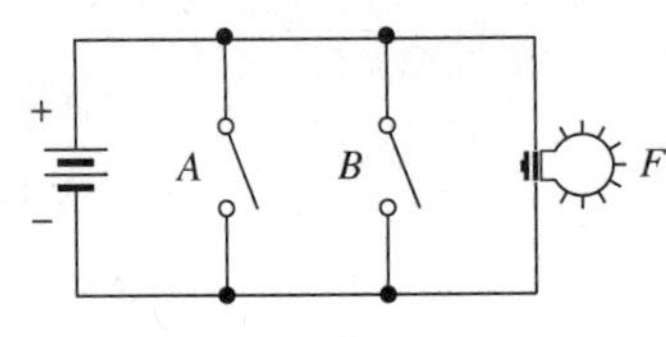

① OR ② AND

③ NOR ④ NAND

25 1 2 3

2의 보수를 이용하여 다음 2진수의 뺄셈을 수행할 때, □안에 들어갈 숫자를 모두 더하면 얼마인지 고르시오.

> 1110100−0011011=10□□□□□

① 1 ② 2

③ 3 ④ 4

2022 | 2022.04.02. 시행 공개경쟁채용 필기시험 국가직 기출

모바일 OMR

해설편 057p

01 1 2 3

반송파의 진폭과 위상을 동시에 변화시켜 전송하는 디지털 변조 방식을 고르시오.

① PSK(Phase Shift Keying)
② FSK(Frequency Shift Keying)
③ ASK(Amplitude Shift Keying)
④ QAM(Quadrature Amplitude Modulation)

02 1 2 3

PN접합에 대한 설명으로 옳지 않은 것을 고르시오.

① PN접합 부근에서는 전하 캐리어가 고갈되어 공핍영역이 생긴다.
② PN접합을 사이에 두고 공핍영역 양쪽 전계의 전위차가 발생하는데 이를 전위장벽이라 한다.
③ PN접합의 N영역 접합 부근은 음전하 층이 형성되고, P영역 접합 부근은 양전하 층이 형성된다.
④ PN접합이 형성되는 순간 접합 근처의 N영역에 있던 자유전자는 접합을 넘어 P영역으로 확산되어 접합 근처의 정공과 재결합한다.

03 1 2 3

다음 회로에서 각 MOSFET M_1, M_2, M_3의 채널길이 비가 $L_1 : L_2 : L_3 = 1 : 2 : 4$이고 채널 폭의 비가 $W_1 : W_2 : W_3 = 2 : 8 : 16$일 때, 드레인 전류비 $I_{D1} : I_{D2} : I_{D3}$를 구하시오(단, 모든 MOSFET은 채널길이변조효과와 몸체효과는 무시하고 문턱전압 $V_{tn} = 1$[V], $V_D = 5$[V]이다).

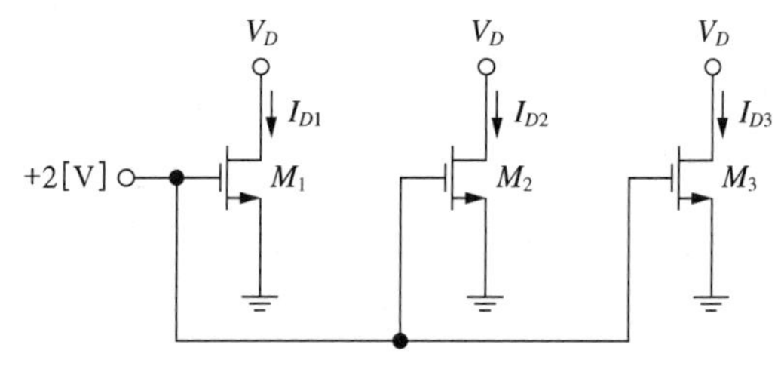

① 1 : 1 : 1　　② 1 : 2 : 2
③ 2 : 1 : 1　　④ 2 : 2 : 1

04 1 2 3

다음 (가)와 (나) 파형은 2진 디지털 데이터를 전송하기 위한 두 개의 라인코드 펄스파형이다. (가)와 (나)에 해당하는 라인코드 방식으로 옳게 짝지은 것을 고르시오.

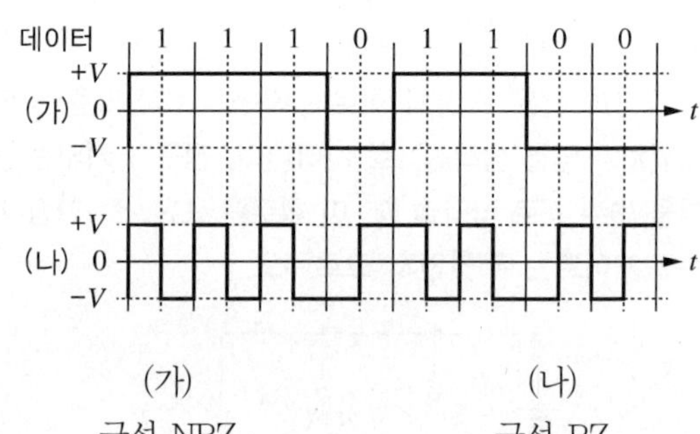

	(가)	(나)
①	극성 NRZ	극성 RZ
②	극성 RZ	극성 NRZ
③	맨체스터(Manchester)	극성 RZ
④	극성 NRZ	맨체스터(Manchester)

05 1 2 3

다음 회로에 피크값이 20[V]인 펄스파 입력전압 V_{in}을 인가 하였을 때, 출력전압 V_{out} 펄스파형의 최댓값과 최솟값의 합[V]을 구하시오(단, 다이오드는 이상적이다).

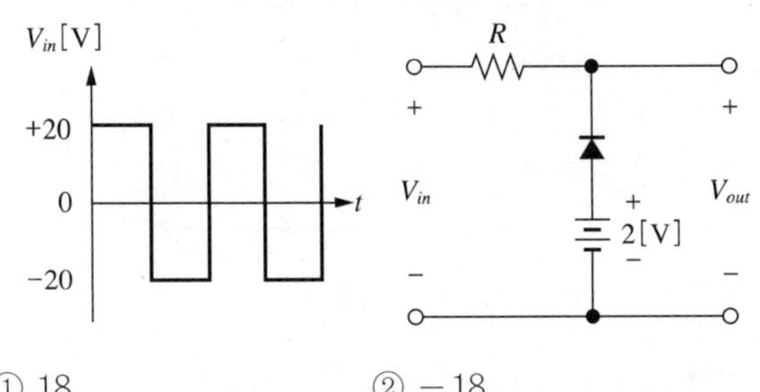

① 18　　② −18

③ 22　　④ −22

06 1 2 3

다음 논리 회로에서 출력 F의 논리식을 고르시오.

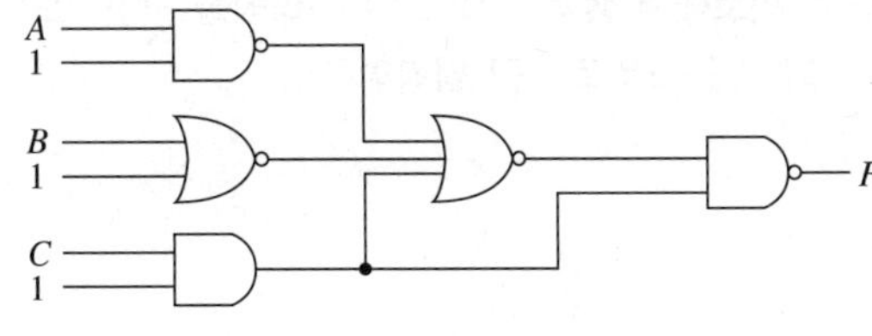

① 0　　② 1

③ $\overline{A}+\overline{B}$　　④ $A \cdot B$

07 1 2 3

다음 차동증폭기회로에 대한 설명으로 옳은 것을 고르시오 (단, 트랜지스터 Q_1과 Q_2는 동일하다).

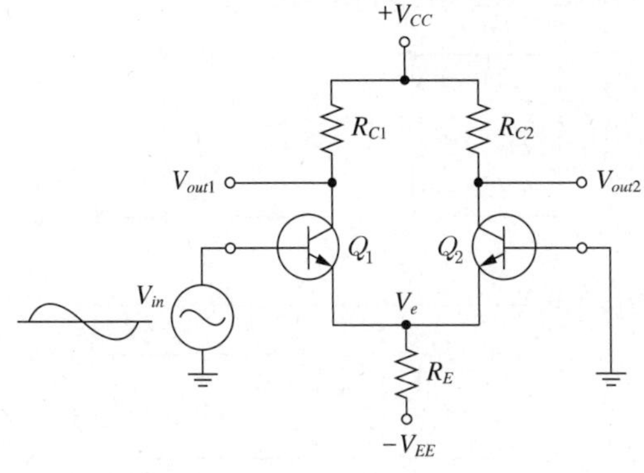

① 공통모드 입력 차동증폭기이다.

② 이미터신호 V_e는 입력신호 V_{in}과 동위상이다.

③ 출력신호 V_{out1}은 입력신호 V_{in}과 동위상이다.

④ 출력신호 V_{out2}는 입력신호 V_{in}과 역위상이다.

08 1 2 3

다음 PNP BJT 증폭회로에 대한 설명으로 옳지 않은 것을 고르시오(단, BJT는 활성영역에서 동작하며, BJT의 직류전류이득(β_{DC})은 100이고, PN접합 다이오드의 순방향 전압은 0.7[V]로 가정한다).

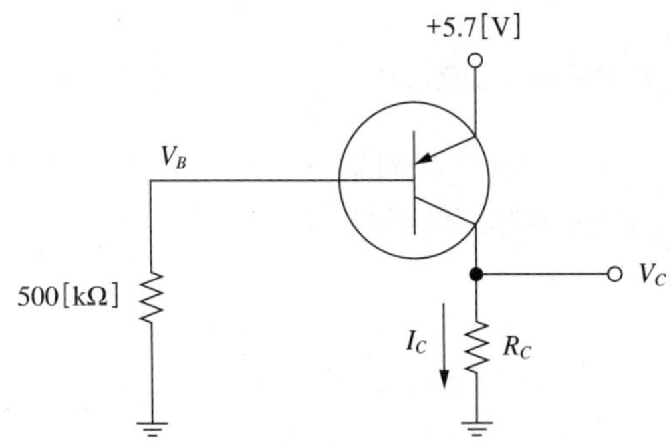

① $V_B = 5$[V]이다.

② 컬렉터 직류 전류 $I_C = 1$[mA]이다.

③ V_C가 4[V] 되기 위해 필요한 R_C는 2[kΩ]이다.

④ 베이스-컬렉터 접합에는 역방향 전압이 걸려 있다.

09 1 2 3

다음 RLC 병렬공진회로의 전달함수 $H(\omega)=\dfrac{V(\omega)}{I(\omega)}$를 구하시오(단, ω는 각주파수이다).

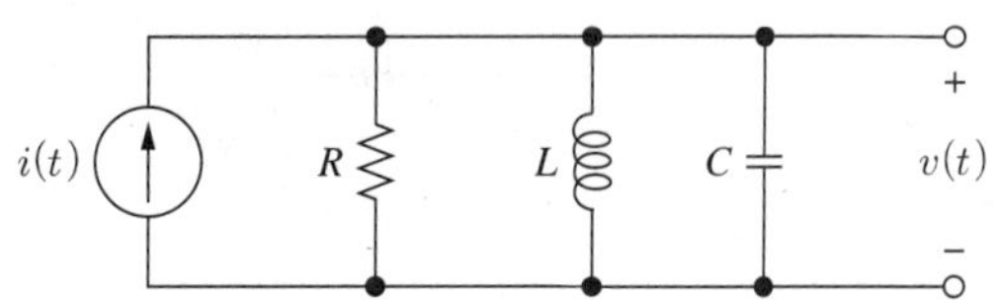

① $H(\omega)=\dfrac{R}{1+jR\sqrt{\dfrac{L}{C}}\left(\dfrac{\omega}{\sqrt{LC}}-\dfrac{\sqrt{LC}}{\omega}\right)}$

② $H(\omega)=\dfrac{R}{1+jR\sqrt{\dfrac{C}{L}}\left(\dfrac{\omega}{\sqrt{LC}}-\dfrac{\sqrt{LC}}{\omega}\right)}$

③ $H(\omega)=\dfrac{R}{1+jR\sqrt{\dfrac{C}{L}}\left(\omega\sqrt{LC}-\dfrac{1}{\omega\sqrt{LC}}\right)}$

④ $H(\omega)=\dfrac{R}{1+jR\sqrt{\dfrac{L}{C}}\left(\omega\sqrt{LC}-\dfrac{1}{\omega\sqrt{LC}}\right)}$

10 1 2 3

다음 연산증폭기 회로에서 $\dfrac{V_{out}}{I_S}[\mathrm{V/A}]$를 구하시오(단, $R_1=4[\mathrm{k\Omega}]$, $R_S=2[\mathrm{k\Omega}]$, $R_f=30[\mathrm{k\Omega}]$, $R_L=6[\mathrm{k\Omega}]$이고, 연산증폭기는 이상적이다).

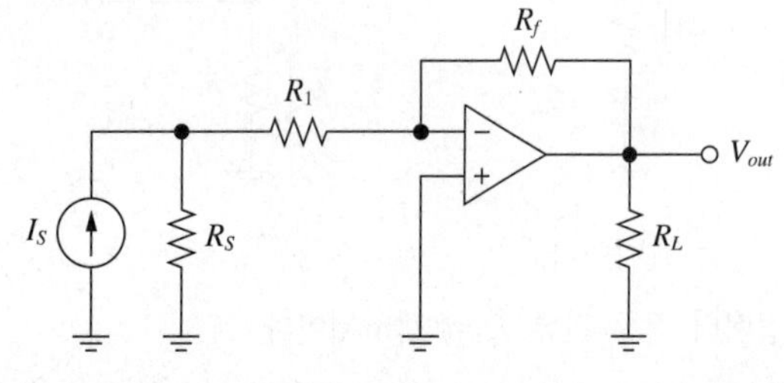

① $-1,500$ ② $-5,000$

③ $-7,500$ ④ $-10,000$

11 1 2 3

다음 직렬 RC회로에 대한 설명으로 옳은 것을 고르시오(단, ω는 교류 입력전압의 각주파수이다).

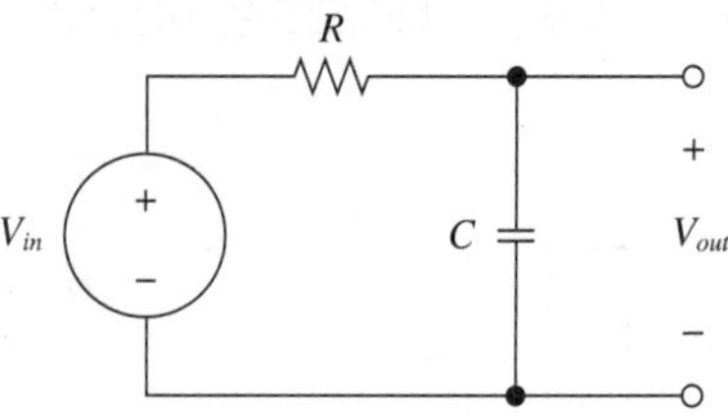

① 저역통과 필터로 사용될 수 있다.

② 전압 이득 $H(w)=\dfrac{V_{out}(\omega)}{V_{in}(\omega)}=\dfrac{1}{1-j\dfrac{R}{\omega C}}$이다.

③ 교류 입력전압과 출력전압의 위상차는 $\tan^{-1}(\dfrac{\omega C}{R})$이다.

④ 입력에 직류 전압 신호만 인가할 때 전압이득은 0이다.

12 1 2 3

입력 X와 Y의 합 S(Sum)와 캐리 C(Carry)를 출력하는 반가산기 회로에서 출력 C와 S의 논리식을 구하시오(단, 입력 X와 Y는 1비트 2진 입력이다).

	C	S
①	$X+Y$	$X\oplus Y$
②	$X\cdot Y$	$X\oplus Y$
③	$X\oplus Y$	$X+Y$
④	$X\oplus Y$	$X\cdot Y$

13

다음 정전압 회로의 제너다이오드에 흐르는 전류 I_Z[mA]를 구하시오(단, 제너다이오드는 이상적이고 제너전압 $V_Z = 8[\text{V}]$이다).

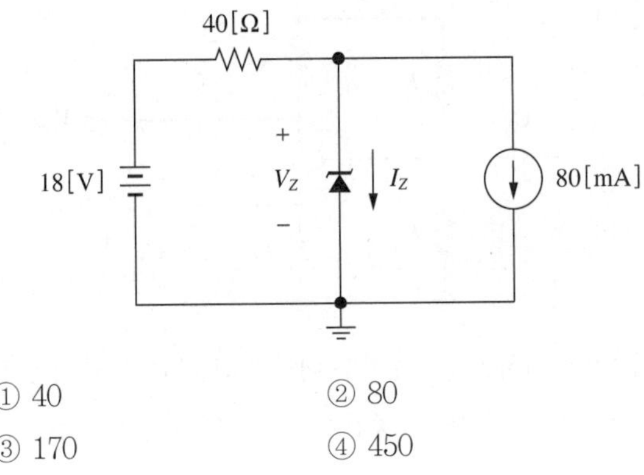

① 40
② 80
③ 170
④ 450

14

다음 상승에지 JK 플립플롭 회로에서 입력신호 CP, J, K가 인가되었을 때 출력 Q를 구하시오(단, 출력 Q는 1로 초기화되어 있고, 게이트에서 전파지연은 없다고 가정한다).

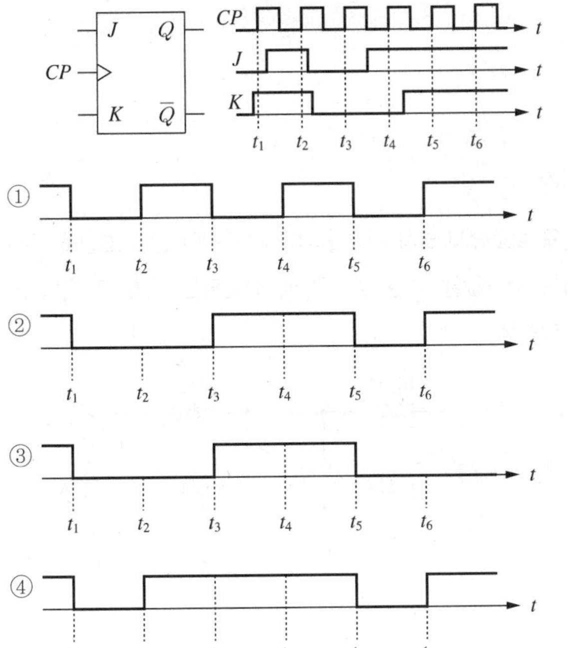

15

바크하우젠의 발진조건에 대한 설명으로 옳지 않은 것을 고르시오(단, $L(j\omega_0)$는 루프이득, ω_0는 발진주파수이다).

① $L(j\omega_0) = 0$을 만족하면서 발진한다.

② 기본증폭기의 입력신호와 귀환신호의 크기는 같아야 한다.

③ 기본증폭기의 입력신호와 귀환신호는 동일한 위상을 가져야 한다.

④ 외부의 입력신호 없이도 출력이 지속적으로 발생되는 발진조건을 의미한다.

16

다음 CMOS 논리 게이트의 논리식으로 옳은 것을 고르시오.

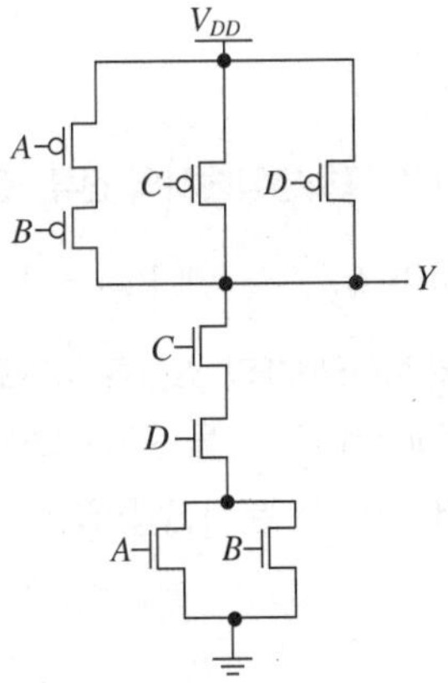

① $Y = \overline{A} \cdot \overline{B} \cdot (\overline{C} + \overline{D})$

② $Y = (\overline{A} + \overline{B}) \cdot (\overline{C} \cdot \overline{D})$

③ $Y = \overline{A} + \overline{B} + \overline{C} \cdot \overline{D}$

④ $Y = \overline{A} \cdot \overline{B} + \overline{C} + \overline{D}$

17 1 2 3

다음 스피커와 증폭기의 정합을 위한 이상적인 임피던스 정합 변압기 회로에서 스피커에 최대 전력 전달을 위한 권선수비(n)가 0.2라면, 스피커 내부 저항 $R_L[\Omega]$을 구하시오(단, 증폭기 내부 저항 $R_S = 200[\Omega]$이다).

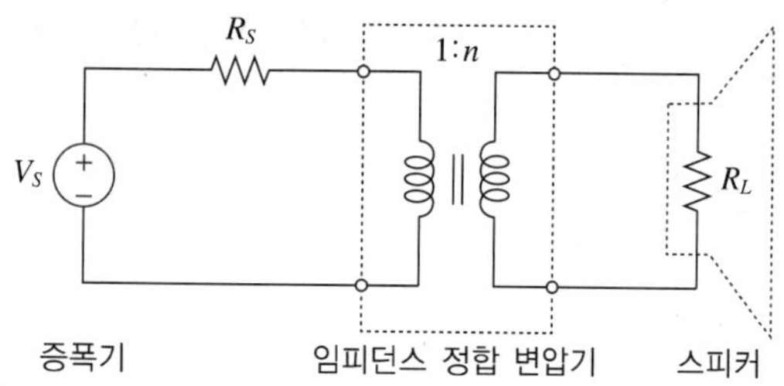

① 8 ② 40
③ 1000 ④ 5000

18 1 2 3

N 채널 MOSFET의 포화영역에서의 전류–전압 특성($I-V$ Characteristics)이 $I_D = \frac{1}{2}k_n(V_{GS}-V_{tn})^2$일 때, 포화영역에서 N 채널 MOSFET의 소신호 등가회로의 전달컨덕턴스(Transconductance) g_m을 구하시오(단, k_n은 전달컨덕턴스 파라미터, V_{tn}은 문턱전압이다).

① $\sqrt{k_n I_D}$

② $\frac{I_D}{V_{GS}-V_{tn}}$

③ $k_n(V_{GS}-V_{tn})$

④ $\frac{2k_n(V_{GS}-V_{tn})}{I_D}$

19 1 2 3

다음 BJT 증폭기 회로에 대한 설명으로 옳지 않은 것을 구하시오(단, BJT는 활성영역에서 동작한다).

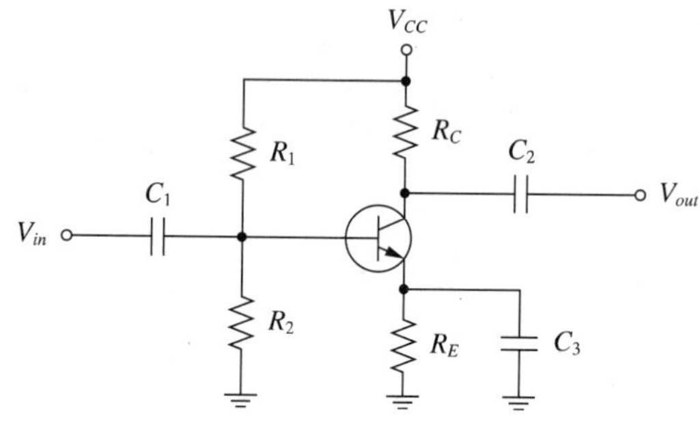

① R_C가 증가하면 중간주파수 대역의 전압이득이 증가한다.
② 바이패스 커패시터는 중간주파수 대역의 전압이득을 증가시킨다.
③ 중간주파수 대역에서 커패시터의 영향을 무시할 때 출력전압 V_{out}은 입력전압 V_{in}과 180°의 위상차가 난다.
④ 결합 커패시터와 바이패스 커패시터에 의해서 고주파 대역 응답특성과 상측 차단주파수가 결정된다.

20 1 2 3

다음 회로에서 부하 저항 R_L이 최대 전력 전달 조건을 만족하는 저항값을 가질 때, R_L에 전달되는 최대 전력[W]을 구하시오.

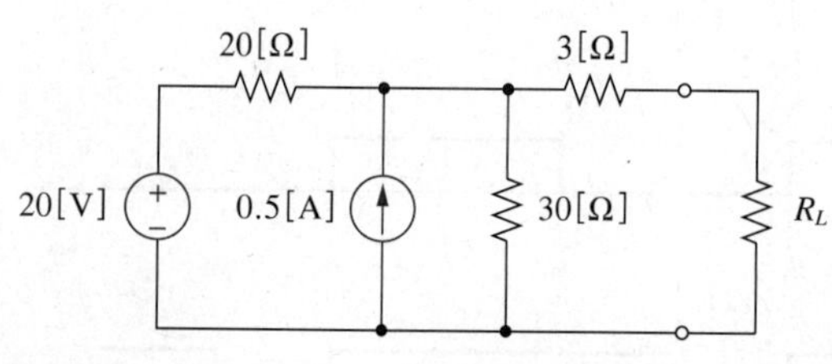

① 5.4 ② 6.5
③ 7.8 ④ 12.3

2022 지방직 기출

모바일 OMR

해설편 063p

01 1 2 3

다음 논리 회로에서 출력 X의 논리식을 고르시오.

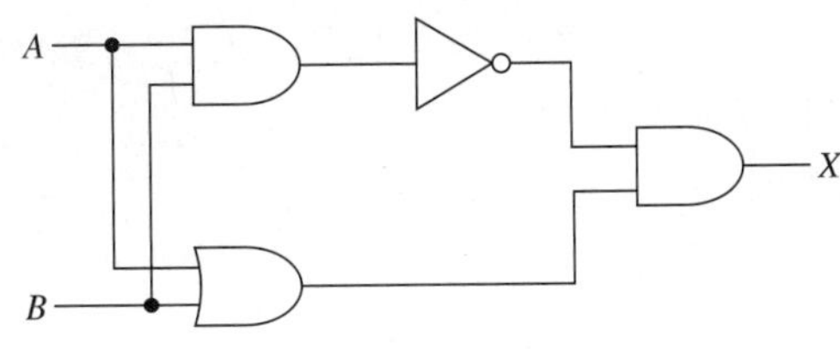

① $A\overline{B}+\overline{A}B$

② $AB(A+B)$

③ $(\overline{A}+B)(A+\overline{B})$

④ AB

02 1 2 3

다음 카르노 맵(Karnaugh map)과 일치하는 논리식을 고르시오.

A \ BC	00	01	11	10
0	1	1	1	1
1	0	0	1	0

① $\overline{A}+BC$

② $\overline{A}+B$

③ $A+BC$

④ $A+C$

03 1 2 3

인덕터와 커패시터에 대한 설명으로 옳지 않은 것을 고르시오.

① 무한대의 전압이 인가되지 않는 한 인덕터 전류는 불연속적으로 변할 수 없다.

② 커패시터 전류는 인가되는 전압의 시간적 변화율의 영향을 받는다.

③ 커패시터 양단에 직류 전압이 인가된 후 정상 상태(steady state)에 도달하면 커패시터는 개방 회로처럼 동작한다.

④ 인덕터 두 개를 병렬 연결하면 등가 인덕턴스는 인덕터 한 개의 인덕턴스보다 크다.

04 1 2 3

다음 회로에서 $2[\text{k}\Omega]$ 저항에 전류가 흐르지 않도록 하는 저항 $R[\text{k}\Omega]$을 고르시오(단, 다이오드의 순방향 전압 강하는 $0.7[\text{V}]$이고 저항 성분은 무시한다).

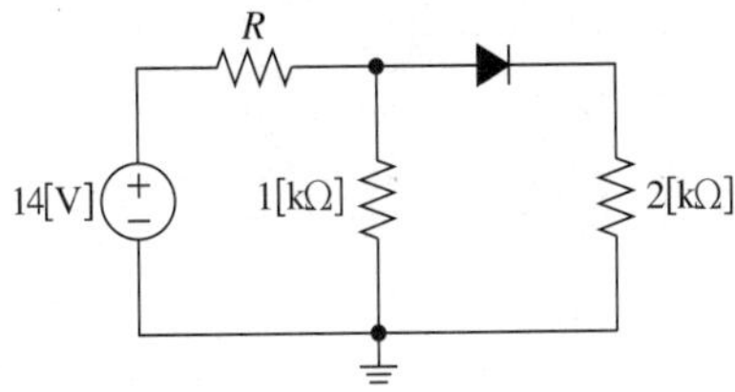

① 14

② 16

③ 18

④ 20

05 1 2 3

슈미트 트리거 회로의 특성으로 옳지 않은 것을 고르시오.

① 정궤환 회로에 해당한다.
② 멀티바이브레이터라고 하는 파형발생기로 사용될 수 있다.
③ 히스테리시스 특성을 가진다.
④ 잡음신호로 인한 채터링(chattering) 현상을 제거할 수 없다.

06 1 2 3

부하가 저항 R인 반파정류회로에 대한 설명으로 옳지 않은 것을 고르시오(단, 전원전압은 $v_s(t) = \sqrt{2}\,V\sin\omega t$[V]이고, 다이오드는 이상적인 소자이다).

① 출력전압의 평균치는 $\sqrt{2}\,V/\pi$[V]이다.
② 출력전압의 실효치는 $\sqrt{2}\,V/2$[V]이다.
③ 부하에 공급되는 전력은 $V^2/(4R)$[W]이다.
④ 다이오드에 인가되는 역방향 최대전압은 $\sqrt{2}\,V$[V]이다.

07 1 2 3

다음 트랜지스터 회로에 순방향 바이어스 전원을 연결할 때 전원 A와 B의 연결 방향으로 옳은 것을 고르시오.

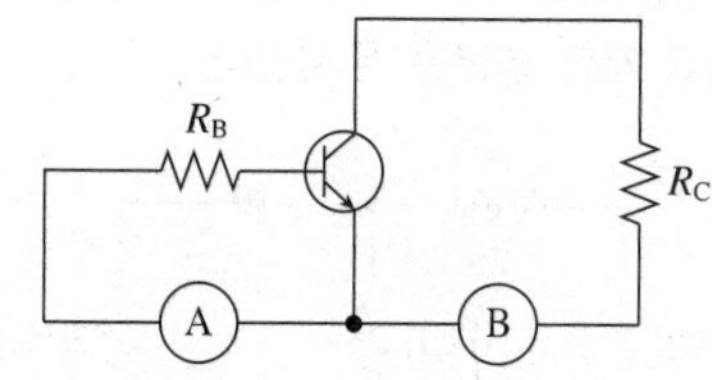

	A	B
①	⊣⊢	⊣⊢
②	⊣⊢	⊣⊢
③	⊣⊢	⊣⊢
④	⊣⊢	⊣⊢

08 1 2 3

다음 회로에 대한 설명으로 옳지 않은 것을 고르시오.

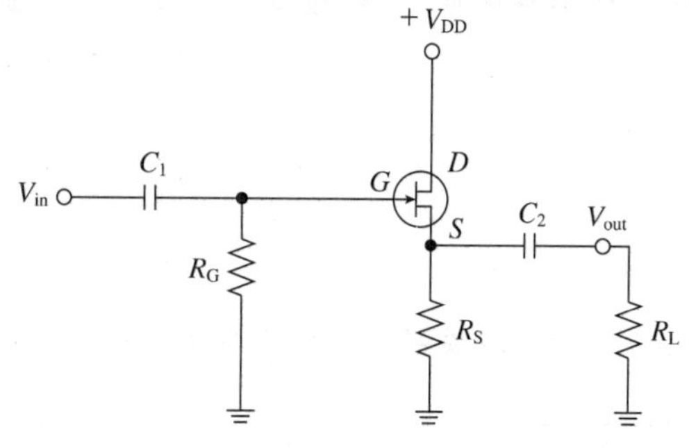

① 전압이득은 1보다 작다.
② 입력임피던스는 매우 크다.
③ 출력전압의 위상은 입력전압의 위상과 반대이다.
④ 소스 팔로워(source-follower) 회로라 불린다.

09 1 2 3

2진 코드에 대한 설명으로 옳지 않은 것을 고르시오.

① BCD 코드는 10진수를 표현하는 보편적인 방법이며 10진수 31에 대한 BCD 코드는 0011 0001이다.
② 그레이(Gray) 코드는 가중치를 가지므로 효율적 연산을 하는 데 유리하다.
③ ASCII 코드는 미국 표준 코드로 영문 대소문자, 특수 문자 등을 표현하기 위해 사용된다.
④ 해밍(Hamming) 코드는 데이터의 전송 과정에서 발생하는 오류를 검출하고 정정하는 데 사용된다.

10 1 2 3

다음 논리 회로에서 출력 F가 1이 되는 입력 AB와 $VWXY$의 값을 고르시오.

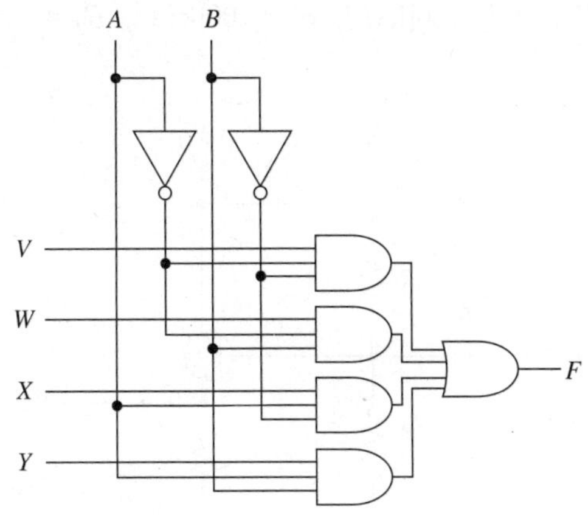

	AB	$VWXY$
①	00	0101
②	01	0110
③	10	0101
④	11	1010

11 1 2 3

다음 달링턴(darlington) 회로에 대한 설명으로 옳은 것을 고르시오.

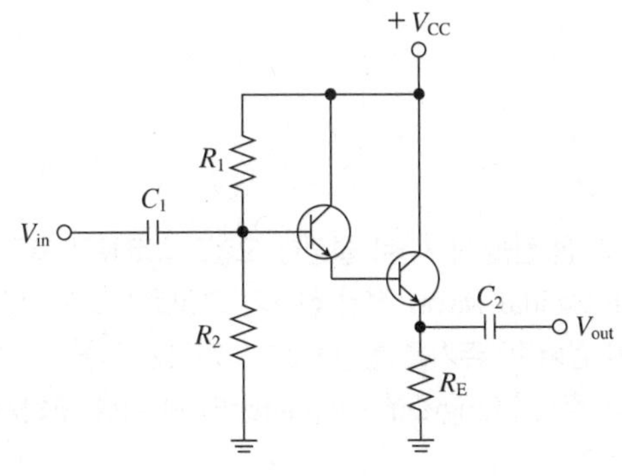

① 높은 전류 이득을 가진다.

② 높은 전압 이득을 가진다.

③ 낮은 입력 임피던스를 가진다.

④ 공통 에미터 회로이다.

12 1 2 3

보드(Bode) 선도에 대한 설명으로 옳은 것만을 모두 고르시오.

> ㄱ. 보드 선도는 입력 신호의 각 주파수 ω에 대한 전달 함수(transfer function) $G(j\omega)$의 크기([dB])와 위상([degree])의 변화를 나타낸 그래프로써 근사적으로 표현 가능하다.
>
> ㄴ. $G(j\omega)=K$이고 K가 음의 상수라면 보드 선도의 크기는 $20\log_{10}|K|$로 표현되고, 위상은 180°로 일정하다.
>
> ㄷ. $G(j\omega)=j\omega$라면 보드 선도의 크기는 $20\log_{10}\omega$로 표현되고, 위상은 90°로 일정하다.
>
> ㄹ. $G(j\omega)=\left(\dfrac{1}{1+\dfrac{j\omega}{\omega_c}}\right)^2$일 때 $\omega \gg \omega_c$인 고주파 영역에서 근사화된 보드 선도 크기의 기울기는 -40[dB/decade]이다.

① ㄱ, ㄹ　　② ㄴ, ㄷ

③ ㄱ, ㄴ, ㄷ　　④ ㄱ, ㄴ, ㄷ, ㄹ

13 1 2 3

다음 연산증폭기 회로에서 출력전압 V_{out}[V]의 값을 고르시오(단, 연산증폭기는 이상적인 소자이다).

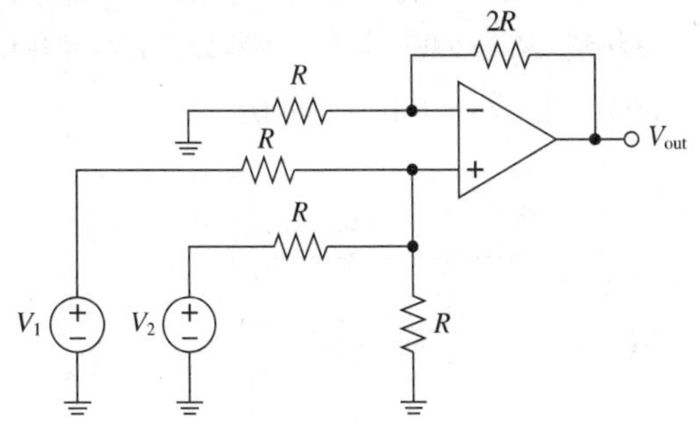

① V_1+V_2　　② V_1+2V_2

③ $2V_1+V_2$　　④ $V_1\times V_2$

14 1 2 3

TCP(Transmission Control Protocol)와 UDP(User Datagram Protocol)에 대한 설명으로 옳지 않은 것을 고르시오.

① UDP는 8바이트 크기의 헤더(header)를 포함한다.
② TCP는 UDP보다 신뢰성 있는 연결형 서비스를 제공한다.
③ TCP 세그먼트(segment)의 헤더(header)는 체크섬(checksum) 항목을 포함하지 않는다.
④ UDP는 흐름제어와 혼잡제어 기능을 수행하지 않는다.

15 1 2 3

다음 증폭기의 교류 등가 회로에서 베이스 전압 V_b[mV]를 구하시오(단, 교류 에미터 저항 $r'_e=10[\Omega]$, $\beta_{ac}=100$, $V_{in}=20$[mV], $R_S=10[\text{k}\Omega]$, $R_1=20[\text{k}\Omega]$, $R_2=40[\text{k}\Omega]$, $R_E=390[\Omega]$, $R_C=10[\text{k}\Omega]$이다).

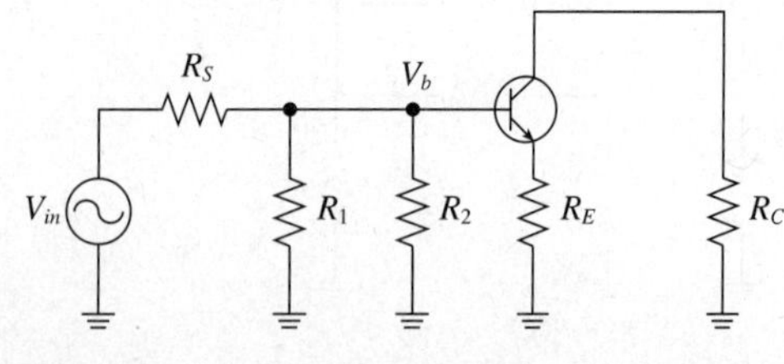

① 0.149 ② 7.27
③ 10 ④ 16

16 1 2 3

다음 증폭기 회로에서 전류이득을 구하시오(단, 교류 에미터 저항 $r'_e=0[\Omega]$, 전압이득 $A_v\simeq 1$, $\beta_{ac}=200$, $V_{CC}=10$[V], $R_1=100[\text{k}\Omega]$, $R_2=100[\text{k}\Omega]$, $R_E=1[\text{k}\Omega]$이다).

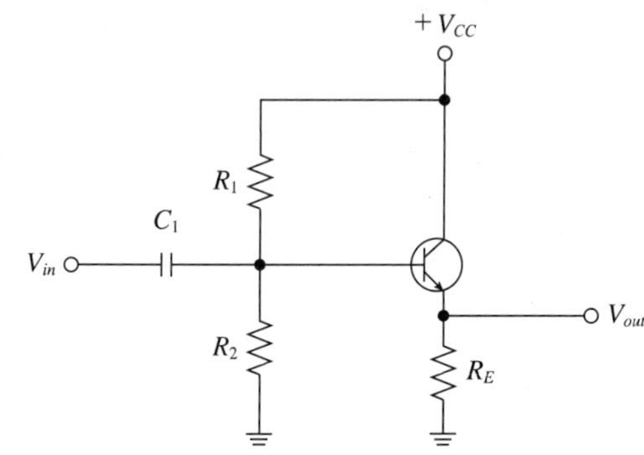

① 20
② 40
③ 60
④ 80

17 1 2 3

시간축의 한 칸을 5[μs]로 설정한 오실로스코프로 측정된 정현파(sinusoidal wave) 전압 신호가 오실로스코프 시간축의 네 칸에 걸쳐 반 주기를 형성하였다. 측정된 정현파 전압 신호의 각 주파수(angular frequency)[rad/s]를 구하시오.

① 5×10^4
② 1×10^5
③ $5\pi\times10^4$
④ $\pi\times10^5$

18 1 2 3

다음 회로의 임계주파수 f_c[Hz]와 근사 버터워스(Butterworth) 특성을 갖기 위한 R_4[kΩ]을 구하시오(단, $R_1 = R_2$, $C_1 = C_2$, $R_3 = 1$[kΩ]이다).

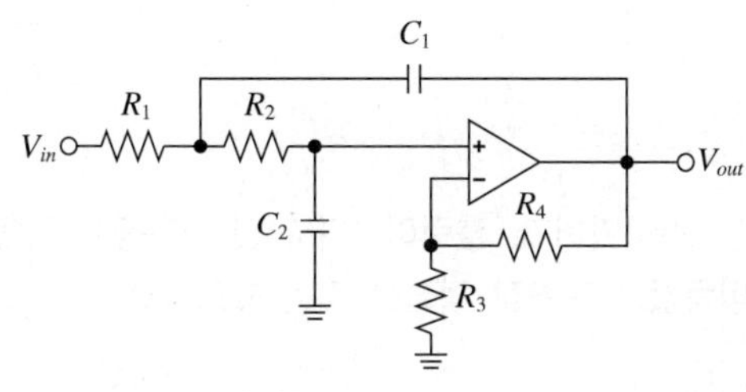

	f_c	R_4
①	$\frac{1}{(2\pi\sqrt{R_1R_2C_1C_2})}$	0.586
②	$\frac{1}{(2\pi\sqrt{R_1R_2C_1C_2})}$	1.414
③	$\frac{1}{(2\pi R_1R_2C_1C_2)}$	0.586
④	$\frac{1}{(2\pi R_1R_2C_1C_2)}$	1.414

19 1 2 3

다음은 양(+)의 리미터(limiter)와 음(−)의 리미터를 혼합한 회로이다. 입력신호(V_{in})를 인가했을 때, 출력신호(V_{out})에 표시된 A[V]와 B[V]의 값을 구하시오(단, 다이오드의 순방향 전압 강하는 0.7[V]이고 저항 성분은 무시한다).

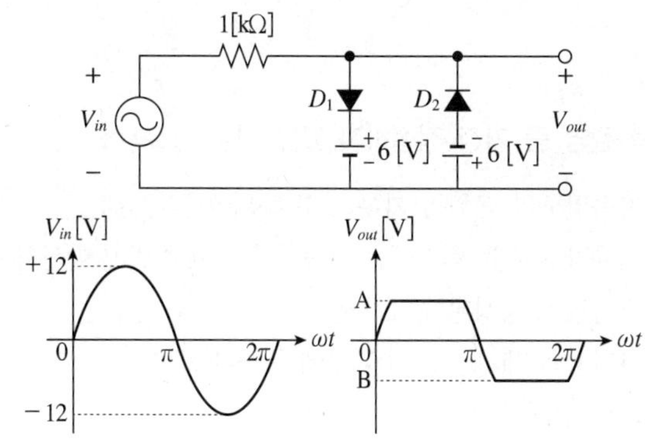

	A	B
①	5.3	−5.3
②	5.7	−5.7
③	6.7	−6.7
④	7.3	−7.3

20 1 2 3

전압 조정기(voltage regulator)에 대한 설명으로 옳지 않은 것을 고르시오.

① 전압 조정기는 입력전압이나 부하가 변동할 때 출력전압을 거의 일정하게 유지시킨다.
② 선형 전압 조정기의 두 가지 기본형은 직렬형과 병렬형이다.
③ 폴드−백 전류 제한(fold−back current limiting)은 전류가 많이 흐르는 전압 조정기에서 주로 사용되는 방법이다.
④ 부하전압 변동률은 입력전압의 변화량에 대한 출력전압 변화량의 백분율로 정의한다.

2022 2022.07.16. 시행 공개경쟁채용 필기시험 군무원 기출

모바일 OMR

해설편 071p

01 1 2 3

다음 설명 중 가장 적절하지 않은 것을 고르시오.

① 자속밀도의 단위는 가우스[G]로 나타낸다.
② 전류가 흐르는 직선에는 자속선이 전선 주위에 발생하여 자기장이 생성된다.
③ 자기장의 세기는 코일 내부에 특별한 코어(core)를 둠으로써 크게 증가시킬 수 있다.
④ 코어를 사용하면 코일 내부 및 주위 자성의 총량을 실제로 증가 시킬 수 있다.

02 1 2 3

전자회로에서 전압을 측정하기 위한 전압계가 가져야 하는 일반적 특성으로 가장 적절한 것을 고르시오.

① 큰 전류를 잘 견디는 능력
② 가능한 가장 큰 감도
③ 높은 내부 저항
④ 낮은 내부 저항

03 1 2 3

다음 중 일반적인 리튬이온(Li-ion) 전지에 대한 설명으로 가장 적절하지 않은 것을 고르시오.

① 크기에 비해 용량이 큰 편이라, 휴대기기에 많이 사용된다.
② 동일 크기의 니켈-카드뮴 전지보다 밀도가 높기 때문에 용량이 크다.
③ 메모리 현상이 미미하여 용량이 줄어들지 않아 오랫동안 사용 가능하다.
④ 높은 온도에서 폭발 가능성이 있으나 니켈-카드뮴 전지보다 가격이 저렴하다.

04 1 2 3

입력이 10[mW]이고, 출력이 10[W]인 전력증폭의 데시벨[dB] 이득값으로 가장 적절한 것을 고르시오.

① 30[dB] ② 60[dB]
③ 300[dB] ④ 600[dB]

05 1 2 3

다음과 같은 블록선도에서 출력 Y를 표현한 것으로 가장 적절한 것을 고르시오.

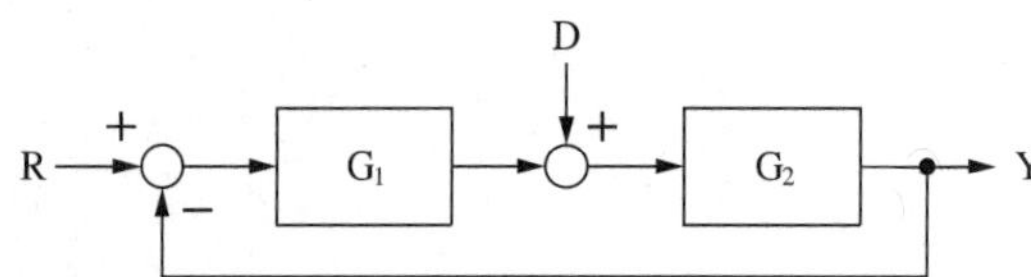

① $Y = \frac{G_1 G_2}{1 + GG_2} R + \frac{G_1}{1 + G_1 G_2} D$

② $Y = \frac{G_1 G_2}{1 + G_1 G_2} R + \frac{G_2}{1 + G_1 G_2} D$

③ $Y = \frac{G_1 G_2}{1 + G_1 G_2} R - \frac{G_1}{1 + G_1 G_2} D$

④ $Y = \frac{G_1 G_2}{1 + G_1 G_2} R - \frac{G_2}{1 + G_1 G_2} D$

06 1 2 3

다음 회로에서 LED의 전압강하가 2[V]일 때, 1개의 LED에 흐르는 전류 I가 약 10[mA]가 되도록 저항 R 값을 구할 때 가장 적절한 것을 구하시오.

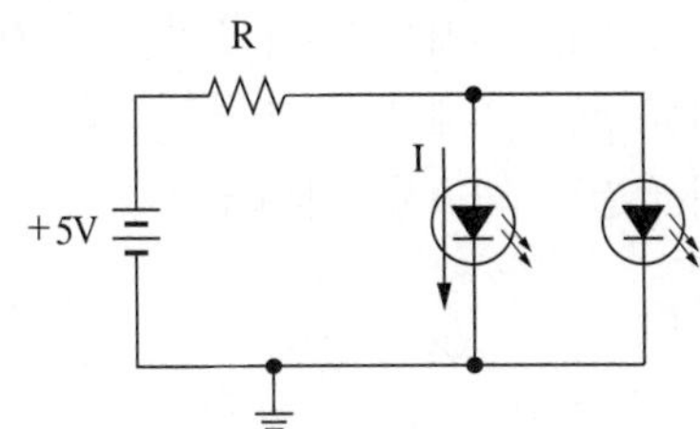

① 300[Ω] ② 200[Ω]
③ 150[Ω] ④ 100[Ω]

07 1 2 3

R-L-C 직렬회로의 경우 시정수의 값이 작을수록 과도현상이 소멸되는 시간은 어떻게 되는지 고르시오.

① 과도 상태가 없다. ② 관계없다.
③ 길어진다. ④ 짧아진다.

08 1 2 3

다음 회로의 입력 $V_1=2$[V]와 $V_2=4$[V]에 대한 출력 V_o으로 가장 적절한 것을 고르시오(단, $R_1=R_3=5$[kΩ], $R_2=R_4=10$[kΩ])

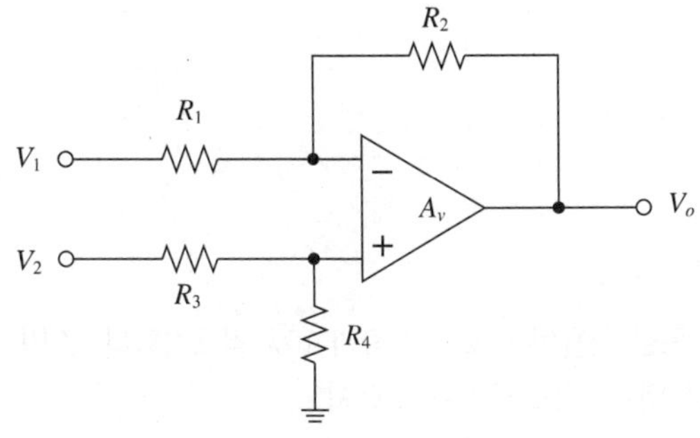

① −1[V] ② 1[V]
③ 4[V] ④ −4[V]

09 1 2 3

다음과 같은 회로에서 부하의 전압이 5[V]라면, 부하에서 소모되는 전력으로 가장 적절한 것을 고르시오.

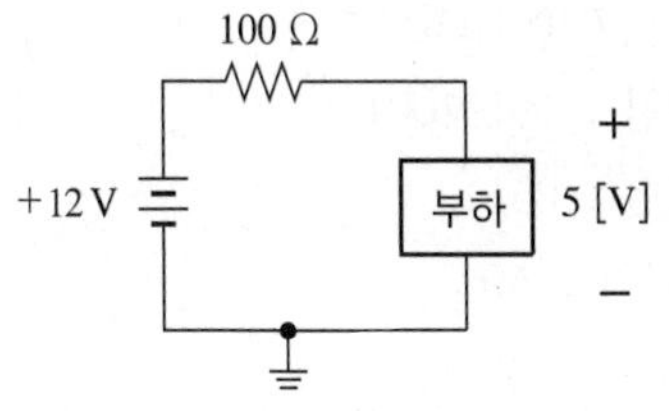

① 250[mW] ② 350[mW]
③ 490[mW] ④ 1440[mW]

10 1 2 3

RC 결합 증폭기 A에 구형파 전압을 입력하면, 다음 그림과 같은 출력이 나온다. 이 증폭기의 주파수 특성에 대한 설명으로 가장 적절한 것을 고르시오.

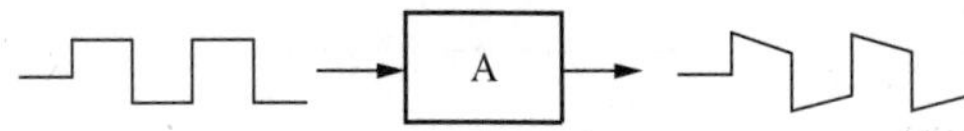

① 저역 주파수 특성이 좋지 않다.
② 중역 주파수 특성이 좋지 않다.
③ 고역 주파수 특성이 좋지 않다.
④ 저역과 고역 주파수 특성이 모두 좋지 않다.

11 1 2 3

다음 NAND 게이트로 구성된 논리회로로 가장 적절한 것을 고르시오.

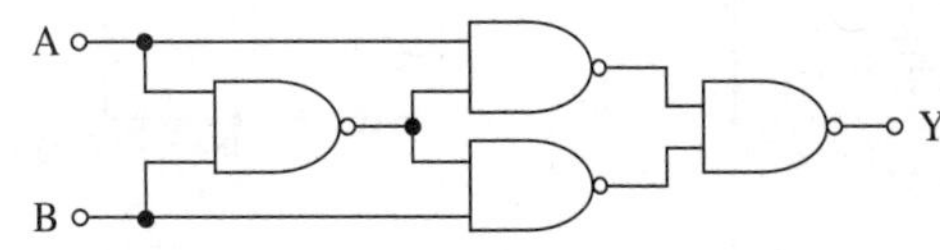

① NOR 게이트
② Half-Adder
③ Exclusive-OR 게이트
④ Exclusive-NOR 게이트

12

다음 중 10진수 169를 진수로 표현한 것 중 가장 적절하지 않은 것을 고르시오.

① 2의 보수 : 01010110
② 2진수 표현 : 10101001
③ 8진수 표현 : 251
④ 16진수 표현 : A9

13

아래 그림과 같은 회로에서 15[Ω]에 흐르는 전류[A] 값으로 가장 적절한 것을 고르시오.

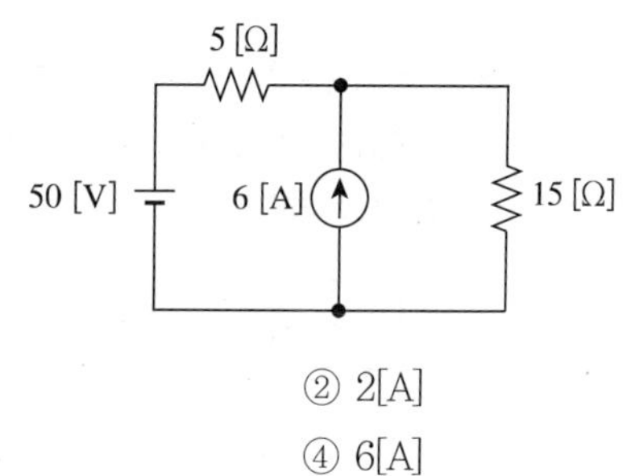

① 1[A] ② 2[A]
③ 4[A] ④ 6[A]

14

다음 중 양극성 접합 트랜지스터(BJT)를 증폭기로 사용하기 위한 바이어스 회로로 가장 적절한 것을 고르시오.

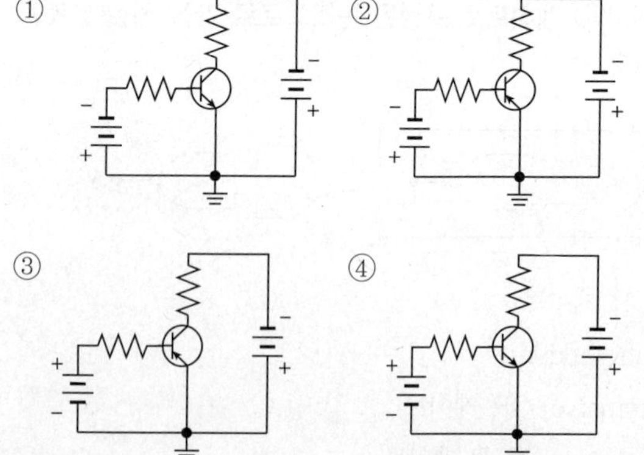

15

인덕터와 커패시터는 실제로 급격히 변화할 수 없는 값이 있다. 다음 중 어느 것인지 고르시오.

① 인덕터에서 전압, 커패시터에서 전류
② 인덕터에서 전류, 커패시터에서 전압
③ 인덕터에서 전압, 커패시터에서 전압
④ 인덕터에서 전류, 커패시터에서 전류

16

n형 불순물반도체에 대한 설명으로 가장 적절하지 않은 것을 고르시오.

① 온도 변화에 따라 저항률이 크게 변하지 않는다.
② 다수캐리어는 전자이고, 소수캐리어는 정공이다.
③ n형 반도체에 주입하는 불순물을 도우너 불순물이라고 한다.
④ 3가의 불순물을 주입한다.

17

절전형 전등을 사용하며 소모 전류가 10% 감소하였다. 소비전력은 약 몇 % 감소되는지 고르시오.

① 10% 감소 ② 19% 감소
③ 25% 감소 ④ 감소 없음

18 1 2 3

인덕터에 아래 그림과 같은 전류가 흐를 때 5초에서 10초 사이의 인덕터 전압 V_L으로 가장 적절한 것을 고르시오.

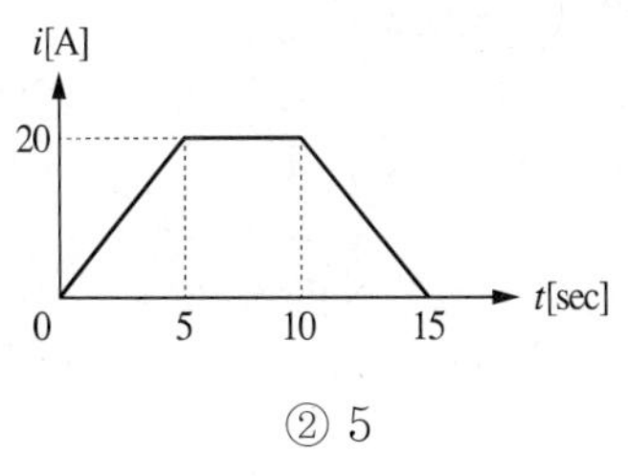

① 0　　② 5

③ 10　　④ 20

19 1 2 3

평행판 커패시터의 극판 사이에 비유전율이 5인 유전체를 채울 경우 같은 전위차에 대한 극판의 전하량 변화로 가장 적절한 것을 고르시오.

① 5배로 증가한다.

② 5배로 감소한다.

③ 10배로 증가한다.

④ 비유전율값에 따라서는 변하지 않는다.

20 1 2 3

다음 그림과 같은 회로의 이미터 전류 I_E로 가장 적절한 것을 고르시오(단, $V_{BE} = 0.7$[V]).

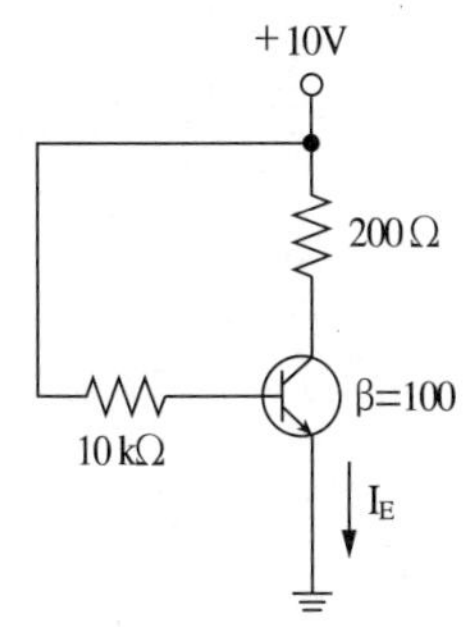

① 0.93[mA]　　② 93[mA]

③ 50[mA]　　④ 100[mA]

21 1 2 3

지표면상 h[m] 위의 반지름 a[m]인 도체구에 Q[C]의 전하가 있을 때 Q[C]의 전하가 받는 전기력 [N] 값으로 가장 적절한 것을 고르시오(단, $a \ll$ h).

① $\dfrac{Q^2}{\pi\epsilon_0 h^2}$　　② $\dfrac{Q^2}{16\pi\epsilon_0 h}$

③ $\dfrac{Q^2}{4\pi\epsilon_0 h}$　　④ $\dfrac{Q^2}{16\pi\epsilon_0 h^2}$

22 1 2 3

일반적인 금속 도체의 전기저항과 관련된 내용 중 가장 적절한 것을 고르시오.

① 온도가 상승함에 따라 전기저항이 증가한다.

② 온도가 상승함에 따라 전기저항이 감소한다.

③ 온도에 관계없이 항상 일정하다.

④ 저온에서는 온도의 상승에 따라 증가하고 고온에서는 온도의 상승에 따라 감소한다.

23 1 2 3

다음 중 일반적인 터널 다이오드에 대한 설명으로 가장 적절하지 않은 것을 고르시오.

① 특성 곡선이 부성저항 특성을 갖는다.

② 입력 전압에 상관없이 일정한 전류를 흐르게 할 수 있다.

③ 일반 정류 다이오드보다 p영역과 n영역을 고농도로 도핑시킨 게르마늄과 갈륨-비소로 만들어진다.

④ 발진기 회로를 구현할 수 있다.

24 1 2 3

다음 중 XOR 논리게이트 소자의 용도로 가장 적절하지 않은 것을 고르시오.

① 패리티(parity)검사

② 비교기(comparator)

③ 보수화(complement) 회로

④ 플립플롭(Flip-Flop)

25 1 2 3

다음 회로는 어떤 역할을 하는 회로인지 고르시오.

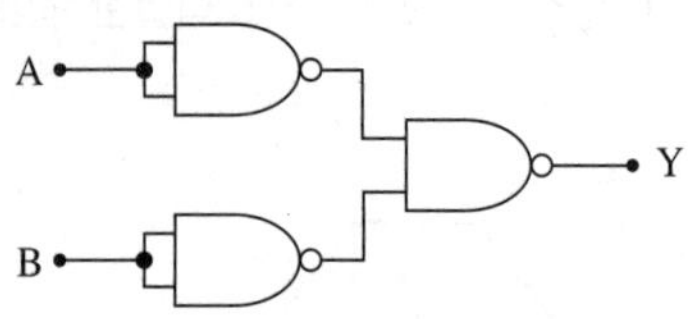

① AND　　② NAND

③ OR　　④ XOR

2021 | 2021.04.17. 시행 공개경쟁채용 필기시험 국가직 기출

모바일 OMR

해설편 078p

01 1 2 3

부울 대수식 F를 다음과 같이 등가변환할 때, 괄호에 들어갈 내용으로 옳은 것을 고르시오.

$$F = \overline{X}\,\overline{Z} + XYZ + X\overline{Z} = XY + (\quad)$$

① Z　　② $\overline{Z}$
③ 1　　④ 0

02 1 2 3

2의 보수를 활용한 2진수의 뺄셈 연산 수행 과정을 나타낸 다음의 식에서 A, B의 값으로 옳은 것을 고르시오.

$$0110110 - A = 0110110 + 1101001 = B$$

	A	B
①	0010111	0011111
②	0010110	0011111
③	0010111	0011011
④	0010110	0011011

03 1 2 3

다음 증폭기 회로의 주파수 응답 특성 곡선으로 옳은 것을 고르시오(단, 연산 증폭기는 이상적인 소자이다.)

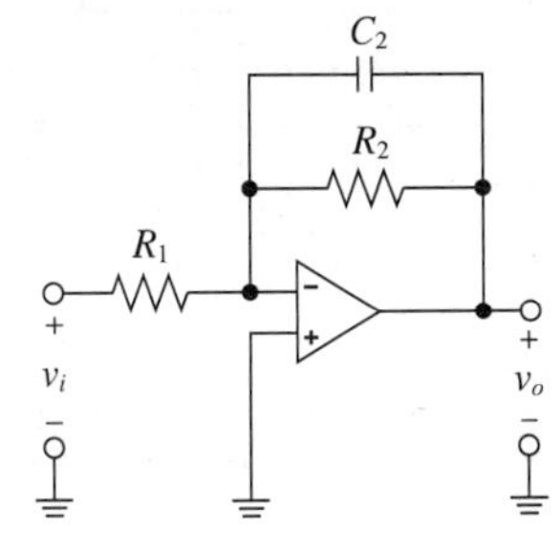

①
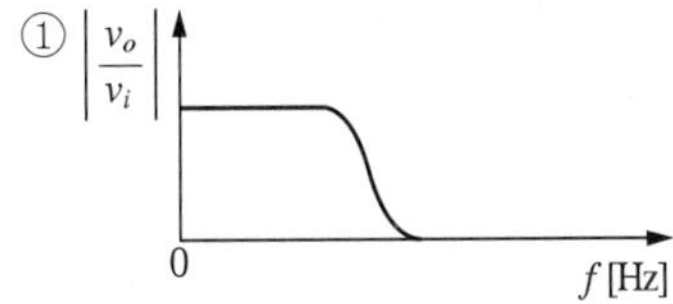

②
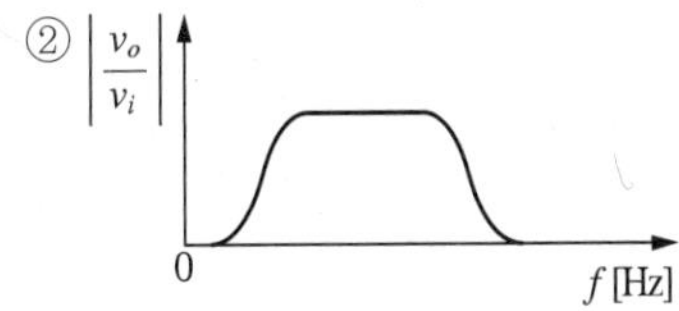

③
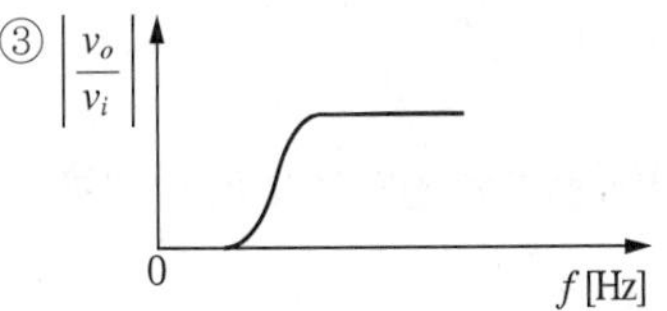

④
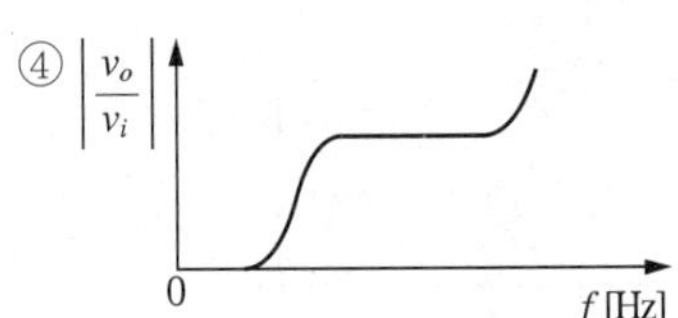

04

3×8 디코더를 사용하는 ROM이 다음과 같을 때, 입력 데이터 $A_2A_1A_0$가 011로 주어지는 경우 출력 데이터 $D_3D_2D_1D_0$로 옳은 것을 고르시오(단, A_2가 MSB이고, A_0는 LSB이다).

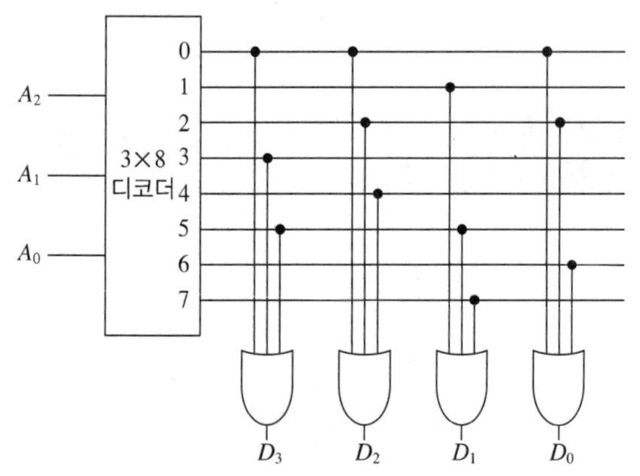

① 0001 ② 1000
③ 0000 ④ 1111

05

다음 회로에서 전구에 최대 전력을 전달하기 위한 저항 R $[\Omega]$을 고르시오.

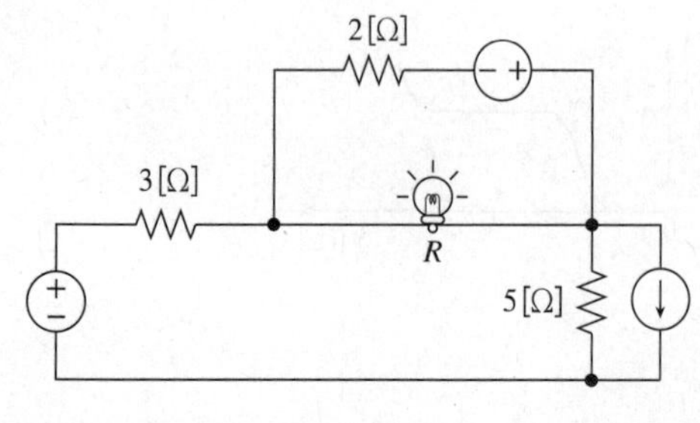

① 1.0 ② 1.6
③ 2.5 ④ 10.0

06

입력신호 $i_s(t) = 120\sin(10^6 t)$ [A]를 인가하여 부하 임피던스 Z_L에 최대 전력이 전달되도록 다음과 같은 회로를 구성할 때, 옳지 않은 것을 고르시오(단, $R = \frac{1}{3}[\Omega]$, $C = 4[\mu\mathrm{F}]$이다).

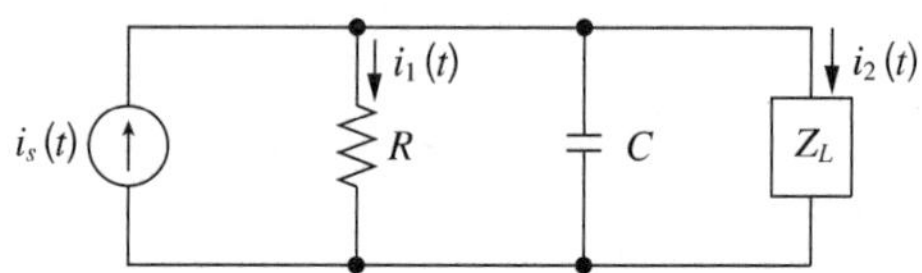

① $i_1(t)$와 $i_2(t)$의 위상이 서로 다르다.

② 회로가 테브닌(Thevenin) 등가회로로 표현될 때, Z_L이 테브닌 임피던스의 켤레복소수와 같으면 최대 전력이 전달된다.

③ $Z_L = \frac{3}{25} + j\frac{4}{25}[\Omega]$이다.

④ Z_L에 전달되는 최대 평균전력은 300 [W]이다.

07

발진기에 대한 설명으로 옳지 않은 것을 고르시오.

① 윈 브릿지 발진기는 부귀환회로와 정귀환회로를 모두 포함한다.

② 콜피츠 발진기와 하틀리 발진기는 모두 정귀환회로를 포함한다.

③ 하틀리 발진기의 귀환율은 용량성(C) 소자에 의해 결정된다.

④ 수정 발진기는 다른 발진기에 비해 Q값이 상대적으로 크다.

08 1 2 3

다음 발진회로에 대한 설명으로 옳지 않은 것을 고르시오(단, $L=5[\mu H]$, $C_1=C_2=1[nF]$, $R=1[k\Omega]$이고, 트랜지스터의 내부 커패시터용량과 입력저항은 무시한다).

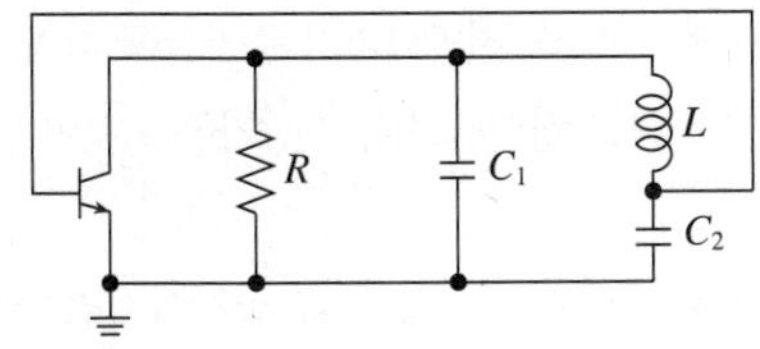

① 콜피츠 발진기이다.

② 발진 주파수는 $\dfrac{1}{2\pi\sqrt{(C_1+C_2)L}}$ 이다.

③ 발진 주파수에서 발진을 지속하기 위해 필요한 트랜지스터의 전달컨덕턴스(g_m)는 1 [mA/V]이다.

④ 발진 조건을 만족하는 전달컨덕턴스(g_m)는 저항(R)이 커질수록 작아진다.

09 1 2 3

FSK(Frequency Shift Keying)에 대한 설명으로 옳지 않은 것을 고르시오.

① 비동기 복조(non-coherent demodulation) 방식을 사용할 수 있어 PSK(Phase Shift Keying)보다 수신기 구현이 간단하다.

② FSK는 진폭이 일정한 변조 방식이므로 채널에 의한 진폭 변화에 둔감하다.

③ 동기 복조(coherent demodulation) 방식을 사용할 때, FSK의 비트오율(BER)이 PSK의 비트오율보다 낮다.

④ 동일한 정보 신호를 전송할 때, AM(Amplitude Modulation)보다 넓은 주파수 대역폭을 점유한다.

10 1 2 3

다음 블록도를 갖는 위상동기회로(PLL, Phase-Locked Loop)에 대한 설명으로 옳은 것을 고르시오.

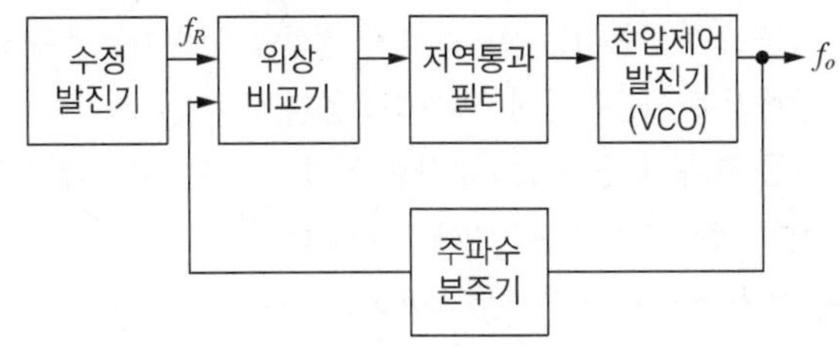

① 위상동기회로에 의해 발생되는 주파수 f_o는 수정 발진기(crystal reference oscillator) 주파수 f_R과 동일하다.

② 주파수가 f_o인 신호가 N분주의 주파수 분주기에 입력되면 주파수가 Nf_o로 높아진 신호로 출력된다.

③ 위상비교기(phase comparator)는 주파수 분주기의 출력신호와 수정 발진기 기준신호의 크기와 위상을 비교하여 두 신호의 크기와 위상이 같을 때만 신호를 출력한다.

④ 전압제어발진기(VCO)의 발진주파수 f_o는 저역통과필터에서 출력되는 전압에 의해 결정되며, 발진기의 위상잡음이 작을수록 안정된 발진주파수를 얻을 수 있다.

11 1 2 3

다음 회로에서 제너다이오드에 흐르는 전류 I_Z [mA]를 고르시오(단, 제너전압은 20[V]이다).

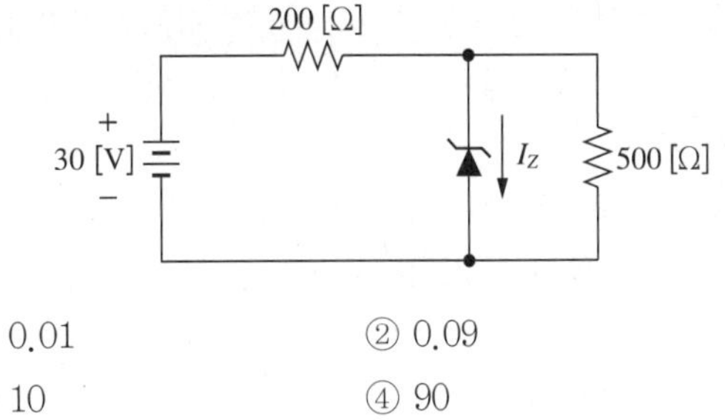

① 0.01 ② 0.09

③ 10 ④ 90

12 1 2 3

포화 영역에서 정상적으로 동작하는 MOSFET 증폭기에 대한 설명으로 옳은 것을 고르시오.

① 공통 소스 증폭기는 소신호 입력 저항이 작기 때문에 전압 증폭기로 사용하기에 적합하지 않다.

② 공통 드레인 증폭기는 소신호 전압 이득이 크기 때문에 전압 증폭기로 사용하기에 적합하다.

③ 동일한 바이어스 전류를 사용하는 공통 드레인 증폭기의 소신호 입력 저항은 공통 게이트 증폭기의 소신호 입력 저항보다 크다.

④ 동일한 바이어스 전류를 사용하는 공통 소스 증폭기의 소신호 출력 저항은 공통 드레인 증폭기의 소신호 출력 저항보다 작다.

13 1 2 3

패킷교환망(packet-switched network)의 두 방식인 데이터그램망(datagram network)과 가상회선망(virtual circuit network)에 대한 설명으로 옳지 않은 것을 고르시오.

① 데이터그램망에 의해서 전달되는 패킷들이 최종 목적지에 도착하는 순서는 송신된 패킷의 순서와 다를 수 있다.

② 가상회선망에서는 모든 패킷이 동일한 경로를 따라 전달되므로 최종 목적지에 도착하는 순서가 송신되는 순서와 동일하다.

③ 데이터그램망의 교환기는 고정된 경로지정표(routing table)를 이용하여 경로를 선택한다.

④ 인터넷 기반 음성전화 서비스를 위해서는 가상회선망이 데이터그램망보다 적합하다.

14 1 2 3

BJT와 MOSFET에 대한 설명으로 옳지 않은 것을 고르시오.

① BJT 컬렉터 접합부의 온도 상승으로 트랜지스터가 파괴되는 것이 핀치-오프(pinch-off) 현상이다.

② BJT 컬렉터-이미터 전압크기가 증가함에 따라 실효 베이스 폭이 감소하고 컬렉터 전류가 증가하는 것이 얼리(Early) 효과이다.

③ MOSFET의 드레인 전압을 계속 증가시키면 드레인 공핍영역이 소스 공핍영역과 닿는 것이 펀치-스루(punch-through) 현상이다.

④ MOSFET의 펀치-스루(punch-through) 현상이 발생하면 드레인 전류는 급격히 증가한다.

15 1 2 3

n채널 증가형 MOSFET에서 드레인에 흐르는 전류를 I_D라고 할 때, 채널 길이를 0.5배로 줄이고 채널 폭을 2배로 늘리면 드레인에 흐르는 전류를 구하시오(단, MOSFET은 포화 영역에서 동작하고, 산화층 정전용량, 전자 이동도, 문턱 전압, 게이트-소스 간 전압은 변하지 않는다고 가정한다).

① $0.25I_D$　　② $0.5I_D$

③ $2I_D$　　④ $4I_D$

16 1 2 3

D 플립플롭을 이용한 다음 디지털 논리 회로의 진리표로 옳은 것을 고르시오(단, $Q(t)$와 $Q(t+1)$은 각각 플립플롭의 현재 상태와 한 클록 에지 후의 상태를 나타낸다).

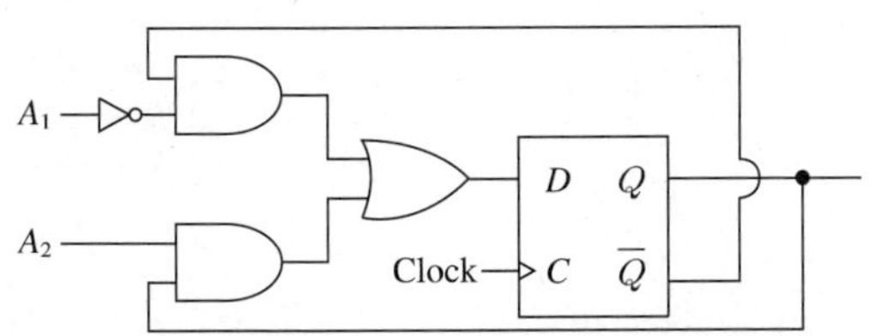

①

A_1	A_2	$Q(t+1)$
0	0	$\overline{Q(t)}$
0	1	1
1	0	0
1	1	$Q(t)$

②

A_1	A_2	$Q(t+1)$
0	0	$\overline{Q(t)}$
0	1	0
1	0	1
1	1	$Q(t)$

③

A_1	A_2	$Q(t+1)$
0	0	$Q(t)$
0	1	1
1	0	0
1	1	$\overline{Q(t)}$

④

A_1	A_2	$Q(t+1)$
0	0	$Q(t)$
0	1	0
1	0	1
1	1	$\overline{Q(t)}$

17 1 2 3

다음 회로에서 다이오드 D_1에 흐르는 전류 $I\,[\text{mA}]$를 고르시오(단, 다이오드는 이상적인 소자이다).

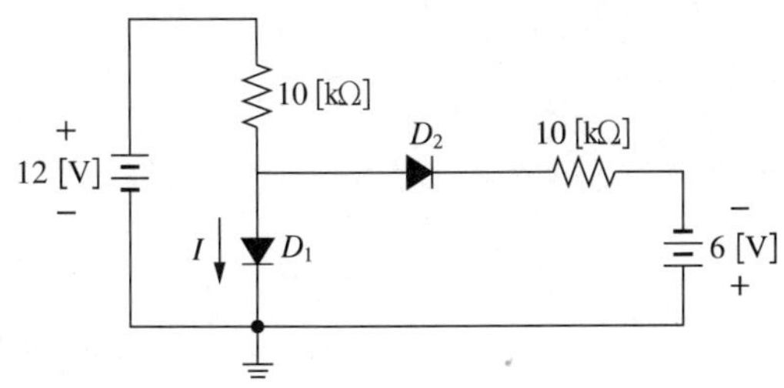

① 0　　② 0.6
③ 0.9　　④ 1.2

18 1 2 3

증폭기 회로와 전압이득 특성 곡선이 다음과 같을 때 옳지 않은 것을 고르시오.

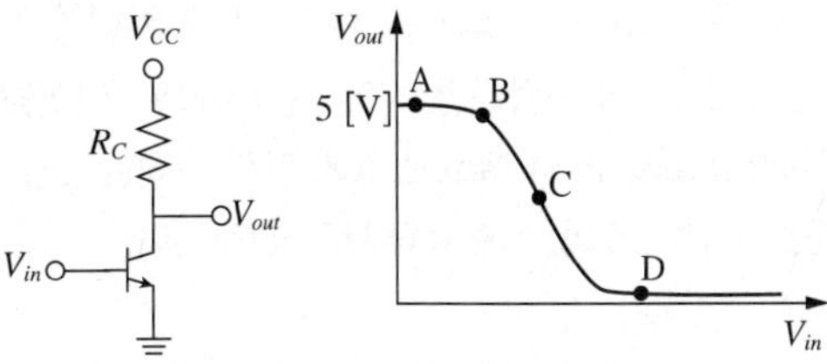

① $V_{CC}=5\,[\text{V}]$이다.
② C 지점에서 가장 큰 전압이득(절댓값 기준)을 얻을 수 있다.
③ D 지점보다 B 지점에서 더 큰 전압이득(절댓값 기준)을 얻을 수 있다.
④ D 지점은 포화영역, 활성화영역, 차단영역 중 차단영역에 해당한다.

19 1 2 3

다음 회로에서 세 입력전압 v_1, v_2, v_3에 대한 출력전압 v_o를 $v_o = Av_1 + Bv_2 + Cv_3$와 같이 표현할 때 A, B, C의 값으로 옳은 것을 구하시오(단, $R_a = 4[\text{k}\Omega]$, $R_b = 5[\text{k}\Omega]$, $R_c = 10[\text{k}\Omega]$, $R_1 = 1[\text{k}\Omega]$, $R_2 = 2[\text{k}\Omega]$, $R_3 = 2[\text{k}\Omega]$이고, 연산 증폭기는 이상적인 소자이다).

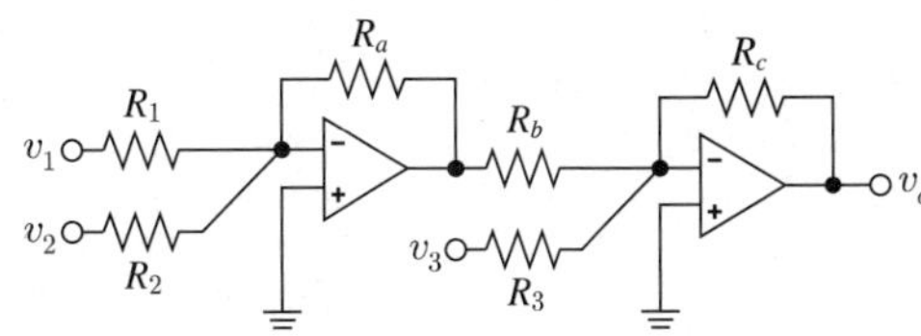

	A	B	C
①	−4	−2	5
②	−8	−4	5
③	4	2	−5
④	8	4	−5

20 1 2 3

다음과 같은 귀환 증폭기(feedback amplifier)에서 폐루프 이득(closed-loop gain) A_f가 100이라고 가정한다. 만약 개루프 이득(open-loop gain) A가 100배 커졌을 때 A_f 값이 200으로 바뀌었다면, 이 증폭기의 귀환감쇠율(feedback attenuation factor) β에 가장 근접한 값을 구하시오(단, A_f는 A와 β에 의해서만 결정된다).

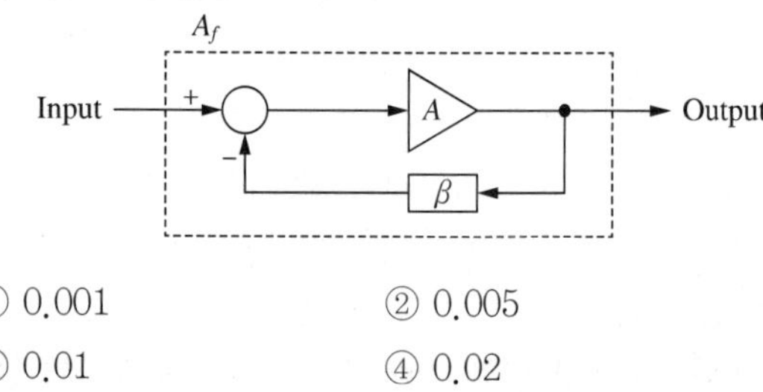

① 0.001 ② 0.005
③ 0.01 ④ 0.02

2021 | 2021.06.05. 시행 공개경쟁채용 필기시험 서울시 기출

모바일 OMR

해설편 090p

01 1 2 3

인덕턴스가 각각 $L_1 = 20[\mu\text{H}]$, $L_2 = 80[\mu\text{H}]$인 두 코일이 있다. 결합 계수가 0.9이고 그들의 자기장은 서로를 상쇄시키도록 두 인덕터를 직렬로 연결했을 때, 총 인덕턴스 L의 값[μH]을 고르시오.

① 28　② 64
③ 136　④ 172

02 1 2 3

100[Ω]의 저항과 100[μF]의 커패시터가 직렬로 연결되어 있는 회로에 교류전압 $v_s(t) = 100\cos(100t + 10°)$을 입력으로 가할 때 얻어지는 역률의 값을 고르시오.

① $\dfrac{1}{2}$　② $\dfrac{1}{\sqrt{3}}$
③ $\dfrac{\sqrt{3}}{2}$　④ $\dfrac{1}{\sqrt{2}}$

03 1 2 3

〈보기〉 회로에서 V_1의 값[V]을 고르시오.

보기

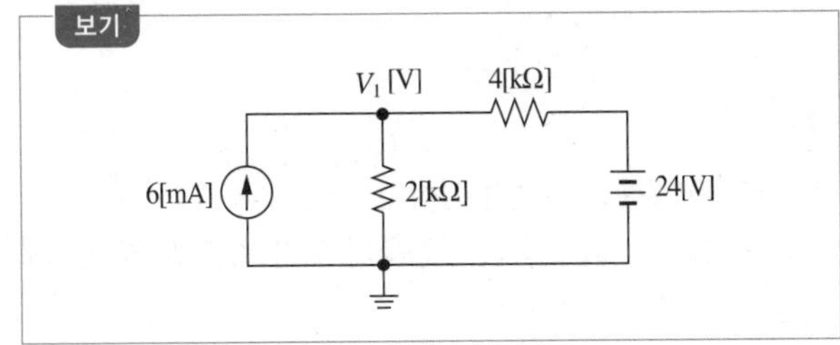

① 0　② 8
③ 12　④ 16

04 1 2 3

〈보기〉 점선 안의 선형회로와 등가회로인 테브난(Thévenin)회로(1개의 전압원과 1개의 저항의 직렬연결)의 테브난전압 V_{th}[V]와 테브난저항 R_{th}[Ω]의 값을 고르시오.

보기

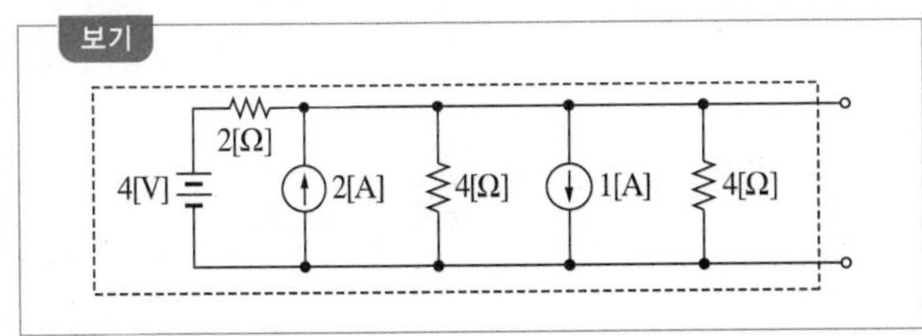

	V_{th}	R_{th}
①	3	1
②	6	4
③	3	4
④	6	1

05 1 2 3

〈보기〉와 같은 회로에서 입력 임피던스 Z_i의 값을 고르시오.

보기

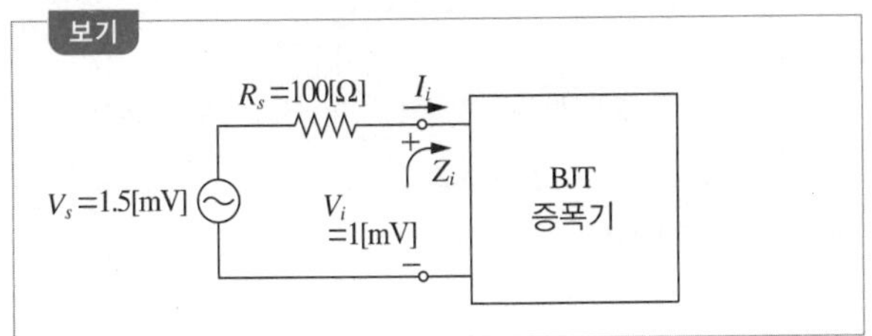

① 100[Ω]　② 200[Ω]
③ 1[kΩ]　④ 2[kΩ]

06 1 2 3

〈보기〉와 같이 입력신호 $x(t)$의 전력스펙트럼밀도 $S_x(f)$와 선형 시불변(LTI) 필터 $H(f)$의 주파수 응답이 주어졌을 때, 필터 출력 신호 $y(t)$의 신호 대 잡음비(SNR)를 고르시오(단, $n(t)$는 전력스펙트럼밀도(power spectral density)의 크기가 주파수에 상관없이 4[W/Hz]인 백색잡음이다).

보기

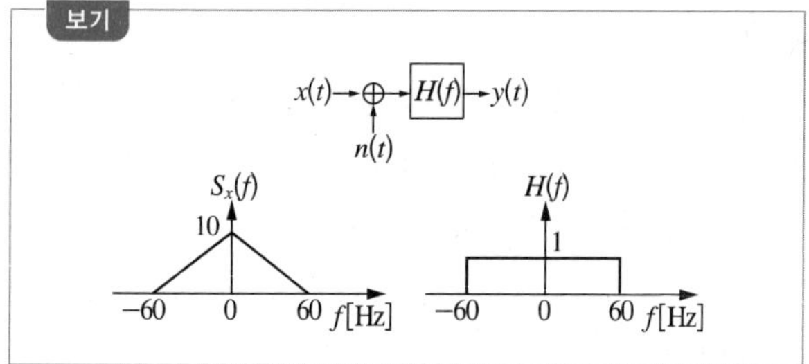

① 1.25 ② 2

③ 1.5 ④ 1

07 1 2 3

〈보기〉 회로에서 스위치1(SW1)은 오랫동안 열려있다가 $t=0$에서 닫히고, 스위치2(SW2)는 오랫동안 닫혀있다가 $t=0$에서 열린다. $t>0$일 때 커패시터 양단의 전압 $v_o(t)$[V]를 나타낸 식으로 가장 옳은 것을 고르시오.

보기

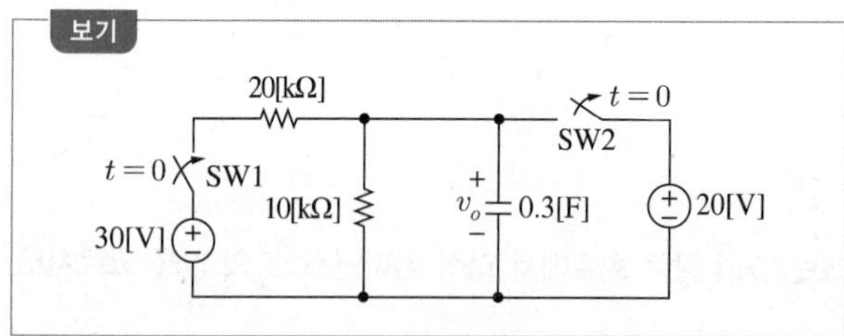

① $v_o(t)=10e^{\frac{-t}{2000}}$

② $v_o(t)=10(e^{\frac{-t}{2000}}+1)$

③ $v_o(t)=20(e^{\frac{-t}{2000}}+1)$

④ $v_o(t)=10(e^{\frac{-t}{200}}+1)$

08 1 2 3

$R=4[\Omega]$, $L=20[\text{mH}]$, $C=2[\mu\text{F}]$로 구성된 RLC 직렬회로에서 공진현상이 일어났다. 이때 L과 C에서의 전압확대율 Q를 고르시오.

① 10 ② 25

③ 50 ④ 100

09 1 2 3

〈보기〉의 전류거울회로에서 TR Q_1, Q_2는 동일한 소자이다. 전류증폭율 $\beta_o=140$이고, 출력저항 $r_o=\infty$(무한대), $V_{BE}=0.7[\text{V}]$, $V_o>V_{BE}$, $R_1=50[\text{k}\Omega]$로 주어진 경우, $I_o=0.4[\text{mA}]$가 되기 위한 V_{CC}의 값[V]을 고르시오.

보기

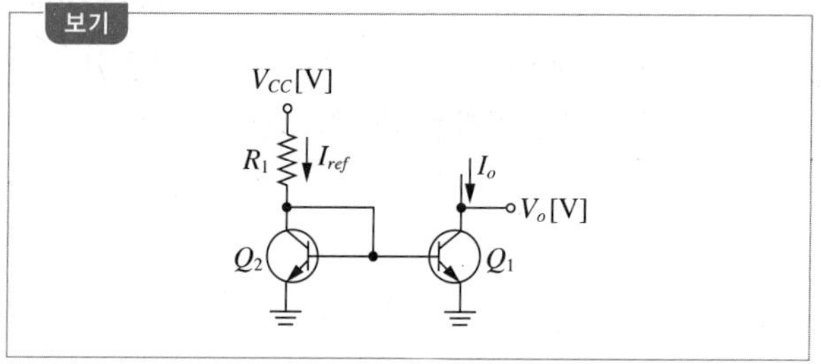

① 10.4 ② 12.2

③ 20.7 ④ 15

10 1 2 3

폐루프제어계통의 특성방정식이 $s^3+3Ks^2+(K+1)s+6=0$일 때, 이 계통이 안정하게 되기 위한 K의 범위로 가장 옳은 것을 고르시오.

① $K>-2$ ② $K>-1$

③ $K>0$ ④ $K>1$

11

〈보기〉에서 전류 I의 값[A]을 고르시오.

보기

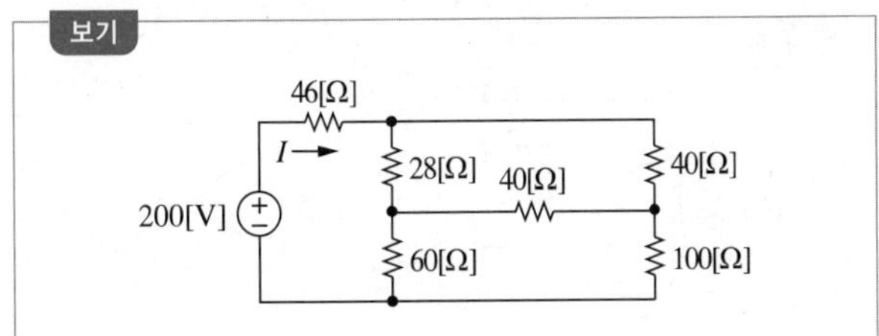

① 1
② 2
③ 3
④ 4

12

〈보기〉 $F(s)$의 역변환 $f(t)$로 옳은 것을 고르시오.

보기

$$F(s)=\frac{5s^2+8s+2}{(s+1)(s+2)(s+3)}$$

① $[-e^{-t}-2e^{-2t}+3e^{-3t}]u(t)$
② $[-0.5e^{-t}-3e^{-2t}+12.5e^{-3t}]u(t)$
③ $[-0.5e^{-t}-6e^{-2t}+11.5e^{-3t}]u(t)$
④ $[-0.5e^{-t}-2e^{-2t}+5e^{-3t}]u(t)$

13

x 좌표 0과 2에서 x 축에 수직으로 놓인 두 개의 무한 직선 도선에 각각 I, $3I$의 전류가 〈보기〉와 같이 반대 방향으로 흐른다. 자계의 세기가 0인 지점의 x 좌표로 가장 옳은 것을 고르시오.

보기

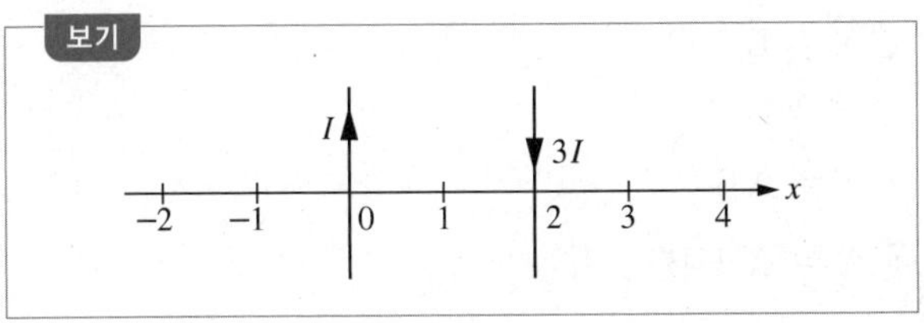

① −1
② $\frac{2}{3}$
③ $\frac{1}{3}$
④ 3

14

〈보기〉 회로의 출력 V_o에 대해서, 이 회로의 차단주파수 (f_c) 값[Hz]을 고르시오(단, $RC=\frac{1}{10\pi}$이다).

보기

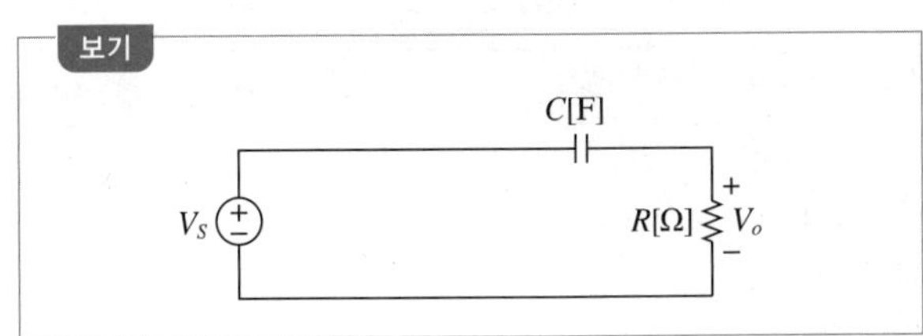

① 2
② 5
③ 10
④ 20

15 1 2 3

4비트 8421 BCD 코드 중에서 입력값(ABCD)이 10진수로 홀수일 때만 출력(Y)이 1인 회로를 설계하고자 한다. 간략화된 부울함수로 가장 옳은 것을 고르시오(단, A가 MSB, D가 LSB이다).

① $Y = \overline{D} + C$

② $Y = D$

③ $Y = AB$

④ $Y = A + \overline{B}$

16 1 2 3

〈보기〉의 이상적인 연산증폭기 회로에서 LED_1이 켜지기(on) 위한 전압 V_1[V]과 R_1[kΩ]의 값으로 가장 옳은 것을 고르시오.

보기

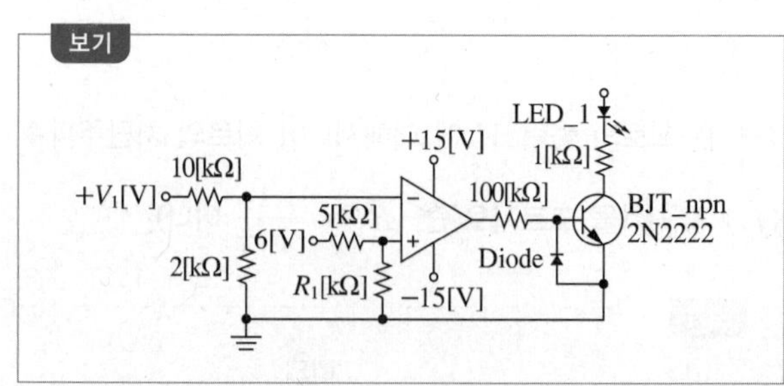

	V_1	R_1
①	40	1
②	30	5
③	20	1
④	10	5

17 1 2 3

〈보기〉 논리회로의 기능을 고르시오.

보기

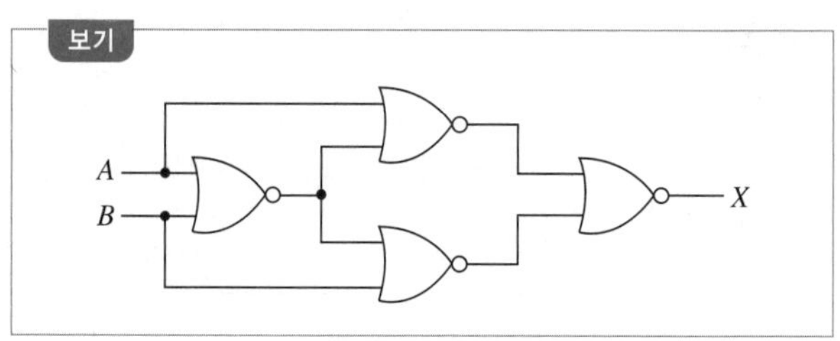

① OR

② XOR(exclusive OR)

③ NAND

④ XNOR(exclusive NOR)

18 1 2 3

〈보기〉 회로에서 한 상의 임피던스가 $Z = 6 + j8[\Omega]$인 평형 △부하에 대칭인 선간전압 200[V]를 인가하였을 때, 상전류 I_p[A]와 선전류 I_l[A] 값을 고르시오.

보기

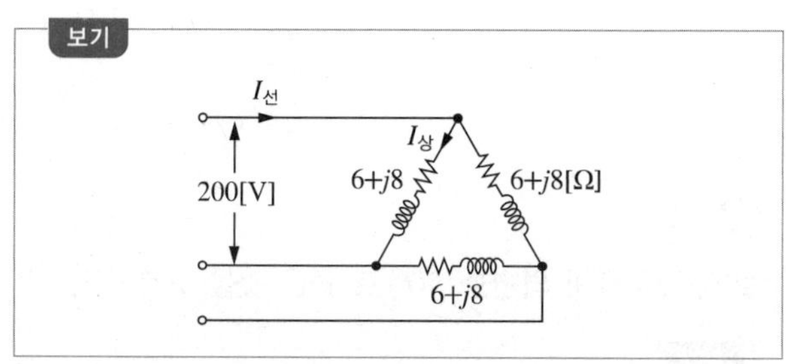

	I_p	I_l
①	$20\sqrt{3}$	20
②	20	$20\sqrt{3}$
③	20	$\frac{20}{\sqrt{3}}$
④	$\frac{20}{\sqrt{3}}$	20

19 [1][2][3]

〈보기〉 디지털 논리회로의 3bit 입력 ABC(최상위비트는 A, 최하위비트는 C)에 대한 출력 F의 값으로 가장 옳은 것을 고르시오.

보기

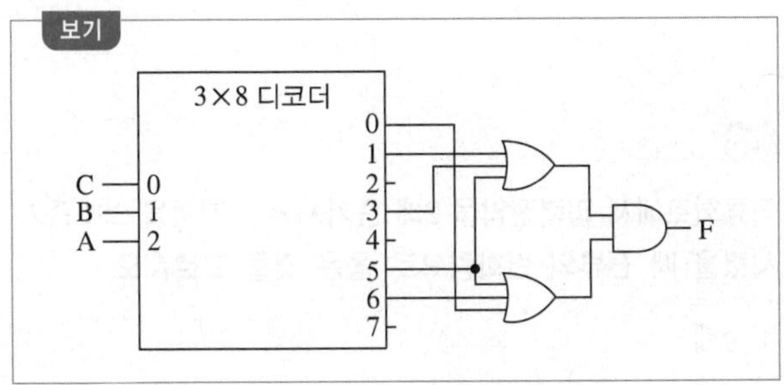

① 입력 A=0, B=0, C=0일 때, F=1

② 입력 A=1, B=0, C=1일 때, F=1

③ 입력 A=1, B=1, C=0일 때, F=1

④ 입력 A=1, B=1, C=1일 때, F=1

20 [1][2][3]

〈보기〉의 출력제한 비교기 회로에서 출력 V_{out}의 최소, 최대 전압값[V]으로 제일 근삿값을 나타낸 것을 고르시오(단, 제너다이오드 $D1$, $D2$는 동일소자로 제너전압은 4.7[V], 순방향커트인 전압은 0.7[V]이고, V_R은 진폭 5[V]의 정현파이다).

보기

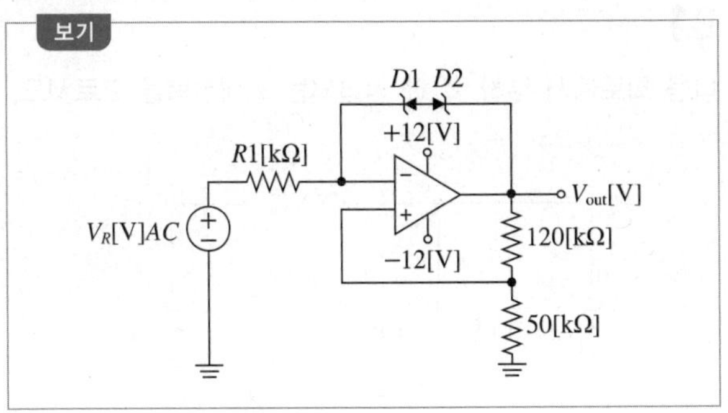

	최소	최대
①	−2.72	+2.72
②	−5.40	+5.40
③	−7.65	+7.65
④	−8.72	+8.72

2021 | 2021.07.24. 시행 공개경쟁채용 필기시험 군무원 기출(복원)

해설편 101p

01 1 2 3

다음 회로에서 부하 Z_L에 공급되는 최대전력을 고르시오.

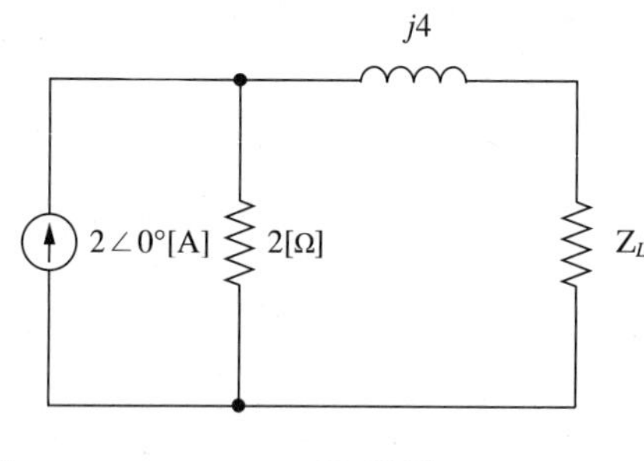

① 1[W] ② 2[W]
③ 4[W] ④ 6[W]

02 1 2 3

다음 회로에서 $t = 0$일 때 스위치를 동작시키고 무한대의 시간이 경과했을 때 1F의 커패시터에 걸리는 전압 V_C를 고르시오.

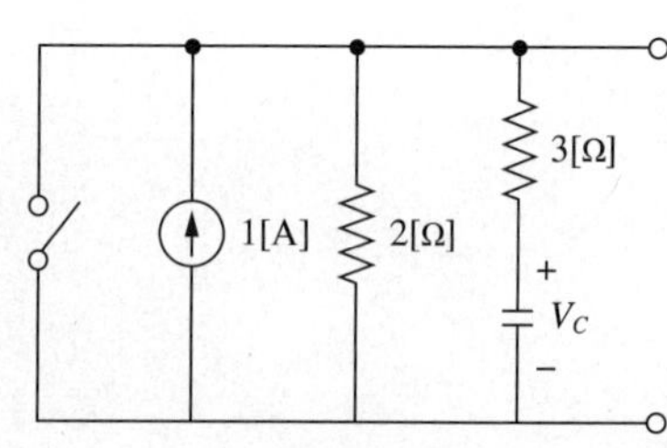

① 2 ② 2.4
③ 4 ④ 6

03 1 2 3

직류회로에서 입력전압을 2배 증가시키고 저항을 2배 증가시켰을 때 전류의 변화량으로 옳은 것을 고르시오.

① 4배
② 2배
③ $\frac{1}{2}$배
④ 변화 없음

04 1 2 3

그림의 회로에서 V_{out}에 두 개의 입력 A, B를 입력했을 때 동일한 출력결과를 발생시키는 것을 고르시오.

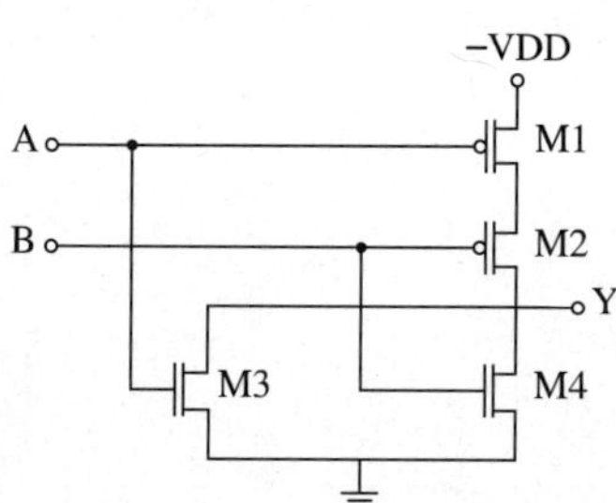

① $A + B$
② $A \cdot B$
③ $\overline{(A + B)}$
④ $\overline{(A \cdot B)}$

05 1 2 3

다음 그림과 같은 정전압 회로에서 출력전압으로 옳은 것을 고르시오(단, 회로에 사용된 OP-AMP와 트랜지스터는 이상적인 소자로 간주한다).

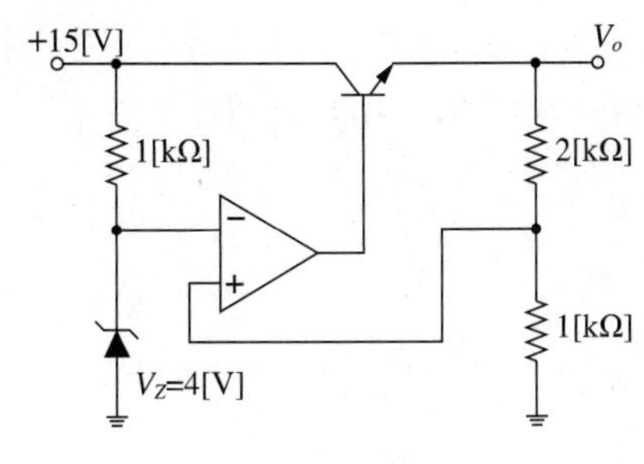

① 4[V]
② 9[V]
③ 12[V]
④ 15[V]

06 1 2 3

2진수 1001_2의 2의 보수를 구하시오.

① 01111_2

② 00001_2

③ 01110_2

④ 00110_2

07 1 2 3

다음 회로에서 주파수특성의 기능이 가장 다른 회로를 고르시오.

①
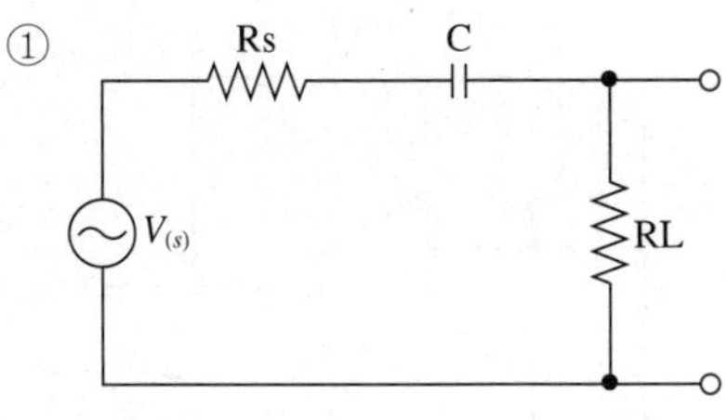

②
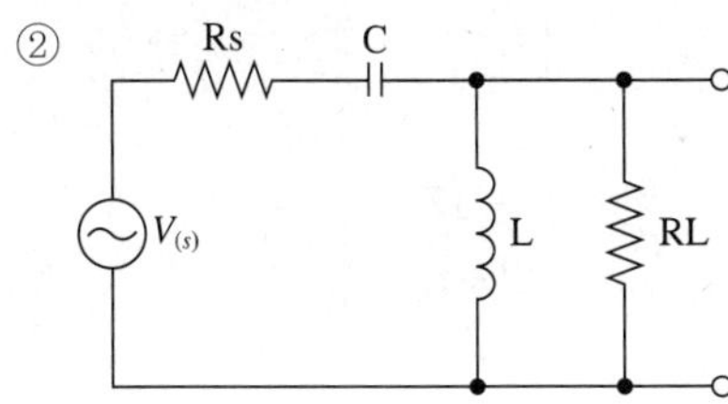

③
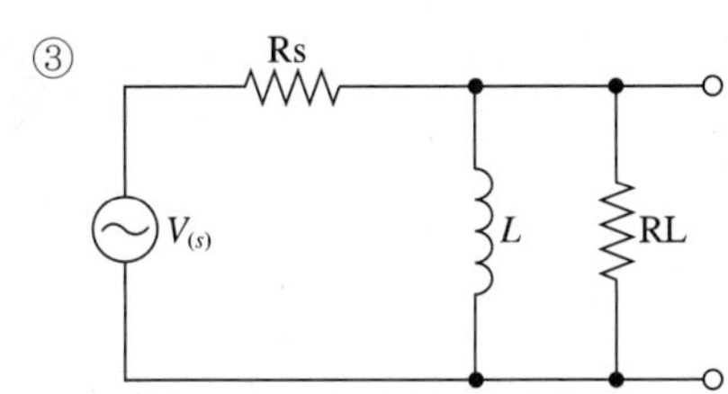

④
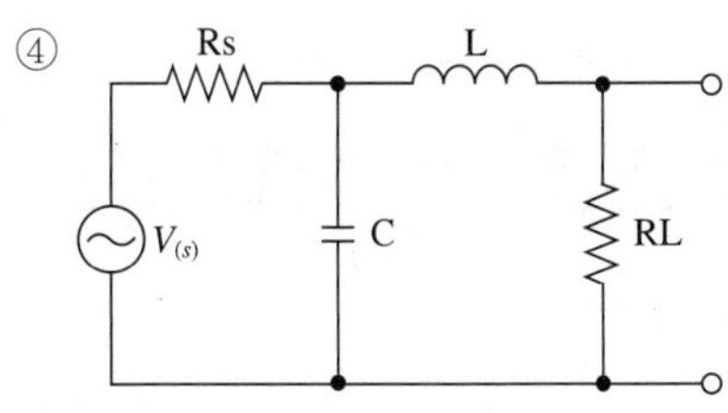

08 1 2 3

개루프 연산증폭기 설명으로 옳지 않은 것을 고르시오.

① 입력 임피던스가 매우 높다.

② 출력 임피던스가 매우 낮다.

③ 전압이득이 매우 높다.

④ 선형 증폭의 특성이 매우 높다

09 1 2 3

그림의 가산기 회로에서 출력전압의 크기로 알맞은 것을 고르시오.

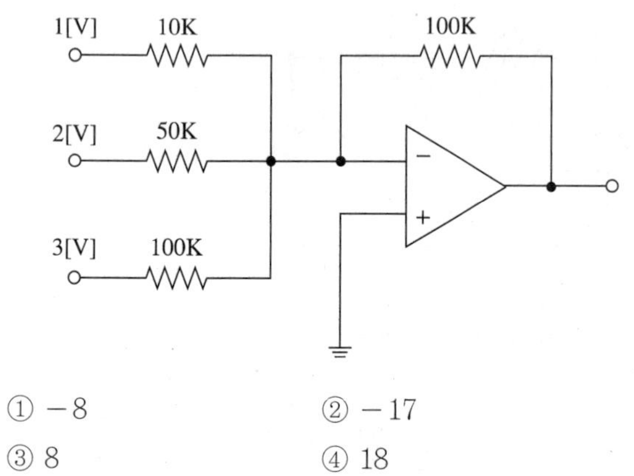

① −8　　② −17
③ 8　　④ 18

10 1 2 3

동기식 카운터에 대한 설명으로 옳지 않은 것을 고르시오.

① 비동기식 카운터에 비해 전달지연이 적다.
② 입력 클럭 펄스를 모든 플립플롭이 공유한다.
③ 비동기식에 비해 구성이 간단하다.
④ 비동기식에 비해 속도가 빠르다.

11 1 2 3

궤환 발진기에 대한 설명으로 옳지 않은 것을 고르시오.

① R병렬 이상형 발진기 발진 주파수 $f_o = \dfrac{\sqrt{6}}{2\pi CR}$ 이다.
② 궤환 신호는 원신호 대비 180°의 위상 지연을 갖는다.
③ 발진기의 입력은 직류전원으로 충분하여 다른 입력신호는 필요하지 않다.
④ 안정상태에서 폐루프 전압 이득은 1이다.

12 1 2 3

반도체에 대한 설명으로 옳지 않은 것을 고르시오.

① 공유결합을 한다.
② 절대온도에서 도체특성을 가진다.
③ P형 반도체는 3개의 가전자 불순물을 첨가한다.
④ 반도체는 가전자대에 4개의 전자를 가진다.

13 1 2 3

아래 그림은 CMOS 인버터의 구조와 전달특성곡선이다. A 영역의 동작상태로 알맞은 것을 고르시오.

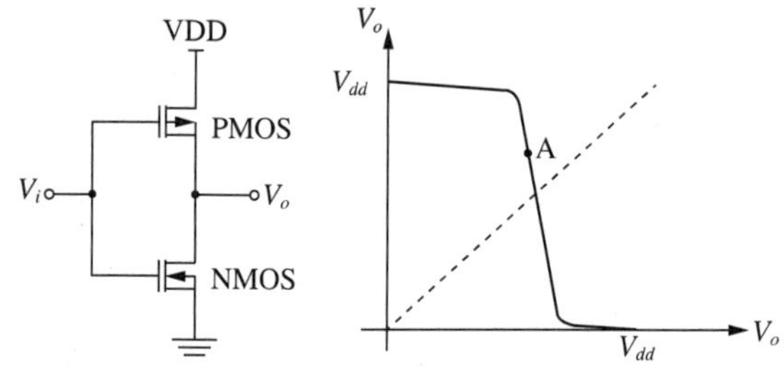

① N형: 포화, P형: 선형
② N형: 선형, P형: 포화
③ N형: 포화, P형: 포화
④ N형: 선형, P형: 선형

14 1 2 3

전력증폭기에 대한 설명으로 옳지 않은 것을 고르시오.

① A급 증폭기는 B급 증폭기보다 무신호시 대기 전력손실이 적다.
② B급 증폭기는 A급 증폭기보다 선형특성이 좋다.
③ C급 증폭기는 선형 동작 C급 증폭기는 선형동작 하므로 선형 증폭기로 쓰인다.
④ D급 증폭기가 A급 증폭기보다 효율이 높다.

15 1 2 3

변압기의 1차측에는 내부저항이 $128[\Omega]$인 증폭기를 연결하고, 2차측에는 $8[\Omega]$의 스피커를 연결하여 모든 전력을 스피커에 전달하게 하는 권선비를 $1:n$이라고 할 때, n의 값으로 옳은 것을 고르시오.

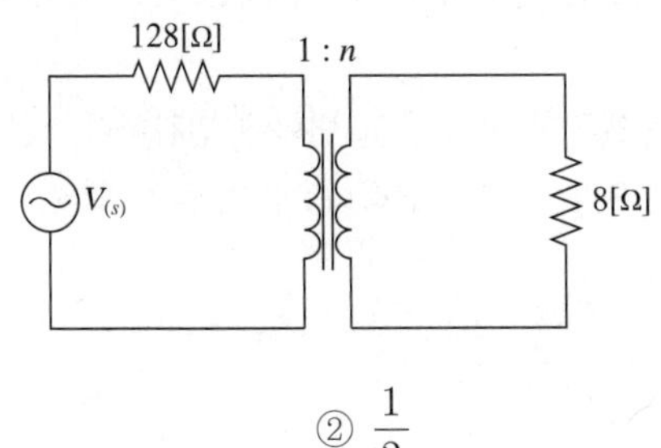

① $\frac{1}{4}$　　② $\frac{1}{2}$

③ 2　　④ 4

16 1 2 3

다음 회로의 부귀한이득이 A일 때 부귀환 후 입력 임피던스 Z_f의 값을 구하시오.

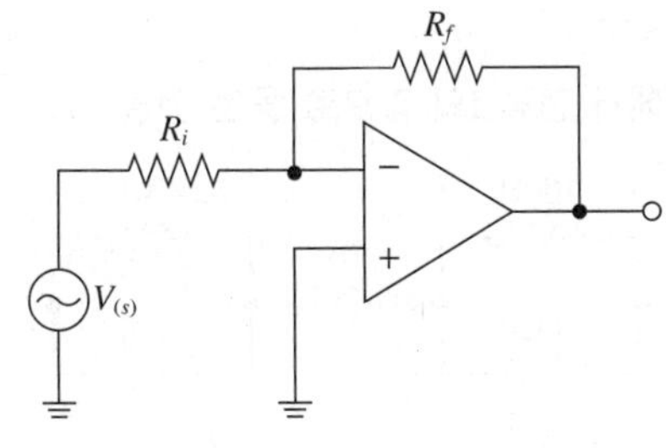

① $Z_f = R_i$

② $Z_f = (1+A)R_i$

③ $Z_f = \frac{1}{1+A} \times R_i$

④ $Z_f = R_f$

17 1 2 3

(a), (b)회로에 주어진 값은 모두 실효값일 때 (a)회로에 V_{R1}의 최대값과 (b)회로의 i_{R2}의 실효값으로 옳은 것을 고르시오.

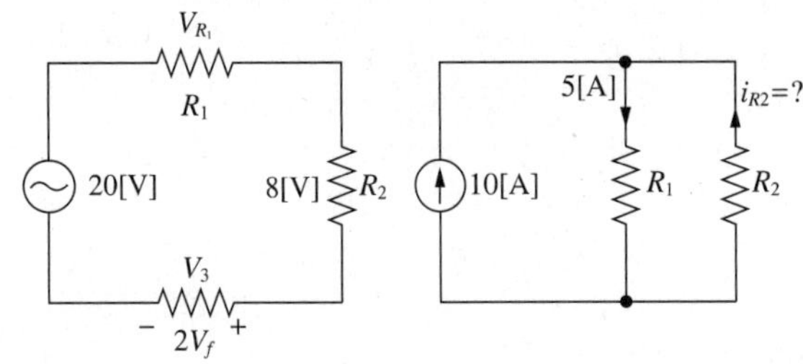

① 10[V], −7[A]

② 10[V], −5[A]

③ 14.1[V], −7[A]

④ 14.1[V], −5[A]

18 1 2 3

트랜지스터의 전류 증폭지수 $\beta_{DC} = 100$일 때 포화동작을 하게 하는 I_B최솟값을 구한 것으로 옳은 것을 고르시오.

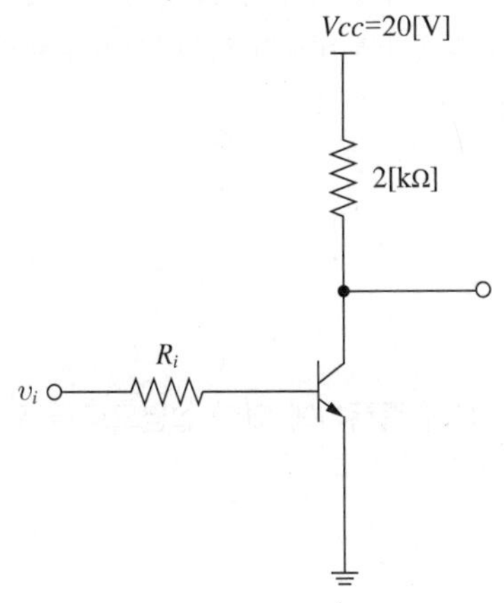

① 10[μA]　　② 100[μA]

③ 1[mA]　　④ 10[mA]

19

논리식 $Y = \overline{\overline{A}\,\overline{B}C + \overline{A}B}$을 간략화 시킨것으로 옳은 것을 고르시오.

① $Y = A + AB$　　② $Y = A + \overline{B}\,\overline{C}$
③ $Y = A + B$　　④ $Y = B$

20

주파수 1KHz 정현파 전원이 크기가 1mH 인덕터에 가해질 때 리액턴스의 크기를 구하시오

① 2[Ω]　　② 3[Ω]
③ 4[Ω]　　④ 6[Ω]

21

npn 트랜지스터에서 정상동작을 위한 베이스에 대한 설명으로 옳은 것을 고르시오.

① 베이스는 끊어져 있어야 한다.
② 베이스는 이미터에 비해서 음(−)이어야 한다.
③ 베이스는 이미터에 비해서 양(+)이어야 한다.
④ 베이스는 컬렉터에 비해서 양(+)이어야 한다.

22

공통 베이스[CB] 증폭기에 대한 설명으로 옳지 않은 것을 고르시오.

① 전압이득이 높다.
② 입력 임피던스가 낮다.
③ 출력 임피던스가 높다.
④ 출력 위상이 반전된다.

23

BJT와 FET에 대한 설명으로 옳지 않은 것을 고르시오.

① FET는 전압으로 전류를 제어하고, BJT는 전류로 전류를 제어한다.
② FET는 높은 입력임피던스, BJT는 높은 증폭성능을 가진다.
③ FET는 BJT에 비해 온도 변화에 민감하다.
④ FET는 BJT에 비해 집적회로를 만들기 쉽다.

24

전압계 V가 1[V] 전류계 A가 1[A] 측정될 때 전류 I의 값을 구하시오.

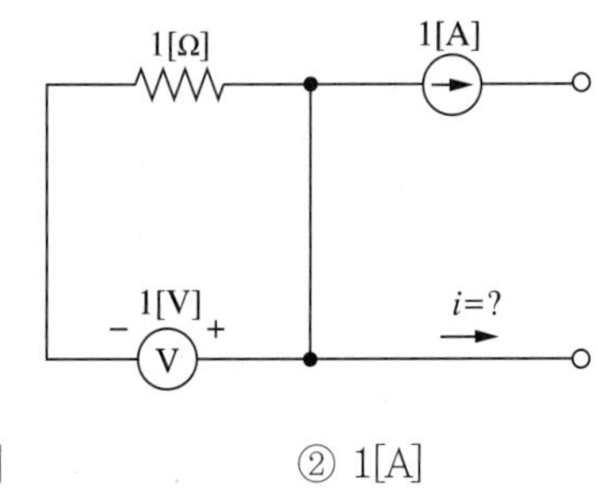

① −2[A]　　② 1[A]
③ 2[A]　　④ 0[A]

25

다음 회로에서 전류 I의 값으로 옳은 것을 고르시오.

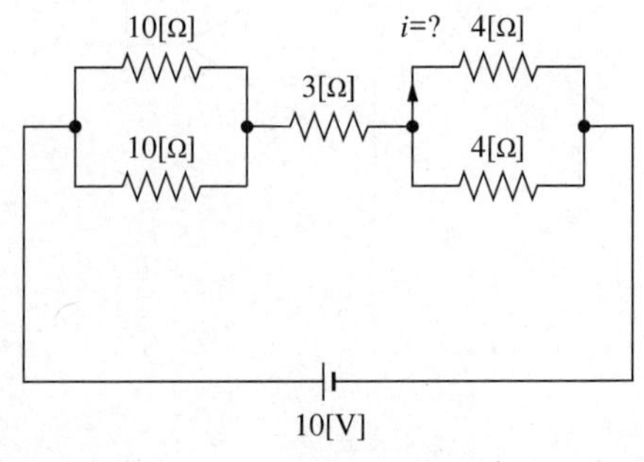

① 2[A]　　② 1[A]
③ 0.5[A]　　④ 0.25[A]

2020 국가직 기출

2020.07.11. 시행 공개경쟁채용 필기시험

해설편 118p

01 1 2 3

OSI 7계층에 대한 설명으로 옳지 않은 것을 고르시오.

① 데이터링크 계층은 인접 노드 간의 신뢰성 있고 안정적인 통신을 위한 기능을 수행한다.

② 패킷 전송망의 네트워크 계층은 라우팅을 통해 효율적인 경로를 지정하는 기능을 수행한다.

③ 물리 계층은 전기적, 기계적, 물리적 인터페이스 특성을 정의하여 기기 간의 원활한 연결을 수행한다.

④ 전송 계층에서는 효율적 전송을 위한 데이터의 암호화 및 압축 기능을 수행한다.

02 1 2 3

다음 회로에 대한 등가회로를 고르시오.

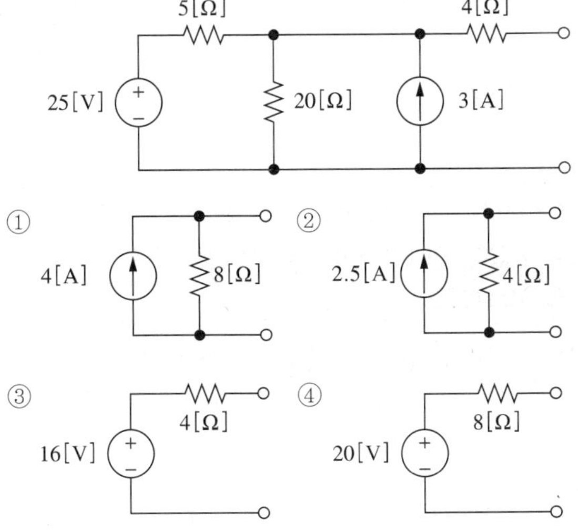

03 1 2 3

비동기 리셋을 가진 D 플립플롭을 이용한 회로에 아래와 같이 입력 신호 CK, Reset, X가 가해졌을 때 출력 Y를 고르시오(단, 플립플롭의 전달지연시간은 무시한다).

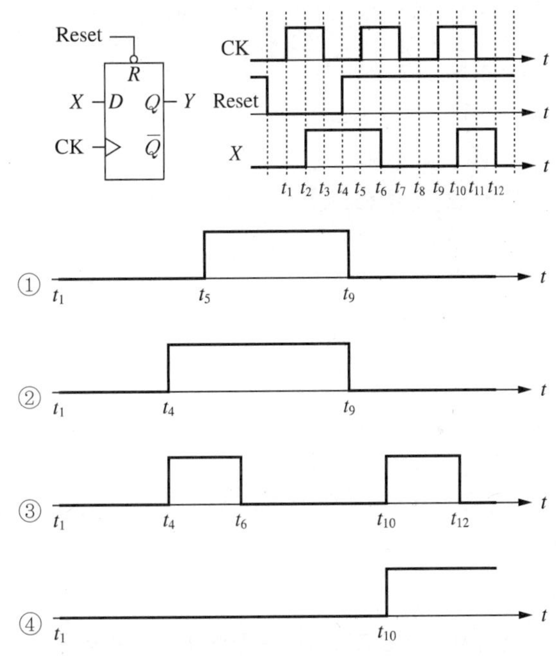

04 1 2 3

디지털 코드에 대한 설명으로 옳은 것을 고르시오.

① ASCII 코드는 12비트 크기를 갖는다.

② 순환중복검사(CRC) 코드는 최상위 비트(MSB)의 오류를 검출하기 위해 주로 사용된다.

③ BCD 코드는 8비트의 크기를 갖는다.

④ 그레이 코드의 MSB는 해당하는 2진 코드의 MSB와 항상 일치한다.

05 1 2 3

다음 회로는 직렬 선형전압조정기이다. 정전압 출력전압 V_{out} [V]과 부하 R_L에 흐를 수 있는 최대 전류 I_L[mA]를 고르시오(단, 입력전압 $V_{IN}=20$ [V], $V_{BE}=0.7$ [V]이고, R_1, R_2에 흐르는 전류는 무시한다).

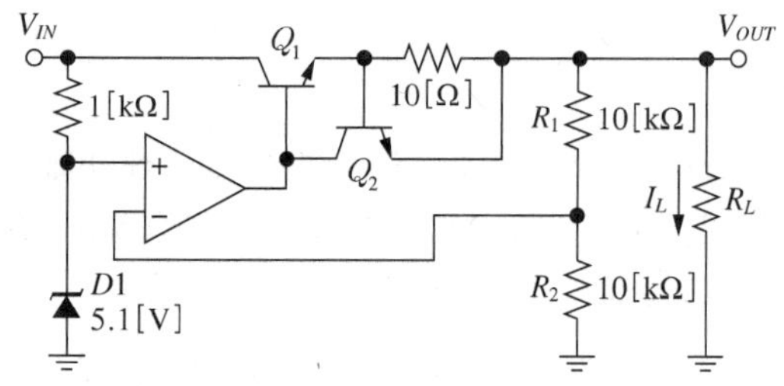

① $V_{out}=5.1$, $I_L=70$
② $V_{out}=5.1$, $I_L=140$
③ $V_{out}=10.2$, $I_L=70$
④ $V_{out}=10.2$, $I_L=140$

06 1 2 3

다음 회로에서 다이오드에 걸리는 전압 V_D[V]와 전류 I_D[A]를 고르시오(단, 다이오드는 이상적인 소자이다).

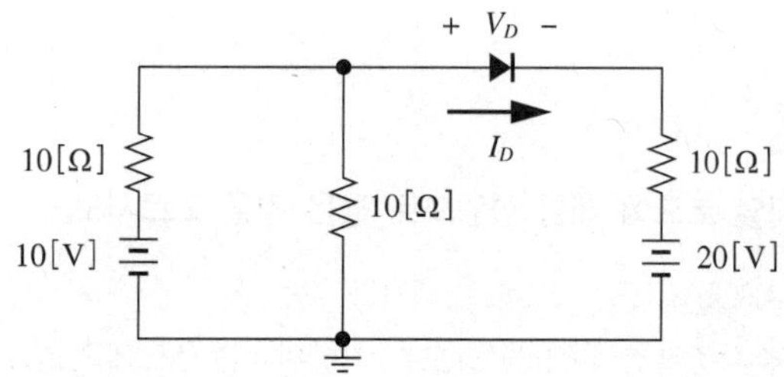

① $V_D=-15$, $I_D=0$
② $V_D=-15$, $I_D=1$
③ $V_D=+15$, $I_D=0$
④ $V_D=+15$, $I_D=1$

07 1 2 3

그림은 증폭기 회로에서 입력전압의 주파수와 전압이득 사이의 관계를 나타낸다. 이에 대한 설명으로 옳지 않은 것으로 고르시오.

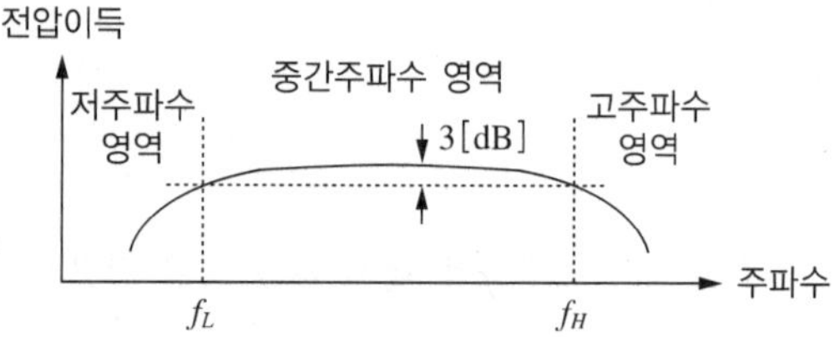

① 고주파수 영역에서는 증폭기의 반도체소자에 존재하는 기생 커패시턴스에 의해 이득이 감쇄한다.
② 저주파수 영역에서는 입출력 결합커패시터에 의해 이득이 감쇄한다.
③ 중간주파수 영역의 이득보다 저주파수 영역에서의 이득이 3[dB] 감소하는 점의 주파수를 저역 3[dB] 주파수, 중간주파수 영역의 이득보다 고주파수 영역에서의 이득이 3[dB] 감소하는 점의 주파수를 고역 3[dB] 주파수, 이 두 주파수 차이를 대역폭(bandwidth)이라 한다.
④ 일반적으로 중간주파수 영역에서는 전압이득이 증가함에 따라 대역폭도 증가한다.

08 1 2 3

2비트 이진수 $A=A_1A_0$와 $B=B_1B_0$를 입력으로 갖는 크기 비교기가 있다. 이때 $A>B$의 경우에 출력 $F=1$이 되는 대수식을 고르시오.

① $F=B_1'B_0'+A_1B_0+A_1A_0B_0+A_1B_0'$
② $F=A_0B_1'B_0+A_1B_0+A_1A_0'B_1$
③ $F=A_0B_1'B_0'+A_1B_1'+A_1A_0B_0'$
④ $F=A_0B_1'B_0'+A_1B_1'+A_1'A_0B_0'$

09 1 2 3

다음은 BJT를 이용한 스위치 응용회로이다. LED가 빛을 발광하기 위해서는 최소 3.5 [mA]의 전류가 필요하고, 이때 LED 양단 전압은 1.15 [V]이다. BJT가 포화되기 위한 입력 구형파 전압의 진폭[V]을 고르시오(단, 포화를 확실하게 하기 위하여 베이스전류는 최소 포화전류의 2배를 사용하고, $V_{CE(sat)}=0.2$ [V], $V_{BE}=0.7$ [V], $\beta_{DC}=100$이다).

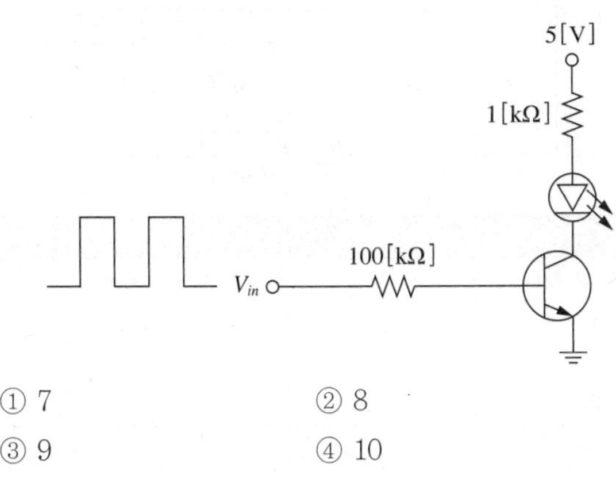

① 7　　② 8
③ 9　　④ 10

10 1 2 3

연산증폭기에 대한 설명으로 옳지 않은 것을 고르시오.

① 연산증폭기는 큰 입력임피던스와 작은 출력임피던스를 가진다.
② 일반적으로 연산증폭기는 큰 전압이득을 얻기 위해 증폭기를 여러 단으로 구성한다.
③ 연산증폭기에서 SR(Slew Rate) 값이 작을수록 빠른 속도로 출력전압을 변화시킬 수 있다.
④ 연산증폭기는 내부에 보상회로를 포함하고 있어 주파수 증가에 따라 전압이득은 감소하는 경향을 갖는다.

11 1 2 3

p채널 공핍형 MOSFET의 전압 대 전류 전달특성곡선으로 옳은 것을 고르시오.

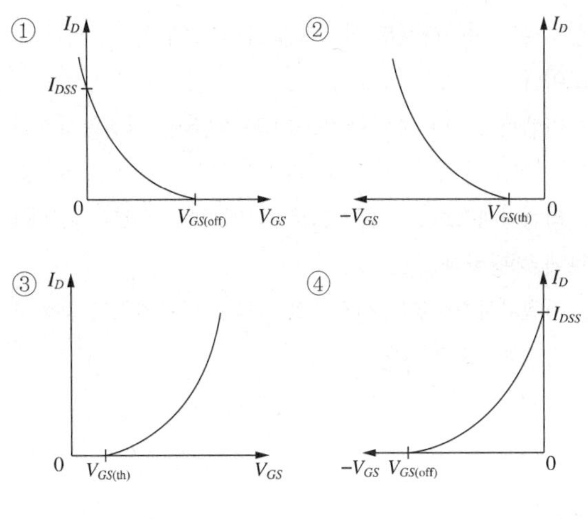

12 1 2 3

다음 슈미트 트리거 회로에 대한 설명으로 옳지 않은 것을 고르시오.

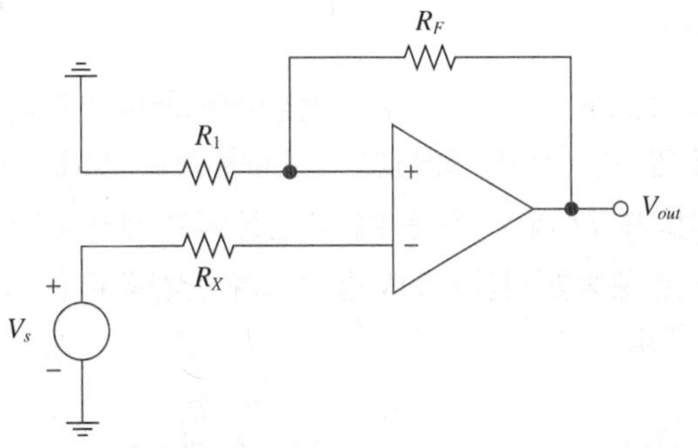

① 슈미트 트리거 회로를 이용하면 잡음신호를 제거한 펄스 구형파를 얻을 수 있다.
② V_s가 양의 값일 때 V_{out}은 음의 값을 갖고, V_s가 음의 값일 때 V_{out}은 양의 값을 갖는다.
③ 전압전달함수에 히스테리시스 특성이 있는 비교기의 일종이다.
④ 주어진 회로는 반전형 슈미트 트리거 회로로 동작한다.

13 1 2 3

FM변복조에서 프리엠퍼시스회로와 디엠퍼시스회로에 대한 설명으로 옳지 않은 것을 고르시오.

① 신호파의 저주파성분 신호대 잡음비를 개선하기 위한 회로이다.

② 프리엠퍼시스회로는 FM변조기의 전단에, 디엠퍼시스회로는 복조기 후단에 위치한다.

③ 프리엠퍼시스회로는 HPF회로, 디엠퍼시스회로는 LPF회로에 해당한다.

④ 프리엠퍼시스회로는 신호파의 일부를 의도적으로 강화시키기 위한 회로이다.

14 1 2 3

다음 회로에 피크값이 5 [V]인 정현파를 입력하였을 때, 출력전압 V_{out} [V]의 최댓값과 최솟값을 고르시오(단, 제너 다이오드 D_1과 D_2는 동일한 역방향 항복 전압 4.3[V]와 동일한 순방향 전압 0.7 [V]를 가지며, 연산증폭기는 이상적이다).

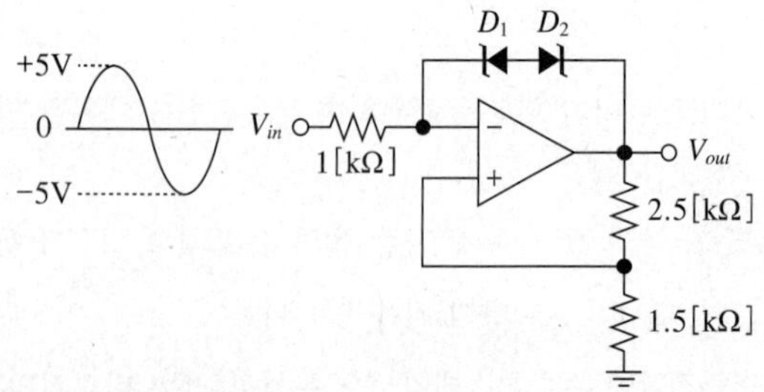

① 1.4, −1.4 ② 5, −5

③ 8, −8 ④ 10, −10

15 1 2 3

다음 회로에 대한 상태표를 작성할 때, ㉠~㉣에 들어갈 내용으로 옳지 않은 것을 고르시오.

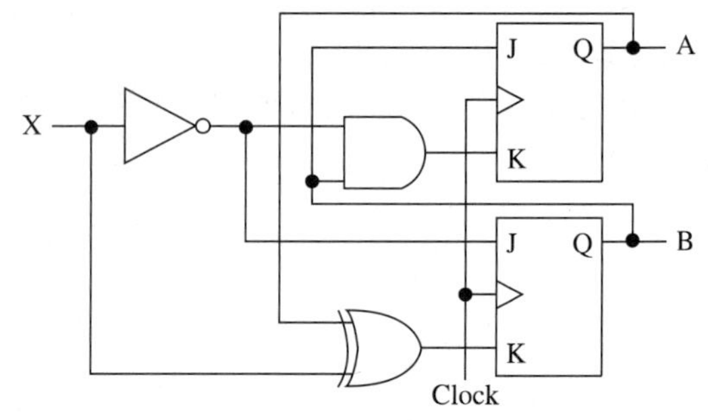

현재 상태	입 력	다음 상태
A(t) B(t)	X	A(t + 1) B(t + 1)
0 0	0	0 1
0 0	1	㉠
0 1	0	1 1
0 1	1	㉡
1 0	0	1 1
1 0	1	㉢
1 1	0	0 0
1 1	1	㉣

① ㉠ : 0 0 ② ㉡ : 0 1

③ ㉢ : 1 0 ④ ㉣ : 1 1

16 1 2 3

다음 회로 중에서 출력 F의 논리함수식이 같은 것만을 모두 고르시오.

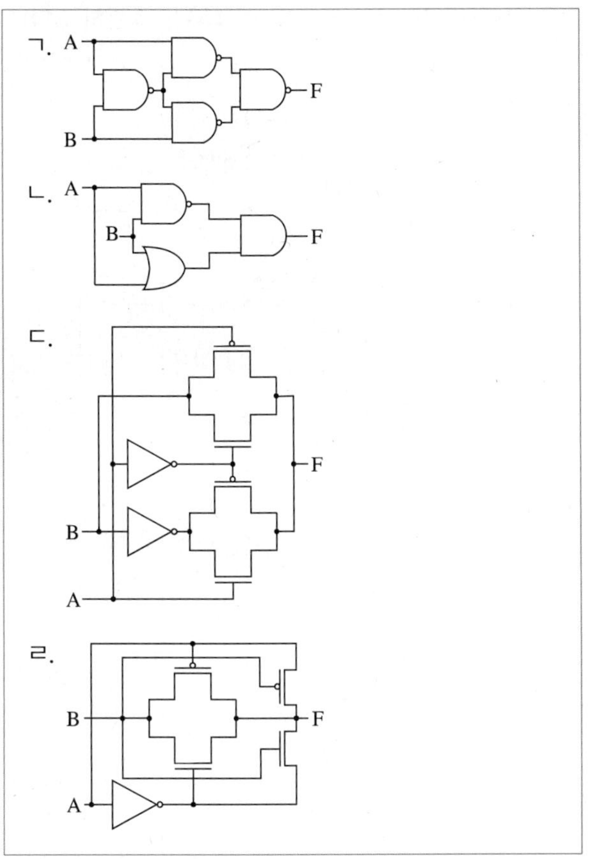

① ㄱ, ㄴ, ㄷ　　② ㄱ, ㄴ, ㄹ

③ ㄴ, ㄷ, ㄹ　　④ ㄱ, ㄴ, ㄷ, ㄹ

17 1 2 3

다음 발진회로에 대한 설명으로 옳지 않은 것을 고르시오.

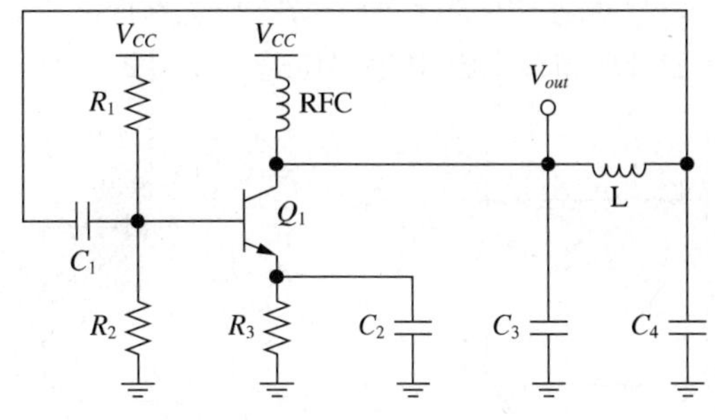

① C_1은 AC 결합 커패시터로써 출력 측으로부터 교류신호 피드백을 위해 사용된다.

② R_1과 R_2는 CE회로의 동작점을 설정하기 위한 전압분배 바이어스용으로 사용된다.

③ 주어진 발진회로의 발진주파수는 $\dfrac{1}{2\pi\sqrt{L\,C_1C_2/(C_1+C_2)}}$ 이다.

④ RFC는 발진주파수에서 매우 큰 임피던스 값을 가진다.

18 1 2 3

다음 증폭회로의 DC동작점에서 V_{CE}[V]를 고르시오(단, $V_{BE}=0.7$[V], $\beta_{DC}=100$, $\beta_{DC}\cdot R_E \gg R_2$, $I_C \cong I_E$ 이다).

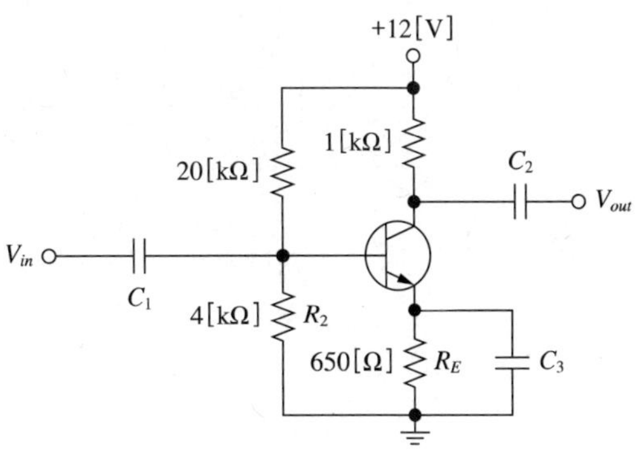

① 6.8　　② 7.4

③ 8.7　　④ 9.8

19

다음 SCR회로에서 실선은 SCR 양단 전압(V_{AK})을 나타내고, 점선은 저항 R의 양단 전압(V_R)을 나타낸다. SCR의 게이트 단자에 펄스가 인가되는 시점을 고르시오.

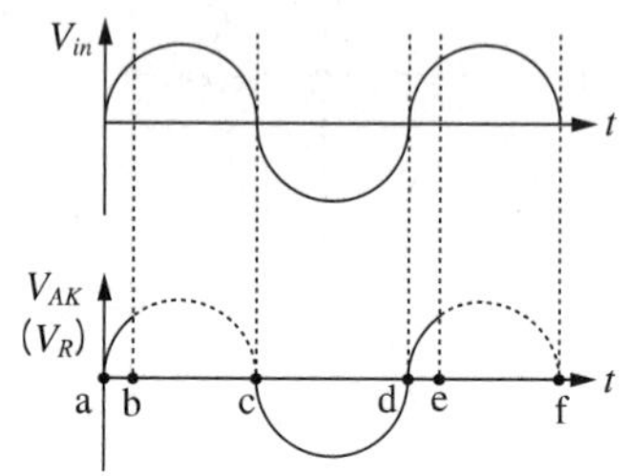

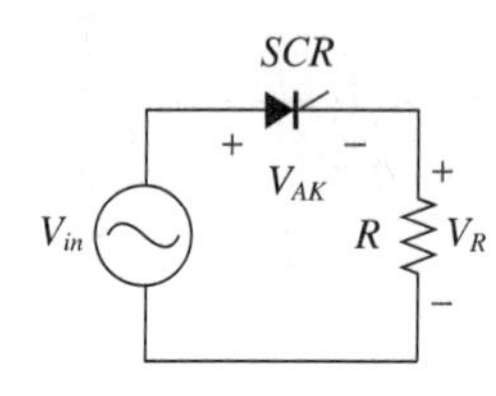

①

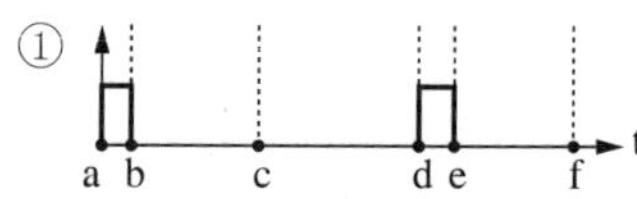

②

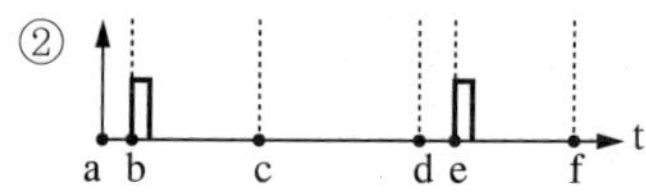

③

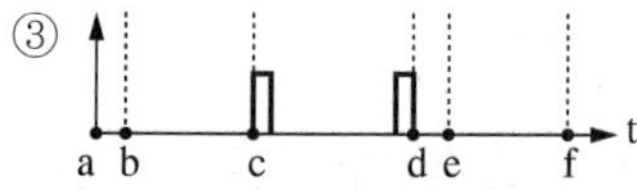

④

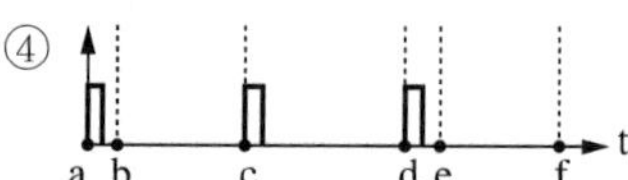

20

다음 회로에서 바이패스 커패시터(C_3)가 없는 경우의 전압이득이 4.9일 때, 바이패스 커패시터가 있는 경우의 전압이득을 고르시오(단, 증폭기의 동작주파수는 충분히 크다).

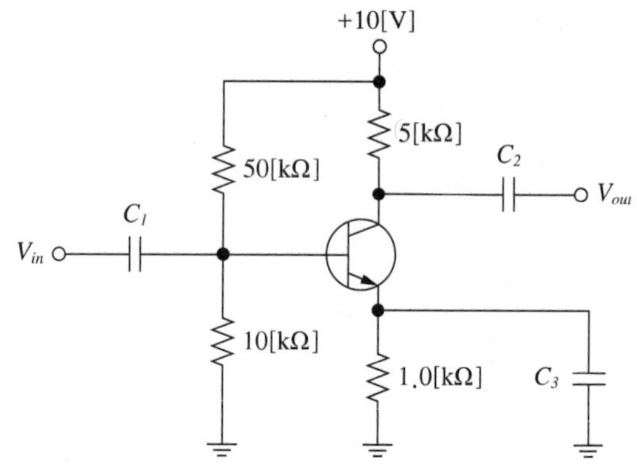

① 205
② 225
③ 245
④ 265

2020 | 2020.06.13. 시행 공개경쟁채용 필기시험 서울시 기출

모바일 OMR

해설편 129p

01 1 2 3

전기난로가 직류전압(DC voltage) 100[V]의 전원에 연결되어 있을 때, 2[kW]의 전력을 소비한다고 하면, 전기난로의 저항값[Ω]으로 옳은 것을 고르시오.

① 1 ② 2
③ 5 ④ 10

02 1 2 3

실리콘(silicon)에서 P형 반도체를 만드는 데 사용되는 억셉터(acceptor)로 가장 옳지 않은 것을 고르시오.

① B(붕소) ② In(인듐)
③ Ga(갈륨) ④ P(인)

03 1 2 3

〈보기〉와 같은 회로 기호의 명칭으로 가장 옳은 것을 고르시오.

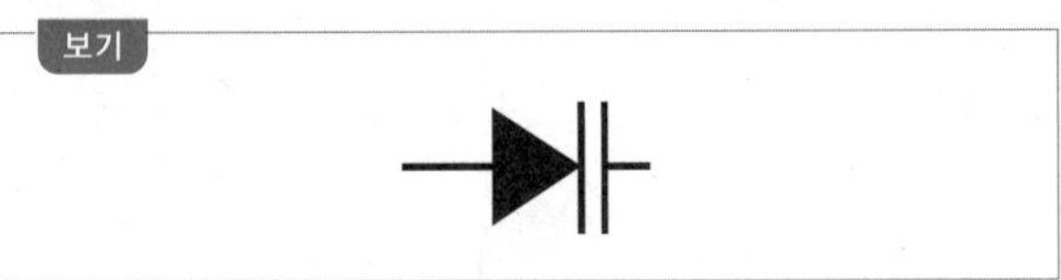

① 제너(Zener) 다이오드
② 버랙터(Varactor) 다이오드
③ 쇼트키(Schottky) 다이오드
④ 터널(Tunnel) 다이오드

04 1 2 3

부울 함수를 간단히 한 것으로 가장 옳지 않은 것을 고르시오(단, A'는 A의 부정이다).

① $A+AB=A$
② $A+A'B=A+B$
③ $A'B+AB'=A+B$
④ $(A+B)\cdot(A+C)=A+BC$

05 1 2 3

무한히 긴 직선 도체에서 20[A]의 전류가 흐르고 있을 때, 자계(자기장)의 세기가 20[A/m]인 지점과 직선 도체 사이의 거리[m]를 고르시오(단, 해당 지점은 직선 도체로부터 수직으로 떨어져 있고, π는 원주율을 의미한다).

① π ② 2π
③ $\frac{1}{\pi}$ ④ $\frac{1}{2\pi}$

06 1 2 3

〈보기〉 회로에 주어진 파형이 입력 되었을 때, 출력파형으로 가장 옳은 것을 고르시오(단, 다이오드 통과 시 전압강하가 없다고 가정하고, $R_1 = R_2 = 1[\mathrm{k\Omega}]$ 이다).

보기

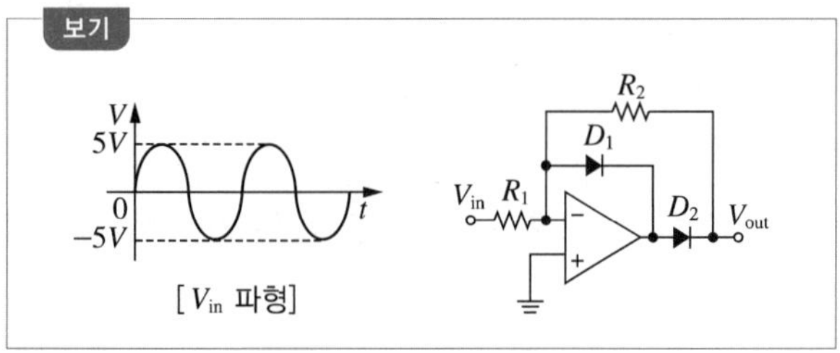

①
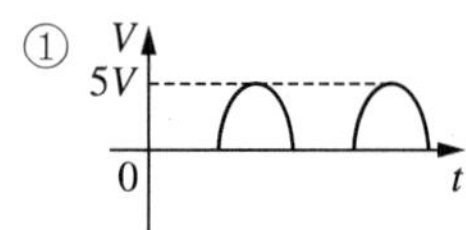

②
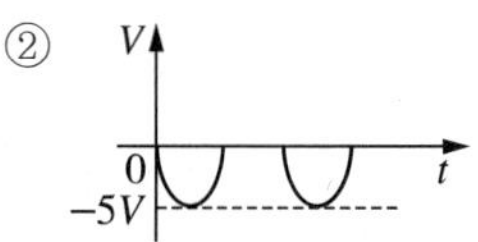

③
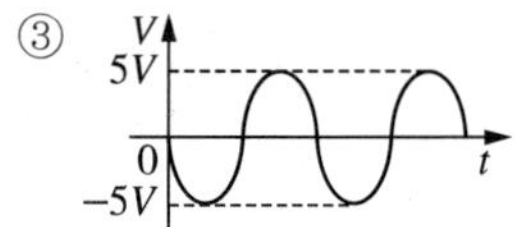

④
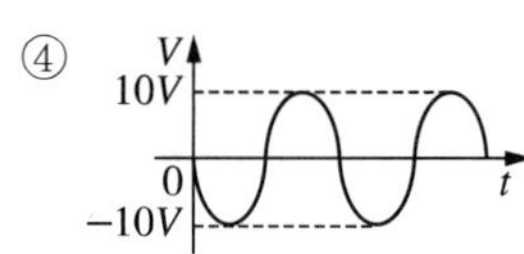

07 1 2 3

상태와 기능이 플립플롭과 유사한 것으로 가장 옳은 것을 고르시오.

① 슈미트 트리거
② 비안정 멀티바이브레이터
③ 단안정 멀티바이브레이터
④ 쌍안정 멀티바이브레이터

08 1 2 3

〈보기〉 회로가 전압 팔로워(Voltage Follower)로 동작하기 위한 조건으로 가장 옳은 것을 고르시오.

보기

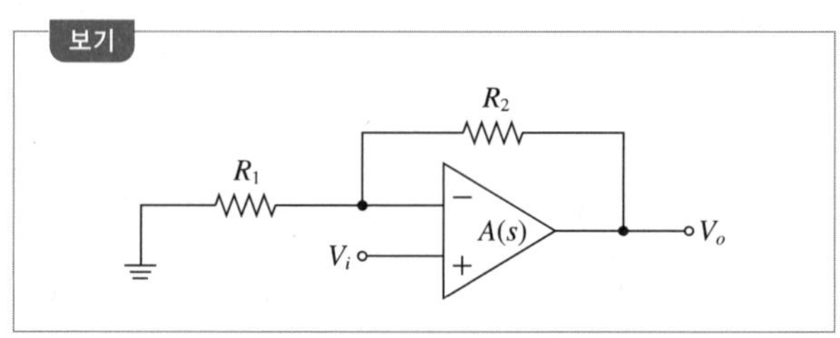

	R_1	R_2
①	$0[\Omega]$	$0[\Omega]$
②	$0[\Omega]$	∞
③	∞	$0[\Omega]$
④	∞	∞

09 1 2 3

〈보기〉와 같은 $R-C$ 회로에서 입력 전압이 $V_{in}(t)$로 주어질 때, 커패시터 C의 양단 전압 $V_C(t)$와 $V_{in}(t)$간의 관계식으로 가장 옳은 것을 고르시오(단, 회로에서 저항의 저항값은 $R[\Omega]$, 커패시터의 정전용량은 $C[F]$이다).

보기

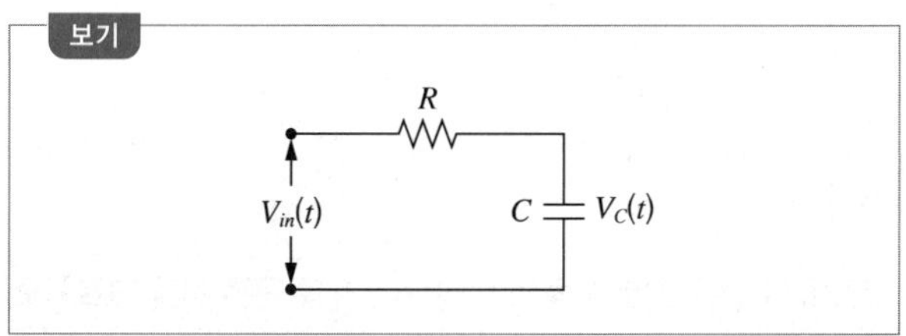

① $V_C(t) = \frac{1}{RC}\frac{dV_{in}(t)}{dt} + V_{in}(t)$

② $V_C(t) = RC\frac{dV_{in}(t)}{dt} + V_{in}(t)$

③ $V_{in}(t) = \frac{1}{RC}\frac{dV_C(t)}{dt} + V_C(t)$

④ $V_{in}(t) = RC\frac{dV_C(t)}{dt} + V_C(t)$

10 1 2 3

〈보기〉 T형 귀환회로를 갖는 반전증폭기의 폐루프 이득 $A_v = \dfrac{V_o}{V_i}$ 를 고르시오(단, 이상적인 연산증폭기로 가정한다).

보기

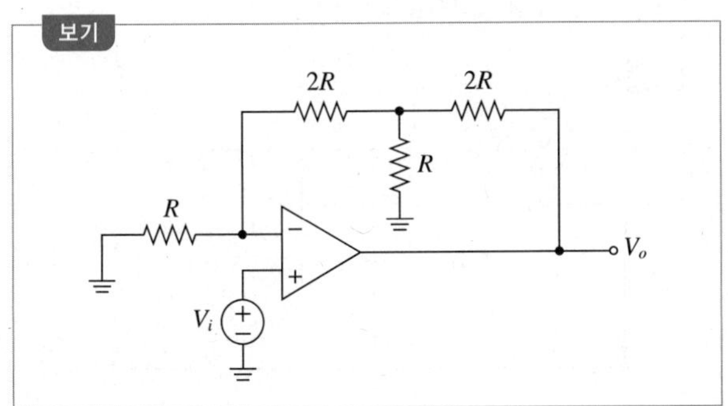

① 11 ② 12

③ 13 ④ 14

11 1 2 3

제너 다이오드에 대한 설명으로 가장 옳지 않은 것을 고르시오.

① 역방향 항복영역을 이용한다.

② 넓은 역방향 전류범위에서 매우 작은 전압변동을 갖는다.

③ 역방향 항복영역에서 등가저항이 매우 크다.

④ 정전압을 만들기 위한 회로나 장치에 사용된다.

12 1 2 3

〈보기〉와 같이 두 전압원과 하나의 저항을 갖는 회로에서 전압 v[V]와 전류 i[mA] 값을 구하시오.

보기

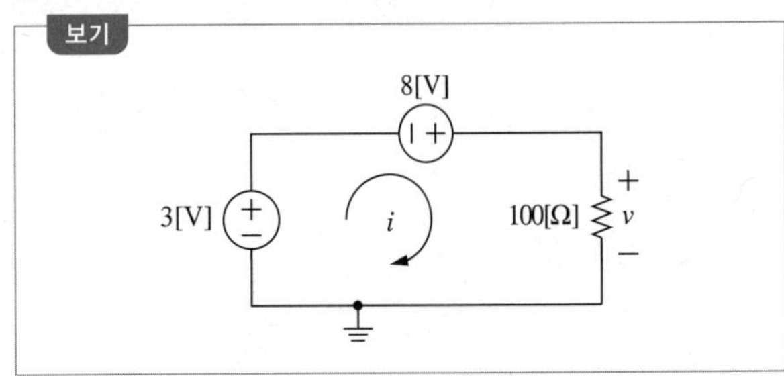

	v[V]	i[mA]
①	5	50
②	11	110
③	−5	−50
④	−11	−110

13 1 2 3

〈보기〉 회로에 두 입력신호(CLK, IN)가 인가되었을 때 출력파형(OUT1, OUT2)으로 가장 옳은 것을 고르시오.

보기

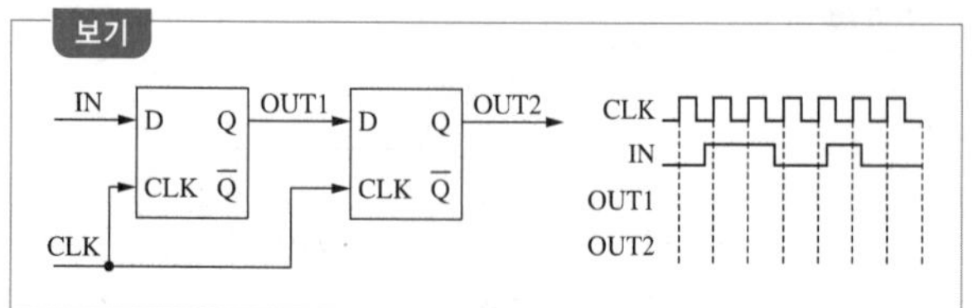

① CLK / IN / OUT1 / OUT2

② CLK / IN / OUT1 / OUT2

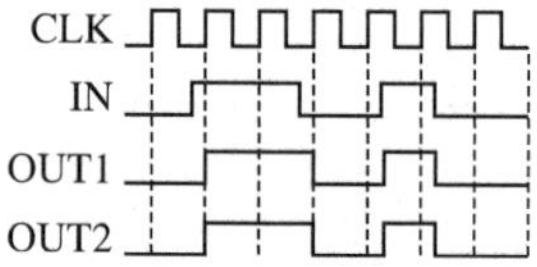

③ CLK / IN / OUT1 / OUT2

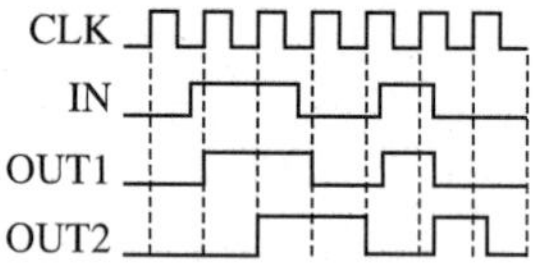

④ CLK / IN / OUT1 / OUT2

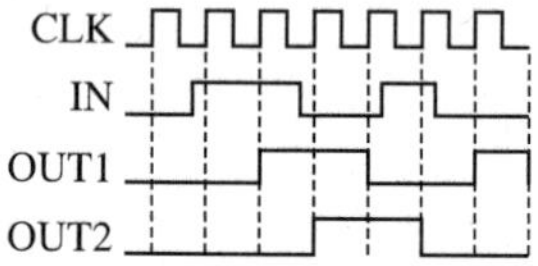

14 1 2 3

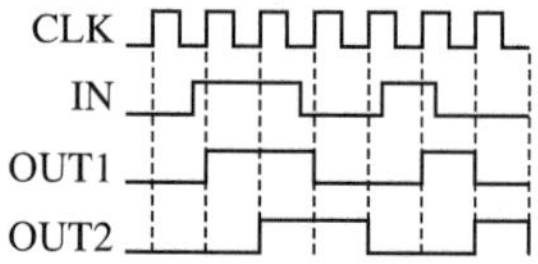

〈보기〉 논리회로의 기능을 나타낸 이름으로 가장 옳은 것을 고르시오.

보기

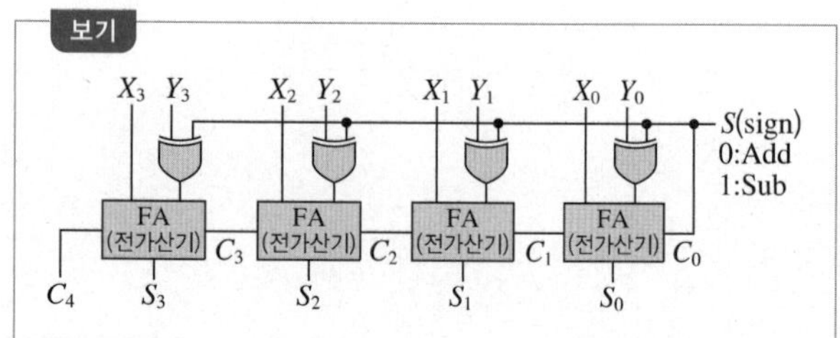

① 인코더 ② 디코더

③ 전가산기 ④ 병렬가감산기

15 1 2 3

〈보기〉에서 "A"로 표시된 부분을 이상적인 OP-AMP라고 할 때, 회로의 각 저항들이 $R_1 = R_2$, $R_3 = R_4$의 조건을 만족할 경우 입력 전압 V_1, V_2와 출력 전압 V_{out}의 관계식으로 옳은 것을 고르시오.

보기

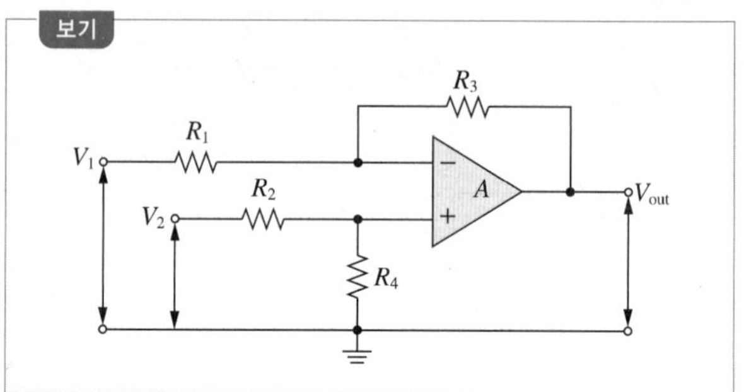

① $V_{out} = \frac{R_3}{R_1}(V_1 - V_2)$

② $V_{out} = \frac{R_3}{R_1}(V_2 - V_1)$

③ $V_{out} = \frac{R_1}{R_3}(V_1 - V_2)$

④ $V_{out} = \frac{R_1}{R_3}(V_2 - V_1)$

16 1 2 3

도체에서 일초당 도체의 단면을 통과하는 자유전자의 개수를 n[1/sec]이라 했을 때, 도체에 흐르는 전류(I)[A]값을 구하시오(단, e는 도체의 단면을 통과하는 자유전자 1개의 전하량이다).

① en[A] ② e^2n[A]

③ $\frac{e}{n}$[A] ④ $\frac{n}{e}$[A]

17 1 2 3

〈보기〉의 클랩 발진기에서 공진주파수 계산에 사용되는 등가커패시턴스(C)와 회로 발진시동에 필요한 전압이득(A_V)의 수식으로 가장 옳은 것을 고르시오.

보기

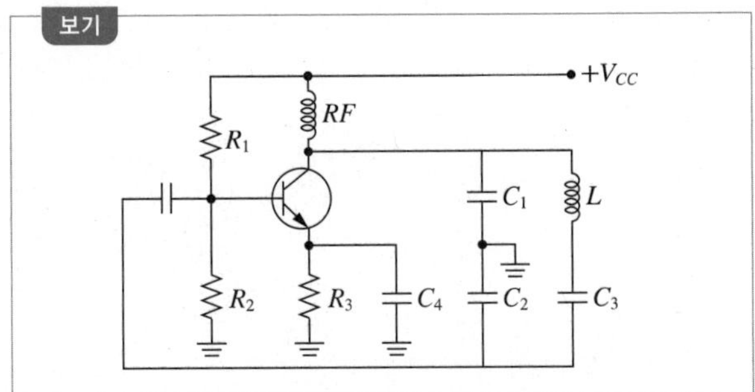

① $C = \dfrac{1}{\dfrac{1}{C_1} + \dfrac{1}{C_2} + \dfrac{1}{C_3}}$, $A_V = \dfrac{C_2}{C_1}$

② $C = \dfrac{1}{C_1} + \dfrac{1}{C_2}$, $A_V = \dfrac{C_3}{C_1 + C_2}$

③ $C = \dfrac{1}{C_1} + \dfrac{1}{C_2} + C_3 + C_4$, $A_V = \dfrac{C_3}{C_1 + C_2} + C_4$

④ $C = \dfrac{C_3 + C_4}{C_1 + C_2}$, $A_V = \dfrac{C_3}{C_1 + C_2}$

18 1 2 3

〈보기〉와 같은 $R-L$회로에서 입력전압 $V_{in}(t)$와 저항 양단의 전압 $V_R(t)$에 대한 Laplace 변환을 각각 $V_{in}(s)$, $V_R(s)$라 할 때, 전달함수 $H(s) = \dfrac{V_R(s)}{V_{in}(s)}$를 구한 것으로 가장 옳은 것을 고르시오(단, 초기 조건은 모두 0이라고 가정한다).

보기

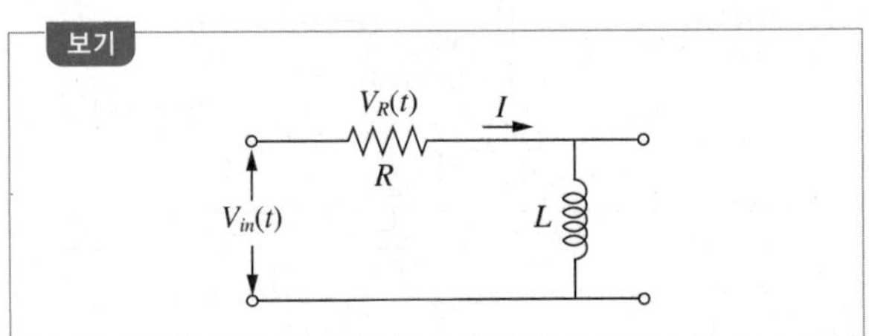

① $H(s) = \dfrac{R}{R + Ls}$

② $H(s) = \dfrac{1}{R + Ls}$

③ $H(s) = \dfrac{L}{R + Ls}$

④ $H(s) = \dfrac{s}{R + Ls}$

19 1 2 3

〈보기〉 회로의 10[kΩ]에서 ($V_{out\_10k\Omega}$) 구형파가 출력되었을 때, V_{out} 에서 출력되는 파형의 모양과 주파수로 가장 옳은 것을 고르시오.

보기

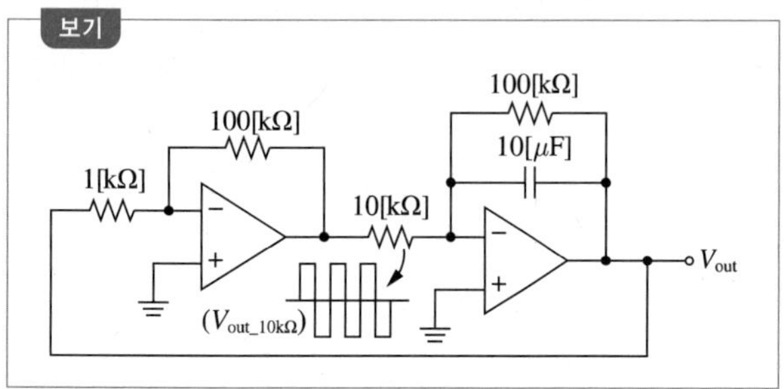

①
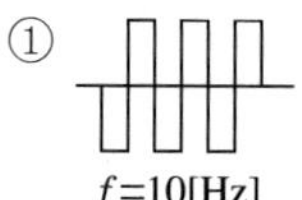
f=10[Hz]

②
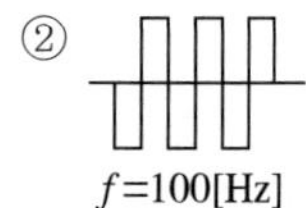
f=100[Hz]

③
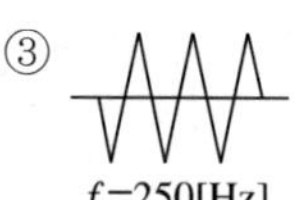
f=250[Hz]

④

f=500[Hz]

20 1 2 3

8진수 45.3을 10진수로 나타낸 것을 고르시오.

① 25.6　　② 37.3
③ 37.375　　④ 43.25

2020 | 2020.07.18. 시행 공개경쟁채용 필기시험 군무원 기출(복원)

해설편 138p

01 1 2 3

아날로그와 디지털에 대한 설명으로 옳지 않은 것을 고르시오.

① 아날로그는 반송파에 주파수나 진폭신호를 추가하여 수행되는 정보전송과 관련된 기술이다.

② 아날로그신호를 다시 디지털 신호로 바꾸기 위해서는 모뎀이 필요하다.

③ 디지털 변조방식은 진폭을 변화시키는 ASK방식, 주파수를 변화시키는 FSK방식, 위상을 변화시키는 PSK방식, 진폭과 위상을 동시에 변화시켜 정보를 전송하는 QAM방식이 있다.

④ 동기검파 방식은 수신신호에서 반송파를 검출하여 반송파의 위상정보를 이용하는 것이며 AM라디오 수신기의 포락선 검파가 이에 해당한다.

02 1 2 3

교류전압 순시전압이 $v_{(t)}=100\sin wt$일 때 이 전압의 최대값, 평균값, 실효값으로 옳은 것을 고르시오.

	최대값	평균값	실효값
①	100[V]	63.7[V]	70.7[V]
②	141[V]	63.7[V]	100[V]
③	100[V]	70.7[V]	100[V]
④	141[V]	70.7[V]	100[V]

03 1 2 3

다음 그림과 같이 다이오드회로 전원전압 $V_s=5$[V]에서 다이오드 전류 $I_A=10$[mA]이라면 이를 가능케 하는 적절한 저항값을 고르시오(단 LED전압강하는 1.8[V]로 계산한다).

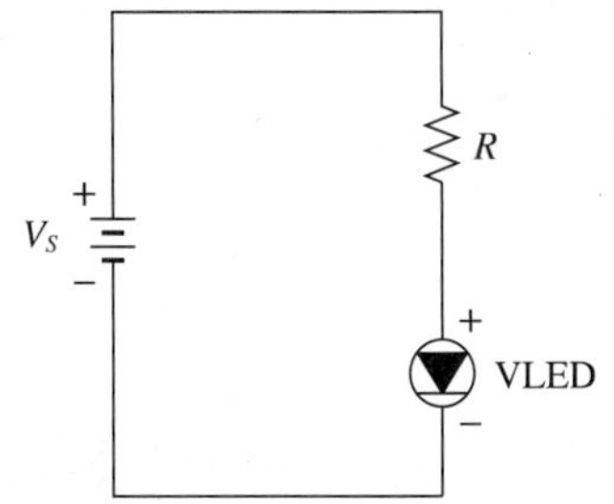

① 680[Ω]

② 500[Ω]

③ 320[Ω]

④ 180[Ω]

04 1 2 3

허용오차 5%, 저항 1[kΩ]으로 이루어진 회로에 5[V]의 전압을 인가했을 경우 저항에 흐르는 최대전류와 최대전력으로 옳은 것을 고르시오.

	최대전류	최대전력
①	5.26[mA]	26.32[mW]
②	5.25[mA]	26.25[mW]
③	5.25[mA]	28.94[mW]
④	5.26[mA]	29.09[mW]

05 1 2 3

$L = 5[\mathrm{uH}]$ 코일, $C = 200[\mathrm{pF}]$을 직렬연결한 회로에 주파수 $f = 4[\mathrm{MHz}]$를 인가하였을 때 이 회로의 총 리액턴스 특성으로 옳은 것을 고르시오.

① 유도성 리액턴스
② 용량성 리액턴스
③ 저항성 리액턴스
④ 복합성 리액턴스

06 1 2 3

애벌란시 효과를 이용한 PN접합소자의 용도로 알맞은 것을 고르시오.

① 전류 정류기
② 가변저항
③ 가변 커패시터
④ 전압조정기

07 1 2 3

광 다이오드의 내부저항 변화에 대한 설명으로 옳은 것을 고르시오.

① 역바이어스에서 빛이 있으면 내부저항은 낮아진다.
② 역바이어스에서 빛이 있으면 내부저항은 높아진다.
③ 순바이어스에서 빛이 있으면 내부저항은 낮아진다.
④ 순바이어스에서 빛이 있으면 내부저항은 높아진다.

08 1 2 3

2진수 10110111을 진수변환한 것으로 옳지 않은 것을 고르시오.

① 8진수 267
② $\mathrm{B7}_{(16)}$
③ 1의 보수 $01001001_{(2)}$
④ 10진수 183

09 1 2 3

다음 카르노맵에 대한 설명으로 옳지 않은 것을 고르시오.

AB \ CD	$\overline{C}\,\overline{D}$	$\overline{C}D$	CD	$C\overline{D}$
$\overline{A}\,\overline{B}$	1	0	1	×
$\overline{A}B$	0	0	×	0
AB	0	0	1	×
$A\overline{B}$	1	0	1	×

① $F(ABCD) = \overline{B}\,\overline{C}\,\overline{D} + CD$
② $F(ABCD) = \sum_m(0, 2, 10, 12, 14)$
$+ \sum_d(3, 6, 11, 15)$
③ ×부분 모두 0보다 모두 1이 간단하다.
④

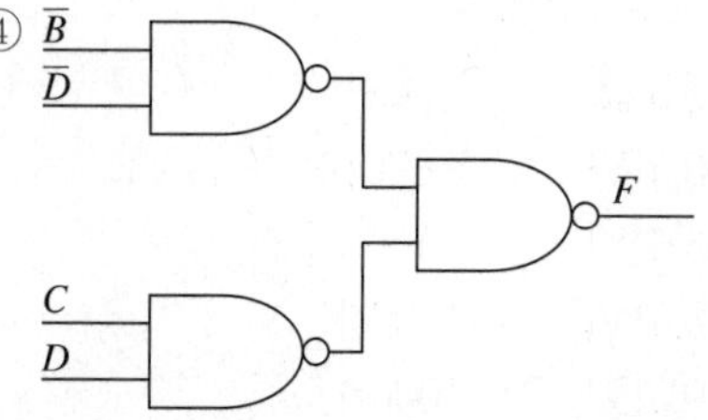

10

다음 연산증폭기에 $v_1 = 3[\text{V}]$, $v_2 = 5[\text{V}]$를 인가할 때, 출력 v_o의 값으로 옳은 것을 고르시오(단, $R_1 = R_3 = 1[\text{k}\Omega]$, $R_2 = R_4 = 2[\text{k}\Omega]$).

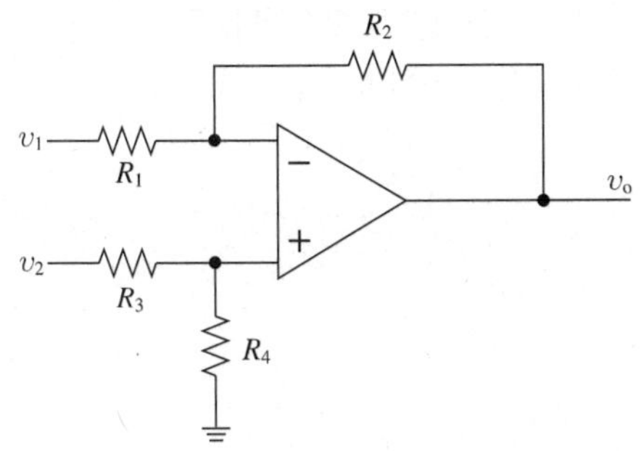

① 2[V]　　② −2[V]
③ 4[V]　　④ 8[V]

11

어떤 일렉트로미터의 측정가능 전류크기가 1[FA]일 때 이를 제대로 측정하기 위한 도선에 흐르는 전자의 개수로 알맞은 것을 고르시오.

① 6,250,000개　　② 6,250개
③ 1,000,000개　　④ 1,000개

12

다음 정류회로에서 다이오드가 이상적이라고 할 때 다음의 정류회로는 반파 정류기 또는 전파 정류기인지 구분하고, $v_o(t)$의 V_{DC}의 값으로 옳은 것을 고르시오.

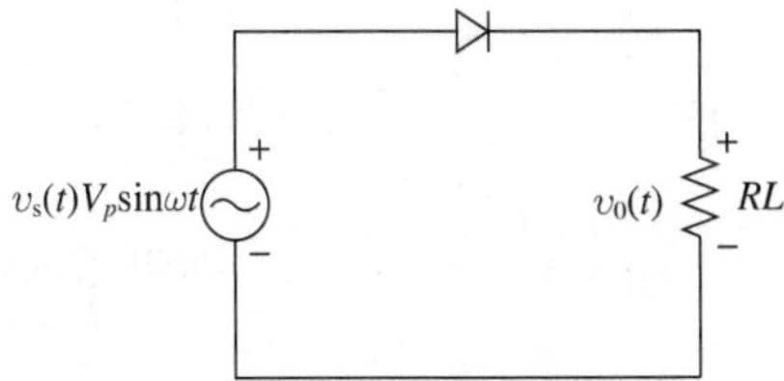

① 반파 정류기, $V_{DC} = \dfrac{V_p}{\pi}$

② 반파 정류기, $V_{DC} = \dfrac{2V_p}{\pi}$

③ 전파 정류기, $V_{DC} = \dfrac{V_p}{\pi}$

④ 전파 정류기, $V_{DC} = \dfrac{2V_p}{\pi}$

13

동일전구 3개 A, B, C를 병렬연결한 회로에서 3개 전구 중 전구 A를 제거했을 경우, 나머지 전구 B, C는 전과 비교하여 밝기가 어떻게 변하는지 고르시오.

① 전구 모두 제거 전보다 밝기가 어두워진다.
② 전구 모두 제거 전보다 밝기가 밝아진다.
③ 전구 하나는 밝아지지만 나머지 하나는 어두워진다.
④ 변화가 없다.

14 1 2 3

다음 OP-AMP회로에 대한 설명으로 옳은 내용을 고르시오.

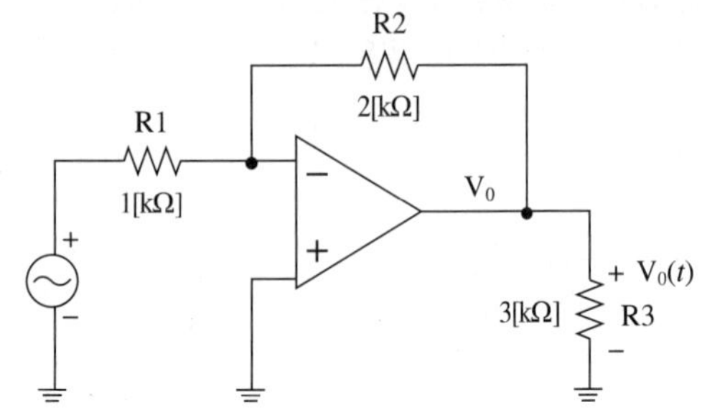

① 전압이득 $\frac{v_o}{v_i}=-2$, 반전 증폭기

② 전압이득 $\frac{v_o}{v_i}=-3$, 반전 증폭기

③ 전압이득 $\frac{v_o}{v_i}=2$, 비반전 증폭기

④ 전압이득 $\frac{v_o}{v_i}=3$, 비반전 증폭기

15 1 2 3

다음의 회로도에서 R_1이 끊어졌을 경우, 이때 발생하는 현상으로 옳은 것을 고르시오.

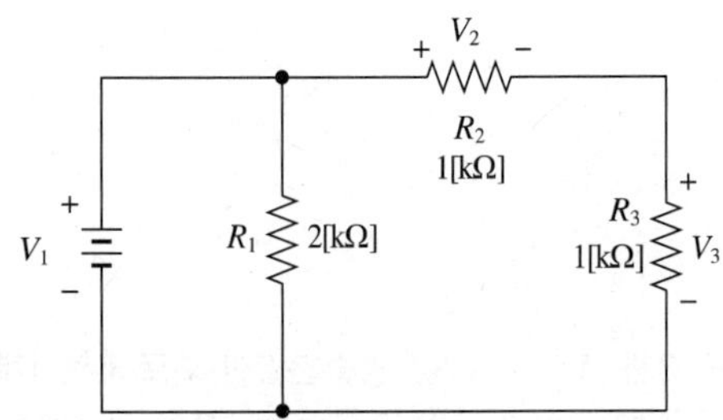

① R_2의 V_2가 $\frac{1}{2}$배로 감소한다.

② 전체전류 I가 2배로 증가한다.

③ 전체전류 I가 $\frac{1}{2}$배로 감소한다.

④ 전체전류 I가 0이 된다.

16 1 2 3

전기력선에 대한 설명으로 옳은 것을 고르시오.

① 도체 내부에는 전기력선이 없다.

② $+Q$[C]에서 나오는 전기력선의 수는 Q와 같다.

③ 전기력선은 등전위면과 수직이다.

④ 전기력선은 서로 교차하지 않는다.

17 1 2 3

3개의 콘덴서가 각각 1[μF], 2[μF], 3[μF]이고, 이 콘덴서가 직렬로 연결되어 충분한 시간이 경과했다. 이 경우 각 콘덴서에 충전된 전하량의 비율을 $Q_1 : Q_2 : Q_3$으로 나타낼 때 옳은 것을 고르시오.

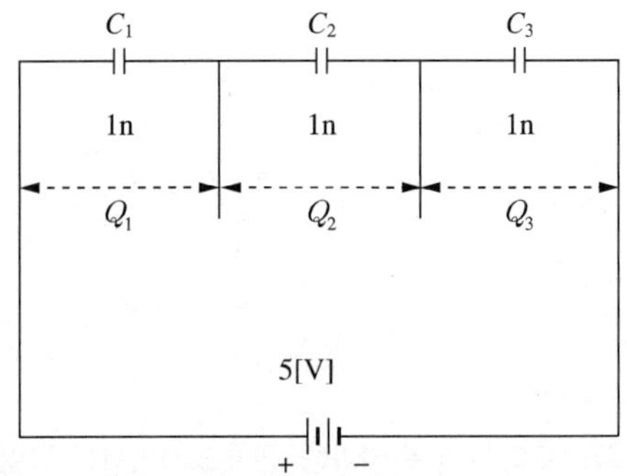

① 1 : 2 : 3

② 1 : 1 : 1

③ 3 : 2 : 1

④ 1 : 4 : 4

18 1 2 3

전혀 충전되지 않은 콘덴서 1μF와 저항 5[kΩ]을 직렬연결하여 $t=0$에서 스위치를 닫았을 때 $t=0^+$의 전류값을 A라고 하고, $t=\infty$의 전류값을 B라고 할 때 A와 B에 대한 값으로 옳은 것을 고르시오.

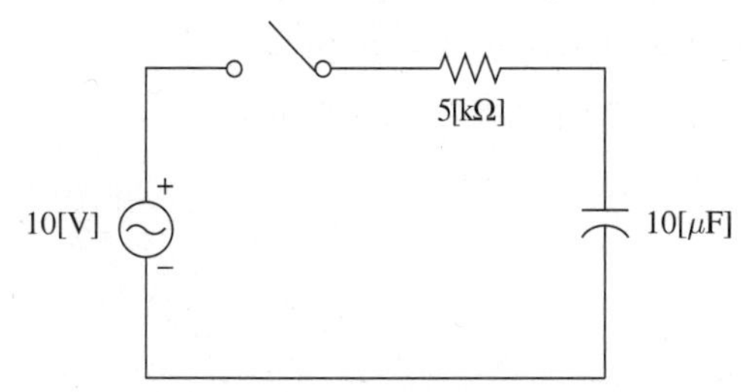

	A	B
①	0	2[mA]
②	2[mA]	0
③	2[mA]	2[mA]
④	0	0

19 1 2 3

철수는 110[V] 전기밥솥을 220[V]에 사용하려고 한다. 이를 변압기를 통해 가능하게 하려고 할 때 변압기 1차 코일 권수가 100일 경우 알맞은 2차 코일 권수로 옳은 것을 고르시오.

① 400
② 200
③ 50
④ 25

20 1 2 3

인덕터와 저항을 연결한 회로에서 그림과 같이 스위치가 열린 상태에서 오랜 시간 지난 후 $t=0$에서 스위치를 닫았을 때, $t=0^+$에서 전류계 A의 전류값을 X라고 하고, $t=\infty$에서 전류계 A의 전류값을 Y라고 할 경우, X, Y값으로 옳은 것을 고르시오.

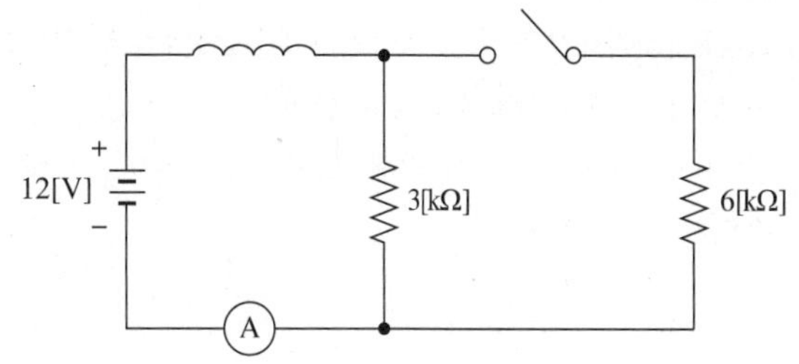

	X	Y
①	6[mA]	4[mA]
②	6[mA]	0
③	4[mA]	0
④	4[mA]	6[mA]

21 1 2 3

220[V]의 선풍기를 110[V]에 연결할 경우에 대한 설명으로 옳은 것을 고르시오.

① 선풍기 회전수는 감소하지만 소비전력은 같다.

② 선풍기 회전수가 감소하고 소비전력도 $\frac{1}{4}$배로 감소한다.

③ 선풍기 회전수는 증가하지만 소비전력은 같다.

④ 선풍기 회전수는 증가하고 소비전력도 2배로 증가한다.

22 1 2 3

광(Photo)다이오드에 대한 설명으로 옳지 않은 것을 고르시오.

① 역 바이어스로 동작하며 광이 입사할 때 순방향 전류가 입사 광량에 비례하여 흐르게 된다.
② 온도에 매우 민감하며 파장에 따라 응답 특성이 달라 리모컨 등 가전제품에 흔히 사용된다.
③ 광(Photo)다이오드의 빛에너지가 전기에너지로 변환되는 현상을 광기전력 효과라고 한다.
④ 광(Photo) 트랜지스터에 비해 광(Photo)다이오드의 반응속도가 더 빠르다.

23 1 2 3

실리콘 기반 반도체 소자와 화합물 반도체 소자에 대한 설명으로 옳지 않은 것을 고르시오.

① 실리콘 기반 반도체 소자의 원료인 Si(규소)는 지구상에 매우 풍부하고, 가격이 싸다.
② 실리콘 기반 반도체 소자는 밴드갭이 1.1[eV]로 적당히 넓어 반도체의 주재료로 사용되고 있다.
③ 화합물 반도체 소자인 GaAs는 실리콘기반 반도체보다 전자이동도가 6배 빠르다.
④ 실리콘 기반 반도체 소자는 화합물반도체 소자보다 온도 변화에 안정적이어서 높은 주파수와 고온 환경에서 화합물 반도체보다 더 적합하다.

24 1 2 3

반도체 메모리 소자에 대한 설명으로 옳지 않은 것을 고르시오.

① DRAM은 전원 차단 시 기억내용이 사라지는 휘발성 기억소자이다.
② DRAM은 SRAM보다 구조가 간단하다.
③ SRAM은 시장에 따라 소멸되었다.
④ SRAM은 값이 비싸고, 속도가 빠르다.

25 1 2 3

N형, P형 반도체에 대한 설명으로 옳지 않은 것을 고르시오.

① P형 반도체는 정공이 주 캐리어이다.
② P형 및 N형 억셉터와 도너 주입은 금지대역 내 허용 에너지 준위를 생성한다.
③ 페르미준위는 억셉터가 많을 경우 가전자대에 가깝게, 도너가 많을 경우 전도대에 가깝게 형성된다.
④ 열평형상태에서 P형은(+), N형은(−) 전자를 띤다.

2019 | 2019.04.06. 시행 공개경쟁채용 필기시험 국가직 기출

모바일 OMR

해설편 153p

01 1 2 3

이상적인 연산증폭기의 특성에 대한 설명으로 옳지 않은 것을 고르시오.

① 반전 입력단자와 비반전 입력단자 사이의 입력측 저항은 무한대이다.
② 출력단자와 접지면 사이에서 출력측 저항은 0이다.
③ 전류이득의 크기는 무한대이다.
④ 주파수 대역폭이 무한대이다.

02 1 2 3

PN 접합 다이오드에 대한 설명으로 옳은 것을 고르시오.

① 순방향 바이어스와 인가되면 공핍영역 폭이 넓어진다.
② 순방향 바이어스가 인가되면 P형 영역의 정공만이 N형 쪽으로 주입된다.
③ 역방향 바이어스가 증가하면 접합부 정전용량은 작아진다.
④ 역방향 바이어스가 증가하면 공핍영역의 양이온과 음이온 사이에 발생하는 전계의 세기는 감소한다.

03 1 2 3

다음 회로에서 출력전압 V_{out}[V]을 고르시오(단, 연산증폭기는 이상적이다).

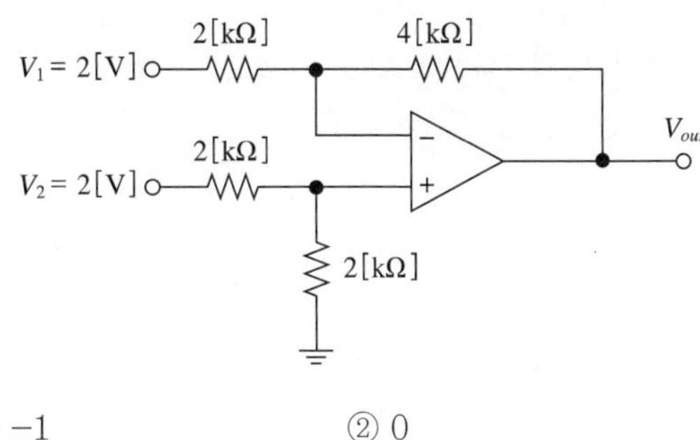

① −1 ② 0
③ 1 ④ 2

04 1 2 3

다음 증폭기 회로에서 트랜지스터 Q_1의 컬렉터-이미터 전압 V_{CE}[V]를 고르시오(단, $\beta_{DC}=100$, $V_{BE}=0.7$[V]이다).

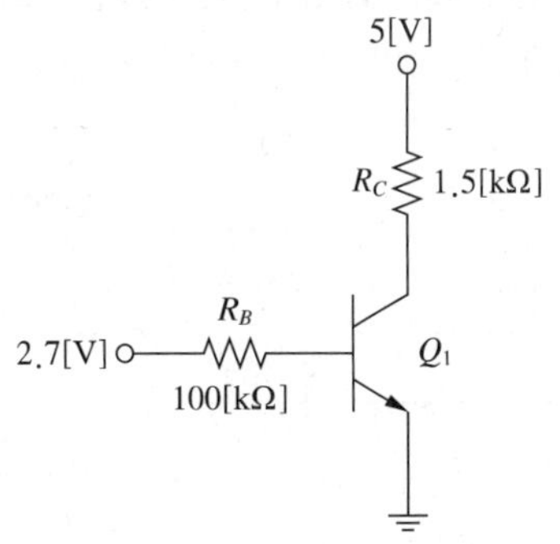

① 1.5 ② 2
③ 2.5 ④ 3

05 1 2 3

귀환발진기에 대한 설명으로 옳지 않은 것을 고르시오.

① 초기 트리거 신호가 주어진 후 외부 입력신호가 지속적으로 인가되지 않더라도 특정 주파수를 갖는 파형을 만들어 내는 회로이다.

② 특정 주파수에서 발진이 지속적으로 유지되기 위해서는 폐귀환 루프이득(Loop gain)의 크기가 1이고, 루프의 위상변이(Phase shift)가 0°이어야 한다.

③ RC 귀환발진기와 LC 귀환발진기는 모두 정현파(Sinusoidal waveform)를 만들 수 있다.

④ 귀환발진기 회로의 양호도(Q factor)는 파형 크기의 안정성(Amplitude stability)을 나타낸다.

06 1 2 3

다음 증가형(Enhancement) MOSFET이 포화영역에서 동작할 때, 이에 대한 설명으로 옳지 않은 것을 고르시오.

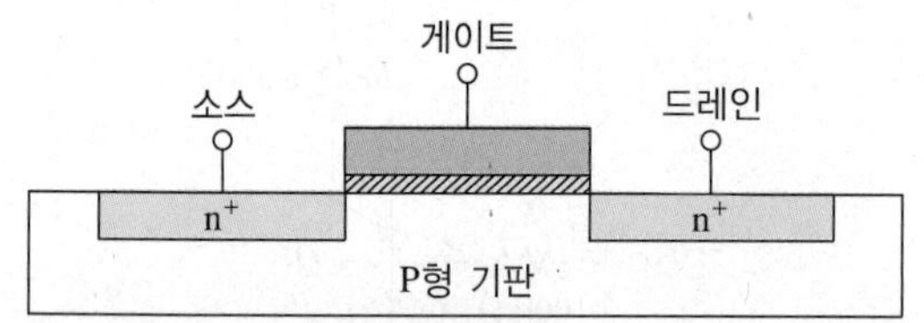

① n채널이 만들어지는 NMOS 트랜지스터이다.

② 게이트는 소스보다 높은 전위를 가진다.

③ 전자가 드레인에서 소스로 흘러 전류가 발생한다.

④ 드레인은 소스보다 높은 전위를 가진다.

07 1 2 3

다음 디지털 논리게이트에 대한 설명으로 옳은 것을 고르시오(단, $V_{DD}=+5[V]$이고, 입력과 출력은 논리적 '1'일 때 $V=+5[V]$, '0'일 때 $V=0[V]$이다).

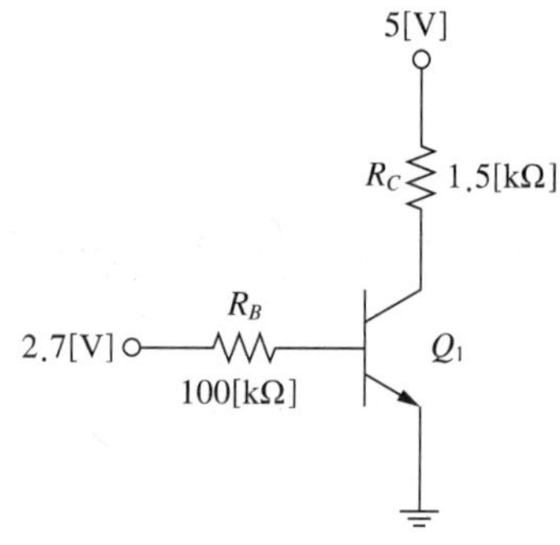

① 두 개의 NMOS로 구성된 OR 게이트

② 두 개의 PMOS로 구성된 NOR 게이트

③ 두 입력 A와 B가 모두 논리적 '0'일 때만 출력 '1'을 만족하는 NOR 게이트

④ 두 입력 A와 B가 모두 논리적 '1'일 때만 출력 '0'을 만족하는 NAND 게이트

08 1 2 3

다음 JFET 증폭회로의 전압이득의 크기를 고르시오(단, 트랜지스터 자체의 출력저항 r_o는 무시한다).

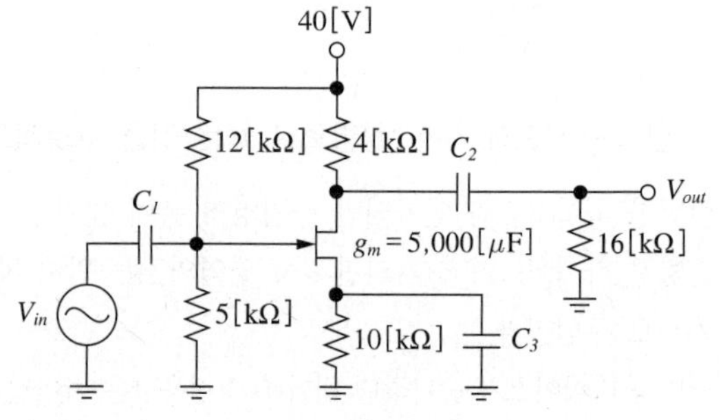

① 8
② 16
③ 32
④ 48

09 1 2 3

다음 회로의 전달함수가 $H(s) = \frac{V_{out}}{V_{in}} = -\frac{5}{s+5}$ 인 조건을 만족하는 $C[\mu F]$을 고르시오(단, 연산증폭기는 이상적이며, $R_{in} = R = 100[k\Omega]$ 이다).

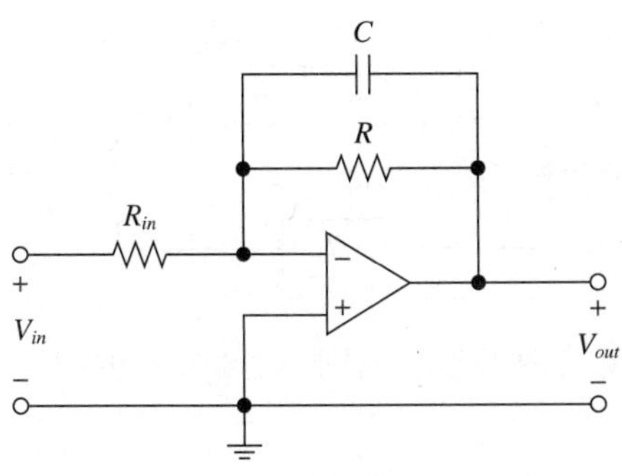

① 1　　② 2
③ 4　　④ 5

10 1 2 3

다음 디지털 논리회로에서 출력 $Y = A + B$라고 할 때, $P_3P_2P_1P_0$의 값을 고르시오.

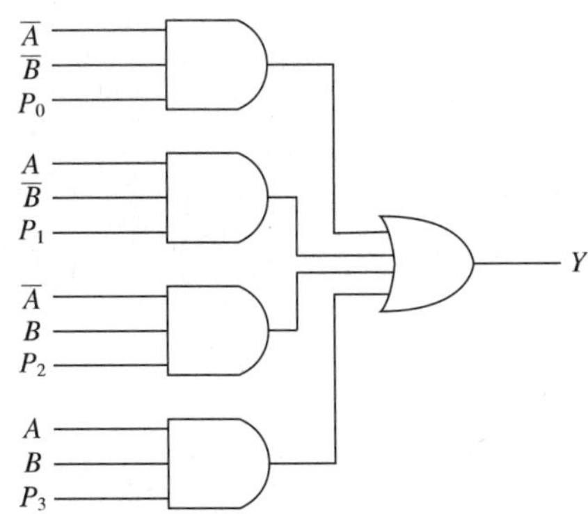

① 1001　　② 1011
③ 1110　　④ 1101

11 1 2 3

실효전압 10[V]의 교류전원에 8[Ω]의 저항과 6[Ω]의 유도리액턴스를 직렬로 연결할 때, 유효전력[W]와 역률을 고르시오.

	유효전력	역률
①	6	0.6
②	6	0.8
③	8	0.6
④	8	0.8

12 1 2 3

상승 에지에서 트리거 되는 D-플립플롭으로 구성된 다음 회로에서 120[kHz]의 클록이 입력 A에 인가될 때, 출력 B의 주파수[kHz]를 고르시오(단, 플립플롭의 전파지연 시간은 무시한다).

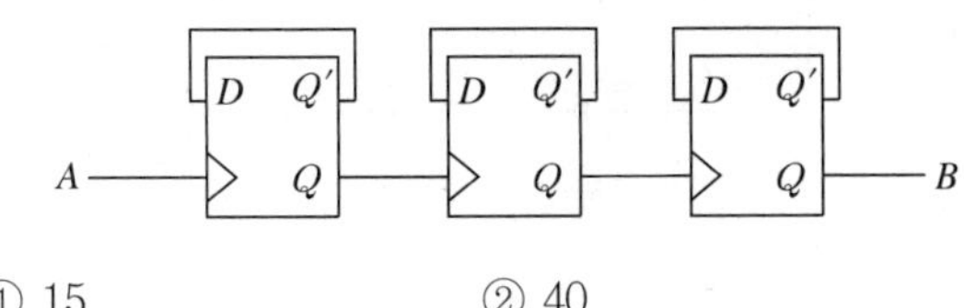

① 15　　② 40
③ 120　　④ 360

13 1 2 3

다음 정류기(Rectifier)에 대한 설명 중 옳은 것을 고르시오.

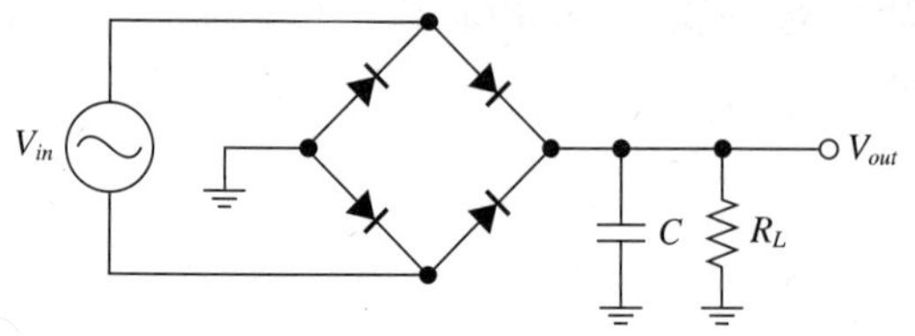

① 출력되는 파형은 음의 값을 갖는다.
② 다이오드 브리지회로를 통과한 파형이 주파수는 입력주파수 보다 낮다.
③ 입력신호의 반주기마다 신호를 출력하는 반파정류기(Half-wave rectifier)이다.
④ 부하저항 R_L에 커패시터 C가 병렬로 추가됨으로써 정류된 파형의 변동을 줄여 준다.

14 1 2 3

다음 회로에서 출력전압 V_{out}[V]를 고르시오.

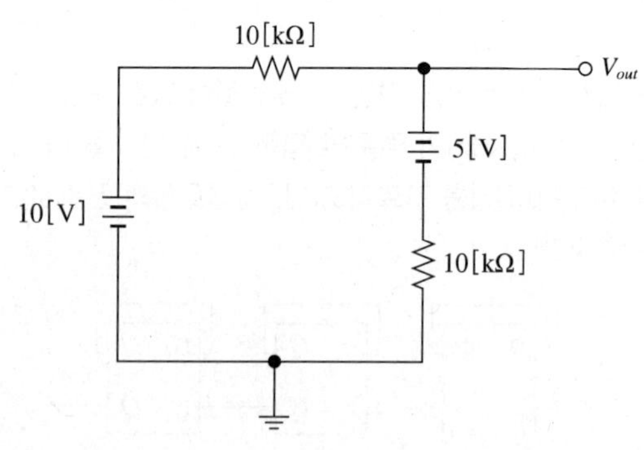

① 5　　② 7.5
③ 10　　④ 12.5

15 1 2 3

그림과 같은 선형 시불변 시스템 H_1, H_2, H_3가 각각 임펄스 응답함수 $h_1(t)$, $h_2(t)$, $h_3(t)$를 갖는다고 할 때, 점선으로 표시한 등가시스템 H에 대한 설명으로 옳지 않은 것을 고르시오.

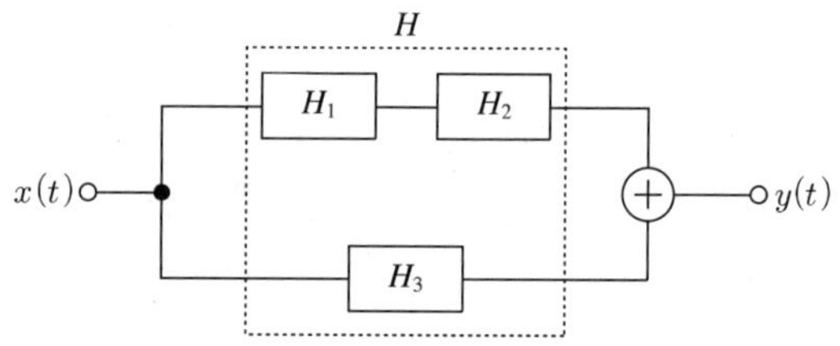

① 시스템 H의 특성은 시간에 상관없이 일정한 특성을 나타낸다.
② 시스템 H의 임펄스 응답은 $h_1(t)h_2(t)+h_3(t)$이다.
③ 시스템 H에 입력신호 $x(t-a)$를 인가하였을 때 어떠한 상수 a에 대해서도 출력은 $y(t-a)$로 나타난다.
④ 시스템 H에 입력신호를 $bx(t)$로 인가하였을 때 어떠한 상수 b에 대해서도 출력은 $by(t)$로 나타난다.

16 1 2 3

다음 회로의 기능과 커패시터 C의 역할을 바르게 연결한 것을 고르시오.

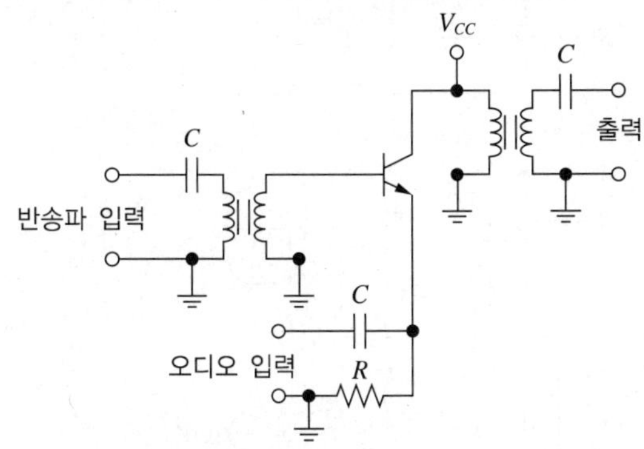

	기능	C의 역할
①	AM(Amplitude Modulation)	직류 차단
②	AM(Amplitude Modulation)	고주파 신호 차단
③	FM(Frequency Modulation)	고주파 신호 차단
④	FM(Frequency Modulation)	직류 차단

17 1 2 3

PNP BJT소자가 활성영역에서 동작할 때, 베이스에 흐르는 전류(I_B)를 구성하는 성분에 대한 설명으로 옳지 않은 것을 고르시오.

① 이미터와 컬렉터에서 넘어온 전자들로 베이스의 남는 잉영전자를 방출하기 위한 전자에 의한 전류
② 이미터 접합에 가해진 순방향 전압에 의해 베이스에서 이미터로 주입되는 전자에 의한 전류
③ 베이스 중성영역을 확산에 의해 통과하는 동안 손실된 재결합 전류로서 베이스 단자에서 주입되는 전자에 의한 전류
④ 컬렉터 공핍영역 내에서 열생성된 전자가 전계에 의해 드리프트(Drift)되어 베이스로 공급되는 전자에 의한 전류

18 1 2 3

선형 시불변 시스템의 라플라스 영역 전달함수가 $H(s)=\frac{2}{\pi}se^{-s}$이고 다음과 같은 $x(t)=\sin(\frac{\pi t}{2})$가 입력신호로 인가될 때, 출력신호 $y(t)$로 옳은 것을 고르시오 (단, 입력신호는 0초 이전부터 계속 인가되고 있다).

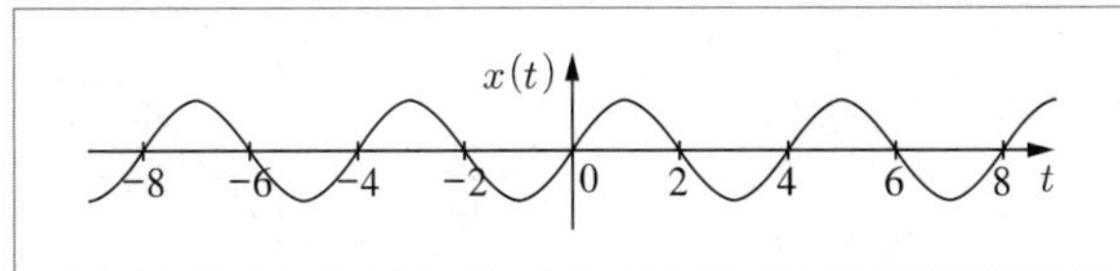

①
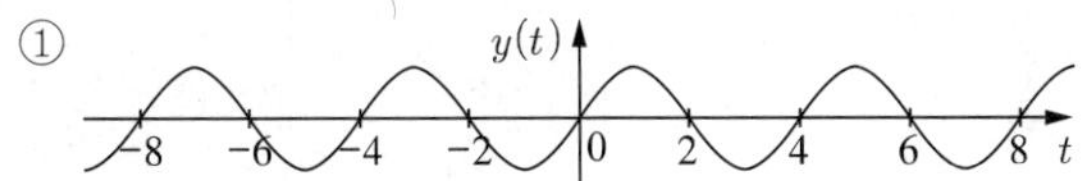

②
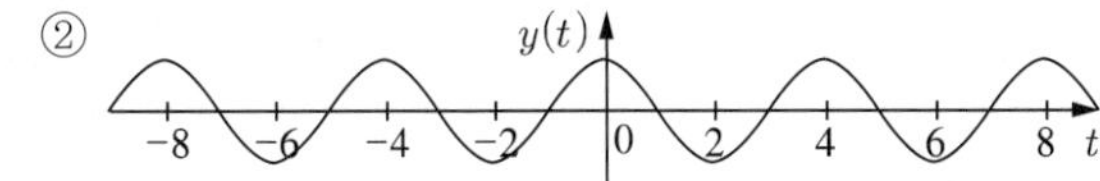

③
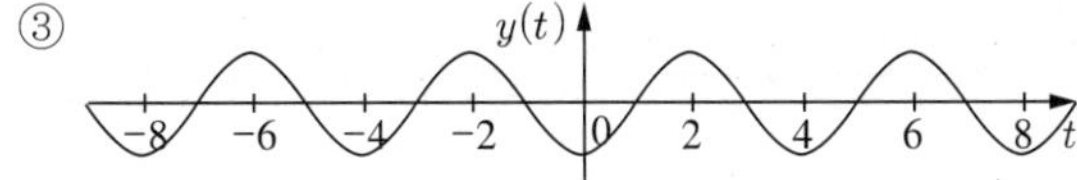

④
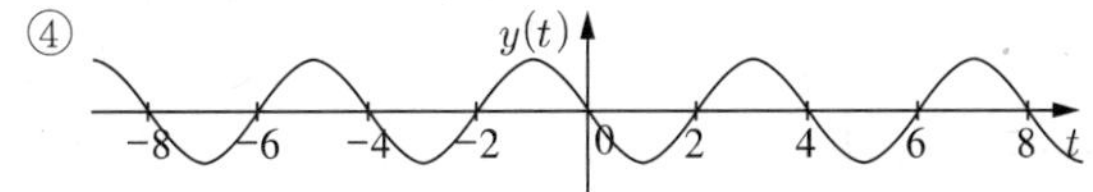

19 1 2 3

다음 그림 (가)의 회로에 그림 (나)의 신호가 인가될 때, 출력 V_{out}을 고르시오(단, 연산증폭기는 이상적이며 초기 $V_{out} = 10[V]$이다).

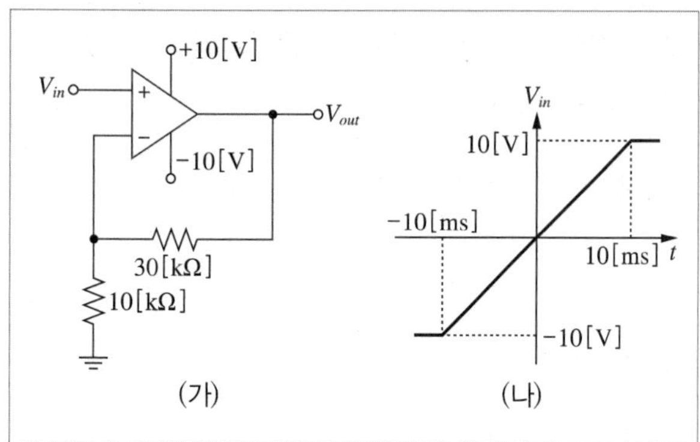

①

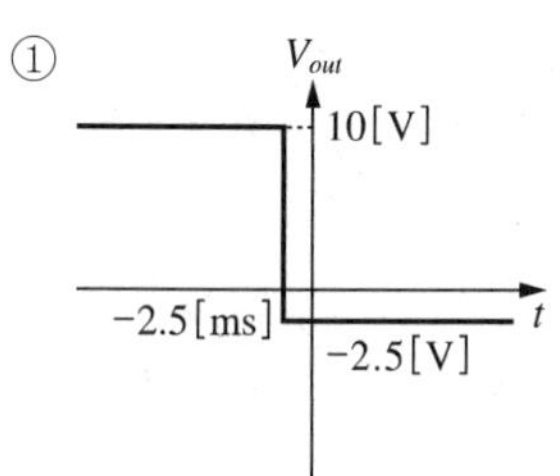

②

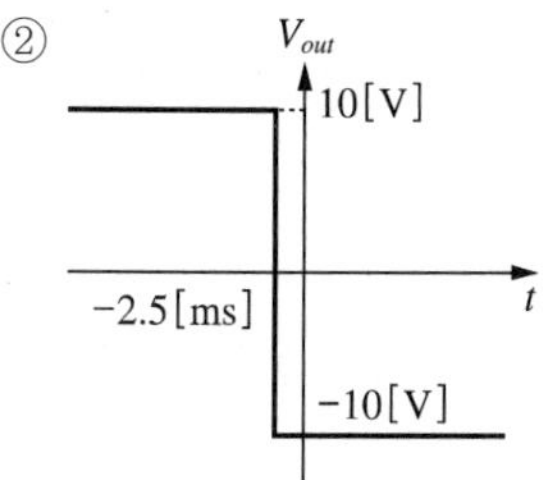

③

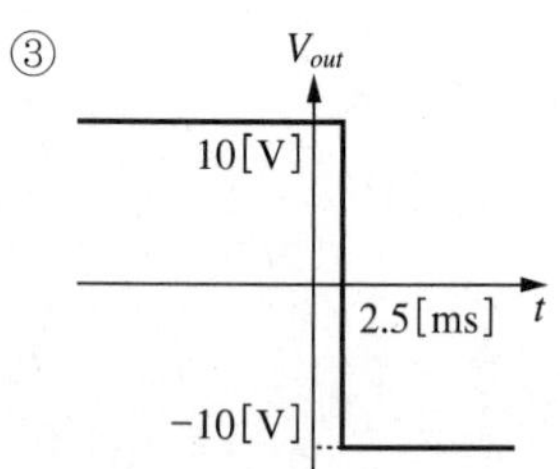

④

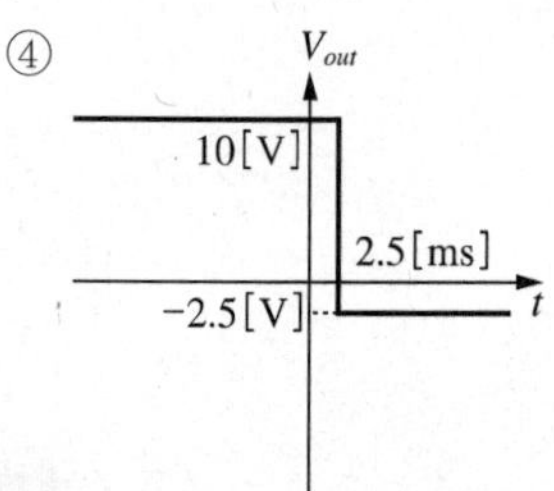

20 1 2 3

다음 중 출력 Y의 논리식이 같은 논리회로만을 모두 고르시오.

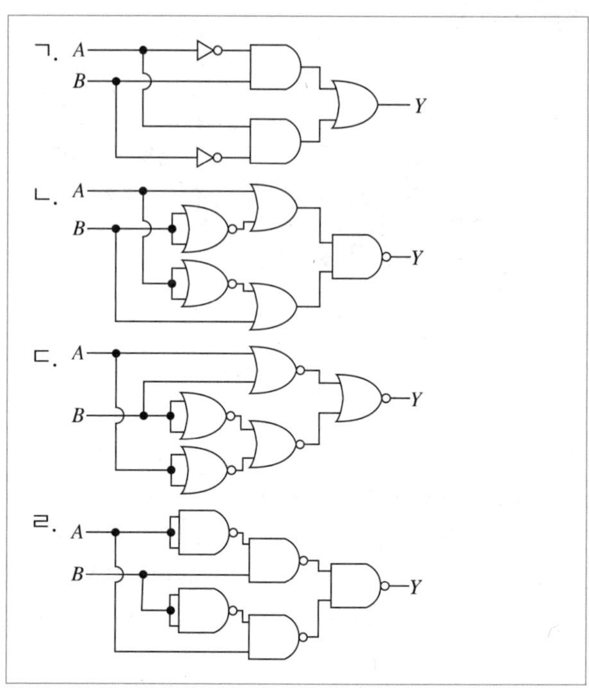

① ㄱ, ㄴ
② ㄱ, ㄴ, ㄷ
③ ㄱ, ㄷ, ㄹ
④ ㄱ, ㄴ, ㄷ, ㄹ

2019 서울시 기출

2019.06.15. 시행 공개경쟁채용 필기시험

해설편 161p

01 1 2 3

〈보기〉의 카르노 맵(Karnaugh map)으로 표현된 함수를 최소화한 것을 고르시오.

보기

CD \ AB	$\overline{A}\,\overline{B}$	$\overline{A}B$	AB	$A\overline{B}$
$\overline{C}\,\overline{D}$	1	0	0	1
$\overline{C}D$	0	0	0	0
CD	1	1	1	1
$C\overline{D}$	1	1	1	1

① $\overline{A}\,\overline{B}+C$　② $\overline{B}\,\overline{D}+C$
③ $\overline{C}D+C$　④ $\overline{D}\,\overline{A}+C$

02 1 2 3

초과 3 코드(Excess – 3 code) 0101001101001011을 10진수로 변환한 값을 고르시오.

① 11061026　② 2018
③ 2019　④ 53411

03 1 2 3

그림과 같이 정전용량이 C_0[F]되는 평행판 공기 커패시터에서 판 면적의 $\frac{1}{3}$ 되는 공간에 비유전율 $\varepsilon_s = \frac{1}{2}\varepsilon_0$인 유전체를 채우고, 나머지 $\frac{1}{3}$ 되는 공간에 비유전율 $\varepsilon_s = 2\varepsilon_0$인 유전체를 채우면 변경된 커패시터의 정전용량[F]을 고르시오.

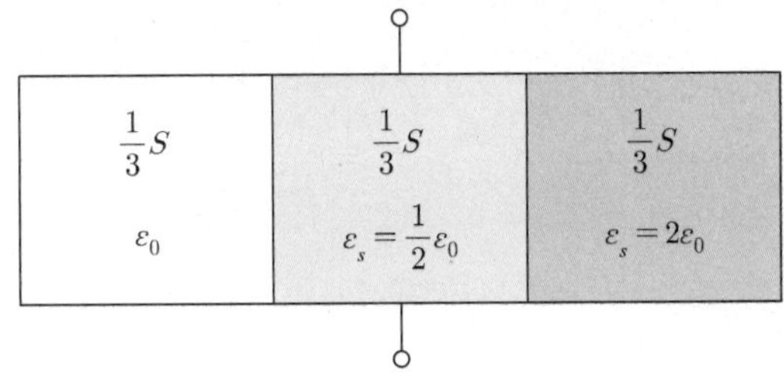

① $\frac{1}{6}C_0$　② $\frac{3}{6}C_0$
③ $\frac{5}{6}C_0$　④ $\frac{7}{6}C_0$

04 1 2 3

두 점자극 사이의 거리를 $\frac{1}{4}$배로 변경하고, 그 자기량을 각각 $\frac{1}{2}$배, 4배로 조정하면 작용하는 힘을 고르시오.

① 4배로 된다.
② 8배로 된다.
③ 16배로 된다.
④ 32배로 된다.

05 1 2 3

물질 내부에 침투하는 빛에 의해 발생한 전자의 반은 표면에, 나머지 반은 내부로 확산하는 현상을 고르시오.

① 쇼트키(Schottky) 효과
② 콤프턴(Compton) 효과
③ 체적 광전 효과
④ 표면 광전 효과

06 1 2 3

그림과 같은 회로에서 $v_o = -4$[V]일 때 R의 값을 고르시오.

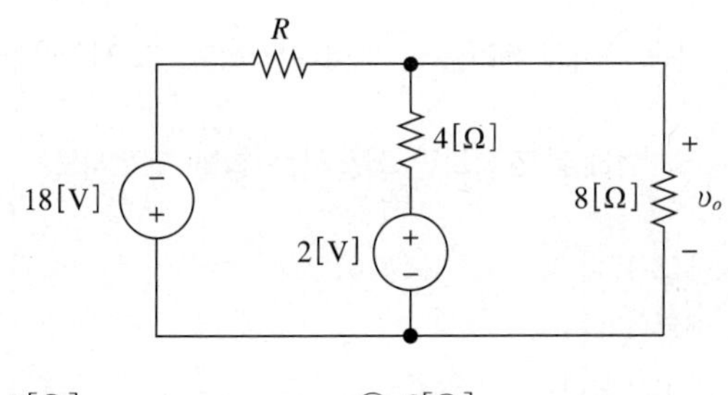

① 5[Ω] ② 6[Ω]
③ 7[Ω] ④ 8[Ω]

07 1 2 3

회로에서 스위치와 1의 위치로 정상상태에 머물러 있다가 $t=0$인 순간 2의 위치로 바뀌었다. $t=0$일 때와 $t=\infty$일 때(즉, 스위치의 위치가 2인 상태로 정상상태에 도달했을 때) 각각 인덕터를 통해 흐르는 전류 $i(0)$와 $i(\infty)$의 값을 고르시오.

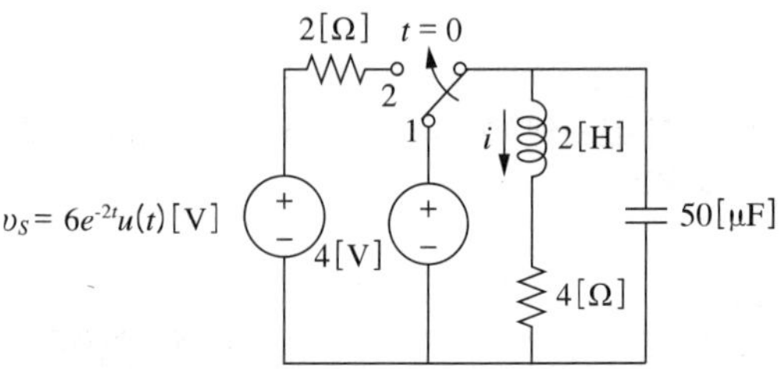

① $i(0)=1$[A], $i(\infty)=0$[A]
② $i(0)=1$[A], $i(\infty)=1$[A]
③ $i(0)=0$[A], $i(\infty)=0$[A]
④ $i(0)=0$[A], $i(\infty)=1$[A]

08 1 2 3

pn접합 다이오드에 대한 설명으로 가장 옳지 않은 것을 고르시오.

① p영역에서의 소수 캐리어는 전자이다.
② 순바이어스 상태에서 과잉 소수 캐리어의 농도는 공핍층의 가장자리에서 가장 높다.
③ 순바이어스 상태에서는 확산전류와 드리프트 전류의 크기가 같다.
④ 드리프트 전류의 크기는 바이어스 전압의 크기와 무관하다.

09 1 2 3

세 개의 입력 비트들의 합을 계산하는 조합회로를 전가산기라 한다. 전가산기의 출력은 합에 해당하는 S와 캐리에 해당하는 C가 있다. 전가산기의 입력을 x, y, z라 할 때 S와 C 각각의 부울함수로 옳은 것을 고르시오.

① $S=\overline{x}\,\overline{y}\,\overline{z}+\overline{x}yz+x\overline{y}z+xy\overline{z}$, $C=xy+xz+yz$

② $S=\overline{x}yz+xyz+xy\overline{z}+x\overline{y}z$, $C=xy+xz+yz$

③ $S=x\overline{y}z+xy\overline{z}+\overline{x}\,\overline{y}\,\overline{z}+\overline{x}yz$, $C=\overline{x}y+\overline{x}z+yz$

④ $S=\overline{x}\,\overline{y}z+\overline{x}y\overline{z}+x\overline{y}\,\overline{z}+xyz$, $C=xy+xz+yz$

10 1 2 3

그림과 같은 논리회로의 출력 F에 대한 부울함수로 옳은 것을 고르시오.

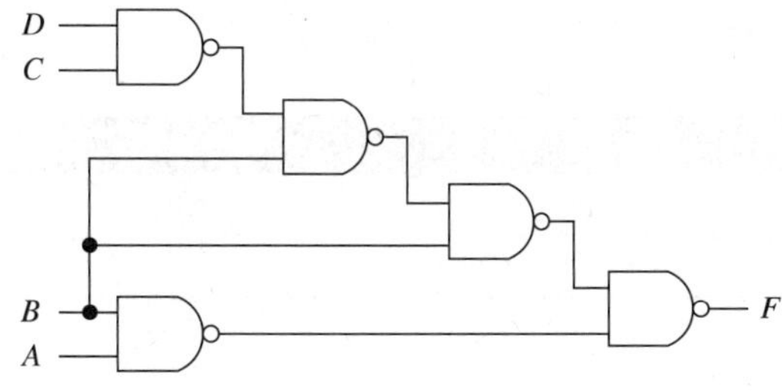

① $F=A(B+CD)+B\overline{C}$

② $F=B(A+CD)$

③ $F=A(B+CD+\overline{C})$

④ $F=\overline{B}(A+CD)$

11 1 2 3

그림과 같은 회로의 기능으로 옳은 것을 고르시오.

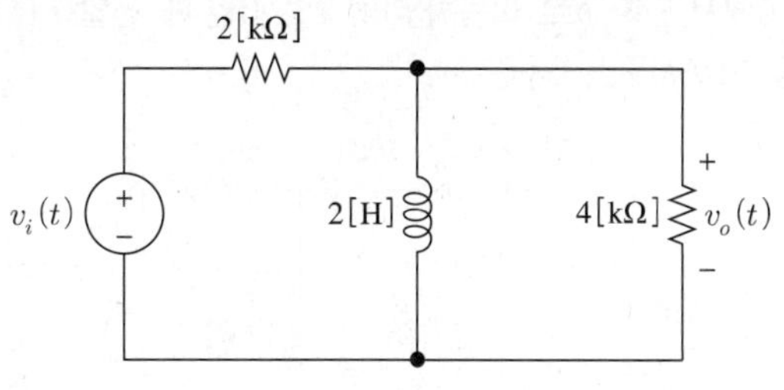

① 저역 통과 필터(Low Pass Filter)

② 고역 통과 필터(High Pass Filter)

③ 전역 통과 필터(All Pass Filter)

④ 대역 통과 필터(Band Pass Filter)

12 1 2 3

10진수 3_{10}의 4비트 BCD 코드를 초과 3 코드(Excess − 3 code)로 변환하고, 다시 그레이 코드(Gray code)로 변환하였을 때의 값을 고르시오.

① 0100 ② 1100

③ 1010 ④ 0101

13 1 2 3

만일 내부 코일 저항이 20[Ω]이라면, 2[kHz], 10[V]전원에 연결된 30[mH] 코일의 품질계수 Q의 값을 고르시오.

① 3π ② 3

③ 6π ④ 6

14 1 2 3

그림과 같은 회로에서 스위치는 오랫동안 단자 a에 있었고, $t=0$에서 단자 b로 이동하였다. $t \geq 0$일 때 전압 $v(t)$의 값을 고르시오.

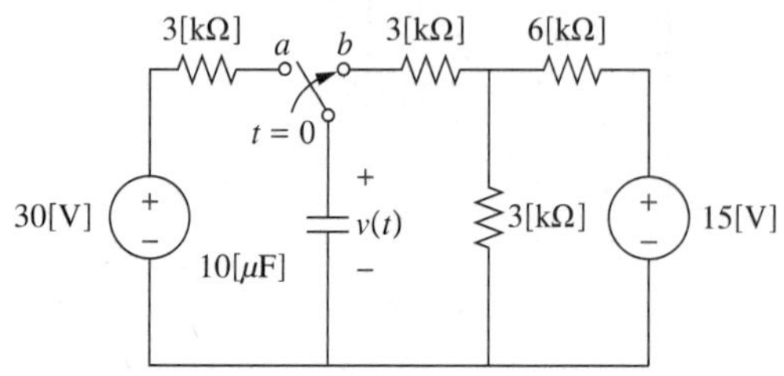

① $(25+5e^{-10t})$[V]

② $(15+30e^{-10t})$[V]

③ $(30+5e^{-20t})$[V]

④ $(5+25e^{-20t})$[V]

15 1 2 3

그림과 같은 회로에서 전압 V_o의 값을 고르시오(단, 연산증폭기 특성은 이상적임).

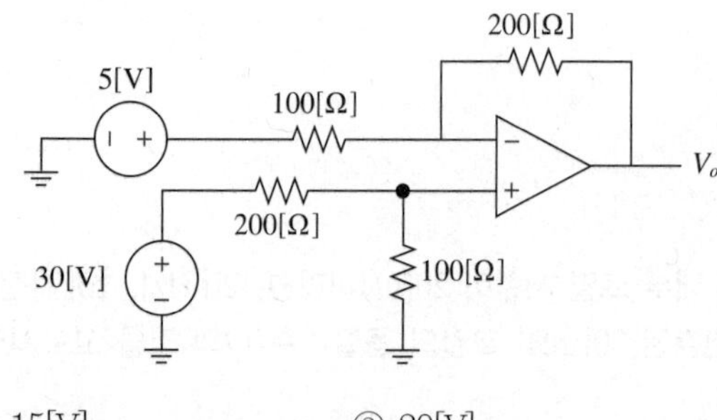

① 15[V]　　② 20[V]

③ 22[V]　　④ 25[V]

16 1 2 3

그림의 회로에 대한 설명으로 가장 옳지 않은 것을 고르시오.

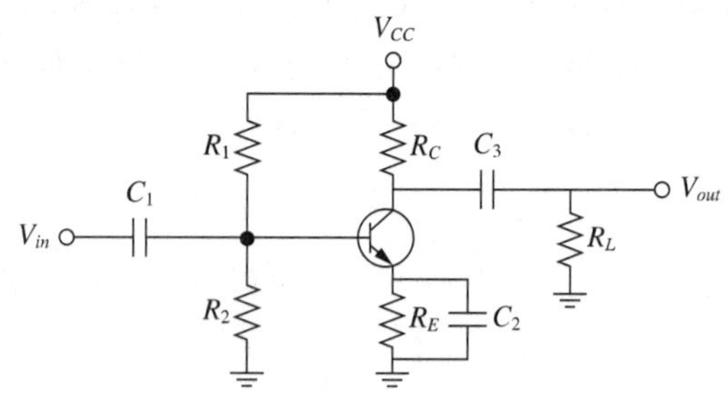

① 1보다 큰 전압이득을 갖는다.

② C_2를 제거하면 전압이득이 증가한다.

③ 입출력 신호의 위상이 반대이다.

④ C_1은 V_{in}에 포함된 DC 성분을 차단한다.

17 1 2 3

〈보기〉와 같이 NPN 트랜지스터 동작모드에 대한 응용회로 ㉠, ㉡을 순서대로 표현한 것으로 옳은 것을 고르시오.

보기

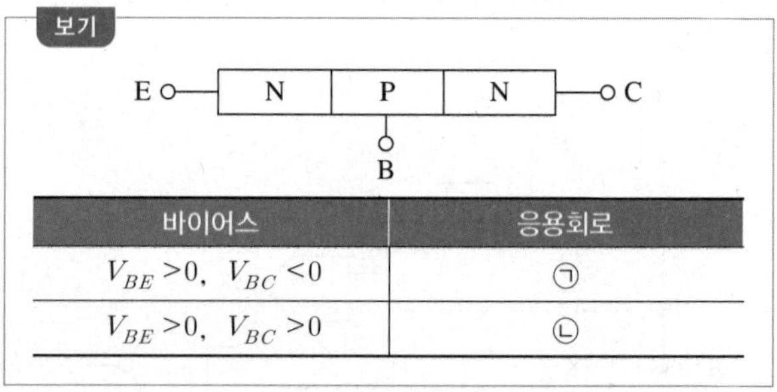

바이어스	응용회로
$V_{BE}>0$, $V_{BC}<0$	㉠
$V_{BE}>0$, $V_{BC}>0$	㉡

	㉠	㉡
①	증폭기	닫힌 스위치
②	증폭기	개방 스위치
③	닫힌 스위치	개방 스위치
④	개방 스위치	증폭기

18 1 2 3

그림의 빈 브리지 발진회로에서 발진하기 위한 R_1의 값을 고르시오.

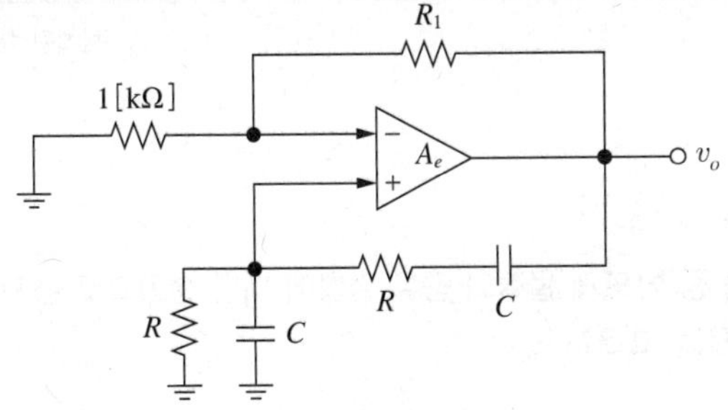

① 0.5[kΩ]

② 1[kΩ]

③ 1.5[kΩ]

④ 2[kΩ]

19 1 2 3

1A의 전원을 삽입한 그림의 회로에서 테브난 등가저항 $R_{th}[\Omega]$의 값을 고르시오.

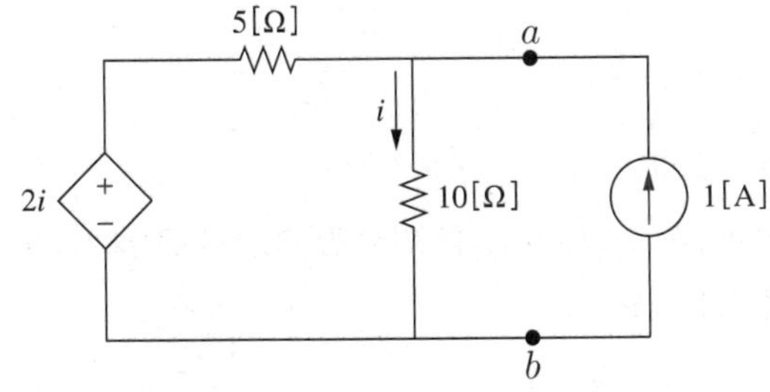

① $\dfrac{50}{13}$　　② 15

③ $\dfrac{50}{15}$　　④ 10

20 1 2 3

3변수 함수 $F(x,\ y,\ z)=\sum m(0,\ 2,\ 3,\ 4,\ 6)$를 간소화환 것으로 옳은 것을 고르시오.

① $F=\overline{z}+\overline{x}y$

② $F=\overline{x}y+\overline{y}z$

③ $F=x\overline{z}+y$

④ $F=x+\overline{y}z$

2019 2019.06.22. 시행 공개경쟁채용 필기시험 군무원 1차 기출(복원)

모바일 OMR

해설편 167p

01 1 2 3

정격 전압이 4[V]이고, 소비전력이 4[W]인 사용기기를 용량 9,000[mAH]축전지로 사용할 때 사용 가능한 시간으로 옳은 것을 고르시오.

① 1시간 ② 3시간

③ 4시간 ④ 9시간

02 1 2 3

220[V]용 소비전력이 440[W]인 세탁기가 있다. 이 세탁기의 역률이 0.6이라면 이 세탁기에 작동하게 하는 구동 전류[A]는 얼마인지 고르시오.

① 1[A] ② 3.3[A]

③ 6[A] ④ 9[A]

03 1 2 3

다음 중 P형 반도체에서 정공의 흐름에 대한 설명으로 옳은 것을 고르시오.

① 온도차로 인해 발생하는 소수 캐리어의 흐름이다.

② 확산 현상으로 인해 발생하는 소수 캐리어의 흐름이다.

③ 온도차로 인해 발생하는 다수 캐리어의 흐름이다.

④ 확산 현상으로 인해 발생하는 다수 캐리어의 흐름이다.

04 1 2 3

다음 중 반도체 물질의 공유 결합에 대한 설명으로 옳지 않은 것을 고르시오.

① Ge, Si의 원자 결합은 공유 결합이다.

② Si의 최외각 전자의 수는 4개이다.

③ 다이아몬드와 동일한 구조의 공유 결합을 한다.

④ GaAs 화합물의 원자 결합은 공유 결합이 아니다.

05 1 2 3

10진수 175를 16진수로 옳게 나타낸 것을 고르시오.

① $BF_{(16)}$ ② $AF_{(16)}$

③ $AE_{(16)}$ ④ $BE_{(16)}$

06 1 2 3

16진수 $78_{(16)}$과 $89_{(16)}$를 더한 값을 2진수로 옳게 나타낸 것을 고르시오.

① 0001 0000 0001

② 0001 0000 1001

③ 0001 0110 0111

④ 0001 1111 0001

07 1 2 3

다음 논리 회로의 기능으로 알맞은 것을 고르시오.

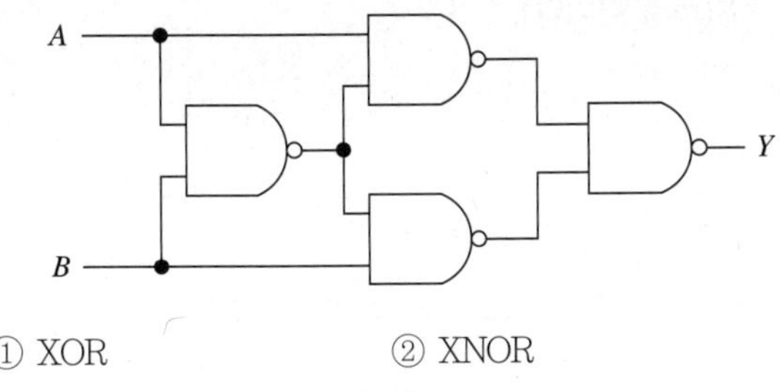

① XOR ② XNOR
③ NAND ④ NOR

08 1 2 3

다음 진리표의 논리 회로와 일치하지 않는 항목을 고르시오.

A	B	C	Y
0	0	0	0
0	0	1	0
0	1	0	0
0	1	1	1
1	0	0	1
1	0	1	1
1	1	0	1
1	1	1	1

① $AB+AC$

②
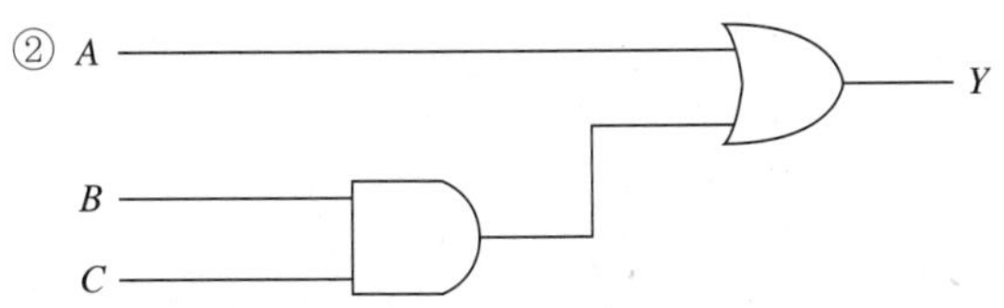

③ $A+BC$

④
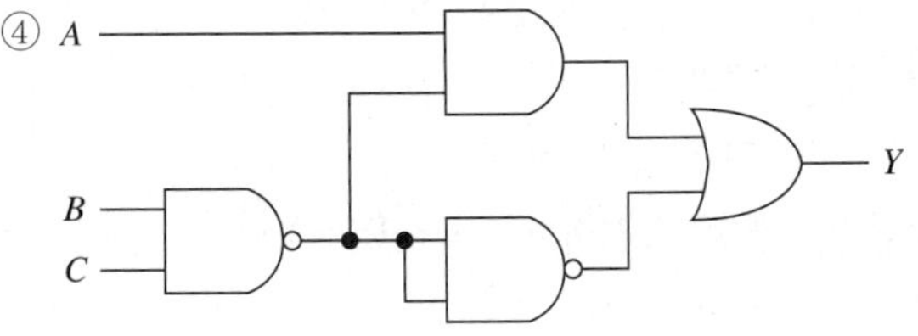

09 1 2 3

BJT가 포화영역과 차단영역에서 동작할 때, 기능하는 회로는 무엇인지 고르시오.

① 증폭기
② 혼합기
③ 스위치
④ 개폐 증폭기

10 1 2 3

다음 BJT회로에서 출력전압(V_{CE}), 전류(I_C)를 구한값으로 옳은 것을 고르시오(단, $\beta=99$이고, $V_{EB}=1[\text{V}]$이다). $V_{EB}=1[\text{V}]$이면 NPN BJT 차단되므로 $V_{BE}=1[\text{V}]$이어야 한다).

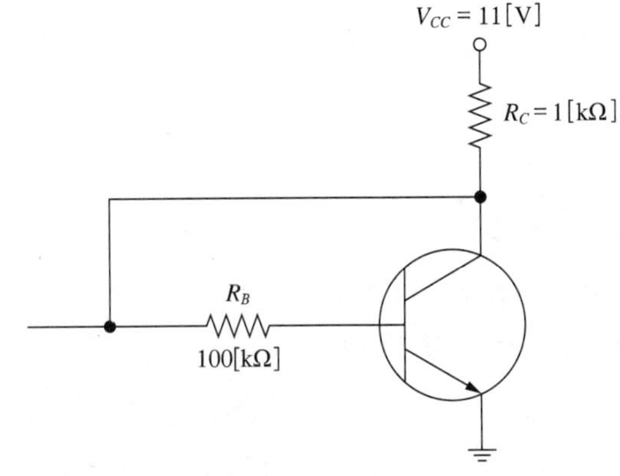

	출력전압	출력전류
①	6[V]	5[mA]
②	5.7[V]	6[mA]
③	10[V]	1[mA]
④	1[V]	5[mA]

11 1 2 3

다음 회로에서 저항 R에 흐르는 입력 전류가 1[mA]일 때, Q_2의 컬렉터에 흐르는 전류를 구하시오(단, Q_1, Q_2의 $\beta = 98$이고, $V_{EB} = 1$[V]이다).

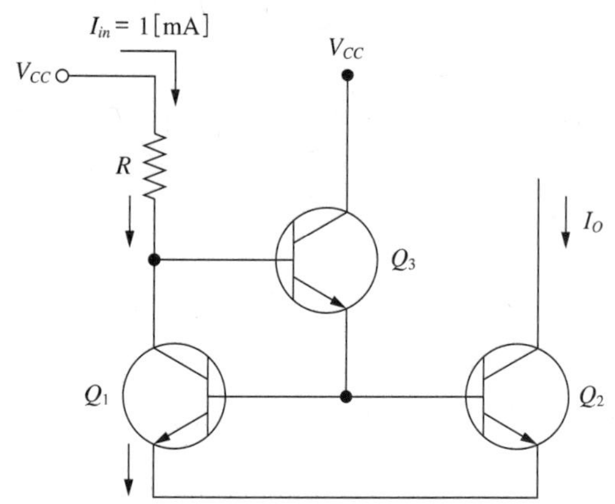

① 1[mA]
② 0.98[mA]
③ 0.1 [mA]
④ 0.49[mA]

12 1 2 3

다음 중 증가형 MOS-FET의 문턱전압(V_{TH})에 대한 설명으로 옳지 않은 것을 고르시오.

① 입력전압 V_{GS}은 문턱전압에 영향을 줄 수 있다.
② Channel length가 좁아지는 경우 V_{GS}의 전압은 감소한다.
③ 채널에서 길이(L)과 폭(W)은 문턱 전압 형성 과정에 영향을 준다.
④ 기판 바디효과(body effect)로 인하여 문턱 전압은 증가한다.

13 1 2 3

다음 증폭 회로의 전압이득으로 옳은 것을 고르시오(단, $g_m = 3$[mA/V]이다).

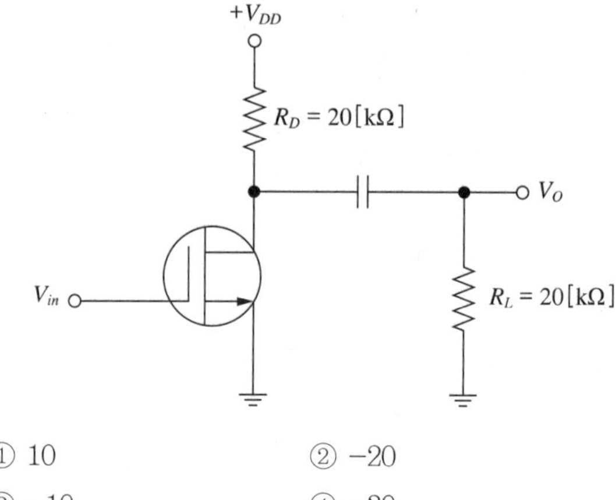

① 10
② −20
③ −10
④ −30

14 1 2 3

다음 중 C급 증폭기에 대한 설명으로 옳지 않은 것을 고르시오.

① 효율이 높다.
② 선형 증폭이 가능하다.
③ 고주파 전력 증폭에 사용한다.
④ 유통각이 매우 작다.

15 1 2 3

다음 중 D급 증폭기에 대한 설명으로 옳지 않은 것을 고르시오.

① 짧은on과 긴off 시간을 갖는 펄스 신호를 사용하는 비선형 증폭기이다.
② 진폭 변조된 형태가 출력된다.
③ 스위치 기능으로 동작하므로 효율이 높다.
④ 고역통과필터(HPF)를 사용하여 원신호를 정형한다.

16 1 2 3

선형 증폭기에서 사용 대역폭이 커질수록, 이득 특성의 변화는 어떻게 되는지 고르시오.

① 이득은 감소 특성을 갖는다.
② 이득은 변화가 없다.
③ 이득은 증가 특성을 갖는다.
④ 이득의 증가, 감소가 반복되므로 알 수 없다.

17 1 2 3

궤환형 발진기에서 입력 신호와 궤환 신호의 위상 천이 값으로 가장 옳은 것을 고르시오.

① 0도
② 90도
③ 180도
④ 270도

18 1 2 3

차등 증폭기에 대한 설명으로 옳지 않은 것을 고르시오.

① 외부 유도잡음, 전자파 간섭, 드리프트 현상을 제거할 수 있는 회로이다.
② 일반적으로 동상 신호에 대한 이득이 차동신호에 대한 이득보다 매우 작다.
③ 동상입력이 작을수록 CMRR은 커진다.
④ 차동증폭기는 CMRR이 작을수록 좋다.

19 1 2 3

다음 회로의 출력전압 V_o는 몇 [V]인지 고르시오.

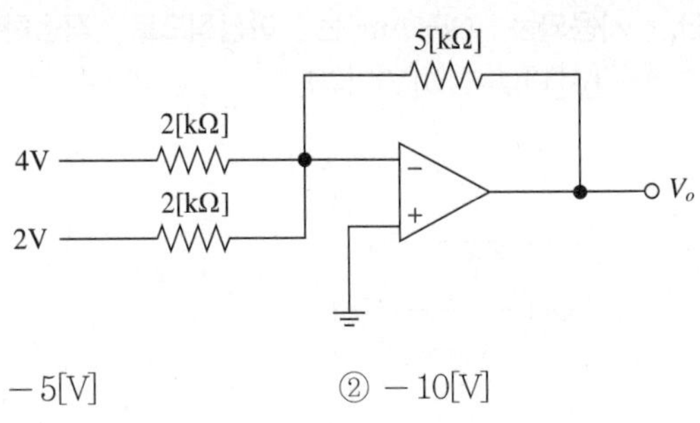

① −5[V]　　② −10[V]
③ 10[V]　　④ −15[V]

20 1 2 3

다음 증폭 회로의 출력전압이 -9[V]일 때, 저항 $R[\Omega]$의 값으로 옳은 것을 고르시오.

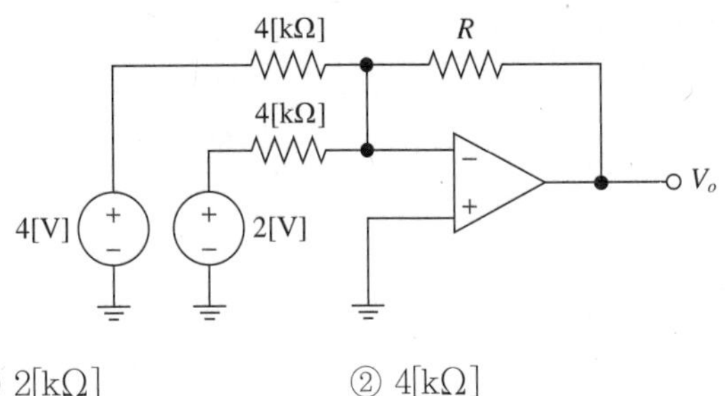

① 2[kΩ]　　② 4[kΩ]
③ 9[kΩ]　　④ 6[kΩ]

21 1 2 3

다음 회로의 출력전압 V_o는 몇 [V]인지 고르시오.

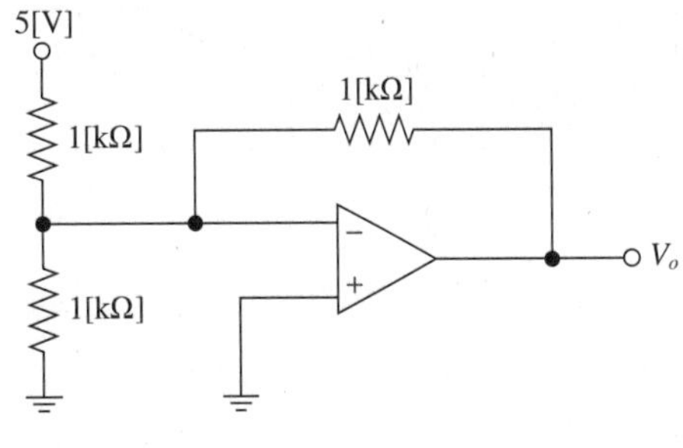

① −2.5[V]　　② −5[V]
③ −10[V]　　④ −25[V]

22 1 2 3

다음 OP-Amp회로에서 출력전압 V_o은 몇 [V]인지 고르시오(단, 사용되는 OP-Amp는 이상적으로 작동하며, $V_{CC}=+15$[V], -15[V]이다).

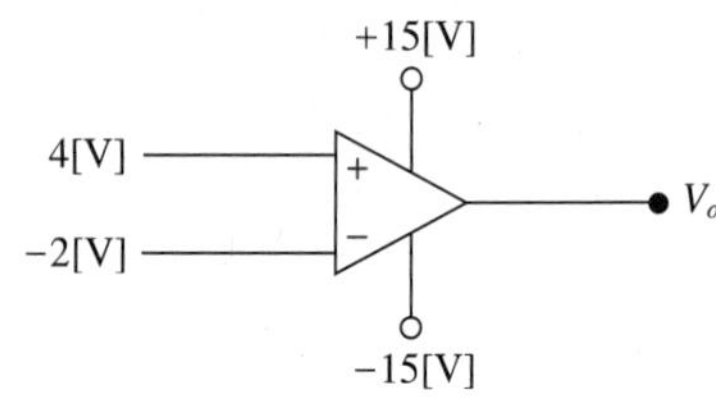

① 4[V]

② -2[V]

③ 15[V]

④ -15[V]

23 1 2 3

다음 회로에 5[V] 정현파를 입력할 때, 출력되는 파형으로 옳은 것을 고르시오.

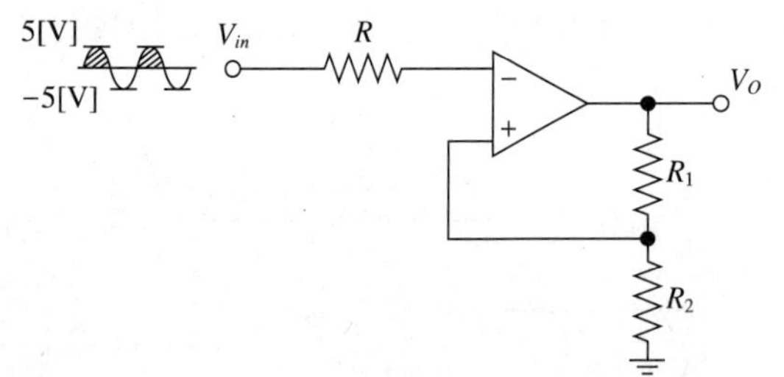

① 삼각파

② 정현파

③ 펄스파

④ 구형파

24 1 2 3

다음 회로의 기능으로 옳은 것을 고르시오.

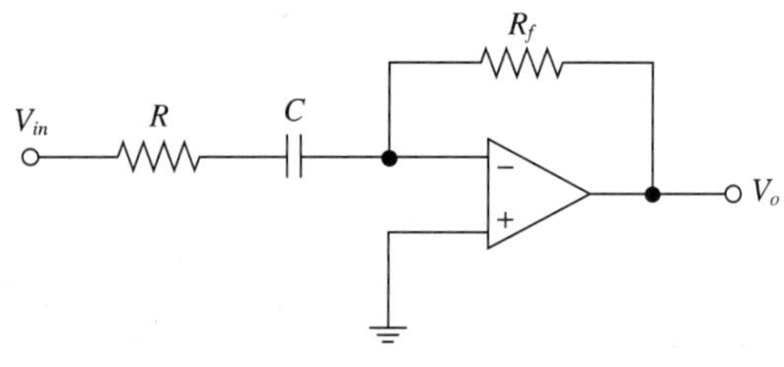

① 미분기

② 적분기

③ 펄스 정형회로

④ 피크 검출기

25 1 2 3

다음 회로의 역할로 옳게 나타낸 것을 고르시오.

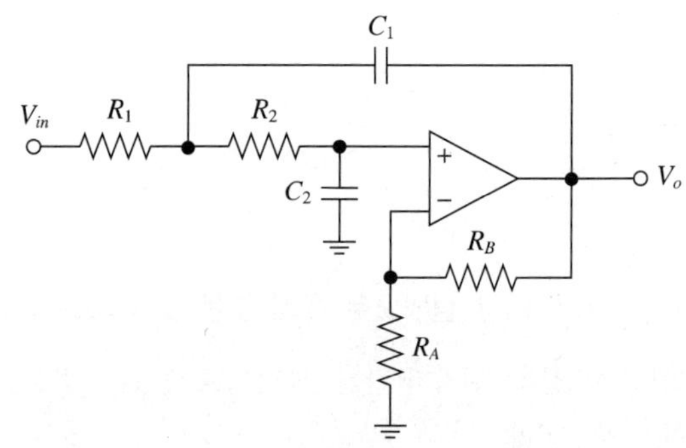

① 전역 통과 필터(APF)

② 대역 통과 필터(BPF)

③ 고역 통과 필터(HPF)

④ 저역 통과 필터(LPF)

2019 군무원 2차 기출(복원)

해설편 174p

01 1 2 3

다음과 같은 저항이 혼합 접속된 회로에서 입력 측에서 본 전체 합성저항으로 옳은 값을 고르시오.

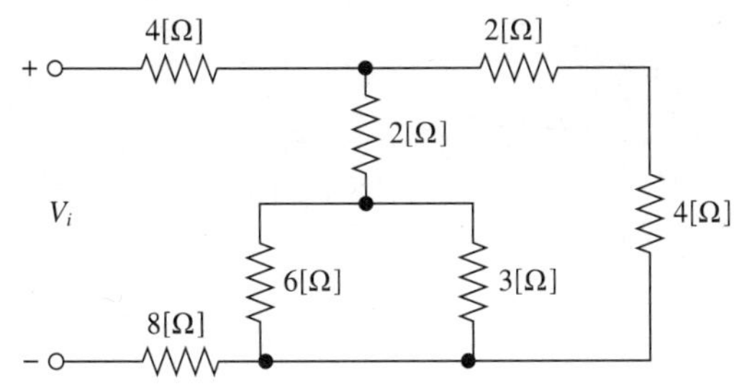

① 2[Ω] ② 3.6[Ω]
③ 14.4[Ω] ④ 16.4[Ω]

02 1 2 3

다음과 같은 두 R_o, R_1 결합회로에 전압을 인가하여 흐르는 공급 전류가 I[A]일 때, R_o에 대한 V, I 관계로 옳은 것을 고르시오.

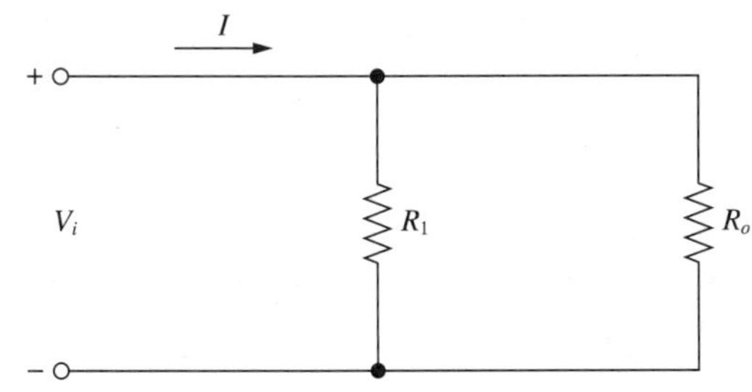

① $R_o = (\frac{V}{I}) \cdot R_1$ ② $R_o = V - IR_1$

③ $R_o = \frac{IR_1}{IR_1 - V}$ ④ $R_o = \frac{VR_1}{IR_1 - V}$

03 1 2 3

다음 회로에서 부하 R_L에 최대전력을 전달하는 부하저항 R_L[Ω]의 값을 고르시오.

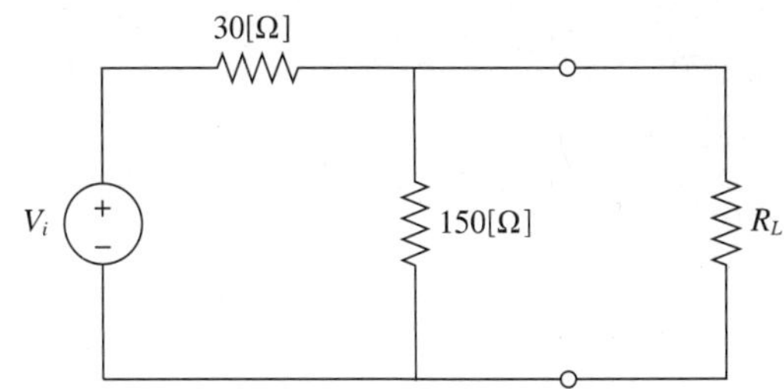

① 25[Ω]
② 50[Ω]
③ 60[Ω]
④ 90[Ω]

04 1 2 3

다음 중 전류, 전압, 저항에 대한 옴의 법칙 내용으로 옳은 것을 고르시오.

① 전류는 인가전압과 저항에 모두 비례한다.
② 전류는 인가전압에 반비례하고, 저항에는 비례한다.
③ 전류는 인가전압에 비례하고, 저항에는 반비례한다.
④ 전류는 인가전압과 저항의 곱의 관계이다.

05 1 2 3

커퍼시터를 그림과 같이 연결했을 때 C_0의 정전용량$[\mu F]$은 얼마인지 고르시오(단, $C_1 = C_2 = C_3 = 3[\mu F]$이고, ab간 합성용량 $C_t = 5[\mu F]$이다).

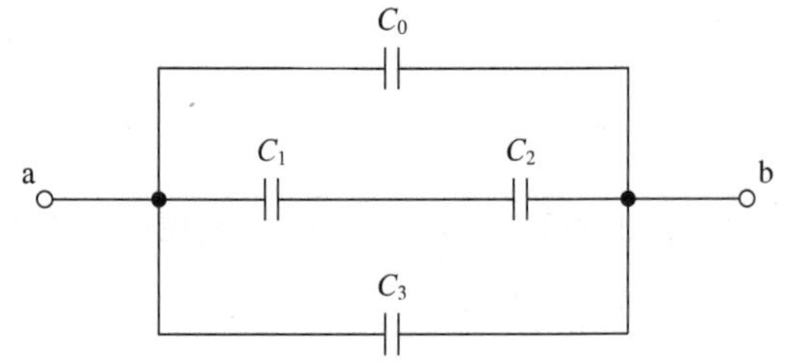

① $0.5[\mu F]$
② $1[\mu F]$
③ $1.5[\mu F]$
④ $6[\mu F]$

06 1 2 3

다음 그림과 같은 어느 도선의 고유저항을 $\rho[\Omega m]$, 길이를 $l[m]$, 단면적을 $A[m^2]$이라 할 때, 이 도선의 저항을 구하는 관계식으로 옳은 것을 고르시오.

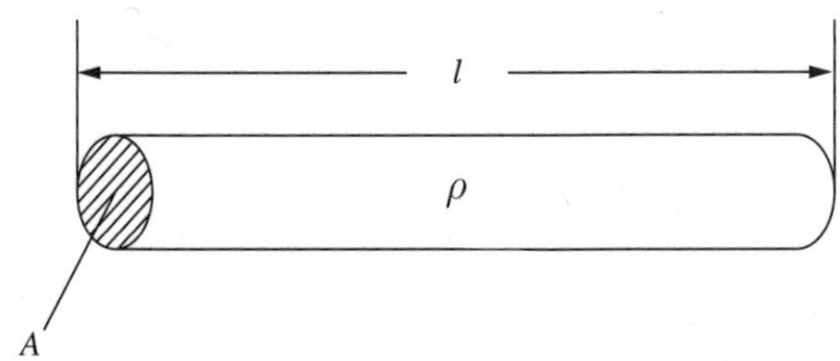

① $R = \rho \cdot \dfrac{A}{l}$
② $R = \rho \cdot \dfrac{l}{A}$
③ $R = \dfrac{A}{\rho l}$
④ $R = \dfrac{l}{\rho A}$

07 1 2 3

다음 그림과 같이 평행 평판의 간격을 d, 평행판 면적을 S라고 하는 경우, 평행판 도체의 정전용량 표현식으로 옳은 것을 고르시오(단, ε는 유전율이다).

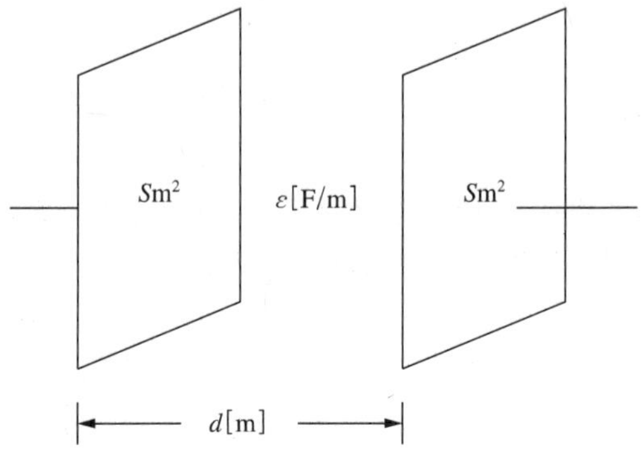

① $C = \dfrac{S}{\varepsilon d}$
② $C = \varepsilon S d$
③ $C = \varepsilon \cdot \dfrac{S}{d}$
④ $C = \dfrac{d}{\varepsilon S}$

08 1 2 3

다음 중 축전기의 용량을 증가시키는 방법으로 옳지 않은 것을 고르시오.

① 두 금속판 간의 비 유전율을 높인다.
② 두 금속판의 면적을 크게 한다.
③ 두 금속판 간의 간격을 넓게 한다.
④ 두 금속판 간의 전압을 높인다.

09 1 2 3

어떠한 결정체 물질에 외부로부터 기계적인 압력을 가하면 특정한 방향으로 $+$, $-$ 전하의 기전력이 발생하는 현상을 무엇이라고 하는지 고르시오.

① 전계 효과
② 홀 효과
③ 도플러 효과
④ 압전 효과

10 1 2 3

다음의 블록선도와 등가변환된 전달함수 $T_{(s)}=\dfrac{Y(s)}{R(s)}$ 를 옳게 나타낸 것을 고르시오.

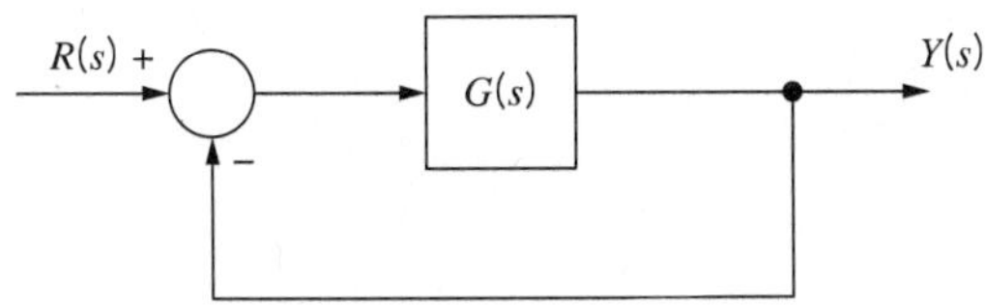

① $T_{(s)}=1-G_{(s)}$
② $T_{(s)}=1+G_{(s)}$
③ $T_{(s)}=\dfrac{G_{(s)}}{1-G_{(s)}}$
④ $T_{(s)}=\dfrac{G_{(s)}}{1+G_{(s)}}$

11 1 2 3

다음 전자계에 대한 맥스웰 방정식의 이론으로 잘못된 내용을 고르시오.

① 자계의 시간적인 변화로 자계가 발생이 되고, 전계의 시간적 변화로 자계가 발생한다.
② 전하에서 전속선이 발산된다.
③ 변위전류는 전속밀도와 시간에 반비례한다.
④ 전도 전류와 변위 전류는 모두 자계를 발생시킨다.

12 1 2 3

PN접합 소자의 접합부의 공핍층 영역에 대한 설명으로 옳은 것을 고르시오.

① 캐리어의 확산 현상에 의해 발생되며 (+)양 전하를 띤다.
② 전기적으로 중성이며 캐리어들의 확산 현상에 의해 발생한다.
③ 전기적으로 양성이며 캐리어들의 드리프트 현상에 의해 발생한다.
④ 캐리어의 드리프트 현상에 의해 발생되며 (−)음 전하를 띤다.

13 1 2 3

역방향 전압을 가해서 접합부의 정전용량을 변화시키는 작용을 응용한 반도체 소자를 고르시오.

① 쇼트키 다이오드
② 제너 다이오드
③ 터널 다이오드
④ 바랙터 다이오드

14 1 2 3

다음 회로에 대한 출력전압 V_o의 파형으로 옳은 것을 고르시오.

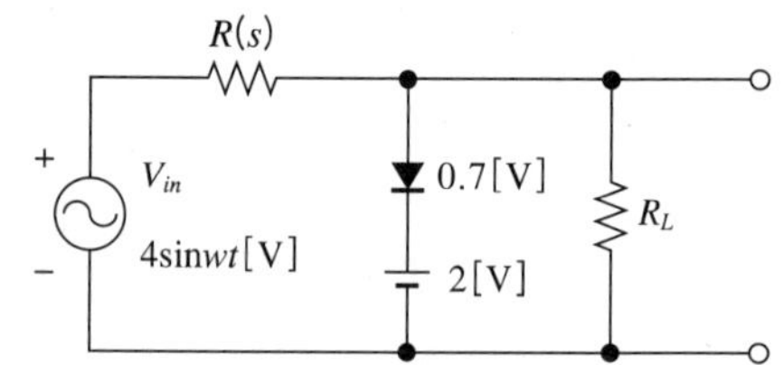

①

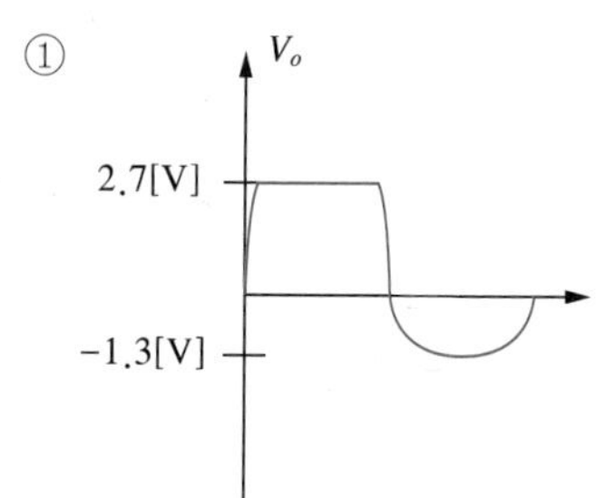

②

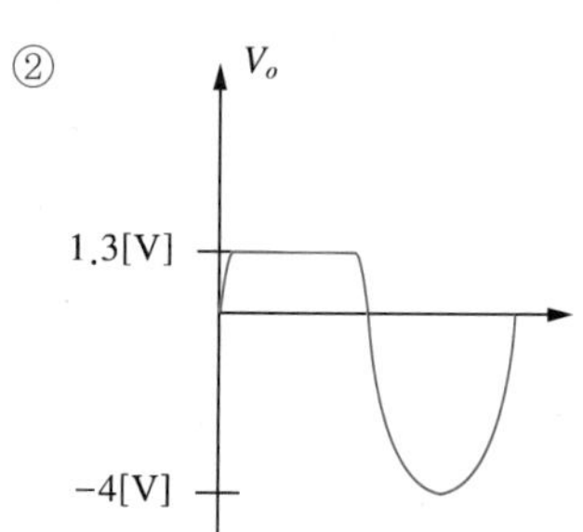

③

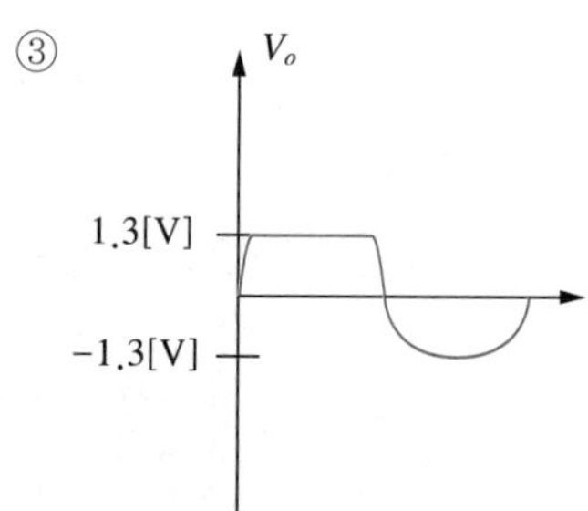

④

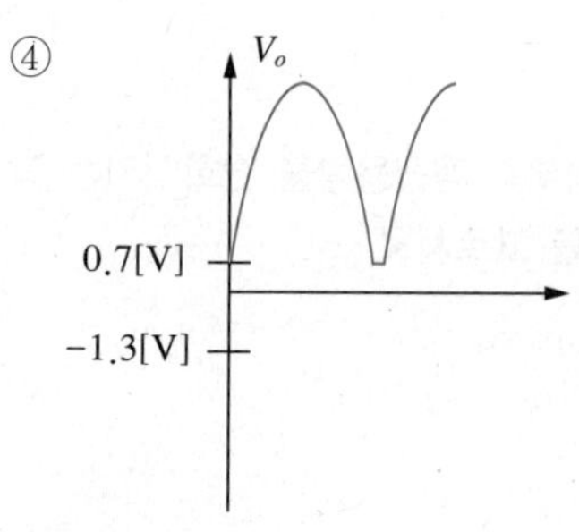

15 1 2 3

다음 BJT와 MOS FET의 특성비교에 대한 설명으로 옳지 않은 것을 고르시오.

① BJT는 입력 전류에 의해 제어되는 소자이다.
② MOS FET는 단극성 특성의 소자이다.
③ MOS FET는 입력 전압에 의해 제어되는 소자이다.
④ BJT에 비해 MOS FET는 이득과 대역폭의 곱이 매우 크다.

16 1 2 3

다음 BJT에 대한 기본 회로 관계식으로 잘못된 것을 고르시오.

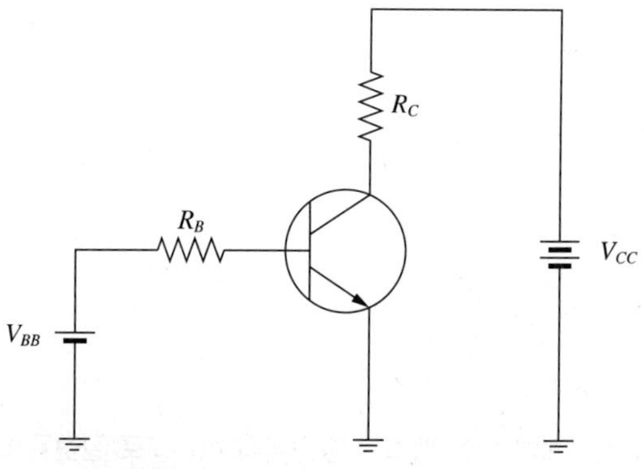

① $I_B > I_C$
② $V_{BB} = R_B I_B + V_{BE}$
③ $\frac{I_C}{I_B} > \frac{I_C}{I_E}$
④ $V_{CE} = V_{CB} + V_{BE}$

17 1 2 3

전압이득이 1이고, 입력임피던스가 크며, 출력임피던스가 작은 특성을 갖는 BJT 증폭기의 유형으로 옳은 것을 고르시오.

① 공통 베이스 증폭기
② 공통 콜렉터 증폭기
③ 공통 이미터 증폭기
④ 공통 게이트 증폭기

18 1 2 3

다음 회로의 출력전압 V_o으로 옳은 것을 고르시오.

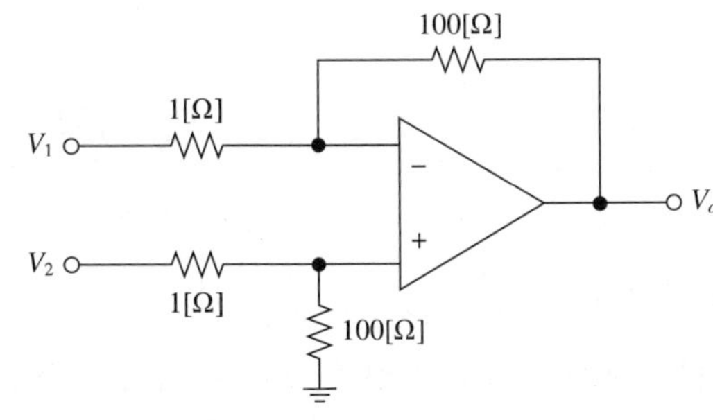

① $V_o = 100 \cdot (V_1 - V_2)$
② $V_o = 100 \cdot (V_2 - V_1)$
③ $V_o = 100 \cdot (V_1 + V_2)$
④ $V_o = (V_2 - V_1)$

19 1 2 3

다음은 CMOS 인버터 회로의 입·출력 전달특성을 나타낸 곡선이다. $B-C$ 영역에서의 $Q_P(P-MOS)$와 $Q_N(N-MOS)FET$ 소자의 동작 상태를 나타낸 것으로 옳은 것으로 고르시오(단, CMOS는 Q_P+Q_N구성이고, $V_{tn}=1[V]$, $V_{tp}=-1[V]$, $V_{DD}=5[V]$이다).

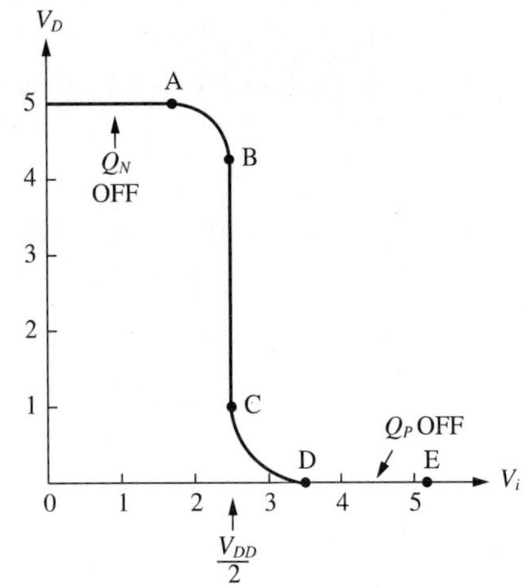

① Q_P= 선형, Q_N= 비선형
② Q_P= 비선형, Q_N= 선형
③ Q_P= 선형, Q_N= 선형
④ Q_P= 비선형, Q_N= 비선형

20 1 2 3

다음에 제시된 카르노맵을 이용하여 간략화 시킨 논리식으로 옳은 것을 고르시오.

CD \ AB	00	01	11	10
00	1	1	1	1
01	0	1	1	0
11	0	0	0	0
10	1	0	0	1

① $\overline{B}C+BD$
② $A\overline{C}+BD$
③ $BC+\overline{BD}$
④ $B\overline{C}+\overline{BD}$

21

$2^3 \times 4$비트 ROM에서 $A_2A_1A_0$가 011일 때, 저장된 데이터 $D_3D_2D_1D_0$의 값으로 옳은 것을 고르시오.

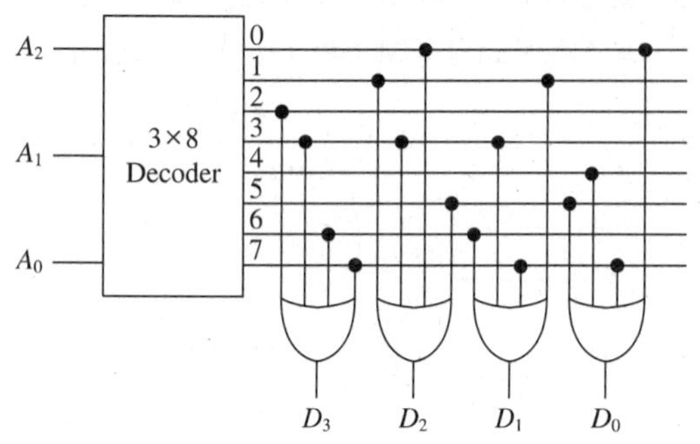

① 1111 ② 1110

③ 1101 ④ 1011

22

다음과 같은 직렬접속된 4개의 D플립플롭이 최후 단 부정출력 $\overline{Q_4}$가 처음 단의 입력으로 궤환되는 구조를 갖고 동작하고 있을 때, t_0에서 초기값이 $Q_1Q_2Q_3Q_4 = 1110$인 경우 t_1에서의 $Q_1Q_2Q_3Q_4$의 값으로 옳은 것을 고르시오.

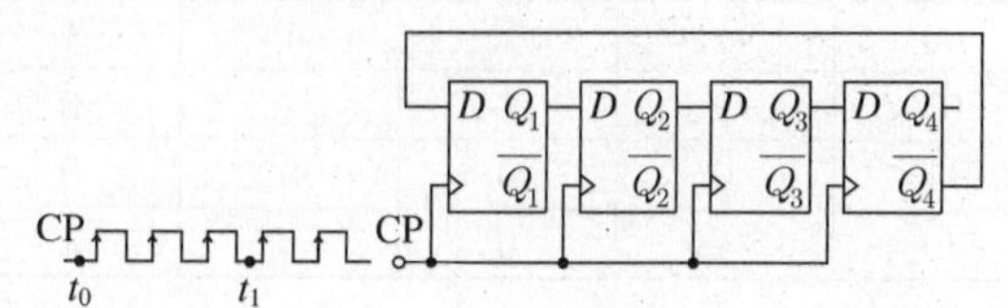

① 1110 ② 1111

③ 0011 ④ 0111

23

다음 마이크로 컴퓨터 시스템 구성으로 옳지 않은 것을 고르시오.

① PC등 u-컴퓨터의 주기억 장치에 사용되는 회로는 DRAM이다.

② SRAM은 제어가 간단하고 고속처리용 소용량 캐시 메모리에 사용한다.

③ 운영체제(OS)는 고급언어를 기계언어로 번역하는 기능과 컴퓨터 시스템의 효율적 관리, 운영을 행하는 하드웨어이다.

④ 마이크로 프로세서(CPU)는 연산장치, 제어장치, 레지스터로 구성된다.

24

전자와 정공의 농도가 같고, 전도대의 준위는 0.3[eV], 가전자대 준위는 0.7[eV]인 반도체에 불순물을 도핑시켜 도너준위는 0.34[eV], 억셉터 준위는 0.64[eV]를 형성하였다고 한다. 이때 만일 특정 온도 이상으로 온도가 상승 되었다면 페르미 준위 E_f는 약 몇[eV]인지 고르시오.

① 0.5 ② 0.66

③ 0.32 ④ 0.2

25

디지털 변조에서 반송파의 형태는 $S(t) = \text{A}\cos(2\pi ft + p(t))$와 같다. 여기서 A는 진폭, f는 주파수, p는 위상을 의미할 때, 변조 시 크기와 위상 정보를 동시에 이용하는 변조 방식을 고르시오.

① ASK ② QPSK

③ QAM ④ OQPSK

정답 및 해설

2023	국가직 기출
2023	지방직 기출
2023	군무원 기출
2022	국가직 기출
2022	지방직 기출
2022	군무원 기출
2021	국가직 기출
2021	서울시 기출
2021	군무원 기출(복원)
2020	국가직 기출
2020	서울시 기출
2020	군무원 기출(복원)
2019	국가직 기출
2019	서울시 기출
2019	군무원 1차 기출(복원)
2019	군무원 2차 기출(복원)

2023 | 2023.04.08. 시행 공개경쟁채용 필기시험

국가직 기출 정답 및 해설

문제편 177p

01	02	03	04	05	06	07	08	09	10	11	12	13	14	15	16	17	18	19	20
②	②	①	③	②	③	②	②	①	①	④	③	①	④	④	③	③	④	①	①

01

정답 ②

상세풀이

비동기식 카운터는 클럭펄스가 각 비트의 상태를 순차적으로 변화시킨다고 하여 리플 카운터라고 불리며 대표적으로 2^n 진 카운터가 있다. 0에서 7까지 표현하는 카운터이므로 8개의 숫자를 계수하는 8진 카운터가 필요하다. $(M=8)$

$M=2^n$ 이때, n은 플립플롭의 개수이다.

$8=2^n \quad \therefore n=3$

따라서 플립플롭의 최소 개수는 3개이다.

02

정답 ②

상세풀이

① NOR 게이트 회로

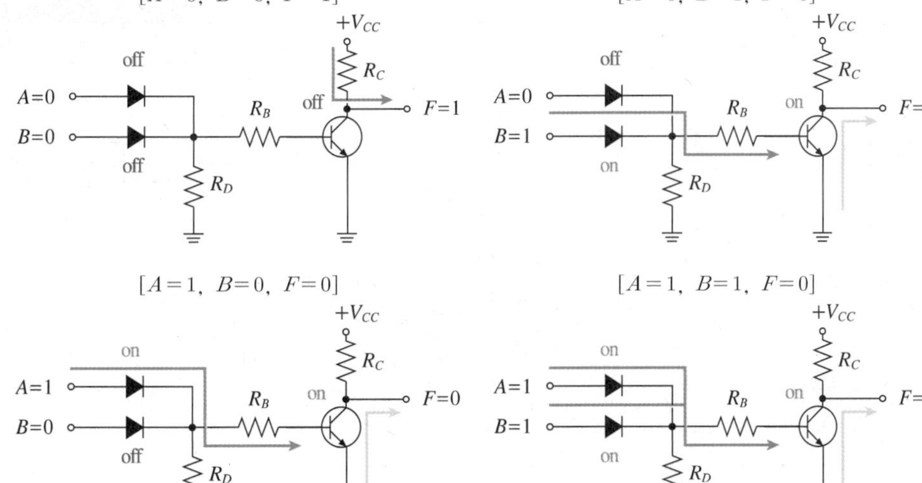

[NOR 게이트 진리표]

입력		출력
A	B	F
0	0	1
0	1	0
1	0	0
1	1	0

② NOR 게이트 회로

[$A=0$, $B=0$, $F=1$]

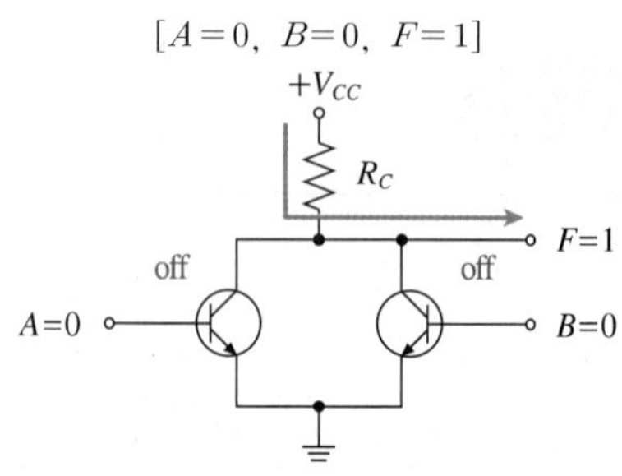

[$A=0$, $B=1$, $F=0$]

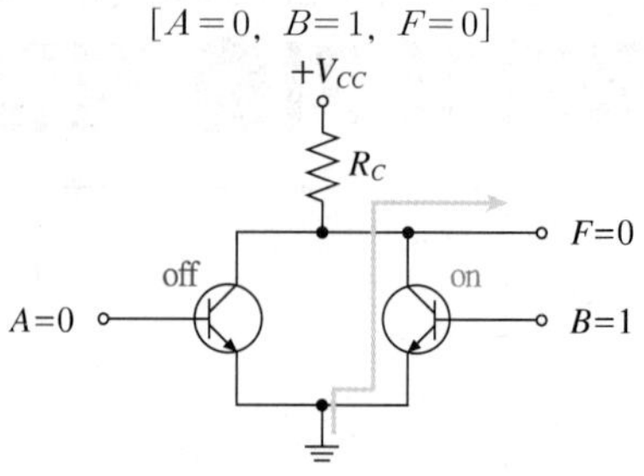

[$A=1$, $B=0$, $F=0$]

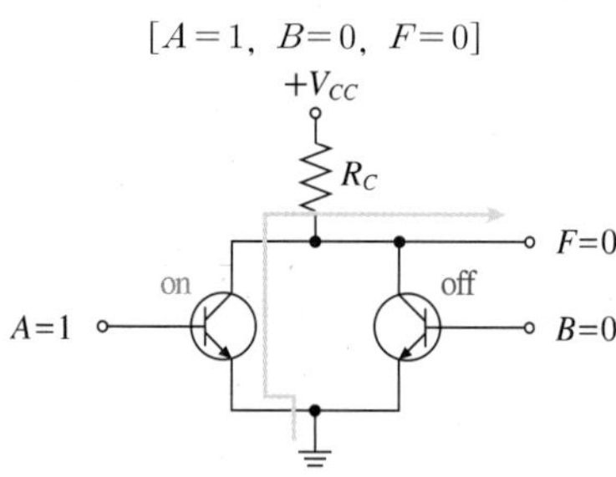

[$A=1$, $B=1$, $F=0$]

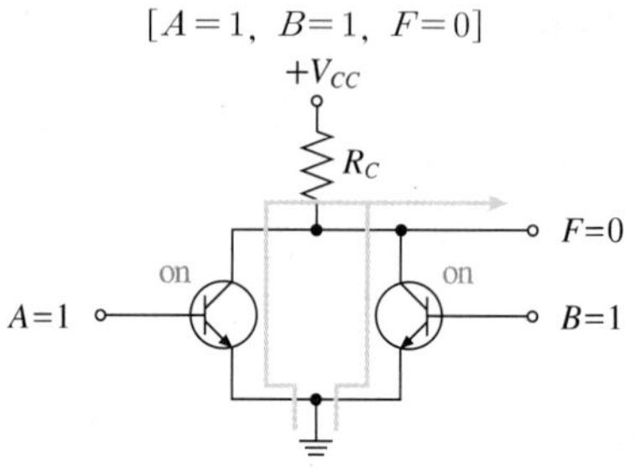

[NOR 게이트 진리표]

입 력		출 력
A	B	F
0	0	1
0	1	0
1	0	0
1	1	0

③ AND 게이트 회로

[$A=0$, $B=0$, $F=0$]

[$A=0$, $B=1$, $F=0$]

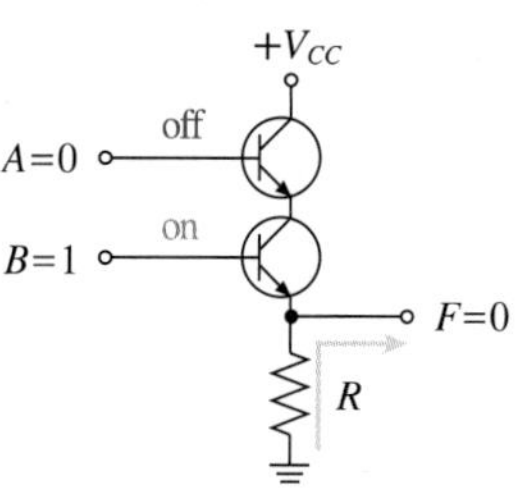

[$A=1$, $B=0$, $F=0$]

[$A=1$, $B=1$, $F=1$]

[AND 게이트 진리표]

입 력		출 력
A	B	F
0	0	0
0	1	0
1	0	0
1	1	1

④ NAND 게이트 회로

$[A=0,\ B=0,\ F=1]$

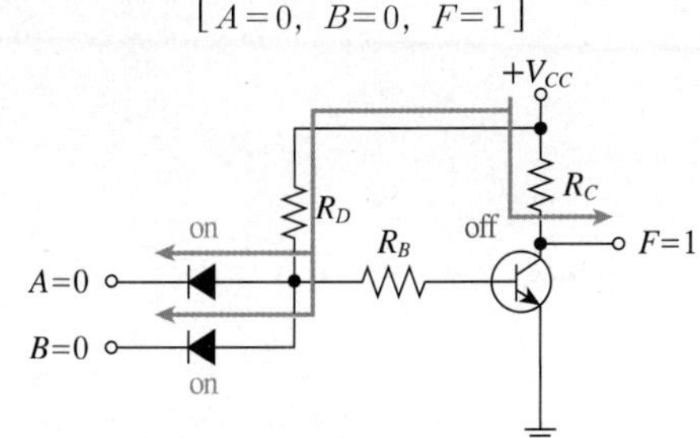

$[A=0,\ B=1,\ F=1]$

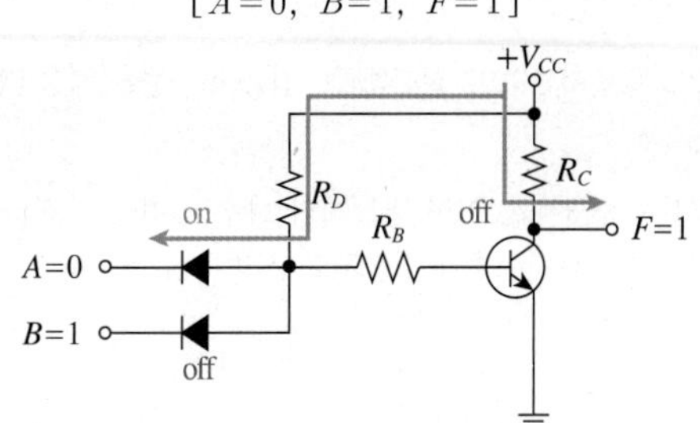

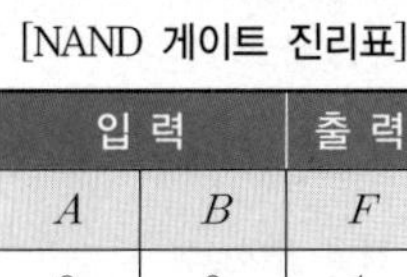
[NAND 게이트 진리표]

입 력		출 력
A	B	F
0	0	1
0	1	1
1	0	1
1	1	0

$[A=1,\ B=0,\ F=1]$

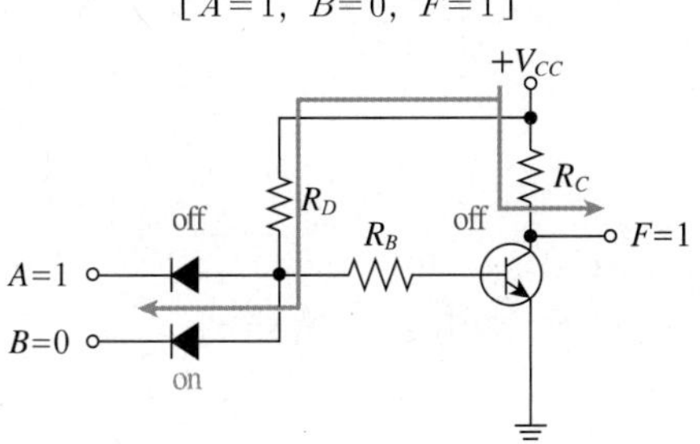

$[A=1,\ B=1,\ F=0]$

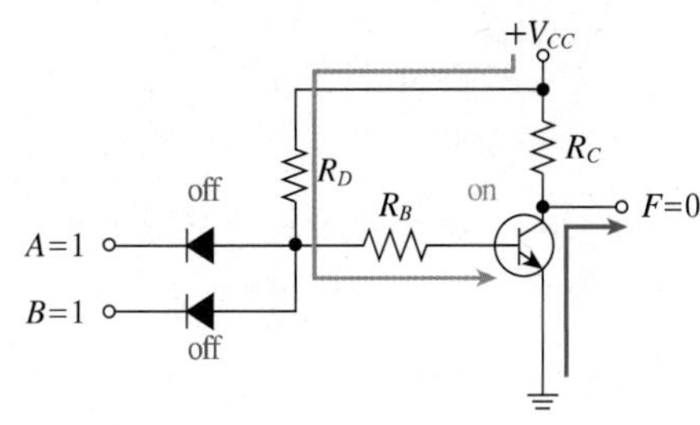

03

정답 ①

상세풀이

입 력			출 력
A	B	C	F
0	0	0	0
0	0	1	0
0	1	0	1
0	1	1	0
1	0	0	1
1	0	1	0
1	1	0	1
1	1	1	1

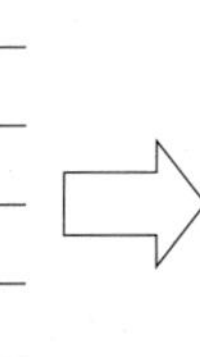

A \ BC	00	01	11	10
0				㉡ 1
1	1 ㉢		㉠ 1	1

진리표에서 출력 $F=1$에 해당하는 입력값들을 모아 카르노 맵을 통해 논리식을 구한다.

㉠ : AB

㉡ : $B\overline{C}$

㉢ : $A\overline{C}$

이를 모두 더하면 출력 F의 논리식이다.

$\therefore\ F=AB+B\overline{C}+A\overline{C}$

04 　　　　정답 ③

간략풀이

P형 반도체는 불순물로 붕소(B), 알루미늄(Al), 갈륨(Ga), 인듐(In) 등을 사용한다.

상세풀이

① P형 반도체에서 다수 캐리어는 정공이고, N형 반도체의 다수 캐리어는 전자이다.

② 진성반도체는 불순물이 첨가되지 않은 순수한 반도체로 실리콘 원자로만 구성되거나 게르마늄 원자로만 구성된 반도체를 말한다.

The 알아보기

진성반도체의 특성

- 강한 공유결합상태를 갖는다.
- 한 쌍으로 생성 또는 소멸되는 진성캐리어(전자n=정공p) 농도를 갖는다.

$n=p=ni$, $np=ni^2$ (ni : 진성캐리어 농도)

$ni=\sqrt{N_c \cdot N_V}\,e^{\frac{-Eg}{2KT}}$ (N_c : 전도대의 전자 유효상태밀도, N_V : 가전자대의 유효상태밀도)

- 전도대의 전자는 모두 가전자대에서 올라온 것이므로 페르미 준위 E_F가 온도와 무관하게 금지대 중앙에 존재한다.

$E_F=\dfrac{E_C+E_V}{2}$[eV] (E_C : 전도대, E_V : 가전자대, E_F : 페르미준위)

[진성 반도체의 페르미-디랙 분포함수와 페르미 준위]

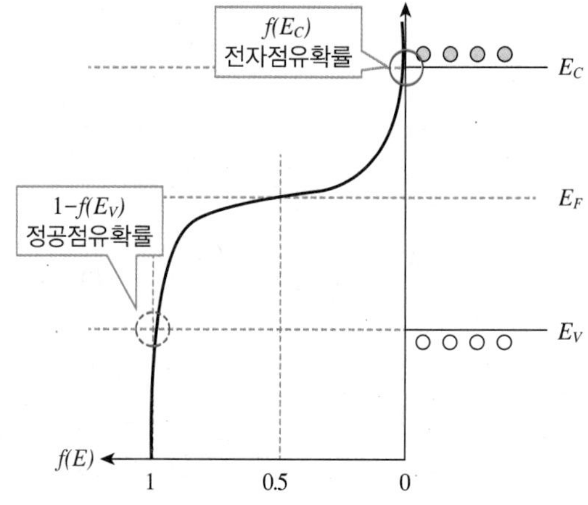

전도대의 전자가 모두 가전자대에서 올라왔음은 페르미-디랙 확률분포 $f(E)$에서도 확인할 수 있다.

불순물 반도체의 특성

구 분	N형 반도체	P형 반도체
개 념	진성반도체에 5가원자(donor 도너) 불순물을 첨가(doping)시켜 전자가 과잉된 형태의 반도체	진성반도체에 3가원자(acceptor 억셉터) 불순물을 첨가(doping)시켜 정공이 과잉된 형태의 반도체
특 성	5가(도너)원자 : As(비소), Sb(안티몬), P(인), Pb(납)	3가(억셉터)원자 : B(붕소), Al(알루미늄), Ga(갈륨), In(인듐)
페르미 준위 E_F	전도대 바로 밑에 존재(불순물 첨가로 인하여 금지대가 중앙에서 상단으로 이동하여 전도대 하단에 위치)	가전자대 바로 위에 존재
반도체 캐리어	다수캐리어 자유전자 n, 소수캐리어 정공 p	다수캐리어 정공 p, 소수캐리어 자유전자 n

05

정답 ②

상세풀이

전압 이득 A_v을 구하는 두 가지 방법은 다음과 같다.

(i) 드레인-소스저항 r_d를 무시한 경우 : $A_v = -\frac{g_m R_D'}{1+g_m R_S} \cong -\frac{R_D'}{R_S}$

(ii) 드레인-소스저항 r_d를 고려한 경우 : $A_v = -\frac{\mu R_D'}{r_d + R_D' + (1+\mu)R_S}$

문제에서 주어진 회로는 소스저항을 가진 소스접지 증폭기이고, 드레인-소스저항 r_d이 주어졌으므로 (ii)를 이용하여 전압 이득 A_v을 구한다.

전압 이득 $A_v = -\frac{\mu R_D'}{r_d + R_D' + (1+\mu)R_S} = -\frac{(\mu \times 20)[\text{k}\Omega]}{(10+20+(1+\mu)\times 1)[\text{k}\Omega]}$

이때, $\mu = g_m r_d$이므로 $\mu = 1[\text{mA/V}] \times 10[\text{k}\Omega] = 10$이다.

$\therefore$ 전압 이득 $A_v = -\frac{(\mu \times 20)[\text{k}\Omega]}{(10+20+(1+\mu)\times 1)[\text{k}\Omega]} = -\frac{(10\times 20)}{(10+20+(1+10)\times 1)} = -\frac{200}{41} \cong -5$

06

정답 ③

상세풀이

(i) 먼저 주어진 값을 모두 표시한 후 V_o의 값을 구한다.

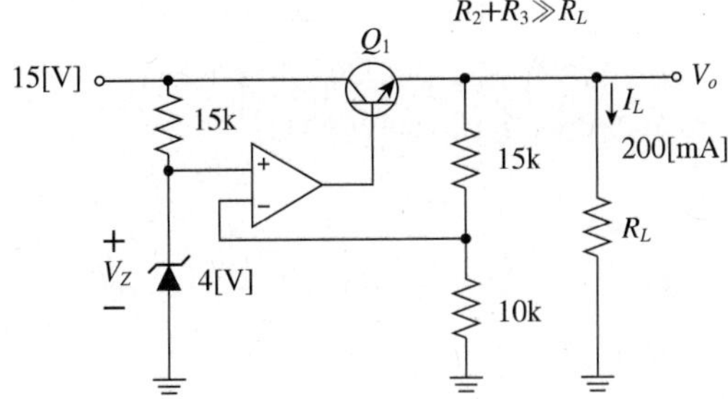

제너다이오드 $V_Z = 4[\text{V}]$가 가상접지로 인해 $R_3 = 10[\text{k}\Omega]$에 걸리는 전압도 4[V]가 된다.

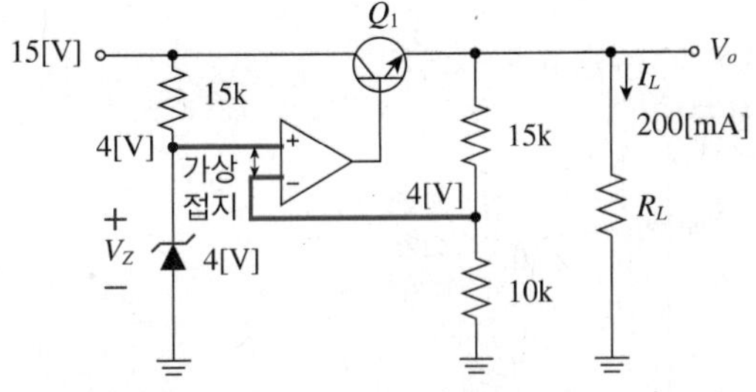

이때, $R_3 = 10[\text{k}\Omega]$에 걸리는 전압 $4[\text{V}] = \frac{10[\text{k}\Omega]}{(10+15)[\text{k}\Omega]} \times V_o$이므로 이를 V_o로 정리한다.

$V_o = \frac{(10+15)[\text{k}\Omega]}{10[\text{k}\Omega]} \times 4[\text{V}] = \frac{25}{10} \times 4[\text{V}] = 10[\text{V}]$

(ii) Q_1의 이미터 전류 I_E는 $I_{R_1+R_2}$와 I_L로 흐른다. 이때, $R_2+R_3 \gg R_L$이므로 $I_{R_1+R_2}$은 흐르지 않는다. $I_L = I_E \simeq I_C$이므로 컬렉터 전류 $I_C = 200[\text{mA}] = 0.2[\text{A}]$이다.

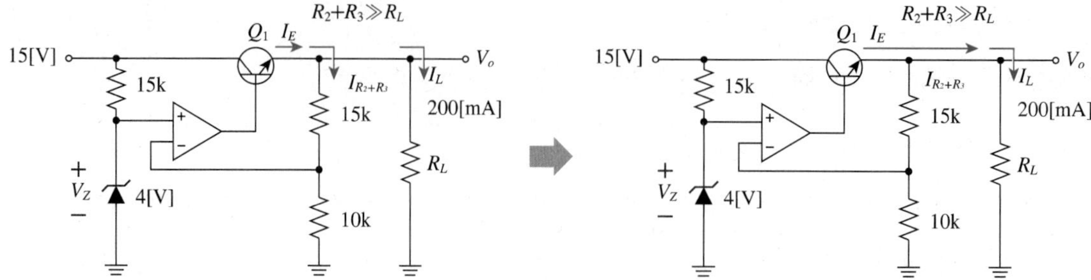

(iii) Q_1에서 소모되는 전력 P_L[W]을 구하기 위해 Q_1의 V_{CE}를 구한다.

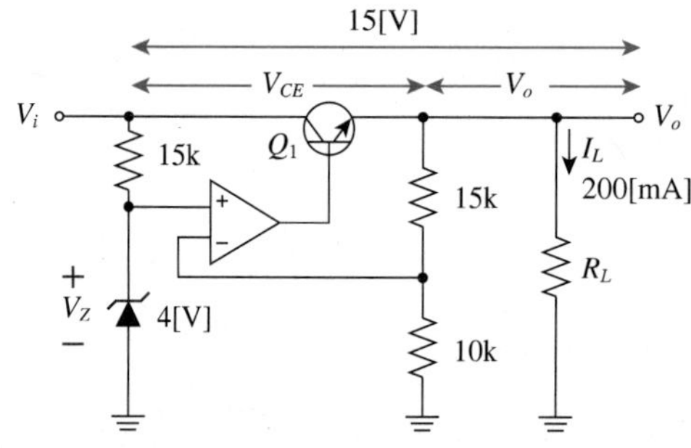

이때, $V_i = V_{CE} + V_o$이므로 $15[\text{V}] = V_{CE} + 10[\text{V}]$에서 $V_{CE} = 15 - 10 = 5[\text{V}]$가 된다.
따라서 Q_1의 소모되는 전력 $P_L = V_{CE} \times I_C = 5[\text{V}] \times 0.2[\text{A}] = 1.0[\text{W}]$이다.

07

정답 ②

간략풀이

c점에서의 전달특성은 NMOS(포화), PMOS(포화) 동작모드이다.

상세풀이

MOS FET의 전달특성은 '차단 → 포화 → 선형'순이며 아래 그림을 통해 각 지점의 상태를 알 수 있다.

[CMOS 인버터의 전달 특성 곡선]

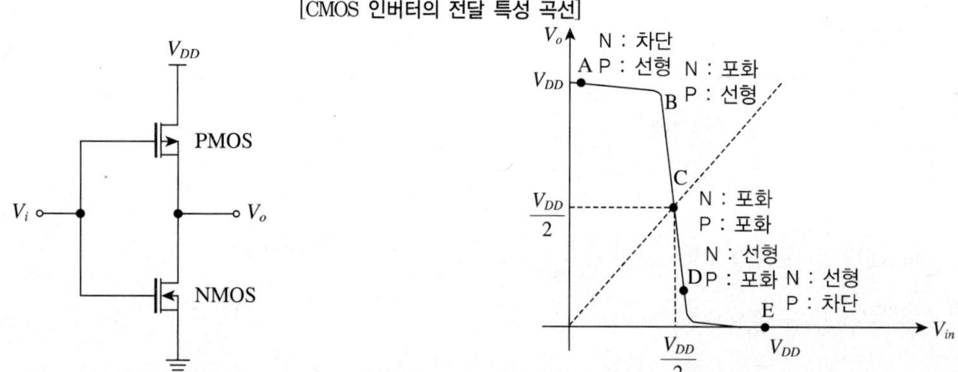

▶ NMOS FET의 경우 : 차단(A), 포화(B), 포화(C), 선형(D), 선형(E)
▶ PMOS FET의 경우 : 차단(E), 포화(D), 포화(C), 선형(B), 선형(A)

따라서 문제의 c점에서의 전달특성은 NMOS(포화), PMOS(포화) 동작모드가 된다.

08

정답 ②

독립 전류원과 종속 전류원의 합류점 A에서 I_1를 정하고, I_1에 관한 식을 세운다.

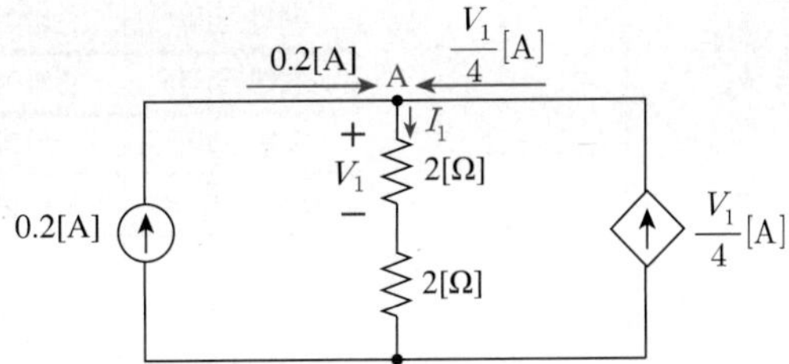

$I_1 = 0.2[A] + \frac{V_1}{4}$ ⋯①

$I_1 = \frac{V_1}{2}$ ⋯②

②의 식을 ①에 대입하여 V_1을 구한다.

$\frac{V_1}{2} = 0.2[A] + \frac{V_1}{4}$ 이를 계산하면 $V_1 = 0.8[V]$

이때, 밑에 다른 저항도 2[Ω]이므로 해당 저항에 걸리는 전압도 V_1과 같다.

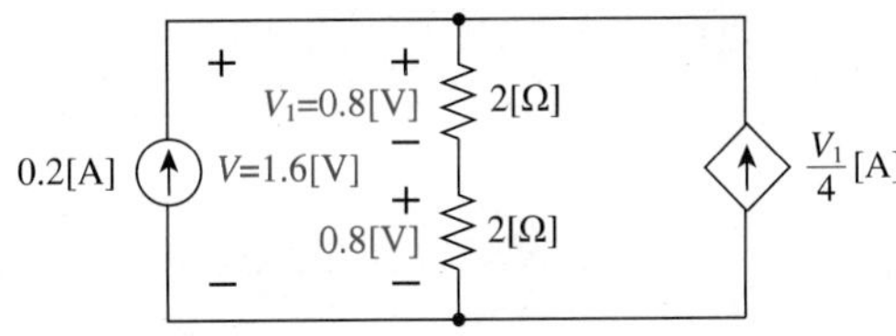

전체전압 $V = 0.8[V] + 0.8[V] = 1.6[V]$이고, 이를 통해 공급되는 전력을 구한다.

∴ 회로에 공급되는 전력 $P = V \times I = 1.6 \times 0.2 = 0.32[W]$

09

정답 ①

간략풀이

JFET에서는 자유전자 또는 정공의 다수캐리어를 통해 도전 현상에 기여한다.

상세풀이

① FET는 1개의 PN구조로 이루어져 전자 또는 정공의 한 가지 다수 캐리어에 의존하는 단극성소자(unipolar)이다.

② [그림]과 같이 빛에너지를 전기 에너지로 전환하기 위해 역방향 바이어스 연결이 필요하다.

[광다이오드(포토) : 빛에너지 → 전기]

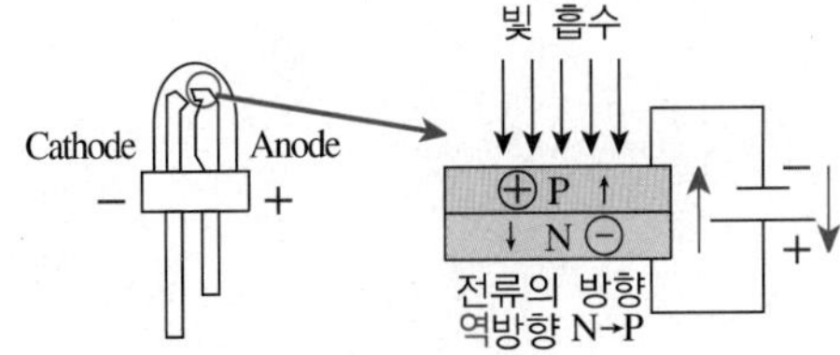

③ JFET에서는 게이트−소스 접합을 항상 역방향 바이어스 한다. 따라서 게이트에 음(−)전압, 드레인에 양(+)전압으로 바이어스 한다. 음(−)의 게이트 전압이 게이트와 소스사이의 PN접합을 역바이어스 시키므로 N채널의 공핍영역을 제어할 수 있게 된다.

④

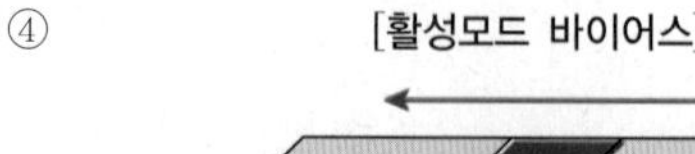

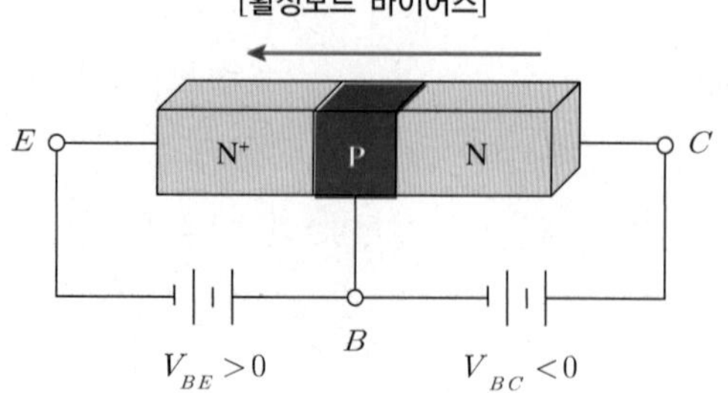

[BJT 동작영역]

동작 영역	EB접합	CB접합	용 도
포화 영역	순바이어스	순바이어스	펄스, 스위칭
활성 영역	순바이어스	역바이어스	증폭 작용
차단 영역	역바이어스	역바이어스	펄스, 스위칭
역활성 영역	역바이어스	순바이어스	미사용

10

정답 ①

상세풀이

중첩의 원리를 이용하여 전류원은 개방하고, 전압원은 단락하여 I_x에 흐르는 전류를 구한다.

(ⅰ) 전류원을 개방하여 회로를 구성하면 아래 그림과 같이 저항 4[Ω]과 1[Ω]이 직류연결이 된다. 이때, 저항 4[Ω]과 1[Ω]에 흐르는 전류 I_x를 구한다.

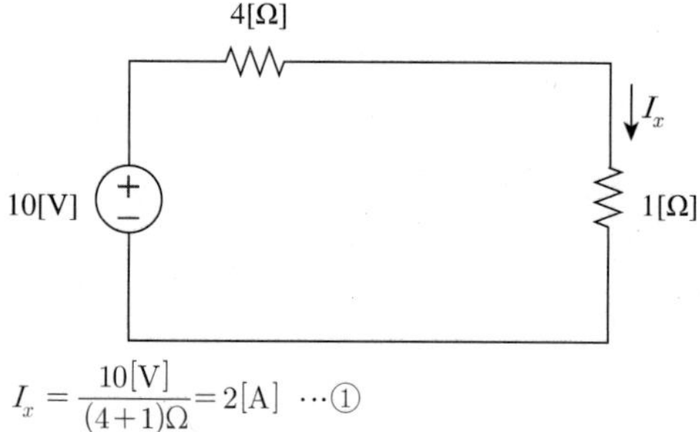

$$I_x = \frac{10[V]}{(4+1)\Omega} = 2[A] \quad \cdots ①$$

(ⅱ) 전압원을 단락하여 회로를 구성하면 아래 그림과 같이 저항 4[Ω]과 1[Ω]이 병렬연결이 된다. 이때, 저항 1[Ω]으로 흐르는 전류 I_x를 구한다.

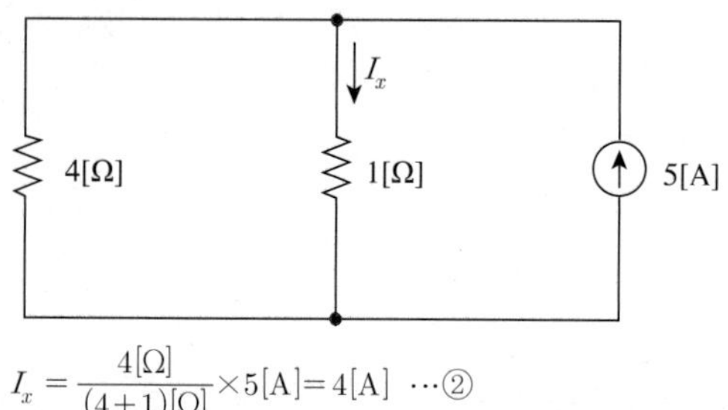

$$I_x = \frac{4[\Omega]}{(4+1)[\Omega]} \times 5[A] = 4[A] \quad \cdots ②$$

①, ②의 값을 더하여 중첩된 전류 I_x를 구한다.

$\therefore\ I_x = 2+4 = 6[A]$

11

정답 ④

상세풀이

반전 증폭기 응용 회로의 전압 이득을 이용하여 출력전압 V_o를 구한다.

$A_v = \frac{V_o}{V_i} = -\frac{R_1}{R_2}$을 이용하여, 출력전압 $V_o = -\frac{R_1}{R_2}V_i$을 구한다.

$V_o = -\left(\frac{10[\text{k}\Omega]}{1[\text{k}\Omega]} \times 1[\text{V}] + \frac{10[\text{k}\Omega]}{2[\text{k}\Omega]} \times 2[\text{V}] + \frac{10[\text{k}\Omega]}{2[\text{k}\Omega]} \times 4[\text{V}]\right)$

$\therefore\ V_o = -(10[\text{V}] + 10[\text{V}] + 20[\text{V}]) = -40[\text{V}]$

12

정답 ③

간략풀이

나이퀴스트 주파수 (Nyquist Rate)=최소 샘플링 주파수 $f_s = 2f_m$

n비트로 양자화 및 부호화 $f_s \times nbit$ =초당 전송 비트수[kbps]

최소 샘플링 주파수 $f_s = 2f_m = 2 \times 12 = 24[\text{kHz}]$

n비트로 양자화 및 부호화

$24[\text{kHz}] \times 16bit = 384[\text{kbps}]$

13

정답 ①

상세풀이

문제에서 주어진 회로의 발진기는 LC발진기 중 하틀레이 발진기이다.

[하틀레이 발진기]

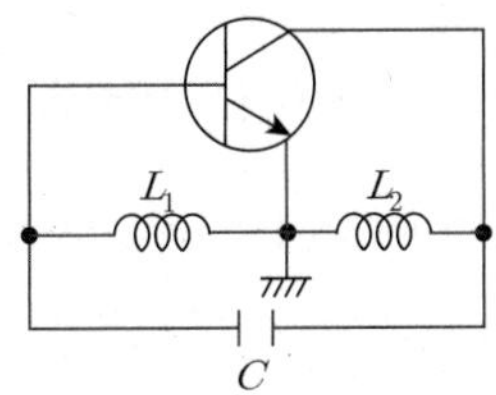

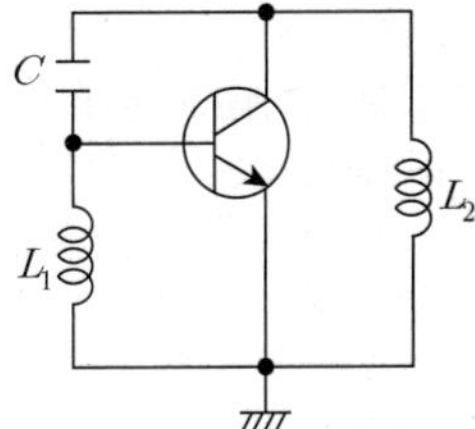

발진회로와 특징은 다음과 같다.

- 발진주파수 $f = \frac{1}{2\pi\sqrt{(L_1 + L_2 + 2M)C}}$
- 발진 리액턴스 조건 $X_1 > 0$, $X_2 > 0$, $X_3 < 0$
- 발진이득 $h_{fe} = \frac{X_1}{X_2} = \frac{L_1 + M}{L_2 + M}$

문제의 조건에서 발진을 위한 이득조건을 만족하고, L_1과 L_2의 상호 인덕턴스는 무시하므로

발진 주파수 $f = \frac{1}{2\pi\sqrt{(L_1 + L_2 + 2M)C}}$에서 $2M = 0$을 대입한다.

$\therefore$ 발진 주파수 $f = \frac{1}{2\pi\sqrt{(L_1 + L_2)C}}$

14

정답 ④

간략풀이

표준 이더넷 프레임에 패킷 번호(packet number)는 포함되지 않는다.

상세풀이

이더넷(Ethernet)은 OSI7계층 중 데이터링크 계층(Layer2)에 DLC(Data Link Control)서비스의 대표적인 프로토콜이다.
이더넷 프레임의 구조는 다음과 같다.

①	②	③	④	⑤	⑥	⑦
← 8 bytes →		← 1518 byte maximum standard frame size →				
		Ethernet header				
Preamble	SFD	Destination Address	Source Address	Type/Length	Data/Payload	FCS(CRC)

① Preamle(7bytes)
이더넷 MAC 프레임의 첫 번째 필드로 0과 1을 반복하는 7바이트를 포함하고, 수신 시스템에 프레임이 도착하는 것을 알려주며, 입력 타이밍에 수신 시스템이 동기화 할 수 있도록 만든다. 프리앰블은 실제로 물리층에서 추가되며 공식적으로 프레임의 일부는 아니다.

② Strart of Frame Delimeter(1byte)
정상적인 프레임 시작을 표시하는(10101011)의 프레임 동기로, 마지막 두 비트는 11이며 수신자에게 이다음 필드가 목적지 주소임을 알려준다.

③ Destination MAC address(6bytes)
패킷을 수신하는 목적지의 물리(MAC) 주소

④ Source MAC Address(6bytes)
패킷 송신자의 물리(MAC) 주소

⑤ Type or Length(2bytes)
길이 또는 종류로 정의되어 있다. 만약 필드 값이 1,518보다 작으면 길이필드이고, 뒤에 따라오는 데이터 필드의 길이를 의미한다. 반면, 필드 값이 1,536보다 크면 캡슐화되어 있는 패킷의 종류를 의미한다.

⑥ Data/payload(46~1500bytes)
상위 계층의 프로토콜로부터 캡슐화된 데이터가 들어있다. 데이터필드는 46~1500바이트 크기를 가지고 있다.

⑦ Frame Check Sequence(CRC)(4bytes)
DA+SA+Leath+Data의 영역을 계산하여 에러를 판별한다. 송신측에서는 CRC를 추가하여 보내고, 수신측은 CRC를 체크하여 에러프레임은 버린다.

The 알아보기 CRC(Cyclic Redundancy Check)

에러검출 방법 중 하나로 송신측의 데이터를 다항식을 통해 결과를 추출하고, 그 결과를 첨부하여 보내면 수신측에서 같은 방법으로 데이터를 다항식을 통해 추출하고 송신측의 결과와 수신측에서 추출한 결과의 일치성을 통해 오류검사를 하는 기술이다.

15

상세풀이

문제에서 주어진 회로는 미분기 회로로 미분기 회로의 출력 V_o는 다음과 같다.

$$V_o(t) = -RC\frac{dv_i(t)}{dt}$$

(i) 출력식 V_o에 $R = 2[k\Omega]$, $C = 0.001[\mu F]$을 대입한다.

$$V_o(t) = -(2\times10^3)\times(0.001\times10^{-6})\frac{dv_i(t)}{dt} = -2\times10^{-6}\frac{dv_i(t)}{dt}$$ (이때, $\frac{dv_i(t)}{dt}$는 기울기)

(ii) 기울기를 해석하기 위해 V_o 주기 그래프를 구간별로 살펴본다.

- 1구간

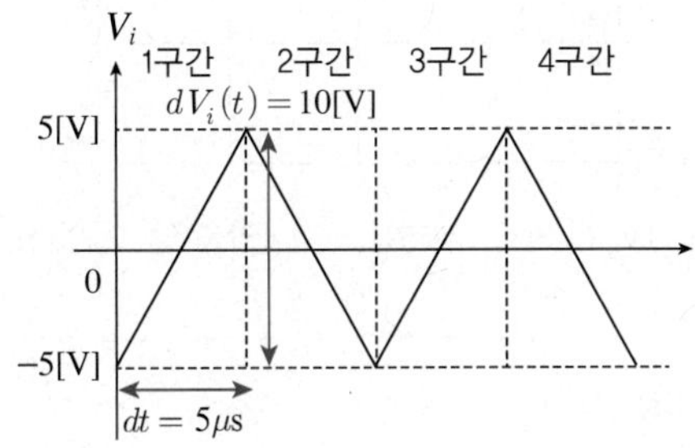

그래프에서 시간의 변화량 $dt = 5[\mu s]$, 입력전압의 변화량 $dv_i(t) = 10[V]$이므로 이를 대입한다.

1구간의 미분기 출력 $V_o(t) = -2\times10^{-6}\frac{dv_i(t)}{dt} = -2\times10^{-6}\frac{10[V]}{5\times10^{-6}} = -4[V]$

- 2구간

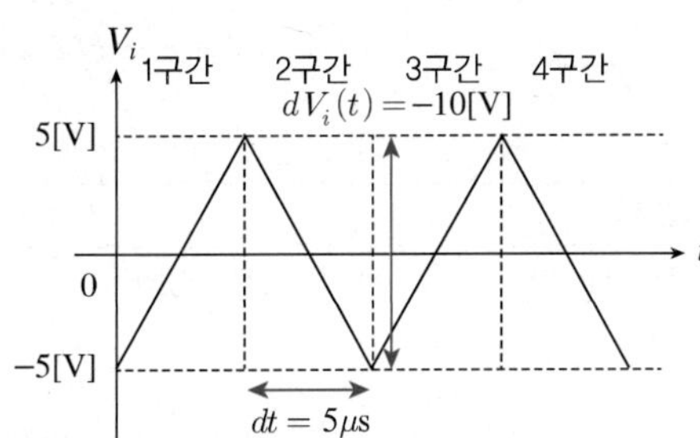

그래프에서 시간의 변화량 $dt = 5\mu s$, 입력전압의 변화량 $dv_i(t) = -10[V]$이므로 이를 대입한다.

2구간의 미분기 출력 $V_o(t) = -2\times10^{-6}\frac{dv_i(t)}{dt} = -2\times10^{-6}\frac{-10[V]}{5\times10^{-6}} = 4[V]$

(iii) 1구간과 3구간이 같고, 2구간과 4구간이 같으므로 이를 그래프로 그리면 다음과 같다.

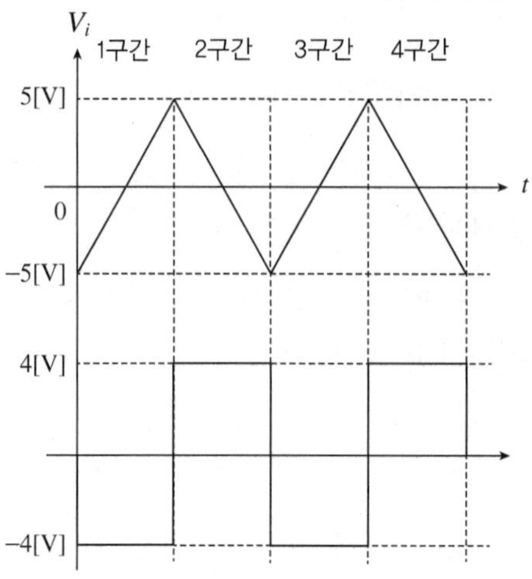

따라서 그래프를 보면 주기는 $10[\mu s]$, $V_{p-p}[V]$는 8[V], 파형은 구형파임을 알 수 있다.

The 알아보기 연산증폭기의 미분기 · 적분기 회로

연산증폭기 미분기 회로(HPF)	연산증폭기 적분기 회로(LPF)
Z_f, i_R, Z_i, V_{in}, i_C, $0V$, V_{out}	Z_f, i_C, $+v_C-$, Z_i, V_{in}, i_R, $0V$, V_{out}
미분기 회로의 출력전압 유도식	적분기 회로의 출력전압 유도식
가상접지로 인해 $i_C = i_R$임을 이용해 전압으로 나타낸다. $C\frac{dv_c(t)}{dt} = \frac{0-v_o(t)}{R}$ 이때, $v_c(t) = v_i(t) - 0$이므로 대입하여 정리한다. $\frac{v_o(t)}{R} = -C\frac{dv_i(t)}{dt}$ 이 식을 $v_o(t)$로 정리한다. $\therefore v_o(t) = -RC\frac{dv_i(t)}{dt}$ 따라서 출력전압은 입력전압을 미분한 것임을 알 수 있다.	가상접지로 인해 $i_R = i_C$임을 이용해 전압으로 나타낸다. $\frac{v_i - 0}{R} = C\frac{dv_c(t)}{dt}$ 이때, $v_c(t) = 0 - v_o(t)$이므로 대입하여 정리한다. …① $\frac{v_i}{R} = -C\frac{dv_o(t)}{dt}$ 이 식을 $dv_o(t)$로 정리한다. $dv_o(t) = -\frac{v_i}{RC}dt$ 이 식을 적분하여 $v_o(t)$로 나타낸다. $v_o(t) - v_o(0) = -\frac{1}{RC}\int_0^t v_i(t)dt$ 이때, ①에서 $v_c(t) = -v_o(t)$의 값을 대입하고 정리한다. $\therefore v_o(t) = -\frac{1}{RC}\int_0^t v_i(t)dt - v_c(0)$ 따라서 출력전압은 입력전압을 적분한 것임을 알 수 있다.

16

정답 ③

간략풀이

전위는 전계를 적분하여 구할 수 있다. 전계 그래프를 적분하면 우상향하는 그래프가 된다.

상세풀이

공간전하영역이 N영역에서는 $x=x_n$ 에서, P영역에서는 $x=-x_p$ 에서 정의되는 경우

이때, 전기장은 1차원 포아송 방정식 $\dfrac{d^2\phi}{dx^2}$(전위)$=-\dfrac{\rho_{(x)}}{\epsilon_s}$(전하밀도)$=-\dfrac{dV}{dx}$(전계)로 구할 수 있다.

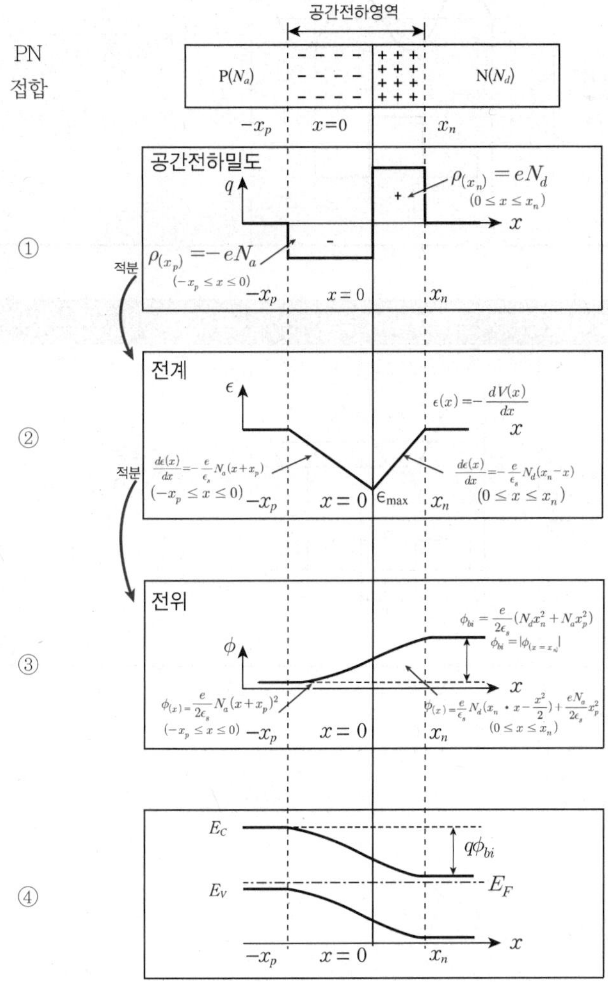

그림의 PN접합은

$N_d > N_a$일 때의 PN접합이다.

- P영역 : $\rho_{(x_p)}=-eN_d(-x_p<x<0)$
- N영역 : $\rho_{(x_n)}=eN_d(0<x<x_n)$

∴ x_n이 양의 영역, x_p가 음의 영역으로 표현된다.

- 전계는 전하밀도를 적분하여 구할 수 있고, 접합점에서 최댓값을 갖는다.

P영역: $\epsilon=\displaystyle\int\frac{\rho_{(x_p)}}{\epsilon_s}dx=-\frac{eN_a}{\epsilon_s}(x+x_p)$

N영역: $\epsilon=\displaystyle\int\frac{\rho_{(x_n)}}{\epsilon_s}dx=-\frac{eN_d}{\epsilon_s}(x_n-x)$

- 전위는 전계를 적분하여 구할 수 있다.

$\phi_{(x_p)}=-\displaystyle\int\frac{eN_a}{\epsilon_s}(x+x_p)dx=\frac{eN_a}{2\epsilon_s}(x+x_p)^2$

$\phi_{(x_n)}=-\displaystyle\int\frac{eN_d}{\epsilon_s}(x_n-x)dx=\frac{eN_d}{\epsilon_s}\left(x_nx-\frac{1}{2}x^2\right)+\frac{eN_a}{2\epsilon_s}x_p^2$

- 제로 인가 바이어스 상태

어떠한 전류도 흐르지 않고 외부에 어떠한 힘도 인가시키지 않은 열평형 상태이다.

페르미 준위가 일정한 평형상태에 있다.

17 　　　　　　　　　　　　　　　　　　　　　　　　　　　　　　　　　　　　정답 ③

상세풀이

(ⅰ) 슈미트 트리거 회로 : 히스테리시스 특성을 갖는 비교기의 일종으로 2개의 안정된 출력 상태를 갖는 멀티바이브레이터이다.

(ⅱ) 반전 슈미트 트리거

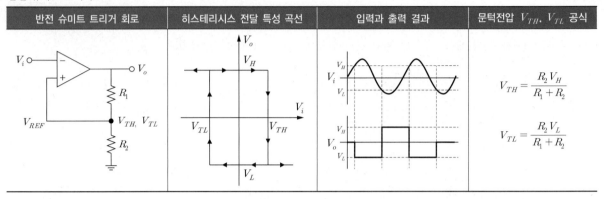

반전 슈미트 트리거 회로	히스테리시스 전달 특성 곡선	입력과 출력 결과	문턱전압 V_{TH}, V_{TL} 공식
			$V_{TH}=\dfrac{R_2V_H}{R_1+R_2}$ $V_{TL}=\dfrac{R_2V_L}{R_1+R_2}$

(ⅲ) 비반전 슈미트 트리거

반전 슈미트 트리거 회로	히스테리시스 전달 특성 곡선	입력과 출력 결과	문턱전압 V_{TH}, V_{TL} 공식

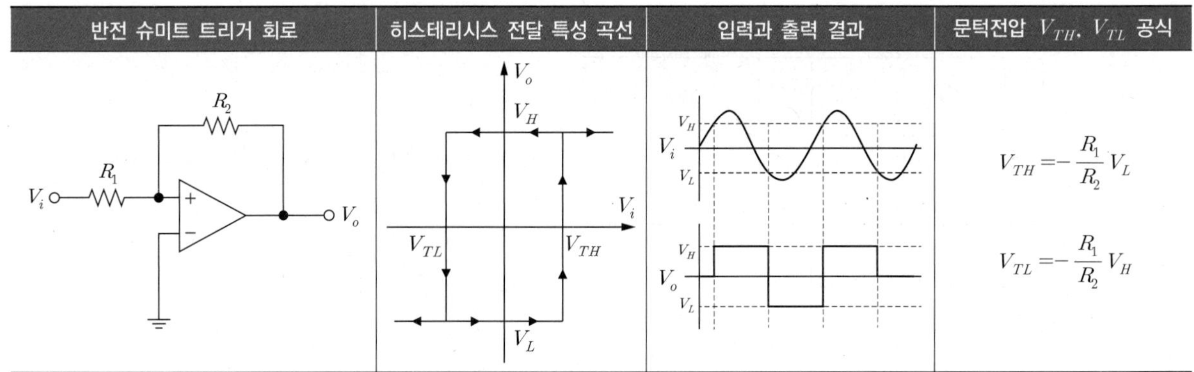

$$V_{TH}=-\frac{R_1}{R_2}V_L$$

$$V_{TL}=-\frac{R_1}{R_2}V_H$$

문제에서 주어진 회로는 반전 슈미트 트리거이며, 저항의 위치를 혼동하지 말고, V_{TH}[V]를 구하는 식을 찾으면 된다.

$$\therefore V_{TH}=\frac{R_1}{R_1+R_2}V_H$$

18

정답 ④

상세풀이

문제의 연산 증폭기 회로는 비반전 연산 증폭기와 반전 연산 증폭기로 구성되어 있다.

전체 연산 증폭기 회로의 전압 이득은 $\frac{V_o}{V_i} = A_V = A_{V_1} \times A_{V_2}$이므로, 그림과 같이 회로를 두 개로 나누어 ㉠회로의 전압 이득 A_{V_1}과 ㉡회로의 전압 이득 A_{V_2}의 곱으로 전체 증폭기 회로의 전압 이득을 구한다.

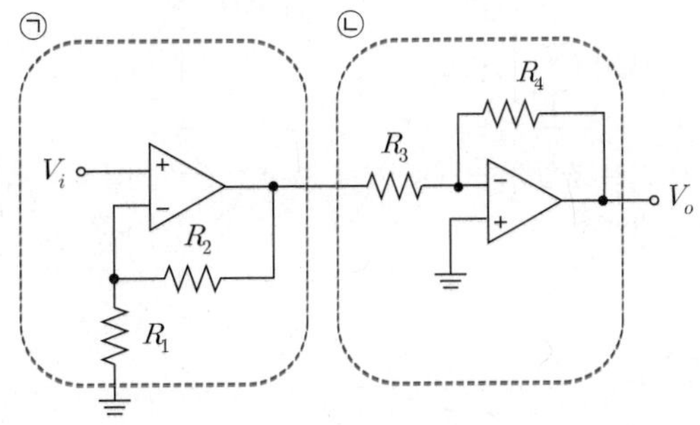

㉠ 비반전 연산 증폭기 회로의 전압 이득

$$A_{V_1} = 1 + \frac{R_2}{R_1} = \frac{R_1 + R_2}{R_1}$$

㉡ 반전 연산 증폭기 회로의 전압 이득

$$A_{V_2} = -\frac{R_4}{R_3}$$

㉠+㉡ 전체 연산 증폭기 회로의 전압 이득

$$\therefore A_V = A_{V_1} \times A_{V_2} = \frac{R_1 + R_2}{R_1} \times \left(-\frac{R_4}{R_3}\right) = -\frac{(R_1 + R_2) \times R_4}{R_1 R_3}$$

19

정답 ①

상세풀이

연산 증폭기 회로 전류와 전압특징

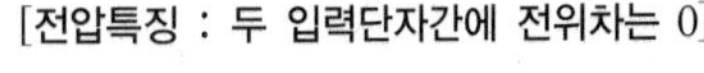

[전류특징 : 두 입력단자로 흐르는 전류는 0]

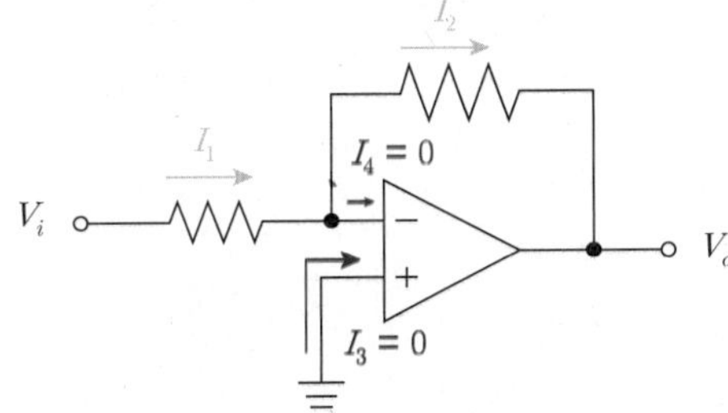

[전압특징 : 두 입력단자간에 전위차는 0]

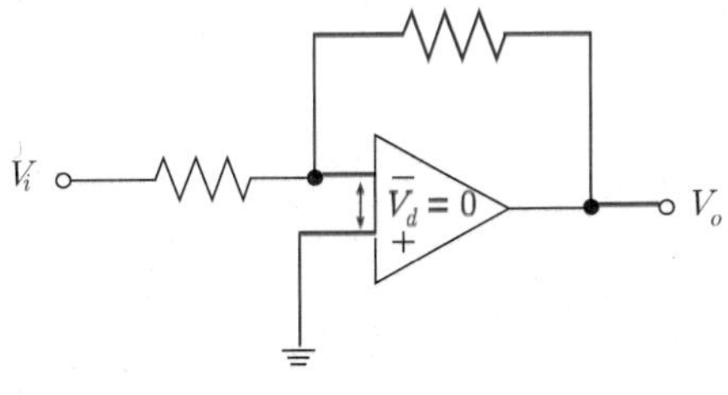

OP-amp는 가상 단락으로 인해 나타나는 두 가지 특징은 다음과 같다.

(i) 전류적으로 두 입력단자로 흐르는 전류는 가상의 단락이므로 연결된 것이 아니기 때문에 내부로 흐를 수 없어 0이 된다.

(ii) 전압적으로는 가상적으로 단락된 것으로 가정하기 때문에 두 입력단자의 전위차 $V_d = 0$이 되는 특징이 있다.

이 특징을 통해 문제의 회로를 해석하면 아래 그림과 같다.

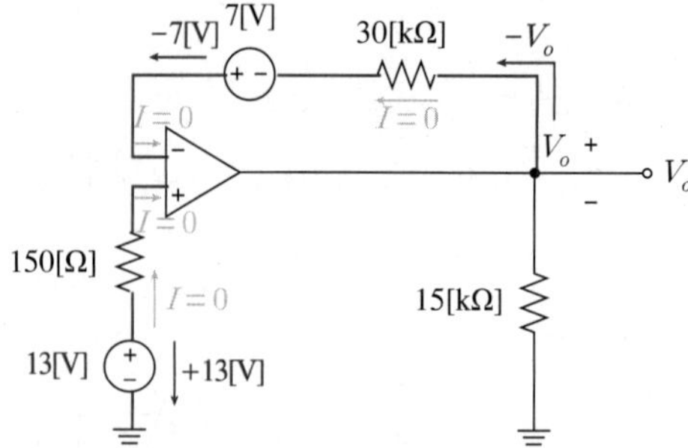

30[kΩ]와 150[Ω]에서는 전류가 흐르지 않으므로 전압강하가 일어나지 않는다. 결국 전압식을 세우면 다음과 같다.

$-V_o - 7V + 13V = 0V$ 이를 V_o에 관하여 정리한다.

$\therefore V_o = 6[V]$

20

정답 ①

간략풀이

부하저항 R_L에 걸리는 전압을 일정하게 유지시켜 준다.

상세풀이

① 제너다이오드에 역방향으로 항복전압보다 큰 전압이 인가되면 일정한 제너 항복전압 V_Z이 발생하여 전압을 일정하게 유지한다.

② 부하저항 R_L은 가변저항으로 값을 필요에 맞게 변화할 수 있다.

③ 순방향의 전압이 인가되면 빛을 발하는 소자는 LED소자이다.

④ 회로가 발진할 수 있게 하기위해서는 LC소자, 수정 등의 소자가 필요하다.

2023 | 2023.06.10. 시행 공개경쟁채용 필기시험 지방직 기출 정답 및 해설

문제편 182p

01	02	03	04	05	06	07	08	09	10	11	12	13	14	15	16	17	18	19	20
①	③	②	①	④	①	②	③	①	②	④	②	③	①	①	③	②	②	①	④

01

정답 ①

간략풀이

(ⅰ) 구형파의 실횻값 : $I_{rms} = I_m = 4[\mathrm{A}]$

(ⅱ) 구형파의 평균전력 : $P = IR^2 = 4[\mathrm{A}] \times 4^2[\Omega] = 64[\mathrm{W}]$

상세풀이

주기함수의 최댓값, 실횻값, 평균값

구 분	파 형	최댓값		실횻값		평균값	
		V	I	V	I	V	I
정현파		V_m	I_m	$\frac{V_m}{\sqrt{2}}$	$\frac{I_m}{\sqrt{2}}$	$\frac{2V_m}{\pi}$	$\frac{2I_m}{\pi}$
반파 정현파		V_m	I_m	$\frac{V_m}{\sqrt{2}}$	$\frac{I_m}{\sqrt{2}}$	$\frac{V_m}{\pi}$	$\frac{2I_m}{\pi}$
구형파		V_m	I_m	V_m	I_m	V_m	I_m
반파 구형파		V_m	I_m	$\frac{V_m}{\sqrt{2}}$	$\frac{I_m}{\sqrt{2}}$	$\frac{V_m}{2}$	$\frac{I_m}{2}$
삼각파		V_m	I_m	$\frac{V_m}{\sqrt{3}}$	$\frac{I_m}{\sqrt{3}}$	$\frac{V_m}{2}$	$\frac{I_m}{2}$
톱니파		V_m	I_m	$\frac{V_m}{\sqrt{3}}$	$\frac{I_m}{\sqrt{3}}$	$\frac{V_m}{2}$	$\frac{I_m}{2}$

위 표에서 구형파의 실효값과 평균전력을 찾아 구한다.

구형파의 실횻값 : $I_{rms} = I_m = 4[\mathrm{A}]$

구형파의 평균전력 : $P = IR^2 = 4[\mathrm{A}] \times 4^2[\Omega] = 64[\mathrm{W}]$

02 정답 ③

간략풀이

$V_{GS}>0$인 영역을 증가영역(engancement region)이라고 한다.

상세풀이

게이트와 소스 사이의 V_{GS} 전압의 크기를 변화시키면 채널전류 I_D가 변한다. 또한 게이트전압 V_{GS}를 일정 영역에 고정시킨 상태에서 드레인-소스 간의 전압 V_{DS}이 채널의 크기에 영향을 주면 역시 채널전류 I_D가 변한다. 이러한 전달특성의 동작 모드를 정리하면 다음과 같다.

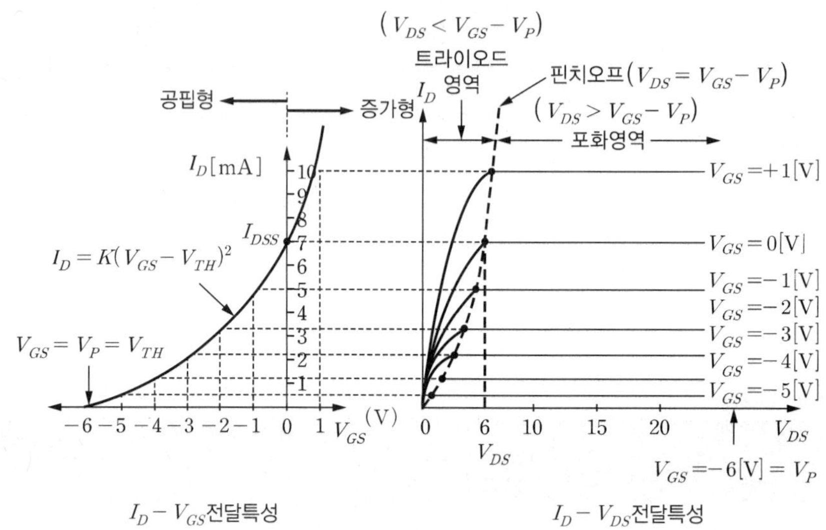

① 전달특성 그래프에서 보듯 게이트와 소스 사이의 V_{GS} 전압이 양의 방향으로 증가하면 증가형 모드로 동작하고, 드레인 전류 I_D 역시 증가함을 알 수 있다.

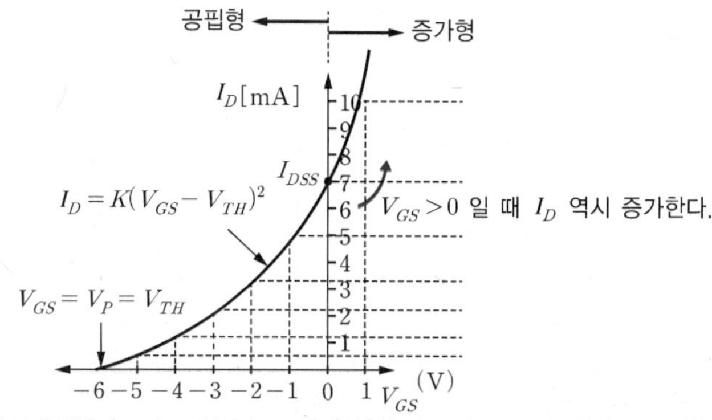

② V_{GS} 전압이 음의 값으로 낮아지면 공핍형 모드로 동작하고, 드레인 전류 I_D는 줄어들게 되고 특정 전압 V_{TH}에서 흐르지 않게 된다.

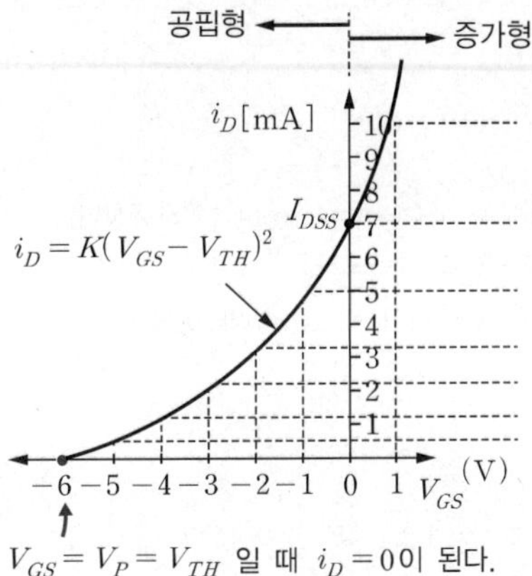

③ · ④ 전달특성 그래프에서 보듯, $V_{GS} > 0$인 영역을 증가영역(engancement region)이라고 하며, 증가영역(engancement region)과 공핍영역에서는 같은 드레인 전류 I_D 방정식이 적용된다.

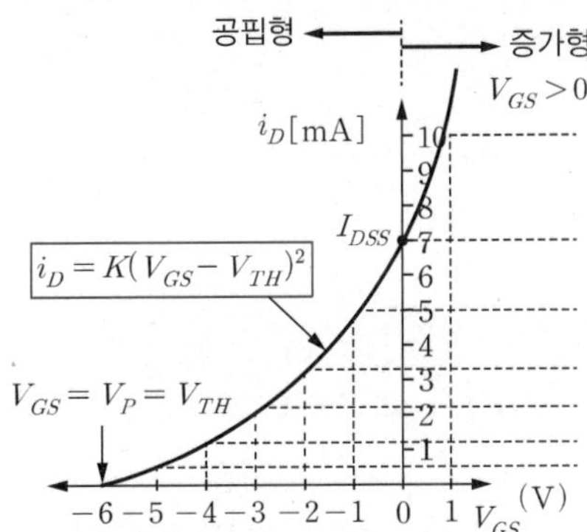

드레인 전류 $I_D = K(V_{GS} - V_{TH})^2$

이때, K : $\frac{1}{2}\mu_n Cox\frac{W}{L} = \frac{1}{2}k_n'\frac{W}{L}$[A/V^2] MOSFET 전도 구조상수

μ_n : 전자이동도

$Cox = \frac{\varepsilon_{ox}}{t_{ox}}$: 절연층(SiO_2)의 단위 면적당 커패시턴스

k_n' : $\mu_n Cox$ 공정상 결정되는 전달 컨덕턴스 변수

W : 채널의 폭

L : 채널의 길이

03

정답 ②

간략풀이

2진법도 소수(小數)를 표현할 수 있다.

상세풀이

① 디지털 컴퓨터에서는 2진수의 뺄셈 연산에 대부분 보수(complement)를 사용한다.

예 $1110100_{(2)} - 0011011_{(2)} = 1011001_{(2)}$가 되는 것을 알아보자.

먼저 0011011을 2의 보수를 이용하여 식을 나타내고, 1110100와 덧셈을 한다.

		0	0	1	1	0	1	1
1의 보수		1	1	0	0	1	0	0
2의 보수		1	1	0	0	1	0	1
+		1	1	1	0	1	0	0
결과값	1	1	0	1	1	0	0	1
오버플로우	↑	1	0	1	1	0	0	1

② 2진법도 소수(小數)를 표현할 수 있다.

$0\ 0\ 0\ .\ 0\ \ 0\ \ 0_{(0)}$

$\square^{2}\ \square^{1}\ \square^{0}\ .\ \square^{-1}\ \square^{-2}\ \square^{-3}{}_{(0)}$

2진법 : $\square\times2^2+\square\times2^1+\square\times2^0.\ \square\times2^{-1}+\square\times2^{-2}+\square\times2^{-3}$

8진법 : $\square\times8^2+\square\times8^1+\square\times8^0.\ \square\times8^{-1}+\square\times8^{-2}+\square\times8^{-3}$

16진법 : $\square\times16^2+\square\times16^1+\square\times16^0.\ \square\times16^{-1}+\square\times16^{-2}+\square\times16^{-3}$

예 $1111.11_{(2)}$

$1111.11_{(2)}=(1\times2^3)+(1\times2^2)+(1\times2^1)+(1\times2^0).(1\times2^{-1})+(1\times2^{-2})_{(2)}$

$8 \quad + \quad 4 \quad + \quad 2 \quad + \quad 1 \quad . \quad 0.25 \quad + \quad 0.25 \quad = 15.75$

③ 16진법은 0에서 9까지의 숫자와 여섯 개의 문자(A~F)를 사용하여 숫자를 표현한다.

10진수	2진수	8진수	16진수
0	0	0	0
1	1	1	1
2	10	2	2
3	11	3	3
4	100	4	4
5	101	5	5
6	110	6	6
7	111	7	7
8	1000	10	8
9	1001	11	9
10	1010	12	A
11	1011	13	B
12	1100	14	C
13	1101	15	D
14	1110	16	E
15	1111	17	F
16	10000	20	10

④ 그레이 코드는 연속되는 코드들 간에 하나의 비트만 변화하여 새로운 코드가 되며, 입력코드로 사용하면 오차가 적어지는 특징이 있다.

10진수	2진수	Gray코 드
0	0000	0000
1	0001	0001
2	0010	0011
3	0011	0010
4	0100	0110
5	0101	0111
6	0110	0101
7	0111	0100
8	1000	1100
9	1001	1101
10	1010	1111
11	1011	1110
12	1100	1010
13	1101	1011
14	1110	1001
15	1111	1000

04

정답 ①

간략풀이

(i) 미분기 : $Z_i = C$, $Z_f = R$

(ii) 적분기 : $Z_i = R$, $Z_f = C$

(iii) 증폭기는 피드백을 반전 단자를 사용하여 받고, 발전기는 비반전 단자를 사용하여 피드백을 받는다.

상세풀이

연산증폭기의 미분기, 적분기 회로

연산증폭기 미분기 회로(HPF)	연산증폭기 적분기 회로(LPF)
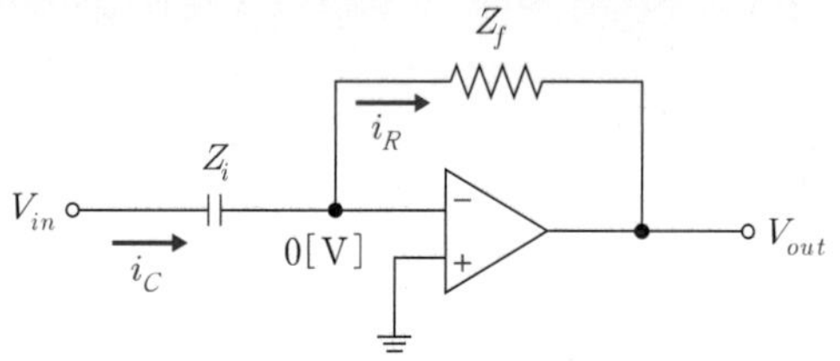	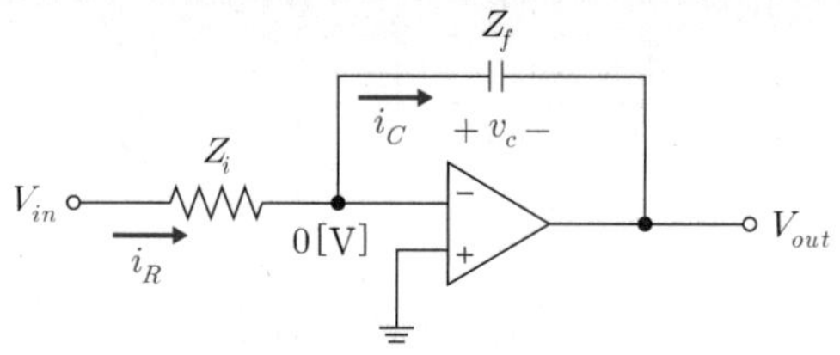
• 미분기 회로의 출력전압 유도식 가상접지로 인해 $i_C = i_R$임을 이용해 전압으로 나타낸다. $C\frac{dv_c(t)}{dt} = \frac{0-v_o(t)}{R}$ 이때, $v_c(t) = v_i(t) - 0$이므로 대입하여 정리한다. $\frac{v_o(t)}{R} = -C\frac{dv_i(t)}{dt}$ 이 식을 $v_o(t)$로 정리한다. $\therefore\ v_o(t) = -RC\frac{dv_i(t)}{dt}$ 따라서 출력전압은 입력전압을 미분한 것임을 알 수 있다.	• 적분기 회로의 출력전압 유도식 가상접지로 인해 $i_R = i_C$임을 이용해 전압으로 나타낸다. $\frac{v_i - 0}{R} = C\frac{dv_c(t)}{dt}$ 이때, $v_c(t) = 0 - v_o(t)$이므로 대입하여 정리한다. …① $\frac{v_i}{R} = -C\frac{dv_o(t)}{dt}$ 이 식을 $dv_o(t)$로 정리한다. $dv_o(t) = -\frac{v_i}{RC}dt$ 이 식을 적분하여 $v_o(t)$로 나타낸다. $v_o(t) - v_o(0) = -\frac{1}{RC}\int_0^t v_i(t)dt$ 이때, ①에서 $v_c(t) = -v_o(t)$의 값을 대입하고 정리한다. $\therefore\ v_o(t) = -\frac{1}{RC}\int_0^t v_i(t)dt - v_c(0)$ 따라서 출력전압은 입력전압을 적분한 것임을 알 수 있다.

05

정답 ④

간략풀이

출력되는 구형파의 듀티사이클(duty cycle)

듀티사이클 $D = \frac{T_H}{T} = \frac{T_H}{T_H + T_L} \times 100$, 이때 $T_H > T_L$이므로 항상 50% 이상이다.

상세풀이

① 555타이머는 멀티바이브레이터(MV)로 비안정 모드로 동작한다.

② ON($V_{out} = V_{CC}$)일 때 충전시간을 T_H라 하고, 커패시터 C에 충전은 아래 그림과 같이 이뤄진다.

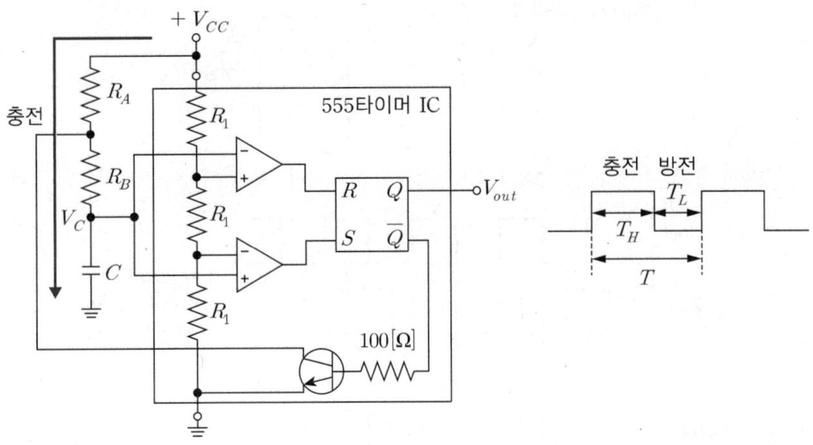

∴ 충전시간 $T_H = (R_A + R_B) \cdot C \times 0.7$

따라서 ON($V_{out} = V_{CC}$) 시간은 R_A, R_B, C가 결정함을 알 수 있다.

③ OFF($V_{out} = 0$)일 때 방전시간을 T_L라 하고, 커패시터 C에 방전은 아래 그림과 같이 이뤄진다.

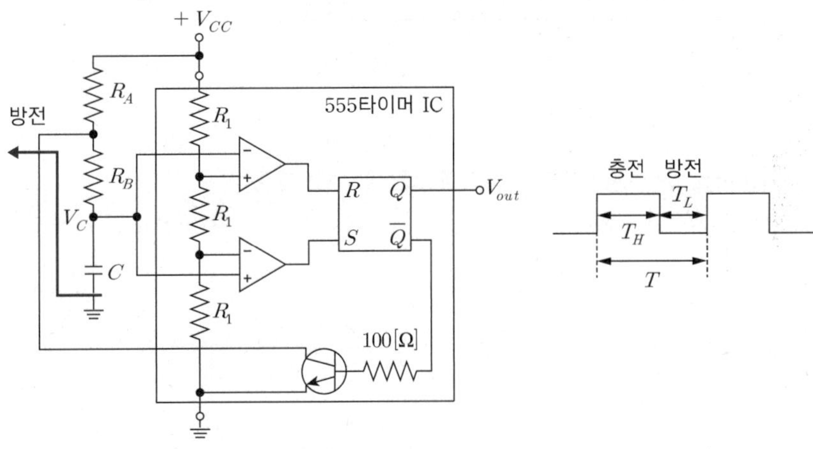

∴ 방전시간 $T_L = (R_B \cdot C) \times 0.7$

따라서 OFF($V_{out} = 0$) 시간은 R_B, C가 결정함을 알 수 있다.

06

정답 ①

상세풀이

T 플립플롭 회로에서 Clock 입력 시에 Not gate가 있으면 하강에지를 사용하고, 없으면 상승에지를 사용하므로 출력 Q_1은 상승에지 사용, 출력 Q_2는 하강에지를 사용한다.

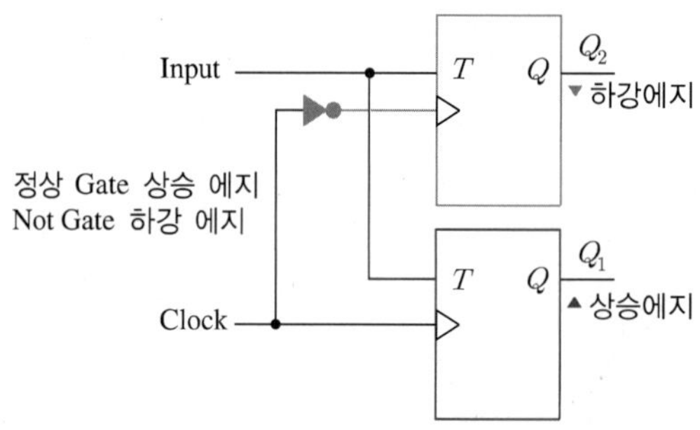

출력 Q_1, Q_2는 0으로 초기화되어 있고, 전파지연은 없으므로 Clock과 Input 데이터를 반영하여 타임차트를 그리면 아래 그림과 같다.

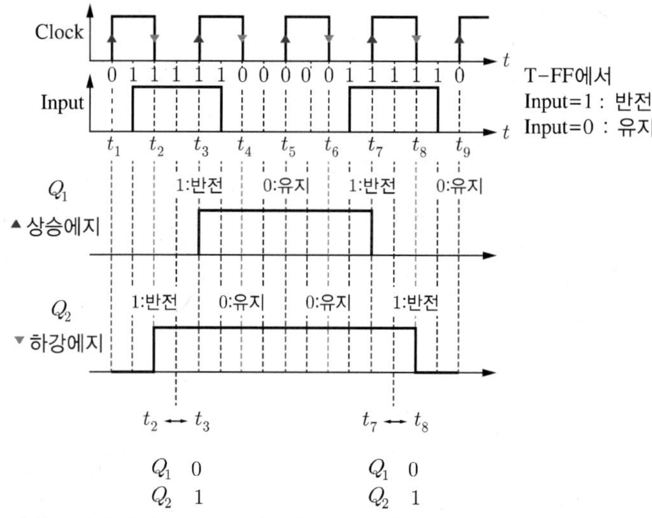

T 플립플롭은 Input값이 1이면 반전, 0이면 유지이므로 그래프의 값을 찾아보면 된다.

$\therefore$ $t_2 \sim t_3$사이의 출력값 : $Q_1 = 0$, $Q_2 = 1$

$t_7 \sim t_8$사이의 출력값 : $Q_1 = 0$, $Q_2 = 1$

07

정답 ②

상세풀이

위 회로에서 전압원 12[V]은 DC전압이므로 정상상태(steady state)일 때 콘덴서와 코일의 동작상태는 아래 표와 같다.

[DC과도상태와 정상상태 해석]

소 자	상 태	DC전원
L	$t \to 0$ 순간적으로 전원이 인가 또는 제거 되었을 때	개방회로
	$t \to \infty$ 전원이 인가 또는 제거 된 후 충분한 시간이 경과 되었을 때	단락회로
C	$t \to 0$ 순간적으로 전원이 인가 또는 제거 되었을 때	단락회로
	$t \to \infty$ 전원이 인가 또는 제거 된 후 충분한 시간이 경과 되었을 때	개방회로

정상상태에서 L : 단락회로, C : 개방회로이므로 이를 반영하여 회로를 다시 그리면 아래 그림과 같다.

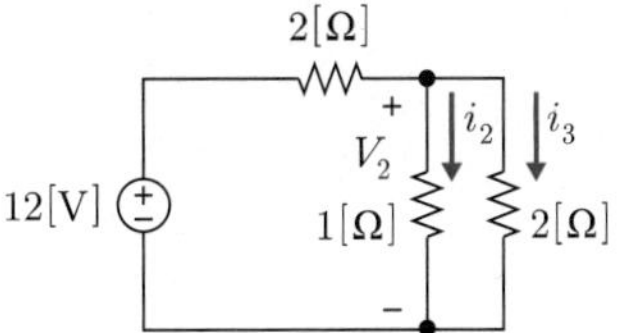

i_2를 구하기 위해 V_2에 걸리는 전압을 구한다.

$$V_2 = \frac{\frac{2}{3}[\Omega]}{2[\Omega]+\frac{2}{3}[\Omega]}\times 12[V] = \frac{\frac{2}{3}[\Omega]}{\frac{6+2}{3}[\Omega]}\times 12[V] = \frac{1}{4}\times 12[V] = 3[V]$$

V_2가 i_1과 i_2로 나뉘므로 전류법칙을 통해 i_2를 구한다.

$$\therefore\ i_2 = \frac{V_2}{1[\Omega]} = \frac{3[V]}{1[\Omega]} = 3[A]$$

08

정답 ③

간략풀이

상한 임계 주파수(upper critical frequency)는 증폭기 회로의 고주파 응답 특성을 나타낸다.

상세풀이

① 주파수가 감소함에 따라 증폭기의 이득이 기준값(중간대역 이득)에 비해 3[dB]감소하는 주파수를 하한 임계 주파수(lower critical frequency)라고 한다.

[증폭기의 주파수 응답특성 보드선도]

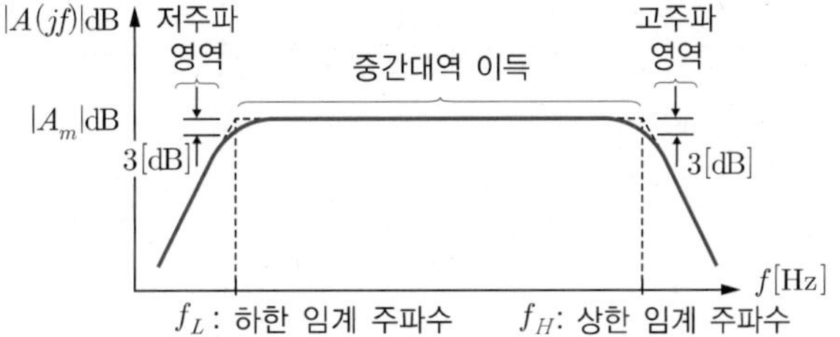

(ⅰ) 하한 임계 주파수 f_L : 주파수가 감소함에 따라 증폭기의 중간대역 이득에 비해 -3[dB] 감소하는 주파수

(ⅱ) 상한 임계 주파수 f_H : 주파수가 증가함에 따라 증폭기의 중간대역 이득에 비해 -3[dB] 감소하는 주파수

② 하한 임계 주파수는 증폭기 회로의 결합 및 바이패스 커패시턴스의 영향을 받는다.

(ⅰ) 하한 임계 주파수와 결합 및 바이패스 커패시턴스 관계

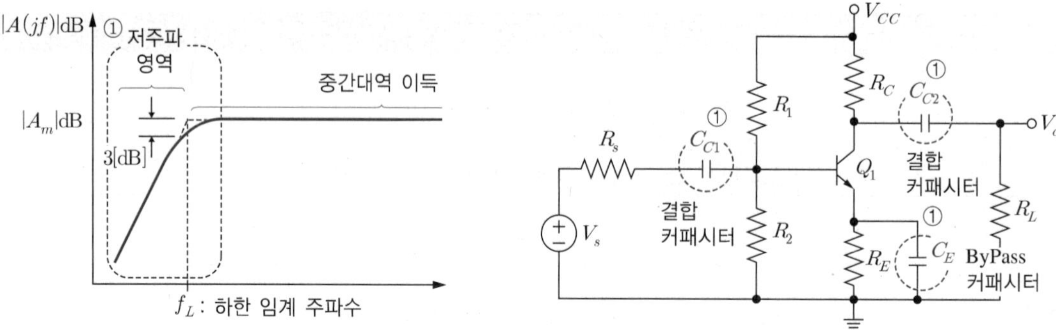

▶ f_L은 결합커패시터 C_{C_1}, C_{C_2}와 ByPass 커패시터 C_E에 영향을 받는다.

• 결합 커패시터 C_{C_1}에 의한 차단 주파수 f_{Lc_1}

$$f_{Lc_1} = \frac{1}{2\pi R_i C_{C_1}} \quad (\text{이때, } R_i = R_1 /\!/ R_2 /\!/ \beta r_e)$$

• 결합 커패시터 C_{C_2}에 의한 차단 주파수 f_{Lc_2}

$$f_{Lc_2} = \frac{1}{2\pi(R_C + R_L)C_{C_2}} \quad (\text{이때, } r_o = \infty)$$

• ByPass 커패시터 C_E에 의한 차단 주파수 f_{Lc_E}

$$f_{Lc_E} = \frac{1}{2\pi R_e C_E} \quad \left(\text{이때, } R_e = R_E /\!/ \left(\frac{R_1 \parallel R_2}{\beta} + r_e\right) \approx R_E /\!/ r_e\right)$$

결과적으로, 결합커패시터와 ByPass 커패시터의 값이 클수록 차단 주파수 f_L값이 작아진다.

(ⅱ) 상한 임계 주파수와 결합 및 바이패스 커패시턴스 관계

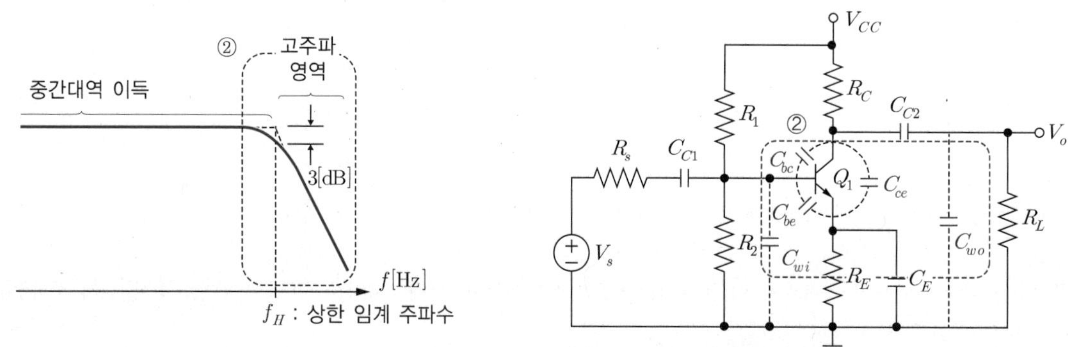

▶ f_H은 기생 커패시터 C_{bc}, C_{be}, C_{ce}와 포유 결선 커패시터 C_{wi}, C_{wo}에 영향을 받는다.

상한 임계 주파수 f_H와 기생 및 포유 결선 커패시터의 관계를 알기 위해 커패시터를 입력 커패시터 C_i, 출력 커패시터 C_o로 정리할 필요가 있다.

• 밀러의 이론을 이용한 C_{bc}의 분산

[밀러의 이론]

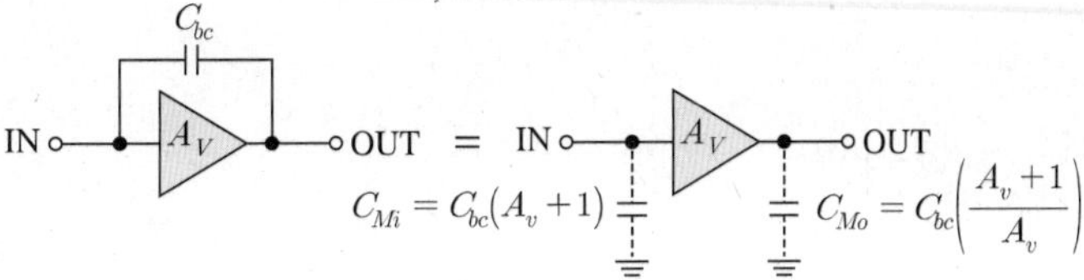

위 그림처럼 C_{bc}는 $C_{Mi} = C_{bc}(A_v + 1)$과 $C_{Mo} = C_{bc}\left(\frac{A_v + 1}{A_v}\right)$로 나눌 수 있다.

• 교류해석에 따라 기생 커패시터 C_{be}, C_{ce}를 위치하고, 분산된 C_{bc}를 C_{Mi}, C_{Mo}로 배치한 후 병렬로 연결된 커패시터를 C_i와 C_o로 합성한다.

[밀러의 이론]

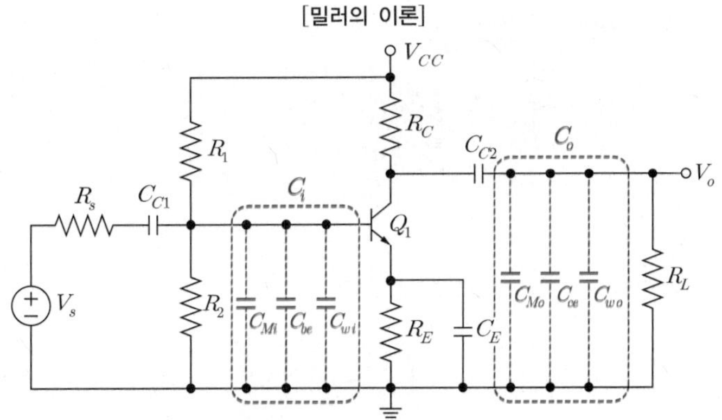

$C_i = C_{wi} + C_{be} + C_{Mi}$

$C_o = C_{wo} + C_{ce} + C_{Mo}$

• 합성 커패시터 C_i에 의한 차단 주파수 f_{Hi}

$f_{Hi} = \frac{1}{2\pi R_{Th_i} C_i}$ (이때, $R_{Th_i} = R_1 /\!/ R_2 /\!/ \beta r_e$)

• 합성 커패시터 C_o에 의한 차단 주파수 f_{Ho}

$f_{Ho} = \frac{1}{2\pi R_{Th_o} C_o}$ (이때, $R_{Th_o} = R_c /\!/ R_L$)

결과적으로, 기생 커패시터의 값이 클수록 차단 주파수 f_H값이 작아진다.

③ 상한 임계 주파수(upper critical frequency)는 증폭기 회로의 고주파 응답 특성을 나타낸다.

④ 상한 임계 주파수와 하한 임계 주파수의 차이를 대역폭(bandwidth)이라고 한다.

[대역폭(bandwidth)]

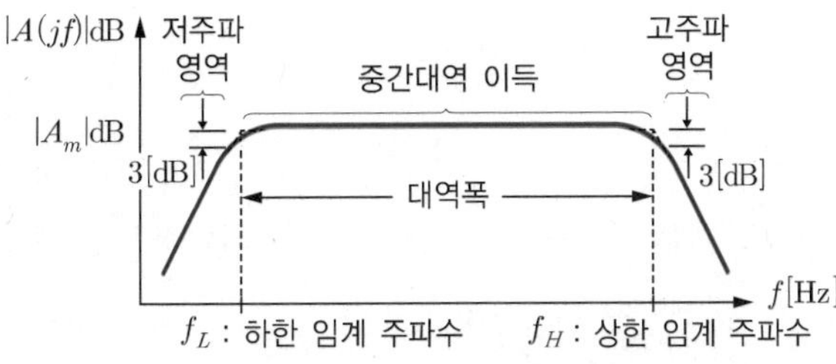

09

정답 ①

간략풀이

$$R_{TH} = R_1 \parallel R_2 = \frac{4\times1}{4+1} = \frac{4}{5} = 0.8[\Omega]$$

$$V_{TH} = \frac{R_2}{R_1+R_2}\times V_{CC} = \frac{1}{4+1}\times 20[\text{V}] = 4[\text{V}]$$

상세풀이

(i) 테브난 등가회로를 적용하여 해석하기 위해 먼저 테브난 등가저항 R_{TH}를 구한다.

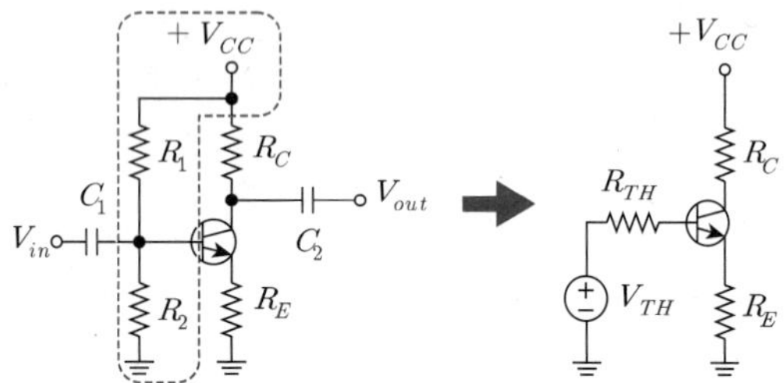

$R_{TH} = R_1 \parallel R_2$이다.

$$\therefore\ R_{TH} = \frac{4\times1}{4+1} = \frac{4}{5} = 0.8[\Omega]$$

(ii) 테브난 등가전압 V_{TH}는 DC전압이므로, V_{CC}에서 R_2에 걸리는 전압을 구하면 된다.

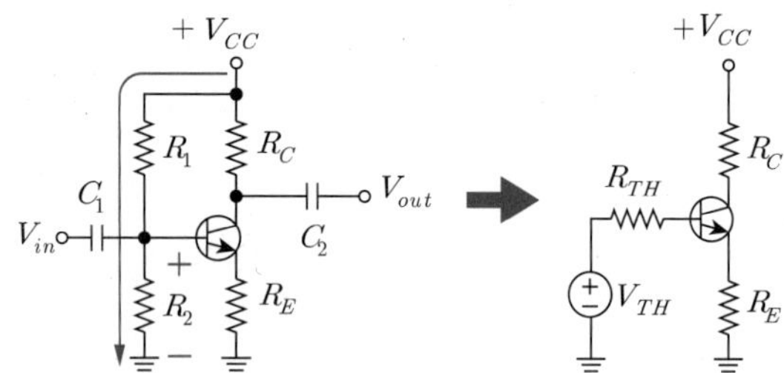

V_{CC}가 R_1, R_2를 지나 R_2에 걸리는 전압이 V_{TH}이므로 정리하면 다음과 같다.

$$V_{TH} = \frac{R_2}{R_1+R_2}\times V_{CC}$$

$$\therefore\ V_{TH} = \frac{1}{4+1}\times 20[\text{V}] = 4[\text{V}]$$

10

정답 ②

간략풀이

$V_{in} > V_D$이면 D는 ON → $V_{out} = V_{in}$

$V_{in} < V_D$이면 D는 OFF → $V_{out} = 0[\text{V}]$

상세풀이

(i) $V_{in} > V_D$일 때, Diode가 ON되면서 V_{in}의 양(+)의 부분이 V_{out}에 그대로 나타난다($V_{out} = V_{in}$).

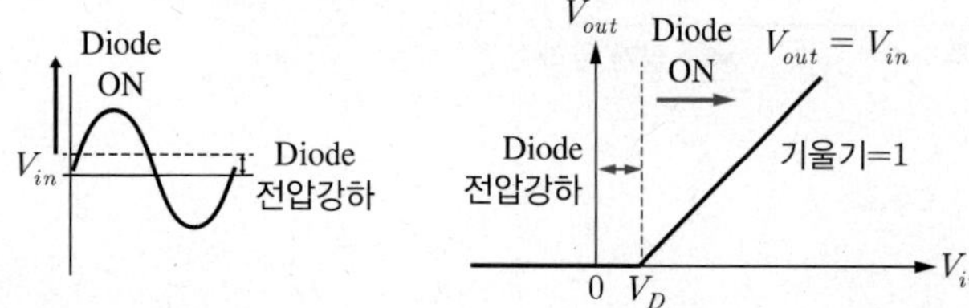

(ii) $V_{in} < V_D$일 때, Diode가 OFF되면서 V_{in}이 V_{out}에 나타나지 않는다($V_{out} = 0[V]$).

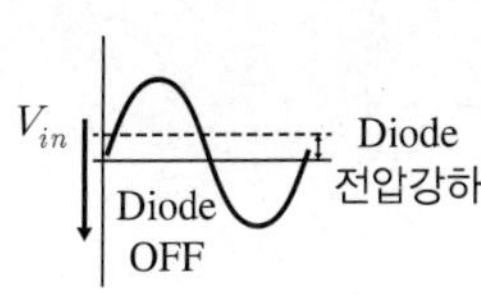

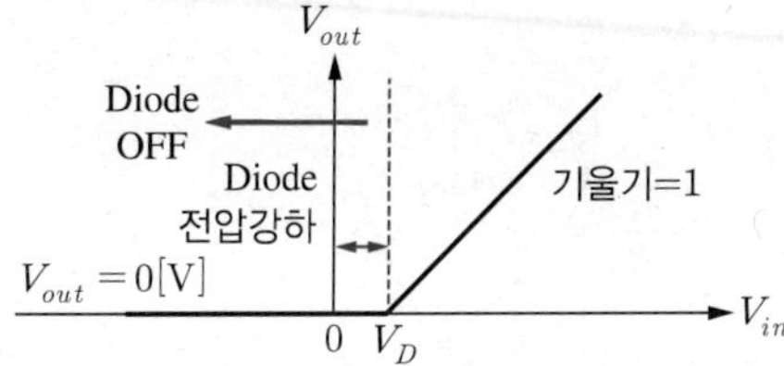

11

정답 ④

간략풀이

10진수 3을 10비트 2진수로 표시 : 0000000011

10진수 3을 10비트 1의 보수로 표시 : 1111111100

10진수 3을 10비트 2의 보수로 표시 : 1111111101

10진수 3을 10비트 2의 보수로 표시한 것이 -3이다.

12

정답 ②

간략풀이

JFET의 전달특성곡선과 전압분배 Bias의 그래프를 찾으면 된다.

상세풀이

각 보기의 FET 종류에 따른 전달특성곡선을 그려보면 다음과 같다.

① [n채널 JFET Self Bias] [전달특성곡선]

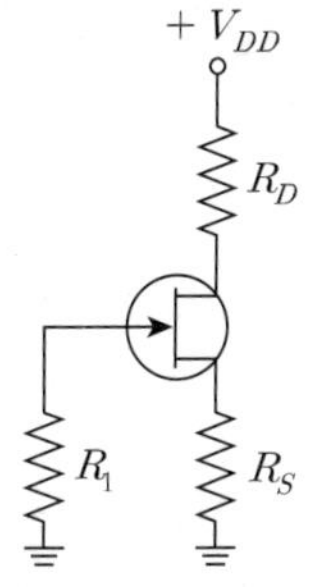

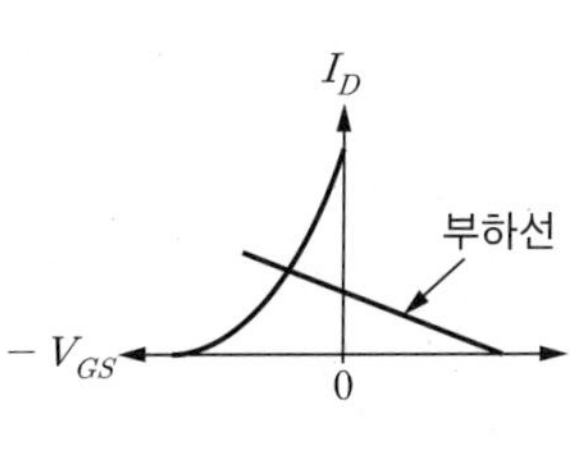

② [n채널 JFET 전압분배 Bias] [전달특성곡선]

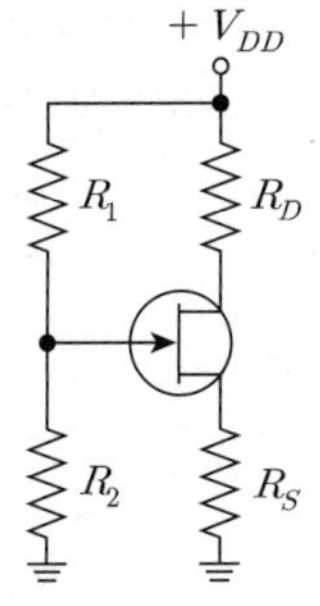

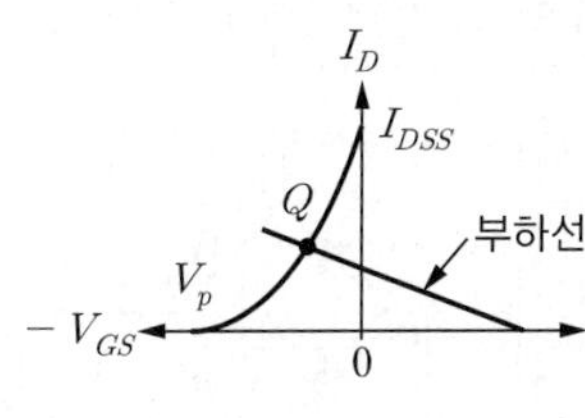

③ [n채널 E-MOSFET 드레인 귀환 Bias] [전달특성곡선]

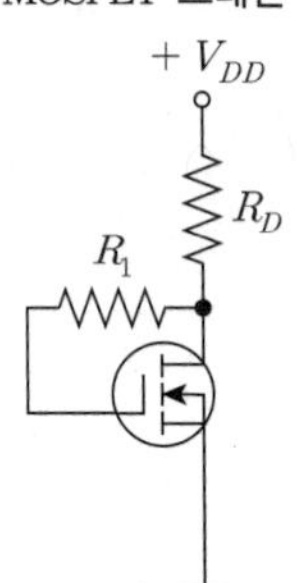

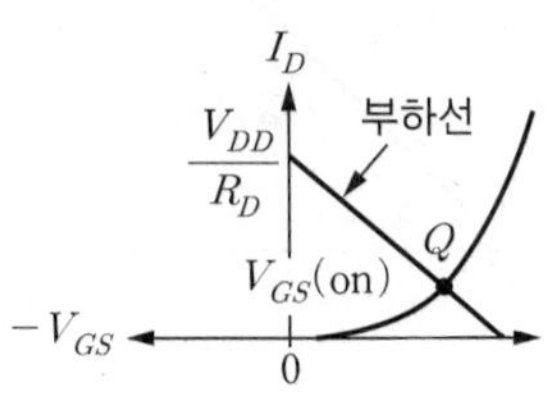

④ [n채널 D-MOSFET 고정 Bias] [전달특성곡선]

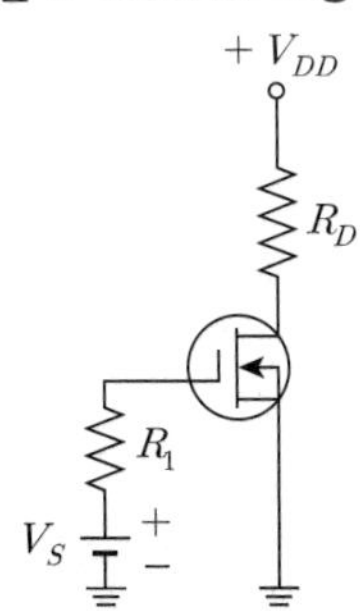

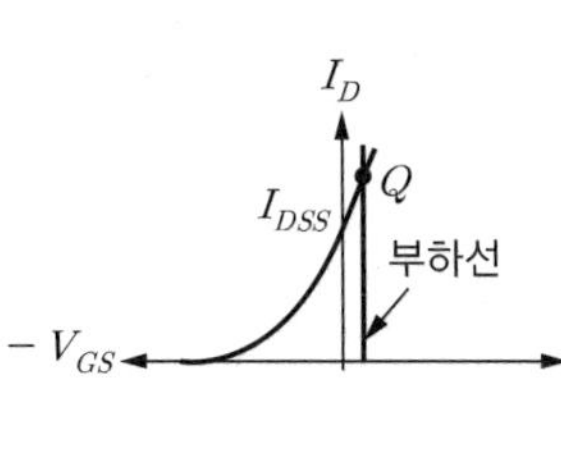

n채널 JFET 전압분배 Bias의 전달특성곡선이 출제된 전달특성곡선과 가장 유사하다.

13

정답 ③

간략풀이

$$V_{p(\sec)} = \frac{20}{\sqrt{2}} \times \sqrt{2} = 20[\text{V}]$$

전파정류회로는 2차측 전압 $V_{(\sec)}$이 다이오드 2개를 지나 부하에 전달된다.

$$V_L = 20 - 0.7 - 0.7 = 18.6[\text{V}]$$

$$\therefore \text{ 최대출력전류 } I_{p(out)} = \frac{18.6}{2[\text{k}\Omega]} = 9.3[\text{mA}]$$

상세풀이

먼저 2차측 전압의 최댓값을 구한다.

$$V_{p(\sec)} = \frac{20}{\sqrt{2}} \times \sqrt{2} = 20[\text{V}]$$

전파정류회로는 2차측 전압 $V_{(\sec)}$이 다이오드 2개를 지나므로 접지 0[V]부터 시작하여 경로를 따라 전압을 가감한다.

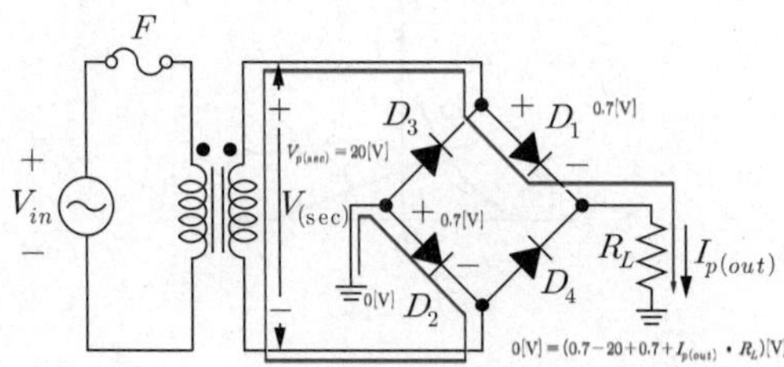

$0 = 0.7 - 20 + 0.7 + I_{p(out)} \cdot R_L$

이 식을 $I_{p(out)}R_L$에 관하여 정리하여 최대출력전류 $I_{p(out)}$을 구하면

$I_{p(out)}R_L = 18.6[V]$

$I_{p(out)} = \frac{18.6[V]}{R_L}$

$\therefore\ I_{p(out)} = \frac{18.6[V]}{2[k\Omega]} = 9.3[mA]$

14

정답 ①

상세풀이

(ⅰ) KVL을 통해 NPN BJT 증폭회로에서 입력측 DC바이어스 전압을 계산한다.

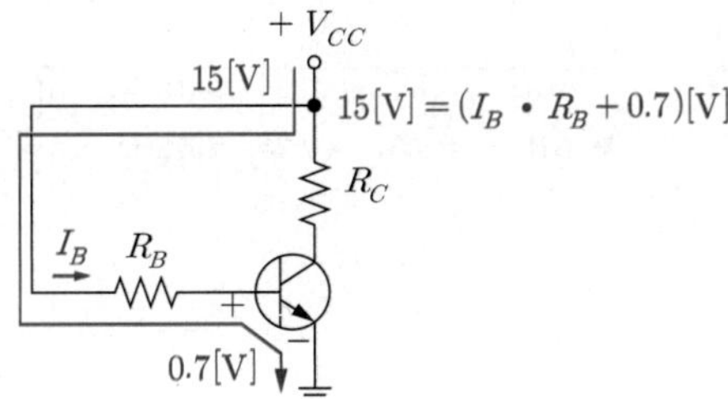

$15[V] = (I_B \cdot R_B + 0.7)[V]$ 이때, $R_B = 286[k\Omega]$이므로 대입하여 I_B를 구한다.

$I_B = \frac{(15-0.7)[V]}{R_B} = \frac{14.3[V]}{286[k\Omega]} = 0.05[mA]$

$I_C = \beta I_B$이므로 이를 통해 I_{C1}, I_{C2}를 구한다.

$I_{C1} = \beta_{DC} \times I_B = 100 \times 0.05 = 5[mA]$

$I_{C2} = \beta_{DC} \times I_B = 200 \times 0.05 = 10[mA]$

(ⅱ) KVL을 통해 NPN BJT 증폭회로에서 출력측 전압을 계산한다.

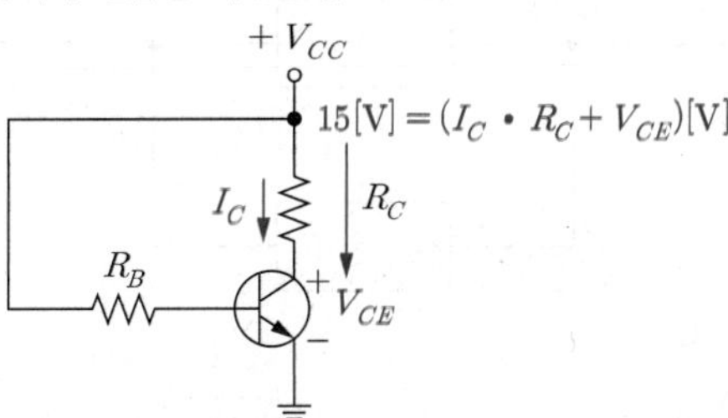

$15[V] = (I_C \cdot R_C + V_{CE})[V]$ 이때, $R_C = 1[k\Omega]$이고, 위에서 구한 I_{C1}, I_{C2}를 대입하여 V_{CE}를 구한다.

$V_{CE1} = 15 - (I_{C1} \times 1[k\Omega]) = 15 - (5 \times 10^{-3} \cdot 1 \times 10^3) = 10[V]$

$V_{CE2} = 15 - (I_{C2} \times 1[k\Omega]) = 15 - (10 \times 10^{-3} \cdot 1 \times 10^3) = 5[V]$

15

정답 ①

상세풀이

2단 증폭기의 전압이득은 개별 전압이득의 곱이고, 대역폭에서 증폭기 이뤄지므로 대역폭 역시 개별 대역폭의 곱이다.

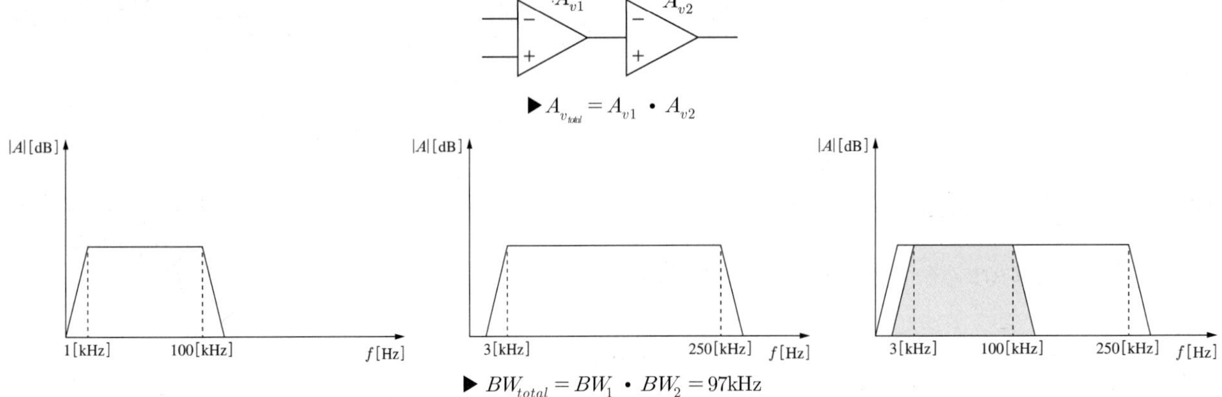

▶ $A_{v_{total}} = A_{v1} \cdot A_{v2}$

▶ $BW_{total} = BW_1 \cdot BW_2 = 97\text{kHz}$

16

정답 ③

간략풀이

페루프 이득이 1이어야만 발진이 유지된다.

상세풀이

①·② 귀환 회로는 정귀환과 부귀환의 두 가지로 나뉘며 특징은 다음과 같다.

(i) 정귀환 : 발진기 회로에 사용되고, 위상의 변이가 없다.

(ii) 부귀환 : 증폭기 회로에 사용되고, 위상의 변이가 있다.

③ 발진회로가 발진하는 조건을 정리한 것이 바크하우젠의 발진조건으로 다음과 같다.

[바크하우젠(Barkhausen)의 발진조건]

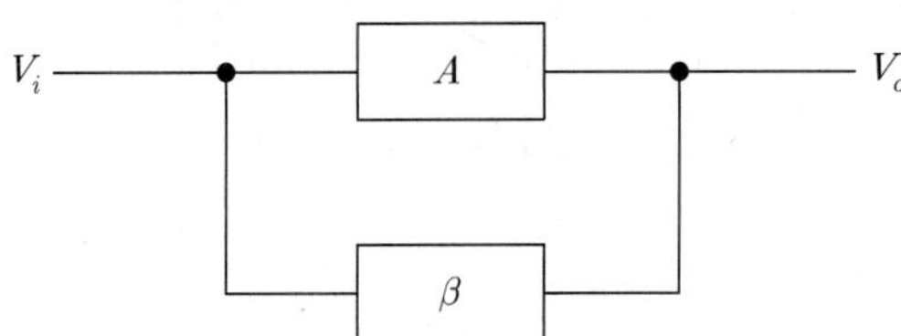

$V_o = AV_i + A\beta V_o$ 이므로 V_o로 묶으면

$V_o(1-A\beta) = AV_i$

$\therefore \dfrac{V_o}{V_i} = \dfrac{A}{1-A\beta}$ 결국, $1-A\beta=0$이 되면 발진이 계속되며 $A\beta=1$을 바크하우젠의 발진조건이라 한다.

④ 발진기는 내부 잡음을 증폭하며 발진하므로 외부 입력신호가 필요하지 않다.

17

정답 ②

상세풀이

다단 증폭기의 전압이득은 $\frac{V_{out}}{V_{in}} = A_{V1} \cdot A_{V2} \cdot A_{V3}$ 이다.

(i) 비반전 증폭기 $A_{V1} = 1 + \frac{R_f}{R_1} = 1 + \frac{470[k\Omega]}{4.7[k\Omega]} = 101$

(ii) 반전 증폭기 $A_{V2} = -\frac{R_f}{R_2} = -\frac{470[k\Omega]}{47[k\Omega]} = -10$

(iii) 반전 증폭기 $A_{V3} = -\frac{R_f}{R_3} = -\frac{470[k\Omega]}{47[k\Omega]} = -10$

∴ 다단 증폭기의 전압이득 $\frac{V_{out}}{V_{in}} = A_{V1} \cdot A_{V2} \cdot A_{V3} = 101 \times (-10) \times (-10) = 10100$

18

정답 ②

간략풀이

TCP/IP 프로토콜은 4개의 계층으로 되어있다.

상세풀이

OSI 7계층과 TCP/IP 4계층을 살펴보면 다음 표와 같다.

OSI 7계층	TCP/IP	Protocol	전송단위	기 능
응용 계층	응용 계층	HTTP, FTP, SMTP, DNS, POP3, SNMP	Message	User Interface제공
표현 계층				데이터의 변환 작업
세션 계층				응용 프로그램 간의 연결
전송 계층	전송 계층	TCP, UDP	Segment	데이터 전송방식을 담당
네트워크 계층	인터넷 계층	ICMP, IP, ARP/RARP, OSPF	Packet	네트워크를 논리적으로 구분하고 연결 (논리적 주소사용)
데이터링크 계층	네트워크 접근 계층	Ethernet, Frame Relay, Token Frame, ATM	Frame	물리적 매체에 패킷 데이터를 전송
물리계층			Biit	신호로 변환하여 전송

① OSPF는 IP라우팅 프로토콜의 한 종류로 목적지까지 갈 수 있는 경로를 라우팅하고 포워딩한다.

③ TCP는 연결형 서비스를 지원하는 전송계층 프로토콜로 3가지 제어기능은 다음과 같다.

(i) 흐름제어 : 전송되는 데이터의 양을 조절

(ii) 오류제어 : 데이터가 유실되거나 잘못된 데이터가 수신되었을 경우 대처하는 방법

(iii) 혼잡제어 : 네트워크 혼잡에 대처하는 방법

④ IP 프로토콜은 네트워크 계층의 데이터 전송 프로토콜이다. 호스트 주소표기, 패킷 분할에 관한 기능을 지원하지만 종단 대 종단 형식의 오류제어나 흐름제어 기능은 제공하지 않는다.

19

정답 ①

상세풀이

슈미트 트리거회로는 히스테리시스 특성을 갖는 비교기의 일종으로 2개의 안정된 출력 상태를 갖는 멀티바이브레이터이다. 일반적으로 반전 슈미트 트리거를 사용하는데 문제에서는 비반전 슈미트 트리거가 출제 되었다.

[반전 슈미트 트리거]

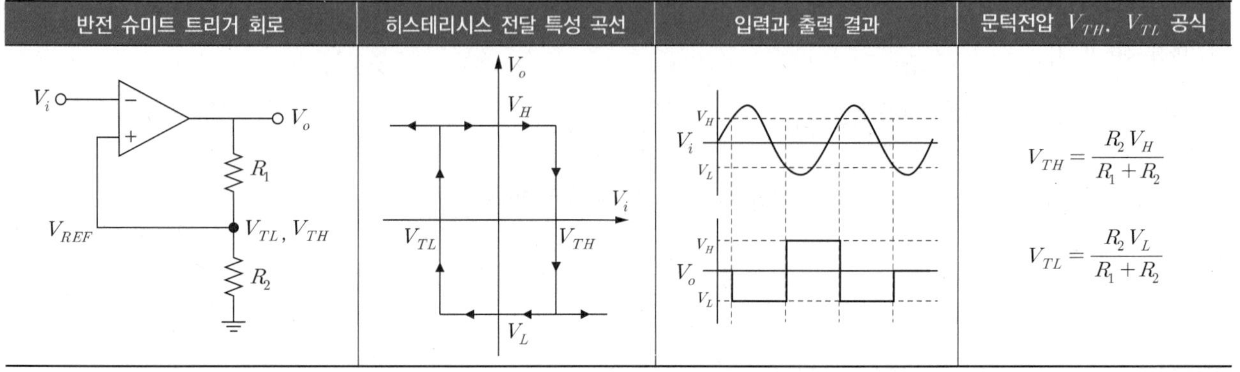

반전 슈미트 트리거 회로	히스테리시스 전달 특성 곡선	입력과 출력 결과	문턱전압 V_{TH}, V_{TL} 공식
			$V_{TH}=\frac{R_2 V_H}{R_1+R_2}$ $V_{TL}=\frac{R_2 V_L}{R_1+R_2}$

[비반전 슈미트 트리거]

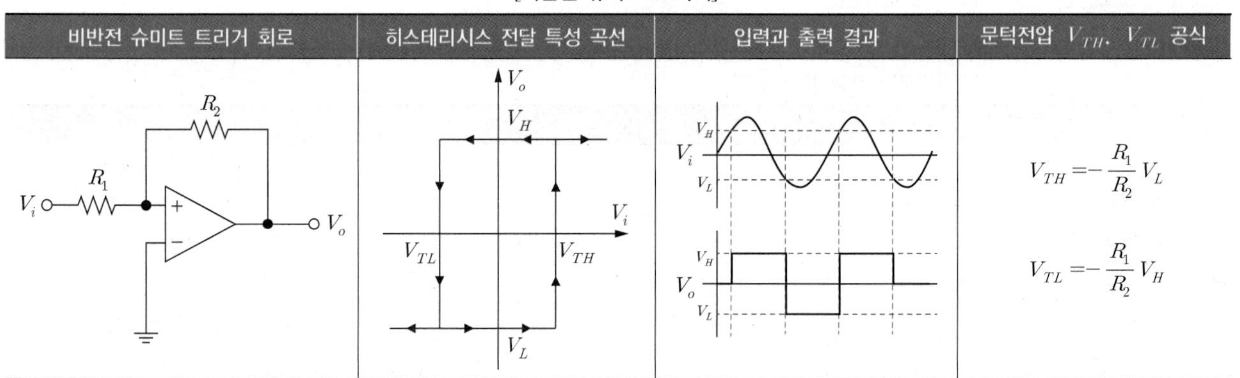

비반전 슈미트 트리거 회로	히스테리시스 전달 특성 곡선	입력과 출력 결과	문턱전압 V_{TH}, V_{TL} 공식
			$V_{TH}=-\frac{R_1}{R_2}V_L$ $V_{TL}=-\frac{R_1}{R_2}V_H$

문제의 회로는 비반전 슈미트 트리거이며, 기준전압 V_R을 고려하여 V_{TH}, V_{TL}값을 구해야 한다.

먼저, 기준전압 V_R이 반영된 문턱전압 V_{TH}, V_{TL}의 계산식을 만들기 위해 아래 그림과 같이 전류 I_1과 I_2의 등가식을 만든다.

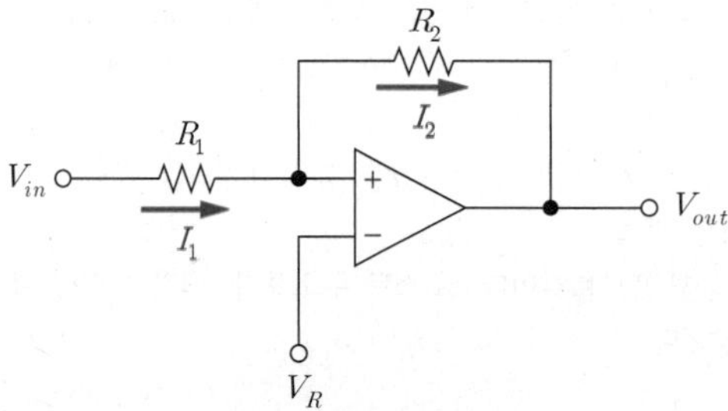

만약 일반적인 경우같이 V_R이 아닌 접지였다면 $I_1=\frac{V_i-0}{R_1}$, $I_2=\frac{0-V_o}{R_2}$이므로 V_R을 적용하면

$I_1=\frac{V_i-V_R}{R_1}$, $I_2=\frac{V_R-V_o}{R_2}$이다.

$V_R=1$을 대입하면 $I_1=\frac{V_i-1}{R_1}$, $I_2=\frac{1-V_o}{R_2}$이다.

이때, $I_1=I_2$이므로 $\frac{V_i-1}{R_1}=\frac{1-V_o}{R_2}$이고, 이를 V_i에 대해 정리한다.

$V_i = \frac{R_1 + R_2}{R_2} - \frac{R_1}{R_2} V_o$ 그리고, 이 식에 $R_1 = 25[\text{k}\Omega]$, $R_2 = 50[\text{k}\Omega]$ 대입한다.

$V_i = \frac{25+50}{50} - \frac{25}{50} V_o = 1.5 - \frac{1}{2} V_o$

이때, V_o는 V_H와 V_L일 때가 있으므로 식을 두 개로 만든다.

$V_i = 1.5 - \frac{1}{2} V_H$ …①

$V_i = 1.5 - \frac{1}{2} V_L$ …②

①, ②에 $V_H = 4[\text{V}]$와 $V_L = -4[\text{V}]$를 대입하여 V_{TH}와 V_{TL}을 구한다.

① $V_i = 1.5 - \left(\frac{1}{2} \times 4\right) = -0.5[\text{V}]$ … V_{TL}

② $V_i = 1.5 - \left(\frac{1}{2} \times -4\right) = 3.5[\text{V}]$ … V_{TH}

∴ $V_{TH} = 3.5[\text{V}]$, $V_{TL} = -0.5[\text{V}]$

20

정답 ④

상세풀이

카르노 맵을 3개로 묶으면 아래 그림과 같다.

xy \ wz	00	01	11	10
00		㉡ 1	㉠ 1	
01	1	1	1	㉢ 1
11	1		1	1
10			1	

㉠ : wz

㉡ : $\overline{x}z$

㉢ : $\overline{z}y$

∴ $F = wz + \overline{x}z + \overline{z}y$

2023 | 2023.07.15. 시행 공개경쟁채용 필기시험 군무원 기출 정답 및 해설

문제편 188p

01	02	03	04	05	06	07	08	09	10	11	12	13	14	15	16	17	18	19	20
④	②	①	④	④	③	①	④	①	③	②	②	③	②	①	①	④	④	②	①
21	22	23	24	25															
①	②	④	③	③															

01

정답 ④

상세풀이

부피 $V=A\cdot\ell$(단면적×길이)일 때, 조건에서 길이 ℓ이 3배 증가하여도 부피는 변화 없으므로 길이가 3배 증가한 만큼, 단면적이 $\frac{1}{3}$배로 되었음을 알 수 있다.

$\therefore$ 부피 $V=\frac{1}{3}A\cdot 3\ell$

이를 도선의 저항 $R=\rho\frac{\ell}{A}$에 대입하면

도선의 저항 $R'=\rho\frac{3\ell}{\frac{1}{3}A}$, 이때 재질 ρ는 일정하므로 식을 풀이하면

$\therefore R'=\rho\frac{3\ell}{\frac{1}{3}A}=9\rho\frac{\ell}{A}$, 따라서 철사의 저항이 원래보다 9배 증가하였음을 알 수 있다.

02

정답 ②

간략풀이

DC 정상상태에서 커패시터는 개방회로, 인덕터는 단락회로로 동작한다.

상세풀이

① 인덕터 소자는 전자기장이 변화하면 전류의 변화를 방해하는 방향으로 코일 내에 유도전압(induced voltage)이 발생한다. 커패시터(capacitor)는 두 도체 사이의 공간에 전하를 모으는 소자로 모두 에너지를 저장 할 수 있는 소자이다.

(ⅰ) 커패시터에 저장된 에너지 $W_C=\frac{1}{2}CV^2[J]$

(ⅱ) 인덕터에 저장된 에너지 $W_L=\frac{1}{2}LI^2[J]$

② DC 과도상태와 정상상태의 동작상태는 아래 과도현상의 해석 표와 같다.

소 자	상 태	DC전원
L	$t \to 0$ 순간적으로 전원이 인가 또는 제거 되었을 때	개방회로
	$t \to \infty$ 전원이 인가 또는 제거 된 후 충분한 시간이 경과 되었을 때	단락회로
C	$t \to 0$ 순간적으로 전원이 인가 또는 제거 되었을 때	단락회로
	$t \to \infty$ 전원이 인가 또는 제거 된 후 충분한 시간이 경과 되었을 때	개방회로

③ 커패시터가 충전된 상태일 때는 양단 사이에 유전체로 채워져 있어 전류가 거의 흐르지 않는다. 하지만 미세전류가 양단 사이에 흐르는데 이를 누설전류라 한다. 누설전류는 유전체로 인한 손실, 절연저항 등의 여러 이유로 인해 생긴다.

④ 전자기장이 변할 때 코일 내에 유도전압이 발생되고 이러한 특성을 인덕턴스라고하며 L로 표기 한다. 유도전압은 인덕턴스 L와 전류의 시간변화율 $\frac{di}{dt}$로 결정된다. 즉, 유도전압 $v_L = L\frac{di}{dt}$로 표현된다.

03

정답 ①

간략풀이

입출력의 오동작을 막기 위해 기본 플립플롭에 Master Slave-FF 방식을 적용한다.

상세풀이

레이스(race)현상

(i) 레이싱(racing) 폭주 현상

JK-FF에서 $J = K = 1$경우 또는 T-FF에서 $T = 1$인 경우, 매 클록펄스 CP마다 반전(toggle)된 출력이 나온다. 만약 클록펄스 레벨 지속시간이 플립플롭 회로 내 전달지연시간(Δt)보다 크면, 계속 CP$=1$의 상태로 있으면서 출력값의 반전 동작이 0과 1을 여러 번 반복하며 오동작을 일으키게 된다.

(ii) 방지대책

- 클록펄스 CP의 지속 시간을 짧게 한다.
- 기본 플립플롭에 Master Slave-FF 방식을 적용한다.
- 에지 트리거(정에지, 부에지 트리거) 방식의 플립플롭을 사용한다.

따라서 입출력의 오동작을 막기 위해 기본 플립플롭에 Master Slave-FF 방식을 적용한다.

04

정답 ④

간략풀이

감산회로 출력전압 $V_o = \frac{R_f}{R_i}(V_2 - V_1)$에서

$V_o = \frac{R_2}{R_1}(V_2 - V_1) = \frac{3\text{k}}{1\text{k}}(V_2 - V_1)$이다.

$\therefore V_o = 3(V_2 - V_1)$

05

정답 ④

간략풀이

(a) 대역차단필터(Band Stop Filter, BSF)
(b) 대역통과필터(Band Pass Filter, BPF)

상세풀이

(i) L과 C를 사용한 기본 LPF, HPF

구 분	RC소자	RL소자
LPF		
HPF		

(ii) 대역통과필터(Band Pass Filter, BPF)

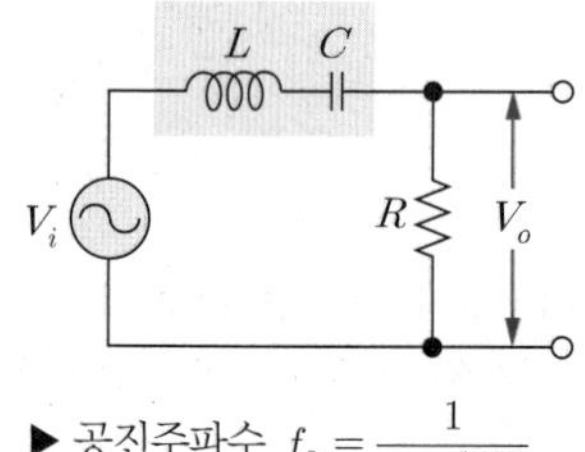

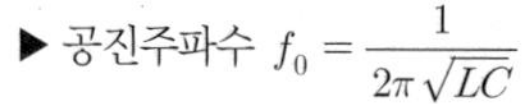

▶ 공진주파수 $f_0 = \frac{1}{2\pi\sqrt{LC}}$

[출력파형]

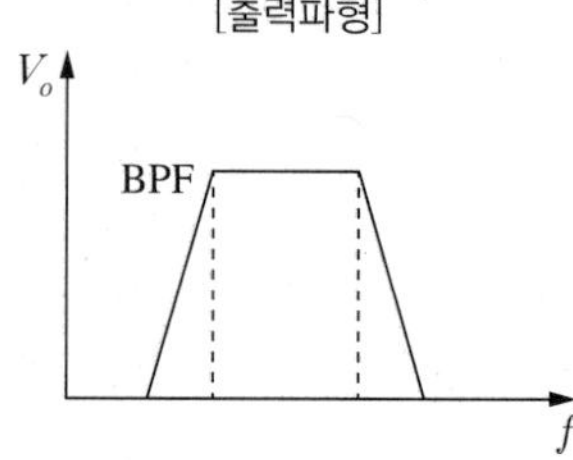

문제에서 주어진 (b)가 BPF이며 L과 C 공진을 통해 원하는 주파수 대역을 선택하여 출력파형에 나타낸다.

(iii) 대역차단필터(Band Stop Filter, BSF)

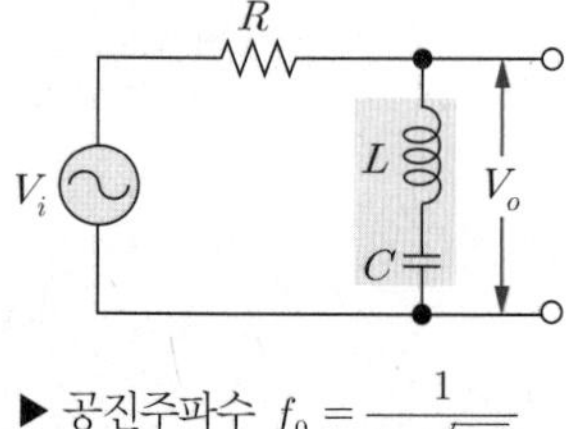

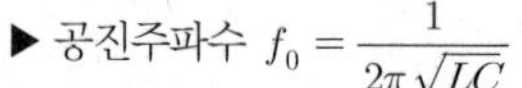

▶ 공진주파수 $f_0 = \frac{1}{2\pi\sqrt{LC}}$

[출력파형]

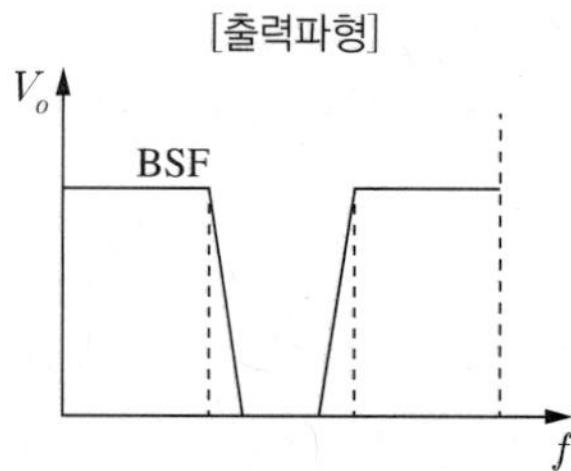

문제에서 주어진 (a)가 BSF이며 L과 C 공진을 통해 원하는 주파수 대역을 선택하여 GND로 빠지게 한다.

06

정답 ③

간략풀이

R−X 직렬회로의 유효전력 $P = VI\cos\theta = I^2R = \dfrac{V^2R}{R^2+X^2}$ [W]에 대입하면 $P = \dfrac{100^2 \times 20}{20^2+20^2} = 250$ [W]

상세풀이

(i) 교류전력

- 피상전력 P_a : 임피던스에서 발생하는 전력(변압기 용량결정)
- 유효전력 P : 저항에서 소비하는 전력(소비전력)
- 무효전력 P_r : 리액턴스에서 순환하는 전력(실제 부하에서 이용할 수 없는 전력)

[피타고라스 삼각형을 이용한 임피던스 비율]

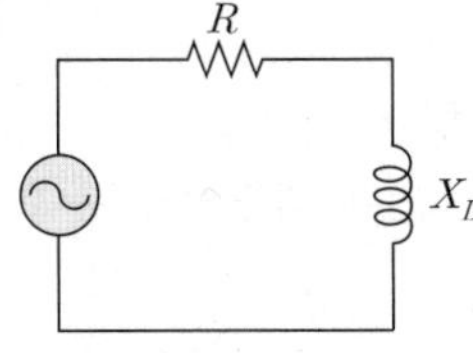

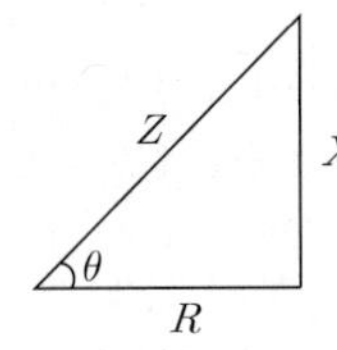

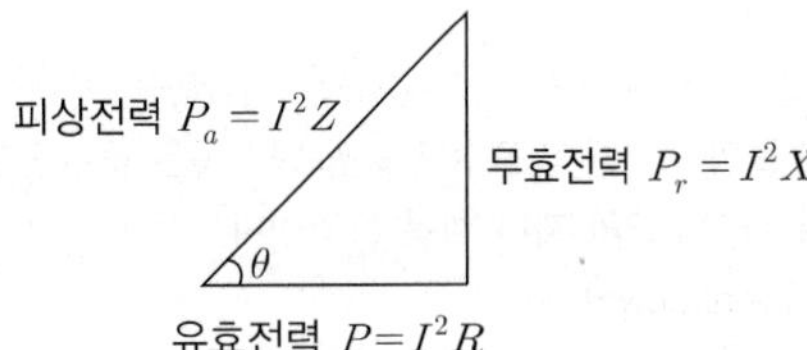

(ii) 교류전력산정

- 피상전력 $P_a = VI = \dfrac{V^2Z}{R^2+X^2}$ [VA] ($\because$ $I = \dfrac{V}{Z}$, $Z = \sqrt{R^2+X^2}$ 따라서 $I^2 = \dfrac{V^2}{R^2+X^2}$)
- 유효전력 $P = VI\cos\theta = I^2R = \dfrac{V^2R}{R^2+X^2}$ [W]
- 무효전력 $P_r = VI\sin\theta = I^2X = \dfrac{V^2X}{R^2+X^2}$ [Var]

여기서 $P = VI\cos\theta = I^2R = \dfrac{V^2R}{R^2+X^2}$ [W]를 이용하여 정리하면 $P = \dfrac{100^2 \times 20}{20^2+20^2} = 250$ [W] 임을 알 수 있다.

07

정답 ①

간략풀이

열적 평형상태의 다이오드는 공핍층의 전위장벽으로 N 영역의 전자가 P 영역으로 이동하기 어렵다.

상세풀이

② 역방향 바이어스를 인가하면 공핍층의 전위장벽이 커진다.

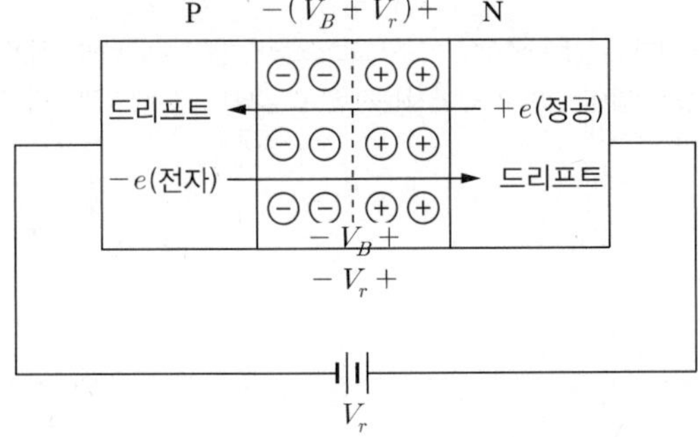

역방향 바이어스는 애노드에 캐소드에 비해 더 높은 전압을 인가하여 거의 전류가 흐르지 않도록 전압을 인가하는 것을 말하며 역방향 바이어스를 연결하면 공핍층이 더욱 넓어져서 전위장벽의 크기가 아주 높아진다. 결국, 다수 캐리어의 이동은 완전히 중단되어 소수 캐리어에 의한 역포화 전류만이 흐르게 된다.

③ 순방향 바이어스를 인가하면 공핍층의 폭이 좁아진다. 순방향 바이어스는 캐소드에 애노드에 비해 더 높은 전압을 인가하여 전류가 잘 흐를 수 있도록 전압을 인가하는 방법을 말한다.

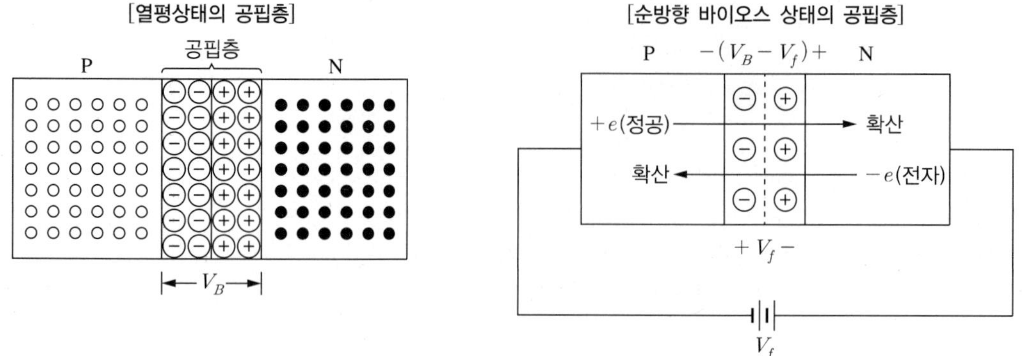

순방향 바이어스를 연결하면 P형 쪽의 정공은 접합면을 지나 N형 쪽으로 가서 소수 캐리어가 되고 전류를 흐르게 한다.

④ P형과 N형의 불순물의 농도가 높을수록 공핍층의 폭은 좁아진다. 불순물의 농도를 매우 높게 하여 공핍층의 전위장벽을 낮게하는 효과를 이용한 것이 제너 다이오드의 제너 항복 효과이다.

제너 항복(Zener breakdown)

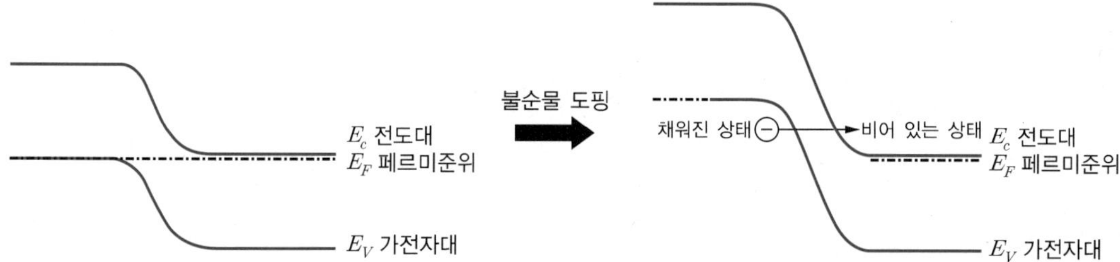

제너 항복이란 불순물 농도를 강하게 도핑 시켜 공핍층의 폭을 매우 좁게 하여 낮은 역전압[V]에서도 큰 전계가 형성되면, 공핍층 내 공유결합을 끊어줌으로써 대량의 캐리어 쌍을 생성하고 큰 역방향 전류가 흐르는 현상이다. 이는 전위장벽(공핍층)의 폭이 매우 좁아 터널효과로 인해 가전자들이 반대쪽 전도대로 이동하면서 생긴다.

08

정답 ④

간략풀이

온도가 올라가면 진성 반도체 캐리어 농도가 높아져 전자이동도가 증가하여 문턱전압(Threshold Voltage)이 감소한다.

상세풀이

바디효과(Body Effect)

바디효과는 소스와 몸체(body substrate) 사이에 전압이 달라지면서 나오는 현상이다. n-MOSFET 기준으로 소스에 양(+)의 전압, 몸체에 음(−)의 전압이 걸리면 역바이어스 상태가 되므로 문턱전압이 커진다. 이때 만약 문턱전압이 얼마나 높아지는지 알고 싶다면 MOSFET의 바디효과에 의한 전하량 변화를 살펴보자.

[n-MOSFET에 V_{gs}를 가한 상태(채널○)]

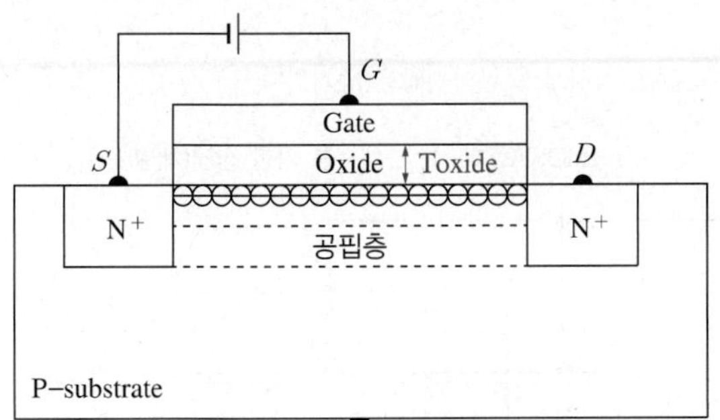

[V_{gs} bias시 유효 커패시터]

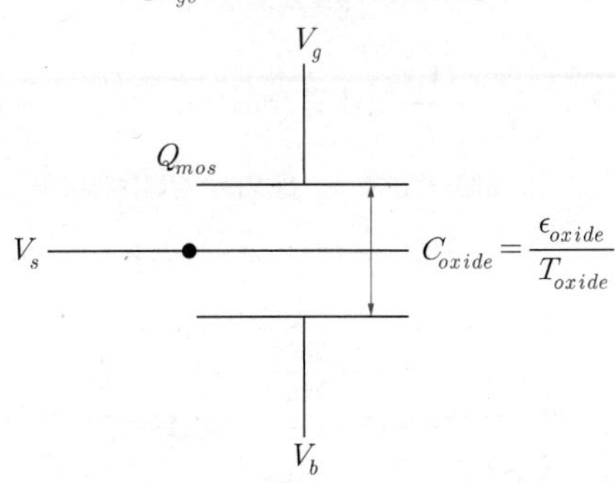

▶ C_{oxide} : 게이트 반전층 산화막에 발생하는 유효 커패시터

▶ T_{oxide} : 산화막 두께

n-MOSFET에 V_{gs}를 가한 상태는 문턱전압이 가해졌기 때문에 소스와 드레인 사이에 채널이 형성되었음을 알 수 있다. 몸체와 채널 사이에는 Gate 단자의 양(+)전압에 의해 전자가 채널 쪽으로 이끌려 공핍층이 생겨있음을 알 수 있다. 이때 게이트 전압상승에 의해 형성되는 전하량 Q_{mos}는 전하량의 일반식 $Q = CV$를 통해 다음과 같이 나타낼 수 있다.

전하량 $Q_{mos} = -C_{oxide}(V_{gs} - V_t)$ (∵ 소스와 몸체가 사이의 전압 $V_{sb} = 0$이므로 $C_{depletion}$이 없다.)

이때, V_t는 문턱전압

[n-MOSFET에 V_{gs}, V_{sb}를 가한 상태(채널×)]

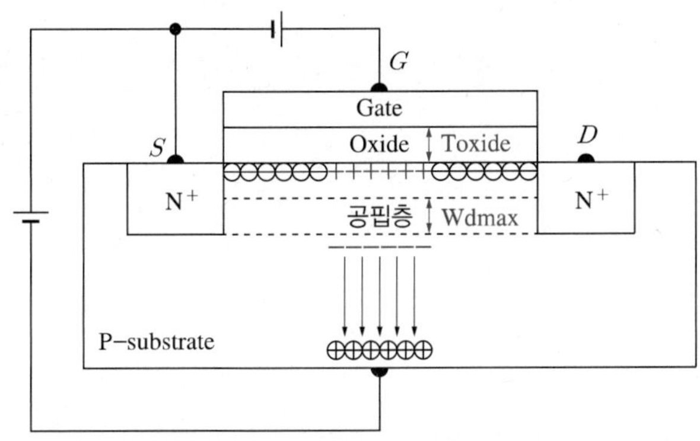

[V_{gs}, V_{sb} bias시 유효 커패시터]

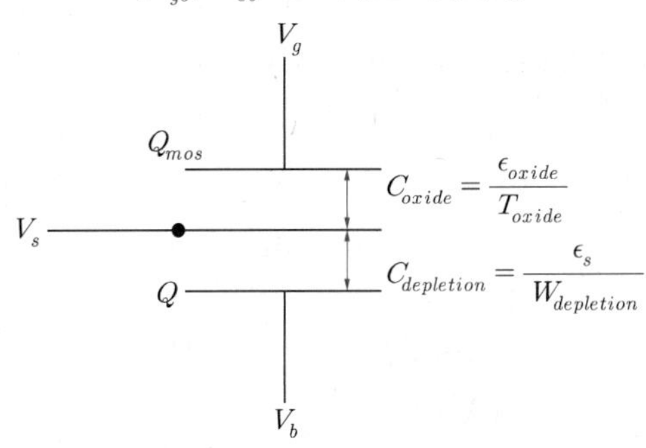

▶ $C_{depetion}$: 공핍층에 의한 유도된 유효 커패시터

▶ $W_{depletion}$: 공핍층 넓이

몸체에 음(−)의 전압이 가해졌으므로 기판에 있는 정공들이 음(−)전압에 이끌려 단자쪽으로 향한다. 공핍층 아래 부분이 상대적으로 음(−)의 전하를 가지며, 이에 대응하여 공핍층 건너편 채널형성 부분이 상대적으로 양(+)의 전하를 가진다. 결국 채널형성에는 전자들이 있어야 하는데 몸체의 음(−)전압에 의해 양(+)의 전하들이 모이게 되어 채널형성을 방해한다. 채널을 형성하기 위해서는 Gate에 더 높은 전압을 인가해야 하고 따라서 문턱전압이 높아지는 결과가 된다. 이때 형성되는 전하량 Q는 다음과 같이 나타낼 수 있다.

전하량 $Q_{mos} = -C_{oxide}(V_{gs} - V_t) + C_{depletion}V_{sb}$ (∵ V_{sb}가 $C_{depletion}V_{sb}$만큼의 전하를 유도)

$$= -C_{oxide}\left(V_{gs} - \left(V_t + \frac{C_{depletion}V_{sb}}{C_{oxide}}\right)\right)$$

따라서 문턱전압이 $\frac{C_{depletion}V_{sb}}{C_{oxide}}$만큼 증가하였음을 알 수 있다.

① 소스와 몸체(body substrate) 사이의 역방향 바이어스가 있을 때와 없을 때를 비교하면

(i) 역방향 바이어스가 없을 때 : $Q_{mos} = -C_{oxide}(V_{gs} - V_t)$

(ii) 역방향 바이어스가 있을 때 : $Q_{mos} = -C_{oxide}\left(V_{gs} - \left(V_t + \frac{C_{depletion}V_{sb}}{C_{oxide}}\right)\right)$

따라서 문턱전압 V_t이 $\frac{C_{depletion}V_{sb}}{C_{oxide}}$만큼 증가하여 게이트 전압 V_{gs}를 더 높여야 함을 알 수 있다.

② $C_{oxide} = \frac{\epsilon_{oxide}}{T_{oxide}}$ 에서 산화물(oxide)층의 두께 T_{oxide}가 증가하면 C_{oxide}는 감소한다. 이때 소스와 몸체 사이의 역바이어스가 있으면 문턱전압 V_t이 $\frac{C_{depletion}V_{sb}}{C_{oxide}}$ 만큼 증가하는데, C_{oxide}가 감소하여 $\frac{C_{depletion}V_{sb}}{C_{oxide}}$ 값은 커지므로 문턱전압은 증가한다.

③ [n-MOSFET에 V_{gs}를 가한 상태(채널○)] [n-MOSFET에 V_{gs}, V_{sb}를 가한 상태(채널×)]

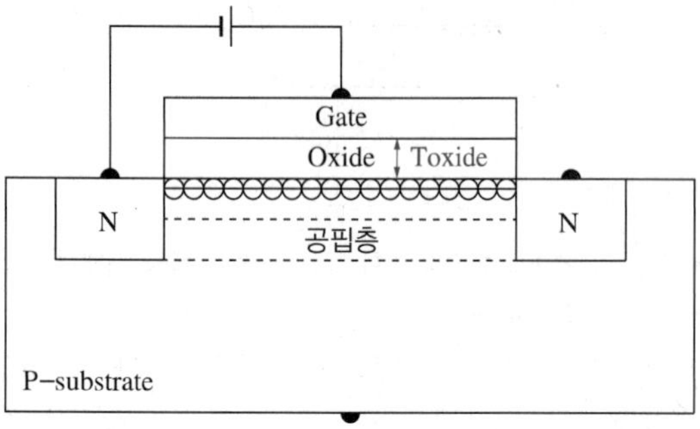

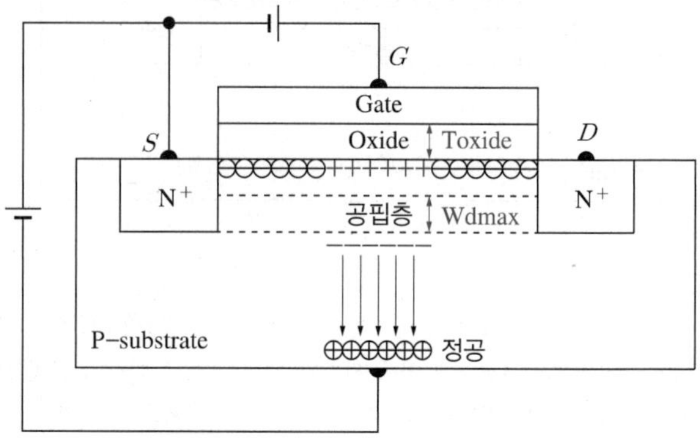

몸체에 음(−)의 전압이 가해지면 정공이 몸체 단자쪽으로 향하고, 반대로 정공이 빠져나간 공핍층 아래는 음(−)전하가 생긴다. 이러한 음(−)전하에 이끌리어 채널 형성부분에 양(+)전하가 이끌려 채널형성을 방해한다.

이때, 몸체에 더 많이 도핑하게 되면 더 많은 정공이 단자로 향하면서 더 많은 양(+)전하를 채널 쪽으로 이끈다. 이는 채널 형성을 방해하므로 게이트 전압 V_{gs}을 더 높여야 채널형성이 가능하다. 따라서 몸체에 더 많이 도핑하면 문턱전압이 증가한다.

④ 온도가 올라가면 문턱전압(Threshold Voltage)이 감소한다.

문턱전압 산출식을 살펴보면

$$V_t = \phi_{MS} + 2\phi_F + \frac{Q_{depletion}}{C_{oxide}}$$

이때, ϕ_{MS} : 다결정 실리콘 게이트와 실리콘 기판의 일함수 차이

ϕ_F : 계면전위

$Q_{depletion}$: 공핍층 전하

C_{oxide} : 게이트 반전층 산화막에 발생하는 유효 커패시터

여기서 계면 전위 ϕ_F를 다시 살펴보면

$$\phi_F = \frac{KT}{q} ln \frac{P_s}{n_i}$$

이때, K : 볼츠만 상수

T : 절대온도

q : 전자 전하

P_s : 몸체 도핑 농도

n_i : 진성 반도체 캐리어 농도

이렇게 식이 구성되어 있음을 알 수 있다.

$V_t = \phi_{MS} + 2\phi_F + \frac{Q_{depletion}}{C_{oxide}}$ 식에서 계면전위 ϕ_F는 진성 반도체 캐리어 농도 n_i에 영향을 받는데 진성 반도체 캐리어는 온도가 상승하면 이동도가 높아져 농도가 더 높아진다. n_i값이 커지면 계면전위 ϕ_F값을 낮추게 되고 이는 문턱전압을 낮추게 된다.

또한 ③의 내용도 살펴 볼 수 있는데, 계면전위 $\phi_F = \frac{KT}{q} ln \frac{P_s}{n_i}$ 식에서 몸체 도핑 농도가 높아지면 계면전위 ϕ_F값이 높아지므로 문턱전압은 증가한다.

09

정답 ①

간략풀이

Ge 진성반도체가 작은 에너지에도 전자방출이 쉬우므로 Si 진성반도체보다 정공과 전자의 밀도가 높다.

상세풀이

Si와 Ge 원자의 구심력 차이

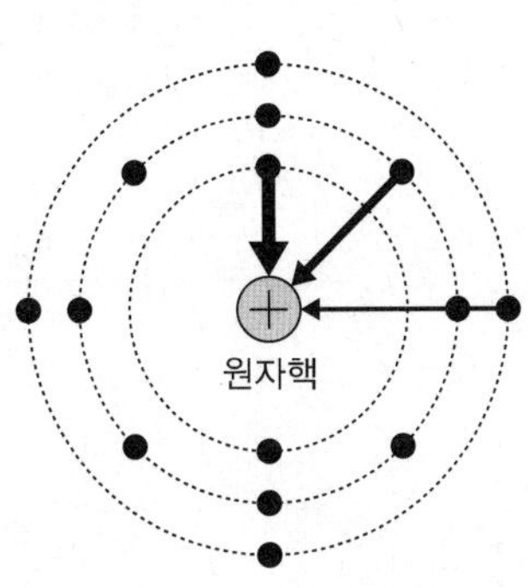

▶Si 원자의 구조(원자번호14)
▶밴드갭(E_g) : 1.12eV

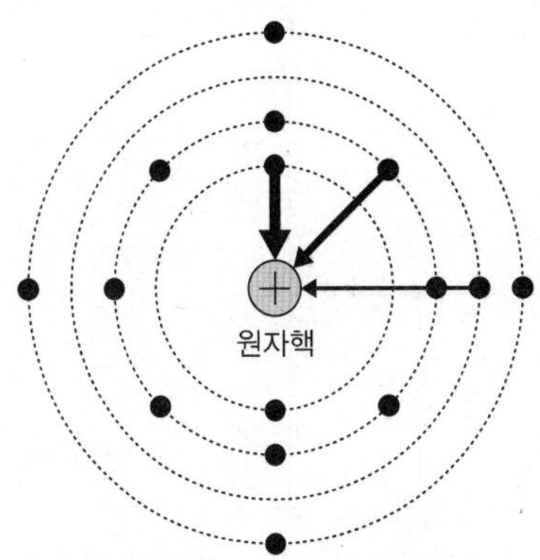

▶Ge 원자의 구조(원자번호32)
▶밴드갭(E_g) : 0.66eV

Ge는 Si보다 원자번호가 높은 만큼 전자껍질이 1개 더 많다. 따라서 Ge는 원자핵에서 최외각전자의 거리가 더 멀기 때문에 최외각전자가 원자핵으로부터 탈출하기가 보다 쉽다.

최외각전자를 원자핵으로부터 탈출하는 에너지를 밴드갭(E_g)이라 하며. Si의 밴드갭(E_g)은 1.12eV, Ge의 밴드갭(E_g)은 0.66eV로 Ge가 적은 에너지로도 최외각전자가 탈출하게 되며 때문에 Ge 진성반도체가 Si 진성반도체보다 정공과 전자의 밀도가 높다.

② Si의 밴드갭(E_g)은 1.12eV이고, Ge의 밴드갭(E_g)이다. 0.66eV 따라서 Si의 밴드갭(E_g)이 더 크다.

③ 위 그림과 같이 Si의 전자껍질이 1개 더 적어 원자핵으로부터 구심력이 더 강하다. 따라서 Si 결정이 Ge 결정보다 강하다고 볼 수 있다.

④ 실온 T=300K에서 전자, 정공 이동도는 다음과 같다.

구 분	전자 이동도	정공 이동도
Si	1350[Cm^2/V−s]	480[Cm^2/V−s]
Ge	3900[Cm^2/V−s]	1900[Cm^2/V−s]

10

정답 ③

상세풀이

문제에서 주어진 공핍형 MOSFET회로는 제로 바이어스 회로이다. D-MOSFET의 바이어스인 제로 바이어스는 $V_{GS}=0$으로 하고, 게이트에 교류신호를 인가하여 게이트-소스 전압이 변동하도록 동작하는 회로이다.

[D-MOSFET 제로 바이어스]

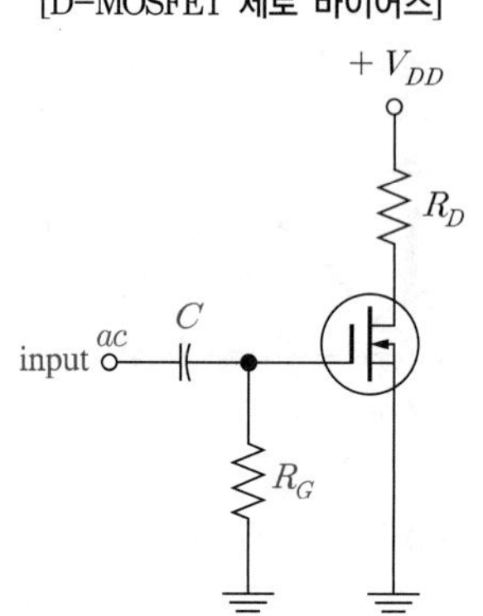

[D-MOSFET 제로 바이어스 해석]

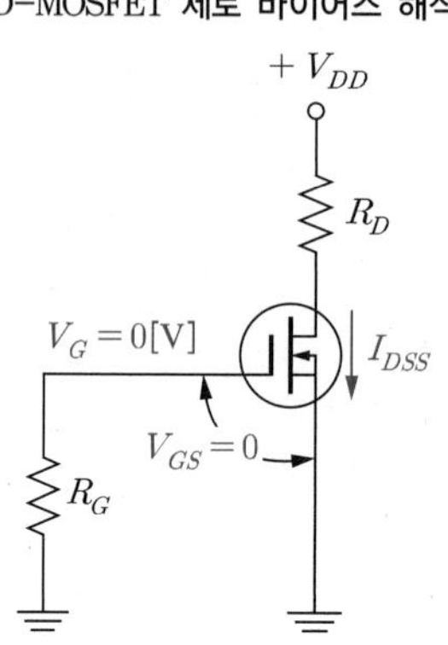

[D-MOSFET 파라미터]

$$I_D=I_{DSS}\left(1-\frac{V_{GS}}{V_{GS(off)}}\right)^2$$

$$g_m=\frac{\Delta I_D}{\Delta V_{GS}}$$

$$g_m=\frac{2I_{DSS}}{V_{GS(off)}}\left(1-\frac{V_{GS}}{V_{GS(off)}}\right)$$

[CS]접지이므로 전압이득 $A_V=-g_mR_D'$를 이용하여 구할 수 있다.

$A_V=-g_mR_D'$ 이때 $R_D'=R_D /\!/ R_L$ 이므로

$R_D'=R_D /\!/ R_L$

$R_D'=10k /\!/ 10k=5k$ 이제 g_m을 $g_m=\dfrac{2I_{DSS}}{V_{GS(off)}}\left(1-\dfrac{V_{GS}}{V_{GS(off)}}\right)$이 식을 이용하여 구하면

$g_m=\dfrac{2I_{DSS}}{V_{GS(off)}}\left(1-\dfrac{V_{GS}}{V_{GS(off)}}\right)=\dfrac{2\times10[mA]}{-10}\left(1-\dfrac{0}{-10}\right)$ ($\because$ 제로 바이어스에서는 $V_{GS}=0$이므로)

$\therefore\ g_m=-2mS$

이를 전압이득 $A_V=-gmR_D'$에 대입하면

$A_V=-gmR_D'$

$A_V=-(-2mS\times5[k\Omega])=-(2\times10^{-3}\times5\times10^3)$

$\therefore\ A_V=10$

11

정답 ②

간략풀이

B급 전력증폭기는 A급에 비해 효율이 좋기 때문에 고출력의 증폭기 제작이 용이하다.

상세풀이

동작점 Q에 따른 전력증폭기 분류

BJT 동작점을 활성영역(선형영역) 중앙근처에 설정하는 것은 입력신호의 제한을 받으므로 소신호 증폭에만 사용하는 제한이 있다. 반면 동작점을 차단점, 동작점에 설정하여 왜곡을 이용하여 범용성을 넓힐 수 있다. 이처럼 분류한 증폭기는 A급, B급, C급 증폭기가 있다.

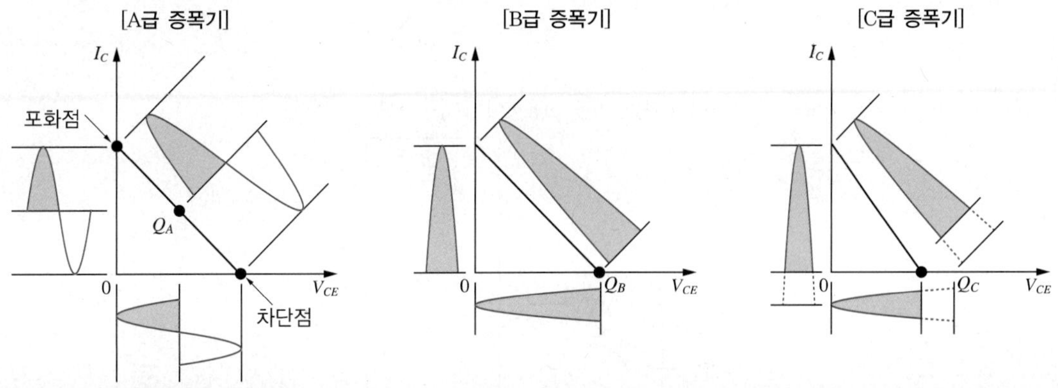

구 분	A급 증폭기	B급 증폭기	C급 증폭기
Q 점	활성영역	차단점	차단점 밖
왜 곡	왜곡이 없는 선형성	$\frac{1}{2}$ 왜곡 (TR 두 개 사용)	$\frac{1}{2}$ 이상 왜곡 (LC동조 회로 사용)
효 율	50% (DC전력소비가 큼)	75%	78.5~99%
증폭기 용도	소신호증폭	대신호증폭	고주파대신호증폭

① A급에 비해 효율이 높다.
 (i) A급 증폭기의 효율 : 50%
 (ii) B급 증폭기의 효율 : 75%

② A급 증폭기는 TR 1개를 활성영역에서 사용하여 신호를 증폭하므로 동작점을 활성영역으로 만드는 DC전력이 필요하다. 반면 B급 증폭기는 TR 2개를 차단영역에서 사용하여 신호를 증폭하므로 동작점 유지를 위한 DC전력이 필요 없어 효율이 높고, TR 2개를 사용하는 만큼 A급에 비해 고출력의 증폭기 제작이 용이하다.

③ 위 그림에서 보듯, A급 증폭기는 동작점이 활성영역에 있어 입력신호 그대로를 출력하여 선형성이 높은 반면, B급 증폭기는 동작점이 차단점에 있으므로 신호가 입력되면 문턱전압 V_{th} 0.7V 만큼 입력신호를 출력하지 못하고, 입력신호의 절반만 증폭하여 출력한다. 따라서 왜곡이 있으며, 왜곡을 이용하여 대신호 증폭에 사용한다.

④ A급 증폭기가 동작점을 활성영역에 유지하기 위한 DC bias 전력이 필요하다. 따라서 무신호 시에 전력소모가 높다.

12

정답 ②

상세풀이

전력 $P = V \cdot I$[W]이므로 3[W]인 휴대용 선풍기를 사용하기 위해 필요한 전류 I를 구하면

$I = \frac{P}{V} = \frac{3}{5} = 0.6[\text{A}] = 600[\text{mA}]$

보조배터리 사용할 수 있는 시간 $\text{h} = \frac{6000\text{mAh}}{600\text{mA}} = 10$이다.

∴ 10시간 사용가능하다.

13

정답 ③

상세풀이

위 회로를 아래와 같이 구간을 나누어 키르히호프의 제2법칙을 이용하여 V_{CE}를 구할 수 있다.

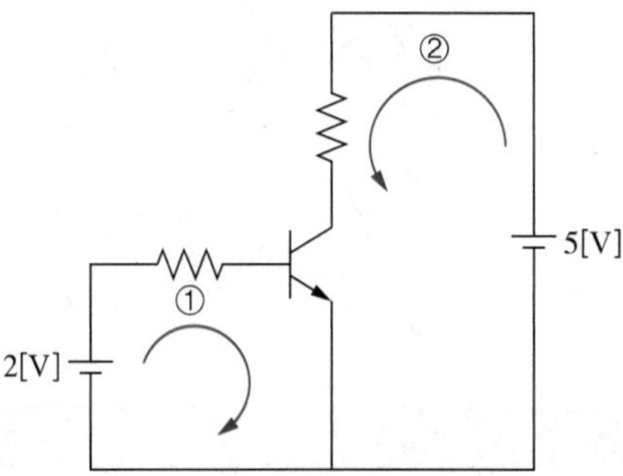

(i) ①, ②의 두 구간을 나눈 후 먼저 ① 구간의 닫힌 회로의 전압강하의 총합을 구한다.

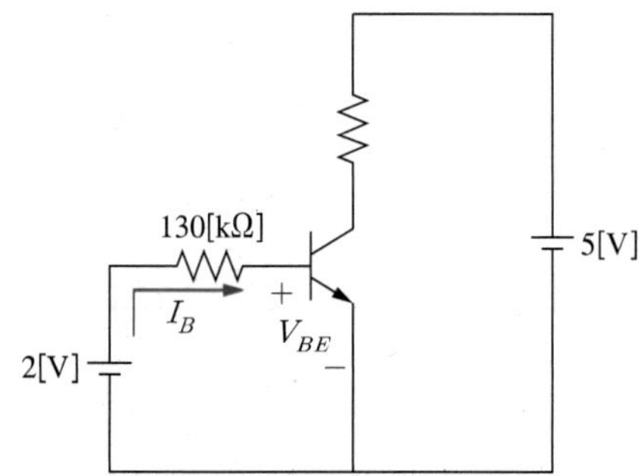

$2[V] = I_B \cdot 130[k\Omega] + V_{BE}(0.7[V])$ 이를 I_B에 관하여 정리한다.

$$I_B = \frac{(2-0.7)[V]}{130[k\Omega]} = \frac{1.3[V]}{130 \times 10^3} = \frac{13 \times 10^{-1}}{13 \times 10^4} = 1 \times 10^{-5} = 0.01[mA]$$

(ii) ② 구간의 닫힌 회로의 전압강하의 총합을 구한다.

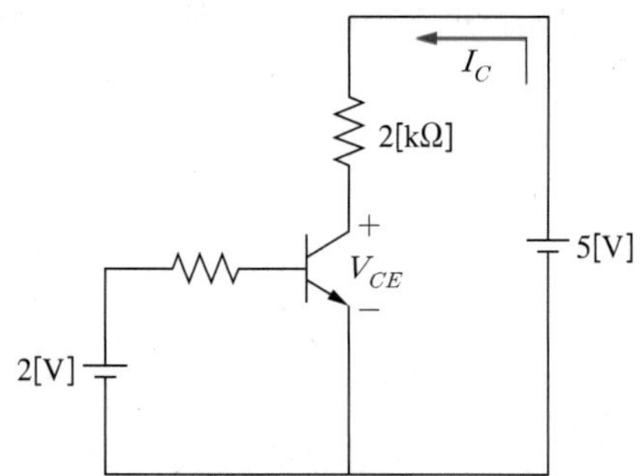

$5[V] = I_C \cdot 2[k\Omega] + V_{CE}$

이때, $I_C = \beta \cdot I_B = 100 \cdot 0.01[mA] = 1[mA]$이다.

$\therefore\ V_{CE} = 5[V] - 1[mA] \cdot 2[k\Omega] = (5-2)[V] = 3[V]$

14

정답 ②

간략풀이

증가형 nMOSFET 영역만 해석하면 병렬연결이므로 OR연결이고, [CS]접지 방식이므로 위상이 반전되어 NOR가 된다.

상세풀이

CMOS 논리게이트

CMOS 논리게이트는 pMOSFET와 nMOSFET를 서로 상반되게 사용하여 회로를 구성한다.

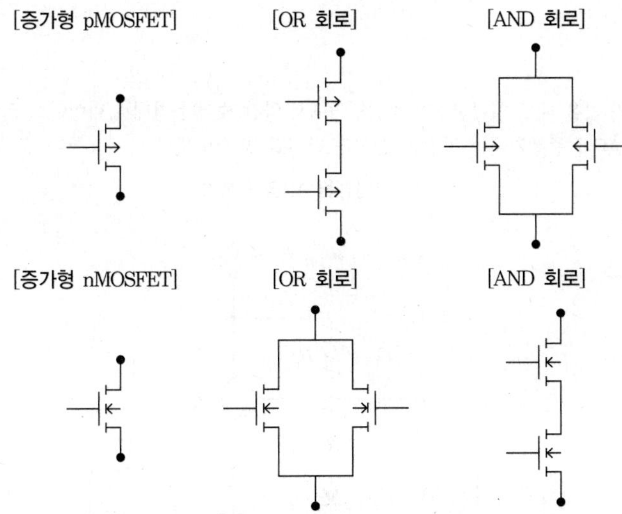

문제에서 주어진 회로를 살펴보면 다음과 같다.

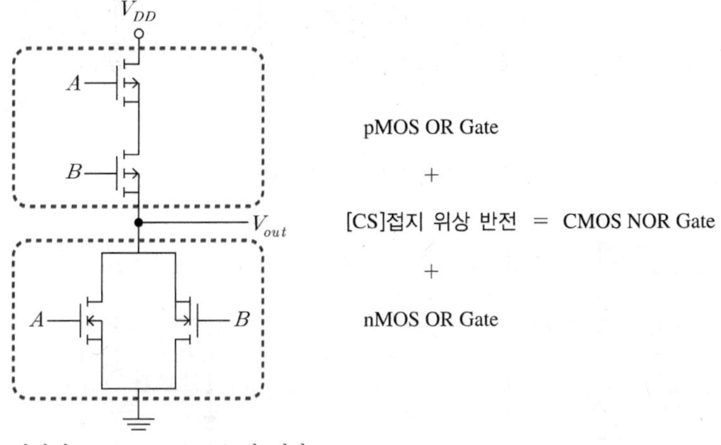

따라서 CMOS NOR Gate가 된다.

정답 ①

간략풀이

단전원 AB급 증폭기의 최대피크 출력전압과 최대피크 전류값을 구한다.

(ⅰ) 최대피크 출력전압 $V_{po} = \frac{1}{2} V_{CC} = 10[V]$

(ⅱ) 최대피크 전류값 $I_{po} = \frac{V_{out}}{R_L} = \frac{10[V]}{10[\Omega]} = 1[A]$

상세풀이

AB급 Push-Pull 증폭기

B급 증폭기의 교차왜곡현상을 제거하기 위해 트랜지스터가 동작하지 않을 때도 입력신호가 차단영역에서 약간 벗어난 상태로 바이어스 되어 있어야 한다. 이러한 동작을 하기 위해 AB급 증폭기를 사용하고, AB급 증폭기에는 양전원 방식과 단전원 방식이 있다.

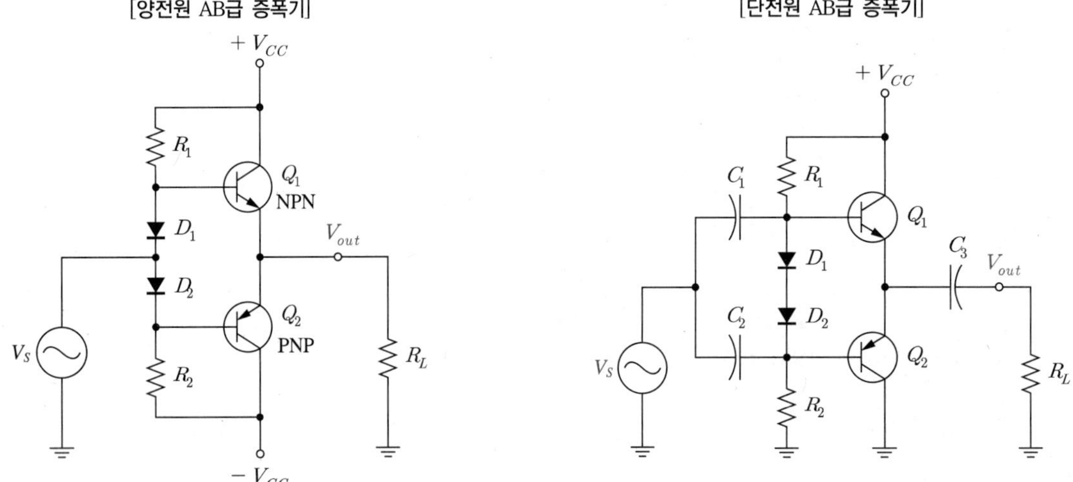

(ⅰ) 양전원 AB급 증폭기

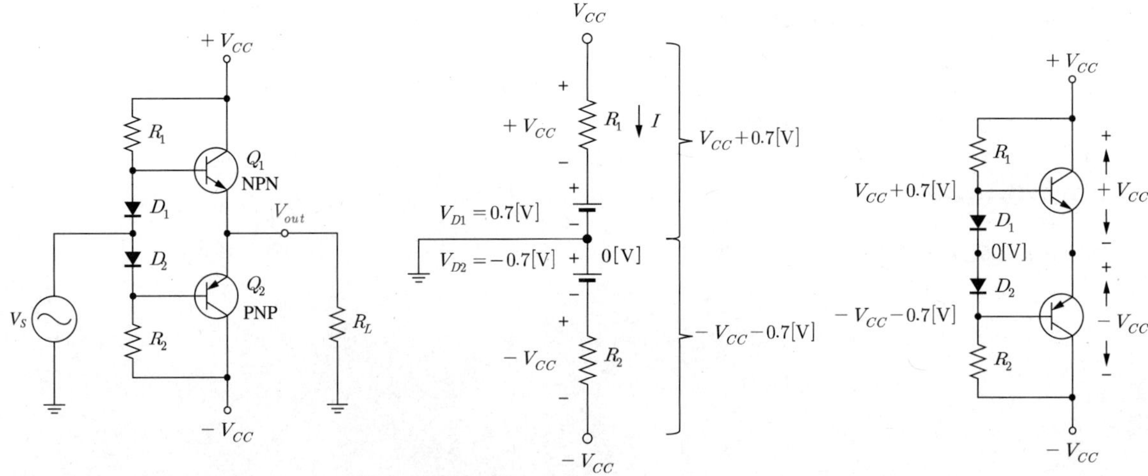

- 최대피크 출력전압 $V_{po} = V_{out} = V_{cc}$
- 최대피크 전류값 $I_{po} = I_{out} = I_c = \frac{V_{cc}}{R_L}$

(ii) 단전원 AB급 증폭기

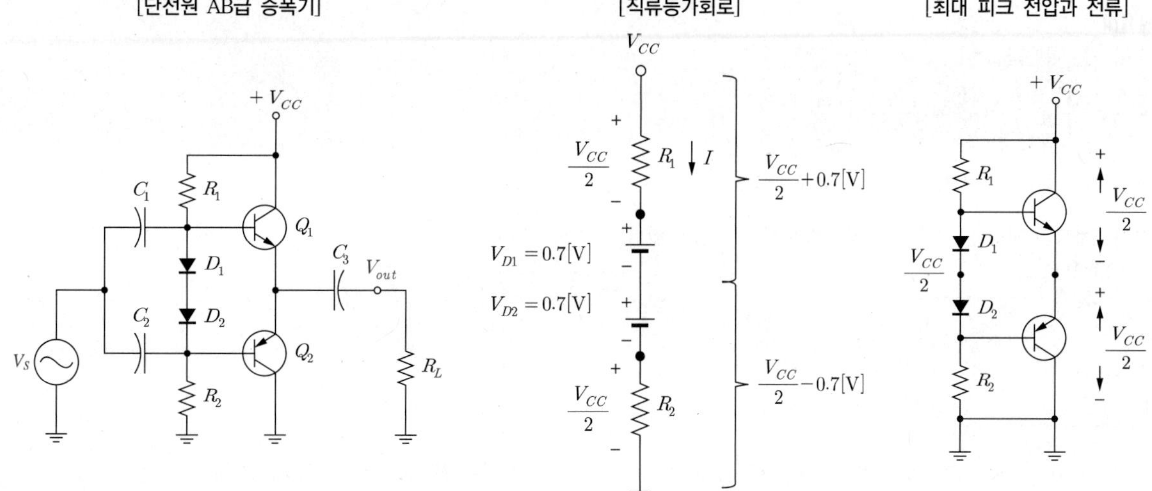

• 최대피크 출력전압 $V_{po}=V_{out}=\frac{V_{cc}}{2}$

• 최대피크 전류값 $I_{po}=I_{out}=I_c=\frac{V_{out}}{R_L}$

문제의 회로는 단전원 AB급 전력증폭기이므로 단전원 AB급 증폭기의 최대피크 출력전압과 최대피크 전류값을 구한다.
따라서

최대피크 출력전압 $V_{po}=\frac{1}{2}V_{CC}=10[\text{V}]$,

최대피크 전류값 $I_{po}=\frac{V_{out}}{R_L}=\frac{10[\text{V}]}{10[\Omega]}=1[\text{A}]$이다.

16

정답 ①

간략풀이

출력신호와 입력신호의 위상이 180° 다르다.

상세풀이

② 동작점(Q점)이 올바르게 설정되어야 전압이득이 제대로 나올 수 있다.

[선형 동작] [차단영역부근 동작] [포화영역부근 동작]

(i) 선형 동작 : 동작점이 적절히 설정된 경우로써 증폭기가 선형영역에서 동작하고 있다.
(ii) 차단영역부근 동작 : 동작점이 차단영역에 치우쳐 양(+)의 출력파형 일부가 잘려나갔다.
(iii) 포화영역부근 동작 : 동작점이 포화영역에 치우쳐 음(−)의 출력파형 일부가 잘려나갔다.

③ 공통이미터 증폭기의 전압이득 $A_v=\frac{R_C'}{r_e}=\frac{R_C//R_L}{r_e}$이므로 부하의 크기에 따라 전압이득 A_v가 변한다.

④ 온도변화에 동작점이 영향을 받으므로 온도변화에 전압이득이 영향을 받는다.

17

정답 ④

상세풀이

권수비 a는 다음과 같다.

$$a = \frac{N_1}{N_2} = \frac{V_1}{V_2} = \frac{E_1}{E_2} = \frac{I_2}{I_1} = \sqrt{\frac{R_1}{R_2}} = \sqrt{\frac{Z_1}{Z_2}}$$

문제의 권수비가 1 : 5이므로 권수비 $a = N_1 : N_2 = \frac{N_1}{N_2} = \frac{1}{5}$이다.

따라서 2차측의 저항을 1차측으로 가져오면 다음 그림과 같다.

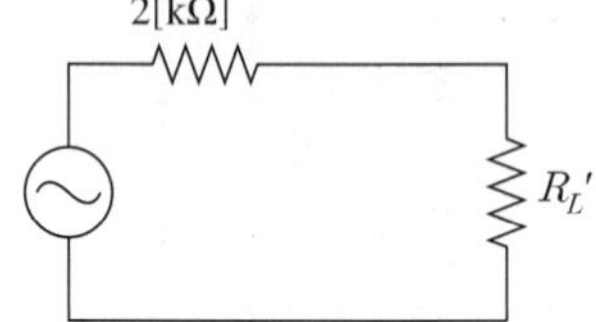

권수비 $a = \sqrt{\frac{R_1}{R_2}}$ 에서 $R_1 = a^2 R_2$이므로 $R_L' = \left(\frac{1}{5}\right)^2 \cdot R_L$이다. 이때, 최대 전력 전달조건은 $R_1 = R_L'$이므로

$2[\text{k}\Omega] = \left(\frac{1}{5}\right)^2 \cdot R_L$이다. 이를 R_L에 관하여 정리하면

$R_L = 25 \times 2[\text{k}\Omega] = 50[\text{k}\Omega]$이다.

따라서 $R_L = 50[\text{k}\Omega]$, $R_L' = 2[\text{k}\Omega]$이 된다.

18

정답 ④

상세풀이

제너다이오드가 ON되기 위해서는 5[V]가 필요하므로 V_{IN}에서 V_Z를 고려한 합성전압 V_T를 구한다.

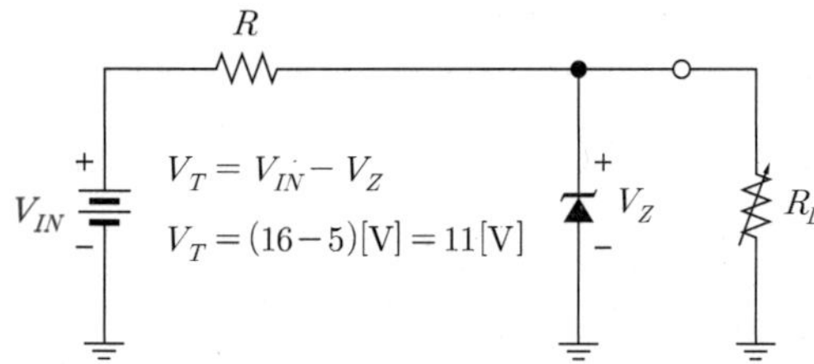

$V_T = V_{IN} - V_Z = 11[\text{V}]$

이 회로에 흐르는 전체전류 I_A를 구한다. 이때, $I_{ZK} = 1[\text{mA}]$이므로, I_{R_L}도 구할 수 있다.

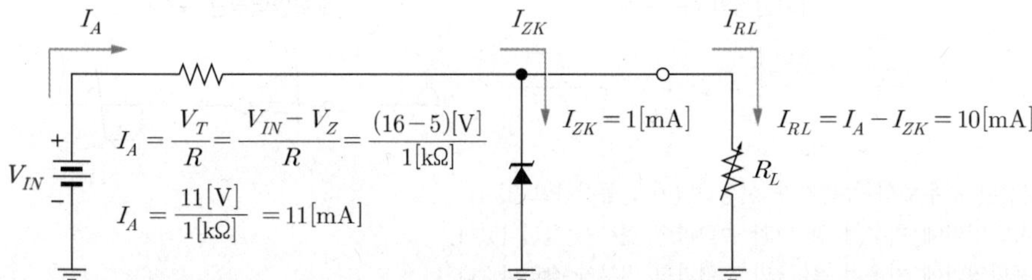

$I_A = \frac{V_T}{R} = \frac{11[\text{V}]}{1[\text{k}\Omega]} = 11[\text{mA}]$

$I_{ZK} = 1[\text{mA}]$

$I_{R_L} = I_A - I_{ZK} = 10[\text{mA}]$

제너다이오드가 ON되면 부하저항 R_L에 5[V]가 인가되므로 이를 통해 R_L에 허용되는 최솟값을 구한다.

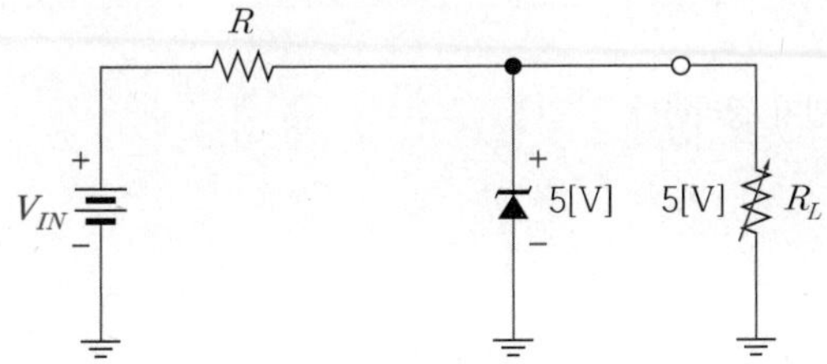

부하저항에 인가되는 $5[V]=R_L \times 10[mA]$이므로 이를 R_L에 관하여 정리한다.

$$\therefore R_L = \frac{5}{10[mA]} = 0.5[k\Omega] = 500[\Omega]$$

19

정답 ②

간략풀이

다이오드가 이상적일 때, 반파정류회로 출력값 v_o의 실횻값$= \frac{V_p}{2} = \frac{20}{2} = 10[V_{rms}]$

상세풀이

주어진 회로는 반파정류회로로 $v_s = 20\sin(100\pi t)[V]$를 정류한 출력전압 v_o은 아래 그림과 같다.

[$v_s = 20\sin(100\pi t)[V]$]

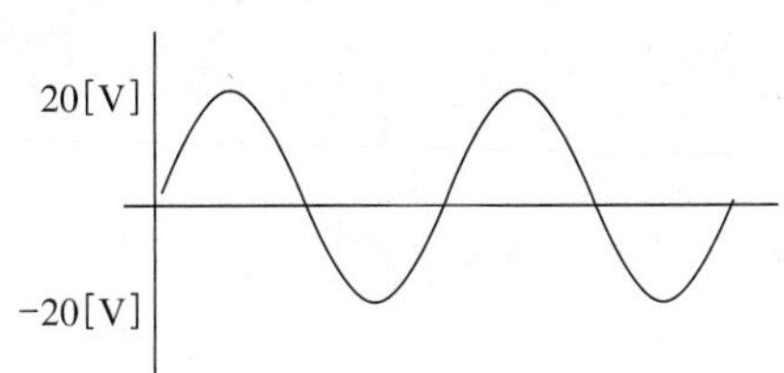

[반파정류된 출력전압 v_o]

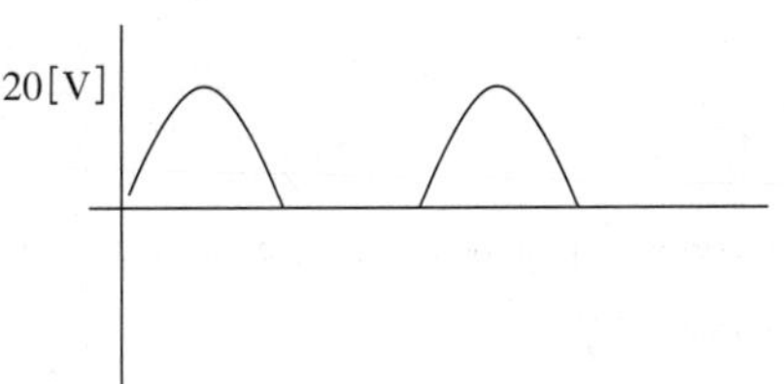

반파정류회로 실횻값$= \frac{V_p}{2}$ 이므로 $v_s = 20\sin(100\pi t)[V]$에서 $V_p = 20[V]$ 이를 대입하여 실횻값을 구한다.

따라서 반파정류회로 출력값 v_o의 실횻값$= \frac{V_p}{2} = \frac{20}{2} = 10[V_{rms}]$

20

정답 ①

상세풀이

같은 용량의 직렬과 병렬로 연결된 커패시터 세 개 중 병렬로 연결된 커패시터를 먼저 정리한다.

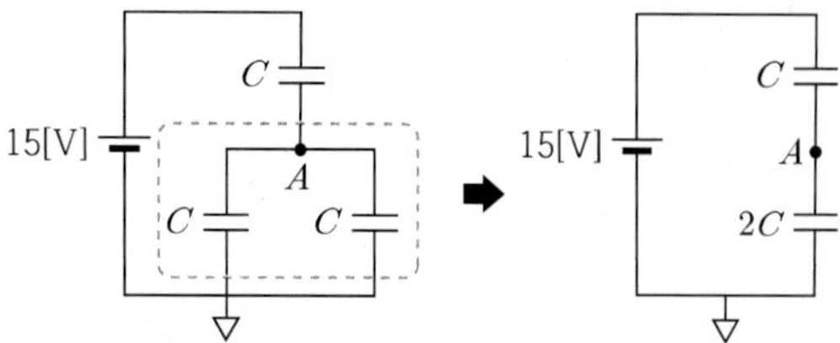

이때 절점 A의 전압은 직렬로 연결된 C와 $2C$중 $2C$에 인가되는 전압이다.

이를 V_A라하고 커패시터의 전압분배법칙으로 구한다.

$$\therefore\ V_A = \frac{C}{C+2C} \times 15 = \frac{1}{3} \times 15 = 5[\mathrm{V}]$$

21

정답 ①

간략풀이

$r_e + R_E$는 입력측에서 보면 $(1+\beta)(r_e + R_E)$이므로 입력저항 R_B와 $(1+\beta)(r_e + R_E)$직렬연결로 보고 풀면된다.

$\therefore\ R_B + (1+\beta)(r_e + R_E)$

상세풀이

이미터 공통 증폭기의 소신호 등가회로를 그리면 아래 그림과 같다.

입력저항 R_{in}을 알기위해, 입력측에서 본 입력전압 V를 살펴본다.

$V = I_B \cdot R_B + (r_e + R_E) \cdot I_E$ 이때, $I_E = (1+\beta)I_B$이므로

$V = I_B \cdot R_B + (r_e + R_E) \cdot (1+\beta)I_B$

입력저항 $R_{in} = \dfrac{V}{I_B}$이므로 R_{in}으로 정리한다.

$$\therefore\ R_{in} = \frac{\mathrm{V}}{I_B} = R_B + (1+\beta) \cdot (r_e + R_E)$$

22

정답 ②

간략풀이

변압기의 권선비가 10:1이므로 $100\,V_{rms}:10\,V_{rms}$ 이고, 최대전압은 실효전압$\times\sqrt{2}$ 이다.

$\therefore\ V_m = 10\,V_{rms}\times\sqrt{2} = 10\sqrt{2} = 14.14[\mathrm{V}]$

23

정답 ④

상세풀이

카르노맵을 간단히 하기 위해 1에 해당하는 값을 최대로 묶으면 아래 그림과 같이 두 개로 묶을 수 있다.

AB \ CD	00 (㉡)	01	11	10 (㉡)
㉠ 00	1	1	1	1
01	1	0	0	1
11	1	0	0	1
㉠ 10	1	1	1	1

㉠ : $\overline{D}$

㉡ : $\overline{B}$

$\therefore F = \overline{B} + \overline{D}$

24

정답 ③

상세풀이

전구가 켜지는 동작을 그림으로 나타내고, 부울 변수 F를 진리표로 정리하면 아래와 같다.

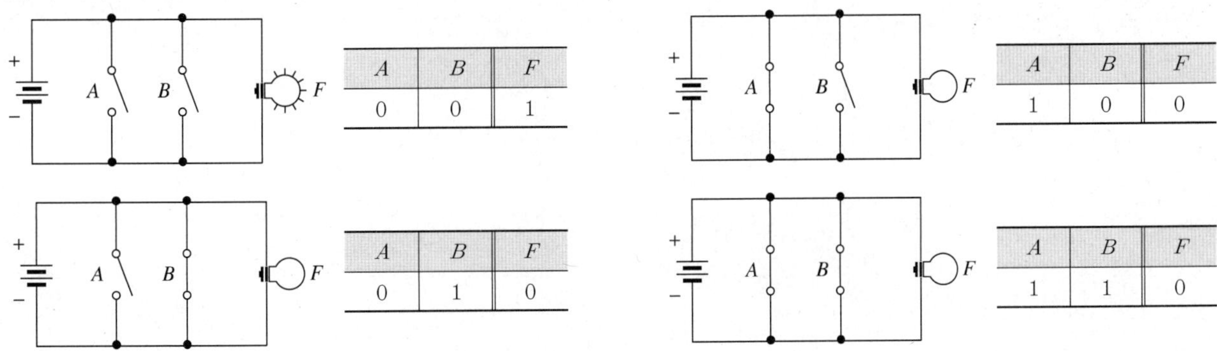

A	B	F
0	0	1

A	B	F
1	0	0

A	B	F
0	1	0

A	B	F
1	1	0

부울 변수 F의 진리표를 살펴보면 A, B가 모두 0일 때 F=1이고, 그 외에는 모두 F=0임을 알 수 있다. 이는 A, B가 모두 0일 때 F=0이고, 그 외에는 모두 F=1인 OR 회로의 반대이므로 NOR 회로이다.

25

정답 ③

상세풀이

2진수의 뺄셈은 실제로 1110100값에서 0011011값을 빼는 것이 아니고, 2의 보수를 이용하여 덧셈으로 뺄셈을 수행하는 것이다.
먼저 0011011을 2의 보수를 이용하여 식을 나타내고, 1110100와 덧셈을 한다.

			0	0	1	1	0	1	1
1의 보수			1	1	0	0	1	0	0
2의 보수			1	1	0	0	1	0	1
+			1	1	1	0	1	0	0
결과값	1		1	0	1	1	0	0	1
오버플로우 ↑					여기를 더한다.				

결과값의 맨 첫 번째 1은 오버플로우이므로 제외하고, 자주색의 1들을 더하면 3이 된다.

2022 | 2022.04.02. 시행 공개경쟁채용 필기시험 국가직 기출 정답 및 해설

문제편 194p

01	02	03	04	05	06	07	08	09	10	11	12	13	14	15	16	17	18	19	20
④	③	②	④	③	②	②	③	③	④	①	②	③	④	①	④	①	③	④	①

01

정답 ④

간략풀이

QAM변조는 ASK(진폭편이변조) 및 PSK(위상편이변조)를 결합한 방식이다.

상세풀이

① 위상편이변조
② 주파수편이변조
③ 진폭편이변조

02

정답 ③

간략풀이

PN접합의 N영역 접합 부근은 양전하 층이 형성되고, P영역 접합 부근은 음전하 층이 형성된다.
접합 부근에서 N영역은 확산에 의해 P영역에서 넘어온 양전하층이, P영역은 확산에 의해 N영역에서 넘어온 음전하층이 형성된다.

03

정답 ②

간략풀이

드레인전류 $i_D = k'_n \frac{W}{L}[(v_{GS} - v_{th})v_{DS} - \frac{1}{2}v_{DS}^2]$ 이므로

$I_{D1} : I_{D2} : I_{D3}$의 전류비는 $I_{D1} : I_{D2} : I_{D3} = \frac{2}{1} : \frac{8}{2} : \frac{16}{4} = 1 : 2 : 2$이다.

04

정답 ④

간략풀이

(가) 1bit일 때 ON, 0bit일 때 OFF이고 Pulse 중간에 0으로 돌아가지 않으므로 극성 NRZ(Non Return Zero) 방식에 해당한다.

(나) 비트 중간에 천이가 발생하고 펄스의 $\frac{1}{2}$은 Positive Pulse, 나머지는 Negative Pulse를 표현하므로 맨체스터 방식에 해당한다.

상세풀이

RZ와 NRZ 차이

RZ는 펄스 중간에 0으로 돌아가고, NRZ는 펄스 중간에 0으로 돌아가지 않는다.

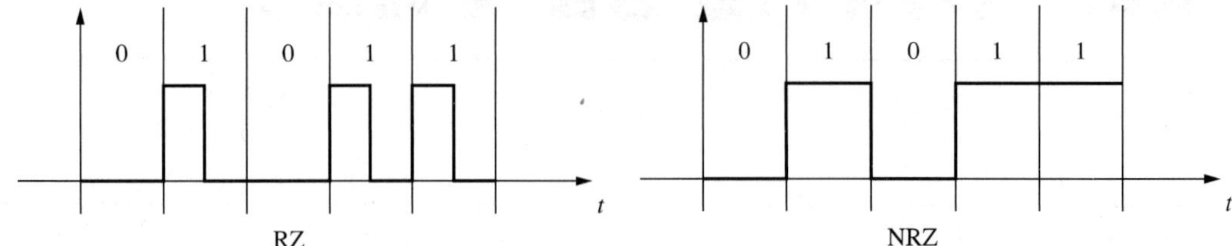

05

정답 ③

간략풀이

(i) $V_{in} > 2[V]$일 때

Diode는 OFF이다. $\therefore V_{out} = V_{in} = 20[V]$(최댓값)

(ii) $V_{in} < [2V]$일 때

Diode는 ON이다. $\therefore V_{out} = 2[V]$(최솟값)

그러므로 최댓값과 최솟값의 합은 22[V]이다.

06

정답 ②

간략풀이

$F = (\overline{\overline{A} + C})C = \overline{(A\overline{C})C}$ … 드 모르간 정리

$= \overline{A\overline{C}} + \overline{C}$ … 드 모르간 정리

$= \overline{A} + C + \overline{C}$ … 드 모르간 정리

$= \overline{A} + 1 = 1$

07

정답 ②

간략풀이

$V_e \simeq \frac{V_{in}}{2}$ 이므로 입력신호 V_{in}과 동위상이다.

상세풀이

① 트랜지스터 Q_1에는 V_{in} 전압이 인가되었고, 트랜지스터 Q_2에는 접지되었으므로 공통모드가 아니다.
공통모드 입력이라면, 같은 전압이 인가되어야 한다.

③ 출력신호 V_{out1}은 입력신호 V_{in}과 역위상이다(트랜지스터 Q_1가 동작함으로써 Common Emitter 회로가 되므로 역위상이 된다).

④ 출력신호 V_{out2}는 입력신호 V_{in}과 동위상이다(트랜지스터 Q_2가 접지되어 동작하지 않으므로 동위상이 출력된다).

08

정답 ③

간략풀이

$V_{EB}=0.7[V]$이고, $V_E=5.7[V]$이다. $\therefore V_B=5.7-0.7[V]=5[V]$

$I_B=\dfrac{5[V]}{500[k\Omega]}=0.01[mA]$이고, $I_C=\beta I_B=1[mA]$가 된다.

$V_C=I_C R_C$을 이용하여 V_C가 $4[V]$가 되기 위한 R_C의 조건을 살펴보면

$4[V]=1[mA]\times R_C$, $\therefore R_C=4[k\Omega]$

09

정답 ③

간략풀이

라플라스 변환을 이용하여 전달함수 $H(\omega)$를 구한다.

$$H(\omega)=\frac{V(\omega)}{I(\omega)}=Z(\omega)$$

$$Y(s)=\frac{1}{R}+\frac{1}{sL}+sC\ (s=j\omega)$$

$$Z(\omega)=\frac{1}{\frac{1}{R}+\frac{1}{sL}+sC}=\frac{R}{sCR+\frac{R}{sL}+1}$$

$$=\frac{R}{j\omega CR+\frac{R}{j\omega L}+1}\ (\because\ s=j\omega)$$

$$=\frac{R}{j\omega CR-j\frac{R}{\omega L}+1}$$

$$=\frac{R}{1+jR\left(\omega C-\frac{1}{\omega L}\right)}=\frac{R}{1+jR\sqrt{\frac{C}{L}}\left(\omega\sqrt{LC}-\frac{1}{\omega\sqrt{LC}}\right)}$$

10

정답 ④

간략풀이

R_1에 흐르는 전류를 I_1이라고 하고, R_f에 흐르는 전류를 I_2라고 하면

$I_1=I_s\times\dfrac{R_s}{R_S+R_1}=I_S\times\dfrac{2}{2+4}=\dfrac{1}{3}I_S$이고, $I_2=\dfrac{0-V_{out}}{R_f}=-\dfrac{1}{30[k\Omega]}V_{out}$이므로

$\dfrac{1}{3}I_S=-\dfrac{1}{30[k\Omega]}V_{out}$이 된다.

$\therefore\ \dfrac{V_{out}}{I_s}=\dfrac{1}{3}\times(-30[k\Omega])=-10[k\Omega]$

11

정답 ①

간략풀이

RC 회로는 저역통과 필터로 사용된다.

구 분	병렬 연결	직렬 연결
C(커패시터)	LPF	HPF
L(인덕터)	HPF	LPF

상세풀이

② $V_{out} = \dfrac{\frac{1}{sC}}{R+\frac{1}{sC}} V_{in}$ 이므로 $\dfrac{V_{out}}{V_{in}} = \dfrac{1}{sCR+1} = \dfrac{1}{1+j\omega CR}$ $(\because s = j\omega)$

③ $\dfrac{1}{1+j\omega CR} = \dfrac{1-j\omega CR}{1+\omega^2 C^2 R^2} = \dfrac{1}{1+\omega^2 C^2 R^2}(1-j\omega CR)$ 이므로 위상차는 $\tan^{-1}(wCR)$이다.

④ 직류 전압 신호만 인가될 때, 커패시터 C는 개방되므로 $V_{out} = V_{in}$ 이 된다. 그러므로 전압이득은 1이다.

12

정답 ②

간략풀이

출력 C와 S의 논리식을 구하기 위해 입력 X와 Y의 경우의 수를 그려보면 다음과 같다.

X	Y	S	C
0	0	0	0
0	1	1	0
1	0	1	0
1	1	0	1

그러므로 $S = X \oplus Y$, $C = XY$이다.

13

정답 ③

간략풀이

제너다이오드의 제너전압 $V_Z = 8[\text{V}]$이므로, $40[\Omega]$에 흐르는 전류 $I = \dfrac{18-8}{40} = 250[\text{mA}]$가 된다.

$\therefore$ 제너다이오드에 흐르는 전류 $I_Z = 250 - 80 = 170[\text{mA}]$

14

정답 ④

간략풀이

상승에지 JK 플립플롭이므로 입력신호 CP가 1로 향할 때의 J와 K 값을 살펴보면 다음과 같다.

시 간	J	K	Q 상태 (값)
t_1	0	1	reset (0)
t_2	1	1	반전 (1)
t_3	0	0	유지 (1)
t_4	1	0	set (1)
t_5	1	1	반전 (0)
t_6	1	1	반전 (1)

15

정답 ①

간략풀이

루프이득 $|L(j\omega_0)|=1$일 때 발진한다.

상세풀이

② 기본증폭기 발진기의 기본원리는 정귀환으로 증폭기의 출력이 입력되어 위상천이나 출력 강화 없이 피드백되고, 루프회로가 지속적으로 사인파를 발생하여 발진하는 것이다. 따라서 루프이득 $|L(j\omega_0)|=1$이면 계속해서 동일한 출력이 존재하게 되고 발진한다.

③ 정귀환이므로 기본증폭기의 입력신호와 귀환신호는 동일한 위상을 가져야 한다.

④ 외부의 입력신호 없이도 출력이 지속적으로 발생되는 발진조건을 의미한다.

16

정답 ④

간략풀이

CMOS 논리 게이트는 출력에서 접지쪽으로 CMOS구성을 살펴보면 구하기 쉽다.

직렬은 AND, 병렬은 OR로 계산하면 C와 D는 직렬이므로 AND, A와 B는 병렬이므로 OR가 된다.

그러므로, $Y=\overline{CD(A+B)}=\overline{C}+\overline{D}+\overline{A+B}=\overline{C}+\overline{D}+\overline{A}\cdot\overline{B}$가 된다.

17

정답 ①

간략풀이

권선수비 $n=0.2$이므로 권선비 $a=\dfrac{N_1}{N_2}=\dfrac{1}{0.2}=5$이다. 그러므로 스피커 내부 저항은 $R_L=\dfrac{1}{5^2}\times 200=8$이 된다.

상세풀이

자기회로에서 보면 기자력 F는 다음과 같이 정의한다.

$F=NI=\Phi R$ (N : 권수비, I : 전류, Φ : 자속, R : 자기저항)

변압기 1차측과 2차측에서의 기자력 F는 서로 같다($F_1=F_2$).

이를 정의된 식으로 풀면 $N_1I_1=N_2I_2$이므로, 권수비 $a=\dfrac{N_1}{N_2}=\dfrac{I_2}{I_1}$가 된다.

또한 부하에 걸리는 전압을 E_2라고 하고, 전류를 I_2라고 한다면

임피던스 $Z_2=\dfrac{E_2}{I_2}=\dfrac{\frac{1}{a}E_1}{aI_1}=\dfrac{1}{a^2}\dfrac{E_1}{I_1}=\dfrac{1}{a^2}Z_1$이 된다.

$\therefore\ R_L=\dfrac{1}{5^2}\times 200=8$

18

정답 ③

간략풀이

전달(트랜스)컨덕턴스란 전압을 입력으로 삼아 전류를 얼마나 변환시키는가를 수치로 표현한 것이다.

이 정의를 식으로 표현하면 $g_m=\dfrac{\Delta I_D}{\Delta V_{GS}}$가 되고, $I_D=\dfrac{1}{2}k_n(V_{GS}-V_{tn})^2$이므로, 이를 V_{GS}로 미분하면 $g_m=k_n(V_{GS}-V_{tn})$이 된다.

19

정답 ④

간략풀이

결합 커패시터와 바이패스 커패시터에 의해 저주파 대역과 하측 차단주파수가 결정된다. 고주파 대역과 상측 차단주파수는 트랜지스터 내부의 기생 커패시터 성분에 의해 영향을 받는다.

상세풀이

① $A_v = -\frac{R_C}{r_e}$ 이므로, R_C가 증가하면 중간주파수 대역의 전압이득이 증가한다.

② 바이패스 커패시터 C_3은 R_E를 상쇄시킴으로써 전압이득을 증가시킨다.

③ 출력전압과 입력전압이 180° 위상차가 나는 것은 Common Emitter 회로의 특징이다.

20

정답 ①

간략풀이

(i) R_{th} 구하기 위해서는 전압원은 단락, 전류원은 개방시킨다.

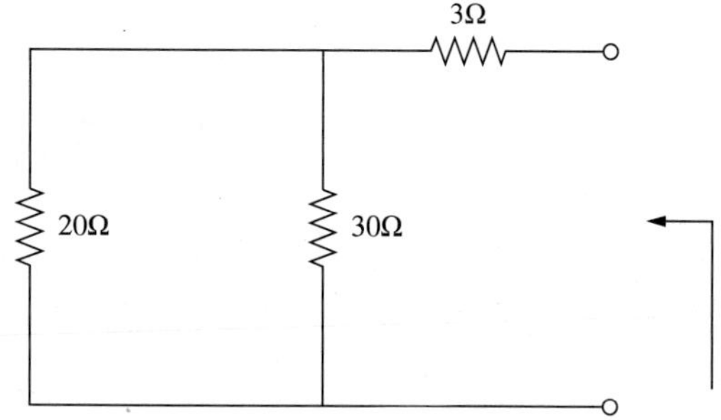

$R_{th} = 3 + (20 \parallel 30) = 3 + 12 = 15[\Omega]$이 된다.

(ii) V_{th}를 구할 때, 전원이 2개이므로 중첩의 원리를 이용해 구한다.

- 전류원 개방, 전압원만 있을 때

  $V_{th1} = 20 \times \frac{30}{30+20} = 12[V]$

- 전압원 단락, 전류원만 있을 때

  30[Ω]에 흐르는 전류 $I = 0.5[A] \times \frac{20}{30+20} = 0.2[A]$이므로,

  30[Ω]에 걸리는 전압

  $V_{th2} = 0.2 \times 30 = 6[V]$, 테브난 전압 $V_{th} = V_{th1} + V_{th2} = 12 + 6 = 18[V]$가 된다.

위에서 구한 테브난 등가회로를 이용해 부하저항 R_L에 걸리는 최대 전력을 구하면 $R_L = R_{th}$일 때 최대 전력이므로 $P_L = \frac{V_L^2}{R_L} = \frac{9^2}{15} = 5.4[W]$이다.

2022 | 2022.06.18. 시행 공개경쟁채용 필기시험 지방직 기출 정답 및 해설

문제편 199p

01	02	03	04	05	06	07	08	09	10	11	12	13	14	15	16	17	18	19	20
①	①	④	④	④	③	②	③	②	②	①	④	①	③	③	②	③	①	③	④

01

정답 ①

간략풀이

$\overline{AB}(A+B)=(\overline{A}+\overline{B})(A+B)=\overline{A}A+\overline{A}B+\overline{B}A+\overline{B}B=\overline{A}B+\overline{B}A$

02

정답 ①

간략풀이

주어진 카르노 맵을 간소화하면

A \ BC	00	01	11	10
0	1	1	1	1 ㉠
1	0	0	1 ㉡	0

㉠ : $\overline{A}$, ㉡ : BC

∴ ㉠+㉡$=\overline{A}+BC$

상세풀이

카르노 맵을 이용한 간소화 방법

(i) 1의 개수가 2의 지수 승(2^N)인 것으로 묶는다. 이때, 가능한 크게 묶는다.

(ii) 바로 이웃한 항끼리 묶는다.

(iii) 반드시 사각형 형태로 묶는다.

간소화한 이후에 결과식을 도출할 때는 논리식이 변하지 않는 변수만을 도출하고, 도출한 변수의 논리식이 0일 때는 Inverse($\overline{A}$)를, 1일 때는 그대로(A) 써주면 된다.

03

정답 ④

간략풀이

인덕터 두 개를 병렬 연결하면 등가 인덕턴스는 인덕터 한 개의 인덕턴스보다 작다.

병렬 연결했을 때 등가 인덕턴스 $L_T=\dfrac{L_1\times L_2}{L_1L_2}$이다.

04

정답 ④

간략풀이

2[kΩ] 저항에 전류가 흐르지 않으려면 다이오드는 차단되어야 한다.

다이오드에 걸리는 양단 전압을 V_D라고 했을 때, 다이오드가 차단되기 위한 조건은 $V_D < 0.7[\text{V}]$이어야 한다.

$$V_D = 14[\text{V}] \times \frac{1[\text{k}\Omega]}{R+1[\text{k}\Omega]} < 0.7[\text{V}]$$

$$\frac{1}{R+1} < \frac{0.7}{14}$$

$20 < R+1$이다.

$\therefore\ R = 20[\text{k}\Omega]$

05

정답 ④

간략풀이

슈미트 트리거는 히스테리시스 특성에 의해 채터링 현상을 제거해준다.

상세풀이

① 슈미트 트리거의 회로는 다음과 같으므로, 정궤환 회로이다.

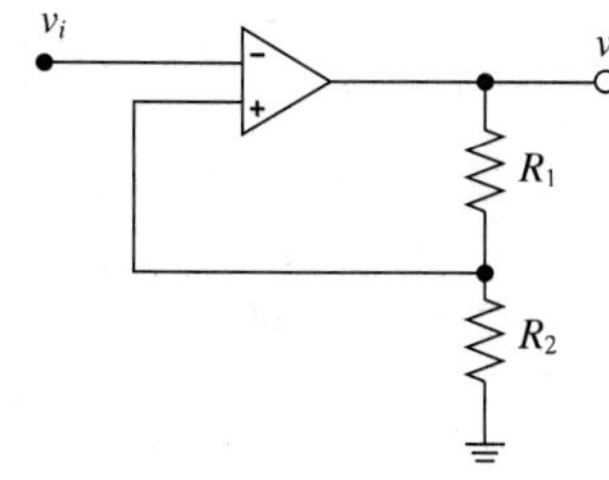

④ 채터링 현상이란 스위치의 상태가 변하는 순간(On→Off 또는 Off→On)에 열림과 닫힘이 수 회 반복되는 현상을 말한다.

[채터링 현상]

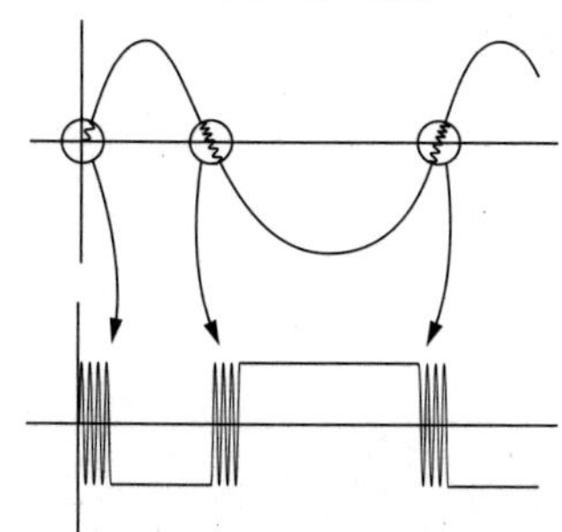

06

정답 ③

간략풀이

부하에 공급되는 전력 $P_L = \frac{V_{rms}^2}{R} = \left(\frac{\sqrt{2}\,V}{2}\right)^2 \times \frac{1}{R} = \frac{V^2}{2R}$이다.

상세풀이

① $V_{dc} = V_{av} = \frac{1}{T}\int_0^T v(wt)\,dwt = \frac{1}{2\pi}\int_0^{\pi} V_m \sin wt\ dwt$

$= \frac{V_m}{2\pi}[1-(-1)] = \frac{V_m}{\pi} = \frac{\sqrt{2}\,V}{\pi}$

② $V_{\mathrm{rms}} = \sqrt{\frac{1}{T}\int_0^T v^2(wt)\,dwt}$

$= \sqrt{\frac{1}{2\pi}\int_0^{2\pi} V^{2_m}\sin^2 wt\ dwt}$

$= \frac{V_m}{2} = \frac{\sqrt{2}\,V}{2}$

④ 다이오드 Off 시 걸리는 전압인 역방향 최대전압 PIV= $V_m = \sqrt{2}\,V$ 이다.

07

정답 ②

간략풀이

트랜지스터 회로에 순방향 바이어스 전원을 연결하여 동작시키기 위해서는 베이스-이미터 접합의 전원 A는 순방향, 콜렉터-베이스 접합의 전원 B는 역방향 전압이어야 한다.

상세풀이

트랜지스터의 증폭 원리

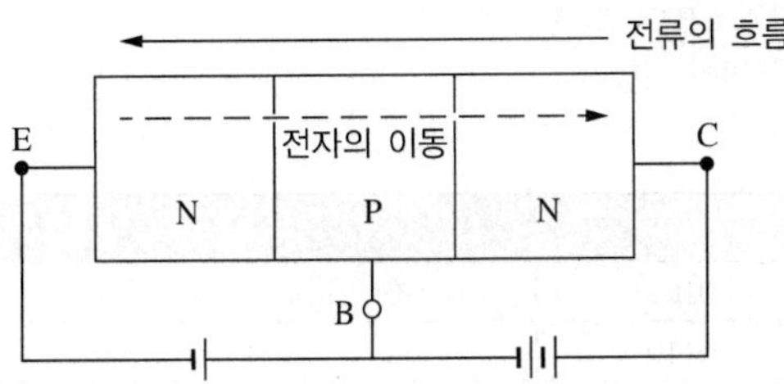

(i) 베이스와 이미터 사이의 순방향 바이어스에 의해 베이스의 정공들은 이미터로, 이미터의 자유전자들은 베이스로 이동하게 된다.

(ii) 베이스로 이동된 이미터의 자유전자들은 베이스 영역 내에서 컬렉터 쪽으로 확산한다(베이스 영역에서 전자는 소수캐리어이고, 이 농도는 베이스의 이미터 쪽에서 가장 높기 때문에 확산한다).

(iii) 확산하는 전자들이 컬렉터-베이스 공핍 영역의 경계에 도달하면 컬렉터의 강력한 전압에 의해 공핍 영역을 가로질러 컬렉터로 휩쓸려 간다.

08

정답 ③

간략풀이

입력은 게이트, 출력은 소스, 드레인이 접지된 common drain(source-follower) 회로이다.

소스 팔로워의 특징

(i) 전압이득이 1이다.

(ii) 높은 입력 임피던스, 작은 출력 임피던스를 갖는다.

(iii) 입출력은 동상이다.

09 정답 ②

간략풀이

그레이 코드는 가중치를 가지지 않으므로 연산에 사용하지 않는다. 수의 크기가 변할 때 인접한 수 사이에 한자리(1bit)만 변하는 특징을 지닌다. 주로 데이터 전송, 입출력 장치, 아날로그-디지털 간 변환과 주변장치에 쓰인다.

10 정답 ②

간략풀이

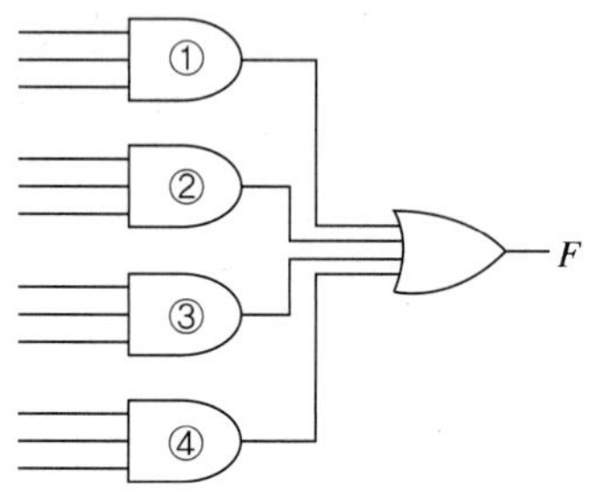

① 결과식 $\overline{A}\overline{B}V$

② 결과식 $\overline{A}BW$

③ 결과식 $A\overline{B}X$

④ 결과식 ABY

이므로, F=①+②+③+④ = $\overline{A}\overline{B}V+\overline{A}BW+A\overline{B}X+ABY$이다.

각 항의 결과 중 하나라도 1이 되는 보기 ②번이 정답이다.

상세풀이

보 기	AB	$VWXY$	$\overline{A}\overline{B}V$	$\overline{A}BW$	$A\overline{B}X$	ABY
①	00	0101	0	0	0	0
②	01	0110	0	1	0	0
③	10	0101	0	0	0	0
④	11	1010	0	0	0	0

11 정답 ①

간략풀이

달링턴 회로는 $(1+\beta)(1+\beta)$ 만큼의 높은 전류이득을 가진다.

상세풀이

[달링턴 회로의 소신호 등가모델]

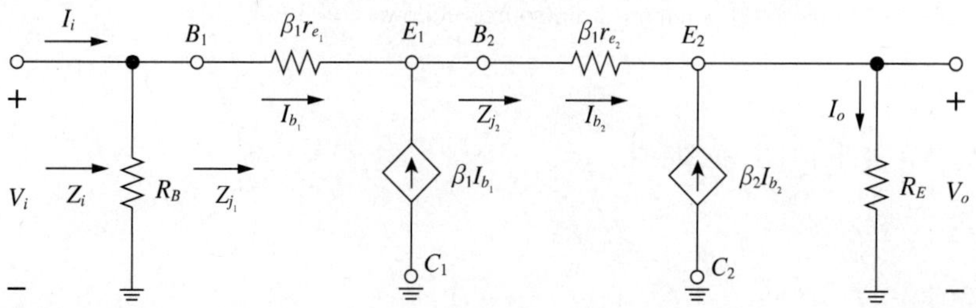

② $A_v = \dfrac{(1+\beta_1)(1+\beta_2)R_E}{\beta_1 r_{e_1} + (1+\beta_1\beta_2 r_{e_2}) + (1+\beta_1)(1+\beta_2)R_E} \approx \dfrac{R_E}{R_E + r_{e_2}}$

③ $Z_i = R_B \parallel (\beta_D R_E)$로 낮은 임피던스를 가진다.

④ 공통 콜렉터 회로이다.

12

정답 ④

간략풀이

ㄱ. 보드 선도는 로그 단위의 주파수에 대하여, 복소 전달함수의 크기와 위상을 각각 dB와 degree 단위로 나타낸 두 개의 그래프를 의미한다.

ㄴ. K는 음의 상수이므로 위상은 180°로 일정하다.

ㄷ. 허수 j는 90°를 의미하므로 위상은 90°로 일정하다.

ㄹ. 기울기를 구하기 위해서는 $G(j\omega)$의 크기를 구해야 한다.

$g = 20\log|G(j\omega)| = 20\log|(\dfrac{1}{1+jw/w_c})^2| = -40\log(1+(w/w_c)^2)$ 이므로

기울기는 −40[dB/dec]이다.

13

정답 ①

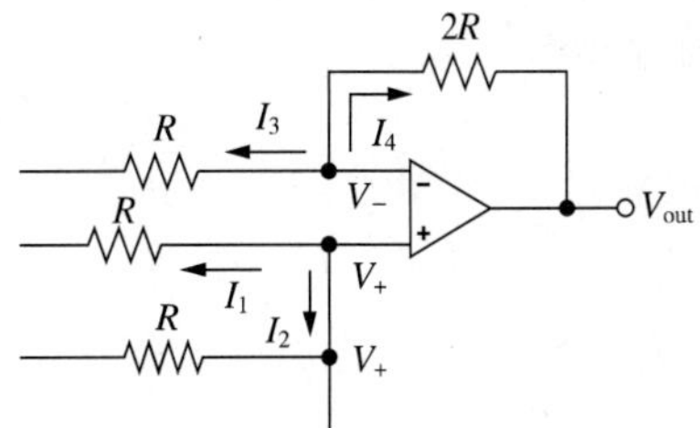

연산증폭기는 이상적인 소자이므로 $V_+ = V_-$이다.

(ⅰ) $I_1 + I_2 = 0$이므로,

$$\frac{V_+ - V_1}{R} + \frac{V_+ - V_2}{R} + \frac{V_+}{R} = 0$$

$$3V_+ = V_1 + V_2$$

$$\therefore V_+ = \frac{V_1 + V_2}{3}$$

(ⅱ) $I_3 + I_4 = 0$이므로,

$$\frac{V_-}{R} + \frac{V_- - V_{out}}{2R} = 0$$

$$2V_- + (V_- - V_{out}) = 0$$

$$\therefore V_{out} = 3V_-$$

$$\therefore V_{out} = 3 \times \frac{V_1 + V_2}{3} = V_1 + V_2$$

14 정답 ③

간략풀이

TCP는 data 송신 도중 발생될 수 있는 비트 오류를 검출하기 위해 체크섬을 사용한다. 송신자는 체크섬 계산 알고리즘에 의해 계산한 체크섬을 TCP 체크섬 헤더에 삽입하여 송신하게 되고, 수신자는 동일 알고리즘으로 수신받은 데이터를 검사해 봄으로써 오류 여부를 파악한다.

상세풀이

TCP와 UDP의 특징 및 차이점

TCP(Transfer Control Protocol)	UDP(User Datagram Protocol)
연결형 프로토콜	비연결형 프로토콜
데이터의 경계를 구분하지 않음	데이터의 경계를 구분함
신뢰성 있는 데이터 전송	비신뢰성 데이터 전송
1:1 통신	1:1, 1:N, N:N 통신
흐름제어, 혼잡제어	신뢰성이 낮음(흐름제어가 없기 때문)

15 정답 ③

간략풀이

베이스에서 바라본 베이스와 이미터 사이의 소신호 입력저항 $r_\pi = (1+\beta)(r_e + R_E)$이므로, $r_\pi = (1+100)(10+390) \simeq 40\,[\text{k}\Omega]$이다.

R_1과 R_2는 병렬이므로 $R_1 \parallel R_2 = \dfrac{40}{3}\,[\text{k}\Omega]$이고, V_b를 구하기 위한 등가회로를 구하면 아래 그림과 같다.

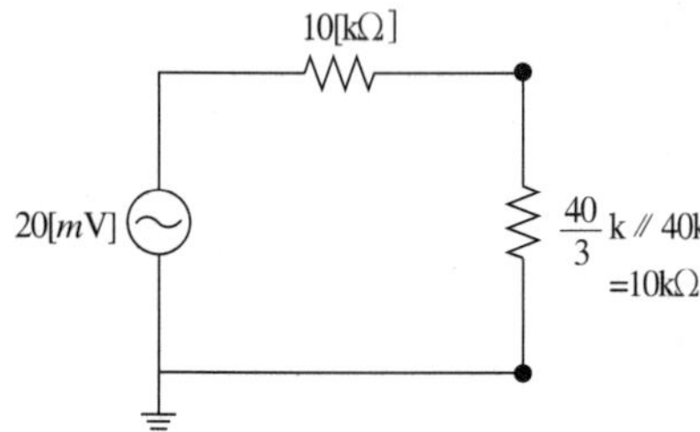

$$R_1 \parallel R_2 \parallel r_\pi = \frac{\frac{40}{3}\times 40}{\frac{40}{3}+40} = 10\,[\text{k}\Omega]\text{이므로, } V_b = 20\,[\text{mV}]\times\frac{10}{10+10} = 10\,[\text{mV}]\text{이다.}$$

[참고]

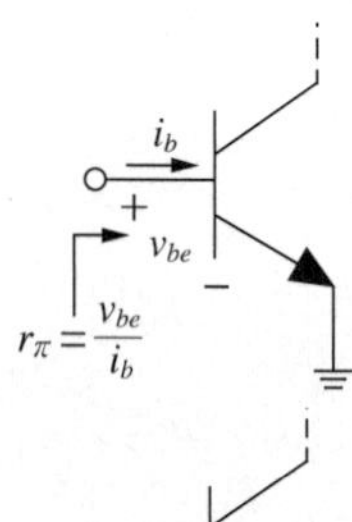

베이스에서 바라본 베이스와 이미터 사이의 소신호 입력 저항은 r_π로 표현하고, $r_\pi \equiv \dfrac{v_{be}}{i_b}$로 정의된다.

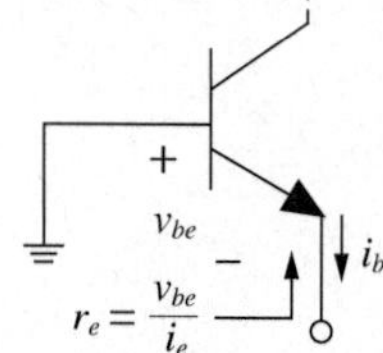

이미터에서 바라본 이미터와 베이스 사이의 소신호 저항을 r_e로 표현하고, $r_e \equiv \dfrac{v_{be}}{i_e}$로 정의된다.

이 둘의 정의를 이용해 $v_{be} = i_b r_\pi = i_e r_e$ 관계식을 이용하면 $i_b r_\pi = i_e r_e = (1+\beta)i_b r_e$이므로, $r_\pi = (1+\beta)r_e$라는 관계식을 얻을 수 있다.

16

정답 ②

간략풀이

교류입력신호에서의 전류이득을 구하려면 $V_{cc}=0$이고, C_1은 단락시켜야 한다.

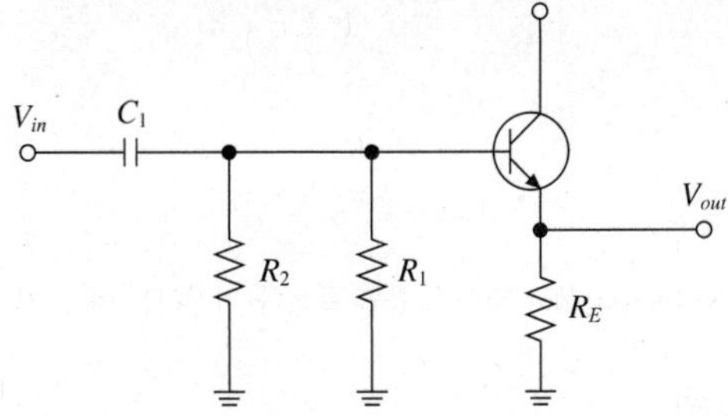

전류이득 $A_I=\frac{i_e}{i_s}=\frac{i_b}{i_s}\times\frac{i_e}{i_b}=\frac{i_b}{i_s}\times(1+\beta)$의 식을 얻을 수 있다.

여기서 i_b와 i_s의 비를 구하기 위해서는 R_1과 R_2를 통해 흘러나가는 전류와 베이스 안으로 들어가는 전류를 구하면 된다.

이때, V_{cc}는 접지므로 R_1과 R_2는 병렬이다.

따라서 $R_1 \parallel R_2=100[\text{k}\Omega] \parallel 100[\text{k}\Omega]=50[\text{k}\Omega]$이고, 베이스 안으로 들여다 본 베이스와 이미터 사이의 소신호 입력저항 r_π를 구하면 $r_\pi=(1+200)\times 1[\text{k}\Omega]\simeq 200[\text{k}\Omega]$이다. 이를 이용해 i_b와 i_s의 비를 구하면

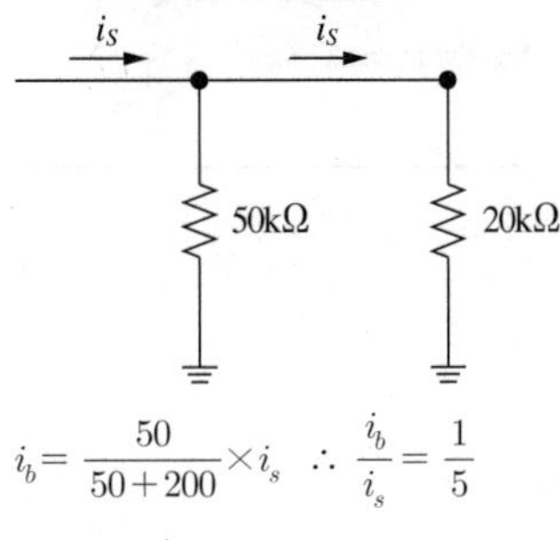

$i_b=\frac{50}{50+200}\times i_s \quad \therefore \frac{i_b}{i_s}=\frac{1}{5}$

$\therefore A_I=\frac{1}{5}\times 201\simeq 40$

17

정답 ③

간략풀이

네 칸에 걸쳐 반 주기를 형성하였으므로 한 주기는 여덟 칸이므로

주기 $T=8$칸$\times 5[\mu s]=40[\mu s]$, 주파수 $f=\frac{1}{T}=\frac{1}{40\times 10^{-6}}=2.5\times 10^4[\text{Hz}]$

$\therefore$ 각주파수 $w=2\pi f=2\pi\times 2.5\times 10^4=5\pi\times 10^4$

18

정답 ①

간략풀이

다음 회로는 능동 셀런키(Sallen-key) 2차 LPF 회로이다.

※ 2차 LPF 필터의 특징

(1) $f = \dfrac{1}{2\pi\sqrt{R_1R_2C_1C_2}}$

$= \dfrac{1}{2\pi RC}$ ($R_1 = R_2$, $C_1 = C_2$ 일 때)

(2) 2차 LPF의 [표] 버터워스 응답 특성을 가지기 위한 조건을 참고하면 댐핑 계수(damping factor, DF, 필터의 응답 특성을 결정하는 계수)가 1.414이어야 한다.

[버터워스 응답 특성을 가지기 위한 조건]

ORDER	Roll off DB/DECADE	POLES	DF	R_1/R_2	그 림
1	-20	1	Optional		V_{in}, Frequency Selective RC circuit, V_{out}, R_1, R_2, Negative feedback circuit
2	-40	2	1.414	0.586	
3	-60	2	1.00	1	
4	-80	2	1.848	0.152	
5	-100	2	1.00	1	
6	-120	2	1.932	0.068	

이때 댐핑 계수 $DF = 2 - \dfrac{R_4}{R_3}$ 이므로, $\dfrac{R_4}{R_3} = 0.586$

$\therefore R_4 = 0.586$이다.

19

정답 ③

간략풀이

(i) $V_{in} > 6.7V$일 때

$D_1 : On,\ D_2 : Off$이다. $\therefore\ V_{out} = 0.7 + 6 = 6.7[\text{V}]$

(ii) $V_{in} < 6.7V$일 때

$D_1 : Off,\ D_2 : On$이다. $\therefore\ V_{out} = -0.7 + (-6) = -6.7[\text{V}]$

(iii) $-6.7V < V_{in} < 6.7V$일 때

$D_1 : Off,\ D_2 : Off$이다. $\therefore\ V_{out} = V_{in}$

20

정답 ④

간략풀이

부하전압 변동률은 부하전압에 대한 무부하에서 부하까지의 전압 변동의 백분율로 정의한다. 이를 식으로 나타내면

$\gamma = \dfrac{V_o - V_L}{V_L} \times 100$ (V_o : 무부하 전압, V_L : 부하전압)이다.

2022 | 2020.07.16. 시행 공개경쟁채용 필기시험 군무원 기출 정답 및 해설

문제편 204p

01	02	03	04	05	06	07	08	09	10	11	12	13	14	15	16	17	18	19	20
④	③	④	①	②	③	④	③	②	①	③	①	③	②	②	④	①	①	①	③
21	22	23	24	25															
④	①	②	④	③															

01

정답 ④

간략풀이

이상적인 솔레노이드 코일 내부에는 자성이 존재하지만, 외부에는 자성이 존재하지 않으므로 주위 자성의 총량은 증가시킬 수 없다.

상세풀이

① 가우스는 자기유도 및 밀도값의 척도이다. 즉 가우스는 Cm^2당 자력선의 수를 나타내며 자석에 의해 방출된다.

$$B = \frac{\text{자계의 세기}}{\text{면적}} = \frac{wb}{2\pi r^2}$$

② 암페어의 오른손 법칙으로 전류가 흐르는 직선에는 전선 주위에 자기장이 생성된다.

③ 코일 내부에 코어를 두면 자기장의 세기는 증가한다.

02

정답 ③

간략풀이

전압계는 회로에 병렬로 연결된다. 전압계에 흐르는 전류를 최소화하기 위해 전압계의 내부 저항은 커야한다. 반대로 전류계는 직렬로 연결되므로 전류계의 내부 저항은 작아야한다.

03

정답 ④

간략풀이

리튬이온 전지는 니켈-카드뮴보다 높은 온도에서 폭발 가능성이 없지만 가격이 비싸다.

04

정답 ①

간략풀이

$$db = 10\log\frac{10}{10\times10^{-3}} = 10\log10^3 = 30[\text{dB}]$$

05

정답 ②

간략풀이

입력이 R과 D 2개 존재하므로 중첩의 원리에 의해

(i) $D=0$, R만 존재했을 때

$$Y=\frac{G_1G_2}{1+G_1G_2}R$$

(ii) $R=0$, D만 존재했을 때

$$Y=\frac{G_2}{1+G_1G_2}D$$

$$\therefore\ Y=\frac{G_1G_2}{1+G_1G_2}R+\frac{G_2}{1+G_1G_2}D$$

06

정답 ③

간략풀이

LED의 전압강하가 2[V]이므로, 저항 R에 걸리는 전압강하는 3[V]가 된다. 1개의 LED에 흐르는 전류 I가 10[mA]이고, 2개의 LED에 흐르는 전류는 약 20[mA]가 되므로 저항 R에 흐르는 전류는 20[mA]이고, 저항 $R=\frac{3[V]}{20[mA]}=150[\Omega]$가 된다.

07

정답 ④

간략풀이

시정수란 출력 신호가 정상상태에 도달하기까지의 과도 기간에서 정상 값의 63.2%에 이르기까지의 시간을 의미한다. 시정수의 값이 작을수록 과도현상이 소멸되는 시간은 짧아진다.

08

정답 ③

간략풀이

입력이 2개 존재하므로 중첩의 원리에 의해 출력 V_o를 구하면

(i) $V_1=2[V]$만 존재했을 때

$$V_o=-\frac{R_2}{R_1}V_1$$

(ii) $V_2=4[V]$만 존재했을 때

$$V_o=(1+\frac{R_2}{R_1})(\frac{R_4}{R_3+R_4})V_2$$

두 가지 경우의 수를 합하면

$$\therefore\ V_o=-\frac{R_2}{R_1}V_1+(1+\frac{R_2}{R_1})(\frac{R_4}{R_3+R_4})V_2$$

$$=-\frac{10[k\Omega]}{5[k\Omega]}\times 2+(1+\frac{10[k\Omega]}{5[k\Omega]})(\frac{10[k\Omega]}{5+10[k\Omega]})\times 4$$

$$=-4+8=4[V]$$

09

정답 ②

간략풀이

부하에 걸리는 전압이 5[V]이므로 저항 100[Ω]에 걸리는 전압은 7[V]이다. 그러므로 회로에 흐르는 전류

$I = \dfrac{7[V]}{100[\Omega]} = 70[mA]$이다.

∴ 부하에 소모되는 전력 $P = VI = 5 \times 70 = 350[mW]$

10

정답 ①

간략풀이

고역통과필터(HPF)는 고역 주파수는 잘 통과하고, 저역 주파수는 왜곡하여 저역 주파수 특성이 좋지 않다.

상세풀이

②, ④는 대역통과필터에 대한 설명이고, ③은 저주파통과필터에 대한 설명이다.

필터의 종류

저주파통과필터(LPF) : 저주파는 통과시키고 고주파는 차단한다.

- 고주파통과필터(HPF) : 고주파는 통과시키고 저주파는 차단한다.
- 대역통과필터(BPF) : 특정 주파수 대역의 신호만 통과시킨다.
- 대역차단필터(BSP/BRF) : 특정 주파수 대역의 신호만 차단한다.

11

정답 ③

간략풀이

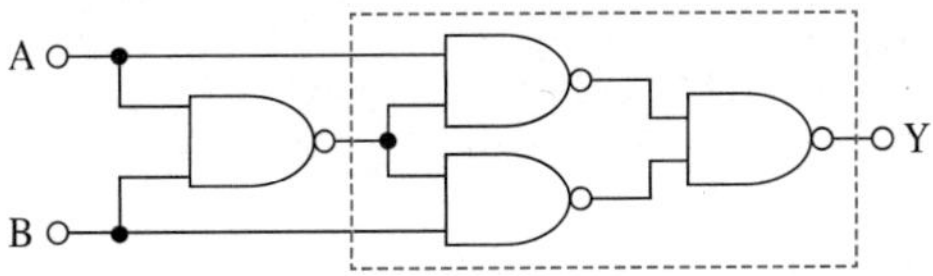

주어진 회로에서 그림에 표시된 논리게이트를 변환하면 다음과 같아진다.

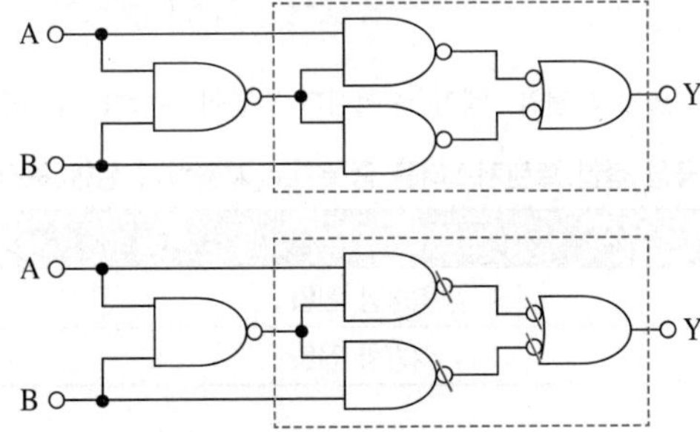

변환된 논리게이트에서 출력의 Inverter와 입력의 Inverter는 서로 상쇄된다.

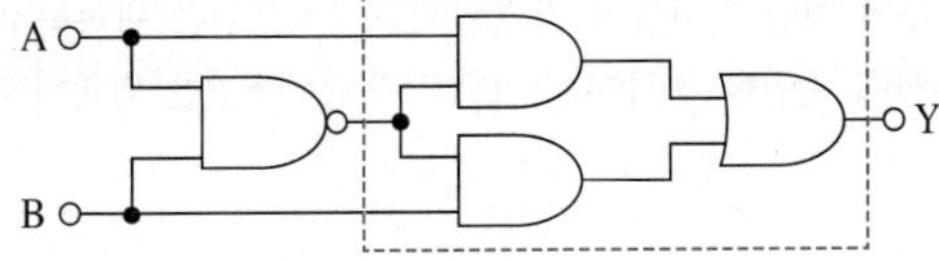

따라서 출력 $Y = A\overline{AB} + B\overline{AB} = A(\overline{A} + \overline{B}) + B(\overline{A} + \overline{B}) = A\overline{B} + \overline{A}B$이다.

12

정답 ①

간략풀이

2의 보수는 1의 보수의 +1을 더한 값과 같으므로, $01010110+1=01010111$이 2의 보수이다.

13

정답 ③

간략풀이

회로에서 입력되는 전원이 2개 있으므로 중첩의 원리에 의해 I를 구하면

(i) 전압원 50[V]만 존재할 때

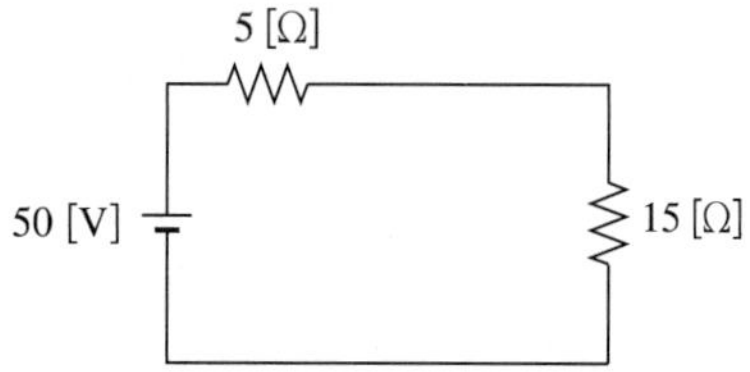

15[Ω]에 흐르는 전류 $I_1 = \frac{50}{5+15} = 2.5[A]$

(ii) 전류원 6[A]만 존재할 때

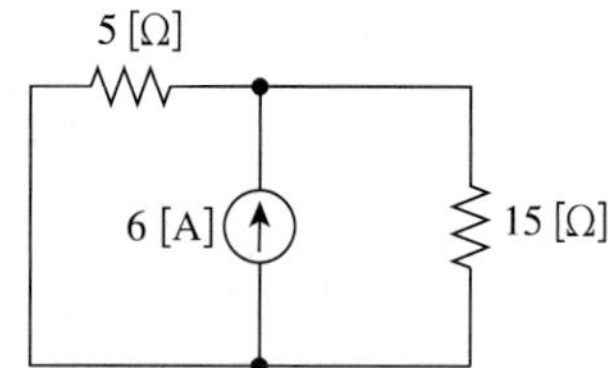

15[Ω]에 흐르는 전류 $I_2 = \frac{5}{5+15} \times 6 = 1.5[A]$

$\therefore\ I = I_1 + I_2 = 2.5 + 1.5 = 4[A]$

14

정답 ②

간략풀이

PNP 트랜지스터이고, 컬렉터–베이스 접합이 역방향 전압, 베이스–이미터 접합이 순방향 전압이므로 증폭조건을 만족한다.

[양극성 접합 트랜지스터를 증폭기로 사용하기 위한 조건]

	컬렉터–베이스 접합	베이스–이미터 접합
NPN 트랜지스터	역방향 전압	순방향 전압
PNP 트랜지스터	역방향 전압	순방향 전압

상세풀이

① NPN 트랜지스터이고, 컬렉터–베이스 접합에 순방향 전압이 걸렸으므로 증폭조건을 만족하지 않는다.

③ PNP 트랜지스터이고, 베이스–이미터 접합에 역방향 전압이 걸렸으므로 증폭조건을 만족하지 않는다.

④ NPN 트랜지스터이고, 컬렉터–베이스 접합에 순방향 전압이 걸렸으므로 증폭조건을 만족하지 않는다.

15

정답 ②

간략풀이

인덕터를 포함한 회로에서 전압이 생기려면 전류가 급격히 변화할 수 없고, 커패시터를 포함한 회로에서 전압은 일정하게 충전되기 때문에 급격히 변화할 수 없다.

※ $V = L\frac{di}{dt}$, $i = C\frac{dv}{dt}$

16

정답 ④

간략풀이

④ n형 불순물반도체는 5가의 불순물을 주입한다. 3가의 불순물을 주입하는 불순물반도체는 p형이다.

17

정답 ①

간략풀이

100[V], 10[A]를 사용하는 절전형 전등을 사용할 경우 소비 전력은 100[W]이다.
소모 전류 10% 감소했을 때, 100[V], 9[A]이고 이때의 소비 전력은 90[W]이다.
최종적으로 소비 전력은 10% 감소하게 된다.

18

정답 ①

간략풀이

$V = L\frac{di}{dt}$ 이다. 5초에서 10초 사이 전류의 변화가 없기 때문에 인덕터 전압 $V_L = 0$이다.

19

정답 ①

간략풀이

축전기 극판에 대전된 전하량 $Q = CV$이고, 이때의 축전기의 전기용량 $C = \epsilon\frac{A(\text{극판의 넓이})}{d(\text{두 극판 사이의 거리})} = \epsilon_o\epsilon_s\frac{A}{d}$ 이다. 비유전율 $\epsilon_s = 5$로 증가했으므로 극판에 대전된 전하량은 5배로 증가한다.

20

정답 ③

간략풀이

$I_E = I_B + I_C$이고, $I_B = \frac{V_{CC} - 0.7}{R_b} = \frac{10 - 0.7[\text{V}]}{10[\text{k}\Omega]} = \frac{9.3[\text{V}]}{10[\text{k}\Omega]} = 0.93[\text{mA}]$, $I_C = \frac{10[\text{V}]}{200[\Omega]} = 50[\text{mA}]$이다.

따라서 $I_E = I_B + I_C = 0.93[\text{mA}] + 50[\text{mA}] \simeq 50[\text{mA}]$이다.

21

정답 ④

간략풀이

지표면 위의 도체구에 Q[C]의 전하가 있을 때, 지표면을 기준으로 지표면의 h[m]만큼 아래에 -Q[C]의 영상전하가 생긴다.

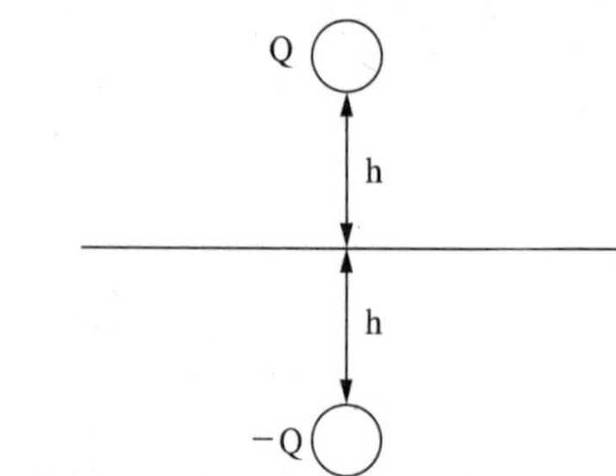

이때 Q[C]가 받는 힘 $F=\dfrac{Q_1Q_2}{4\pi\epsilon_0 r^2}=\dfrac{QQ}{4\pi\epsilon_0(2h)^2}=\dfrac{Q^2}{16\pi\epsilon_0 h^2}$ 이 된다.

22

정답 ①

간략풀이

금속 도체의 경우 온도가 상승하면 원자의 진동이 격렬해져 전자가 이동할 때 원자와의 접촉이 심해져 전자운동이 방해를 받는다. 그러므로 온도가 상승함에 따라 전기저항이 증가한다. 반도체의 경우에는 온도가 증가하면 저항은 감소한다.

23

정답 ②

간략풀이

입력 전압에 상관없이 일정한 전류를 흐르게 하는 다이오드는 제너 다이오드의 특성이다.

24

정답 ④

간략풀이

플립플롭은 NOR / NAND / AND로 구성된다.

상세풀이

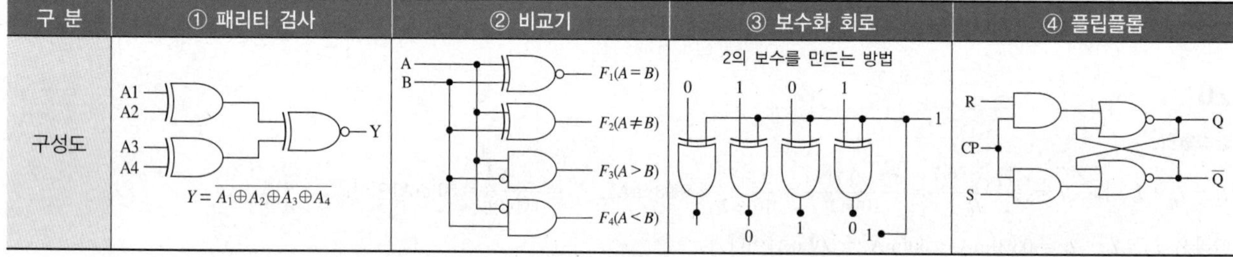

구 분	① 패리티 검사	② 비교기	③ 보수화 회로	④ 플립플롭
구성도	A1, A2, A3, A4, Y $Y=\overline{A_1\oplus A_2\oplus A_3\oplus A_4}$	A, B $F_1(A=B)$ $F_2(A\neq B)$ $F_3(A>B)$ $F_4(A<B)$	2의 보수를 만드는 방법 0 1 0 1 1 0 1 0 1	R, CP, S, Q, $\overline{Q}$

25

정답 ③

간략풀이

드 모르간의 정리에 의해 논리게이트를 변환하면 다음과 같다.

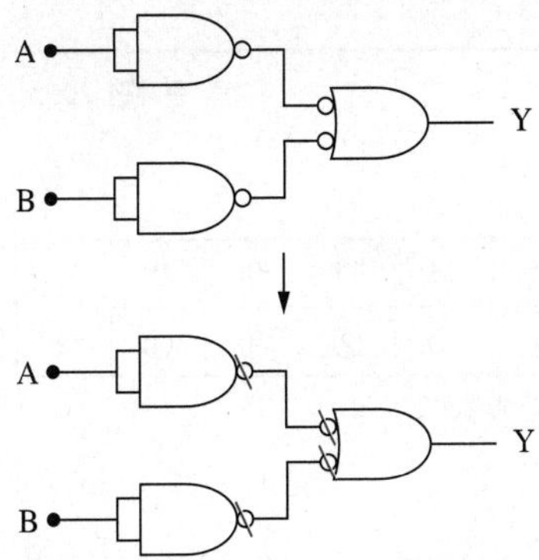

$Y = A + B$이므로 OR 논리게이트이다.

2021 | 2021.04.17. 시행 공개경쟁채용 필기시험
국가직 기출 정답 및 해설

문제편 209p

01	02	03	04	05	06	07	08	09	10	11	12	13	14	15	16	17	18	19	20
②	①	①	②	②	④	③	②	③	④	③	③	③	①	④	①	②	④	④	②

01

정답 ②

간략풀이

카르노 맵을 이용하거나 부울대수 법칙을 이용하여 식을 간단히 할 수 있다.

(i) 카르노 맵 이용

$F=\overline{X}\,\overline{Y}(Y+\overline{Y})+XYZ+X(Y+\overline{Y})\overline{Z}$

X \ YZ	00	01	11	10
0	1			1
0	1		1	1

(묶음: $\overline{Z}$, XY)

$\therefore\ F=XY+\overline{Z}$

(ii) 부울대수 법칙 이용

$F=\overline{X}\,\overline{Z}+XYZ+X\overline{Z}$ 분배법칙($A \cdot (B+C)=A \cdot B+A \cdot C$)을 이용하여 식을 변환한다.

$F=\overline{Z}(\overline{X}+X)+XYZ$ 보원법칙($A+\overline{A}=1$)을 이용하여 식을 정리한다.

$F=\overline{Z}+XYZ$ 분배법칙($A+B \cdot C=(A+B)(A+C)$)을 이용하여 식을 정리한다.

$F=(\overline{Z}+XY)(\overline{Z}+Z)$ 보원법칙을 이용하여 식을 간단히 한다.

$\therefore\ F=\overline{Z}+XY$

02

정답 ①

간략풀이

2의 보수를 이용한 2진수의 뺄셈은 빼고자하는 수의 2의 보수를 더하면 뺄셈과 같다.

따라서 A의 2의 보수가 1101001_2임을 알 수 있다. 따라서 1101001_2의 2의 보수가 A가 된다.

$A=0010111_2$

$B=0110110_2+1101001_2=10011111_2$이므로 $B=0011111_2$가 된다.

- 1의 보수
  2진수에서 1의 보수는 모든자리수를 반전시키면 된다.
  ex $11001101_2 \Rightarrow 00110010_2$
- 2의 보수
  2진수에서 2의 보수는 모든자리수를 반전시킨 뒤 1을 더하면 된다. 즉 1의 보수에 1을 더하는 것과 같다.
  ex $11001101_2 \Rightarrow 00110010_2+00000001_2=00110011_2$

03

정답 ①

간략풀이

문제에서 주어진 회로는 실용적인 적분기로 일반적인 적분기에서 특정한 레벨값으로 고정시키기 위해 R_2를 추가한 회로이다.

적분기는 LPF로 동작하기 때문에 주어진 회로의 차단주파수($f_c = \dfrac{1}{2\pi R_2 C_2}$) 이하는 $-\dfrac{R_2}{R_1}$ 만큼 증폭되어 나타나고 차단주파수 이상의 주파수가 입력되면 적분기로 동작한다.

상세풀이

적분기 회로는 입력 주파수가 특정 주파수보다 높아지면 R_2와 C_2 중 C_2의 임피던스가 낮아 실질적으로 C_2만의 회로가 되어 적분기로 동작한다. 반대로 입력 주파수가 특정 주파수보다 낮아지면 R_2만의 회로와 같기 때문에 $-\dfrac{R_2}{R_1}$의 증폭도를 가진 반전 증폭기로 동작한다. 여기서 특정 주파수는 R_2와 C_2로 구할 수 있으며, 차단주파수 $f_c = \dfrac{1}{2\pi R_2 C_2}$로 표현한다.

04

정답 ②

간략풀이

디코더란 n개의 입력선의 코드화된 2진 정보를 최대 2^n개의 출력으로 변환하는 조합회로이다. $A_2A_1A_0$가 011이 주어지는 경우 3번 자리에만 1이 출력되고 나머지는 모두 0이 출력된다.
따라서 $D_3 = 1, D_2 = 0, D_1 = 0, D_0 = 0$이다.

3×8 디코더 진리표

[설계된 디코더의 진리표]

입 력			출 력							
A(2)	A(1)	A(0)	D(7)	D6)	D(5)	D(4)	D(3)	D(2)	D(1)	D(0)
0	0	0	0	0	0	0	0	0	0	1
0	0	1	0	0	0	0	0	0	1	0
0	1	0	0	0	0	0	0	1	0	0
0	1	1	0	0	0	0	1	0	0	0
1	0	0	0	0	0	1	0	0	0	0
1	0	1	0	0	1	0	0	0	0	0
1	1	0	0	1	0	0	0	0	0	0
1	1	1	1	0	0	0	0	0	0	0

05

정답 ②

간략풀이

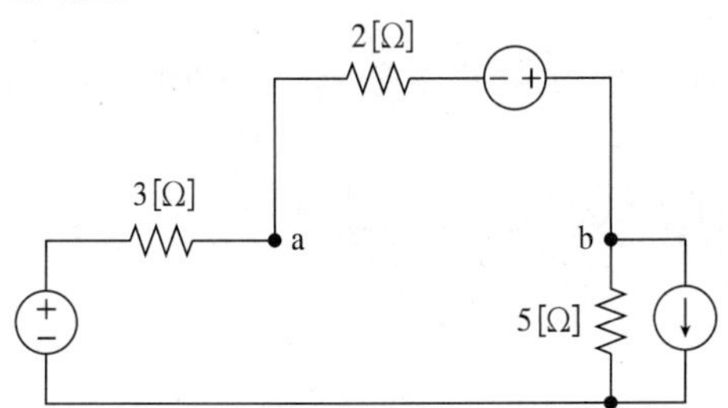

전구에 최대 전력을 전달하기 위해서는 저항의 값이 내부저항과 같아져야 한다. 따라서 내부저항을 계산하기 위해 테브닌의 등가회로로 바꾸면 다음과 같다.

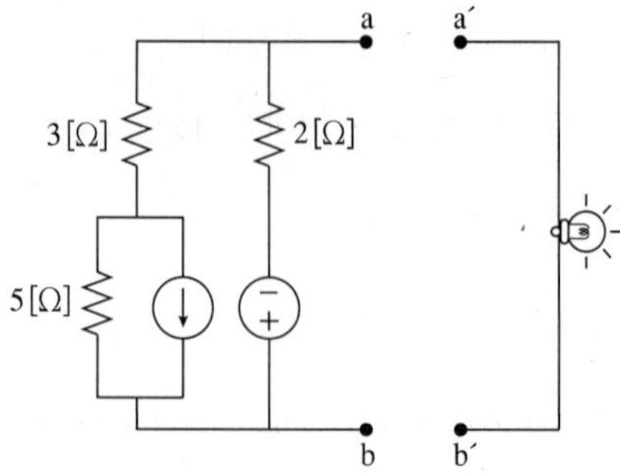

여기서 전압원은 단락 전류원이 개방 상태이므로 내부저항은 2[Ω]과 8[Ω]이 병렬 접속된 것과 같다.

따라서 저항은 $R=\frac{2 \cdot 8}{2+8}=1.6[\Omega]$이 된다.

06

정답 ④

간략풀이

Z_L에 전달되는 최대 전력은 $P_{\max}=\frac{V^2}{4R_L}$으로 구한다.

(i) 내부저항을 구한다(R과 C의 병렬회로).

$$Z=(R//C)=\frac{\frac{R}{j\omega C}}{R+\frac{1}{j\omega C}}=\frac{\frac{R}{j\omega C}}{\frac{1+j\omega CR}{j\omega C}}=\frac{R}{1+j\omega CR}=\frac{\frac{1}{3}}{1+j10^6 \cdot \frac{1}{3} \cdot 4 \cdot 10^{-6}}=\frac{\frac{1}{3}}{1+j\frac{4}{3}}=\frac{\frac{1}{3}(1-j\frac{4}{3})}{(1+j\frac{4}{3})(1-j\frac{4}{3})}$$

$$=\frac{\frac{1}{3}-j\frac{4}{9}}{\frac{25}{9}}=\frac{9}{25}(\frac{1}{3}-j\frac{4}{9})=\frac{3}{25}-j\frac{4}{25}\text{ 이다.}$$

여기서, $Z=\frac{1}{25}(3-j4)=\frac{1}{25}\sqrt{3^2+4^2}=\frac{1}{5}$

(ii) 전압을 구한다.

$$V=ZI=\frac{1}{5} \cdot \frac{120}{\sqrt{2}}=\frac{24}{\sqrt{2}}$$

$$\therefore \text{ 최대 전력 } P_{\max}=\frac{V^2}{4R_L}=\frac{(\frac{24}{\sqrt{2}})^2}{4 \cdot \frac{3}{25}}=\frac{\frac{24^2}{2}}{\frac{12}{25}}=\frac{25 \cdot 24^2}{24}=25 \cdot 24=600[\text{W}]$$

상세풀이

① 임피던스의 크기에 따라서 위상은 바뀌므로 $i_1(t)$와 $i_2(t)$의 위상은 서로 다르다.

② 직류의 최대 전력 전달조건은 내부저항과 외부저항이 같아야 한다. 하지만 교류의 최대 전력 전달조건은 임피던스가 공액관계에 있을 때 최대가 된다.

③ 선지 ②에서 설명한 것과 마찬가지로 Z_L은 내부저항과 공액관계가 되어야하므로 부하 임피던스 $Z_L=\frac{3}{25}+j\frac{4}{25}[\Omega]$이다.

07

정답 ③

간략풀이

하틀리 발진기는 L_1와 L_2 사이에 중간탭이 있는 발진기이다. 하틀리 발진기의 귀환율은 용량성 소자가 아닌 유도성 소자인 L_1와 L_2에 의해 결정된다.

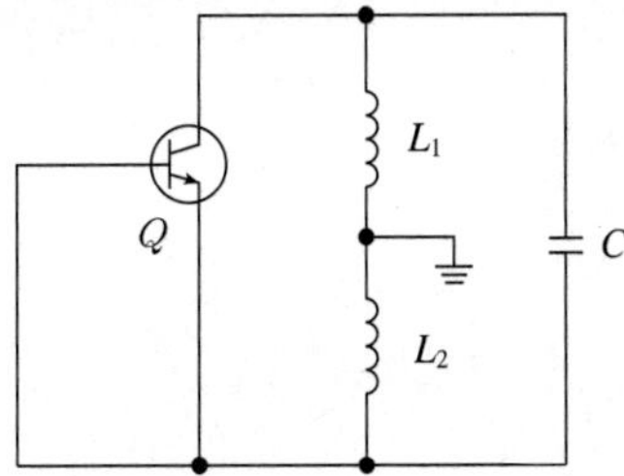

상세풀이

① 윈 브릿지 발진기는 반전증폭기에 의한 부귀환회로, 진상–지상 회로에 의한 정귀환회로를 이용한다.

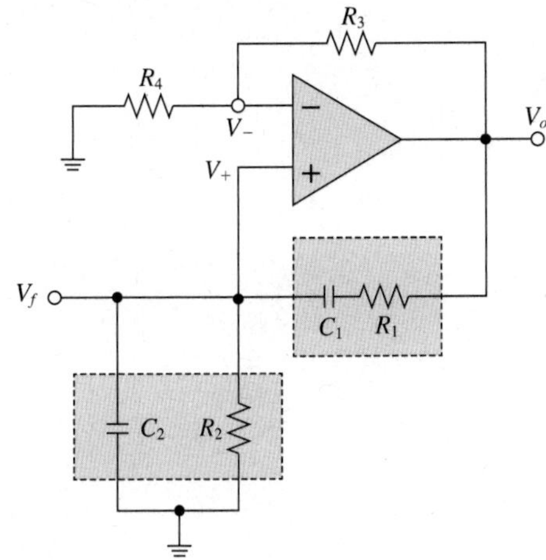

② 발진기는 주기적인 신호를 지속적으로, 자력으로 발생시키도록 정귀환된 비선형 회로이다. 콜피츠 발진기와 하틀리 발진기는 LC 발진기로, 모두 정귀환회로를 포함한다.

④ 수정 발진기는 수정 조각의 압전효과를 이용한 전기–기계적 발진기이다. 발진 주파수가 일정하고 정확한 주파수를 유지하는 발진기이므로 다른 발진기에 비해 Q값이 상대적으로 크다.

08

정답 ②

간략풀이

콜피츠 발진기의 발진 주파수는 $f=\dfrac{1}{2\pi\sqrt{LC_t}}$ $\left(C_t=\dfrac{C_1C_2}{C_1+C_2}\right)$이다.

상세풀이

① 주어진 회로를 다시 구성하면 아래 그림과 같다.

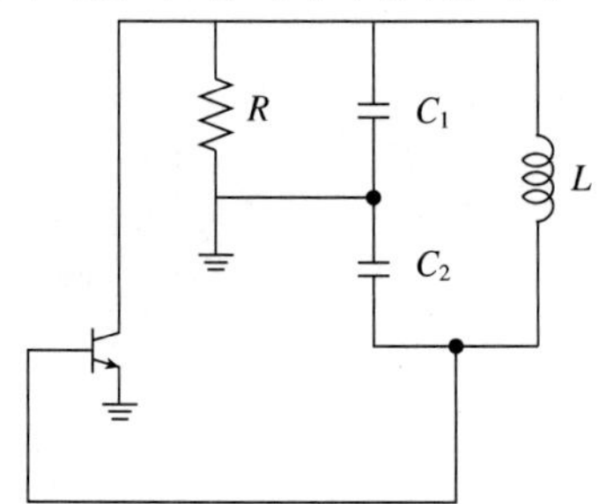

용량성 리액턴스 2개와 유도성 리액턴스 1개가 사용되었으므로 콜피츠 발진기이다.

③ 콜피츠 발진기에서 발진조건이 $\beta A=-\dfrac{A_v\dfrac{1}{wC_2}}{\dfrac{1}{wC_1}}=-A_v\dfrac{C_1}{C_2}=-1$이므로 $A_v=1$이다.

$A_v=-\dfrac{R_D}{\dfrac{1}{g_m}}=-g_mR_D=1$이고, $R_D=1[\mathrm{k\Omega}]$이므로 $g_m=1[\mathrm{mA/V}]$이다.

④ $A_v=-g_mR_D=1$이므로 저항(R)이 커질수록 전달컨덕턴스(g_m)는 작아진다.

09

정답 ③

간략풀이

디지털 변조에서 비트오율은 'ASK → FSK → PSK → QAM' 순으로 작아진다. 따라서 동기 복조 방식을 사용할 때에도 같은 진수의 변조 방식에서는 PSK의 오율이 FSK보다 낮다.

상세풀이

① FSK는 동기검파와 비동기검파(포락선) 모두 사용가능하다. 포락선검파는 방식가 효율은 낮지만 구성이 간단하다는 장점이 있다.
② FSK는 ASK와는 다르게 진폭에 에너지가 실리지 않으므로 외부 잡음이나 간섭에 강하다.
④ FSK는 대역폭을 많이 차지한다는 단점이 있어 스펙트럼효율이 떨어지므로 저속통신에 사용된다.

10

정답 ④

간략풀이

PLL의 동작 원리는 위상비교기에서 위상의 차이만큼 DC전압을 출력하게 되면 전압제어 발진기에서 위상차만큼의 신호를 출력시켜 신호를 발생시켜 위상을 일치시켜준다. 따라서 전압제어발진기의 출력 f_o는 위상비교기에서 발생된 DC전압에 의해 결정되며 발진기의 위상이 안정될수록 안정된 출력을 얻을 수 있다.

상세풀이

① f_o는 위상비교기에서 f_R과 분주기에서 들어온 신호와의 위상차이를 전압으로 발생시켜 VCO로 보낸다.

② N분주의 주파수 분주기로 신호가 들어가게 되면 $\frac{f_o}{N}$로 낮아진 신호로 출력된다.

③ 위상비교기는 위상의 크기를 비교하여 두 신호의 위상이 서로 다를 때 다른 만큼 출력을 발생시킨다.

11

정답 ③

상세풀이

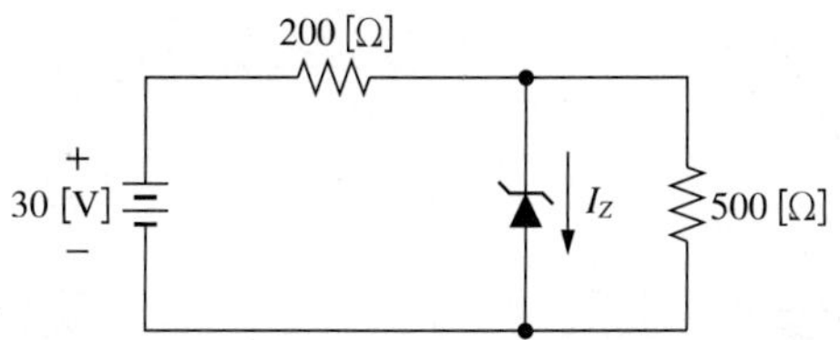

200[Ω]에 흐르는 전류의 크기는 $I_R = \frac{30-20}{200} = 50[\text{mA}]$이다.

500[Ω]에 흐르는 전류의 크기는 $I_L = \frac{20-0}{500} = 40[\text{mA}]$이 된다.

키르히호프 법칙에 의하여 한 점에서 들어오고 나가는 전류의 합은 0이 된다. 따라서 I_Z를 구하면

$50[\text{mA}] = I_Z + 40[\text{mA}] \Rightarrow I_Z = 10[\text{mA}]$가 된다.

12

정답 ③

간략풀이

공통 게이트 증폭기는 전류 버퍼로 사용되는데 특징은 입력 저항이 매우 낮고 전압 증폭은 공통 소스 증폭기와 비슷하게 나타난다. 공통 게이트 증폭기는 대역폭이 매우 넓게 나타나기 때문에 공통 소스 증폭기와 결합하여 캐스코드 증폭기로 사용한다.

상세풀이

① 공통 소스 증폭기는 BJT의 이미터 공통[CE]와 특성이 유사하다. 공통 소스 증폭기는 입력 저항이 크기 때문에 전압 증폭기로 사용된다.

② 공통 드레인 증폭기는 BJT의 컬렉터 공통[CC]와 특성이 유사하다. 공통 드레인 증폭기는 소스 폴로워라고 불리며 전압 이득이 1에 가까워 증폭보다는 버퍼나 임피던스 매칭에 사용된다.

④ 공통 드레인 증폭기는 출력 저항이 매우 낮게 나타나기 때문에 공통 소스 증폭기의 출력 저항이 더 높다.

13

정답 ③

간략풀이

데이터그램망의 교환기는 고정된 경로지정표(routing table)가 아닌 패킷을 수신한 라우터가 최적의 경로를 선택하여 전송한다. 고정된 경로지정표(routing table)는 가상회선망에서 사용하는 방식이다.

상세풀이

데이터그램 패킷 교환 방식과 가상회선 패킷 교환 방식

1. 데이터그램 패킷 교환 방식은 데이터를 전송하기 전에 논리적 연결이 설정되지 않으며 패킷이 독립적으로 전송되는 방식이다. 패킷을 수신한 라우터는 최적의 경로를 선택하여 패킷을 전송하는데 하나의 메시지에서 분할된 여러 패킷은 [그림1]과 같이 서로 다른 경로로 전송될 수 있다. 즉 송신측에서 전송한 순서와 수신측에 도착한 순서가 다를 수 있다.

[그림1 데이터그램 패킷 교환 방식]

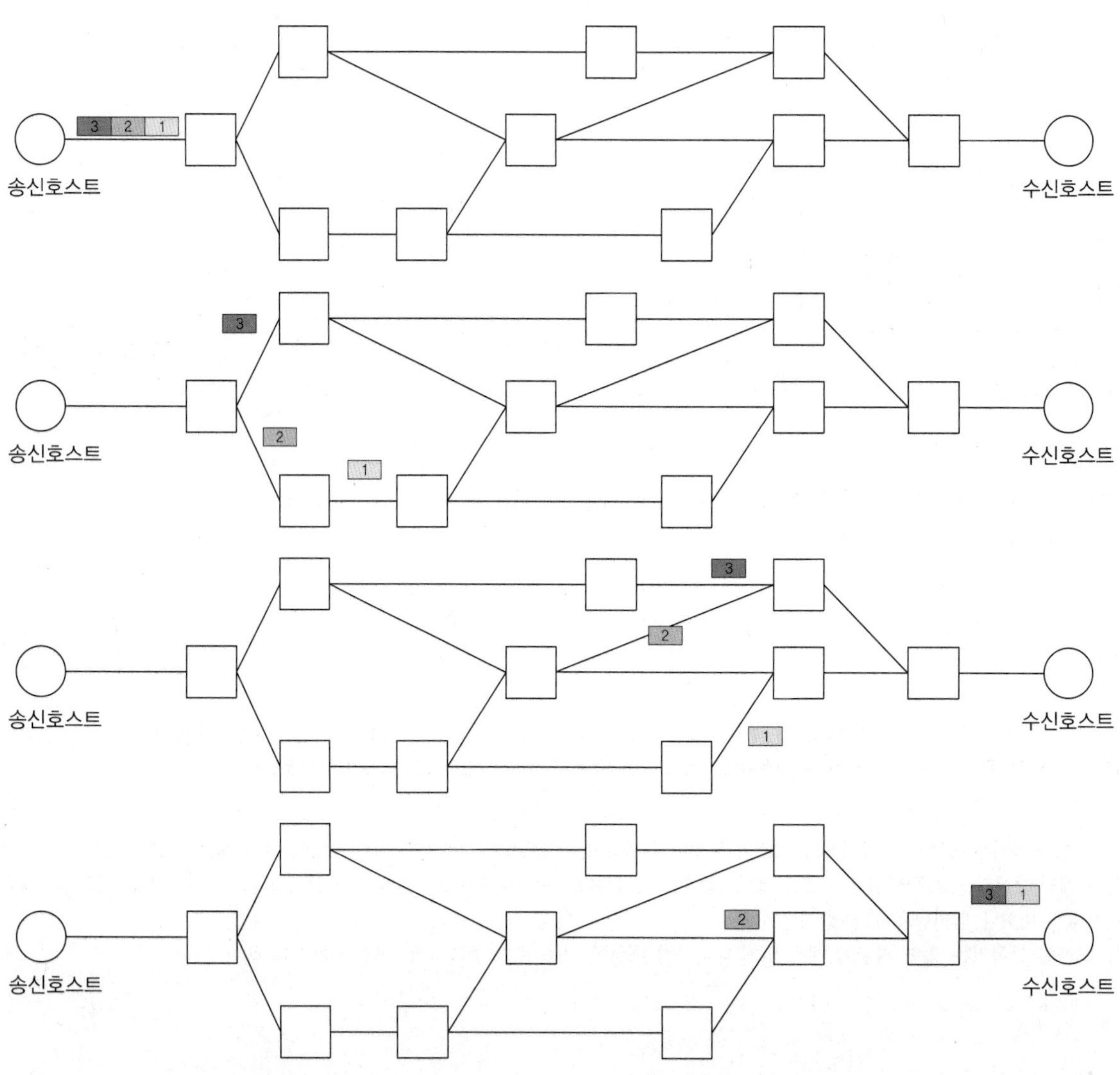

2. 가상회선망(VC)이란 어떤 패킷이 전송되기 전에 [그림2]와 같이 송신측과 수신측 사이에 미리 논리적인 경로가 성립(연결지향형)되는 전송방식이다. 각 패킷에는 가상회선식별자(VCI)가 포함되어 전송된 순서대로 도착하게 된다. 하지만 패킷들이 물리적으로 전송되는 경로는 바뀔 수 있으므로 각 패킷의 지연시간은 서로 다를 수 있다.

[그림2 가상회선 패킷 교환 방식]

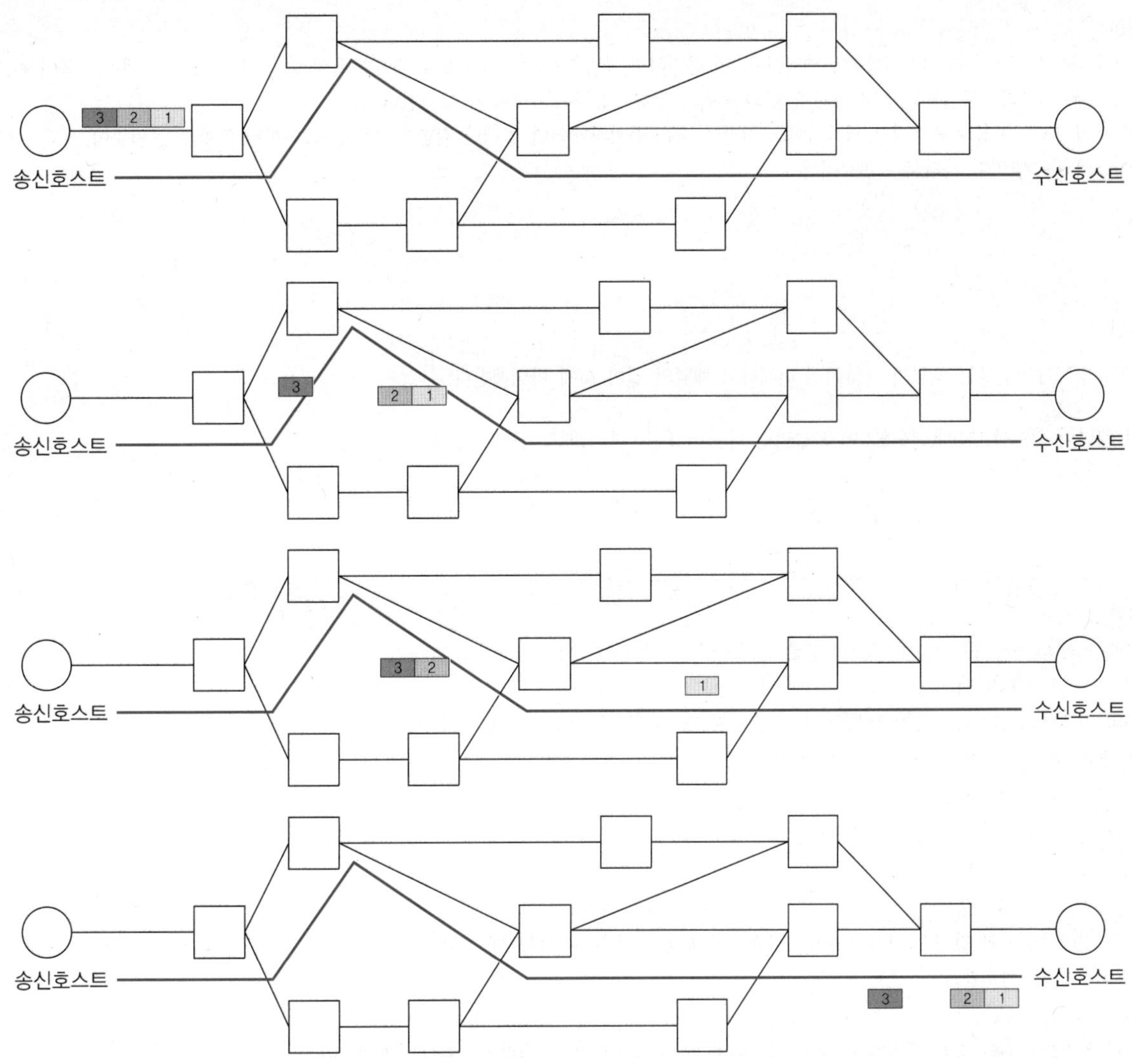

① 데이터그램망은 패킷들이 독립적으로 움직이기 때문에 최종목적지에 도착하는 순서가 다르다. 따라서 데이터그램망은 패킷재정렬기능이 필요하다.

② 가상회선망은 패킷들을 전송하기 전에 논리적인 연결을 먼저 수행하고, 패킷들이 가상회선식별자(VCI)를 포함하고 전송되기 때문에 순서는 동일하다.

④ 음성전화 네트워크에서 물리층 교환은 회선교환방식을 사용한다. 가상회선망은 기존의 회선교환방식과 데이터그램 네트워크를 섞은 것과 같기 때문에 가상회선망이 더 적합하다.

14

정답 ①

간략풀이

핀치-오프 현상은 JFET에서 게이트에 걸리는 바이어스를 높이다 보면 공핍층이 넓어지면서 채널이 막히게 되는 현상으로 증폭이 더 이루어지지 않고 일정 전류만 흐르게 된다.

상세풀이

② 얼리 효과는 BJT에서 컬렉터 접합부에 역바이어스가 증가하면 공핍층이 증가되어 실효 베이스 폭이 줄어드는 현상으로 베이스 폭이 변조되어 베이스 폭 변조라고도 한다. 얼리 효과로 인해 콜렉터 전류, β, 차단주파수가 증가한다.

③·④ 펀치-스루 현상은 BJT에서 역바이어스 전압이 계속 증가하게되면 컬렉터 접합부 공핍층과 이미터 접합부 공핍층이 서로 붙어버려 베이스의 중성영역이 사라지는 현상이다.

15

정답 ④

간략풀이

MOSFET의 드레인전류는 채널의 폭(W)에 비례하고 채널의 길이(L)에 반비례한다($\frac{W}{L}$).

따라서 채널의 길이를 0.5배, 폭을 2배로 늘리면 $\frac{2W}{0.5L}=4\frac{W}{L}$ 즉, 4배가 된다.

16

정답 ①

간략풀이

논리식에서 $Q(t)=1$, $\overline{Q(t)}=0$라고 가정했을 때 논리식은 다음과 같다.

(ⅰ) $A_1=0$, $A_2=0$일 때

D의 입력으로 0의 값이 들어가게 된다. 상승에지 때 출력값은 0이 나오게 된다.

따라서 $Q(t+1)=0 \Rightarrow Q(t=1)=\overline{Q(t)}$

(ⅱ) $A_1=0$, $A_2=1$일 때

D의 입력으로 1의 값이 들어가게 된다. 상승에지 때 출력값은 1이 나오게 된다.

따라서 $Q(t+1)=1$

(ⅲ) $A_1=1$, $A_2=0$일 때

D의 입력으로 0의 값이 들어가게 된다. 상승에지 때 출력값은 0이 나오게 된다.

따라서 $Q(t+1)=0$

(ⅳ) $A_1=1$, $A_2=1$일 때

D의 입력으로 0의 값이 들어가게 된다. 상승에지 때 출력값은 앞에 입력됐던 0이 나오게 된다.

따라서 $Q(t+1)=0 \Rightarrow Q(t+1)=Q(t)$

17

정답 ②

간략풀이

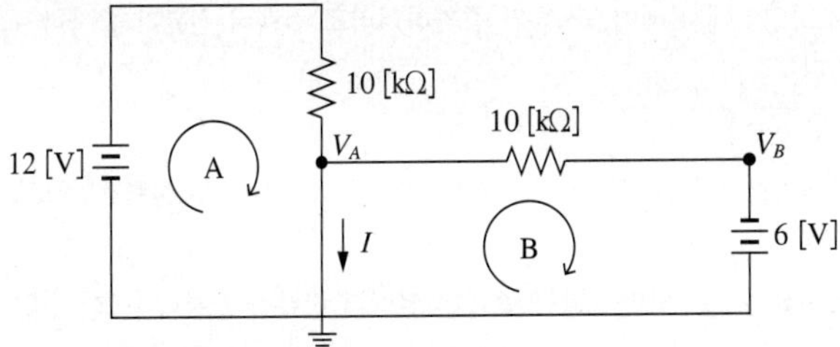

폐회로 A에 흐르는 전류 $I_A = \frac{12[V]}{10[k\Omega]} = 1.2[mA]$

폐회로 B에 흐르는 전류 $I_B = \frac{6[V]}{[10k\Omega]} = 0.6[mA]$

전류 I_A와 I_B의 방향이 다르므로, 전류 $I = I_A - I_B = 0.6[mA]$이다.

상세풀이

다이오드가 2개 이상 존재하는 경우 하나씩 다이오드를 Off시켜 각 노드에 걸리는 전압과 전류를 구해보는 가설을 세워 구해야 한다.

(i) $D_1 = ON, D_2 = OFF$인 경우

전류는 다이오드 D_1을 타고 흐르므로 $V_A = 0[V]$이다.

그런데 $V_B = -6[V]$이고, $D_2 = ON$이므로 $D_1 = ON$, $D_2 = OFF$인 가설은 틀린 것이다.

(ii) $D_1 = OFF, D_2 = ON$인 경우

등가회로는 다음과 같이 된다.

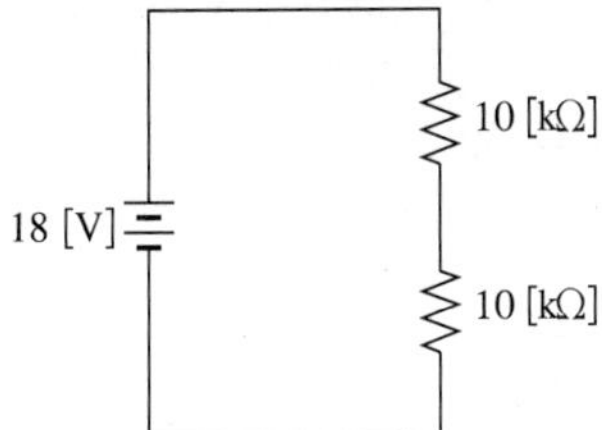

저항 10[kΩ]에 걸리는 전압은 각각 9[V]로 동일하다. 이를 다이오드가 포함된 회로로 대입하면 회로는 다음과 같다.

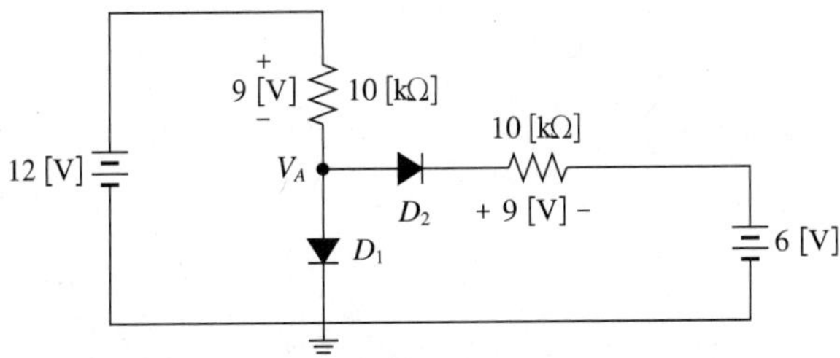

$V_A = 3[V]$이고, 다이오드 D_1은 도통되므로, $D_1 = OFF$인 가설은 틀린 것이다.

최종적으로 $D_1 = ON$, $D_2 = ON$일 때의 전류 I를 구해야 한다.

폐회로 A에 흐르는 전류 $I_A = \frac{12[V]}{10[k\Omega]} = 1.2[mA]$

폐회로 B에 흐르는 전류 $I_B = \frac{6[V]}{10[k\Omega]} = 0.6[mA]$

전류 I_A와 I_B의 방향이 다르므로, 전류 $I = I_A - I_B = 0.6[mA]$이다.

18

정답 ④

간략풀이

문제에서 주어진 그래프에서 D 지점은 포화영역에 해당하며, 트랜지스터는 포화영역에서 베이스전류가 증가하더라도 컬렉터 전류가 증가하지 않는다. 따라서 트랜지스터는 포화영역에서 증폭기가 아닌 스위치로 동작한다.

상세풀이

① 전압이득 특성곡선에서 입력전압이 0[V]일 때 5[V]의 출력이 발생한다. 트랜지스터가 동작하지 않으면 입력전압 V_{CC}가 모두 출력전압으로 나타나기 때문에 $V_{CC}=5[\text{V}]$이다.

② C영역은 활성영역으로 트랜지스터가 증폭기로 동작하는 영역이며, 베이스전류가 증가하면 β만큼 증폭된 컬렉터 전류가 흐른다. 또한 전압이득은 $-\frac{R_C}{r_e{}'}$이다.

③ D 지점은 스위치로 동작하는 포화영역이고, B 지점은 활성영역으로 증폭기로 동작하는 영역이기 때문에 B 지점이 더 큰 전압이득을 얻을 수 있다.

19

정답 ④

상세풀이

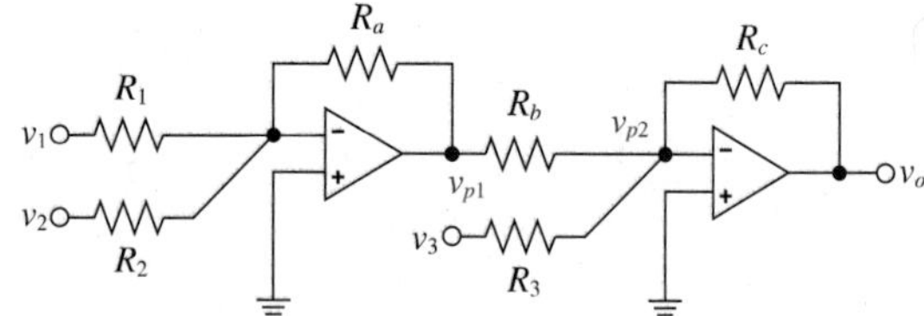

문제에서 주어진 회로는 가산기 회로이다. 첫 번째 가산기 회로의 출력을 v_{p1}, 두 번째 출력을 v_{p2}이라고 하자.

이때, v_{p1}을 식으로 표현하면

$v_{p1}=-(\frac{R_a}{R_1}v_1+\frac{R_a}{R_2}v_2)=-(4v_1+2v_2)$가 된다.

두 번째 가산기 회로의 출력을 v_{p2}라고 할 때 식으로 표현하면

$v_{p2}=-(\frac{R_c}{R_b}v_{p1}+\frac{R_c}{R_3}v_3)=-(2v_{p1}+5v_3)$이다.

여기에 v_{p1}의 값을 대입하면

$v_{p2}=-\{2(-4v_1-2v_2)+5v_3\}=-(-8v_1-4v_2+5v_3)=8v_1+4v_2-5v_3$가 된다.

$\therefore A=8, B=4, C=-5$

20

정답 ②

간략풀이

부궤한 증폭기에서 폐루프 이득(A_f)은 $A_f=\frac{A}{1+A\beta}$로 표현할 수 있다. 문제에서 주어진 값을 대입하면

$A_f=100=\frac{A}{1+A\beta}$이 된다. 이를 정리하여 표현하면

$100=\frac{A}{1+A\beta} \Rightarrow 100+100A\beta=A \Rightarrow 100=A(1-100\beta) \Rightarrow A=\frac{100}{1-100\beta}$

$A=\frac{100}{1-100\beta}$ …①

한편 개루프 이득이 100배가 커졌을 때 폐루프 이득이 200이 된다고 했으므로 식으로 표현하면

$200=\frac{100A}{1+100A\beta} \Rightarrow 200+20,000A\beta=100A \Rightarrow 2+200A\beta=A \Rightarrow 200A\beta-A=-2 \Rightarrow A(200\beta-1)=-2 \Rightarrow A=\frac{2}{1-200\beta}$

$A=\frac{2}{1-200\beta}$ …②

①=②로 식을 정리하면,

$\frac{100}{1-100\beta}=\frac{2}{1-200\beta} \Rightarrow 100-20,000\beta=2-200\beta \Rightarrow 19,800\beta=98 \Rightarrow \beta=\frac{98}{19,800}$

$\therefore\ \beta \fallingdotseq 5\times10^{-3}$

2021 | 2021.06.05. 시행 공개경쟁채용 필기시험 서울시 기출 정답 및 해설

문제편 215p

01	02	03	04	05	06	07	08	09	10	11	12	13	14	15	16	17	18	19	20
①	④	④	①	②	①	②	②	③	④	②	③	①	②	②	④	④	②	②	③

01

정답 ①

간략풀이

인덕터를 상쇄시키도록 직렬로 연결했으므로 총 인덕턴스 $L = L_1 + L_2 - 2M$이다.

여기서 결합 계수 $M = K_o\sqrt{L_1L_2}$ 이고, 이 값이 0.9이므로

$M = 0.9\sqrt{20\times 80} = 0.9\times 40 = 36[\mu\mathrm{H}]$

∴ 총 인덕턴스 $L = 20 + 80 - 2\times 36 = 28[\mu\mathrm{H}]$

02

정답 ④

간략풀이

역률을 구하면, $\cos\theta = \dfrac{R}{Z} = \dfrac{R}{\sqrt{R^2+X^2}}$ 이다.

$X = \dfrac{1}{jwC}$ 이고, 여기서 각주파수 $w = 100$이므로, 이를 대입하면

$$\cos\theta = \frac{100}{\sqrt{100^2 + (\frac{1}{100\times 100\times 10^{-6}})^2}} = \frac{100}{\sqrt{100^2 + (\frac{1}{10^4\times 10^{-6}})^2}} = \frac{100}{\sqrt{2\times 100^2}} = \frac{1}{\sqrt{2}}$$ 가 된다.

03

정답 ④

간략풀이

전원이 2개 이상일 때는 중첩의 원리를 사용하는 것이 좋다.

(ⅰ) 전압원이 단락일 때

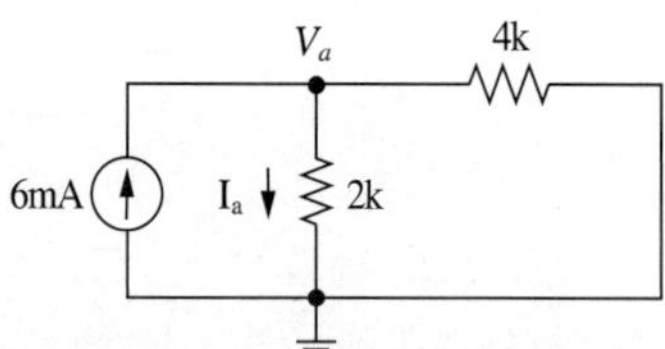

$I_a = 6[\mathrm{mA}]\times\dfrac{4[\mathrm{k\Omega}]}{2+4[\mathrm{k\Omega}]} = 4[\mathrm{mA}]$ 이므로

$V_a = 4[\mathrm{mA}]\times 2[\mathrm{k\Omega}] = 8[\mathrm{V}]$

(ⅱ) 전류원이 개방일 때

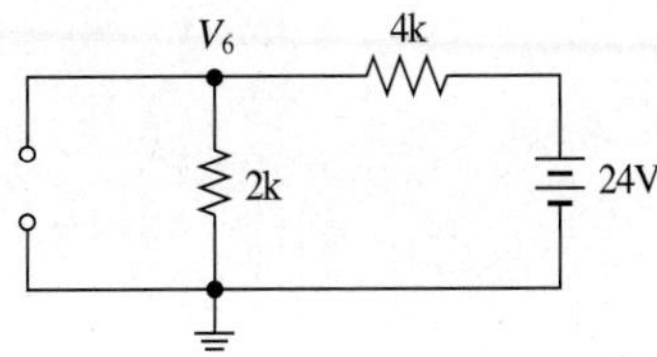

$$V_b = 24[\text{V}] \times \frac{2[\text{k}\Omega]}{2+4[\text{k}\Omega]} = 8[\text{V}]$$

$\therefore\ V_1 = V_a + V_b = 8+8 = 16[\text{V}]$

04

정답 ①

간략풀이

(ⅰ) 테브난저항(R_{th})은 전원을 제거(전압원은 단락, 전류원은 개방)하여 등가저항을 구한다.

전원을 제거한 등가회로는 다음과 같다.

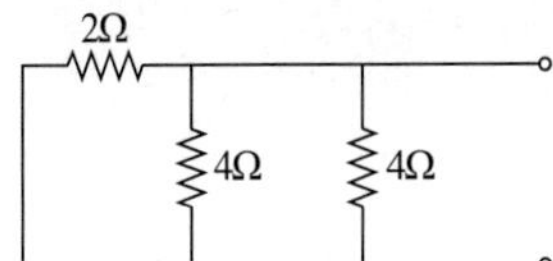

테브난저항 $R_{th} = 2 \parallel 4 \parallel 4 = 1[\Omega]$이다.

(ⅱ) 테브난전압(V_{th})은 부하에 걸리는 전압을 구하면 된다. 전원이 3개이므로 중첩의 정리를 사용하여 부하에 걸리는 전압을 구하면 다음과 같다.

- 전압원 4V에 의해 부하에 걸리는 전압(V_{th1})

  전압원 4V를 제외한 전원을 제거했을 때 등가회로는 다음과 같다.

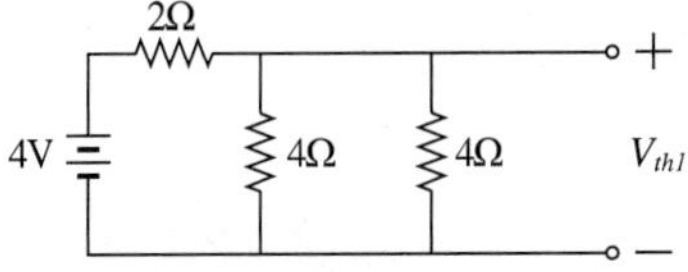

  이때, 부하에 걸리는 전압 V_{th1}을 구하면 다음과 같다.

  $$\therefore V_{th1} = [\text{V}] \times \frac{2[\Omega]}{2+2[\Omega]} = 2[\text{V}] \ \cdots ①$$

- 전류원 2A에 의해 부하에 걸리는 전압(V_{th2})

  전류원 2A를 제외한 전원을 제거했을 때 등가회로는 다음과 같다.

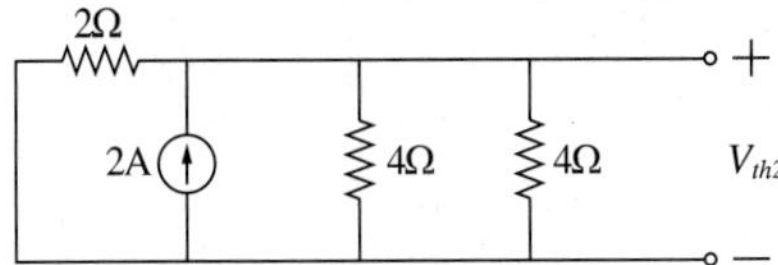

  4[Ω]과 4[Ω]은 병렬로 2[Ω]이 되고, 부하에 걸리는 전압 V_{th2}를 구하면 다음과 같다.

  $\therefore\ V_{th2} = 2[\Omega] \times 1[\text{A}] = 2[\text{V}] \ \cdots ②$

• 전류원 1A에 의해 부하에 걸리는 전압(V_{th3})

전류원 1A를 제외한 전원을 제거했을 때 걸리는 등가회로는 다음과 같다.

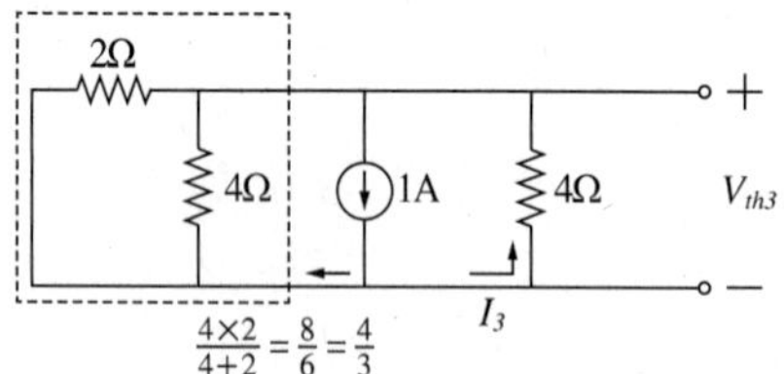

2[Ω]과 4[Ω]은 병렬이므로 등가저항은 $\frac{4\times2}{4+2}=\frac{4}{3}$[Ω]이다. 4[Ω]에 흐르는 전류$I_3$를 구하면

$$I_3=\frac{\frac{4}{3}}{\frac{4}{3}+4}\times1[A]=\frac{4}{16}=\frac{1}{4}[A]$$

부하에 걸리는 전압 V_{th3}를 구하면 다음과 같다.

$\therefore\ V_{th3}=4[\Omega]\times(-\frac{1}{4})[A]=-1[V]$ …③

중첩의 원리에 의해 ①, ②, ③에서 구한 전압을 모두 더한다.

$\therefore\ V_{th}=V_{th1}+V_{th2}+V_{th3}=2+2+(-1)=3[V]$

05

정답 ②

간략풀이

저항 R_s에 흐르는 전류 I_s를 구하면 $I_s=\frac{V_s-V_i}{R_s}=\frac{1.5-1[mV]}{100[\Omega]}=\frac{0.5[mV]}{100[\Omega]}$이다.

$$\therefore Z_i=\frac{V_i}{I_i}=\frac{1[mV]}{\frac{0.5[mV]}{100}}=200[\Omega]$$

06

정답 ①

간략풀이

신호 대 잡음비$(SNR)=\frac{S_o}{N_o}=\frac{\text{출력신호전력}}{\text{잡음신호전력}}$이다.

출력신호전력을 구하려면 출력신호 스펙트럼 밀도를 통해 구해야 한다. 식으로 표현하면 출력신호전력은 $P_{avg}=\int_{-\infty}^{\infty}S(f)df$이다.

$S_y(f)=|H(f)|^2\times S_x(f)$이므로, 출력신호 스펙트럼 밀도 $S_y(f)=1^2\times5=5$이다.

따라서 출력신호전력은 $P_{avg}=\int_{-60}^{60}5df=2\int_{0}^{60}5df=2\times300=600$이다.

위와 같이 잡음신호전력을 구하면 $P_o=\int_{-60}^{60}4df=2\int_{0}^{60}4df=2\times240=480$이다.

$\therefore\ SNR=\frac{600}{480}=\frac{5}{4}=1.25$

07

정답 ②

간략풀이

$t>0$일 때 콘덴서에 나타나는 전압은 최초에 충전된 전압 20[V]에서 병렬연결된 10[kΩ]에 걸리는 전압이 모두 충전되기 때문에 $20-10(1-e^{\frac{-t}{2000}})=10(e^{\frac{-t}{2000}}+1)$이 된다.

상세풀이

(ⅰ) 회로를 해석하기 위해 먼저 $t=0$일 때의 상태를 해석한다.

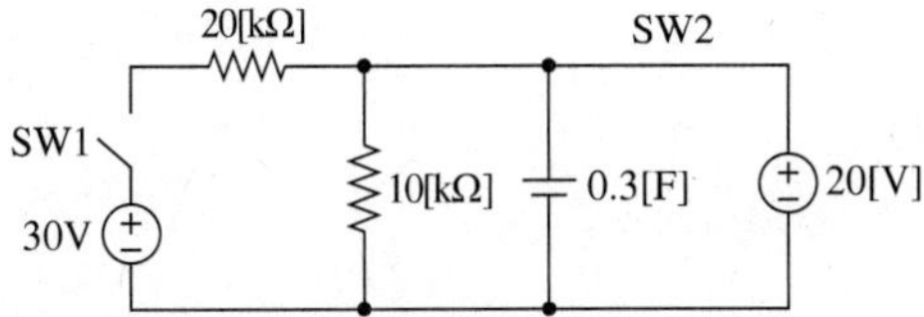

회로를 해석하면 20[kΩ]저항은 선과 같기 때문에 저항이 아니게 된다. 콘덴서에 충전되는 전압은 병렬연결된 10[kΩ] 저항에 걸리는 전압과 같다. 따라서 콘덴서의 전압을 식으로 나타내면 $v_o=20(1-e^{\frac{-t}{3000}})$가 된다(시정 수 : $RC=3000$).

즉, 시정수가 충분히 지난 다음의 콘덴서에 충전된 전압은 20[V]가 된다.

(ⅱ) $t>0$일 때를 해석하면 다음과 같다.

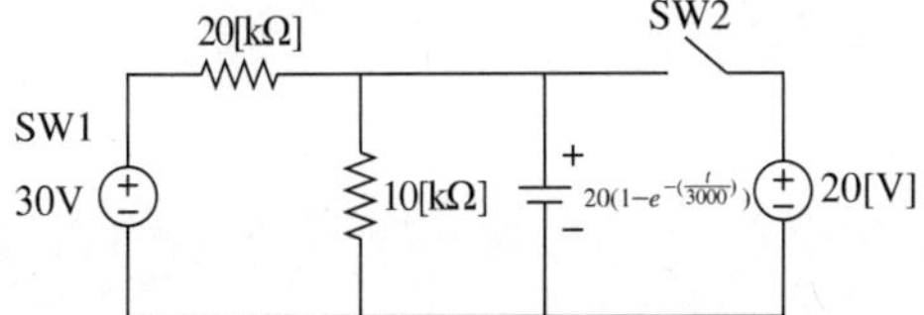

회로를 해석하면 콘덴서에 걸리는 전압은 병렬연결된 10[kΩ] 저항에 걸리는 전압과 같다. 따라서 콘덴서에 충전되는 전압을 식으로 나타내면 $10(1-e^{\frac{-t}{2000}})$이 된다(시정수 : $RC=2000$).

08

정답 ②

간략풀이

RLC직렬회로에서 전압확대율 Q를 구하는 공식인 $Q=\frac{1}{R}\sqrt{\frac{L}{C}}$에 문제에서 주어진 값을 대입하면

$$Q=\frac{1}{4}\sqrt{\frac{20\cdot 10^{-3}}{2\cdot 10^{-6}}}=\frac{1}{4}\sqrt{10\cdot 10^{3}}=25$$

상세풀이

RLC직렬회로에서는 공진시에 저항이 최소가 되기 때문에 전류가 최대가 된다. 전류가 최대가 되면 전압도 증폭되게 되는데 그 비율을 전압확대율이라고 한다. 공진회로에서는 저항만 있는 회로와 같기 때문에 전압확대율을 식으로 나타내면 다음과 같다.

$$Q=\frac{V_L}{V}=\frac{V_C}{V}\Rightarrow\frac{LX_L}{LR}=\frac{LX_C}{LR}\Rightarrow\frac{X_L}{R}=\frac{X_C}{R}\Rightarrow\frac{j\omega L}{R}=\frac{\frac{1}{j\omega C}}{R}$$

$$Q^2=\frac{j\omega L}{R}\times\frac{\frac{1}{j\omega C}}{R}=\frac{\frac{L}{C}}{R^2}=\frac{L}{R^2C}\Rightarrow Q=\frac{1}{R}\sqrt{\frac{L}{C}}$$

선택도

선택도 S는 주파수 특성곡선에서 공진주파수를 양쪽으로 $3dB$ 대역폭으로 나눈 값을 의미한다. 값을 계산해보면 $S=\frac{f_r}{f_2-f_1}$가 된다.

09

정답 ③

간략풀이

보기에서 주어진 회로는 전류거울회로로 $I_o = I_{ref}$의 조건이 성립한다.

$\therefore\ V_{CC} = I_{ref} \cdot R_1 + 0.7 = 0.4[\text{mA}] \cdot 50[\text{k}\Omega] + 0.7 = 20 + 0.7 = 20.7[\text{V}]$

10

정답 ④

상세풀이

먼저 계통의 안정성을 판단하기 위해 Routh-Hurwitz 판별식을 세우면 다음과 같다.

$$\begin{array}{lll} S^3 & 1 & K+1 \\ S^2 & 3K & 6 \\ S^1 & \dfrac{3K(K+1)-1\times 6}{3K} & \\ S^0 & 6 & \end{array}$$

Routh-Hurwitz 판별식에서는 1열의 값이 부호의 변동이 없어야 안정한 시스템이기 때문에

$3K>0$ …①의 조건과 $\dfrac{3K(K+1)-1\times 6}{3K}>0$ …②의 값이 성립해야 한다.

식을 간략히 하기 위해 ① $K>0$ ② $3K^2+3K-6>0$를 인수분해한다.

$3(K+2)(K-1)>0$이므로 해는 $K>1$, $K<-2$이다.

따라서 ①, ②의 조건을 모두 만족하는 것은 $K>1$이다.

11

정답 ②

간략풀이

전체저항의 등가저항을 구해 전류 I를 구해야 한다.

〈보기〉의 회로를 아래와 같이 변형시키고, 삼각등가저항법을 통해 회로를 변환한다.

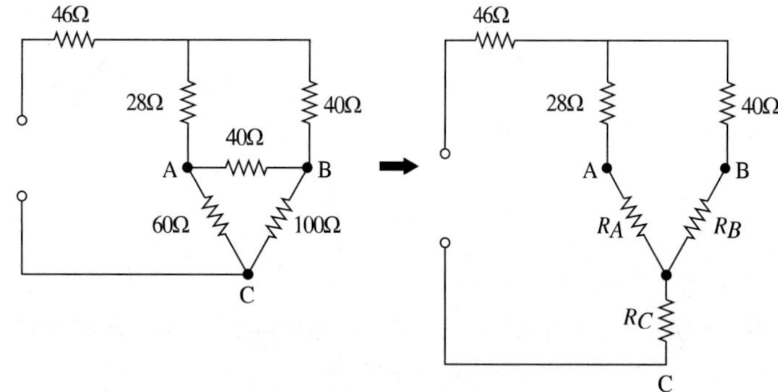

삼각등가저항법을 통해 R_A, R_B, R_C를 구하면

$$R_A = \frac{40\times 60}{40+60+100} = \frac{2400}{200} = 12$$

$$R_B = \frac{40\times 100}{40+60+100} = \frac{4000}{200} = 20$$

$$R_C = \frac{100\times 60}{40+60+100} = \frac{6000}{200} = 30$$이다.

주어진 회로를 정리하여 최종적인 등가저항을 구한다.

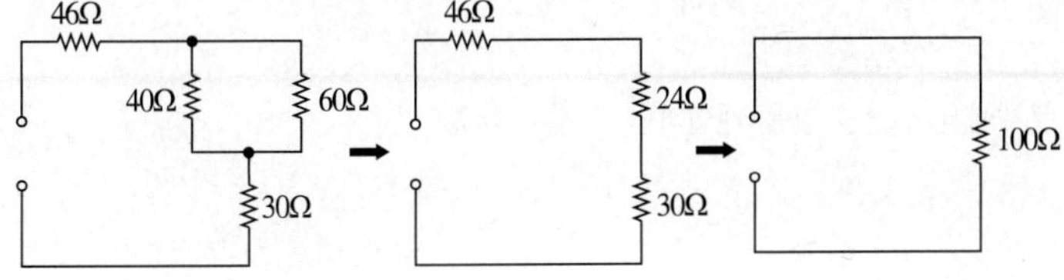

∴ 전류 $I = \frac{200[\mathrm{V}]}{100[\Omega]} = 2[\mathrm{A}]$

12

정답 ③

간략풀이

라플라스 역변환을 위해 함수 $F(s)$를 부분분수로 전개해야 한다.

$$F(s) = \frac{5s^2+8s+2}{(s+1)(s+2)(s+3)} = \frac{A}{s+1} + \frac{B}{s+2} + \frac{C}{s+3}$$

$$A = \lim_{s \to -1}(s+1)F(s) = \frac{5-8+2}{1\times 2} = -\frac{1}{2} = -0.5$$

$$B = \lim_{s \to -2}(s+2)F(s) = \frac{5\times(-2)^2-16+2}{(-1)\times 1} = -6$$

$$C = \lim_{s \to -3}(s+3)F(s) = \frac{5\times(-3)^2-24+2}{(-2)\times(-1)} = 11.5$$

$\therefore F(s) = -\frac{0.5}{s+3} - \frac{6}{s+2} + \frac{11.5}{s+3}$ 이고, 이를 라플라스 역변환하면

$[-0.5e^{-t} - 6e^{-2t} + 11.5e^{-3t}]u(t)$ 이다.

13

정답 ①

간략풀이

앙페르의 오른나사법칙에 의해 전류 I에 의한 자계의 방향은 x축의 플러스 축으로 들어가고, $3I$에 의한 자계의 방향은 x축의 마이너스 축으로 들어간다. $3I$에 의한 자계의 세기가 더 강하므로 두 전류 I, $3I$에 의한 총 자계의 방향은 x축의 마이너스 축에 위치한다.

또한, 총 자계의 세기가 0인 지점을 찾아야 하므로 전류 I에 의한 자계 H_1과 전류 $3I$에 의한 자계 H_2가 동일하다고 두고 두 자계의 반지름의 상관관계를 구하면

$\frac{I}{2\pi r_1} = \frac{3I}{2\pi r_2}$ 이고, 정리하면 $\therefore r_2 = 3r_1$ 이 된다.

각각의 보기를 이에 대입하면

①번 자계의 세기가 0인 지점 $x=-1$인 경우, $r_1 = 1, r_2 = 3$으로 $r_2 = 3r_1$을 만족한다.

②번 자계의 세기가 0인 지점 $x = \frac{2}{3}$인 경우, $r_1 = \frac{2}{3}, r_2 = 2 - \frac{2}{3} = \frac{4}{3}$으로 $r_2 = 3r_1$을 만족하지 못한다.

③번 자계의 세기가 0인 지점 $x = \frac{1}{3}$인 경우, $r_1 = \frac{1}{3}, r_2 = 2 - \frac{1}{3} = \frac{5}{3}$으로 $r_2 = 3r_1$을 만족하지 못한다.

④번 자계의 세기가 0인 지점 $x = 3$인 경우, $r_1 = 3, r_2 = 3-2 = 1$으로 $r_2 = 3r_1$을 만족하지 못한다.

14

정답 ②

간략풀이

RC회로에서 차단주파수를 구하는 공식은 $f_c = \frac{1}{2\pi RC}$이므로, 문제에서 주어진 값을 대입하면 $\frac{1}{2\pi \frac{1}{10\pi}} = 5$

상세풀이

RC회로에서 차단주파수는 리액턴스 성분 X_C과 저항 R의 성분이 같아지는 주파수이다.

식으로 나타내면 다음과 같다.

$$X_C = \frac{1}{\omega C} = \frac{1}{2\pi f C} = R \Rightarrow f_C = \frac{1}{2\pi RC}$$

주어진 값을 대입하면 $\frac{1}{2\pi \frac{1}{10\pi}} = \frac{\frac{1}{1}}{\frac{1}{5}} = 5$

15

정답 ②

간략풀이

8421 BCD 코드에서 홀수인 경우는 모두 D의 값이 1일 때이다. D의 값이 1일 때 출력(Y)이 1이 되면 된다. 따라서 올바른 부울함수는 $Y = D$이다.

상세풀이

8421 BCD 코드는 10진수 각 자리를 등가인 2진수로 표현하고 9 이하의 숫자만 4비트의 2진코드로 사용하는 코드이다. 즉, 10 이상의 코드는 금지되어 있다. BCD 코드는 사용하지 않는 6개의 코드(1010, 1011, 1100, 1101, 1110, 1111)로 비트사용이 비효율적이지만 10진수 변환이 쉽고 인간에게 친숙한 개념이라는 장점이 있다. BCD코드 변환의 예를 들면 다음과 같다.

10진수	BCD코드	10진수	BCD코드
0	0000	10	0001 0000
1	0001	11	0001 0001
2	0010	12	0001 0010
3	0011	13	0001 0011
4	0100	14	0001 0100
5	0101	15	0001 0101
6	0110	16	0001 0110
7	0111	17	0001 0111
8	1000	18	0001 1000
9	1001	19	0001 1001

16

정답 ④

간략풀이

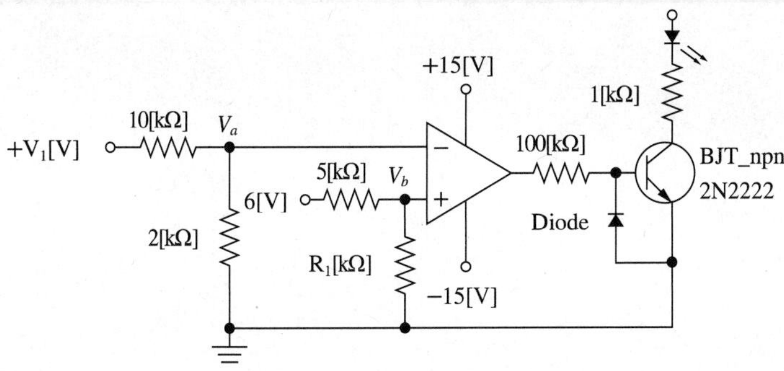

LED_1이 On이 되기 위해 BJT_npn은 On이 되어야 하므로 연산증폭기의 출력은 양수가 되어야 한다. 연산증폭기의 출력은 두 개의 입력차를 증폭하는 차동증폭기의 특성을 이용해 구해야 한다.

연산증폭기의 출력은 (+)단자와 (−)단자의 차에 전압이득을 곱한 만큼 출력된다. 이를 식으로 나타내면 다음과 같다.

$V_o = A_o(V_b - V_a)$, 출력전압 V_o이 양수가 되어야 하므로 $V_b - V_a > 0$이어야 한다.

① $V_a = 40[\text{V}] \times \dfrac{2[\text{k}\Omega]}{10+2[\text{k}\Omega]} = 6.667[\text{V}]$

$V_b = 6[\text{V}] \times \dfrac{1[\text{k}\Omega]}{5+1[\text{k}\Omega]} = 1[\text{V}]$

② $V_a = 30[\text{V}] \times \dfrac{2[\text{k}\Omega]}{10+2[\text{k}\Omega]} = 5[\text{V}]$

$V_b = 6[\text{V}] \times \dfrac{5[\text{k}\Omega]}{5+5[\text{k}\Omega]} = 3[\text{V}]$

③ $V_a = 20[\text{V}] \times \dfrac{2[\text{k}\Omega]}{10+2[\text{k}\Omega]} = 3.333[\text{V}]$

$V_b = 6 \times \dfrac{1[\text{k}\Omega]}{5+1[\text{k}\Omega]} = 1[\text{V}]$

④ $V_a = 10[\text{V}] \times \dfrac{2[\text{k}\Omega]}{10+2[\text{k}\Omega]} = 1.666[\text{V}]$

$V_b = 6[\text{V}] \times \dfrac{5[\text{k}\Omega]}{5+5[\text{k}\Omega]} = 3[\text{V}]$

따라서 $V_b - V_a > 0$를 만족하는 선지는 ④이다.

17

정답 ④

간략풀이

다음 논리회로를 정리하면 다음과 같다.

$\overline{\overline{\overline{A+B}+A}+\overline{\overline{A+B}+B}}$식에 각각 값을 대입하여 보면 다음 표와 같은 결과가 나온다.

A	B	X
0	0	1
1	0	0
0	1	0
1	1	1

따라서 논리회로의 기능은 XNOR와 같다.

상세풀이

주어진 논리회로를 등가회로로 바꾸면 다음과 같다.

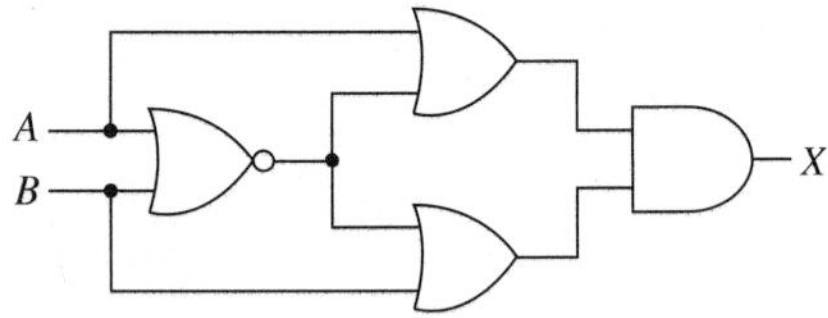

회로를 논리식으로 풀면 다음과 같다(드 모르간 정리 $\overline{A+B}=\overline{A}\cdot\overline{B}$)

$(\overline{A+B}+A)\cdot(\overline{A+B}+B)=(\overline{A}\cdot\overline{B}+A)\cdot(\overline{A}\cdot\overline{B}+B)=\overline{A}\,\overline{B}+AB$

따라서 논리회로의 기능은 XNOR와 같다.

18

정답 ②

간략풀이

△결선의 상전압(V_p)=선간전압(V_l)=200[V]로 동일하다.

선전류 $I_l=I_{ba}-I_{ac}$이고, 상전류 사이의 위상차이는 120°이므로 그림을 통해 선전류 I_l를 구하면

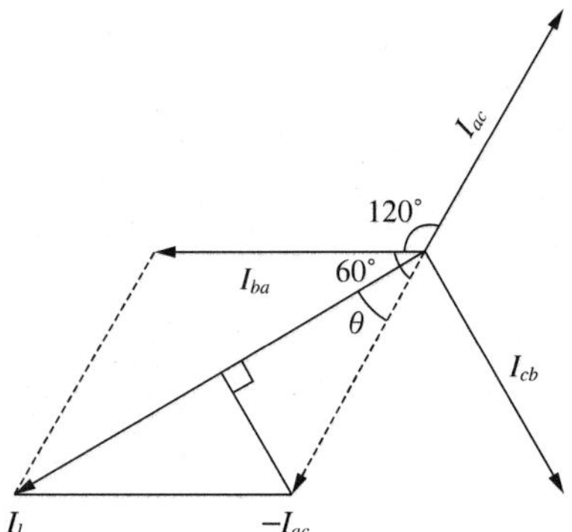

$I_l=2I_{ac}\cos\theta(\theta=30^\circ)=2\cdot\dfrac{\sqrt{3}}{2}\cdot I_{ac}=I_{ac}\sqrt{3}$ 이다.

여기서 I_{ac}는 상전류이므로 $I_p=I_{ac}=\dfrac{V_p}{Z}=\dfrac{200}{6+j8}=\dfrac{200}{\sqrt{6^2+8^2}}=\dfrac{200}{10}=20[A]$이다.

$\therefore\ I_p=20,\ I_l=20\sqrt{3}$

19

정답 ②

간략풀이

3×8 디코더의 출력과 위쪽 OR게이트의 출력(㉠), 아래쪽 OR게이트의 출력(㉡), F를 표로 나타내면 다음과 같다.

	0	1	3	5	6	㉠	㉡	F
①	1	0	0	0	0	0	1	0
②	0	0	0	1	0	1	1	1
③	0	0	0	0	1	0	1	0
④	입력 A=1, B=1, C=1일 때, $2^2+2^1+2^0=7$이므로 게이트와 연결되지 않았으므로 출력 F는 나올 수 없음							

주어진 〈보기〉와 맞는 정답은 ②이다.

상세풀이

① 3×8 디코더의 출력은 $0+0+0=0$으로 출력 0에는 1, 나머지 출력 1, 3, 5, 6에는 0이 출력된다.

② 3×8 디코더의 출력은 $2^2+0+2^0=5$으로 출력 5에는 1, 나머지 출력 0, 1, 3, 6에는 0이 출력된다.

③ 3×8 디코더의 출력은 $2^2+2^1+0=6$으로 출력 6에는 1, 나머지 출력 0, 1, 3, 5에는 0이 출력된다.

20

정답 ③

간략풀이

입력전압은 교류전압으로 입력되므로 입력전압(V_R)이 양의 값인 구간일 때와, 음인 구간일 때를 나누어 출력전압을 구해야 한다.

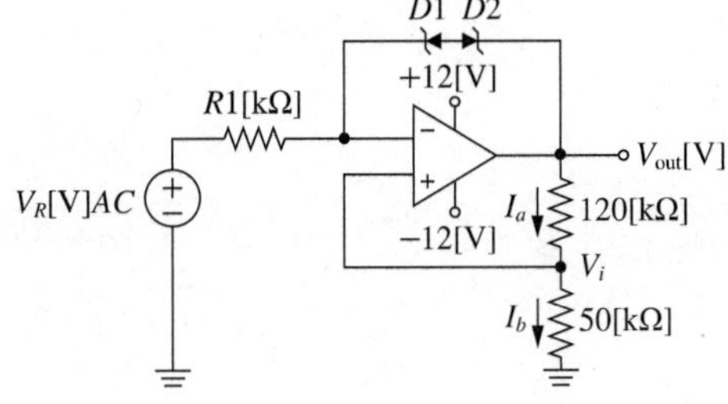

(i) 입력전압(V_R)이 양의 값일 때

다이오드 D_1은 역방향으로 동작하므로 제너전압 4.7[V]로 동작하고, 다이오드 D_2는 순방향으로 동작하므로 순방향커트 전압 0.7[V]로 동작한다. 그러므로 V_i와 V_{out} 사이에 걸린 전압은 5.4[V]가 되고, 이를 식으로 나타내면 $V_i - V_{out} = 5.4[V]$ …①이 된다.

D_1 D_2
+4.7V− +0.7V−
V_i V_{out}

또한 120[kΩ]과 50[kΩ]을 통해 흐르는 전류는 같으므로 $I_a = I_b$이고,

$I_a = \frac{V_{out} - V_i}{120[k\Omega]}$, $I_b = \frac{V_i}{50[k\Omega]}$ 이다.

이를 정리하면, $\frac{V_{out} - V_i}{120[k\Omega]} = \frac{V_i}{50[k\Omega]}$

$50V_{out} - 50V_i = 120V_i$

$170V_i = 50V_{out}$

$\therefore\ V_i = \frac{5}{17}V_{out}$

이를 ①에 대입하면

$V_i - V_{out} = \frac{5}{17}V_{out} - V_{out} = -\frac{12}{17}V_{out} = 5.4[V]$ 이 된다.

$\therefore\ V_{out} = -\frac{17}{12} \times 5.4 = -7.65[V]$ 이다.

(ii) 입력전압(V_R)이 음의 값일 때

입력전압이 양의 값을 가질 때와 마찬가지로 다이오드의 동작상태를 파악한다.

다이오드 D_1은 순방향으로 동작하므로 순방향커트 전압 0.7[V]로 동작하고, 다이오드 D_2는 역방향으로 동작하므로 제너전압 4.7[V]로 동작한다. 그러므로 V_i와 V_{out} 사이에 걸린 전압은 −5.4[V]가 되고, 이를 식으로 나타내면 $V_i - V_{out} = -5.4[V]$ …①이 된다.

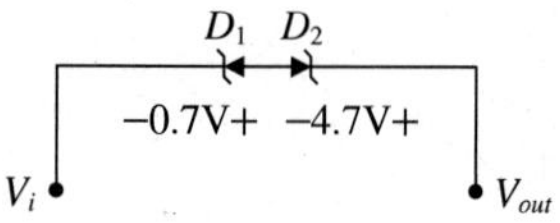

D_1 D_2

−0.7V+ −4.7V+

V_i V_{out}

마찬가지로 (i)에서 구한 $V_i = \frac{5}{17}V_{out}$을 ①에 대입하면 $\frac{5}{17}V_{out} - V_{out} = -5.4[\text{V}]$,

$-\frac{12}{17}V_{out} = -5.4[\text{V}]$

$\therefore\ V_{out} = \frac{17}{12} \times 5.4 = 7.65[\text{V}]$

최종적으로 출력 V_{out}의 최소 전압값은 −7.65[V], 최대 전압값은 +7.65[V]이다.

2021 | 2021.07.24 시행 공개경쟁채용 필기시험 군무원 기출(복원) 정답 및 해설

문제편 220p

01	02	03	04	05	06	07	08	09	10	11	12	13	14	15	16	17	18	19	20
②	①	④	③	③	①	①	④	②	③	①	②	②	②	①	①	③	②	②	④
21	22	23	24	25															
④	④	③	①	③															

01

정답 ②

간략풀이

테브난의 정리로 테브난 전압 V_{th}을 구한 후 Z_L에 공급되는 최대전력 $P_{\max}$를 구한다.

$$P_{\max} = \frac{V_{Th}^2}{4 \times R_L} = \frac{4^2}{4 \times 2} = 2[\mathrm{W}]$$

상세풀이

(ⅰ) 부하 Z_L를 개방하고 테브난의 등가회로로 회로도를 고친다.

- 등가 테브난 전압 $V_{Th} = I \cdot R = 2[\mathrm{A}] \times 2[\Omega] = 4[\mathrm{V}]$
- 등가 내부 임피던스 $Z_{Th} = 2[\Omega] + j2$

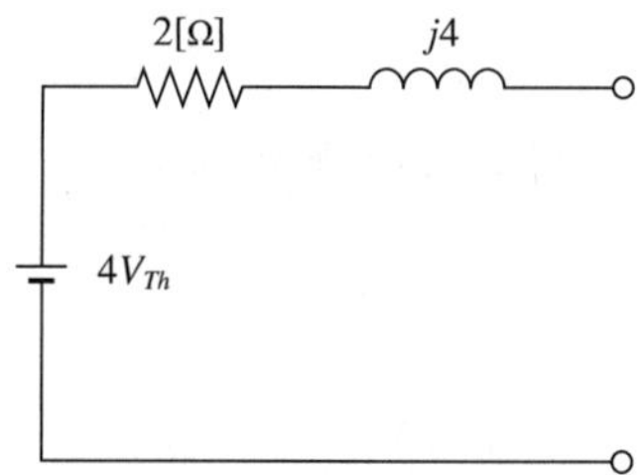

이때 최대 전력 전달에 관한 정리에서 부하 임피던스 Z_L은 내부 임피던스 Z_{Th}의 켤레 복소수이므로 최대전력을 위한 부하 임피던스 $Z_L = 2[\Omega] - j2$가 된다.

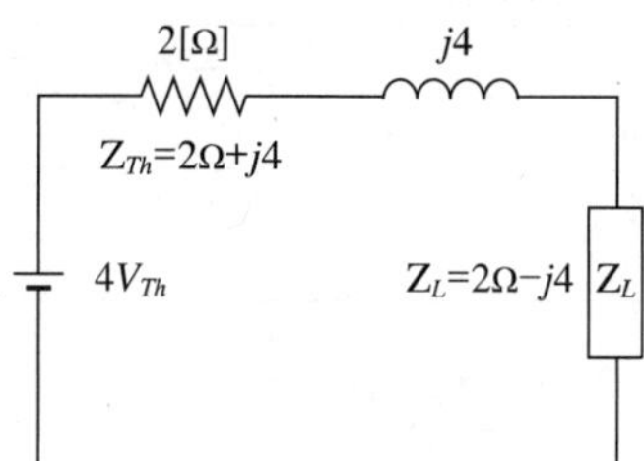

(ii) 최대출력전력 $P_{\max} = \dfrac{V_{Th}^2}{4 \times R_L}$에 대입하여 최대전력을 구한다.

$$P_{\max} = \frac{V_{Th}^2}{4 \times R_L} = \frac{4^2}{4 \times 2\Omega}$$ ($\because Z_{Th}$의 R_S와 Z_L의 R_L은 최대 전력 전달 정리로 $R_S = R_L = 2\Omega$이므로)

$$\therefore P_{\max} = \frac{16}{8} = 2[\mathrm{W}]$$

02

정답 ①

간략풀이

스위치가 개방상태에서 충분한 시간이 경과하여, C는 개방상태이며 이때 C양단에 걸리는 전압은 1[A]의 전류원에서 공급되는 전류가 2[Ω]에 걸리는 전압이다.

$\therefore 1[\mathrm{A}] \times 2[\Omega] = 2[\mathrm{V}]$

03

정답 ④

간략풀이

$V = I \times R$, $I = \dfrac{V}{R}$이므로 입력전압 2배, 저항을 2배 증가하는 경우 $I = \dfrac{V}{R} = \dfrac{2V}{2R} = I$가 되어 전류의 변화량은 변화가 없다.

04

정답 ③

간략풀이

PMOS와 NMOS가 CMOS(상보성 MOS)로 설계된 CMOS-NOR회로이다.

상세풀이

CMOS FET(상보성 MOSFET, Complementary MOS)

Cmos FET는 nMOS FET와 pMOS FET라는 각각 성질이 다른 2개의 트랜지스터가 전달 특성에 대한 서로의 단점을 상쇄하고, 장점만을 활용하여 시너지를 극대화하는 특성을 갖는 FET를 의미한다.

[nMOS FET와 pMOS FET의 동작 특성]

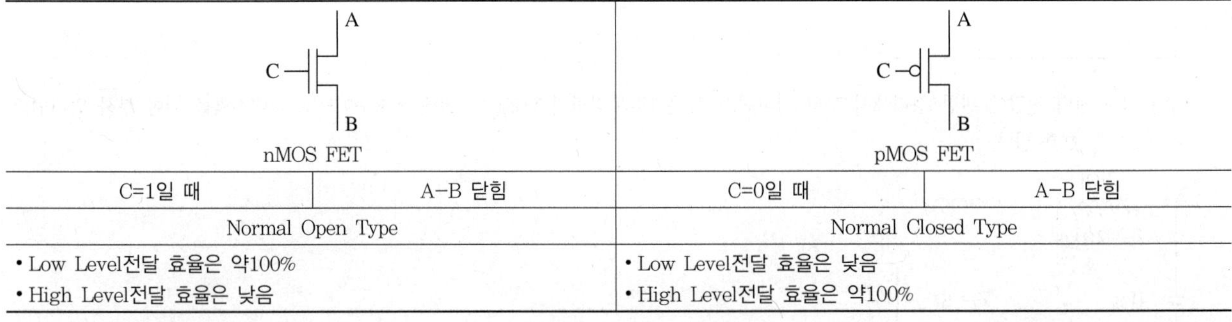

nMOS FET		pMOS FET	
C=1일 때	A-B 닫힘	C=0일 때	A-B 닫힘
Normal Open Type		Normal Closed Type	
• Low Level전달 효율은 약100% • High Level전달 효율은 낮음		• Low Level전달 효율은 낮음 • High Level전달 효율은 약100%	

[nMOS FET의 AND Gate와 OR Gate]

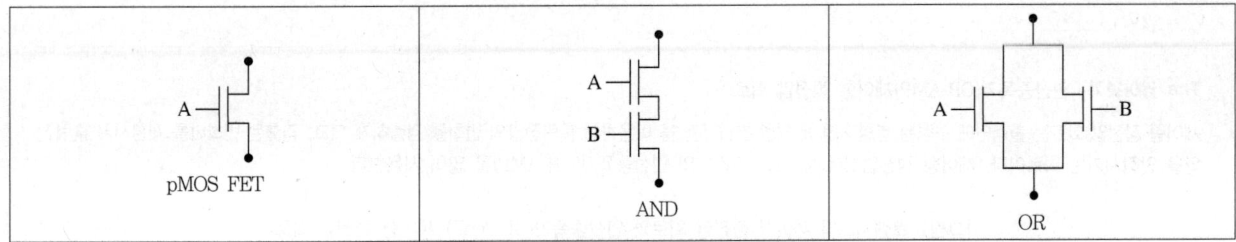

[pMOS FET의 AND Gate와 OR Gate]

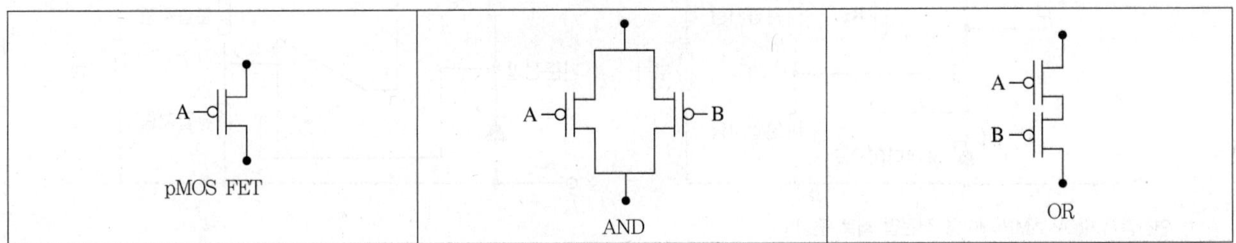

위의 회로는 pMOS FET를 OR 연결하고, nMOS FET를 OR 연결한 회로이다.

이때 공통 소스 증폭기는 입력전압과 출력전압이 반대위상이므로 OR의 반대인 NOR가 된다.

05

정답 ③

간략풀이

제너전압이 4[V]이므로 출력단자의 저항 1[kΩ]의 전압이 4[V]가 되고, 2[kΩ]의 전압은 8[V]가 되므로 최종 출력전압은 12[V]가 된다.

상세풀이

출력전압 V_o에 관련한 식을 세운다.

연산증폭기(OP AMP)의 입력단은 가상단락이므로 아래와 같이 전압분배 회로를 단순화할 수 있다.

$V_o = V_1 + V_2$

$V_o = (V_o - V_F) + V_F$

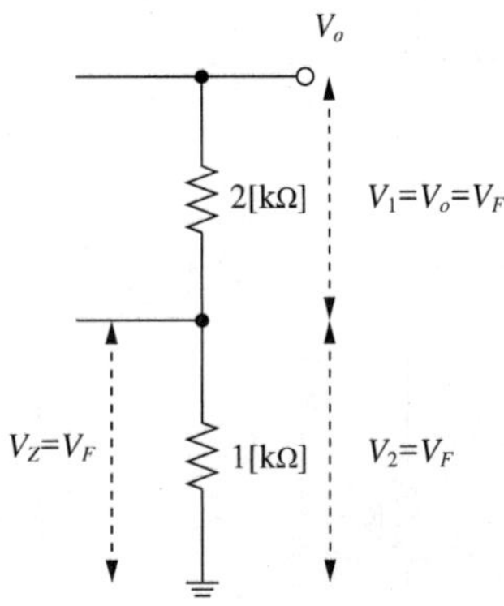

이때, 1[kΩ]의 분압을 구하면

$$V_F = \frac{2[\text{k}\Omega]}{1[\text{k}\Omega] + 2[\text{k}\Omega]} \times V_o$$

$$4[\text{V}] = \frac{2}{2+1} V_o \ (\because V_Z = V_F = 4[\text{V}],\ V_F = [4\text{V}])$$

이를 V_o에 관하여 정리하면

$V_o = 3 \times 4[V]$

$\therefore V_o = 12V$

The 알아보기 연산증폭기(OP AMP)제어형 정전압 회로

제어형 정전압 회로는 출력단에 구성된 분할 저항에 의한 분압 전압을 이용하여 출력전압의 변화를 검출하게 되고, 검출된 변화비를 궤환시켜 출력전압을 안정시키는 회로이다. 제어형 정전압회로에는 트랜지스터와 연산증폭기(OP AMP)를 많이 사용한다.

[그림1 트랜지스터 제어형 정전압 회로와 연산증폭기(OP AMP) 제어형 정전압 회로]

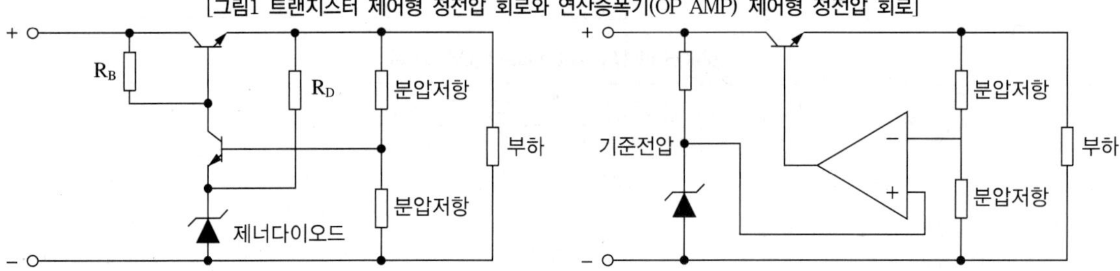

1. 연산증폭기(OP AMP)제어형 정전압 회로 구성도
   ① 제어요소 : 부하와 직렬로 연결된 트랜지스터
   ② 전압검출회로 : 저항분배회로로 구성
   ③ 기준전압 : 제너다이오드
   ④ 오차증폭기 : 연산증폭기(OP AMP)

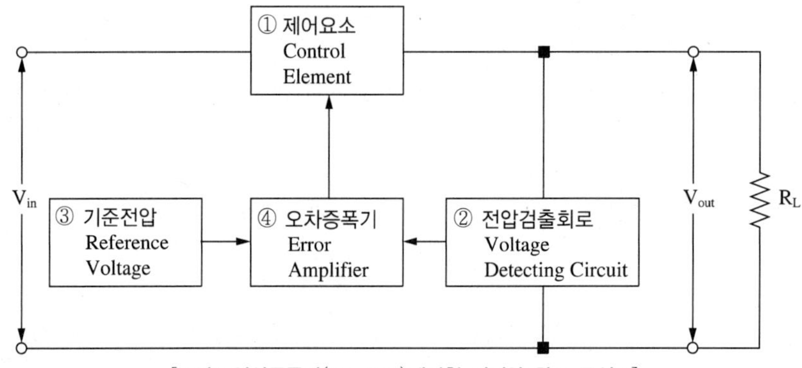

[그림2 연산증폭기(OP AMP)제어형 정전압 회로 구성도]

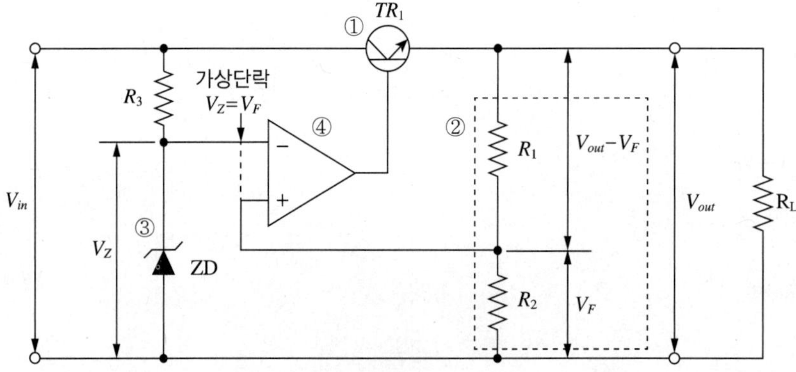

2. 연산증폭기(OP AMP)제어형 정전압 회로 동작 과정
① 입력된 전압 V_{in} 이 R_3와 제너다이오드에 의해 기준전압 V_Z로 만들어진다.
② 기준전압이 연산증폭기(OP AMP)를 통해 TR_1에 전달되고, TR_1을 거쳐 Emitter Follower로 출력되는 기준전압(출력전압)은 저항 분배 회로에 의해 V_F로 분배 된다.
③ 분압된 V_F는 연산증폭기(OP AMP)로 궤환되어 제너다이오드의 기준전압 V_Z와 비교한다.
④ 이때 연산증폭기(OP AMP)의 입력단은 가상접지 개념의 가상단락 상태이므로 궤환된 분압 V_F와 제너다이오드의 기준전압 V_Z은 같아야 한다.
⑤ 만약 기준전압 V_Z와 궤환전압 V_F가 같지 않으면 연산증폭기(OP AMP)는 전압비교기로 동작하여 제어신호를 TR_1의 베이스로 보내어 출력상태를 제어한다.
⑥ 베이스로 입력되는 제어신호를 통해 TR_1의 출력전압이 일정한 레벨로 유지하게 된다.

06

정답 ①

간략풀이

2의 보수는 1의 보수에 1을 더한 값이다.

1의 보수는 모두 1로 된 값에서 해당 값을 뺀 값 : $11111_2 - 01001_2 = 00110_2$

2의 보수는 1의 보수에 1을 더한 값 : $00110_2 + 00001_2 = 00111_2$

07

정답 ①

간략풀이

커패시터는 고주파를 잘 통과시키고, 인덕터는 저주파를 잘 통과시킨다.

④는 LPF이며 다른 회로는 모두 HPF이다.

상세풀이

(i) L과 C의 주파수 특성

L과 C의 S파라미터를 통해 소자들의 주파수 특성을 알 수 있다.

[그림1 인덕터의 S파라미터]

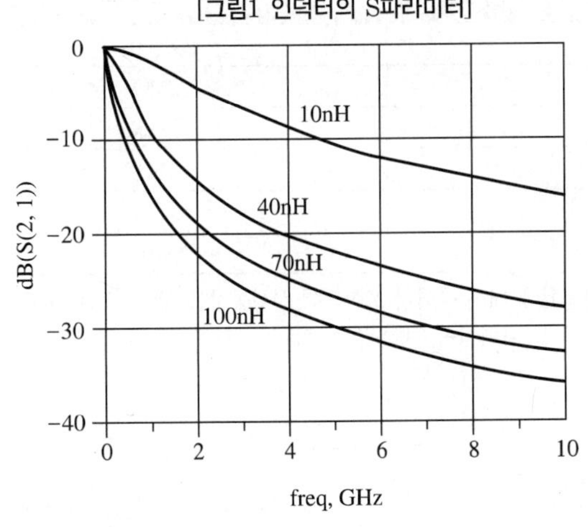

[그림2 커패시터의 S파라미터]

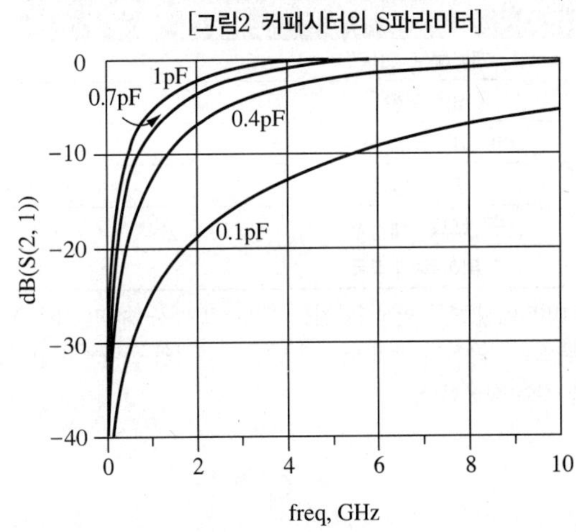

S파라미터(S21)는 0dB에 가까울수록, 그래프가 위로 올라갈수록 신호가 손실 없이 통과한다는 뜻이다. 인덕터의 S파라미터를 살펴보면 주파수가 높아질수록 잘 통과하지 못하고 있고, L값이 높아질수록 더 통과하지 못함을 알 수 있다. 반면에 커패시터의 S파라미터를 살펴보면 인덕터와 반대로 주파수가 낮을수록 잘 통과하지 못하고 있고, C값이 높아질수록 저주파는 물론 고주파도 잘 통과하는 것을 보여준다.

- 인덕터의 주파수 특성 : 고주파신호의 통과를 억제
- 커패시터의 주파수 특성 : 고주파신호의 통과가 원할

(ii) L과 C를 사용한 기본 LPF, HPF

구 분	RC소자	RL소자
LPF	V_{in}, R, C, V_{out}	V_{in}, L, R, V_{out}
HPF	V_{in}, C, R, V_{out}	V_{in}, R, L, V_{out}

선지 ④는 표에서 보듯 LPF임을 알 수 있다.

08

정답 ④

간략풀이

개루프 연산증폭기는 개루프 전압이득이 매우 커서 선형증폭기로 사용이 어렵다.
부궤환 연산증폭기가 전압이득을 줄이면서 조절이 가능하여 연산증폭기를 선형증폭기로 사용이 가능하다.

상세풀이

[연산증폭기의 특성 파라미터]

파라미터	이상적인 경우	실제 소자의 경우(LM741)
개방루프 이득	∞	200,000
입력저항	∞	2MΩ
입력 바이어스 전류	0	80nA
출력저항	0	75Ω
공통모드 제거비	∞	90dB
단위이득 대역폭	∞	1MHz

위의 파라미터에서 보듯 연산증폭기를 개방루프로 사용하면 매우 작은 입력전압에 대해 출력이 포화되어 선형동작을 상실하므로 비교기 이외에는 개방루프로 사용하지 않기 때문에 연산 증폭기의 출력에서 반전단자로 저항, 커패시터, 인덕터, 다이오드, 트랜지스터 등의 소자가 연결된 부궤환을 걸어 사용한다.

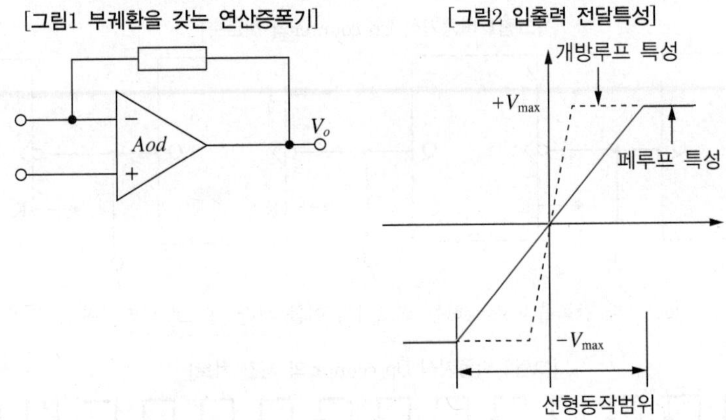

[그림1]과 같이 부궤환을 사용하면 페루프(Closed-loop)가 되어 이득이 작아지는 대신에 [그림2]와 같이 선형동작 범위가 넓어져 출력이 포화되지 않고 선형으로 동작할 수 있다.

09

정답 ②

간략풀이

문제에서 주어진 회로는 합산기 회로이며, 중첩의 원리를 이용하여 출력전압 V_o을 구한다.

$$V_o = V_1 \times (\frac{R_F}{R_1}) + V_2(\frac{R_F}{R_2}) + V_3(\frac{R_F}{R_3})$$

$$\therefore \ V_o = -(1 \times \frac{100}{10} + 2 \times \frac{100}{50} + 3 \times \frac{100}{100}) = -17[\mathrm{V}]$$

10

정답 ③

간략풀이

전달지연시간을 적게 하기 위해서는 클록을 모든 플립플롭에 인가하는 동기식 카운터가 필요하다. 동기식 카운터는 모든 플립플롭에 동시에 클록을 제공하기 때문에 구성이 비동기식보다 복잡하다.

상세풀이

① 동기식 카운터는 클록을 모든 플립플롭에 동시에 인가하여, 이전의 플립플롭 출력값을 전달받아 다음 플립플롭이 동작하는 비동식 카운터에 비해 전달지연이 적다.

② 동기식 카운터는 클록을 모든 플립플롭이 공유한다.

④ 동기식 카운터는 전달지연이 적고, 글리치 현상을 예방하기 위한 시간 지연도 없기 때문에 비동기식 카운터보다 속도가 빠르다.

The 알아보기 카운터

카운터는 클록의 펄스 엣지에 따라 플립플롭가 동작하여 2진수의 숫자가 하나씩 증가 또는 감소하는 회로이다. 카운터는 크게 동기식 카운터(Synchronous Counter)와 비동기식 카운터(Asynchronnous Counter)로 구분할 수 있다. 동기식 카운터는 클록이 모든 플립플롭에 동시에 전달되는 카운터이며, 비동기식 카운터는 플립플롭의 출력들이 전달되는 방식의 카운터이다.

• 비동기식 카운터(Asynchronous Counter)

비동기식 카운터는 리플 카운터라고도 하며, 리플 카운터의 기본적인 구성은 [그림1]과 같이 JK플립플롭을 직렬로 연결하거나 T플립플롭을 직렬연결하여 Toggle기능으로 사용하는 것이다. 리플 카운터는 이전의 플립플롭의 출력에 의해 다음 플립플롭이 동작하기 때문에 전달지연시간이 발생한다.

[그림1 비동기식 Up counter의 회로도]

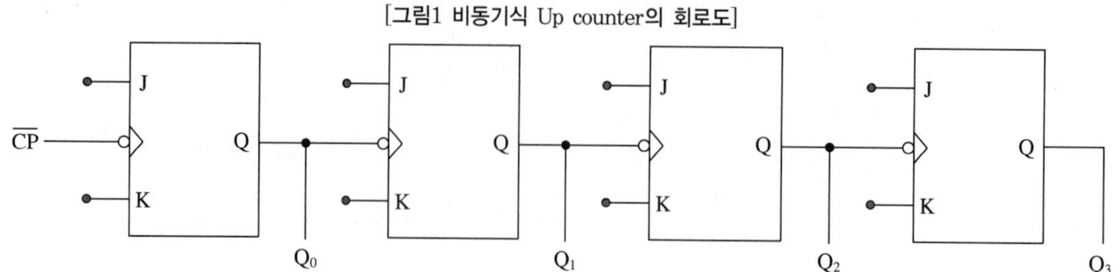

[그림1]은 클록펄스가 falling edge일 때 출력을 Toggle하는 회로이며 이를 시간 차트로 나타내면 [그림2]와 같다.

[그림2 비동기식 Up counter의 시간 차트]

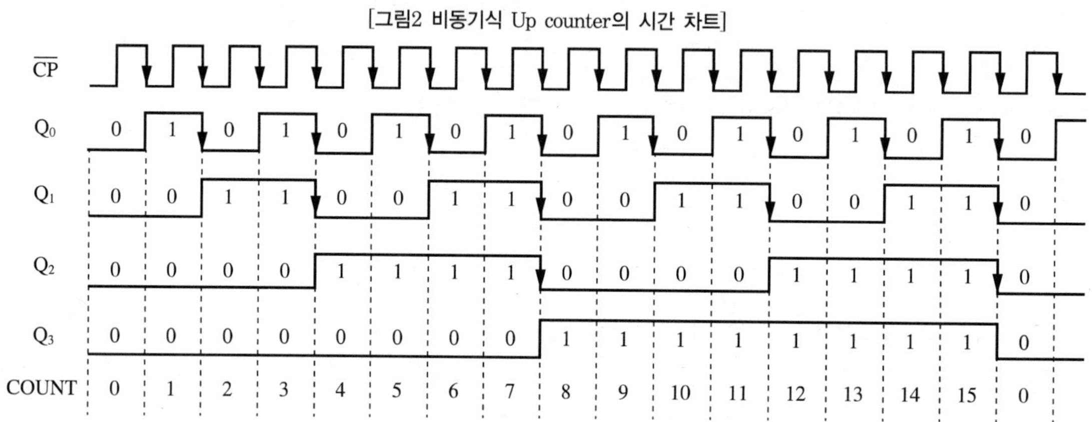

$Q_0 \sim Q_4$의 2진수인 플립플롭들의 출력을 10진수로 바꾸면 [그림3]과 같이 0~15까지의 4비트 데이터를 표현할 수 있다.

[표1 비동기식 Up counter의 진리표]

COUNT	OUTPUTS			
	Q_3	Q_2	Q_1	Q_0
0	L	L	L	L
1	L	L	L	H
2	L	L	H	L
3	L	L	H	H
4	L	H	L	L
5	L	H	L	H
6	L	H	H	L
7	L	H	H	H
8	H	L	L	L
9	H	L	L	H
10	H	L	H	L
11	H	L	H	H
12	H	H	L	L
13	H	H	L	H
14	H	H	H	L
15	H	H	H	H

리플 카운터는 카운터에서 숫자가 변환될 때 모든 플립플롭이 동시에 변환되는 것이 아니기 때문에 중간과정에서 다른 출력값이 생성되는 글리치 현상도 발생하는 특징이 있다. 이는 정밀한 회로에는 영향을 줄 수 있으므로 글리치가 발생할 기간을 예측하여 지연하여 글리치를 방지한다.

[그림3 비동기식 Counter의 Glich현상]

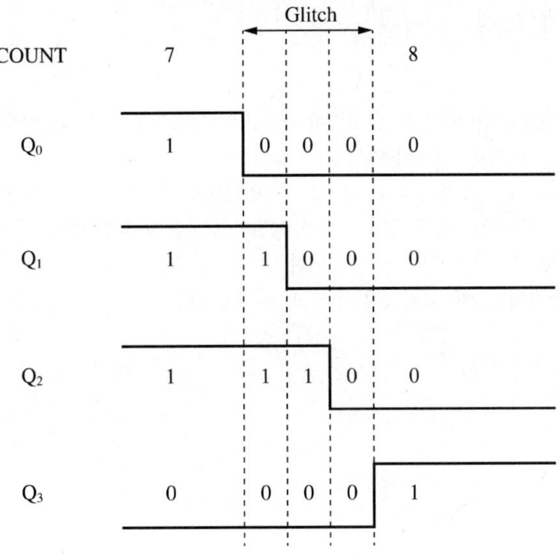

• 동기식 카운터(Synchronous Counter)

비동기식 카운터의 출력값 전달지연을 적게하고, 글리치 현상을 예방하기 위해서는 [그림4]와 같이 클록을 동시에 모든 플립플롭에 인가하는 동기식 카운터가 필요하다. 동기식 카운터는 모든 클록을 공유하여 전달지연이 없기 때문에 비동기식 카운터보다 속도가 빠르지만 동기식 카운터의 내부는 부가적인 기능 때문에 비동기식 카운터보다 훨씬 복잡하다.

[그림4 동기식 counter의 회로도]

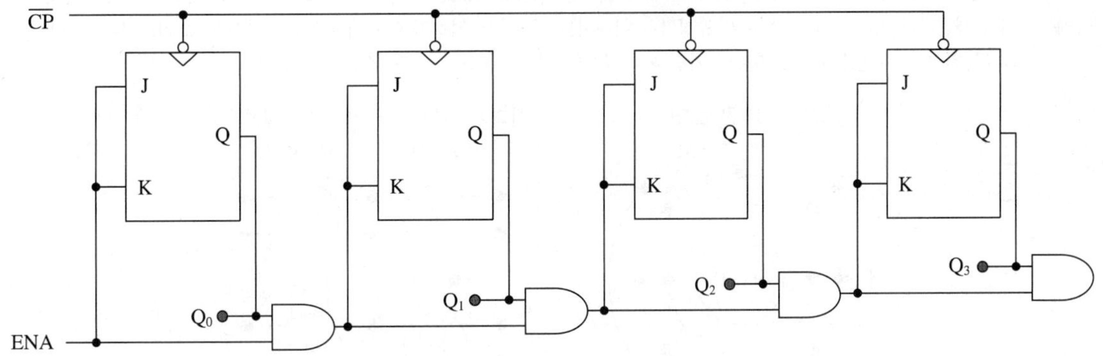

11

정답 ①

간략풀이

위상리드 RC발진기 회로(R병렬)의 발진 주파수 : $f_o = \dfrac{1}{2\pi\sqrt{6}RC}$

위상지연 RC발진기 회로(C병렬)의 발진 주파수 : $f_o = \dfrac{\sqrt{6}}{2\pi RC}$

상세풀이

② 원신호는 컬렉터로 출력되면서 출력전압의 위상이 180° 반전되어 나오고 이를 다시 180° 위상변이를 갖는 RC위상변이 회로망을 거쳐 입력신호와 궤환 신호의 위상이 같게 된다. 즉 루프 전체의 위상천이는 0°이다.

③ 직류전원이 인가되면 출력회로에 작은 잡음이 발생하고, 그 일부가 입력회로에 피드백된다. 피드백되는 현상을 반복하면서 전력이 커져 피드백량도 증대해지며 이 현상은 회로에 전원을 접속하는 순간 발생하기 때문에 교류 입력신호가 없어도 교류출력을 얻을 수 있다. 즉 직류전원이 에너지가 교류의 전기에너지로 변환되게 되는 것이다.

④ 바크하우젠 발진조건에서 발진이 안정되면 폐루프의 전압이득 $A_d = 1$이 된다.

- 입력과 출력이 동위상이야 한다.
- 증폭도 : $A_f = \dfrac{A}{1-\beta A}$
- 안정된 발진조건 : $|A\beta| = 1$
  - 상승진동 : $|A\beta| \geq 1$
  - 감쇠진동 : $|A\beta| \leq 1$
- 폐루프의 전압이득 : $A_d = A_v B = 1$

12

정답 ②

상세풀이

① 대표적인 실리콘 원자는 공유결합을 한다. [그림1]과 같이 실리콘 원자에 있는 14개의 전자는 K각에 2개, L각에 8개가 위치하고, 최외각궤도인 M각에는 4개의 가전자가 있다. 실리콘 원자가 안정되기 위해서는 이 4개의 가전자 이외에 4개의 가전자가 더 필요하다. 따라서 [그림2]와 같이 1개의 실리콘 원자는 이웃한 4개의 원자와 가전자를 공유한 다이아몬드 구조로 결합되어 있다.

[그림1 실리콘 원자]

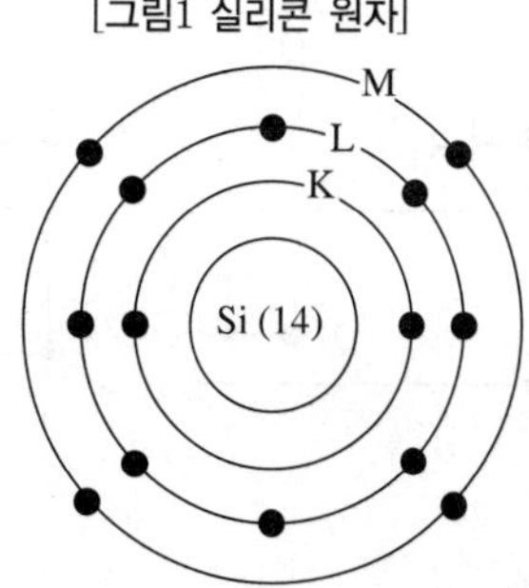

[그림2 실리콘 원자의 공유 결합]

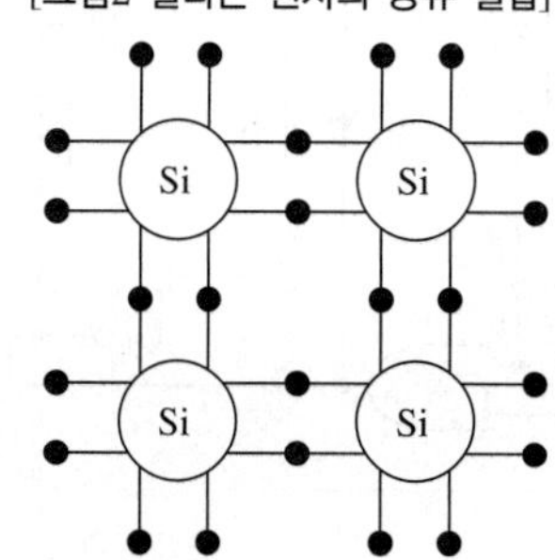

② 반도체의 전도율은 일반적으로 온도가 낮으면 저하가 되고 절대영도에서는 제로가 된다. 온도가 높은 경우에는 전자가 열에너지를 받아 자유전자가 되어 전도가 일어나지만 온도가 낮은 경우에는 최외각 전자가 전부 가전자로 결합되어 있어 자유롭게 움직이지 않는다.

③ P형 반도체는 4족 원소에 3족 원소인 B(붕소), Al(알루미늄), Ga(갈륨), In(인듐)을 섞어 제조한 반도체이고, N형 반도체는 4족 원소에 5족 원소인 P(인), As(비소), Sb(안티몬)을 섞어 제조한 반도체이다.

④ 진성반도체는 반도체 물질로 쓰이는 Si(규소)와 Ge(게르마늄)의 한 가지 원소의 단결정으로 만들어지며 Si와 Ge는 원소 주기율표 상의 14족 원소들로 최외각 전자가 4개인 즉, 원자가가 4인 원소들이다.

13

정답 ②

간략풀이

B점에서의 전달특성은 nMOS(포화), pMOS(선형) 동작모드이다.

상세풀이

MOS FET의 전달특성은 차단 → 포화 → 선형의 순이며 아래 그림을 통해 각 지점의 상태를 알 수 있다.

[CMOS 인버터의 전달 특성 곡선]

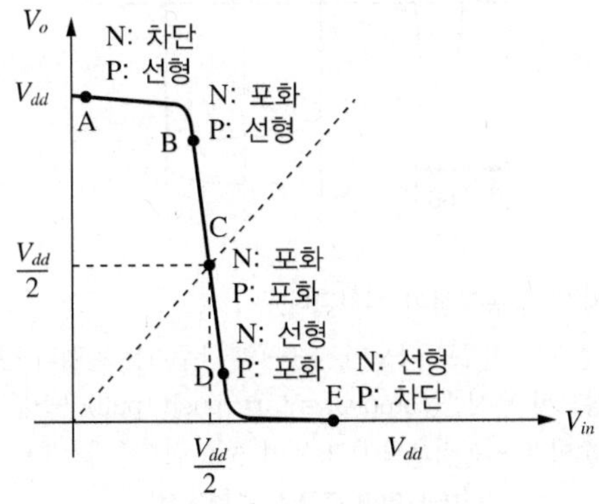

- nMOS FET의 경우 : 차단(A), 포화(B), 포화(C), 선형(D), 선형(E)
- pMOS FET의 경우 : 차단(E), 포화(D), 포화(C), 선형(B), 선형(A)

따라서 문제의 A점에서의 전달특성은 nMOS(포화), pMOS(선형) 동작모드가 된다.

14

정답 ②

간략풀이

A급 증폭기가 B급 증폭기보다 선형성은 우수하지만 효율은 좋지 않다.

상세풀이

전력 증폭기의 특성

(ⅰ) 증폭기 효율과 선형성

- 효율이 좋은 순서는 D급, C급, B급, A급 순이다.
- 선형성이 우수한 순서는 A급, B급, C급, D급 순이다.

(ⅱ) A급 전력증폭기

- 컬렉터 전류의 선형영역 중앙에 동작점이 설정된다.
- 입력전류의 전체주기가 왜곡없이 증폭되어 컬렉터 전류로 나오므로 선형성이 유지된다.
- 입력전류에 무관하게 바이어스 전류 I_{CQ}가 항상 흐르므로 이에 의한 DC 전력소비가 커서 전력효율이 낮다.

[A급 전력 증폭기 출력특성]

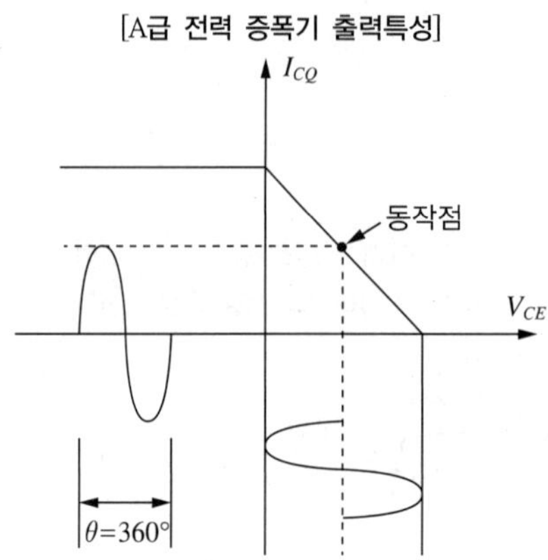

(iii) B급 전력증폭기

- 트랜지스터의 차단점($I_{CQ}=0$이 되는 지점)에 동작점이 설정된다.
- 입력전류의 양(+)의 반주기만 증폭되어 컬렉터 전류로 나오며, 음(−)의 반주기는 컬렉터 전류가 흐르지 않아 출력파형의 왜곡이 심하다.
- 차단되는 반주기의 신호를 얻기 위해 상보형 푸시풀(complementary push-pull)구조를 이용하여 전체주기의 신호를 얻을 수 있다.
- 바이어스 전류 I_{CQ}가 0이므로 DC전력소비가 이론적으로 0이 되어 A급 전력증폭기보다 전력 효율이 높다.

[B급 전력 증폭기 출력특성]

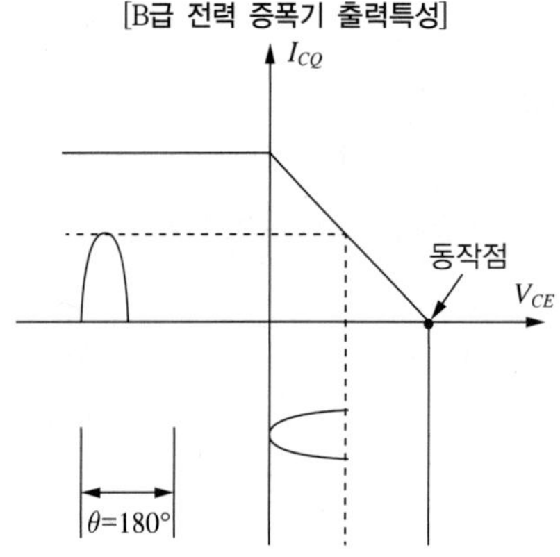

(iv) C급 전력 증폭기

- 트랜지스터의 차단점 이하에 동작점이 설정된다.
- 입력신호의 반주기 이하의 일부만 출력으로 나오고, 나머지 반주기 이상이 차단되어 출력파형의 왜곡이 가장 심하다.
- 왜곡을 갖는 정현파는 고조파 성분을 포함하고 있으므로, 증폭기 출력에 LC동조회로를 이용하면 고조파 성분이 제거된 기본파 성분을 얻을 수 있다.
- 컬렉터 전류의 평균치가 가장 작으므로, 전력효율이 가장 크다.

[C급 전력 증폭기 출력특성]

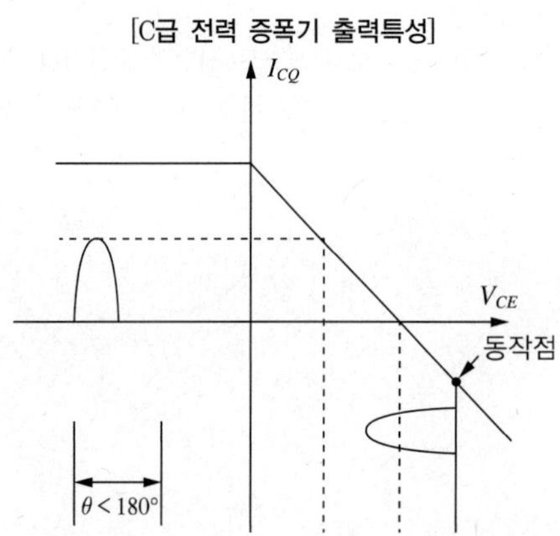

15

정답 ①

간략풀이

권수비 $a=\frac{N_1}{N_2}=\frac{V_1}{V_2}=\frac{I_2}{I_1}=\sqrt{\frac{Z_1}{Z_2}}$ 이므로 $\frac{N_1}{N_2}=\sqrt{\frac{128}{8}}$ 이고, 이때 $N_1=1$, $N_2=n$을 대입하면 $\frac{1}{n}=\sqrt{16}$ 이 된다. 따라서 $n=\frac{1}{\sqrt{16}}=\frac{1}{4}$ 이 된다.

16

정답 ①

간략풀이

위 회로는 병렬전압부궤환 회로이고, 병렬전압부궤환 회로에서 입력 임피던스 $Z_f=R_i$ 이다.

17

정답 ③

상세풀이

(ⅰ) V_{R1}의 최대값을 구한다.

$20[\mathrm{V}]=\mathrm{V}_{\mathrm{R1}}+8[\mathrm{V}]+2[\mathrm{V}]$ 이므로

$V_{R1}=10[\mathrm{V}]$

이때 주어진 전압이 실효값이며 최대값과 실효값의 관계는 다음과 같다.

$V_{RMS}=\frac{V_{\max}}{\sqrt{2}}$ 이를 최대값에 관하여 정리하면

$V_{\max}=\sqrt{2}\times V_{RMS}$

$\therefore$ V_{R1}의 최대값 : $\sqrt{2}\times 10[\mathrm{V}] \fallingdotseq 14.1[\mathrm{V}]$

(ⅱ) i_{R2}의 실효값을 구한다.

전류는 병렬회로에서는 저항값에 반비례하여 분배되고, 이때 저항값은 같으므로 R_1과 R_2에 흐르는 전류는 5[A]이다. 따라서 $i_{R2}=5[\mathrm{A}]$가 되며 방향이 반대가 된다.

$\therefore\ i_{R2}=-5[\mathrm{A}]$

18

정답 ②

상세풀이

(ⅰ) 포화모드(Switch On)의 출력전류 I_C를 구한다.

$I_C=\frac{V_{CC}}{R_C}=\frac{20[\mathrm{V}]}{2[\mathrm{k\Omega}]}=10[\mathrm{mA}]$

(ⅱ) 전류 증폭지수 β를 반영하여 베이스포화 전류를 구한다.

$I_B=\frac{I_C}{\beta}$ 이므로 $I_B=\frac{10\times 10^{-3}}{100}=10\times 10^{-5}=100\times 10^{-6}$

$\therefore$ $100[\mu\mathrm{A}]$

19

정답 ②

상세풀이

$Y=\overline{\overline{A}\,\overline{B}C+\overline{A}B}=\overline{\overline{A}\,\overline{B}C}\cdot\overline{\overline{A}B}=(\overline{\overline{A}}+\overline{\overline{B}}+\overline{C})\cdot(\overline{\overline{A}}+\overline{B})=(A+B+\overline{C})\cdot(A+\overline{B})$

$=AA+AB+A\overline{C}+A\overline{B}+B\overline{B}+\overline{C}B$ (이때 $B\overline{B}=0$이다)

$=A+AB+A\overline{C}+A\overline{B}+\overline{C}B$

$=A(1+B+\overline{C}+\overline{B})+\overline{C}B$

$\therefore\ Y=A+\overline{B}\,\overline{C}$로 간략화 할 수 있다.

20

정답 ④

간략풀이

L의 리액턴스 $X_L=\omega L=2\pi fL$이므로,

$X_L=2\pi fL=2\times3\times1\text{KHz}\times1\text{mH}=6[\Omega]$

$\therefore\ X_L=6[\Omega]$

21

정답 ④

간략풀이

EB접합에는 순바이어스를 가해야 정상동작 상태가 된다.

- 이미터(N형) : 음(−)의 전압인가, 양(+)으로 이온화
- 베이스(P형) : 양(+)의 전압인가, 음(−)으로 이온화

상세풀이

NPN형 트랜지스터의 동작원리

BJT가 정상동작을 하는 것은 증폭기 역할을 하는 것을 의미하며 이는 아래 그림과 같이 EB접합은 순바이어스가 되고, CB접합은 역바이어스가 됨을 의미한다.

이때 이미터인 N형에 음(−)의 전압, 베이스인 P형에 양(+)의 전압을 걸면 P형의 정공은 양(+)의 전압에 반발하여 N형 반도체로 이동하고, N형의 전자는 음(−)의 전압에 반발하여 P형으로 이동하여 N형(이미터)는 양으로 이온화, P형(베이스)은 음으로 이온화된다.

[NPN 트랜지스터]

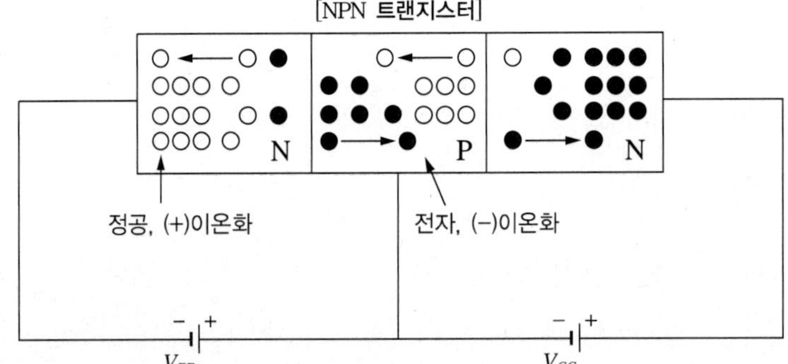

22

정답 ④

간략풀이

공통 베이스[CB]는 입출력 전압의 위상이 모두 동상이다.

The 알아보기 BJT 증폭기의 특성 비교

구 성	전압이득	전류이득	입력저항	출력저항
공통 이미터	$A_v > 1$	$A_i > 1$	중간	중간 ~ 높음
공통 베이스	$A_v > 1$	$A_i \simeq 1$	낮음	중간 ~ 높음
공통 컬렉터	$A_v \simeq 1$	$A_i > 1$	높음	낮음

23

정답 ③

간략풀이

FET는 BJT보다 온도 변화에 강하여 열폭주 현상이 없고, 전력소모가 작으며 능동부하를 구현하여 직접회로화하기 용이하다.

The 알아보기 FET와 BJT의 일반적인 특성 비교

- FET의 성질
  - 전자나 정공 중 하나의 반송자에 의해서만 동작하는 단극성(UJT) 소자이다.
  - 다수캐리어에 의해 동작하며 게이트의 역전압으로 드레인 전류가 제어되므로 전압제어 소자이다.
  - BJT에 비해 입출력 임피던스가 높아서 전압증폭소자로 사용된다.
  - 소형화가 가능하고, 전력소비가 적어 대규모 IC에 적합하다.

- BJT의 성질
  - 전자와 정공의 반송자에 의해 동작하는 양극성(BJT) 소자이다.
  - Base 전류로 Collector 전류를 제어하는 전류제어 소자이다.
  - 활성영역은 증폭기로 사용되고, 포화영역은 스위칭 작용을 하므로 논리 Gate 등에 많이 이용된다.
  - 전력소모가 FET에 비해 많지만 속도가 빠르다.

[FET와 BJT의 일반적인 특성 비교]

특성 구분	FET	BJT
동작원리	다수캐리어에 의해서 동작	다수 및 소수캐리어로 동작
소자특성	단극성 소자	양극성 소자
제어방식	전압제어방식	전류제어방식
입력저항	매우 크다	보통
동작속도	느리다	빠르다
잡 음	적다	많다
이득 대역폭	작다	크다
집적도	높다	낮다

24

정답 ①

간략풀이

KCL을 적용하면

$i=-(1A+1A)$

$\therefore\ i=-2[A]$

상세풀이

전류의 흐름을 표현하면 아래 그림과 같다.

[전류의 흐름]

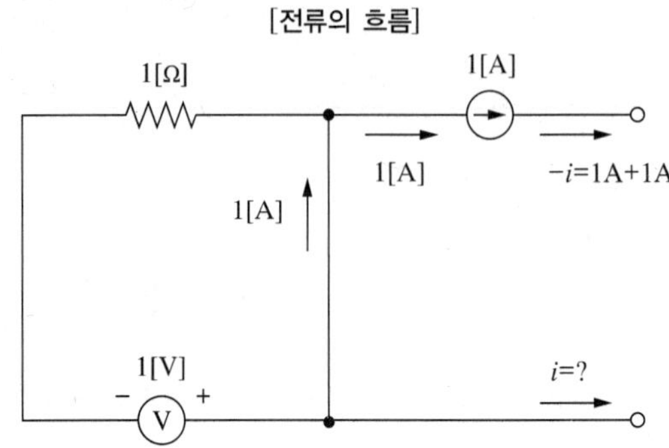

상단의 전선의 전류는 하단의 전류 방향과 반대이므로

$-i=1A+1A$

$\therefore\ i=-2[A]$

25

정답 ③

간략풀이

주어진 회로에서 합성저항 $R_T=(10//10)+3+(4//4)=10[\Omega]$이므로 전체전류 $I_T=1[A]$가 된다. 전류분배법칙으로 0.5[A]가 된다.

상세풀이

(ⅰ) 전체 합성저항 R_T를 구한다.

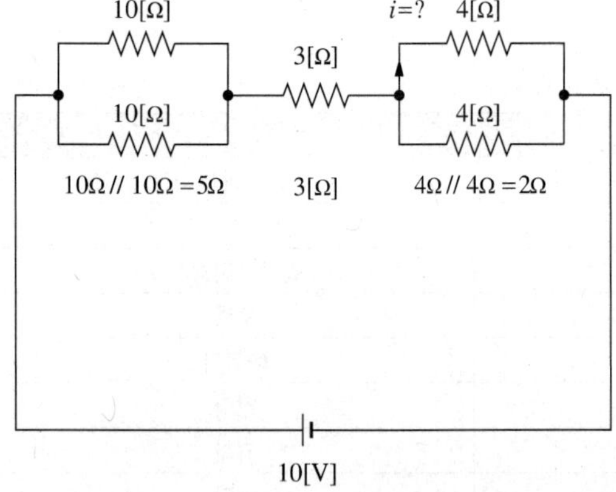

$R_T=(10//10)+3+(4//4)=10[\Omega]$에서 $R_T=5+3+2=10[\Omega]$가 된다.

(ii) 전체 전류 I_T를 구한다.

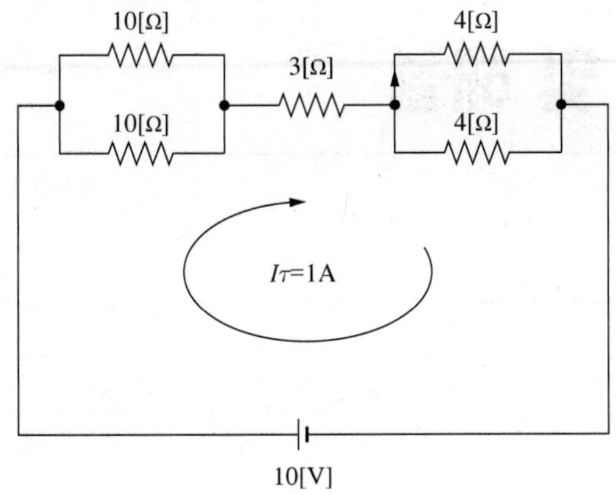

$$I_T = \frac{R_T}{10[V]} = \frac{10[\Omega]}{10[V]} = 1[A]$$가 된다.

(iii) 전류분배법칙으로 해당 부분의 전류를 구한다.

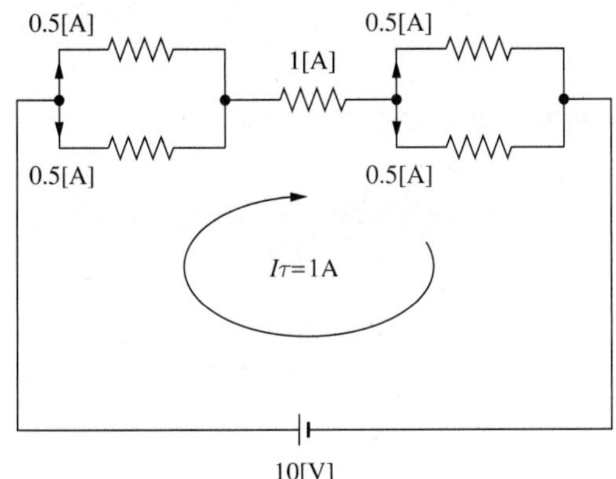

저항의 크기가 같으므로 전류는 $\frac{1}{2}$[A]가 된다.

따라서 화살표 부분의 전류는 0.5[A]이다.

2020 | 2020.07.11. 시행 공개경쟁채용 필기시험 국가직 기출 정답 및 해설

문제편 225p

01	02	03	04	05	06	07	08	09	10	11	12	13	14	15	16	17	18	19	20
④	①	①	④	③	①	④	③	②	③	①	②	①	③	②	④	③	③	②	③

01

정답 ④

간략풀이

암호화와 압축은 6계층인 표현계층에서 동작하며 다른 기능으로는 코드변환이나 가상 터미널 규약 등이 있다.

The 알아보기 전송 계층의 특징

- OSI 7계층 모델에서 4계층에 해당함
- 전송계층은 네트워크가 아닌 호스트 내 프로세스 사이의 연결을 확립시켜줌
- 상・하위 계층에서 전송된 정보가 경로선택이나 중계기능을 하지 않고 양단 간에 투명한 데이터 전송을 할 수 있도록 함
- 동시에 여러 개의 연결을 가능하게 하는 다중화와 역다중화를 지원함
- 대표적인 프로토콜으로 TCP, UDP이 있다.

02

정답 ①

상세풀이

주어진 회로의 등가회로를 구하면 다음과 같다.

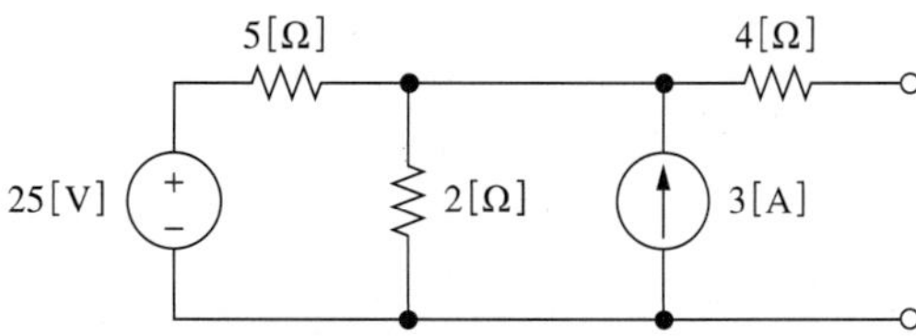

회로를 간단하게 하기 위해 위 회로에서 전압원을 전류원으로 등가 교환한다.

이는 $I=\frac{V}{R}=\frac{25[\mathrm{V}]}{5[\Omega]}=5[\mathrm{A}]$와 $5[\Omega]$이 병렬로 연결된 회로와 같다.

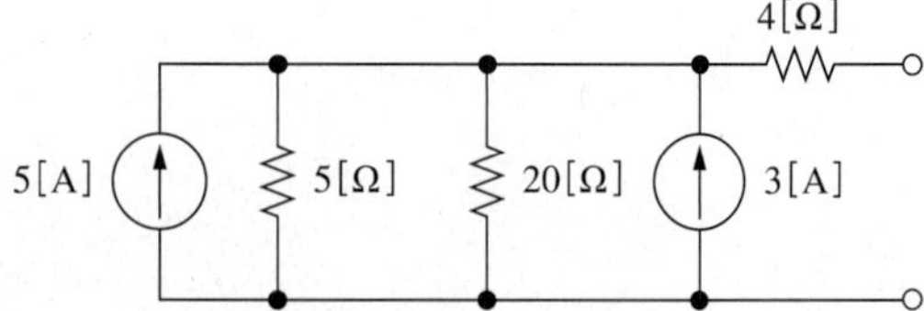

회로에서 전류원의 방향이 같기 때문에 합치고 저항을 병렬합성하면

8[A]의 전류원과 $(5//20) = \frac{5\times 20}{5+20} = 4[\Omega]$의 저항을 가진 아래 회로와 같다.

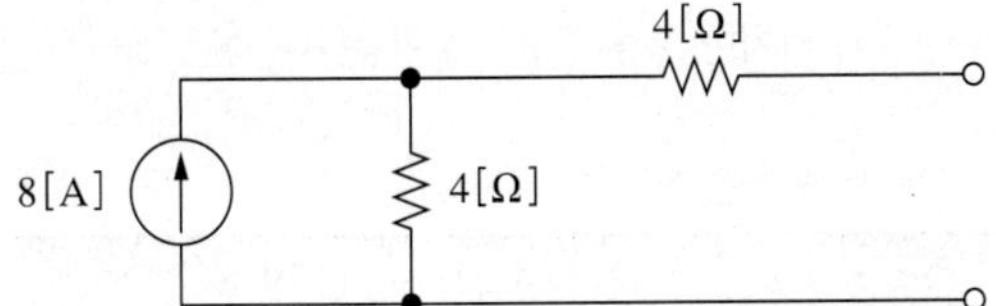

이 회로에서 전류원을 전압원으로 등가교환하면 $V = 8[A]\times 4[\Omega] = 32[V]$의 전압원과 4[Ω]의 저항이 직렬연결된 아래 회로와 같다.

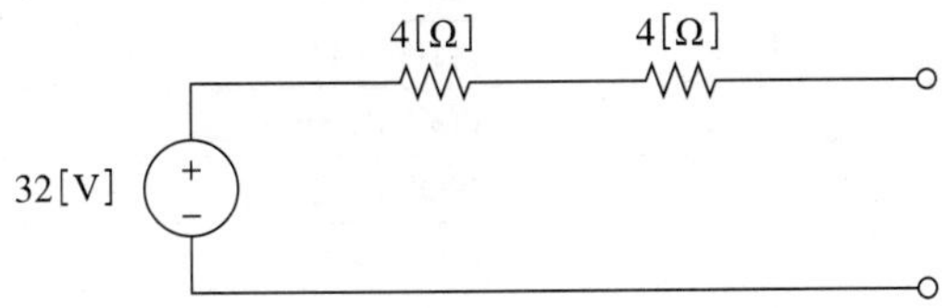

이 회로의 저항을 합성하고 $R = 4[\Omega] + 4[\Omega] = 8[\Omega]$

전압원을 등가 전류원으로 바꾸면

$I = \frac{V}{R} = \frac{32[V]}{8[\Omega]} = 4[A]$의 전류원과 8[Ω]의 저항이 병렬로 연결된 ①과 같다.

03

정답 ①

간략풀이

다음 회로는 상승 에지 트리거(포지티브) D 플립플롭이다.

입력 R은 Reset에 버블(Inverter)을 달고 입력되므로 R에 입력되는 신호는 다음과 같다.

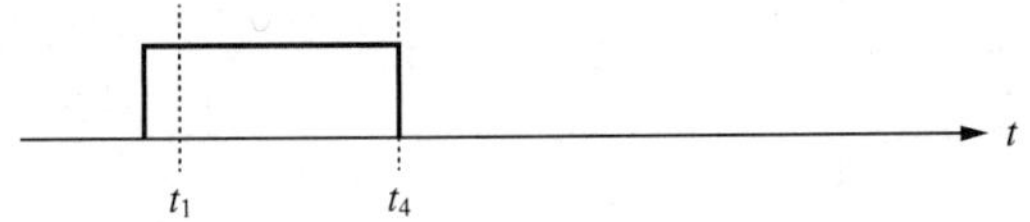

또한, CK에 버블이 없으므로 상승 엣지일 때의 시간인 t_1, t_5, t_9에서 입력되는 R과 X를 살펴보면 된다.

구 분	t_1	t_2	t_3	t_4	t_5	t_6	t_7	t_8	t_9	t_{10}	t_{11}	t_{12}
CK	↑				↑				↑			
R	1	1	1	1	0	0	0	0	0	0	0	0
X	0	1	1	1	1	1/0	0	0	0	0/1	1	1/0
출력 Y	0	0	0	0	1	1	1	1	0	0	0	0

표에서 나온 출력 Y를 토대로 그래프를 그리면 ①과 같다.

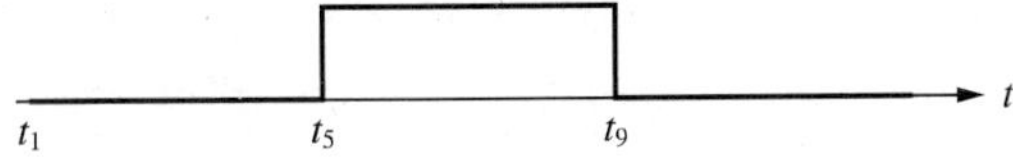

04

정답 ④

간략풀이

2진 코드를 그레이 코드로 변환시킬 때 MSB는 그대로 내려쓰고 그다음 비트를 앞의 2진비트와 비교하여 같으면 0, 다르면 1로 변환한다.

상세풀이

① ASCII(아스키) 코드는 7비트 코딩으로 33개의 출력 불가능한 제어 문자와 95개의 공백과 출력 가능한 문자들로 이루어져 총 $2^7 = 128$개로 이루어져 있다.

② 순환중복검사(CRC) 코드는 순회부호를 기반으로 한 오류 검출부호이다. 즉 오류 검출은 가능하지만 오류 정정은 불가능하다. 연집에러에서 검출 능력이 우수하다는 장점이 있다.

③ BCD 코드는 2진법을 10진법처럼 표현한 방식으로 0000~1001까지만 사용한다. 표를 보면 다음과 같다.

10진수	BCD코드	10진수	BCD코드
0	0000	11	0001 0001
1	0001	12	0001 0010
2	0010	13	0001 0011
3	0011	14	0001 0100
4	0100	15	0001 0101
5	0101	21	0010 0001
6	0110	22	0010 0010
7	0111	23	0010 0011
8	1000	24	0010 0100
9	1001	25	0010 0101
10	0001 0000	120	0001 0010 0000

따라서 BCD 코드는 4비트의 크기를 갖는다.

05

정답 ③

상세풀이

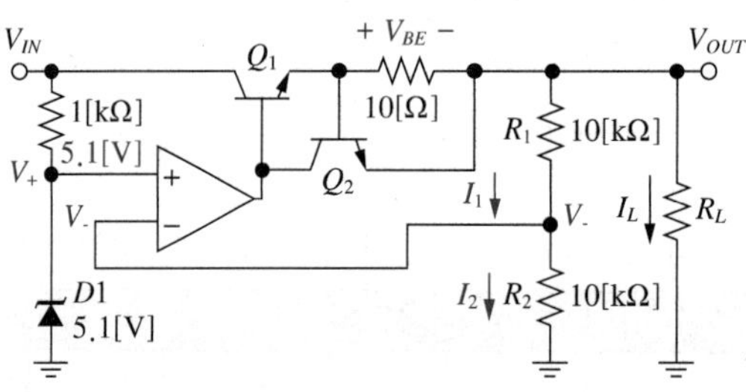

(i) V_{OUT} 구하기

제너다이오드 $D1$특성으로 $V_+ = 5.1[V]$이고, 증폭기의 이상적인 입력 임피던스는 무한대이기 때문에 $V_+ = V_- = 5.1[V]$이다.

이를 토대로 R_2에 흐르는 전류 I_2를 구하면 $I_2 = \dfrac{V_-}{R_2} = \dfrac{5.1[V]}{10[k\Omega]} = 0.51[mA]$가 된다.

저항 R_1에 흐르는 전류 I_1은 I_2와 같기 때문에 $I_1 = I_2 = 0.51[mA]$이다.

그러므로 $V_{OUT} = I_1 \times (R_1 + R_2) = 0.51[mA] \times 20[k\Omega] = 10.2[V]$이다.

(ii) I_L 구하기

Q_2에 걸리는 베이스-이미터 전압 $V_{BE} = 0.7[V]$이고, $10[\Omega]$에 흐르는 전류

$I = \dfrac{V_{BE}}{R} = \dfrac{0.7[V]}{10[\Omega]} = 0.07[A]$이다. R_1과 R_2에 흐르는 전류를 무시하면 I_L에 흐르는 최대 전류는 $I = 0.07[A] = 70[mA]$이다.

06

정답 ①

상세풀이

주어진 회로에서 10[V], 10[Ω]의 회로를 전류원으로 등가 교환하면 (i)회로가 된다.

(i) 회로에서 병렬연결된 10[Ω] 저항 2개를 합성하면 5[Ω]이 된 (ii)회로가 된다.

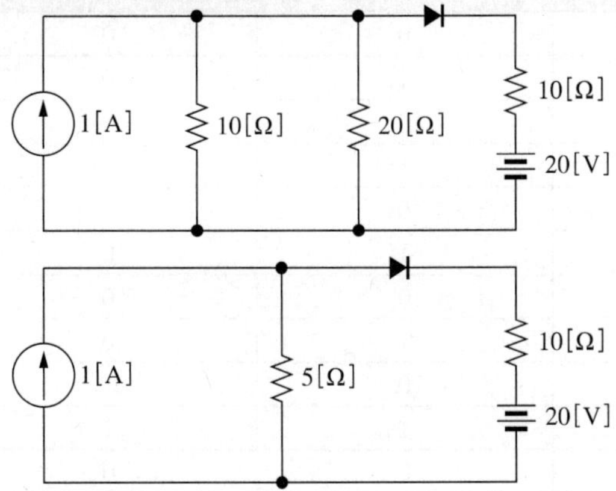

(ii) 회로를 전압원으로 등가 교환하면 (iii)회로가 된다.

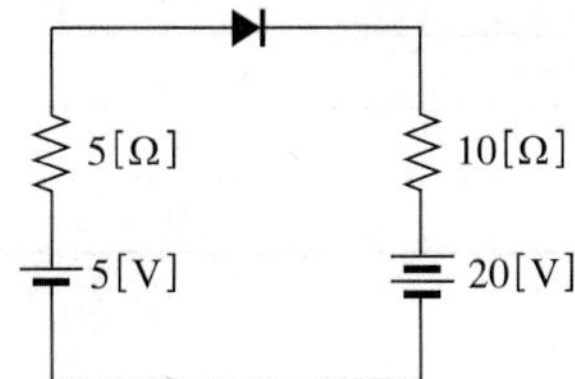

(iii) 회로에서 합성법칙으로 전압원과 저항을 합치면 (iv)회로가 된다.

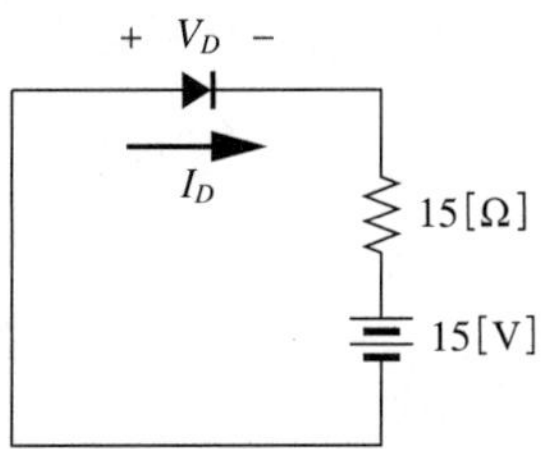

(iv) 회로에서 다이오드는 역방향 전압이기 때문에 전류 $I_D = 0$이 된다. V_D는 역방향 전압으로 다이오드가 동작하지 않아 공급되는 전압이 모두 나타나게 되고 방향은 반대이기 때문에 −15[V]가 된다.

07

정답 ④

간략풀이

증폭기의 특성 중 이득과 주파수대역폭의 곱은 일정하기 때문에 이득이 증가하면 대역폭은 감소하고 대역폭이 증가하면 이득이 감소한다.

상세풀이

(i) 주파수응답 : 증폭기에서 입력되는 주파수에 따라서 특성이 변화되는데 그것을 주파수 응답이라고 한다. 주파수 응답은 증폭기 소자 중 인덕터와 커패시터의 임피던스가 주파수에 따라 다르게 나타나기 때문에 생긴다. 고주파 영역에서는 소자 내부에 존재하는 기생용량과 기생인덕턴스로 인해 이득이 감쇄되고, 저주파와 고주파영역에서는 결합커패시터나 바이패스를 외부적으로 연결하면서 이득의 감쇄가 생긴다.

(ii) 대역폭 : 대역폭은 중간주파수에서 3[dB] 고역차단주파수 f_H에서 중간주파수에서 3[dB] 저역차단주파수 f_L의 차를 대역폭이라고 한다. 즉, $BW = f_H - f_L$이 된다.

08

정답 ③

간략풀이

문제에서 주어진 조건을 진리표로 작성해보면 다음과 같다.

A_1	A_0	B_1	B_0	F
0	0	0	0	0
0	0	0	1	0
0	0	1	0	0
0	0	1	1	0
0	1	0	0	1
0	1	0	1	0
0	1	1	0	0
0	1	1	1	0
1	0	0	0	1
1	0	0	1	1
1	0	1	0	0
1	0	1	1	0
1	1	0	0	1
1	1	0	1	1
1	1	1	0	1
1	1	1	1	0

진리표에 따라 카르노맵을 이용하여 간략화하면 다음과 같다.

B_1B_0 \ A_1A_2	00	01	11	10
00		㉠ 1	1	1
01			㉡ 1	1
11				
10			㉢ 1	

㉠ : $A_0\overline{B_1}\,\overline{B_0}$(1과0 모두 포함된 A_1를 제외한 모든 항이 포함된다)

㉡ : $A_1\overline{B_1}$

㉢ : $A_1A_0\overline{B_0}$

09

정답 ②

상세풀이

먼저 회로에서 컬렉터 전류를 구하면 다음과 같다.

$$I_C = \frac{5-0.2-1.15}{1[\text{k}\Omega]} = 3.65[\text{mA}]$$

컬렉터 전류로 베이스 포화전류를 구하면 $I_B = \frac{I_C}{\beta} = \frac{3.65[\text{mA}]}{100} = 0.0365[\text{mA}]$이 된다.

문제에서 입력전류를 2배로 한다고 했기 때문에 $I_B = 0.073[\text{mA}]$이다.

구형파 입력전압을 구하면 $V_i = I_B \cdot R_i + V_{BE} = 0.073[\text{mA}] \times 100[\text{k}\Omega] + 0.7 = 8[\text{V}]$

10

정답 ③

간략풀이

슬루율이란 시스템에서 출력이 시간에 따라 변화하는 비율을 나타낸다. 시스템에서는 출력이 즉각적으로 나오지 않고 지연시간이 발생하게 되는데 그 반응 속도를 슬루율이라고 한다.

슬루율은 다음과 같이 나타낸다.

슬루율$= \dfrac{\Delta V_o}{\Delta t} = \dfrac{V_{\max} - (-V_{\max})}{\Delta}$[V/$\mu$s] 따라서 슬루율은 클수록 즉각적인 출력이 나오게 된다.

상세풀이

① 연산증폭기는 출력임피던스가 매우 작고 입력임피던스가 매우 높아 이상적인 증폭기이다.

② 연산증폭기는 개별소자인 BJT, FET를 다단으로 구성하여 매우 큰 전압이득을 얻을 수 있다.

④ 연산증폭기는 회로에 부궤환을 걸어 안정적이게 사용하지만 전압이득이 감소한다.

11

정답 ①

간략풀이

p채널 공핍형 MOSFET에서는 $V_{GS} > 0$일 때 공핍모드로 동작하고 $V_{GS} < 0$일 때 증폭모드로 동작한다. $V_{GS} = 0$일 때는 E-MOSFET와는 달리 이미 채널이 형성되어있기 때문에 전압이 걸려 있지 않아도 드레인 포화전류(I_{DSS})가 흐르며 동작한다. 따라서 선지 ①의 그래프가 정답이 된다.

12

정답 ②

간략풀이

슈미트 트리거 회로의 출력은 입력 파형의 기준전압인 상한(V_{TH}) 및 하한(V_{TL}) 임계전압(Threshold voltage)에 따라 변한다. 입력파형의 하한 임계전압이 양의 값을 가지더라도 V_{out}은 음의 값을 가질 수 있다.

상세풀이

① 입력이 임계전압(Threshold voltage)보다 높을 때 High값을 가지고, 임계전압보다 낮을 때 Low값을 가지므로 잡음신호를 제거한 펄스구형파를 가질 수 있다. 하지만 문제에서 주어진 회로의 경우 반전형 슈미트 트리거이기 때문에 출력은 반전된다. 임계전압보다 높을 때 Low로 반전되고, 임계전압보다 낮을 때 High로 반전된다.

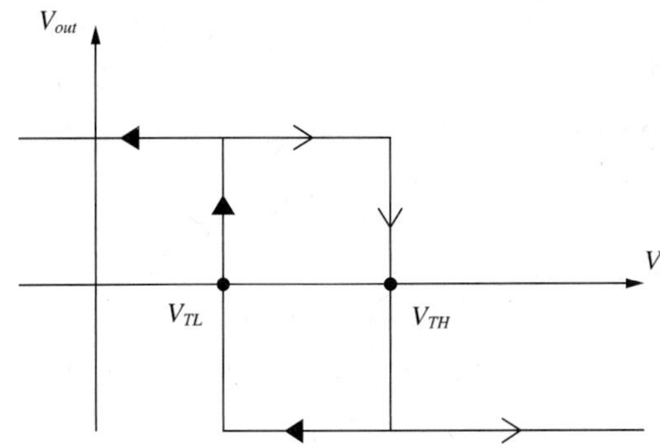

③ 입력전압 V_s에 의해 출력전압 V_{out}이 결정될 때 입력전압값이 커지면서 결정되는 출력전압값과 입력전압값이 작아지면서 결정되는 출력전압값이 다를 때, 이러한 전압특성을 히스테리시스 특성을 가진다고 한다. 이러한 히스테리시스 특성은 주로 입력전압값에 대한 어떤 임계값에 대하여 출력전압이 High 혹은 Low로 결정될 때 임계값 근처의 입력값에 대하여 출력전압값이 흔들리는 것을 막을 수 있다. 이때, 히스테리시스 특성을 이용하면 어떤 값 이상에서 High가 되고 나면, 특정값 이하로 떨어지기 전에는 High값을 유지하게 된다.

④ 입력전압 V_s가 반전단자로 입력되므로 반전형 슈미트 트리거이다.

[히스테리시스 특성을 이용해 잡음신호를 제거한 펄스 구형파를 얻는 그래프]

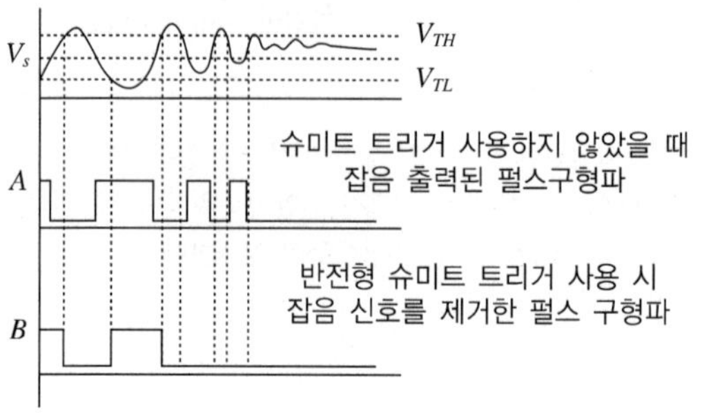

13

정답 ①

간략풀이

FM에서 프리엠퍼시스회로와 디엠퍼시스회로는 고주파 대역에서 잡음이 증가하게 되는데 그것을 줄이기 위하여 변조지수를 높여 잡음을 억제하는 회로이다.

상세풀이

② 프리엠퍼시스는 고주파 성분을 FM변조하기 전에 증폭하기 위해 FM변조기 전단에, 디엠퍼시스는 수신단에서 원래의 신호로 재생하기 위해 복조기의 후단에 위치한다.

③ 프리엠퍼시스는 고주파 대역을 증폭시키기 위해 특정한 차단주파수 이하 주파수의 신호를 감쇠시켜 차단주파수 이상의 주파수신호만 통과시키는 필터인 HPF(High Pass Filter)에 해당한다. 디엠퍼시스는 차단주파수보다 낮은 주파수만 통과시키는 LPF(Low Pass Filter)에 해당한다.

④ FM변조에서 고주파대역에서 잡음출력이 증가하는 문제를 개선하기 위해 고주파성분을 의도적으로 충분히 강하게 한 후 변조하여 송신한다.

14

정답 ③

상세풀이

문제에서 주어진 회로는 제너다이오드 특성으로 인해 D_1이 순방향 동작하게 되면 D_2가 역방향으로 동작하고 반대로 D_2가 순방향 동작을 하게 되면 D_1가 역방향 동작을 하며 반전 입력전압은 $V_i = \pm(4.3[V] + 0.7[V])$이다.

따라서 2.5[kΩ]에 흐르는 전류는 $I_{R1} = \frac{\pm 5}{2.5k} = \pm 0.2[mA]$이다.

비반전 입력에서 흐르는 전류가 없기 때문에 1.5[kΩ]에 흐르는 전류는 2.5[kΩ]에 흐르는 전류와 같다.

따라서 출력전압은 $V_o = \pm 2[mA] \cdot (1.5[k\Omega] + 2.5[k\Omega]) = \pm 8[V]$이다.

15

정답 ②

간략풀이

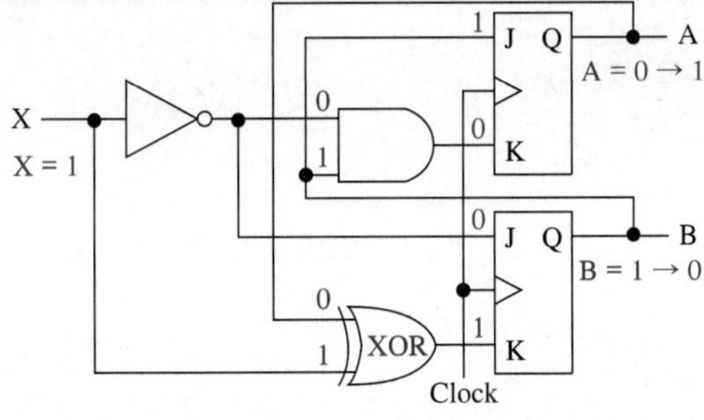

위쪽 JK 플립플롭에는 J=1, K=0이 입력되므로 A(t+1)=1이고,
아래쪽 JK 플립플롭에는 J=0, K=1이 입력되므로 B(t+1)=0이다.

상세풀이

㉠

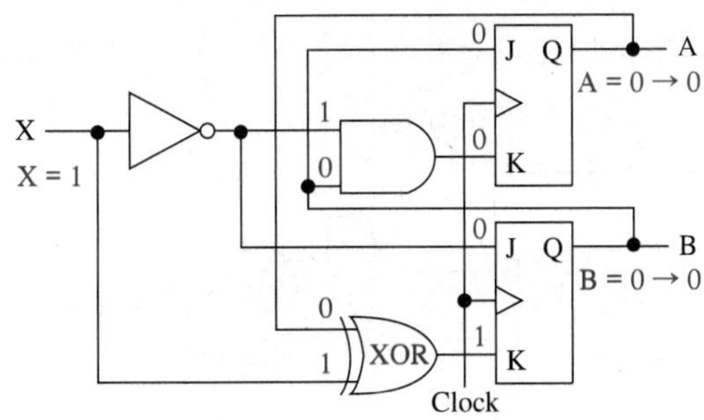

위쪽 JK 플립플롭에는 J=0, K=0이 입력되므로 A(t+1)=0이고,
아래쪽 JK 플립플롭에는 J=0, K=1이 입력되므로 B(t+1)=0이다.

㉢

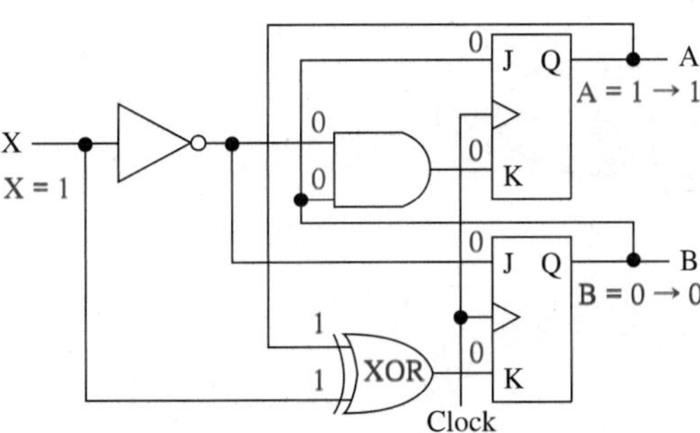

위쪽 JK 플립플롭에는 J=0, K=0이 입력되므로 A(t+1)=1이고,
아래쪽 JK 플립플롭에는 J=0, K=0이 입력되므로 B(t+1)=0이다.

㉣

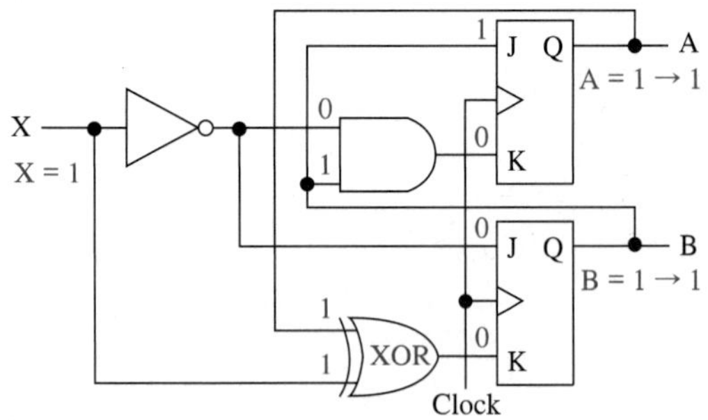

위쪽 JK 플립플롭에는 J=1, K=0이 입력되므로 A(t+1)=1이고,
아래쪽 JK 플립플롭에는 J=0, K=0이 입력되므로 B(t+1)=1이다.

16

정답 ④

상세풀이

ㄱ. 드모르간 정리를 최소화하고 쉽게 풀기 위해 논리회로에서 논리게이트를 변환하면 다음과 같다.

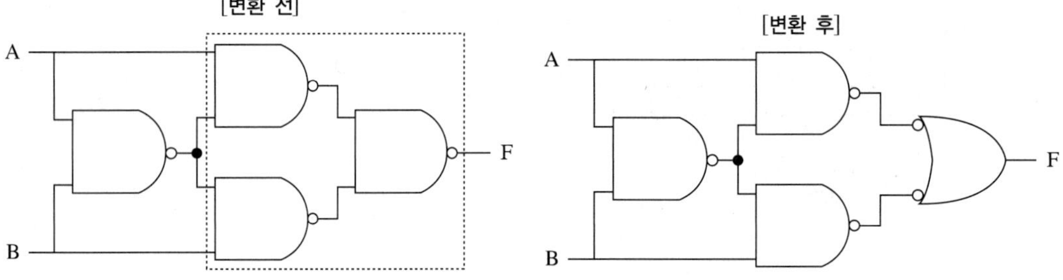

출력의 인버터와 입력의 인버터는 서로 상쇄되므로 최종적인 논리게이트는 다음과 같아진다.

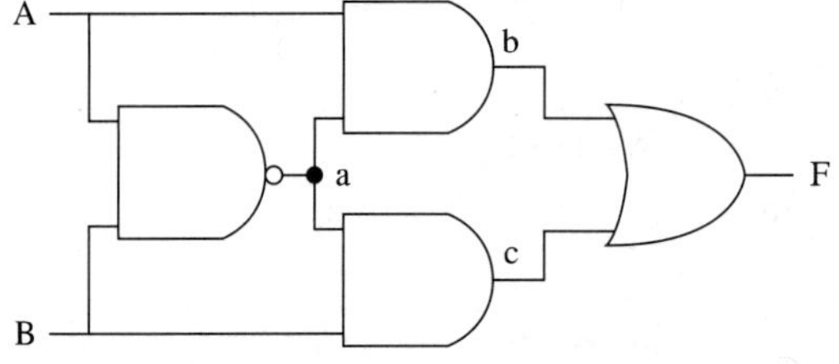

a, b, c 지점의 출력을 구하면

a : $\overline{AB}$

b : $\overline{AB} \cdot A$

c : $\overline{AB} \cdot B$

$\therefore F = \overline{AB} \cdot A + \overline{AB} \cdot B = (\overline{A} + \overline{B}) \cdot A + (\overline{A} + \overline{B}) \cdot B = A\overline{B} + \overline{A}B = A \oplus B$

ㄴ. $F = \overline{AB} \cdot (A+B) = (\overline{A} + \overline{B}) \cdot (A+B) = \overline{A}A + A\overline{B} + \overline{A}B + \overline{B}B = A \oplus B$

ㄷ. (ⅰ) A=1인 경우, 위쪽 트랜지스터 논리게이트는 OFF가 되고, 아래쪽 트랜지스터 논리게이트는 ON이 된다.

$\rightarrow F = A\overline{B}$

(ⅱ) A=0인 경우, 위쪽 트랜지스터 논리게이트는 ON이 되고, 아래쪽 트랜지스터 논리게이트는 OFF가 된다.

$\rightarrow F = \overline{A}B$

$\therefore F = A\overline{B} + \overline{A}B = A \oplus B$

ㄹ.

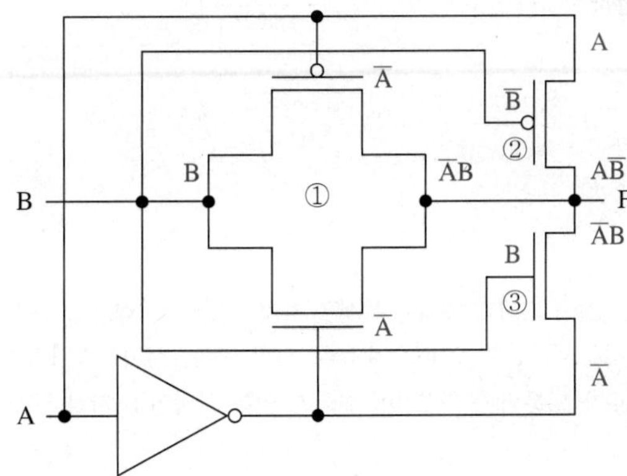

(i) A=1인 경우, ㄱ과 ㄷ 트랜지스터 논리게이트는 OFF, ㄴ 트랜지스터 논리게이트는 ON이므로 $\rightarrow F = A\overline{B}$

(ii) A=0인 경우, ㄴ 트랜지스터 논리게이트는 OFF, ㄱ과 ㄷ 트랜지스터 논리게이트는 ON이므로 $\rightarrow F = \overline{A}B$

$\therefore F = A\overline{B} + \overline{A}B = A \oplus B$

결론적으로 ㄱ, ㄴ, ㄷ, ㄹ의 논리함수식이 모두 같으므로 정답은 ④이다.

17

정답 ③

간략풀이

콜피츠 발진기회로는 L과 C_3, C_4의 직렬합성용량에 의한 공진 주파수에 의해 결정된다.

따라서 발진주파수 $f_o = \frac{1}{2\pi\sqrt{LC_3C_4/(C_3+C_4)}}$ 이다.

상세풀이

① C_1은 AC 결합 커패시터로 DC는 차단하고 신호만 전달하여 증폭하기 위해 사용된다. 또한 출력측에서 증폭된 신호는 다시 입력측으로 돌아와 증폭되고 출력측으로 전달되어 결국 출력 측에서 교류신호 피드백으로 사용된다.

② R_1과 R_2는 DC입력전압을 해석하기 쉽게 하고 동작점을 설정하기 위한 전압분배용 저항이다.

③ C_2는 바이패스 커패시터로 노이즈성분을 그라운드로 흘리기 위해 사용한다. 따라서 C_1, C_2는 발진을 위한 역할을 하지 않으므로 발진주파수 식에 C_1, C_2 대신 C_3, C_4가 들어가야 한다.

④ RFC는 고주파 초크 코일로 고주파에 대한 저항 작용을 하고, 고주파를 감쇠시키는데도 사용한다. 즉 고주파 필터 역할을 하며 공진 주파수에서 개방회로가 되므로 직류회로는 통과시키고, 교류회로는 차단한다. 교류회로에서는 개방회로이므로 매우 큰 임피던스라 할 수 있다.

18

정답 ③

상세풀이

V_{CE}를 구하기 위해서는 $V_{CE} = V_C - V_E$이므로 V_C와 V_E를 구해야 한다.

DC 동작점에서 커패시터 C_1, C_2, C_3는 개방되고 Base에 걸리는 전압

$V_B = 12[\text{V}] \times \frac{4[\text{k}\Omega]}{20+4[\text{k}\Omega]} = 2[\text{V}]$

$V_{BE} = 0.7[\text{V}]$이므로 $V_E = 2 - 0.7 = 1.3[\text{V}]$ 이다.

에미터에 흐르는 전류 $I_E = \frac{V_E}{R_E} = \frac{1.3[\text{V}]}{650[\Omega]} = 2[\text{mA}]$ 이다.

$I_C \simeq I_E$이므로 $I_C = 2[\text{mA}]$이고, 이를 이용해 V_C를 구하면 $2[\text{mA}] = \frac{12 - V_C}{1[\text{k}\Omega]}$이고,

$V_C = 12 - 2 = 10[\text{V}]$이다.

$\therefore\ V_E = 10 - 1.3 = 8.7[\text{V}]$

19

정답 ②

간략풀이

사이리스터는 게이트 단자에 신호를 줘야만 ON이 되어 도통되는 특성을 가지고 있다. 그래프의 a~b 지점에서 사이리스터가 OFF가 되어 입력전압 V_{in} 값이 사이리스터 양단 전압 V_{AK}로 출력된다. 그래프의 b~c 지점에서는 사이리스터가 ON이 되어 입력전압 V_{in} 값이 저항 R의 양단 전압 V_R으로 출력된다. 그러므로 회로가 도통되어 출력값에 변화가 있는 시점인 b 지점에서 게이트 단자에 펄스가 인가됐다고 보아야 한다.

마찬가지로 d~e 지점에서는 사이리스터가 OFF가 되어 있고, e~f 지점에서 사이리스터가 ON이 되었으므로 e 지점에서 게이트 단자에 펄스가 입력되었다고 볼 수 있다.

20

정답 ③

간략풀이

(i) 바이패스 커패시터 C_3가 없는 경우

에미터 저항 $1[\text{k}\Omega]$이 남게 되므로 전압이득은 $-\frac{5[\text{k}\Omega]}{(r_{in}+1[\text{k}\Omega])}$이다. 크기만 생각하면

$\frac{5[\text{k}\Omega]}{(r_{in}+1[\text{k}\Omega])}$이고, 이 값이 4.9이므로 $r_{in} = \frac{1}{49}[\text{k}\Omega]$이 된다.

(ii) 바이패스 커패시터 C_3가 있는 경우

바이패스 커패시터 C_3가 있는 경우, 에미터 저항 $1[\text{k}\Omega]$은 단락되고, 전압이득은 $-\frac{5[\text{k}\Omega]}{r_{in}}$이므로,

(i)에서 구한 $r_{in} = \frac{1}{49}[\text{k}\Omega]$을 대입하면 전압이득은 $49 \times 5 = 245$이다.

2020 | 2020.06.13. 시행 공개경쟁채용 필기시험 서울시 기출 정답 및 해설

문제편 231p

01	02	03	04	05	06	07	08	09	10	11	12	13	14	15	16	17	18	19	20
③	④	②	③	④	①	④	③	④	①	③	②	②	④	②	①	①	①	③	③

01

정답 ③

간략풀이

전기난로에서 사용한 전류는 20[A]이다. 따라서 저항은 5[Ω]이 된다.

상세풀이

전기난로가 사용한 전력은 2[kW]이다. 전력의 공식은 $W = VI = IR^2 = \frac{V^2}{R}$ 이다.

저항값을 구하기 위해 공식에 대입하면 $R = \frac{V^2}{W} = \frac{100^2}{2,000} = \frac{10,000}{2,000} = 5[\Omega]$ 이 된다.

02

정답 ④

간략풀이

실리콘에서 P형 반도체를 만드는 3가 원소는 붕소, 알루미늄, 갈륨, 인듐이다.

상세풀이

P형 반도체는 3개의 가전자를 가진 원소를 첨가하여 전자 한 개의 빈자리를 인접한 실리콘의 전자를 사용하여 공유결합을 한다. 따라서 실리콘 원자 주변에는 전자의 빈자리인 정공이 생성되고, 정공을 다수캐리어로 사용한다.

03

정답 ②

간략풀이

〈보기〉의 기호는 버랙터 다이오드이며, 버랙터 다이오드는 역바이어스 전압의 크기에 따라 정전용량이 변화되어 가변용량 다이오드라고도 불린다.

상세풀이

버랙터 다이오드는 역방향 바이어스에서 공핍층을 만들고 P형과 N형 영역이 콘덴서의 극판 역할을 하여 콘덴서와 같이 동작한다.

[그림1 정전용량 곡선]

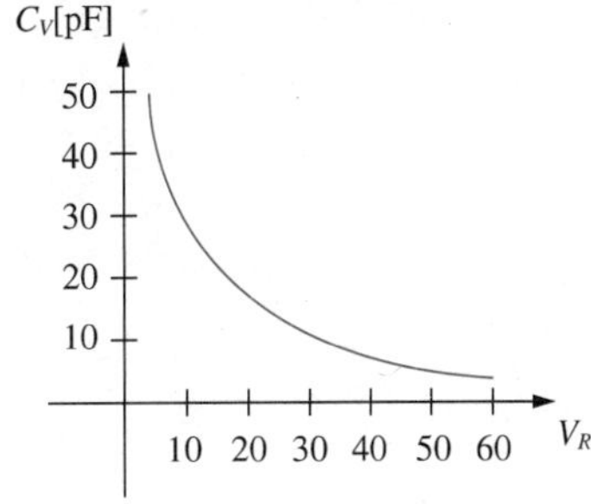

[그림1]을 보면 역방향 바이어스의 크기에 따라 공핍층 영역이 변화하여 정전용량 C_V이 변화하는 것을 볼 수 있다. 이를 가변용량 다이오드라고 한다.

정전용량을 구하는 공식은 다음과 같다.

$C_V = \frac{K}{\sqrt{(V_T + V_R)}}$ (V_T : 문턱전압, V_R : 역방향전압)

04

정답 ③

간략풀이

주어진 $A'B + AB'$는 XOR의 결과값과 같다.

$A \oplus B = \overline{AB + \overline{A}\overline{B}} = \overline{A}B + A\overline{B}$

상세풀이

① $A + AB = A(1+B) = A$

② $A + A'B = (A+A')(A+B) = 1 \cdot (A+B) = A+B$

④ $(A+B)(A+C) = AA + AC + AB + BC = A + AC + AB + BC$

$A + AC + AB + BC = A(1 + C + B) + BC = A + BC$

05

정답 ④

간략풀이

무한직선에서 자계의 세기는 $H = \frac{I}{2\pi r}$ 이다. 문제에서 주어진 값을 대입하면

$20[\text{A/m}] = \frac{20}{2\pi r} \Rightarrow r = \frac{20}{20 \cdot 2\pi} = \frac{1}{2\pi}$ 이 된다.

06

정답 ①

상세풀이

〈보기〉의 회로를 해석하기 위해 입력 신호가 양(+)의 신호가 들어올 때와 음(−)의 신호가 들어올 때로 구분한다.

(ⅰ) 양(+)의 신호가 입력이 될 때

양의 신호가 입력이 되면 D_1는 on이 되고, 증폭되어 나온 반전신호로 인해 D_2는 off가 된다.

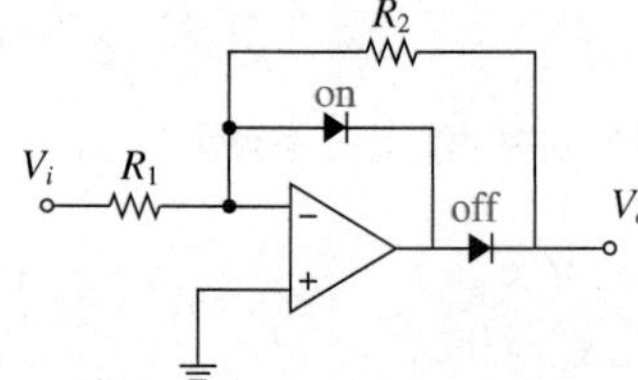

(ii) 음(−)의 신호가 입력이 될 때

음(−)의 신호가 입력이 되면 D_1는 off가 되고, D_2는 on이 되면서 반전증폭기로 동작하게 된다.

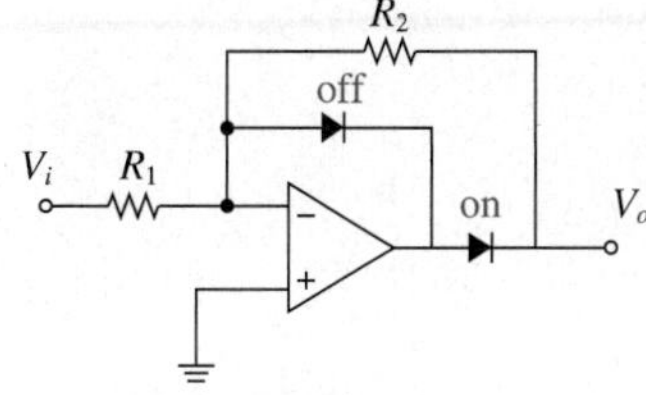

반전 증폭기의 출력은 $V_o = -\frac{R_2}{R_1}V_i = -V_i(R_1 = R_2)$이 된다.

종합해보면 입력신호가 +값이면 출력값은 존재하지 않고 -값이면 입력신호가 반전되어 나타난다.

07

정답 ④

간략풀이

플립플롭은 클럭 입력을 갖는 2진 기억소자로 쌍안정 멀티바이브레이터와 유사하게 동작한다.

08

정답 ③

간략풀이

〈보기〉에서 주어진 회로는 비반전 증폭기회로로 동작하며, 비반전 증폭기의 출력은 다음과 같다.

$$V_o = (1 + \frac{R_2}{R_1})V_i$$

이 회로가 전압 팔로워로 동작하기 위해서는 이득이 1이 되어야 한다.

$$(1 + \frac{R_2}{R_1}) = 1 \Rightarrow \frac{R_2}{R_1} = 0$$

따라서 〈보기〉를 만족하는 조건은 $R_1 = \infty$, $R_2 = 0$이다

09

정답 ④

간략풀이

R과 C는 직렬이기 때문에 R과 C에 흐르는 전류는 동일하다.

커패시터의 전류를 구하는 공식은 다음과 같다.

$$i_c = C\frac{dv}{dt}$$

즉, 커패시터에 흐르는 전압의 순간적인 변화량과 같다.

위 식을 바탕으로 전류관계식을 만들면 $i_c = i_r = C\frac{dV_C(t)}{dt}$이 된다.

전체 전압에 대한 방정식을 세워 전류의 값을 대입하면

$V_{in}(t) = i_r R + V_c(t) \Rightarrow V_{in}(t) = RC\frac{dV_C(t)}{dt} + V_C(t)$가 된다.

10

정답 ①

상세풀이

폐루프 이득을 구하기 위해 먼저 V_A와 V_B로 점을 찍어 V_i와 V_o를 구한다.

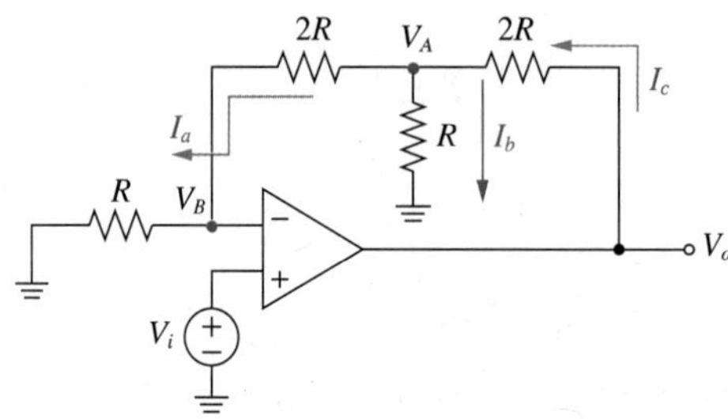

이상적으로 증폭기는 무한대에 가까운 입력저항과 개방루프 이득을 가지므로 $V_B = V_i$이다.

(i) $I_a = \frac{V_i}{R} = \frac{V_A - V_i}{2R}$이므로 $2V_i = V_A - V_i$이다.

이를 V_A에 대하여 정리하면 $V_A = 3V_i$이다.

(ii) $I_b = \frac{V_A}{R} = \frac{3V_i}{R}$이므로 (i)에서 구한 $I_a = \frac{V_i}{R}$을 대입하면 $I_b = 3I_a$이다.

(iii) I_c는 V_o에서 V_A구간의 전류이므로 $I_c = \frac{V_o - V_A}{2R} = \frac{V_o - 3V_i}{2R}$이다. ($\because V_A = 3V_i$ 대입)

이때, I_c는 전류 I_a와 전류 I_b를 합친 전류와 같으므로 $I_c = 4I_a$ 이다.

이 $I_c = 4I_a$를 수식으로 풀면 $\frac{V_o - 3V_i}{2R} = \frac{4V_i}{R}$ 이다. ($\because I_a = \frac{V_i}{R}$이므로 $4I_a = \frac{4V_i}{R}$)

이를 V_o에 관하여 정리하면

$\frac{V_o - 3V_i}{2R} = \frac{8V_i}{2R}$로 바꿀 수 있고, $V_o - 3V_i = 8V_i$

$V_o = 11V_i$이다.

따라서 폐루프 이득 $A_v = \frac{V_o}{V_i} = 11$이다.

11

정답 ③

간략풀이

제너 다이오드는 역방향 바이어스에서 제너항복을 일으키며 일정한 전압의 출력을 가지는 소자이다. 항복영역에서는 전압은 일정하고 전류는 증가하기 때문에 저항의 값은 작게 나타난다.

상세풀이

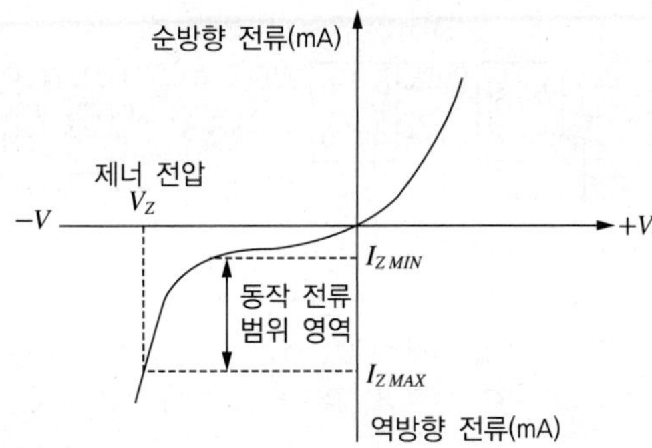

제너 다이오드는 역방향 바이어스에서 제너항복을 일으키면 위의 그림과 같이 역방향으로 큰 전류가 흐르고, 이는 $I=\dfrac{V}{R}$에서 전압은 V_Z로 일정하므로 저항의 값이 작아짐을 의미한다.

① 제너 다이오드는 역 바이어스를 증가시키면 급격하게 큰 역 전류가 흐르는 특성을 가지고 있는 다이오드로 항복으로 동작할 때 일정전압을 유지시켜 전압제어소자로 사용한다.

② 제너 항복이 발생하면 다이오드 양 단자 전압은 거의 일정한 값을 유지하고, 전류만 급격하게 증가한다.

④ 전압이 일정하게 유지되기 때문에 정전압(부하양단 전압을 일정하게 유지)을 만들기 위한 회로나 장치에 사용된다.

12

정답 ②

간략풀이

주어진 회로에서 전압원은 방향이 같기 때문에 11[V]의 전압원과 같이 동작하고, 저항이 100[Ω] 하나이기 때문에 모든 전압이 저항에 걸린다.

전류는 $I=\dfrac{11}{100}=0.11[\mathrm{A}]=110[\mathrm{mA}]$가 된다.

13

정답 ②

간략풀이

주어진 회로는 마스터-슬레이브 형 D F/F의 변형으로 CLK에 인버터가 없으므로 OUT1의 출력이 그대로 OUT2에 나타난다.

상세풀이

1. 기억소자

[표1 기억소자의 종류]

기억소자	
래 치	클럭 입력을 가지지 않는 기억소자이다. 종류 : SR 래치, D 래치
플립플롭 (FF)	클럭 입력을 가져, 클럭에 따라 출력의 상태를 바꾸는 기억소자이다. 종류 : D-FF, SR-FF, JK-FF, T-FF, Master-Slave FF

[표1]은 순서회로에 쓰이는 기억소자에 대한 내용이고, 기억소자 중 D플립플롭은 D(데이터)와 CLK(클럭)의 두 입력을 갖는 가장 간단한 플립플롭이다.

2. D 플립플롭의 구현

D 플립플롭은 CLK(클럭)이 없어 신호가 발생할 때까지 현상태를 유지하는 래치와는 달리, 입력데이터D가 CLK에 동기되어 출력에 그대로 전달된다. 주어진 회로는 Master-Slave FF의 변형으로 구현되어 있다.

(1) Master Slave D 플립플롭

2개의 게이트형 D 래치와 1개의 인버터로 구현된다.

[Master Slave D 플립플롭]

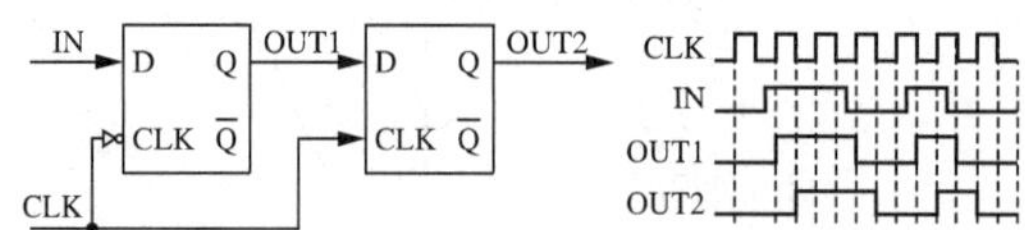

① CLK가 0일 때 : 1번 D 래치는 CLK 1이 입력, 입력D를 그대로 OUT1에 전달

① CLK가 0일 때 : 2번 D 래치는 CLK 0이 입력, 현재 Q값을 저장, OUT2에 현재 Q값 유지

② CLK가 1일 때 : 1번 D 래치는 CLK 0이 입력, 현재 Q값을 저장, OUT1에 현재 Q값 유지

① CLK가 0일 때 : 2번 D 래치는 CLK 1이 입력, 입력D를 그대로 OUT2에 전달

(2) 변형된 Master Slave D 플립플롭

2개의 게이트형 D 래치와 1개의 CLK동기선으로 구성되어 있다.

[변형된 Master Slave D 플립플롭]

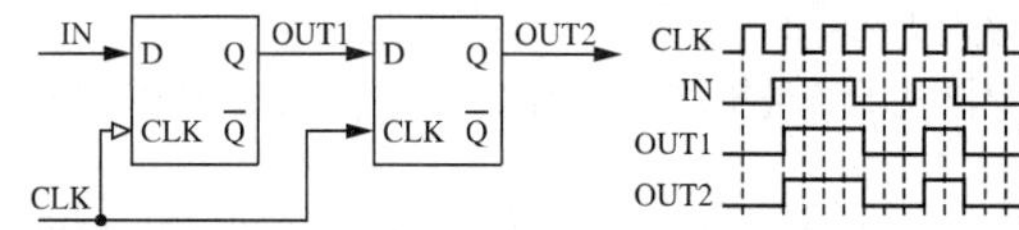

① CLK가 0일 때 : 1번 D 래치는 CLK 0이 입력, 현재 Q값을 저장, OUT1에 현재 Q값 유지

① CLK가 0일 때 : 2번 D 래치는 CLK 0이 입력, 현재 Q값을 저장, OUT2에 현재 Q값 유지

② CLK가 1일 때 : 1번 D 래치는 CLK 1이 입력, 입력D를 그대로 OUT1에 전달

① CLK가 0일 때 : 2번 D 래치는 CLK 1이 입력, 입력D를 그대로 OUT2에 전달

CLK가 1번 D래치와 2번 D래치에 동시에 입력 되기 때문에 전파 딜레이가 존재하지 않는다면 OUT1과 OUT2의 출력파형은 같을 것이다.

CLK에 버블(Inverter)이 없으므로 상승 에지 트리거일 때의 IN 입력파형을 살펴보면 다음과 같다.

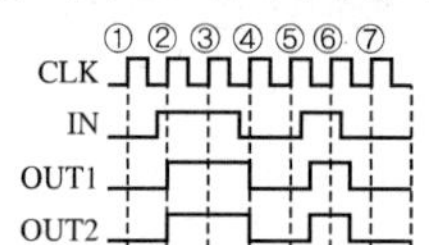

① 클럭펄스 : IN=0이므로, OUT1=OUT2=0

② 클럭펄스 : IN=1이므로, OUT1=OUT2=1

③ 클럭펄스 : IN=1이므로, OUT1=OUT2=1

④ 클럭펄스 : IN=0이므로, OUT1=OUT2=0

⑤ 클럭펄스 : IN=0이므로, OUT1=OUT2=0

⑥ 클럭펄스 : IN=1이므로, OUT1=OUT2=1

⑦ 클럭펄스 : IN=0이므로, OUT1=OUT2=0

14

정답 ④

간략풀이

sign이 0일 때 : 가산기로 작동 (Add)

sign이 1일 때 : 감산기로 작동 (Sub)

전가산기 4개가 병렬로 되어있고, 각 단의 캐리가 서로 영향을 주고 계산하므로 병렬 가감산기이다.

15

정답 ②

간략풀이

주어진 회로는 V_1과 V_2의 전압을 감산하여 $\frac{R_3}{R_1} = \frac{R_4}{R_2}$ 만큼 증폭하는 증폭된 감산기이다.

상세풀이

회로를 해석하기 위해 V_1의 입력과 V_2의 입력을 분리한다.

(i) V_1 입력 $V_2 = 0$인 경우

반전 증폭기로 동작하므로 출력은 $V_o = -\frac{R_3}{R_1}V_1$이 된다.

(ii) V_2 입력 $V_1 = 0$인 경우

비반전 증폭기로 동작하므로 출력은 $V_o = (1+\frac{R_3}{R_1}) \cdot (\frac{R_4}{R_2+R_4})V_2$이 된다.

(i)과 (ii)의 출력을 합하면 다음과 같다.

$V_o = -\frac{R_3}{R_1}V_1 + (1+\frac{R_3}{R_1}) \cdot (\frac{R_4}{R_2+R_4})V_2$ 여기서 조건으로 $R_1 = R_2$, $R_3 = R_4$을 대입하면

$V_o = -\frac{R_3}{R_1}V_1 + (1+\frac{R_3}{R_1}) \cdot (\frac{R_3}{R_1+R_3})V_2 = -\frac{R_3}{R_1}V_1 + (\frac{R_1+R_3}{R_1}) \cdot (\frac{R_3}{R_1+R_3})V_2$

$V_o = -\frac{R_3}{R_1}V_1 + \frac{R_3}{R_1}V_2 = -\frac{R_3}{R_1}(V_2 - V_1)$

16

정답 ①

간략풀이

전류란 1초 동안 도체에 흐르는 전하의 양을 말한다. 따라서 1초 동안 통과하는 전자의 개수가 n개이고, 전하 1개가 가지고 있는 전하량이 e이기 때문에 서로의 곱인 en[A]가 된다

17

정답 ①

간략풀이

(i) 바이패스 커패시터인 C_4는 교류일 때 short가 되므로 등가커패시턴스 C에 C_4가 포함된 보기 ③, ④번은 틀린 답이다.

등가커패시턴스 C는 C_1, C_2, C_3이 직렬 연결된 회로이므로 $C = \frac{1}{\frac{1}{C_1}+\frac{1}{C_2}+\frac{1}{C_3}}$ 이 된다.

(ii) 발진시동에 필요한 전압이득 A_V

감소율 β은 C_1과 C_2에 의해 결정된다. $\beta = \frac{X_2}{X_1} = \frac{\frac{1}{jwC_2}}{\frac{1}{jwC_1}} = \frac{C_1}{C_2}$ 이다(Collector와 Emitter 사이의 리액턴스가 분모에, Base와 Emitter 사이의 리액턴스가 분자에 온다).

$A_V\beta = 1$이므로, $A_V = \frac{C_2}{C_1}$ 이다.

클랩 발진기

클랩 발진기는 콜피츠 발진기의 변형으로, 공진궤환회로의 인덕터와 커패시터(C_3)를 직렬로 추가 연결한 것이다.

클랩 발진기의 발진 주파수는 $f \doteqdot \dfrac{1}{2\pi\sqrt{L\left(\dfrac{1}{\frac{1}{C_1}+\frac{1}{C_2}+\frac{1}{C_3}}\right)}}$ 이 되며, C_3가 C_1, C_2보다 훨씬 작다면, 발진주파수는 거의 C_3에 의해 결정되며,

이때의 발진주파수는 $f \doteqdot \dfrac{1}{2\pi\sqrt{LC_3}}$ 이 된다.

콜피츠 발진기의 경우, C_1, C_2가 직렬이므로 콜피츠 발진기의 발진주파수는 $f = \dfrac{1}{2\pi\sqrt{\dfrac{C_1C_2}{C_1+C_2}}}$ 이다.

18

정답 ①

간략풀이

먼저 입력전압 $V_{IN}(t)$을 라플라스 변환하면 $V_{in}(s) = [R+sL]I(s)$ …①

그리고 저항 양단에 걸리는 전압 $V_R(t)$을 라플라스 변환하면 $V_R(s) = R \cdot I(s)$ …②

①, ②를 전달함수 $H(s)$에 대입하면

$H(s) = \dfrac{V_R(s)}{V_{in}(s)} = \dfrac{R \cdot I(s)}{[R+sL]I(s)} = \dfrac{R}{R+sL}$ 이 된다.

19

정답 ③

상세풀이

왼쪽 증폭기에서 나오는 구형파가 오른쪽 증폭기로 입력되어 삼각파로 출력되고, 출력된 삼각파가 다시 왼쪽 증폭기로 입력되어 구형파가 출력되게 된다.

구형파의 최대/최소 전압을 $\pm V_B$, 삼각파의 최대/최소 전압을 $\pm V_m$, 각각의 주기를 T라고 하면 그림은 다음과 같다.

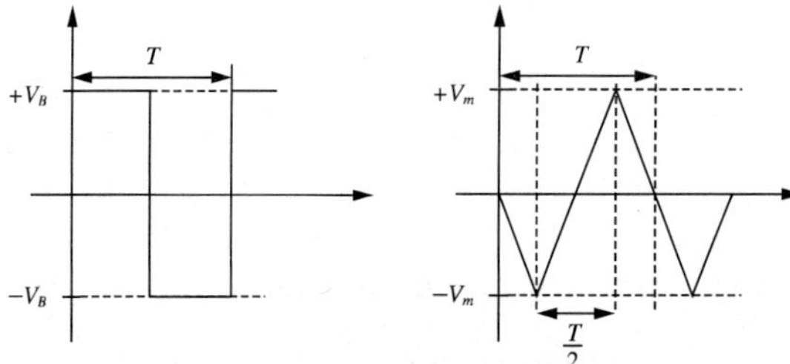

(i) 구형파 출력 전압을 구하기 위해 V_A와 V_B로 점을 찍어 V_B와 V_{out}의 관계를 구한다.

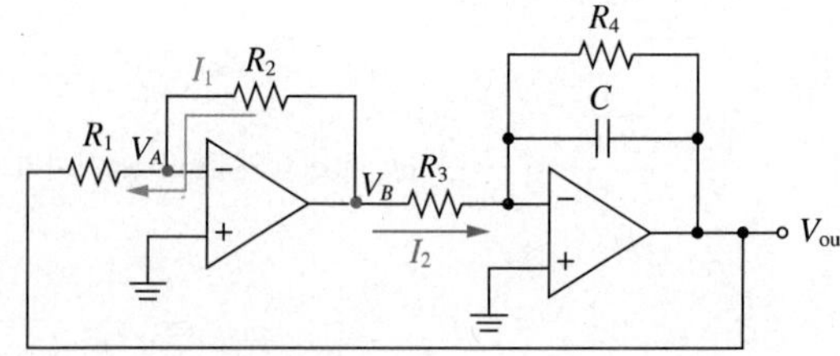

R_1과 R_2에 흐르는 전류 I_1이 같다는 것을 이용하여 식을 세우면

$\frac{(V_A - V_{out})}{R_1} = \frac{(V_B - V_{out})}{R_1 + R_2}$과 같다. 이를 풀면, $V_A = (V_B - V_{out})\frac{R_1}{R_1 + R_2} + V_{out}$이다.

구형파가 출력될 때 전압에 변화가 없는 부분은 $V_A = 0$이 되어야 하므로

$0 = (V_B - V_{out}) \cdot \frac{R_1}{R_1 + R_2}$이고, 이를 정리하면

$$V_B \cdot \frac{R_1}{R_1 + R_2} = V_{out} \cdot (\frac{R_1}{R_1 + R_2} - 1)$$

$$= V_{out} \cdot (\frac{-R_2}{R_1 + R_2})$$

$$\therefore V_{out} = -\frac{R_1}{R_2} V_B$$

(ii) 발진주파수 f 구하기

삼각파형은 $\Delta t = \frac{T}{2}$ 시간 동안 $\Delta V_{out} = |-2V_m|$만큼 충전되는 특성을 이용해야한다.

10[kΩ]에 흐르는 전류 $I_2 = \frac{V_B}{R_3} = C \cdot \frac{\Delta V_{out}}{\Delta t} = C \cdot \frac{2V_m}{\frac{T}{2}} = 2 \cdot C \cdot \frac{2V_m}{T} = 4 \cdot C \cdot \frac{V_m}{T}$이다. (i)에서 구한 $V_{out} = V_m$이므로 이를 대입하면,

$\frac{V_B}{R_3} = 4 \cdot C \cdot \frac{1}{T} \cdot (-\frac{R_1}{R_2} V_B)$이므로 $T = \frac{4CR_1R_3}{R_2}$이고,

$f = \frac{1}{T} = \frac{R_2}{4CR_1R_3} = \frac{100 \times 10^3}{4 \times 10 \times 10^{-6} \times 10^3 \times 10 \times 10^3} = \frac{1000}{4} = 250[\text{Hz}]$가 된다.

20

정답 ③

간략풀이

$45.3_{(8)} = 4 \times 8^1 + 5 \times 8^0 + 3 \times 8^{-1} = 32 + 5 + 0.375 = 37.375$

2020 | 2020.07.18. 시행 공개경쟁채용 필기시험 군무원 기출(복원) 정답 및 해설

문제편 237p

01	02	03	04	05	06	07	08	09	10	11	12	13	14	15	16	17	18	19	20
④	④	③	①	②	④	①	③	②	③	②	①	④	①	③	②	③	②	③	④
21	22	23	24	25															
②	①	④	③	④															

01

정답 ④

간략풀이

포락선 검파 방식은 비동기 검파 방식이다.

상세풀이

① 아날로그는 정보신호를 반송파에 주파수나 진폭신호를 추가하여 수행되는 정보전송과 관련된 기술이다.
② 모뎀은 아날로그・디지털 변환기의 일종으로 디지털 신호를 아날로그 신호로 바꾸어 전송하고, 아날로그 신호를 받아 디지털 신호로 읽어내는 역할을 한다. 때문에 아날로그 신호를 디지털 신호로 바꾸는 데 모뎀이 필요하다.
③ 아날로그 변조방식에는 AM, FM, PM등이 있고, 디지털 변조방식에는 ASK, FSK, PSK, QAM, QPSK 등이 있다.

The 알아보기 변조

송신측에서 수신측으로 정보신호를 안전하게 보내기 위해 송신측에서 정보신호를 고주파(Carrier)신호에 싣는 방법을 변조라고 한다. 변조에는 아날로그 변조방식과 디지털 변조방식이 있다.

• 아날로그 변조방식
  - AM(Amplitude Modulation) : 정보신호를 반송파에 실어 진폭에 변화를 주는 방식
  - FM(Frequency Modulation) : 정보신호를 반송파에 실어 주파수에 변화를 주는 방식
  - PM(Phase Modulation) : 정보신호를 반송파에 실어 위상에 변화를 주는 방식
• 디지털 변조방식
  - ASK(Amplitude Shift Keying) : 디지털 정보신호를 반송파의 진폭에 변화를 주어 나타내는 방식
  - FSK(Frequency Shift Keying) : 디지털 정보신호를 반송파의 주파수에 변화를 주어 나타내는 방식
  - PSK(Phases Shift Keying) : 디지털 정보신호를 반송파의 위상에 변화를 주어 나타내는 방식
  - QAM(Quadrature Amplitude Modulation) : 디지털 정보신호를 반송파의 진폭과 위상을 동시에 변화를 주어 변조하는 방식으로 16QAM, 64QAM, 256QAM 등이 존재한다.
  - QPSK(Quadrature Phase Shift Keying) : 디지털 정보신호를 반송파의 위상을 4개로 나누어 변조하는 방식

02

정답 ④

상세풀이

교류전압을 표현할 때 최대값, 평균값, 실효값 등으로 표현할 수 있다.

(i) 최대값은 순시값 중 가장 큰 값으로, $v_{(t)} = V_{(m)}\sin(wt+\theta)$의 수식의 형태에서 $V_{(m)}$으로 표현된다.

(ii) 평균값은 반주기 동안의 파형의 면적을 반주기로 나눈 값이다.

$$V_{(e)} = \frac{2}{\pi} V_{(m)} = 0.637 \times V_{(m)}$$

(iii) 실효값은 교류가 한 일과 직류가 한 일이 같아질 때 순간의 교류값이다.

$$V = \frac{1}{\sqrt{2}} V_{(m)} = 0.707 \times V_{(m)}$$

03

정답 ③

간략풀이

$R = \frac{V}{I}$ 이므로, $\frac{3.2[\text{V}]}{10[\text{mA}]} = 320[\Omega]$

상세풀이

문제에서 주어진 회로는 저항체 2개가 직렬로 연결된 회로와 같다.

키르히호프의 전압법칙으로 인해 저항체 R에 걸리는 전압은 3.2[V]임을 알 수 있다.

저항의 직렬연결은 각 저항에 흐르는 전류는 일정하지만 저항에서 각각 전압강하가 발생한다.

따라서 $R = \frac{V}{I}$ 이므로, $\frac{3.2[\text{V}]}{10[\text{mA}]} = 320[\Omega]$ 이다.

04

정답 ①

상세풀이

전류는 $I = \frac{V}{R}$ 이므로, 전류가 최대값을 가지려면 전압은 최소전압은 최대가 되어야 한다.

회로에서 5%의 오차를 가진 저항의 기댓값은 950~1050[Ω]이다.

따라서 전류가 최대값을 가지려면 $I_M = \frac{5}{950}$ =0.005263⋯ 5.26[mA]이다.

같은 방법으로 최대전력은 $P_M = \frac{V^2}{R} = \frac{25}{950}$ =0.026315⋯ 26.32[mW]이다.

05

정답 ②

간략풀이

회로의 리액턴스 특성은 임피던스의 값을 비교하면 된다.

$X_L = 2\pi fL = 2\pi \times 4 \times 10^6 \times 5 \times 10^{-6} = 125.66\cdots$

$X_C = \frac{1}{2\pi fC} = \frac{1}{2\pi \times 4 \times 10^6 \times 200 \times 10^{-12}} = 198.94\cdots$

$X_L < X_C$ 이므로, 이 회로는 용량성 리액턴스 특성을 가지게 된다.

상세풀이

회로의 리액턴스 특성을 확인하려면 임피던스의 값을 비교하면 된다. 각각의 임피던스를 구하는 공식은 $X_L = 2\pi fL$, $X_C = \frac{1}{2\pi fC}$ 이다.

▶ $X_L > X_C$ 일 때, 회로가 유도성 리액턴스 특성을 가진다.

▶ $X_L < X_C$ 일 때, 용량성 리액턴스 특성을 가진다.

▶ $X_L = X_C$ 일 때, 직렬 공진상태라고 하며 저항성 R만의 회로와 같은 성질을 가진다.

직렬 공진상태에는 전류는 최대가 되며 임피던스는 최소(0)가 되고 역률은 1이 되며 전압과 전류의 위상차이가 없다. 이렇게 직렬 공진상태를 만들어주는 주파수를 공진주파수라고 하며 구하는 공식은 다음과 같다.

$$\omega L=\frac{1}{\omega C} \Rightarrow \omega^2 LC=1 \Rightarrow \omega=\frac{1}{\sqrt{LC}} \Rightarrow f_r=\frac{1}{2\pi\sqrt{LC}}\ [\text{Hz}]$$

06

정답 ④

간략풀이

제너 다이오드는 애벌란시 효과를 이용하여 애벌란시 다이오드로 불리기도 한다. 이러한 제너 다이오드의 항복전압 특성을 이용해 정전압 회로를 구성한 것이 제너 다이오드 정전압회로이다. 전압조정기는 이 정전압 특성을 이용하여 과전류로부터 부하를 보호한다.

상세풀이

항복현상

항복현상에는 Avalanche breakdown(애벌란시 항복)과 Zener breakdown(제너 항복)이 있다.

(i) Avalanche breakdown(애벌란시 항복)

[애벌란시 항복 시 역방향 전류]

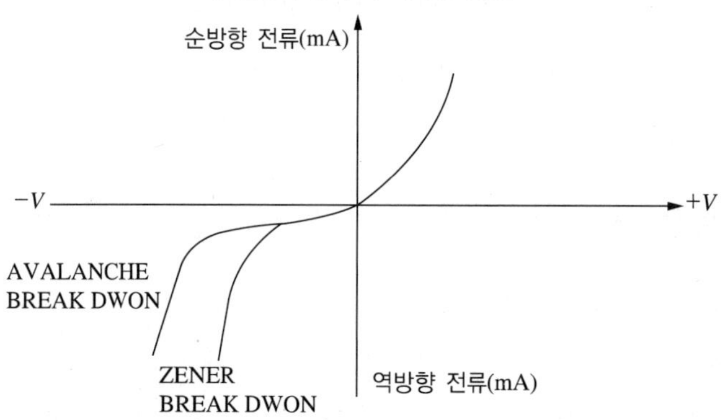

애벌란시 항복은 전계에 큰 에너지를 얻고, 공핍영역이 넓으며, PN접합의 도핑농도가 적을 때 발생한다.

애벌란시 항복은 큰 역바이어스 전압으로 공핍층에 강한 전계가 형성되고, 이 전계는 발열로 인해 생성된 소수캐리어(전자와 정공의 쌍) 발생을 가속시켜 공핍층 내의 공유결합을 연쇄적으로 파괴함으로 인해 발생한다. 이러한 파괴된 공유결합은 이온화되게 되는데 이를 충돌 이온화라 한다. 이러한 충돌 이온화는 또 다른 전자들을 생성하게 되는데 이때 생성된 무수한 캐리어 쌍에 의해 큰 역방향 전류가 흐르게 되어 다이오드를 파괴하는 현상이다.

(ii) Zener breakdown(제너 항복)

[제너 항복 메커니즘]

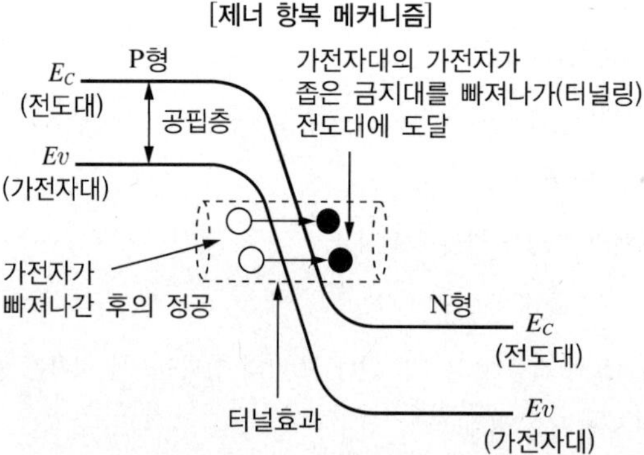

제너 항복은 상대적으로 낮은 전계 에너지에 공핍영역이 적고, PN접합의 도핑농도가 많을 때 발생한다. 제너 항복은 공핍층에 불순물 농도를 강하게 도핑시켜 공핍층의 폭을 매우 좁게 하여 낮은 역전압[V]에서도 큰 전계를 형성하고, 이때 전계의 힘이 공핍층 내 원자의 결합을 끊으면서 생성되는 대량의 캐리어에 의해 역방향으로 큰 전류가 흐르는 현상이다. 위 그림과 같이 공핍층에 불순물 농도를 강하게 도핑하게 되면 공핍층의 폭이 매우 좁아 마치 터널과 같이 가전자들이 반대쪽 전도대로 통과하여 이동할 수 있게 된다. 이를 터널링이라 하며 이로 인해 전자가 이동하면서 전류가 흐름에도 충돌이온이 발생하지 않아 전압이 증가하지 않고 일정한 전류가 흐르게 되는 것이다. 결국 제너 항복은 역방향으로 흐르는 최대 전류를 제한하면서 전류에 의한 전력손실에도 다이오드가 파괴되지 않는다.

다이오드의 종류

다이오드는 목적에 따라 스위칭, 용량가변, 빛을 감지하는 센서 등 많은 분야에 사용되고 있다. 이러한 사용목적에 의해 정류 다이오드, 정전압(제너) 다이오드, 가변용량 다이오드, 터널 다이오드, 쇼트키 다이오드, 스위칭 다이오드, 발광 다이오드 등 많은 종류로 나뉜다.

다이오드 종류	특 징	심 벌
정류(Rectifier) 다이오드	일반적인 다이오드의 순방향으로만 전류가 흐르고 역방향으로는 거의 전류가 흐르지 않는 성질을 이용한 다이오드이다.	
스위칭(Switching) 다이오드	일반적인 다이오드는 역전압 인가 후 역전류가 0이 되는 역회복 시간이 매우 길다. 이러한 역회복 시간을 빠른 시간 안에 동작할 수 있도록 개선한 것이 스위칭 다이오드이다.	
제너(Zener) 다이오드	제너 다이오드는 역방향 항복점을 이용하는 다이오드로 일정한 전압을 회로에 공급하기 위해 사용된다.	
포토(Photo) 다이오드	빛을 전기신호로 변환하는 다이오드로, 역바이어스를 인가하고 접합부에 빛을 수광하게 되면 전류가 흐른다. 빛의 세기에 비례하여 출력전압이 발생하는 원리를 이용한 다이오드이다.	
발광(Light-Emitting) 다이오드	보통 LED라 표현하며 순바이어스를 인가하면 접합면에서 빛을 발산하는 다이오드이다.	
TVS (Transient Voltage Suppressor) 다이오드	TVS 다이오드는 매우 빠른 응답시간과 높은 서지 흡수기능을 갖춰 고효율 회로 보호장치로 사용된다. TVS는 양단에서 순간적으로 높은 에너지 충격을 받으면 임피던스를 변경하여 순간적으로 높은전류를 흡수하고 이를 통해 전압을 클램프 할 수 있다.	
쇼트키 (Schottky Barrier) 다이오드	반도체 표면에 금속막을 증착시켜 역방향 전압을 억압하는 기능을 이용한 다이오드이다. 쇼트키 다이오드는 고주파 특성이 좋아 높은 주파수대의 전자회로에 사용되며, 정류용으로도 사용한다.	
가변용량 (Variable Capacitance) 다이오드	가변용량 다이오드는 버랙터(Varactor) 다이오드로 불리는데 역바이어스 전압 변화에 따라 접합부의 용량(Capacity)이 비례하는 성질을 이용한 것으로 주파수 변환, 고주파변조, 동조 등에 사용된다.	
터널(Tunnel) 다이오드	에사키 다이오드라고도 하며 일반다이오드와 달리 항복점이 없어 방향성이 없고, 일정전압 이상의 전압을 가하면 전류가 감소하는 부성저항 특성을 가지고 있다. 마이크로파의 발진기, 증폭기, 고속의 스위칭 소자로 사용된다.	

① 전류 정류기 : 정류다이오드는 일반적인 다이오드의 순방향으로만 전류가 흐르고 역방향으로는 거의 전류가 흐르지 않는 성질을 이용한 다이오드이다. 이를 통해 교류인 상용 주파수를 정류하는 전류 정류기를 만들 수 있다. 하나의 정류 다이오드에서는 반파정류밖에 할 수 없지만 다이오드를 4개 조합하면 전파 정류를 할 수 있다. 다이오드 4개를 조합한 것이 브리지 다이오드(Bridge diode)이다.

② 가변저항 : 다이오드는 가변 저항적인 특성을 갖지 않는다. 다이오드의 저항과 관련된 특징으로는 부성저항이 있다. 부성저항이란 전압과 전류의 비가 음수가 되는 저항적 회로로 전압이 증가하면 이를 가로지르는 전류가 감소하는 속성을 말한다. 부성저항을 갖는 다이오드는 터널 다이오드, 건 다이오드가 있다.

터널 다이오드는 일반 다이오드보다 수백 배에서 수천 배 불순물 농도를 높여 매우 좁은 공핍층을 형성한 다이오드로써 순방향으로 약간의 전압만 가해도 전류가 흐르게 되고 일정전압 이상의 전압을 가하면 오히려 전류가 감소하는 부성저항 특성을 갖는다.

③ 가변 커패시터 : 버랙터 다이오드는 역방향 바이어스의 전압크기에 따라 PN접합 커패시턴스 용량이 변화하는 다이오드로 가변 커패시터 다이오드라고 할 수 있다.

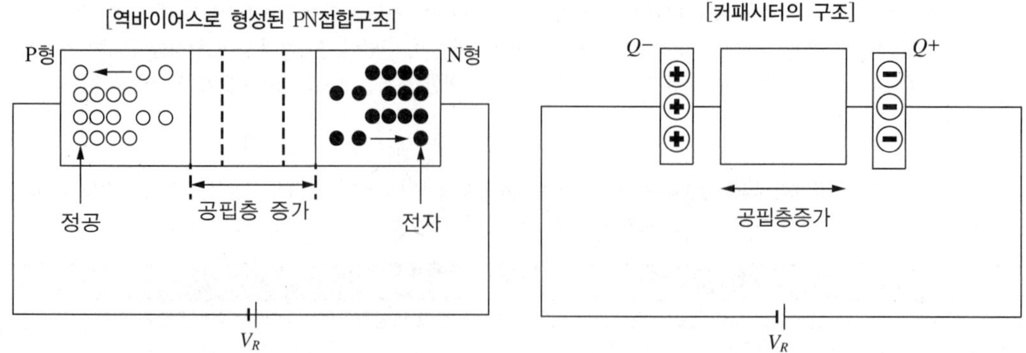

버렉터는 기본적으로 공핍층 때문에 발생된 커패시터를 이용하는 PN접합 다이오드이다. 역방향 바이어스에 의해 생성된 공핍층은 절연특성 때문에 커패시터의 유전체와 같은 역할을 한다. 이렇게 형성된 공핍층과 P형, N형 반도체영역은 유전체와 도체 평행판과 같은 역할을 하며 이때, 역방향 바이어스 값이 커지면 공핍층은 넓어지고 유전체의 두께가 두꺼워지게 된다. 결국 역바이어스 전압이 증가하면 커패시턴스가 증가하게 된다.

④ 전압조정기 : 제너 다이오드의 항복전압 특성을 이용해 정전압 회로를 구성한 것이 제너 다이오드 정전압회로이다.

[그림1 제너 다이오드의 특성곡선]

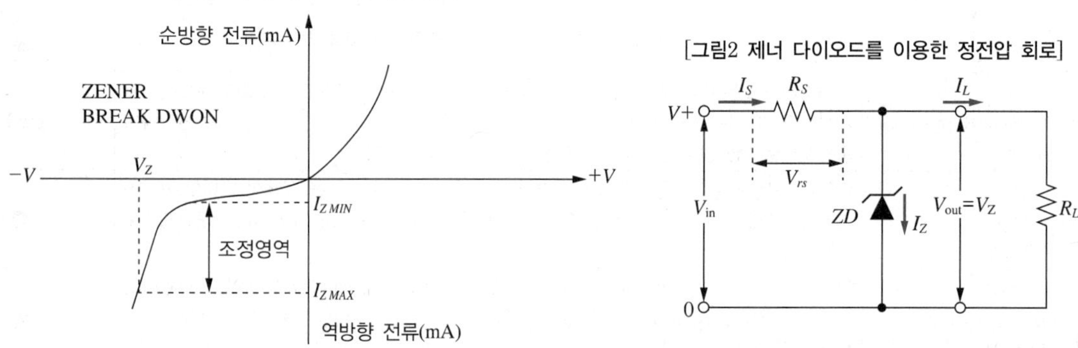

제너 다이오드는 애벌란시 효과의 역방향 항복점을 이용하며 애벌란시 다이오드로도 불린다. [그림1]의 제너 다이오드 특성곡선을 보면, 다이오드가 항복전압영역에서 동작할 수 있는 최소 역방향 전류 $I_{Z\min}$ 와 정격을 초과하지 않고 견딜 수 있는 최대 역방향 전류 $I_{Z\max}$ 사이에서 동작 할 경우, [그림2]의 정전압 회로와 같이 제너 다이오드의 양단 전압은 일정하게 유지 된다. 따라서 제너 다이오드는 전압조정기로써 과도한 전류로부터 부하를 보호하는 목적으로 사용된다.

07

정답 ①

간략풀이

광 다이오드(Photo diode, 포토 다이오드)는 역바이어스에서 빛을 받으면 빛이 내부저항을 감소시켜 빛의 에너지와 비례하게 역방향 전류가 흐른다.

상세풀이

발광 다이오드(LED)와 광 다이오드(Photo diode)

PN다이오드의 동작 원리를 서로 반대로 이용하는 것이 발광다이오드와 광 다이오드이다. 발광다이오드는 순방향 전압을 이용해 빛을 방출하고, 광 다이오드는 역방향 전압을 이용해 빛을 검출한다.

• 발광 다이오드(LED)

[발광다이오드(LED) 동작 원리]

빛 방출

Anode

Cathode

전류의 방향
순방향 P → N

발광다이오드(LED): 전기에너지 → 빛

LED는 순바이어스에서 내부저항이 낮아지고, 순방향 전류를 흐르게 하며 빛을 방출한다.

발광 다이오드는 순방향으로 전압을 가했을 때 발광하는 반도체 소자이며 LED(Light-Emitting Diode)라고 불린다. P형 반도체와 N형 반도체는 종류가 다양한데, 보통 GaP(녹색), GaN(파란색), GaAs(적색)등의 소재를 사용한다. 이러한 반도체 소자는 위 그림과 같이 순바이어스에서 전류가 흐르면 전극으로부터 반도체에 주입된 전자와 정공이 다른 에너지띠로 흘러 재결합하면서 상당한 에너지가 광자 즉, 빛으로 방출된다. 결국 주입된 전자가 이동하며 발생하는 에너지가 빛 에너지로 변환되는 것이다.

• 광다이오드(Photo diode)

[광다이오드(Photo diode) 동작 원리]

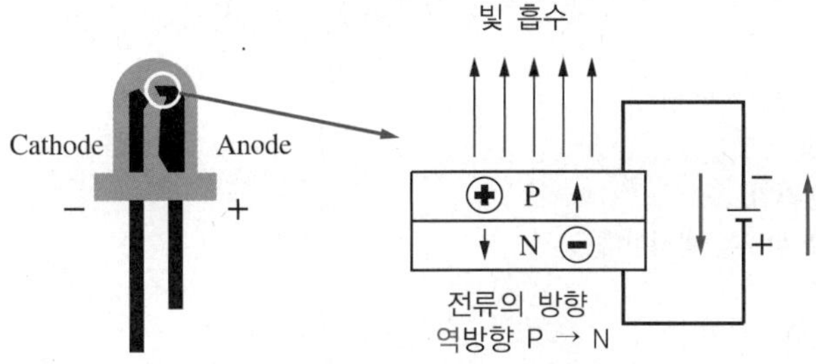

광다이오드(포토): 빛에너지 → 전기

광다이오드는 역 바이어스에서 빛이 있는 경우 내부저항이 낮아지고, 역방향 전류가 흐른다.

PN접합 다이오드에 역 바이어스 전압을 걸어 놓으면 내부저항이 높아져 전류가 흐르지 않지만, PN다이오드가 빛을 받으면 빛에너지를 흡수하여 전자의 움직임을 활발하게 하므로 정공과 재결합이 일어나 역 바이어스 전압에서도 역방향으로 전류를 흐르게 할 수 있다. 이처럼 빛에너지를 전기에너지로 바꾸는 현상을 광기전력 효과라고 한다. 광다이오드는 빛의 세기에 따라 가변적으로 내부저항이 낮아지며 이로 인해 빛의 세기에 비례하여 역방향 전류가 흐르게 된다.

08

정답 ③

간략풀이

2진수 $10110111_{(2)}$를 1의 보수로 표현하면 $01001000_{(2)}$가 된다.

상세풀이

① $10110111_{(2)}$을 8진수로 표현하자.

(i) 8진수로 표현하기 위해서는 2진수를 3자리씩 묶는다.

$(010)(110)(111)_{(2)}$

(ii) 2진수 값과 2의 N제곱값을 곱한 후 위에서 묶은 세 자리를 더한다.

$$(0\times2^2+1\times2^1+0\times2^0)(1\times2^2+1\times2^1+0\times2^0)(1\times2^2+1\times2^1+1\times2^0)$$

↓ 2　↓ 6　↓ 7

(iii) 이 세 숫자를 그대로 쓰면 8진수가 된다.

$10110111_{(2)} \rightarrow 267_{(8)}$

② $10110111_{(2)}$을 16진수로 표현하자.

(i) 16진수로 표현하기 위해서는 2진수를 4자리씩 묶는다.

$(1011)(0111)_{(2)}$

(ii) 2진수 값과 2의 N제곱값을 곱한 후 위에서 묶은 세 자리를 더한다.

$$(1\times2^3+0\times2^2+1\times2^1+1\times2^0)(0\times2^3+1\times2^2+1\times2^1+1\times2^0)$$

↓ B　↓ 7

(iii) 이 두 숫자를 그대로 쓰면 16진수가 된다.

$10110111_{(2)} \rightarrow B7_{(16)}$

③ $10110111_{(2)}$를 1의 보수로 표현하자.

1의 보수는 0은 1로, 1은 0으로 바꾸는 방식이다.

$\therefore$ 10110111 → 01001000

④ $10110111_{(2)}$를 10진수로 표현하자.

2진수 값과 2의 N제곱값을 곱한 후 전체의 수를 더한다.

$$(1\times2^7+0\times2^6+1\times2^5+1\times2^4+0\times2^3+1\times2^2+1\times2^1+1\times2^0)=183$$

09

정답 ②

간략풀이

$F(ABCD)=\sum_m(0,3,8,11,15)+\sum_d(2,7,10,14)$이다.

상세풀이

① $F(ABCD)=\overline{B}\,\overline{C}\,\overline{D}+CD$인지 확인해 보자.

(i) $F(ABCD)=\overline{B}\,\overline{C}\,\overline{D}+CD$을 만들기 위해 ×의 Don't care 항목을 아래 그림과 같이 바꾼다.

AB \ CD	$\overline{C}\,\overline{D}$	$\overline{C}D$	CD	$C\overline{D}$
$\overline{A}\,\overline{B}$	1	0	1	0
$\overline{A}B$	0	0	1	0
AB	0	0	1	1
$A\overline{B}$	1	0	1	1

(ii) 인접한 숫자끼리 묶은 후 변하지 않는 부호를 곱의 형태로 표시한다.

$\overline{B}\overline{C}\overline{D}$와 CD가 있다.

(iii) 묶음과 묶음은 더하기로 표시한다(Sum of Product).

∴ $F(ABCD) = \overline{B}\overline{C}\overline{D} + CD$임을 알 수 있다.

② $F(ABCD) = \Sigma_m(0, 2, 10, 12, 14) + \Sigma_d(3, 6, 11, 15)$인지 확인해 보자.

(i) m_n은 1로 결정된 부분이며 아래 그림을 참고하여 모두 구한다.

AB \ CD	$\overline{C}\overline{D}$	$\overline{C}D$	CD	$C\overline{D}$
$\overline{A}\overline{B}$	1 [0]	0 [1]	1 [3]	× [2]
$\overline{A}B$	0 [4]	0 [5]	× [7]	0 [6]
AB	0 [12]	0 [13]	1 [15]	× [14]
$A\overline{B}$	1 [8]	0 [9]	1 [11]	× [10]

∴ $\sum m_n = (0, 3, 8, 11, 15)$

(ii) d_n은 1로 표시된 부분이며 위의 그림을 참고하여 모두 구한다.

∴ $\sum d_n = (2, 7, 10, 14)$

결국 $F(ABCD) = \Sigma_m(0, 3, 8, 11, 15) + \Sigma_d(2, 7, 10, 14)$이며 선지 ②가 틀렸음을 알 수 있다.

③ ×부분 모두 0보다 모두 1이 간단한지 확인해본다.

(i) ×부분이 모두 0인 경우

AB \ CD	$\overline{C}\overline{D}$	$\overline{C}D$	CD	$C\overline{D}$
$\overline{A}\overline{B}$	1	0	1	0
$\overline{A}B$	0	0	0	0
AB	0	0	1	0
$A\overline{B}$	1	0	1	0

$F(ABCD) = \overline{B}\overline{C}\overline{D} + \overline{B}CD + A$

(ii) ×부분이 모두 1인 경우

AB \ CD	$\overline{C}\overline{D}$	$\overline{C}D$	CD	$C\overline{D}$
$\overline{A}\overline{B}$	1	0	1	1
$\overline{A}B$	0	0	1	0
AB	0	0	1	1
$A\overline{B}$	1	0	1	1

$F(ABCD) = \overline{B}\overline{D} + CD + AC$

∴ ×부분 모두 0보다 모두 1이 간단하다.

④ 선지의 논리회로처럼 표현해 보자.

(i) 문제에서 주어진 논리회로를 식으로 표현하면 $F(ABCD) = \overline{B}\overline{D} + CD$이다.

(ii) $F(ABCD) = \overline{B}\overline{D} + CD$을 만들기 위해 ×의 Don't care 항목을 아래 그림과 같이 바꾼다.

AB \ CD	$\overline{C}\overline{D}$	$\overline{C}D$	CD	$C\overline{D}$
$\overline{A}\overline{B}$	1	0	1	1
$\overline{A}B$	0	0	1	0
AB	0	0	1	0
$A\overline{B}$	1	0	1	1

→ $F(ABCD) = \overline{B}\overline{D} + CD$

따라서 문제의 카르노맵은 ④와 같이 논리회로로 표현할 수 있음을 알 수 있다.

10

정답 ③

간략풀이

$v_o = \frac{2[\text{k}\Omega]}{1[\text{k}\Omega]} \times (5-3)[\text{V}] = 4[\text{V}]$

상세풀이

감산회로

두 개의 입력을 가지는 차동증폭기로 비반전 입력단자와 반전 입력단자에 가해지는 신호의 차이를 증폭하여 출력한다.

$v_0 = \frac{R_2}{R_1}(v_2 - v_1)$를 이용하여 출력값을 구한다.

$\therefore\ v_o = \frac{2[\text{k}\Omega]}{1[\text{k}\Omega]} \times (5-3)[\text{V}] = 4[\text{V}]$이 된다.

11

정답 ②

간략풀이

1[A]의 전자수는 6.25×10^{18}개이고, 1[FA]의 전자수는 $6.25 \times 10^{18} \times 10^{-15} = 6,250$개이다.

상세풀이

전기량

전기량은 정해진 시간 동안 흐른 전류의 양을 말하며, 전기량은 전류[A]와 시간[T]의 곱으로 구할 수 있다. 전기량의 단위는 쿨롱[C]이며 1초 동안 1[A]가 흘렀을 때 1[C]라고 한다. $(Q = I \cdot T)$[A]

$1[e]$는 기본전하(전자 1개의 전하량)$= 1.6021765 \times 10^{-19}\text{C}$

1[C]는 단위 시간당 전하의 양$= \frac{1e}{1.602 \times 10^{-19}} = 6.25 \times 10^{18}e$

1[A]는 전하의 흐름$= \frac{\text{전하량}}{\text{시간}} = \frac{Q}{t}$

따라서 1[A]의 전류가 1초 동안 도선에 흐르는 전자의 개수는 $6.25 \times 10^{18}e$개이다.

이때 1[FA]는 $1[\text{A}] \times 10^{-15}$이므로 전자의 개수는 $6.25 \times 10^{18} \times 10^{-15}e = 6,250e$개가 된다.

12

정답 ①

간략풀이

이 회로에서는 다이오드에 순방향 바이어스가 걸릴 때만 정류작용이 일어나는 반파 정류기이다.

반파 정류기는 한주기에 반만 동작하기 때문에 출력전압은 $\frac{V_p}{\pi}$가 된다.

13

정답 ④

간략풀이

전구의 밝기는 전력으로 계산할 수 있다. 전구의 저항을 R_l이라고 했을 때 전구를 제거하기 전의 저항의 합은 $\frac{R_l}{3}$이고 제거한 후의 저항은 $\frac{R_l}{2}$이므로 저항이 더 증가한다. 저항이 증가하면 전류의 값은 작아진다. 하지만 전류가 사용하는 전력의 크기는 변하지 않음으로 밝기의 변화는 없다.

상세풀이

전구의 밝기는 전력의 크기로 비교할 수 있다.

전력은 다음과 같다. $P=V\times I=\frac{V^2}{R}=I^2R$

전구 A를 제거하지 않았을 때 각각의 전구의 저항을 R_l이라고 했을 때, 3개의 저항이 병렬연결 되어 있는 것과 같다. 따라서 전체 전류의 크기는 $I_o=\frac{V}{\frac{R_l}{3}}=\frac{3V}{R_l}$이다. 전체 전류가 각각의 전구에 1:1:1의 비율로 공급되기 때문에 전구 한 개에 공급되는 전류는 $I_l=\frac{V}{R_l}$, 즉 전구의 밝기(전력)는 $(\frac{V}{R_l})^2\times R_l$이 된다.

전구 A를 제거했을 때의 전체 전류의 크기는 $I_o=\frac{V}{\frac{R_l}{2}}=\frac{2V}{R_l}$이다. 전체 전류가 전구 B, C에 1대 1의 비율로 공급되기 때문에 전구의 밝기(전력)는 $(\frac{V}{R_l})^2\times R_l$이 된다. 따라서 밝기의 변화는 없다.

14

정답 ①

간략풀이

문제에서 주어진 OP-AMP회로는 반전 증폭기이다. 전압이득 $\frac{v_o}{v_i}=A_v=-\frac{2[k\Omega]}{1[k\Omega]}=-2$가 된다.

15

정답 ③

간략풀이

R_1이 끊기기 전의 전체전류 I는 $\frac{V}{R}=\frac{V_1}{\frac{R_1+(R_2+R_3)}{R_1\times(R_2+R_3)}}=V_1$이다.

R_1이 끊긴 후의 전체전류 I는 $\frac{V}{R}=\frac{V_1}{R_2+R_3}=\frac{1}{2}V_1$이다.

상세풀이

① R_2의 V_2가 $\frac{1}{2}$배로 감소하는 것이 아니고 V_2는 변함이 없다.

R_1이 끊기기 전의 V_2는 2K의 저항 2개가 병렬로 연결된 회로와 같으므로 $I_{2+3}=\frac{1}{2}I$, $V_2=R_2\times\frac{1}{2}I$

R_1이 끊긴 후의 V_2는 $I_0\times R_2$ 하지만 끊긴 후의 I는 끊기기 전의 $\frac{1}{2}$이므로 V_2는 변함이 없다.

②・③・④ 전체전류 I가 2배로 증가하는 것이 아니고 $\frac{1}{2}$배로 감소한다.

R_1이 끊기기 전의 I_0는 $\frac{V}{R} = \frac{V_1}{\frac{R_1 + (R_2 + R_3)}{R_1 \times (R_2 + R_3)}} = V_1$이다.

R_1이 끊긴 후의 I_0는 $\frac{V}{R} = \frac{V_1}{R_2 + R_3} = \frac{1}{2} V_1$이므로 전체전류는 $\frac{1}{2}$이 된다.

16

정답 ②

간략풀이

$+Q$[C]에서 나오는 전기력선의 수는 $\frac{Q}{\epsilon}$개이다.

상세풀이

전기력선의 성질

전기력선의 방향은 전계의 방향과 같은 +전하에서 −전하의 방향이다.

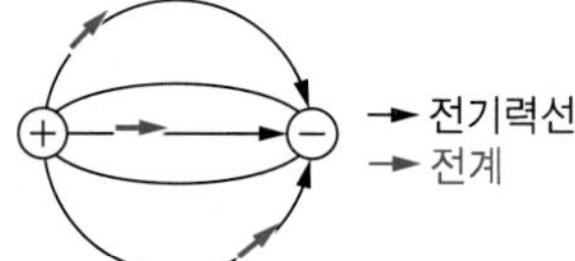

전기력선은 도체면의 수직으로 발생한다.

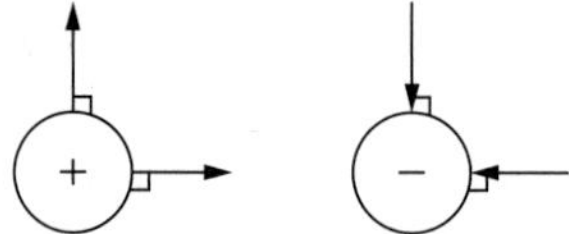

+전하에서 나온 전기력선은 −전하를 만나기 전까지 소멸하지 않는다.

전기력선은 자신만으로 폐곡선을 만들 수 없다.

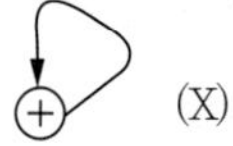

전기력선은 다른 전기력선과 교차하지 않는다.

전기력선의 수는 $\frac{Q(\text{전하량})}{\epsilon(\text{유전율})}$으로 구한다.

전기력선은 전위가 높은 곳에서 낮은 곳으로 향한다.

+Q → 0[V]

전기력선 방향

$E = -grad\ V$

전기력선은 등전위면과 직교한다.

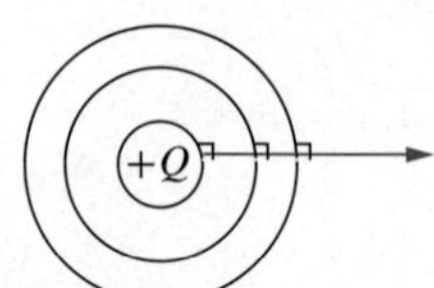

전기력선의 밀도는 전계의 세기와 같다.

도체 내부의 전계의 세기가 0[V/m]일 때, 도체 내부에는 전기력선이 존재하지 않는다.

① 모든 도체는 대전도체로써 도체 표면에만 전하를 갖게 되는데 이때 도체 내부에는 전하가 존재할 수 없으므로 전계의 세기는 0이 된다. 전기력선의 성질에서 도체 내부의 전계의 세기가 0[V/m]이면 도체 내부에 전기력선이 존재하지 않음을 알 수 있다.

② $+Q$[C]에서 나오는 전하Q와 전속ψ은 개수(N)는 Q개로 서로 같다. 이는 매질(유전율)의 영향을 받지 않기 때문이다. 그에 반해 전기력선은 매질(유전율)의 영향을 받아 전기력선의 개수(N)는 $\frac{Q}{\epsilon}$개 이다. 이를 통해 전속밀도(D) $= \epsilon \times E[\mathrm{C/m^2}]$에서 매질(유전율)을 고려하면 전기력선의 밀도가 되고, 이는 전기력선의 성질에서 전계의 세기가 되는 것을 알 수 있다.

예 전속밀도(D) $= \epsilon \times E[\mathrm{C/m^2}]$ 매질(유전율)고려 → 전기력선밀도($\frac{D}{\epsilon}$)=전기력선세기(E) $= \frac{D}{\epsilon}[\mathrm{V/m}]$

③ 전기력선의 성질에서 전기력선이 등전위면과 수직임을 알 수 있다.

④ 전기력선의 성질에서 전기력선이 서로 교차하지 않음을 알 수 있다.

17 정답 ③

간략풀이

콘덴서의 직렬연결은 역수의 값을 비례해 충전되기 때문에 $\frac{1}{1[\mu\mathrm{F}]}:\frac{1}{2[\mu\mathrm{F}]}:\frac{1}{3[\mu\mathrm{F}]}$이 된다.

따라서 3:2:1이 된다.

상세풀이

콘덴서는 직렬연결할 때 전류(Q)가 공통이므로 Q=CV 공식으로 $V_1 = \frac{Q}{C_1}$, $V_2 = \frac{Q}{C_2}$, $V_3 = \frac{Q}{C_3}$로 정의할 수 있다. 따라서 $V_1 + V_2 + V_3 = Q(\frac{1}{C_1} + \frac{1}{C_2} + \frac{1}{C_3})$로, 합성용량은 $\frac{1}{C_1} + \frac{1}{C_2} + \frac{1}{C_3}$인 것을 알 수 있다.

18 정답 ②

상세풀이

(i) $t=0$일 때

C는 $t=0$에서 단락되어 있는 것과 마찬가지로 동작한다. 따라서 $t=0$에서는 10[V]의 전압이 저항에 모두 걸리면서 $I = \frac{V}{R} = \frac{10}{5\times 10^3} = [\mathrm{mA}]$가 된다.

(ii) $t=\infty$일 때

$t=\infty$에서의 C는 개방되어 있는 것과 마찬가지로 동작한다. 따라서 전류가 흐르지 않는 선과 같다. 따라서 전류 I=0이 된다.

19 정답 ③

간략풀이

전기밥솥은 110[V]이므로 220[V]의 전압을 강압트렌스를 사용하여 110[V]로 낮춰야 한다. 따라서 2차 코일 권수는 1차 코일 권수의 $\frac{1}{2}$인 50이 되어야 한다.

20

정답 ④

간략풀이

먼저 $t=0^+$ 에서의 전류값을 구하면 6[kΩ] 저항을 가진 선로는 단선이고 4K의 저항에 12[V]의 전압이 걸리기 때문에 L에 4[mA]의 전류가 충전된다. 따라서 $t=0^+$ 에는 4[mA]의 전류가 흐르는 상태이다.

스위치를 닫은 후 $t=\infty$ 에서는 3[kΩ]와 6[kΩ] 저항이 병렬연결된 회로이기 때문에 합성저항이 2K에 12[V]의 전압이 흐르는 회로이기 때문에 전류계에는 6[mA]의 전류가 측정된다.

상세풀이

위 회로를 이해하기 위해서는 R, L, C의 초기 및 최종 조건을 알아야 한다.

전기소자	$t=0$	$t=\infty$
R	R	R
L	개 방	단 락
C	단 락	개 방

(i) $t=0^+$ 의 상태에서 L은 $t=0$이전 시점에서 충분히 충전된 시간을 가졌다. 4K의 저항에 12[V]의 전압이 걸리기 때문에 L에 4[mA]의 전류가 충전되게 된다. 따라서 X의 값은 4[mA]이다.

(ii) $t=\infty$에서는 충분한 시간이 지난 회로이기 때문에 L은 충분히 충전을 한 단락 상태가 된다. 따라서 측정되는 Y의 값은 3[kΩ]와 6[kΩ] 저항이 병렬연결된 회로이기 때문에 합성저항이 2[kΩ]에 12[V]의 전압이 걸리기 때문에 6[mA]의 전류가 측정된다.

21

정답 ②

간략풀이

전력은 전압의 제곱에 비례한다. 따라서 전압의 $\frac{1}{2}$배 감소는 전력의 $\left(\frac{1}{2}\right)^2$배 감소가 된다. 또한 전력이 감소한 만큼 선풍기의 회전수도 감소한다.

상세풀이

전력 P는 전압과 전류의 곱으로 구해지며 다음과 같은 식으로 나타낼 수 있다.

$$P=V\times I=I^2\times R=\frac{V^2}{R}\,[\mathrm{W}]$$

문제에서 220[V]의 선풍기를 110[V]에 연결하는 것은 전압공급이 110[V]로, $\frac{1}{2}$배 감소함을 의미한다.

따라서 위 식 $P=\frac{V^2}{R}$의 V에 $\frac{V}{2}$를 대입한다.

$P=\frac{\left(\frac{V}{2}\right)^2}{R}=\frac{V^2}{4R}$이 되고, 이는 결국 $\frac{P}{4}$가 되어 전압의 $\frac{1}{2}$배 감소는 전력의 $\frac{1}{4}$배 감소함을 알 수 있다.

또한 전력 P는 전기가 단위 시간 동안 하는 일의 양을 의미 하며 전력이 $\frac{1}{4}$배 감소한 만큼 선풍기의 회전수도 감소한다.

22

정답 ①

간략풀이

역바이어스로 동작하며 광이 입사할 때 역방향 전류가 입사 광량에 비례하여 흐르게 된다.

상세풀이

광(Photo)다이오드의 동작원리

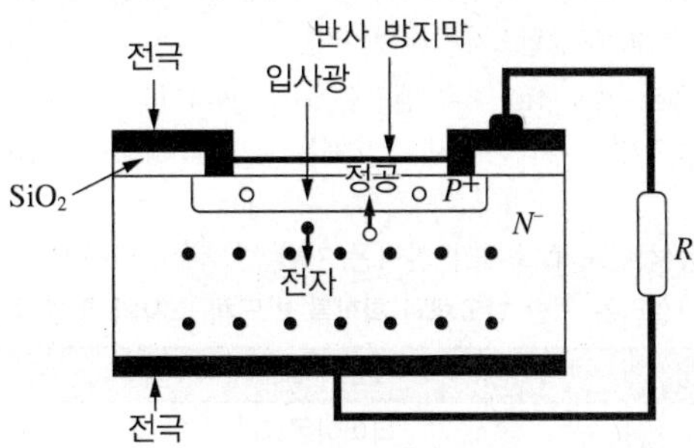

광(Photo)다이오드는 PN접합을 가지는 반도체 광소자이다. 위 그림과 같이 빛을 조사하게 되면 공핍층에서 전자가 방출되며 정공이 형성되어 자유전자와 자유 정공이 되고, 공핍층의 내부 전위로 인해 형성된 전기장에 이끌려 전자는 N형영역으로, 정공은 P형영역으로 드리프트 하면서 광전류를 형성하는 것이다.

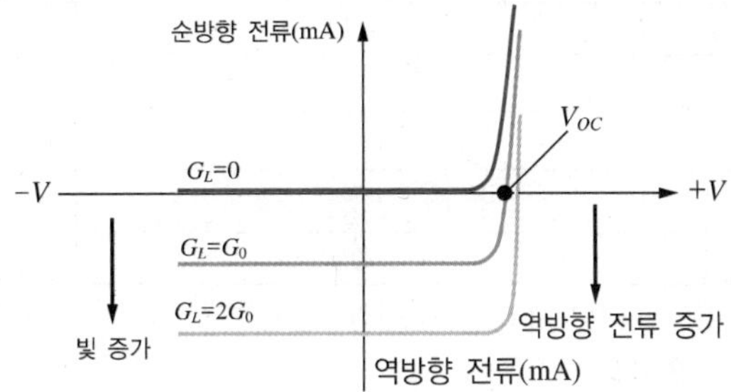

① PN접합 다이오드에 역방향전압을 가하면 전류가 흐르지 않는다. 이때 밴드갭보다 큰 에너지의 빛을 가하면 전자가 방출되면서 위의 그림과 같이 역방향으로 전류(광전류)가 흐르게 된다. 이때 역바이어스 전압은 전류의 흐름에 영향을 주지 않지만 빛의 세기가 증가하면 더 많은 광전류가 흐르게 된다.

② 광(Photo)다이오드는 광을 검출하는 거의 모든 기술영역에서 활용되고 있고, 주로 리모컨에서 송출하는 35[KHz]의 적외선 광신호를 받아들이는 광 리시버로 많이 사용되고 있다.

③ 밴드갭보다 큰 에너지의 빛을 조사함으로써 전자와 정공이 분리되고 이 전자와 정공이 드리프트되면서 흐르는 역방향 전류(광전류)가 발생하게 된다. 즉 빛에너지가 전기에너지로 전환되는 것이고 이를 광기전력 효과라고 한다.

④ 광(Photo)트랜지스터는 광(Photo)다이오드처럼 빛에너지를 전류로 바꾸는 역할을 한다. 차이점은 광트랜지스터는 광다이오드보다 반응속도는 느리지만 트랜지스터의 증폭작용을 통해 빛을 전류로 바꾸는 기능은 우수한 점이다.

23

정답 ④

간략풀이

실리콘기반 반도체소자보다 화합물반도체 소자가 턴온전압이 안정화되어 있어, 높은 주파수와 고온 환경에서 더 사용이 적합하다.

상세풀이

① 반도체 원료인 실리콘은 지구에서 산소 다음으로 풍부한 원소로 전체 지각질량의 27.7%를 차지한다. 주변에서 흔히 볼 수 있는 흙, 모래는 이산화규소(SiO_2)로 이뤄져 있는데 이 물질의 구성원소가 실리콘이다.

② 가전대와 전도대의 에너지 차이를 에너지갭(Energy gap) 혹은 밴드갭(Band gap)이라고 하며 반도체의 경우 사용자가 원할 때 전기를 흘려보내기 위해 적절한 밴드갭을 가지는 것이 중요하다. 실리콘 기반 반도체는 1.1[eV] 상당의 적절한 밴드갭을 가져 반도체의 주재료로 사용되고 있다.

③ 다음 표에서 나타나듯 전자이동도는 화합물 반도체 소자가 실리콘 기반 반도체 소자보다 6배 이상 빠르다.

[실리콘 기반 반도체와 화합물 반도체 소자의 특성 비교]

특 성	Si	GaAs
결정구조	다이아몬드	섬이연광
에너지갭 E_G[eV]	1.12	1.43
전자이동도 $\mu_n[\text{cm}^2/Vs]$	1400	8500
정공이동도 $\mu_P[\text{cm}^2/Vs]$	600	400
열전도율[W/cmK]	1.5	0.5
포화드리프트 속도 $Vs[\text{cm/s}]\times10^7$	1	2
비유전율 ϵ_s	11.8	12.8
파괴전계강도 $E_S[\text{V/cm}]\times10^6$	0.3	0.4
열산화물	○	×

④ 위 표에서 나타나듯 파괴전계강도가 실리콘 기반 반도체소자는 0.3, 화합물 반도체소자는 0.4로 화합물 반도체소자가 파괴에 강하므로 높은 주파수, 고온의 환경에서의 사용이 더 적합하다.

24

정답 ③

간략풀이

SRAM은 고속, 소용량으로 CPU의 Cache 메모리용으로 쓰이고, DRAM은 주기억장치용으로 쓰인다.

상세풀이

(i) SRAM의 특징

- Static RAM
- 정적 메모리
- 전원 공급이 되는 동안은 기록된 내용이 지워지지 않기 때문에 재충전(Refresh)이 필요 없다.
- 가격이 비싸다는 단점이 있다.
- 접근 속도가 빨라 캐시 메모리로 사용된다.
- 구조가 복잡하고 소비전력이 많이 필요하다.
- 전원이 꺼지면 저장된 자료를 계속 보존할 수 없는 기억장치이다.

(ii) DRAM의 특징

- Dynamic RAM
- 동적 메모리
- 전원이 계속 공급되더라도 주기적으로 재충전되어야 기억된 내용을 유지할 수 있다.

• 회로가 비교적 간단하고 가격이 저렴하다.
• 집적도가 높아 같은 용량에 더 많은 데이터를 저장할 수 있기 때문에 대용량의 기억장치에 주로 사용된다.
• DRAM은 충전기 커패시터에 전하를 저장하는 방식으로 2진 데이터를 저장한다.

[SRAM과 DRAM의 비교]

메모리 종류	SRAM	DRAM
사용 용도	캐시 메모리	주기억장치
재충전	필요 없다	필요 하다
집적도	낮다	높다
구 조	복잡	간단
속 도	빠르다	느리다
가 격	비싸다	싸다
소비 전력	많다	–

25

정답 ④

간략풀이

P형 반도체에 주입되는 억셉터 원자는 이온화되어 음의 전하를 띠고, N형 반도체는 주입되는 도너 원자는 이온화된 후 양의 전하를 띠게 된다.

상세풀이

Si에 불순물 주입으로 형성되는 N형, P형 반도체

반도체 불순물 주입 종류와 에너지 준위

원 자		준 위	불순물 원소
도 너	이온화 전 : 중성 이온화 후 : +q	페르미준위 E_n가 전도대역 E_C 가까이에 위치	P(3주기 5족)
	전 자		As(4주기 5족)
억셉터	이온화 전 : 중성 이온화 후 : −q	페르미준위 E_P가 가전대역 E_V 가까이에 위치	B(2주기 3족)
	정 공		Al(3주기 3족)

① P형 반도체는 주입되는 3족의 불순물 원자는 가전자 대역에서 쉽게 정공을 생성하여 정공 생성원자 또는 억셉터 원자라고 한다. 따라서 P형 반도체의 주캐리어는 정공이다.
② P형 및 N형 억셉터와 도너 주입은 금지대역 내 허용 에너지 준위를 생성한다.

[원자의 개수와 전자의 에너지 준위]

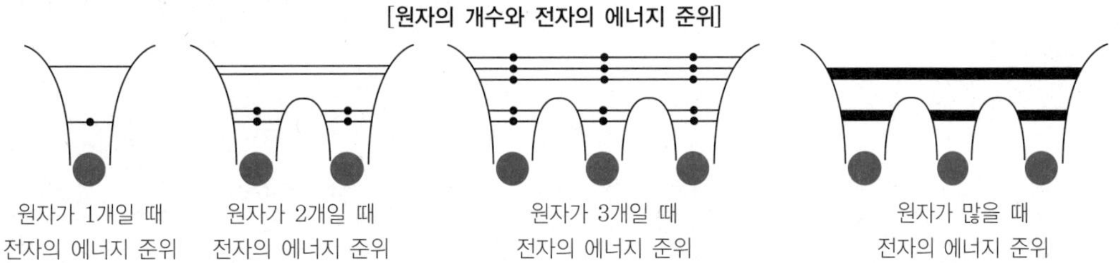

원자가 1개일 때 전자의 에너지 준위 / 원자가 2개일 때 전자의 에너지 준위 / 원자가 3개일 때 전자의 에너지 준위 / 원자가 많을 때 전자의 에너지 준위

위 그림과 같이 원자가 증가할수록 전자가 들어갈 수 있는 에너지 준위가 여러 개 중복되면서 밴드를 이루게 된다. 이처럼 전자가 들어갈 수 있는 에너지 준위 밴드를 허용 에너지 준위라고 한다. 반대로 전자가 들어갈 수 없는 에너지 준위 밴드는 금지대라고 하며 P형 및 N형의 억셉터 원자와 도너 원자의 주입은 금지대역 내에서 전자가 들어갈 수 있는 허용 에너지 준위를 중복하면서 폭을 넓게 하여, 결국 금지대역 내 허용 에너지 밴드를 생성하게 된다.

2019 | 2019.04.06. 시행 공개경쟁채용 필기시험 국가직 기출 정답 및 해설

문제편 243p

01	02	03	04	05	06	07	08	09	10	11	12	13	14	15	16	17	18	19	20
③	③	①	②	④	③	③	②	②	③	④	①	④	②	②	①	①	①	③	④

01

정답 ③

간략풀이

③ 전류이득의 크기는 구할 수 없다.

입력 임피던스 $Z_{in} = \infty$이므로 입력 전류 $I_{in} = 0$이 된다. 그러므로, 전류이득 $A_I = \dfrac{I_{out}}{I_{in}} = \dfrac{I_{out}}{0} = ?$이다(즉, 알 수 없다).

02

정답 ③

간략풀이

③ 역방향 바이어스가 증가하면 공핍영역의 폭이 증가하여 접합부 사이 간격이 길어지게 되므로 정전용량은 작아진다.

정전용량

$\downarrow C = \dfrac{A}{d\uparrow}$

C: 정전용량, A: 면적, d: 접합부 간격

상세풀이

① 순방향 바이어스가 인가되면 공핍영역 폭이 줄어든다.

② 순방향 바이어스가 인가되면 P형 영역의 정공이 N형 쪽으로 주입되고, N형 영역의 전자가 P형 쪽으로 주입된다.

④ 역방향 바이어스가 증가하면 공핍영역의 양이온과 음이온 사이에 발생하는 전계의 세기는 원래 존재하던 전계와 전압원의 전계의 방향이 같아 합쳐지므로 증가한다.

03

정답 ①

간략풀이

중첩의 원리를 통해 출력전압을 구하면

(i) V_1만 존재할 때

$V_{out1} = -\dfrac{4}{2} \times 2 = -4[\text{V}]$

(ii) V_2만 존재할 때

$V_{out2} = (1+\dfrac{4}{2}) \times \dfrac{2}{2+2} \times 2 = 3[\text{V}]$

$\therefore V_{out} = V_{out1} + V_{out2} = -4[\text{V}] + 3[\text{V}] = -1[\text{V}]$

04

정답 ②

간략풀이

$V_{BE}=0.7[V]$이고 $V_E=0[V]$이므로 $V_B=0.7[V]$이다. 그러므로 저항 R_B에 흐르는 전류 $I_B=\frac{2.7-0.7}{100[k\Omega]}=0.02[mA]$이다. I_B를 통해서 I_C를 구하면,

$I_C=\beta I_B=2[mA]=\frac{5-V_C}{1.5[k\Omega]}$이 되고, 이를 정리하면 $5-V_C=3$, $V_C=2[V]$가 된다.

$V_{CE}=V_C-V_E$이고, $V_E=0$이므로 $V_{CE}=V_C-V_E=2[V]$이다.

05

정답 ④

간략풀이

Q factor는 시스템의 주파수 응답에서 특정 주파수에서의 신호의 선택도에 관련된 개념으로서 사용된다. 주로 공진회로의 손실을 나타내는 척도로 사용된다.

06

정답 ③

간략풀이

전자는 소스에서 드레인으로 흐르므로 전류는 드레인에서 소스로 흐른다.

07

정답 ③

간략풀이

논리게이트가 병렬로 연결되어 있으므로 $V_{out}=\overline{A+B}=\overline{A}\,\overline{B}$이다. 그러므로 두 입력 A와 B가 모두 논리적 '0'일 때만 출력 '1'을 만족하는 NOR게이트이다.

08

정답 ②

간략풀이

교류 등가회로를 그리면 다음과 같다

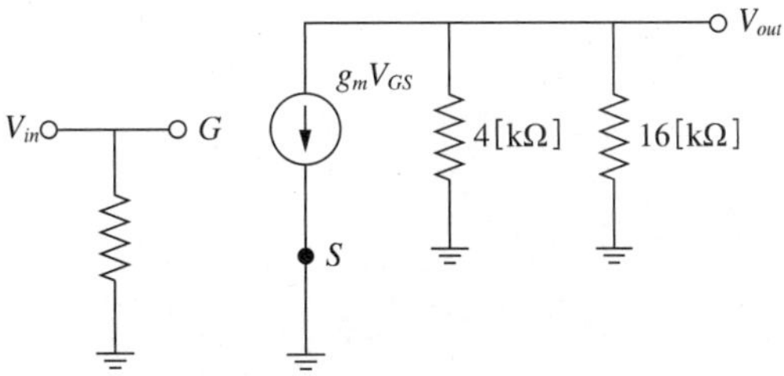

교류신호이므로 커패시터는 단락된다.

$V_{out}=-V_{in}\cdot g_m\cdot(4[k\Omega]\parallel 16[k\Omega])(V_{GS}=V_{in})$이므로 전압이득은

$A_v=\left|\frac{V_{out}}{V_{in}}\right|=\left|-5000\times10^{-6}\times(4[k\Omega]\parallel16[k\Omega])\right|=5000\times10^{-6}\times\frac{64}{20}\times10^3=16$이다.

09

정답 ②

간략풀이

(R_{in}에 흐르는 전류)=(C에 흐르는 전류)+(R에 흐르는 전류)이다.

$$\frac{V_{in}}{R_{in}}=\frac{0-V_{out}}{\frac{1}{sC}}+\frac{0-V_{out}}{R}=-\left(sC+\frac{1}{R}\right)V_{out}$$

$$\frac{V_{out}}{V_{in}}=-\frac{1}{R_{in}}\times\frac{1}{sC+\frac{1}{R}}=-\frac{1}{R_{in}\cdot sC+\frac{R_{in}}{R}}=-\frac{1}{sCR_{in}+1}=-\frac{5}{5sCR_{in}+5}$$ 이다.

그러므로 $5CR_{in}=1$, $C=\frac{1}{5\times100\times10^3}=\frac{1}{0.5}\times10^{-6}=2[\mu F]$이다.

10

정답 ③

간략풀이

$Y=A+B$라는 결과를 얻기 위해 카르노 맵을 이용하면 다음과 같다.

A \ B	0	1
0	1	0 ㉡
1	㉠ 1	1

$Y=A+B$가 간소화되기 전의 식은 $Y=A\overline{B}+AB+\overline{A}B$이다.
그러므로 $P_3P_2P_1P_0=1110$이다.

11

정답 ④

간략풀이

유효전력 $P=$(전압실효값)×(전류실효값)×(역률)이다.

역률은 $\cos\theta=\frac{R}{Z}=\frac{8}{\sqrt{8^2+6^2}}=\frac{8}{10}=0.8$이다.

따라서 유효전력 $P=\frac{V^2}{Z}\times\cos\theta=\frac{10^2}{10}\times0.8=8$이다.

12

정답 ①

간략풀이

D가 0인 것부터 입력된다고 가정하면 클럭펄스 A가 상승에지일 때만 Q가 출력된다.
이것을 그래프로 나타내면 다음과 같다.

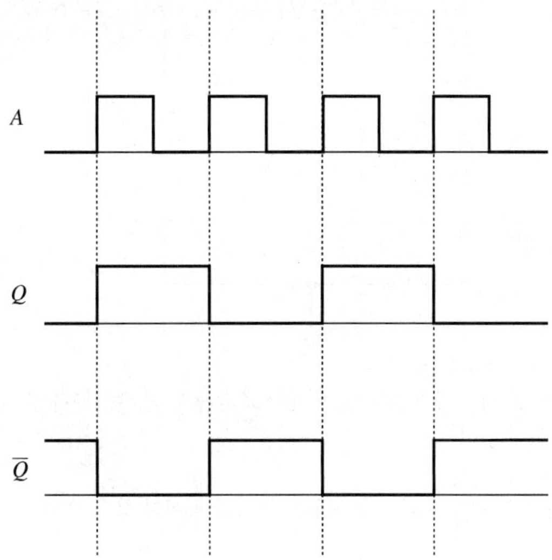

그러므로 1개의 플립플롭을 지날 때마다 주파수는 $\frac{1}{2}$씩 분주되는 것을 알 수 있다.

플립플롭 3개를 지나므로 출력 B의 주파수는 $120[\text{kHz}] \times \frac{1}{2^3} = 15[\text{kHz}]$이다.

13

정답 ④

간략풀이

커패시터가 충전·방전을 반복하면서 파형의 변동을 줄여준다.

상세풀이

① 출력되는 파형은 양의 값을 갖는다.
② 다이오드 브리지회로를 통과한 파형의 주파수는 입력주파수의 2배이다.
③ 입력신호의 반주기마다 신호를 출력하는 전파정류기이다.

14

정답 ②

간략풀이

전압강하의 특징에 의해 회로를 다음과 같이 바꿀 수 있다.

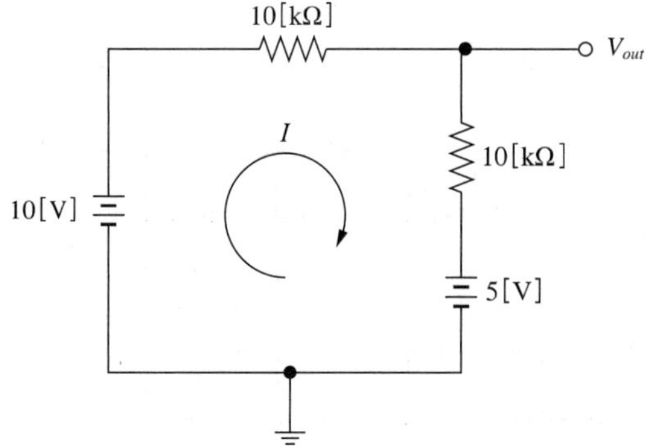

그러므로 $I = \dfrac{10-5}{10[\text{k}\Omega]+10[\text{k}\Omega]} = \dfrac{5}{20}[\text{mA}]$ 이고, $V_{out} = 10[\text{V}] - 10[\text{k}\Omega] \times \dfrac{5}{20}[\text{mA}] = 7.5[\text{V}]$ 이다.

상세풀이

전압강하란 저항이 직렬로 여러 개 연결되어 있으면 전류가 각 저항을 통과할 때마다 옴의 법칙만큼 전압이 떨어지는 현상을 말한다. 문제에 주어진 회로를 살펴보면

'(ⅰ) 10[V]만큼 전압 충전 → (ⅱ) 옴의 법칙만큼 10[kΩ]에서 전압이 떨어짐 → (ⅲ) 떨어진 전압에서 5[V]만큼 전압 충전 → (ⅳ) 옴의 법칙만큼 10[kΩ]에서 전압이 떨어짐' 순서대로 전압강하가 일어난다.

위의 순서에서 (ⅲ)과 (ⅳ)을 바꾸면 풀이에 주어진 회로와 같다.

15

정답 ②

간략풀이

시스템 H의 임펄스 응답은 $y(t) = h_1(t) * h_2(t) + h_3(t)$ 이다.

상세풀이

① 선형 시불변 시스템에 대한 정의이다.

③ 선형 시불변 시스템의 시불변성(지연특성)에 대한 설명이다.

④ 선형 시불변 시스템의 선형성에 대한 설명이다.

16

정답 ①

상세풀이

출력 전압을 $v_o(t)$, 반송파 입력을 $c(t)$, 오디오 입력을 $m(t)$라고 하면

$v_o(t) = A_o(c(t)-m(t))^0 + A_1(c(t)-m(t))^1 + A_2(c(t)-m(t))^2 + \cdots$ 이다.

이것을 대략적으로 정리하면 $v_o(t) = \sum(c^n(t) + m^n(t) + c^k(t)m^r(t))$ 이다.

여기서 Modulation에 사용되는 반송파 $c(t)$를 $\cos ut$라고 하면

$c^n(t) = \cos^n ut \fallingdotseq \cos nut$ 이고, $\cos nut$는 반송파가 입력될 때의 동조회로를 통해 제거된다. 또한, 오디오가 입력될 때 LPF를 통해 $m^n(t)$도 제거된다.

그러므로 출력 $v_o(t) = \sum(c^n(t) + m^n(t) + c^k(t)m^r(t))$에서 동조회로와 LPF를 통해 제거된 부분을 제외하면 $v_o(t) = c(t)m(t)$이 된다. 이것은 AM변조를 의미한다.

여기서 C의 역할은 DC를 차단하는 역할을 한다. AM변조는 데이터 신호의 진폭 변화에 따라 반송파의 진폭에 변화를 주어 높은 주파수에 태워 전송하는 방법이므로 고주파 신호를 차단하지 못한다.

17

정답 ①

간략풀이

PNP BJT소자는 이미터와 컬렉터의 다수캐리어는 정공이고, 이미터에서 베이스측으로 정공이 이동한다. 이때 전자는 정공과 반대 방향으로 즉, 베이스에서 이미터측으로 이동한다.

18

정답 ①

상세풀이

전달함수 $H(s)=\frac{2}{\pi}se^{-s}$에서 $sF(s)$는 입력 $x(t)$가 미분된 것에 대한 라플라스 변환 함수이다. 그러므로 $x(t)=\sin\left(\frac{\pi t}{2}\right)$를 미분하면 $x'(t)=\frac{d}{dt}\left(\sin\frac{\pi t}{2}\right)=\frac{\pi}{2}cos\frac{\pi t}{2}$ 이다.

$e^{-sT}F(s)$는 입력 $x(t-T)$에 대한 라플라스 변환 함수이므로 문제에 주어진 e^{-s}는 $T=1$만큼의 시간이 지연된 함수가 입력된 것이다. 그러므로 출력신호 $y(t)$는 미분한 $x(t)$와 $T=1$만큼 시간이 지연된 함수로 출력된다.

(i) 미분한 것에 대한 출력 그래프는 다음과 같다.

미분 $\frac{d}{dt}x(t)$ $\therefore y(t)=\frac{1}{\pi}\times\frac{\pi}{2}=\cos\frac{\pi}{2}$

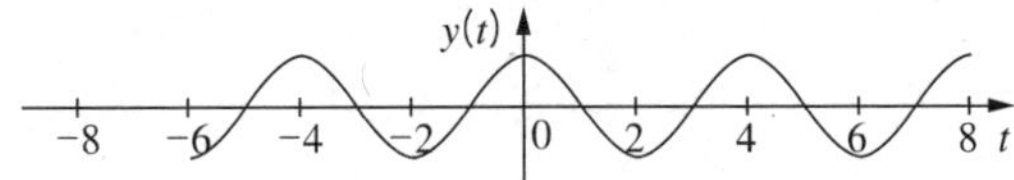

(ii) 시간 $T=1$만큼 지연된 출력 그래프는 다음과 같다.

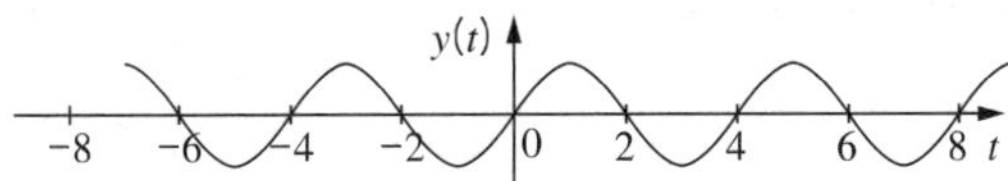

[참고]

1차 미분 방정식에 대한 라플라스 변환은 다음과 같이 유도된다.

$$\mathcal{L}\left(\frac{df(t)}{dt}\right)=\int_0^\infty \frac{df(t)}{dt}e^{-st}dt$$

$$\mathcal{L}\left(\frac{df(t)}{dt}\right)=\int_0^\infty \frac{df(t)}{dt}e^{-st}dt=|e^{-st}f(t)|_0^\infty+s\int_0^\infty f(t)e^{-st}dt=-f(0)+sF(s)$$

시간 지연에 대한 라플라스 변환은 다음과 같이 유도된다.

$$\mathcal{L}\{f(t-T)\}=\int_0^\infty f(t-T)e^{-st}dt$$

여기서 $u=t-T$로 치환하면 $dt=du$, $t=u+T$이고,

$$\mathcal{L}\{f(u)\}=\int_0^\infty f(u)e^{(-s(u+T))}du=e^{-sT}\int_0^\infty f(u)e^{-su}du=e^{-sT}\mathcal{L}\{f(t)\}=e^{-sT}F(s)$$ 이다.

19

정답 ③

간략풀이

연산증폭기의 (+) 단자의 전압은 $V_+ = V_{out} \times \frac{10[\text{k}\Omega]}{30[\text{k}\Omega]+10[\text{k}\Omega]} = \frac{1}{4}V_{out}$이다.

초기 $V_{out} = 10[\text{V}]$이므로 초기 $V_+ = 2.5[\text{V}]$이다.

(i) 출력 $V_{out} = 0$일 때

이상적인 연산증폭기의 출력 두 입력의 전압 차 $V_+ - V_-$에서 이상적인 Open Loop Gain인 ∞를 곱해 출력된다.

출력 $V_{out} = 0$이 되기 위해서는 $V_+ = V_- = 2.5[\text{V}]$인 순간인 2.5[ms]이다.

(ii) 시간 $t < 2.5[\text{ms}]$일 때

$V_+ \gg V_-$이므로 Open Loop Gain인 ∞배 증폭되어 결국 출력값은 $V_{CC} = 10[\text{V}]$로 Saturation된 채 출력된다.

(iii) 시간 $t > 2.5[\text{ms}]$일 때

$V_+ \ll V_-$이므로 Open Loop Gain인 ∞배 증폭되어 결국 출력값은 $V_{EE} = -10[\text{V}]$로 Saturation된 채 출력된다.

20

정답 ④

상세풀이

ㄱ. $Y = \overline{A}B + A\overline{B}$

ㄴ. 드 모르간 법칙을 사용하여 논리게이트를 변환하면 다음과 같고, 출력 $Y = \overline{A}B + A\overline{B}$이다.

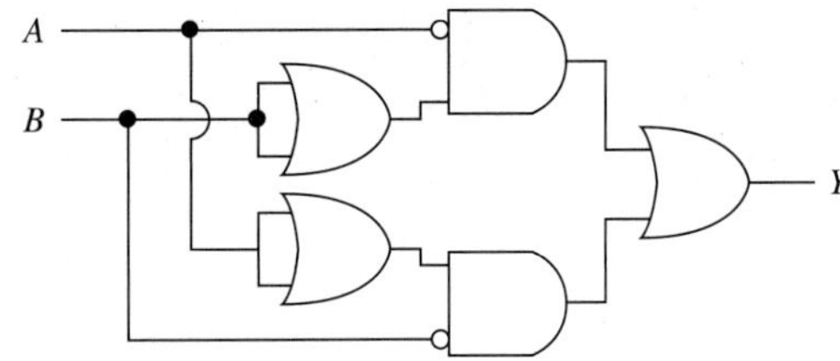

ㄷ. 드모르간 법칙을 사용하여 논리게이트를 변환하면 다음과 같고, 출력 $Y = \overline{A}B + A\overline{B}$이다.

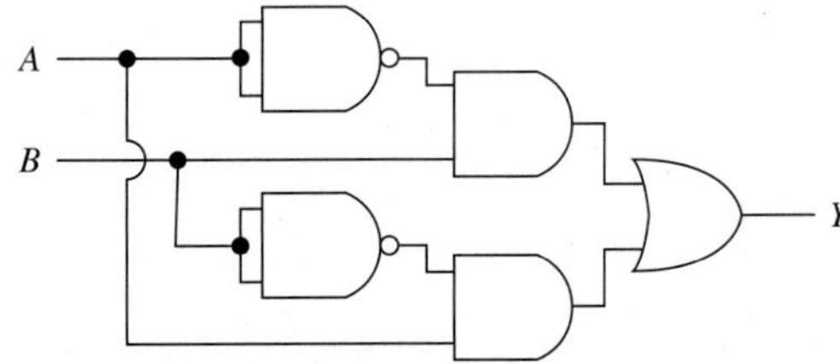

ㄹ. 드모르간 법칙을 사용하여 논리게이트를 변환하면 다음과 같고, 출력 $Y = \overline{A}B + A\overline{B}$이다.

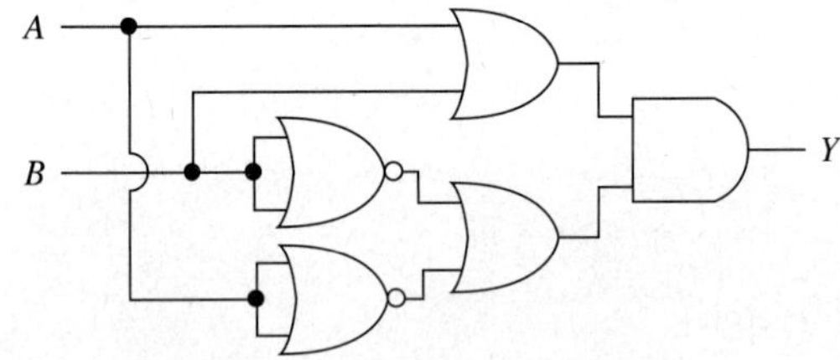

2019 | 2019.06.15. 시행 공개경쟁채용 필기시험 서울시 기출 정답 및 해설

문제편 249p

01	02	03	04	05	06	07	08	09	10	11	12	13	14	15	16	17	18	19	20
②	②	④	④	③	③	①	③	④	②	②	④	③	④	②	②	④	④	①	①

01

정답 ②

간략풀이

주어진 카르노 맵을 다음과 같이 묶으면

CD \ AB	$\overline{A}\overline{B}$	$\overline{A}B$	AB	$A\overline{B}$
$\overline{C}\overline{D}$	1 ㉡	0	0	1
$\overline{C}D$	0	0	0	0
CD	1	1	1	1
$C\overline{D}$	1 ㉠	1	1	1

㉠ : C

㉡ : $\overline{B}\overline{D}$

∴ 최소화된 함수$=\overline{B}\overline{D}+C$

02

정답 ②

간략풀이

초과 3 코드이므로 4비트씩 쪼개면 0101/0011/0100/1011이 되고, 이를 10진수로 변환하면 5 / 3 / 4 / 11 이 된다. 각 자릿수가 3씩 초과됐으므로 이를 원래대로 돌려주면 (5−3) 2 / (3−3) 0 / (4−3) 1 / (11−3) 8이 된다.

03

정답 ④

간략풀이

커패시터의 정전용량 공식은 $C=\varepsilon_s\varepsilon_0\dfrac{A}{d}$ (ε_s : 비유전율, ε_o : 진공유전율) 이다. ε_0이고, 판 면적의 넓이가 $\dfrac{1}{3}$인 공간의 정전용량은 $\dfrac{1}{3}C_0$이다. $\varepsilon_s=\dfrac{1}{2}\varepsilon_0$이고, 판면적의 넓이가 $\dfrac{1}{3}$인 공간의 정전용량은 $\dfrac{1}{2}\varepsilon_0 \cdot \dfrac{1}{d} \cdot \dfrac{1}{3}S=\dfrac{1}{6}C_0$이다. $\varepsilon_s=2\varepsilon_0$이고, 판면적의 넓이가 $\dfrac{1}{3}$인 공간의 정전용량은 $2\varepsilon_0 \cdot \dfrac{1}{d} \cdot \dfrac{1}{3}S=\dfrac{2}{3}C_0$이다.

최종적으로 커패시터의 정전용량은 $C_T=(\dfrac{1}{3}+\dfrac{1}{6}+\dfrac{2}{3})C_0=\dfrac{2+1+4}{6}C_0=\dfrac{7}{6}C_0$이 된다.

04

정답 ④

간략풀이

정자계에서의 힘의 세기를 구하기 위해서는 쿨롱의 법칙을 사용한다. 두 점자극 사이에 작용하는 힘 $F=\dfrac{Q_1Q_2}{4\pi\mu_0 r^2}$이다. 점자극 사이의 거리를 $\dfrac{1}{4}$배로 변경하고, 자기량을 각각 $\dfrac{1}{2}$배, 4배로 조정했으므로 $r=\dfrac{1}{4}r$, $Q_1=\dfrac{1}{2}Q_1$, $Q_2=4Q_2$를 대입하면

$F=\dfrac{1}{4\pi\mu_0}\cdot\dfrac{\frac{1}{2}Q_1\cdot 4Q_2}{(\frac{1}{4}r)^2}=32\times\dfrac{Q_1Q_2}{4\pi\mu_0 r^2}$이 된다. 그러므로 32배 증가한다.

05

정답 ③

간략풀이

물질의 내부로 조사된 빛에 의해 전자가 생기는 것으로 발생전자의 반은 표면으로, 반은 내부로 확산되는 현상이다.

상세풀이

① 쇼트키 효과 : 열전자를 방출하고 있는 상태의 금속에 전기장을 가하면 전자의 방출 효과가 높아지는 현상이다.
② 콤프턴 효과 : X선이나 감마선 등 고에너지 전자기파가 물질과 충돌하면, 그 파장이 길어지고 주파수가 낮아지는 현상으로 콤프턴 산란이라고도 한다.
④ 표면 광전 효과 : 빛이 표면에 닿았을 때 일어나는 효과로, 광전자의 수는 편광방향에 의해 지배된다.

06

정답 ③

간략풀이

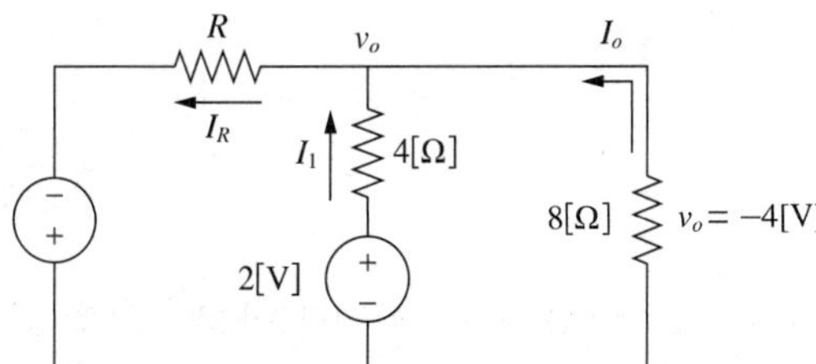

$v_o=-4$[V]이므로 전류 $I_o=\dfrac{4}{8}=0.5$[A]이다. 저항 4[Ω]에 흐르는 전류

$I_1=\dfrac{2-v_o}{4}=\dfrac{2-(-4)}{4}=\dfrac{3}{2}$[A]이므로 저항 R에 흐르는 전류

$I_R=I_1+I_o=2[\text{A}]=\dfrac{v_o-(-18)}{R}$이 된다. 그러므로 저항 $R=7$[Ω]이다.

07

정답 ①

간략풀이

스위치가 1의 위치인 순간의 정상상태 전류 $i(0^-)$는 스위치가 2의 위치로 바뀐 후의 초기전류 $i(0^+)$와 같다.

정상상태일 때 인덕터는 단락, 커패시터는 개방되므로 $i(0^-)=\dfrac{4[\Omega]}{4[\text{V}]}=1[\text{A}]=i(0^+)$이다.

스위치가 2의 위치로 바뀐 후 정상상태의 전압 $v_s(\infty)=0$[V]($v_s=e^{-2t}$이므로 시간이 지날수록 0으로 수렴)이므로 $i(\infty)=0$[A]이다.

08

정답 ③

간략풀이

바이어스가 없을 때(열평형 상태일 때) 확산전류와 드리프트 전류 크기가 같다.

상세풀이

① p영역에서의 다수 캐리어는 정공, 소수 캐리어는 전자이다.
② 순바이어스 상태에서는 공핍층 영역에 줄어들면서 p영역의 정공이 n영역으로 넘어가게 된다. n영역의 공핍층 가장자리에서 정공의 농도가 높아지면서 이러한 정공들을 과잉 소수 캐리어라고 한다.
④ 역방향 바이어스의 경우 공핍영역은 확장되지만 반도체 내의 억셉터 및 도너 이온은 한정적이므로 $t=\infty$일 때, 공핍영역은 무한히 확장되지 않는다. 이 상태에서는 드리프트 전류는 바이어스 전압의 크기와 무관하다고 볼 수 있다.

09

정답 ④

간략풀이

3개의 입력비트의 전가산기에서 나올 수 있는 경우의 수는 다음과 같다.

x	y	z	S(Sum)	C(Carry)
0	0	0	0	0
0	0	1	1	0
0	1	0	1	0
0	1	1	0	1
1	0	0	1	0
1	0	1	0	1
1	1	0	0	1
1	1	1	1	1

$S=\overline{x}\,\overline{y}z+\overline{x}y\overline{z}+x\overline{y}\,\overline{z}+xyz$이고,

C를 카르노맵을 통해 간소화 시키면

xy \ z	0	1
00	0	0
01	0	1
11	1	1
10	0	1

$C=xy+yz+xz$이다.

10

정답 ②

간략풀이

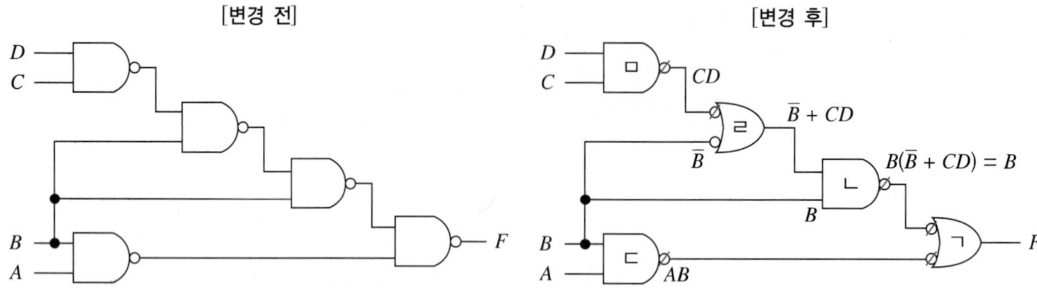

드모르간 정리에 의해 논리게이트를 변경 후처럼 변환하면

(i) 논리게이트(ㄹ)의 입력 NOT과 논리게이트(ㅁ)의 출력 NOT이 서로 상쇄되므로 논리게이트(ㄹ)의 출력은 $\overline{B}+CD$이다.

(ii) 논리게이트(ㄱ)의 입력 NOT과 논리게이트(ㄴ)의 출력 NOT이 서로 상쇄된다.

(iii) 논리게이트(ㄱ)의 입력 NOT과 논리게이트(ㄷ)의 출력 NOT이 서로 상쇄된다.

따라서 논리게이트(ㄱ)의 출력 $F=AB+B(\overline{B}+CD)=AB+BCD=B(A+CD)$이다.

11

정답 ②

간략풀이

인덕터 L이 병렬연결 되어 있으므로 고역 통과 필터이다.

구 분	병렬 연결	직렬 연결
C(커패시터)	LPF	HPF
L(인덕터)	HPF	LPF

12

정답 ④

간략풀이

(i) 10진수 → 4비트 BCD 코드 = 0011

(ii) 4비트 BCD → 초과 3 코드 = 0011 + 0011 = 0110

(iii) 초과 3 코드 → Gray 코드 = 0101

상세풀이

초과 3 코드 → Gray 코드

0	1	1	0
↓	0⊕1	1⊕1	1⊕0
0	1	0	1

13

정답 ③

간략풀이

품질계수 $Q=\frac{f_o}{BW}=\frac{X}{R}=\frac{X_L}{R}=\frac{X_C}{R}=\frac{\sqrt{X_C X_L}}{R}$ 이다.

그러므로 $Q=\frac{X_C}{R}=\frac{1}{wCR}=\frac{2\pi\times2\times10^3\times30\times10^{-3}}{20}=6\pi$ 이다.

14

정답 ④

간략풀이

$t=0$이고, 단자 a로 연결되어 있었을 때 정상상태는 커패시터가 단락되었으므로 $v(0^-)=30[V]$이다.

단자 b로 이동한 후 초기 전압값은 $v(0^+)=v(0^-)=30[V]$이 된다.

최종 전압값은 커패시터가 개방되므로 $v(\infty)=15[V]\times\dfrac{3[k\Omega]}{6[k\Omega]+3[k\Omega]}=5[V]$가 된다.

그러므로 회로의 완전응답 $v(t)=v(\infty)+[v(0)-v(\infty)]e^{-\frac{t}{\tau}}=5+(30-5)e^{-\frac{t}{\tau}}$ (τ : 시정수)가 된다.

시정수 $\tau=RC=[(6[k\Omega]//3[k\Omega])+3[k\Omega]]\times 10[\mu F]=5[k\Omega]\times 10[\mu F]=50[ms]$이다.

15

정답 ②

간략풀이

연산증폭기의 (+)입력 단자의 전압 $V_+=30\times\dfrac{100}{200+100}=10[V]$이므로 연산증폭기의 (−)입력 단자의 전압 $V_-=10[V]$가 된다. 그러므로 출력 전압 V_o로 흐르는 전류 $I=\dfrac{5-V_-}{100}=\dfrac{10-V_o}{200}$이다.

$\therefore V_o=20[V]$

16

정답 ②

간략풀이

C_2를 제거하면 전압이득이 감소한다.

Common Emitter의 전압이득 $A_v=-\dfrac{R_C}{(r_e+R_E)}$이다. 바이패스 커패시터 C_2는 교류회로에서 R_E를 상쇄시키므로 전압이득을 증가시키는 효과가 있다. 선지에서 C_2를 제거한다고 했으므로 전압이득은 감소할 것이다.

17

정답 ④

간략풀이

㉠ $V_{BE}>0$이므로 순방향 전압, $V_{BC}<0$이므로 역방향 전압이 인가될 때, NPN 트랜지스터 회로는 증폭기로 동작한다.

㉡ $V_{BE}>0$이므로 순방향 전압, $V_{BC}>0$이므로 순방향 전압이 인가될 때, NPN 트랜지스터 회로는 닫힌 스위치로 동작한다.

BC / BE	순방향 전압	역방향 전압
순방향 전압	스위치 ON	증폭기
역방향 전압	−	스위치 OFF

상세풀이

㉠, ㉡ 응용회로의 경우 모두 $V_{BE}>0$로 순방향 전압이 인가되었으므로 트랜지스터는 작동할 것이다.

㉠ : V_{BE}는 순방향 전압이 인가되었으므로 도통되고, V_{BC}의 강력한 역방향 전압과 얇아진 공핍층으로 인해 많은 수의 전자가 콜렉터 전극 방향으로 이동한다. 이것이 증폭된 콜렉터 전류 I_C이고, 트랜지스터는 증폭기의 역할을 하게 된다.

㉡ : V_{BE}는 순방향 전압이 인가되었으므로 베이스 쪽으로 베이스 전류 I_B가 흐르게 되고, V_{BC} 또한 마찬가지로 순방향 전압이 인가되었으므로 베이스 쪽으로 베이스 전류 I_B가 흐르게 된다. 그렇게 되면 전류 I_B는 포화된다. 전류 I_B가 포화되고, 전류 I_C와 I_E도 최대의 전류가 흐르게 된다. 이 상태를 트랜지스터의 포화상태라고 한다. 트랜지스터는 포화상태로 모든 전류가 흐르므로 닫힌 스위치로 역할을 하게 된다.

18

정답 ④

간략풀이

$R_1 = 1[k\Omega] \times 2 = 2[k\Omega]$

> **The 알아보기 빈 브리지 발진회로에서 발진조건**
>
> - 발진 시동 조건은 증폭이득 $A_v \geq 3$이므로 폐루프 이득은 3보다 커야한다.
> - 발진을 위해서는 ① 루프의 위상 천이가 0° 이어야 한다는 점이고 ② 진상–지상 회로의 감쇠율=1/3이므로 폐루프 이득은 3이어야 하므로 $R_1 = 2R_2$의 조건이 필요하다(부궤환의 출력 임피던스=2×부궤환의 입력 임피던스).

19

정답 ①

간략풀이

종속전원이 포함된 회로에서의 테브난 등가저항 R_{th}를 구하기 위해서는

$R_{th} = \dfrac{V_{oc}}{I_{sc}}$ (V_{oc} : 개방전압, I_{sc} : 단락전류)을 이용하면 된다.

또한, 주어진 회로의 단자 $a-b$를 옮기면 다음 회로와 같다.

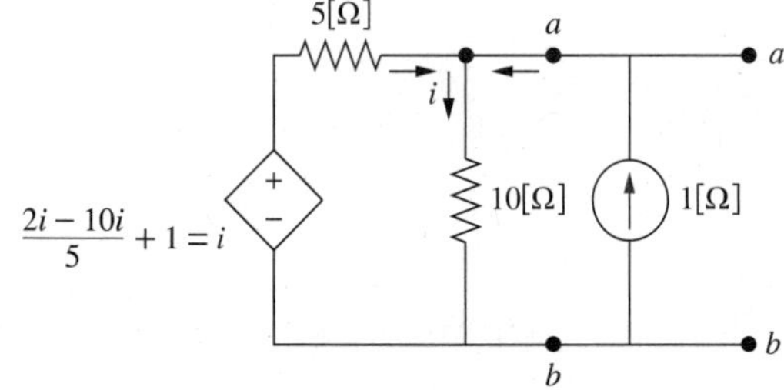

(i) 개방전압 V_{oc} : 테브난 등가 전압 $V_{th} = V_{ab} = V_{oc}$ (V_{oc} : 개방전압)을 구하기 위해서 전류 i를 이용하자. 전류 i는 저항 5[Ω]을 통해 흘러들어오는 전류와 전류원 1[A]를 통해 흘러들어오는 전류를 합친 값이다.

이를 식으로 표현하면 $i = \dfrac{2i - V_{oc}}{5} + 1$이고, $V_{oc} = 10i$이다. 따라서 $i = \dfrac{5}{13}$이다.

그러므로 $V_{oc} = \dfrac{50}{13}$이다.

(ii) 단락전류 I_{sc} : 부하노드 $a-b$를 단락하면 전류원 1[A]는 그대로 $a-b$로 흐르게 된다.

그러므로 $I_{sc} = 1[A]$이다.

∴ 테브난 등가 저항 $R_{th} = \dfrac{V_{oc}}{I_{sc}} = \dfrac{\frac{50}{13}}{1} = \dfrac{50}{13}$

20

정답 ①

간략풀이

3변수 함수의 값 (0, 2, 3, 4, 6)을 2진수로 변환하면 (000, 010, 011, 100, 110)이고, 이를 간소화하기 위해 카르노맵을 이용하면 다음 표와 같다.

xy \ z	0	1
00	1 ㉠	0
01	1	1 ㉡
11	1	0
10	1	0

㉠ : $\bar{z}$

㉡ : $\bar{x}y$

∴ 간소화된 3변수 함수 $F=\bar{z}+\bar{x}y$

상세풀이

㉠ : 입력값 x와 y의 값이 변하고, z의 값이 변하지 않고 0으로 입력되었으므로 $\bar{z}$로 출력된다.

㉡ : 입력값 z의 값이 변하고, x와 y의 값이 변하지 않고 01로 입력되었으므로 $\bar{x}y$로 출력된다.

2019 | 2019.06.22 시행 공개경쟁채용 필기시험 군무원 1차 기출(복원) 정답 및 해설

문제편 254p

01	02	03	04	05	06	07	08	09	10	11	12	13	14	15	16	17	18	19	20
④	②	④	④	②	①	①	③	③	①	①	①	④	②	④	①	①	④	④	④
21	22	23	24	25															
②	③	②	①	④															

01

정답 ④

간략풀이

소모전류 $I = P \div V = 4 \div 4 = 1[\mathrm{A}]$이다.

배터리(축전지) 용량이 9,000[mAH]이므로

사용 가능한 시간은 $\dfrac{9{,}000[\mathrm{mAh}]}{1[\mathrm{A}]} = \dfrac{9{,}000[\mathrm{mAh}]}{1{,}000[\mathrm{mA}]} = 9[\mathrm{h}]$이다.

02

정답 ②

간략풀이

220[V]용 소비전력 440[W]이므로 소비전류는 $I = 2[\mathrm{A}]$이다. 그러므로 소비전류를 전달하기 위한 구동 전류는 $I = 2 \div 0.6 = 3.3[\mathrm{A}]$이다.

03

정답 ④

상세풀이

① P형 반도체에서 온도차로 인해 발생하는 소수 캐리어는 전자이다.

② P형 반도체에서 정공은 확산 현상으로 인해 발생하는 다수 캐리어의 흐름이다.

③ 온도차로 인해 발생하는 캐리어는 소수 캐리어의 흐름이다.

04

정답 ④

간략풀이

GaAs 화합물은 1개의 비소(As) 원자의 5개 전자가 인접한 3개 갈륨(Ga) 원자의 전자와 공유 결합을 통해 이루어진다.

05

정답 ②

간략풀이

128 64 32 16 8 4 2 1

(1 0 1 0) (1 1 1 1) (∵ 175=128+32+15)

$1010_{(2)} = 10_{(10)} = A_{(16)}$

$1111_{(2)} = 15_{(10)} = F_{(16)}$

$\therefore AF_{(16)}$

상세풀이

10진수 → 16진수 변환 방법

*SLADDER*16 175

(i) 10진수 숫자를 16으로 나눈다.

(ii) 나눈 몫에 대한 나머지를 16진수에 해당하는 값으로 바꾼다.

(iii) 몫이 0이 될 때까지 단계를 반복한다.

06

정답 ①

간략풀이

	$78_{(16)}$		0111	$1000_{(2)}$
+	$89_{(16)}$		1000	$1001_{(2)}$
		0001	0000	$0001_{(2)}$

상세풀이

2진수 → 16진수 변환방법

(i) 2진수를 4자리씩 끊는다.

(ii) 끊은 부분별로 10진수로 표현한다.

(iii) 10진수로 표현된 숫자에 대응되는 16진수 값으로 변환한다.

07

정답 ①

간략풀이

드모르간 법칙에 의해 논리게이트를 다음과 같이 바꿀 수 있다.

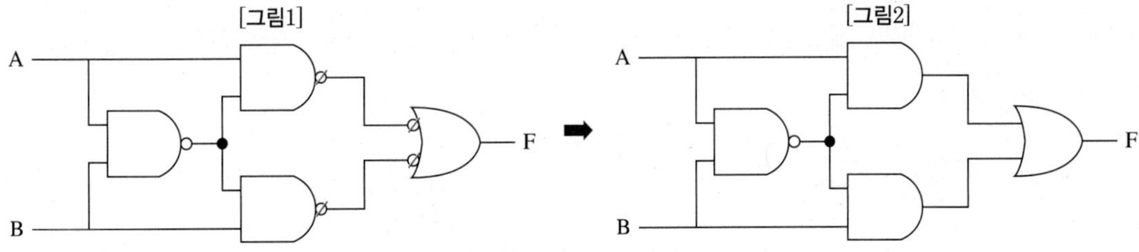

[그림1] 논리게이트 출력 : $A(\overline{A}+\overline{B}) = A\overline{B}$

[그림2] 논리게이트 출력 : $B(\overline{A}+\overline{B}) = \overline{A}B$

$\therefore Y = A\overline{B} + \overline{A}B = XOR$

08

정답 ③

간략풀이

카르노 맵을 통해 진리표를 간소화하면 다음과 같다.

AB \ C	0	1
00		
01		㉠ 1
11	㉡ 1	1
10	1	1

㉠ : BC

㉡ : A

$\therefore\ Y = A + BC$

간소화된 논리회로와 일치하지 않는 것은 ①이다.

상세풀이

④의 논리게이트 출력 $Y = A\overline{BC} + BC$를 간소화하면 다음과 같다.

$Y = A\overline{BC} + BC = A\overline{X} + X \cdots (X = BC$치환$)$

$X + \overline{X}A = X(1+A) + \overline{X}A = X + XA + \overline{X}A = X + A(X + \overline{X}) = X + A = A + BC$ 이다.

09

정답 ③

간략풀이

BE \ BC	순방향 전압	역방향 전압
순방향 전압	포화영역(스위치 ON)	증폭기
역방향 전압	–	차단영역(스위치 OFF)

10

정답 ①

간략풀이

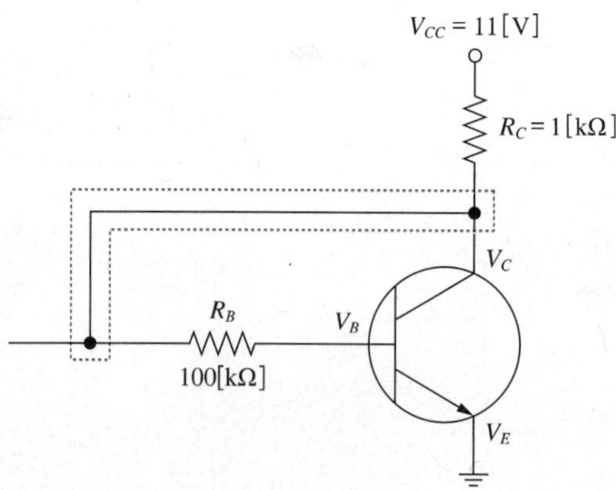

$V_{BE} = 1[V]$이고, V_E가 접지되어 있으므로 $V_B = 1[V]$이다.

그림의 점선 부분과 같이 베이스와 콜렉터가 연결되어 있으므로 베이스 전류 $I_B = \frac{V_C - 1}{100[\text{k}\Omega]}$ 이다.

저항 R_C에 흐르는 전류 $I_C = \frac{11 - V_C}{1[\text{k}\Omega]}$ 임을 알 수 있다.

$I_C = \beta I_B$이므로 이것을 이용해서 V_C를 구할 수 있다.

$\frac{11 - V_C}{10^3} = 99 \times \frac{V_C - 1}{100 \times 10^3}$ 를 정리하면 $\therefore V_C = 6[\text{V}]$, $I_C = \frac{11-6}{10^3} = 5[\text{mA}]$

11 정답 ①

간략풀이

회로에 흐르는 전류를 표현하면 구하면 다음과 같다.

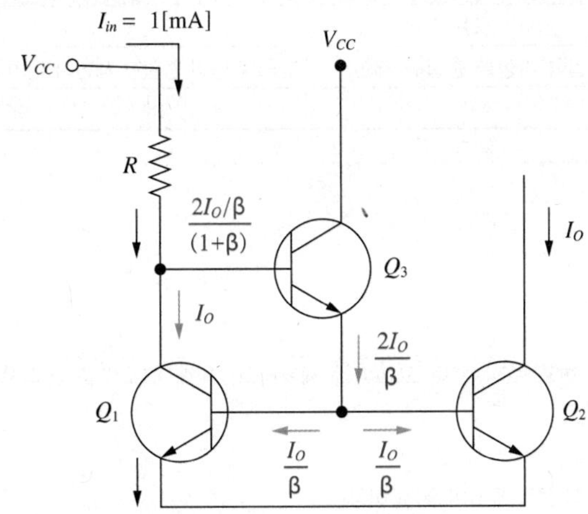

Q_2의 콜렉터 전류가 I_o이고, 베이스에 흐르는 전류는 $\frac{I_o}{\beta}$가 된다.

Q_3의 이미터에 흐르는 전류는 $\frac{2I_o}{\beta}$가 된다.

Q_3의 베이스에 흐르는 전류는 $\frac{2I_o/\beta}{1+\beta}$ ($\because$ $I_E = (1+\beta)I_B$)가 된다.

$I_{in} = \frac{2I_o/\beta}{1+\beta} + I_o$이므로 이 식을 정리하면, $I_{in} = \left(\frac{2}{\beta(1+\beta)} + 1\right) I_o \simeq \left(\frac{2}{\beta^2} + 1\right) I_o$이므로

$\therefore I_o = \frac{I_{in}}{\frac{2}{\beta^2} + 1} \simeq 1[\text{mA}]$이다.

12 정답 ①

간략풀이

입력전압 V_{GS}는 문턱전압에 영향이 없다. 입력전압 V_{GS}가 문턱전압 V_{Th}보다 커야지 채널이 형성되고 전류가 흐를 수 있다. 문턱전압은 실리콘 기판의 도핑 농도가 높아질수록, 게이트 유전막이 두꺼워질수록 문턱전압의 크기는 커진다.

13

정답 ④

간략풀이

$A_v = -g_m R_{out} = -g_m(R_D \parallel R_L) = -3\times10^{-3}\times10\times10^{-3} = -30$

14

정답 ②

간략풀이

입력 신호 주기의 180° 미만 짧은 기간 동안만 도통이 될 수 있게 설계되었기 때문에 선형 증폭이 불가능하다.

The 알아보기 전력 증폭기의 특성

구 분	A급	B급	C급
전력 효율	25% 또는 50%	78.5%	100%에 근접
재현성	입력 파형을 충실히 재현	입력 파형의 충실한 재현이 어려움	비선형적 출력 파형
도통각	360°	180°	<180°

15

정답 ④

간략풀이

D급 증폭기는 저역통과필터(LPF)를 통해 변조 주파수 및 고조파를 제거하고, 원래 신호만을 출력시킨다.

The 알아보기 D급 증폭기 특징

- 고 효율성, 저 소모 전력을 위해 사용한다(전력 효율이 90% 이상).
- 원래의 정현파적 신호를 펄스진폭변조 파형으로 변환하고, 이 펄스진폭변조 파형을 스위칭 증폭기로 증폭시킨다.
- 저역통과필터를 통해 증폭된 펄스진폭변조 신호를 정현파로 복원한다.

16

정답 ①

간략풀이

Bandwidth×Gain=constant이므로 대역폭이 커질수록 이득 특성은 감소한다.

17

정답 ①

간략풀이

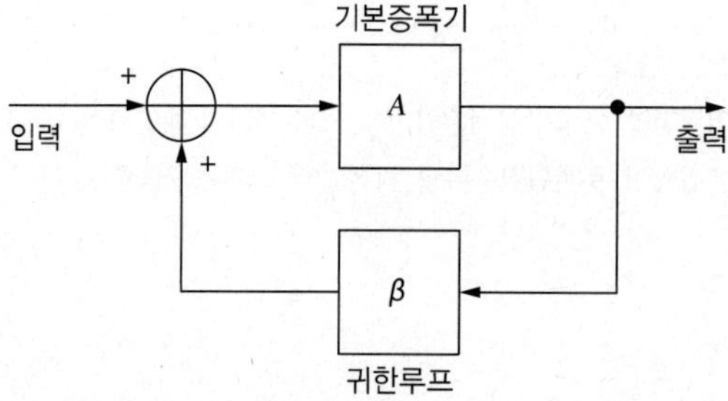

다음과 같은 궤환 발진에서 바크하우젠의 발진조건으로 루프이득의 크기 $|A\beta| = 1$이고, 루프이득 위상천이 $\angle A\beta = 0°$ or $360°$ 이어야 한다.

18

정답 ④

간략풀이

동상 모드 제거비(CMRR: Common-Mode Rejection Ratio)는 차동신호가 얼마나 크게 증폭하고 동상 모드 신호가 얼마나 제거하는가를 수치로 표현한 값이다. 그러므로 CMRR이 클수록 좋다.

상세풀이

① 차동 증폭기는 잡음과 전자파 간섭에 덜 민감하기 때문에 두 신호의 차동(차이)에 대한 출력에 이러한 간섭의 영향이 거의 사라진다.

② 이상적으로 동상 신호에 대한 이득은 0이다.

③ CMRR = $\left|\frac{A_d}{A_{cm}}\right|$ (A_d : 차동 모드 이득, A_{cm} : 동상 모드 이득)이므로 동상입력이 작을수록 CMRR은 커진다.

19

정답 ④

간략풀이

전원이 2개 이상 존재하므로 중첩의 원리를 이용하여 문제를 풀 수 있다.

(ⅰ) 4[V]만 존재할 때

$$V_{out1} = -\frac{5}{2} \times 4[\text{V}] = -10[\text{V}]$$

(ⅱ) 2[V]만 존재할 때

$$V_{out2} = -\frac{5}{2} \times 2[\text{V}] = -5[\text{V}]$$

$\therefore\ V_{out} = (-10) + (-5) = -15[\text{V}]$

20

정답 ④

간략풀이

$V_- = 0[\text{V}] = V_+$ 이므로 V_+ 노드에서 나가는 전류의 합은 0임을 이용하여 KCL 식을 세우면 다음과 같다.

$$\frac{0-2[\text{V}]}{4[\text{k}\Omega]} + \frac{0-4[\text{V}]}{4[\text{k}\Omega]} + \frac{0-V_o}{R} = 0$$

$6R + 4 \times 10^3 \times (-9) = 0$

$6R = 36 \times 10^3$

$\therefore\ R = 6[\text{k}\Omega]$

21

정답 ②

간략풀이

$V_+ = V_- = 0[\text{V}]$ 이므로 저항 R_2에는 전류가 흐르지 않게 된다.

$\therefore\ V_o = -\frac{1[\text{k}\Omega]}{1[\text{k}\Omega]} \times 5 = -5[\text{V}]$

22

정답 ③

간략풀이

문제의 OP-Amp 회로는 비교기로서 동작한다. V_+가 V_-보다 크므로 $V_{CC}=15[\mathrm{V}]$를 출력하게 된다.

23

정답 ②

간략풀이

연산증폭기에 정현파를 입력하면 출력전압 또한 정현파이다.

24

정답 ①

간략풀이

입력 임피던스에 커패시터, 피드백 임피던스에 저항을 연결한 구조는 고역통과필터(HPF)로 동작하는 미분기이다.
입력 임피던스에 저항, 피드백 임피던스에 커패시터로 구성되어 있으면 저역통과필터(LPF)로 동작하는 적분기이다.

25

정답 ④

간략풀이

문제의 회로는 샐런키 2차 저역 통과 필터이다.

차단주파수 $f_c=\dfrac{1}{2\pi\sqrt{R_1R_2C_1C_2}}$ 이다.

2019 | 2019.12.21 시행 공개경쟁채용 필기시험 군무원 2차 기출(복원) 정답 및 해설

문제편 259p

01	02	03	04	05	06	07	08	09	10	11	12	13	14	15	16	17	18	19	20
③	④	①	③	①	②	③	③	④	④	③	②	④	①	④	①	②	②	④	④
21	22	23	24	25															
②	②	③	③	③															

01

정답 ③

간략풀이

먼저 병렬과 직렬의 합성저항을 정리한 후 직렬로 된 저항을 더한다.

$\{(6//3+2)//(2+4)\}+4+8=14.4[\Omega]$

상세풀이

그림과 같이 부분 합성저항을 구한 후 저항값을 더해 전체 합성저항을 구할 수 있다.

(i) 먼저 (6//3+2)의 합성저항 R_1의 저항값을 구한다.

$$R_1=\frac{6\times3}{6+3}+2=4[\Omega]$$

(ii) R_2의 2[Ω]과 4[Ω]은 직렬이므로 $R_2=2+4=6[\Omega]$이며, $R_1//R_2$를 계산하여 R_3를 구한다.

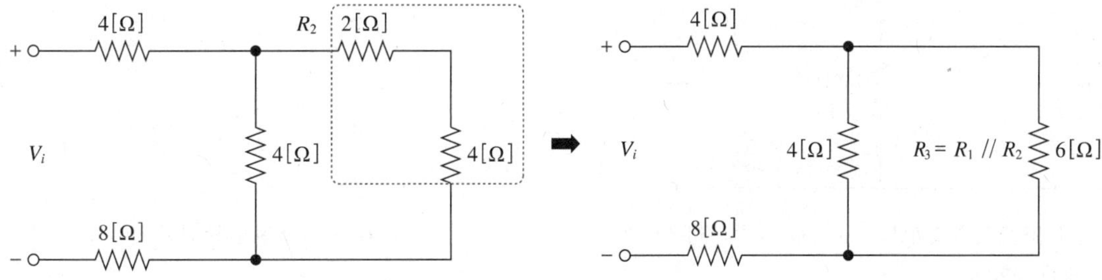

$$R_3=R_1//R_2=4[\Omega]//6[\Omega]$$

$$R_3=\frac{4\times6}{4+6}=2.4[\Omega]$$

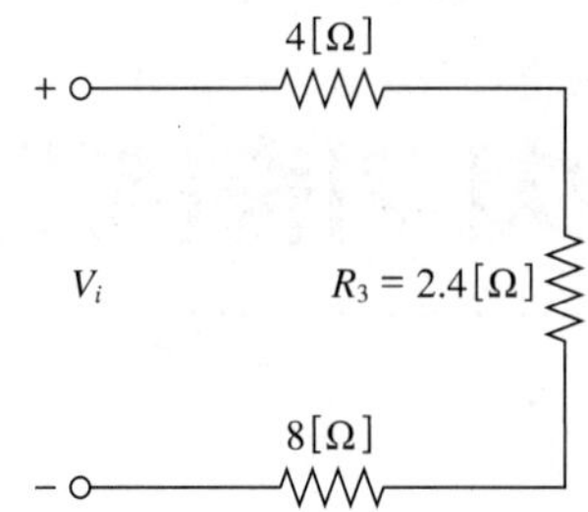

(iii) 이제 직렬로 연결된 모든 저항을 더하여 전체 합성 저항을 구한다.

$R_t = 4 + R_3 + 8 = 4 + 2.4 + 8 = 14.4[\Omega]$

02

정답 ④

상세풀이

합성저항을 구한 후 전압과 전류의 관계식에서 R_o에 대하여 식을 정리한다.

합성저항 $R_t = R_1 // R_o = \dfrac{R_1 \times R_o}{R_1 + R_o}$ 이를 이용해 전체 공급 전류 I를 구하면

공급전류 $I = \dfrac{V}{R_t} = \dfrac{V(R_1 \times R_o)}{R_1 + R_o}$ 이 식을 R_o에 대하여 정리하기 위해 전개한다.

$IR_1R_o = VR_1 + VR_o$ 이를 좌변에 R_o에 대하여 정리한다.

$IR_1R_o - VR_o = VR_1$

$(IR_1 - V)R_o = VR_1$

$\therefore\ R_o = \dfrac{VR_1}{IR_1 - V}$

03

정답 ①

상세풀이

테브난의 등가저항을 이용하여 내부저항을 구하고, 내부저항과 부하저항이 같을 때 최대전력을 전달할 수 있다.

(i) 테브난의 등가저항을 구하기 위해 부하저항을 분리하고 전압을 단락시킨다.

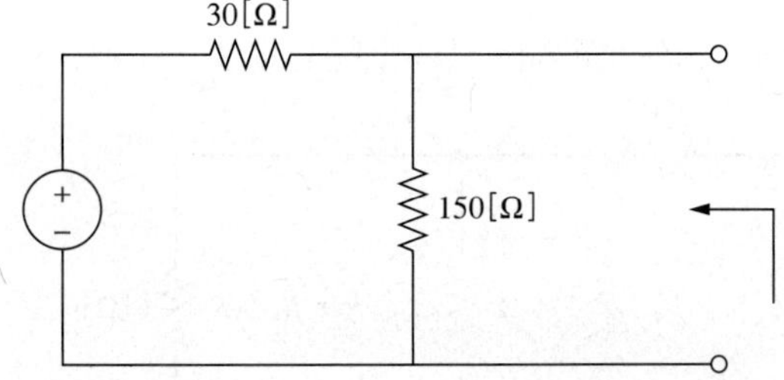

(ii) 최대 전력 전달조건은 임피던스가 매칭될 때 즉, 내부저항과 부하저항이 같을 때이므로 최대전력을 전달하는 부하저항 R_L은 내부 등가저항 R_{th}을 통해 구한다.

$R_{th} = R_L$

$R_{th} = 30 // 150 = \dfrac{30 \times 150}{30 + 150} = 25[\Omega]$

$\therefore\ R_L = 25[\Omega]$

04

정답 ③

간략풀이

전압과 전류의 관계식에서 $V=I \cdot R$이고, $I=\frac{V}{R}$이므로 전류는 인가전압에 비례하고, 저항에는 반비례한다.

05

정답 ①

상세풀이

전체 합성용량 C_t에서 C_1과 C_2의 합성용량과 병렬로 연결된 C_3의 용량을 빼서 C_0의 용량을 구한다.

(ⅰ) C_1과 C_2의 합성용량을 구한다.

C_1과 C_2는 직렬로 연결되어있고, 캐패시터의 직렬연결은 분수의 곱으로 용량을 구한다.

$$C_{1,2}=\frac{1}{\frac{1}{C_1}+\frac{1}{C_2}}=\frac{C_1 \cdot C_2}{C_1+C_2}=\frac{3\times3}{3+3}=\frac{9}{6}=1.5[\mu\text{F}]$$

(ⅱ) $C_t=C_0+C_{1,2}+C_3$에서 $C_t=5[\mu\text{F}]$, $C_{1,2}=1.5[\mu\text{F}]$, $C_3=3[\mu\text{F}]$을 대입하여, C_0를 구한다.

$C_t=C_0+C_{1,2}+C_3$

$5[\mu\text{F}]=C_0+1.5[\mu\text{F}]+3[\mu\text{F}]$ 이를 통해 C_0의 용량을 구한다.

$\therefore\ C_0=0.5[\mu\text{F}]$

06

정답 ②

간략풀이

도선의 저항 $R=\rho\frac{l}{A}$로, 고유저항 ρ과 길이 l에 비례하고, 단면적 A에 반비례한다.

07

정답 ③

간략풀이

평행판 도체의 정전용량 $C=\varepsilon\frac{S}{d}[\text{F}]$으로 평핸판 면적에는 비례하고, 거리에는 반비례하며, 유전율에는 비례한다.

08

정답 ③

간략풀이

캐패시터의 정전용량 $C=\varepsilon\frac{S}{d}[\text{F}]$으로 금속판 면적에는 비례하고, 거리에는 반비례하기 때문에 간격을 넓게 하는 것은 용량을 감소시킨다.

상세풀이

① 유전율은 물질의 전하 저장능력으로 캐패시터 내부 매질 특성을 나타낸다.

유전율은 $\varepsilon=\varepsilon_0\varepsilon_r$으로 진공유전율 ε_0와 비 유전율 ε_r의 곱이다.

- 진공유전율 ε_0 : 자유공간의 유전율이며 절대유전율로 불린다. $\varepsilon_0=8.854\times10^{-12}$
- 비 유전율 ε_r : 유전체의 유전율과 진공유전율의 비율이다.

따라서 비 유전율이 높아지면 유전율이 높아지고, 정전용량과 유전율은 비례관계이기 때문에 정전용량도 증가한다.

④ 축전기에 충전될 수 있는 전하량은 $Q = CV$ [coulombs, C]이므로, 축전기의 용량을 증가시키기 위해 두 금속판에 전압을 높이는 것은 옳은 방법이다.

09

정답 ④

간략풀이

결정에 외부응력을 가할 때 그 결정의 전기 분극이 변화하는 성질을 피에조 전기 또는 압전성, 압전 효과라고 한다.

상세풀이

① 전계 효과 : 전계 효과는 전압이 존재하면 전계가 발생하는 것을 말하는 것으로 같은 극성은 반발하고 다른 극성은 끌어당기는 성질이다.

② 홀 효과 : 자기장 속을 흐르는 전류에 관한 현상으로 금속 등의 도체를 자기장 속에 넣고, 도체에 자기장 방향에 직각으로 전류를 흘리면 도체속에 두 개의 전기장이 직각으로 나타나는 현상이다.

③ 도플러 효과 : 도플러 효과는 어떤 파동의 파동원과 관찰자의 상대속도에 따라 진동수와 파장이 바뀌는 현상을 말한다. 예를 들어 사이렌 소리는 관찰자 가까이에서는 높은 소리가 들리다가 관찰자를 지나 멀어져가면 소리가 낮아진다. 이처럼 소리의 파동의 진동수가 왜곡되는 현상을 말한다.

10

정답 ④

간략풀이

음 피드백 루프를 위한 전달함수는 다음과 같다.

$$T_{(s)} = \frac{Y(s)}{R(s)} = \frac{G_{(S)}}{1+G_{(S)}}$$

상세풀이

피드백 루프 구간에 다음과 같이 $X_1(s)$, $X_2(s)$로 표시한다.

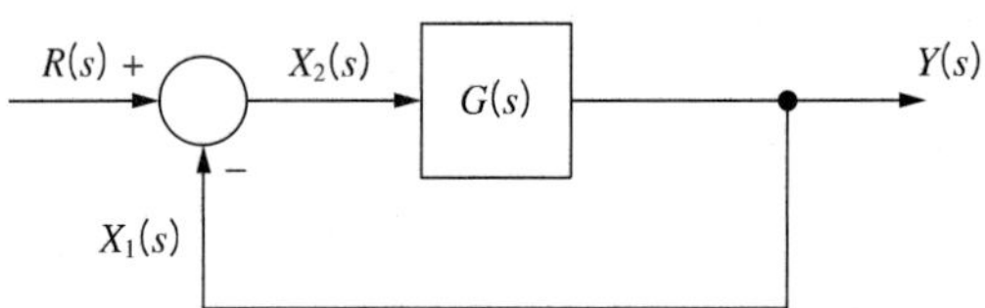

$Y(s) = G(s)X_2(s)$

$X_1(s) = Y(s)$

$X_2(s) = R(s) - X_1(s)$

$X_2(s) = R(s) - Y(s)$

$Y(s) = G(s)(R(s) - Y(s)) = G(s)R(s) - G(s)Y(s)$

$Y(s) = G(s)(R(s) - Y(s)) = G(s)R(s) - G(s)Y(s)$

$Y(s)(1 + G(s)) = G(s)R(s)$

$Y(s) = \frac{G(s)R(s)}{(1+G(s))}$ 이 식에서 $R(s)$를 양변에 나누어 $T(s)$를 구한다.

$\therefore\ T(s) = \frac{Y(s)}{R(s)} = \frac{G(s)}{1+G(s)}$

11

정답 ③

간략풀이

변위전류는 시간에 따라 변하는 전기장(전속)에 의해 발생된다. 전속밀도는 변위전류와 직접적인 연관성은 없으며, 변위 전류밀도가 전속밀도의 시간적인 변화에 의해 변화한다.

상세풀이

① 패러데이 주회 적분 법칙($\nabla \times E = -\frac{\partial B}{\partial t}$)으로 시간적으로 변하는 자기장이 전기장을 만들어내고, 시변 자계가 그 자계와 지각인 평면상에 전계의 회전이 일어난다는 것을 알 수 있다.

② 전기장에 대한 가우스 법칙($\nabla \cdot D = \rho$)으로 전계는 독립 전하의 존재에 기인함을 알 수 있다.

④ 암페르의 법칙($\nabla \cdot H = J + \frac{\partial D}{\partial t}$)으로 전도 전류 J 및 변위전류 $\frac{\partial D}{\partial t}$로 공간적으로 변하는 자계를 만들어낸다는 것을 알 수 있다(시간적으로 변하는 전계가 공간적으로 변하는 자계를 만들어낸다).

12

정답 ②

간략풀이

PN 타입의 반도체를 접합하면 전자와 정공의 농도차이로 인해 전자와 정공의 확산이 일어나며 재결합이 일어나 캐리어가 사라진다. 캐리어가 없기 때문에 이 영역을 공핍영역이라 하며 전기적으로 중성이다.

상세풀이

① 공핍층은 캐리어의 확산 현상에 의해 발생되며 P타입에서 공간전하는 (−)음 전하를 띠고, N타입에서의 공간전하는 (+)양 전하를 띤다.

③·④ 공핍층은 전기적으로 중성이며 캐리어들의 확산 현상에 의해 발생한다.

13

정답 ④

간략풀이

가변용량 다이오드는 바랙터(Varactor) 다이오드로 불리는데 역바이어스 전압 변화에 따라 접합부의 용량(Capacity)이 비례하는 성질을 이용한 것으로 주파수 변환, 고주파변조, 동조 등에 사용된다.

상세풀이

다이오드의 종류와 특징

다이오드 종류	특 징	심 벌
정류(Rectifier) 다이오드	일반적인 다이오드의 순방향으로만 전류가 흐르고 역방향으로는 거의 전류가 흐르지 않는 성질을 이용한 다이오드이다.	
스위칭(Switching) 다이오드	일반적인 다이오드는 역전압 인가 후 역전류가 0이 되는 역회복 시간이 매우 길다. 이러한 역회복 시간을 빠른 시간 안에 동작할 수 있도록 개선한 것이 스위칭 다이오드이다.	
제너(Zener) 다이오드	제너 다이오드는 역방향 항복점을 이용하는 다이오드로 일정한 전압을 회로에 공급하기 위해 사용된다.	
포토(Photo) 다이오드	빛을 전기신호로 변환하는 다이오드로, 역바이어스를 인가하고 접합부에 빛을 수광하게 되면 전류가 흐른다. 빛의 세기에 비례하여 출력전압이 발생하는 원리를 이용한 다이오드이다.	
발광(Light-Emitting) 다이오드	보통 LED라 표현하며 순바이어스를 인가하면 접합면에서 빛을 발산하는 다이오드이다.	
TVS (Transient Voltage Suppressor) 다이오드	TVS 다이오드는 매우 빠른 응답시간과 높은 서지 흡수기능을 갖춰 고효율 회로 보호장치로 사용된다. TVS는 양단에서 순간적으로 높은 에너지 충격을 받으면 임피던스를 변경하여 순간적으로 높은 전류를 흡수하고 이를 통해 전압을 클램프할 수 있다.	

쇼트키 (Schottky barrier) 다이오드	반도체 표면에 금속막을 증착시켜 역방향 전압을 억압하는 기능을 이용한 다이오드이다. 쇼트키 다이오드는 고주파 특성이 좋아 높은 주파수대의 전자회로에 사용되며, 정류용으로도 사용한다.	
가변용량 (Variable capacitance) 다이오드	가변용량 다이오드는 바랙터(Varactor) 다이오드로 불리는데 역바이어스 전압 변화에 따라 접합부의 용량(Capacity)이 비례하는 성질을 이용한 것으로 주파수 변환, 고주파변조, 동조 등에 사용된다.	
터널(Tunnel) 다이오드	에사키 다이오드라고도 하며 일반다이오드와 달리 항복점이 없어 방향성이 없고, 일정전압 이상의 전압을 가하면 전류가 감소하는 부성저항 특성을 가지고 있다. 마이크로파의 발진기, 증폭기, 고속의 스위칭 소자로 사용된다.	

14

정답 ①

상세풀이

양의 리미터 회로(Positive Limiter)

(i) 입력신호 $V_{in} < V_{BIAS}+0.7[V]$일 때, Diode는 off 상태가 된다.

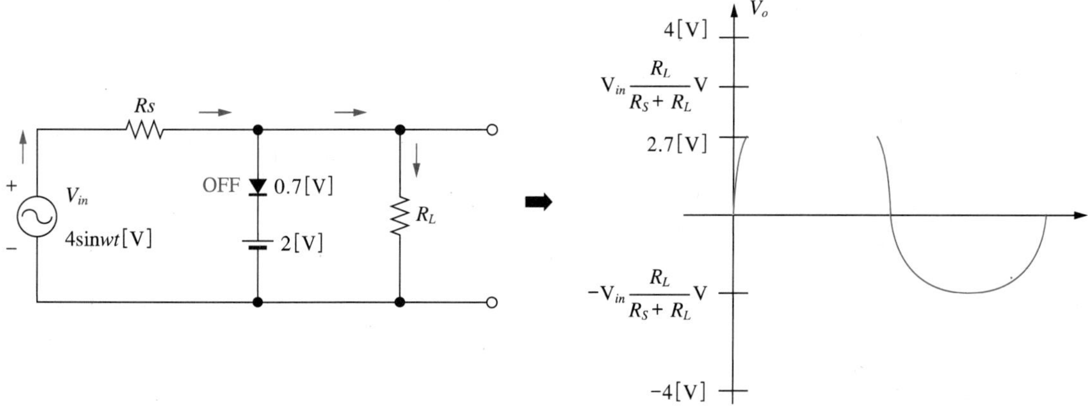

출력전압 V_o에는 2.7[V] 이하의 V_{in} 파형이 나타난다.

(ii) 입력신호 $V_{in} > V_{BIAS}+0.7[V]$일 때, Diode는 on 상태가 된다.

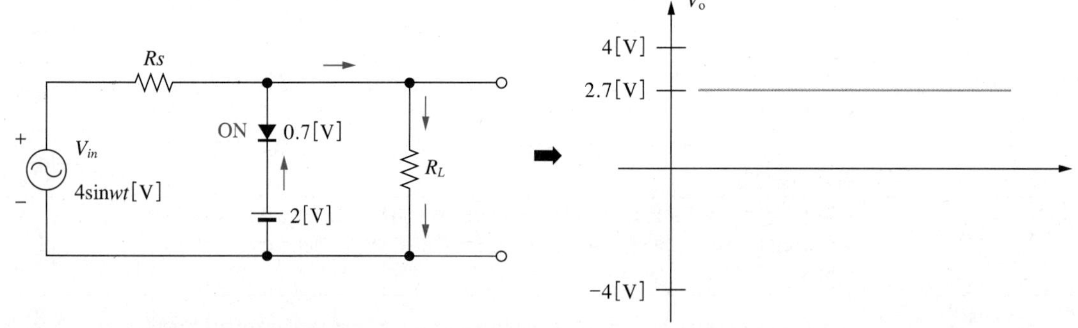

출력전압 V_o에는 2.7[V]의 바이어스된 직류 파형이 나타난다.

결국 V_{in} 파형이 한주기 지나게 되면 (i)과 (ii)에서의 그래프가 합쳐져 상단 리미터 회로가 된다.

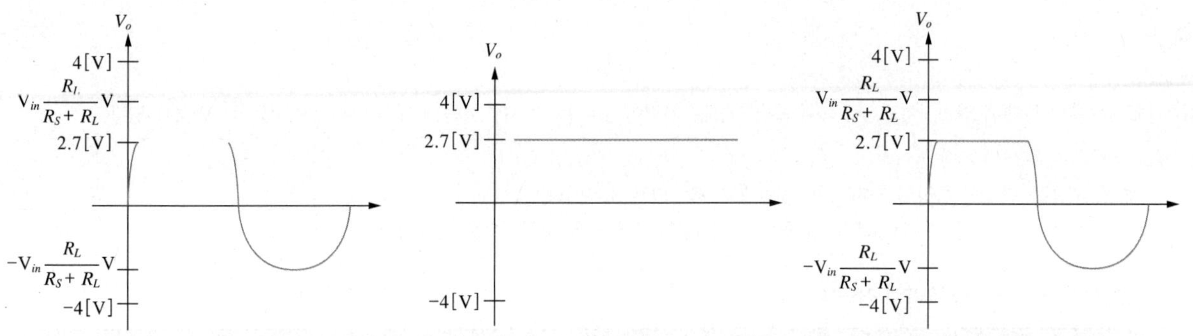

이때, 입력신호 V_{in}이 R_s와 R_L로 분배되므로 저항의 크기에 따라 출력전압 V_o의 파형이 달라진다.

• R_L이 R_s보다 커서 출력전압 $V_{in}\frac{R_L}{R_s+R_L}$이 2.7[V]보다 큰 경우, V_o파형이 크고 2.7[V]를 넘는 파형은 리미터 되어 나타나지 않는다.

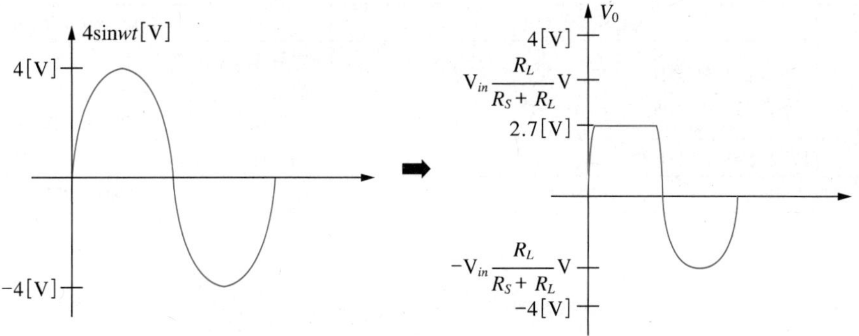

• R_L이 R_s보다 작아서 출력전압 $V_{in}\frac{R_L}{R_s+R_L}$이 2.7[V]보다 작은 경우, 출력전압 V_o파형이 작고 2.7[V]이하이므로 상단이 리미터 되지 않는다.

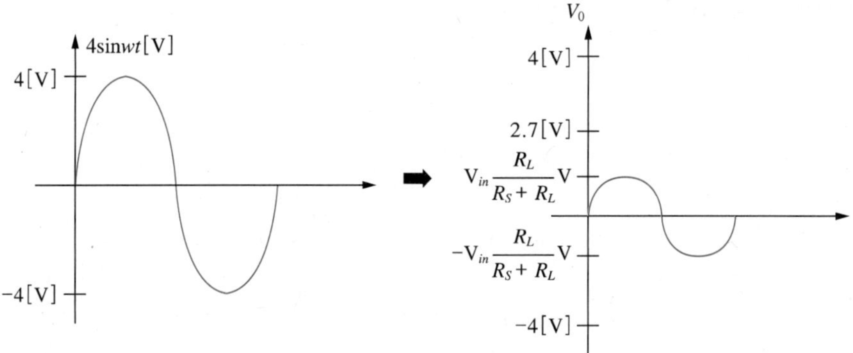

만약 R_L의 크기가 작고, R_s의 크기가 크다면 $-V_{in}\frac{R_L}{R_s+R_L}$의 크기는 -1.3[V]가 될 수 있다.

따라서 R_s와 R_L의 크기에 따라 ①의 회로가 출력전압 V_o의 파형이 될 수 있다.

15

정답 ④

간략풀이

MOS FET는 온도에 대해 안정적이고, 잡음 발생이 적다는 장점이 있다는 반면에 이득과 대역폭의 곱이 작다는 단점이 있다.

상세풀이

②·③ MOS FET는 단극성 특성의 소자이며, 전압으로 제어되는 소자이다.
④ MOS FET는 BJT에 비해 이득과 대역폭의 곱이 작아 BJT가 더 높은 증폭성능을 갖는다.

The 알아보기 BJT와 MOS FET의 장단점

특 징	BJT	FET
동작원리	전류로 전류를 제어	전압으로 전류를 제어
반송자 종류	• Bipolar 소자(쌍극성) • 자유전자와 정공이 모두 전도 현상에 참여	• Unipolar 소자(단극성) • 자유전자와 정공 중 하나만이 전도 현상에 참여
단자명칭	Base/Emitter/Collector	Gate/Source/Drain
장 점	• 스피드가 빠르다 • 전류 용량이 크다	• 입력 임피던스가 크다 • 온도에 덜 예민하다 • 제조가 간편하고, IC제조에 용이하다
단 점	Base 전류가 많아 전력소모가 크다	전류 용량이 작다
소자의구분	NPN, PNP	N채널, P채널

16

정답 ①

간략풀이

단자별 전류 관계를 살펴보면 $I_E = I_C + I_B$이다.
한편, 콜렉터 전류와의 관계를 살펴보면 $I_C = \beta I_B$, $I_C = \alpha I_E$이다.
이때, β는 공통이미터 전류이득이며 베이스에 대한 콜렉터 전류 증폭정도를 나타낸다($\beta \fallingdotseq 50 \sim 200$정도).
α는 공통베이스 전류이득이며 이미터에 대한 콜렉터 전류 증폭정도를 나타낸다($\alpha \fallingdotseq 1$정도).
따라서 $I_C > I_B$의 관계가 된다.

상세풀이

② $V_{BB} = R_B I_B + V_{BE}$

'접지 → V_{BB} → R_B → V_E → 접지' 순으로 KVL을 돌면 $-V_{BB} + R_B I_B + V_{BE} = 0$이므로

$\therefore V_{BB} = R_B I_B + V_{BE}$

③ $\dfrac{I_C}{I_B} > \dfrac{I_C}{I_E}$

$I_C = \beta I_B$, $I_C = \alpha I_E$이므로, $\dfrac{I_C}{I_B} > \dfrac{I_C}{I_E}$는 $\beta > \alpha$로 나타낼 수 있다.

④ $V_{CE} = V_{CB} + V_{BE} = (V_C - V_B) + (V_B - V_E) = V_C - V_E$

17

정답 ②

간략풀이

공통 콜렉터(Common Collector)의 특징

(i) 입/출력 파형이 일치한다.
(ii) 높은 입력 임피던스, 작은 출력 임피던스를 갖는다.
(iii) 전압이득이 낮다($A_v \fallingdotseq 1$).
(iv) 전류 이득이 비교적 크다.
(v) 전력 이득이 비교적 크다.
(vi) 소신호 증폭기, 대신호 증폭기에 모두 사용 가능하다.

상세풀이

[각 BJT접지의 r_e 모델 특성 정리]

항 목 \ 구 조	공통 이미터(CE)	CE with R_E	공통 베이스(CB)	공통 컬렉터(CC)
전류이득 A_i	크다 $A_i = -\beta(\gg 1)$	크다 $A_i = -\beta(\gg 1)$	1보다 작다 $A_i = \alpha(<1)$	매우 크다 $A_i = (1+\beta)(\gg 1)$
전압이득 A_v	크다 $A_v = -\dfrac{R_C}{r_e} = -g_m R_C$	작다(감소, 안정) $A_v = -\dfrac{R_C}{r_e + R_E} = -\dfrac{R_C}{R_E}$	매우 크다 $A_v = -\dfrac{R_C}{r_e} = g_m R_C$	1보다 작다 $A_v = \dfrac{R_E}{r_e + R_E}(<1)$
입력저항 R_i	보통 $R_i = (1+\beta)r_e \cong \beta r_e$	크다 $R_i = (1+\beta)(r_e + R_E)$	매우 작다 $R_i = r_e // R_E \cong r_e = \dfrac{1}{g_m}$	매우 크다 $R_i = (1+\beta)(r_e + R_E)$ $R_i \cong \beta R_E$
출력저항 R_o	보통 $R_o = r_o // R_C \cong R_C$	크다 $R_o = (r_o + R_E) // R_C$ $R_o \cong R_C$	크다 $R_o \cong R_C$	매우 작다 $R_o = \dfrac{R_s}{(1+\beta)} + r_e$
입출력 위상	역 상	역 상	동 상	동 상
용도	증폭기, 스위치	증폭기, 스위치	고주파 증폭기 전류 버퍼	전압 버퍼 임피던스 매칭용 전력 증폭기

18

정답 ②

간략풀이

$V_+ = \dfrac{100}{1+100} V_2 \simeq V_2$ 임을 알 수 있다.

이상적인 연산증폭기는 $V_+ = V_-$ 이므로 $\dfrac{V_1 - V_+}{1} = \dfrac{V_+ - V_o}{100}$ 이다. 이것을 정리하면

$100(V_1 - V_2) = V_2 - V_o \quad \therefore V_o = 100(V_2 - V_1)$

19

정답 ④

간략풀이

$B-C$ 영역에서 PMOS와 NMOS는 모두 포화영역에서 동작하므로 비선형 동작 상태를 나타낸다.

상세풀이

CMOS 동작순서

(i) $V_{in}=0[V]$일 때

PMOS : $|V_{gs}|=|0-5|=5[V]$, $|V_{tp}|=1[V]$이고, $|V_{gs}|>|V_{tp}|$이 성립하므로 V_{DD}가 output으로 출력하게 된다.

NMOS : $|V_{gs}|=|0-0|=0[V]$, $|V_{tn}|=1[V]$이고, $|V_{gs}|>|V_{tn}|$이 성립하지 않으므로 NMOS는 동작하지 않는다.

(ii) $V_{in}=2[V]$일 때

PMOS : $|V_{gs}|=|2-5|=3[V]$, $|V_{tp}|=1[V]$이고, $|V_{gs}|>|V_{tp}|$이 성립하므로 PMOS는 동작하게 된다.

NMOS : $|V_{gs}|=|2-0|=2[V]$, $|V_{tn}|=1[V]$이고, $|V_{gs}|>|V_{tn}|$이 성립하므로 NMOS는 동작하게 된다.

출력은 두 MOSFET의 저항의 비로 출력된다.

(iii) $V_{in}=5[V]$

PMOS : $|V_{gs}|=|5-5|=0[V]$, $|V_{tp}|=1[V]$이고, $|V_{gs}|>|V_{tp}|$이 성립하지 않으므로 PMOS는 동작하지 않는다.

NMOS : $|V_{gs}|=|5-0|=5[V]$, $|V_{tn}|=1[V]$이고, $|V_{gs}|>|V_{tn}|$이 성립하므로 NMOS는 동작하게 된다.

출력은 V_{SS}인 0[V]로 출력된다.

20

정답 ④

간략풀이

카르노맵을 간소화하기 위해 묶으면 다음과 같이 묶을 수 있다.

CD \ AB	00	01	11	10
00	1	㉠ 1	1	㉡ 1
01	0	1	1	0
11	0	0	0	0
10	1	0	0	1

㉠ : $B\overline{C}$

㉡ : $\overline{B}\overline{D}$

∴ $B\overline{C}+\overline{B}\overline{D}$

21

정답 ②

간략풀이

3×8 디코더의 진리표는 다음과 같다(외울 땐 3bit 2진수를 10진수로 바꾼다고 생각하면 편하다).

X	Y	Y	D_7	D_6	D_5	D_4	D_3	D_2	D_1	D_0
0	0	0	0	0	0	0	0	0	0	1
0	0	1	0	0	0	0	0	0	1	0
0	1	0	0	0	0	0	0	1	0	0
0	1	1	0	0	0	0	1	0	0	0
1	0	0	0	0	0	1	0	0	0	0
1	0	1	0	0	1	0	0	0	0	0
1	1	0	0	1	0	0	0	0	0	0
1	1	1	1	0	0	0	0	0	0	0

$A_2A_1A_0$이 011이므로 3에만 1로 출력될 것이다. 그러므로 $D_3D_2D_1D_0 = 1110$이다.

22

정답 ②

간략풀이

t_1에서의 값을 구하기 위해서는 바로 전의 상승에지 클럭펄스 c일 때의 값을 보면 된다.

CP	$D_1(=Q_1)$	$D_2(=Q_2)$	$D_3(=Q_3)$	$D_4(=Q_4)$	$\overline{Q_4}$
초기값(t_0)	1	1	1	0	1
a	1	1	1	1	0
b	0	0	0	0	1
c	1	1	1	1	0

이므로 t_1에서의 $Q_1Q_2Q_3Q_4$의 값은 1111이다.

23

정답 ③

간략풀이

운영체제(OS)는 컴퓨터 시스템을 효율적으로 관리하고 여러 가지 프로그램이 필요로 하는 공통적인 서비스를 제공하는 소프트웨어이다.

The 알아보기 운영체제의 기능

- 프로세서, 기억장치, 입/출력장치, 파일 및 정보 등의 자원 관리
- 자원을 효율적으로 관리하기 위한 자원의 스케줄링 기능
- 사용자와 시스템 간의 편리한 인터페이스 제공
- 시스템의 각종 하드웨어와 네트워크의 관리 및 제어
- 데이터를 관리하고, 데이터 및 자원의 공유 기능을 제공
- 시스템 오류의 검사 및 복구
- 자원 보호 기능 제공

상세풀이

①·② 주기억장치에는 ROM과 RAM이 있다.

The 알아보기 ROM과 RAM

ROM은 주로 시스템이 필요한 내용을 제조 단계에서 기억시킨 후 오직 기억된 내용을 읽기만 하는 장치이다. 전원공급이 중단되어도 기억된 내용을 그대로 유지하는 비휘발성 메모리이다.
RAM은 각종 프로그램이나 운영체제 및 사용자가 작성한 문서 등을 불러와 작업할 수 있게 하는(읽고 쓰기가 모두 가능한) 공간이다. 전원 공급이 끊기면 기억된 내용을 잃어버리는 휘발성 메모리이다.
RAM중에서도 DRAM와 SRAM이 있다. 이 둘의 특징은 다음 표와 같다.

	DRAM(Dynamic RAM, 동적램)	SRAM(Static RAM, 정적램)
구 성	간단한 구성	복잡한 구성
기억용량	대용량	소용량
특 징	• 재충전(Refresh) 필요 • 소비전력 적음 • SRAM보다 집적도가 크기 때문에 대용량 메모리로서 주기억장치에 사용됨	• 재충전 필요 없음 • DRAM보다 속도가 빨라 주로 고속의 캐시메모리에 이용 • 전원공급이 계속되는 한 기억된 내용이 유지

④ 마이크로 프로세서는 ALU, 레지스터, 제어 유니트, CPU 내부버스로 구성되어 있다.

The 알아보기 마이크로 프로세서의 구성요소

구성요소	설 명
ALU	• 각종 산술 연산들과 논리 연산들을 수행하는 회로들로 이루어진 하드웨어 모듈 • 산술연산 : 덧셈, 뺄셈, 곱셈, 나눗셈 • 논리연산 : AND, OR, NOT, XOR 등
레지스터(register)	• CPU 내부에 위치한 액세스 속도가 가장 빠른 기억장치 • 레지스터들의 수가 제한됨
제어 유니트(control unit)	프로그램 코드(명령어)를 해석하고, 그것을 실행하기 위한 제어 신호들을 순차적으로 발생하는 하드웨어 모듈
CPU 내부버스	• ALU와 레지스터들 간의 데이터 이동을 위한 데이터 선들과 제어 유니트로부터 발생되는 제어 신호 선들로 구성된 내부버스 • 외부의 시스템 버스들과는 직접 연결되지 않음 • 버퍼 레지스터들 혹은 시스템 버스 인터페이스 회로를 통하여 시스템 버스와 접속

24

정답 ③

간략풀이

특정 온도 이상으로 온도가 상승되었다면 가전도대 전자가 전도대로 바로 이동한다. 외인성 반도체는 불순물의 농도에 의해 페르미 준위가 결정되므로, 상승된 온도에 의해 전자화된 불순물에 의한 $(0.34+0.3)/2=0.32$이다.

25

정답 ③

간략풀이

QAM은 독립된 2개의 반송파를 이용하여 반송파의 진폭과 위상을 동시에 직교 결합시켜 변조하는 방법으로 제한된 주파수대역에서도 전송효율을 향상시킬 수 있다.

> QAM의 변조 방식
> • 아날로그 변조 : AM+PM을 결합한 방식
> • 디지털 변조 : ASK+PSK를 결합한 방식

① ASK : 진폭편이변조로 디지털클럭이 1일때는 높은 진폭을, 디지털 클럭이 0일때는 낮은 진폭을 보내는 AM디지털 전송방식이다.

② QPSK : 반송파의 위상을 각각 다르게 하여 디지털 데이터를 전송하는 방식이다. QPSK는 4가지 디지털 신호를 구분하여 00, 01, 10, 11의 4가지 2bit 디지털 신호를 전송할 수 있다.

④ OQPSK : QPSK방식의 180° 위상 변화가 발생하는 것을 방지하기 위해 한 채널에 지연소자를 포함하여 반송파의 위상 변화를 최대 90° 로 제한한 변조 방식이다.

아이들이 답이 있는 질문을 하기 시작하면 그들이 성장하고 있음을 알 수 있다.

- 존 J. 플롬프 -

많이 보고 많이 겪고 많이 공부하는 것은 배움의 세 기둥이다.

– 벤자민 디즈라엘리 –

배우기만 하고 생각하지 않으면 얻는 것이 없고, 생각만 하고 배우지 않으면 위태롭다.

－공자－

2024 SD에듀 공·군무원 기출이 답이다
전자공학 5개년 기출문제집 한권으로 끝내기

초판발행	2024년 01월 05일 (인쇄 2023년 11월 30일)
발 행 인	박영일
책임편집	이해욱
편 저	김태욱
편집진행	박종옥 · 주민경
표지디자인	박수영
편집디자인	차성미 · 윤준호
발 행 처	(주)시대고시기획
출판등록	제10-1521호
주 소	서울시 마포구 큰우물로 75 [도화동 538 성지 B/D] 9F
전 화	1600-3600
팩 스	02-701-8823
홈페이지	www.sdedu.co.kr
I S B N	979-11-383-5184-3 (13350)
정 가	29,000원

기출이 답이다

공·군무원 합격은
'**기출이 답이다**'가
함께합니다.

공·군무원

전자공학

5개년 기출

정답 및 해설